# 香港法概論

第 三 版 （ 修 訂 版 ）

# 香港法概論

第 三 版
（修訂版）

陳 弘 毅
張 增 平
陳 文 敏
李 雪 菁
合 編

| | | |
|---|---|---|
| 責任編輯 | 姚永康　蘇健偉 | |
| 書籍設計 | 陳嬋君　吳冠曼 | |
| 封面攝影 | 張晁洛 | |

書　　名　香港法概論（第三版）（修訂版）

編　　者　陳弘毅　張增平　陳文敏　李雪菁

出　　版　三聯書店（香港）有限公司

　　　　　香港北角英皇道 499 號北角工業大廈 20 樓

　　　　　Joint Publishing (H.K.) Co., Ltd.

　　　　　20/F., North Point Industrial Building,

　　　　　499 King's Road, North Point, Hong Kong

香港發行　香港聯合書刊物流有限公司

　　　　　香港新界荃灣德士古道 220-248 號 16 樓

印　　刷　美雅印刷製本有限公司

　　　　　香港九龍觀塘榮業街 6 號 4 樓 A 室

版　　次　1999 年 3 月香港第一版第一次印刷

　　　　　2009 年 7 月香港第二版第一次印刷

　　　　　2015 年 9 月香港第三版第一次印刷

　　　　　2022 年 7 月香港第三版（修訂版）第一次印刷

　　　　　2023 年 11 月香港第三版（修訂版）第二次印刷

規　　格　16 開（170 × 240 mm）752 面

國際書號　ISBN 978-962-04-5033-4

　　　　　© 1999, 2009, 2015, 2022 Joint Publishing (H.K.) Co., Ltd.

　　　　　Published & Printed in Hong Kong, China.

# 目錄

## 第十六章 僱傭法 伍錫康 569

## 第十七章 稅務法 周偉信、蕭國鋒 629

## 第十八章 涉及內地的民商法律事務 彭韻僖、莊仲希 669

## 附錄 706

## 編者及作者簡介 736

# 第三版（修訂版）序

　　本書第三版在 2015 年出版以來，香港經歷了 2019 年的 "修例風波"、2020 年《香港特別行政區維護國家安全法》的制定以及 2021 年《基本法》附件一和附件二關於選舉制度規定的重大修訂。在原第三版的十八章所論及的法律中，改變最大的乃第三章所涉及的內容。與三聯書店磋商後，我們決定在本修訂版先更新原版的第三章的內容；至於其他各章，由於其所涉及的香港法律改變較少，我們將留待本書下一次再版為第四版時才予以更新，希望讀者能諒解。

陳弘毅

香港大學法律學院

2022 年 4 月

# 法治與中華文化（第三版代序）*

有賴各位編者、作者和香港三聯書店的大力支持，本書第三版終於得以面世。除了感謝《香港法概論》的初版和第二版的原有編者和作者繼續全力支持本書第三版的編輯和撰稿之外，我在這裏要特別感謝新加入本書作為編者之一和其中兩章作者的張增平律師，以及新加入本書作為作者的周兆雋老師、伍錫康老師、蕭國鋒老師、彭韻僖律師和莊仲希律師（排名序乃根據他們寫的各章在本書的先後次序列出）。沒有各位編者和作者在過去一年的悉心努力和默默耕耘，現在放在讀者手中的這本書是沒有可能誕生的。

自從本書在 1999 年初版以來，每年的銷量都不錯，對於廣大讀者的支持和愛護，我們衷心感激。現在讀者手中的是本書第三版，它不但因應新的香港法律發展情況對原書進行了更新，而且還新添了三章，希望不會辜負讀者的期望。

對於我來説，統籌本書的編寫是 "a labour of love"（或可譯為 "愛的勞工"）。雖然英文仍是香港法制的主要用語，但基於對香港的法律、法制和法治的愛護和珍惜，我認為值得向廣大香港市民用中文 —— 他們最熟悉的語言文字 —— 簡單介紹香港法制的基本結構和香港法律的核心內容。近來，不少

---

\* 本序原為以 "法治國家要有道德基礎 —— 陳弘毅教授訪談錄" 為題的訪談錄，於 2015 年 4 月 16 日刊於廣州《南方周末》。茲引用時，略作整理。

社會和政界人士提倡要更積極推行關於《中華人民共和國香港特別行政區基本法》（以下簡稱《基本法》）的宣傳教育，我的愚見是，《基本法》是香港法制的一部份，不能抽離於香港法制整體，對《基本法》的瞭解必需建基於對香港法律整體及香港的法治傳統的瞭解。

香港的法治傳統源於在殖民地時代移植到香港的英國法，那麼，我們中華文化中有沒有法治的基因呢？最近，在香港大學法律學院畢業不久的顧瑜博士與我做了一個關於"法治與中華文化"的訪談，這正好解答了這個問題，也藉此作為本書第三版的代序。

## 一　法家與法治

**顧瑜**　中國傳統文化對今天中國大陸的法律和社會產生了一定的影響，當中不乏法家和儒家的例子。首先想請您談談法家思想與現代法治的理念有甚麼異同。

**陳弘毅**　法家思想在兩千多年前的春秋戰國時代已經發展出來，西方的現代法治起源於中世紀後期，只有幾百年歷史，所以兩套思想其實在時間上相差很遠。但如果將現代法治的思想追溯到古希臘和古羅馬，也可以說，中國文明和西方文明在上述兩個文明古國的早期，都已經發展出同法有關的思想。

特瑪納哈教授（Brian Z. Tamanaha）在梳理西方法治的傳統時曾指出，反映羅馬帝國時代法律思想的《民法大全》有這樣的說法：君王的意願就是法律，君王不受法律約束。我認為這點類似中國法家的觀念，雖然羅馬法的其他方面對現代西方法治有很大貢獻。所以如果說法家是專制的法治觀，那麼羅馬法裏面也是有專制主義的傾向。可以這樣說：即使在西方，古典文明的階段也有一些與法家思想相差不遠的法律觀。

那麼再看中國的法家思想，我認為有不少內容是跟現代所說的"形式意義上的法治"是相通的。我們一般講到西方的法治觀，都會引用富勒 (Fuller)關於法的內在道德原則的理論，他提到的八個要求，其實就相當於我所說的"形式意義上的法治"，例如，法須公佈，關於法的穩定性、可遵守性、不溯及既往等等，還有最重要的一點是法律運作的可預見性，現代西方法理學非常強調這一點，韋伯 (Weber) 在講述西方的法律理性時，拉茲 (Raz) 在講述法治時，都很強調這一點。這些元素其實都可以從中國傳統的法家思想裏找到，這也說明法的思維有它的普遍性。

但是，後來現代德國的法治理論將法治區分為"形式意義上的法治"和"實質意義上的法治"。我們在說到形式意義上的法治時，並不是說法治只是形式，而是說這個意義上的法治沒有探討法律規範的實體內容，而只是看法律制度基本的結構、形式性的特徵和運作形態。

德國的"實質意義上的法治"思想是在二次大戰之後才發展得比較成熟，它的發展同民主和人權都有比較密切的關係，因為二戰之前的德國是從魏瑪共和國的民主演變成為希特勒的獨裁，有很多侵犯人權的行為，所以，戰後德國人（包括德國法學家）對戰前德國的法律制度和法律思想有一個很深刻的反思。從法理學上來說，他們認為戰前主張的法律實證主義，提倡的是形式意義上的法治。事後看來，這是不足夠的，因此，德國的法學家提出了一些從實質意義上理解的法治國家的理念，例如，他們認為法治所指的法應該是符合正義的，法要尊重人的尊嚴，體現人權等價值，而且法應該通過民主的立法程序來制定，所以，戰後德國關於基本權利的法理學發展得非常迅速，這些基本權利，就是我們現在國際法上講的人權，因此，從這個角度來看，中國的法家思想當然絕對沒有實質意義上的法治這部份內容。

即使從形式意義上的法治來說，法家思想也有一段距離，因為在法家思想裏，最高的權威是君主；法是由君主制定的，所以，法的權威並不是最高的。在現代國家，即使只是看形式，法律是高於任何國家機構或國家領導人的，為甚麼是這樣呢？因為現代法律制度裏有不同的部門法，而當中最基本的

就是憲法。無論是共和國還是君主立憲的國家，整個國家和政權管治的合法性
都是建基於憲法，憲法是高於任何國家機關或領導人，這與法家以至中國傳統
政治思想有着明顯的不同。在中國古代，皇帝管治權的合法性是來自於天。

**顧瑜**　兩千多年來，法家思想在制度層面上有實現過嗎？

**陳弘毅**　它在一定程度上是有實現的。即使是秦朝以後的法律制度，它
的基本架構還是受到法家思想影響比較深，例如漢代、隋唐或是宋元明清，
每一個朝代都有它比較完備的法律體系、法典和司法制度，這些跟法家思想
是有着密切關係的。有人説，中國傳統上的法律制度，是儒家思想影響了法
律規範的內容，但整個法律制度的結構還是法家的。這是因為儒家沒有提出
符合形式法治的理論。台灣學者戴東雄説，法家對於法的平等性與安定性提
倡甚力，他也説中國繼受歐陸法並非毫無歷史淵源，甚至應該歸功於法家關
於法律成文化的法律觀；又例如 "以法治國" 這四個字，也是來自於法家的
經典，例如《韓非子》。

**顧瑜**　"以法治國" 主要還是將法律作為一種工具來看待？

**陳弘毅**　的確有很多人批評法家把法律作為君主統治的一種工具。但
我覺得這一點不一定構成批評，法律工具論本身和形式意義上的法治是很難
區分的。如果我們承認形式意義上的法治也是法治概念一部份的話，我們也
不應該完全用負面的角度來看待法律作為一種工具。當然，如果從實質意義
上的法治理論來説，法律不應該只是工具，而應該要保障人權，尊重人的尊
嚴，以及應該通過民主的立法過程來制定。法治是相對於人治而言的。法家
提倡法治是反對儒家意義上的人治，法家認為聖人之治是很罕有的，所以，
"以法治國" 是中等才能的統治者成功治國之道。陳顧遠先生説，從系統建構
的角度來看，中國法律傳統的主體是法家的，靈魂是儒家的。《唐律疏議》也
提到 "德禮為政教之本，刑罰為政教之用"，這兩者是相輔相成的，"猶昏曉
陽秋相須而成者也"（正如一天有日和夜，一年有春和秋一樣）。

# 二　儒家與法治

**顧瑜**　那麼儒家思想跟法治有甚麼樣的關係？

**陳弘毅**　最主要的是，中國傳統重視家庭倫理，所以關於禮的規範和孝悌等價值都融入了法律制度裏面；最常見的例子就是，同一個刑事行為，由家庭中處於不同地位的人所幹，因而導致的刑罰是不同的。例如根據《大清律例》，兒子毆打父母是可以判死刑的，但父母打傷兒子就不會受懲罰。當然也有一些反映了儒家的其他價值觀，例如"三赦"，是說十五歲以下，七十歲以上，又或是病人以及智力不健全的人，即使犯了罪也可能會得到寬免，有學者把這種主張叫做"儒家人道主義"。另外，漢和隋唐取消了一些很殘酷的刑罰方式，有人認為這是受到儒家"仁"的思想的影響。

一般來說，儒家和現代法治沒有太明顯的關係，但儒家的重要性不在於它對法治本身的貢獻，而在於它對社會一般人的價值觀念和道德方面的影響。因為根據儒家的理念，法律制度只是一個最後的防線，儒家主要關注的是規範社會成員的行為，讓他們自發地去遵守一些道德規範，當然也包括法律規範，它着意於培養人們向善的思想和行為，所以，有人說儒家最根本的就是性善論，但性善論的主要意思不在於所有人本來已經是善的，而是說他有向善的潛能，要通過教化把人性裏面善的方面充分發揮出來；對於政府來說，儒家的理想就是"仁政"和"民本"，這是儒家關於政治哲學最基本的概念。

這些思想對於現代法治國家還是有價值的，因為現代法治國家也需要有道德倫理和價值信念，舉例來說，《論語》也有講到，"道之以政，齊之以刑，民免而無恥；道之以德，齊之以禮，有恥且格"（《論語·為政篇》）。這點在現代法治社會也有它的意義，就是說我們希望人們遵守法律，主要不是靠威嚇，而是因為遵守法律是對的，要有儒家培養人們的道德自覺和道德人格的修養。所以中國古代在秦以後不是用法家作為主要的管治哲學，而是用了儒家，也是有它的合理性，因為完全依靠懲罰和威嚇來管治一個社會，這不單止不會很有效，而且，根據儒家的講法，也不符合人性。

**顧瑜**　儒家的這些理想，例如通過教化使人向善，有沒有真正實現過？

**陳弘毅**　我覺得在中國傳統社會已經一定程度上落實了。人類歷史長河中，世界各種文明此起彼落，儒家文明卻持續了兩千多年，就是一個很好的例證。你看蒙古人和滿人在元朝和清朝時還是給儒家文化同化了，儒家文化也影響到朝鮮和越南，一定程度上也影響到日本，這也反映這種文化對人民的生活和社會的治理和持續發展是有積極的貢獻的。當然到了現代，我們不可能只是靠這一套，我們還是要學習新的東西，像形式意義和實質意義上的法治思想和制度，包括我們現在已經引進憲法的概念，如 1999 年的修憲就把"依法治國，建設社會主義法治國家"寫進了憲法，2004 年的修憲更把人權的保障寫進了憲法。

# 三　宗教與法治

**顧瑜**　您一開始已經提到現代法治觀念的起源，能否談談現代法治觀念的形成與基督教的關係？

**陳弘毅**　這個問題非常重要。我非常同意特瑪納哈教授所説的，現代西方文明中的法治傳統乃起源於中世紀而非希臘羅馬的古典文明。中世紀出現了一些有利於法治形成和發展的因素，主要就是當時的宗教情況和封建社會。而這兩點都與中國歷史上的情況很不相同，中國歷史上沒有像教會這麼強的宗教組織力量，在秦代以後也沒有歐洲中世紀這種封建社會。在封建社會，國王與貴族和地主之間有一種權力分立的關係。權力分立的情況也存在於國家與教會之間，當時的教會是指天主教會，還沒有宗教改革和新教。宗教的影響令歐洲人相信國王也需要遵守更高層次的法律規範，也就是由上帝訂立的法，包括神聖法和自然法。神聖法和自然法有甚麼不同呢？根據阿奎那 (Aquinas) 的説法，雖然兩者都是上帝制定的，但自然法是人通過理性就可以理解的，但神聖法是通過理性也無法瞭解的，它需要由上帝通過"啟示"，才能讓人瞭解到它的內容。

所以，特瑪納哈提出的"中世紀的法高於統治者"，就是因為人們相信有神聖法和自然法，也相信習慣法高於統治者。但是到了現代，很多人不相信上帝了，也不相信習慣法可以約束國家，這就提出了一個重要的問題：到了現代，更高的法是甚麼？答案就是憲法的理念。現代法治國家還是相信法高於統治者和國家機構，但是這個法已經不是上帝制定的自然法和神聖法，也不再是習慣法，而是一部人民通過行使人民主權來制定的憲法。為甚麼憲法有最高的權威的呢？因為它是人民在立國時制定的。例如《美國憲法》是第一部現代國家的憲法，它開頭說"We the People"制定此憲法，就是這個意思。

即使到了現在，當我們講到實質意義上的法治時，也可以理解到它受到了基督教（包括天主教）的價值理念的影響，當然這個問題有它比較複雜的地方。因為在 18 世紀啟蒙時代，天主教會也是不支持人權的概念的，例如言論自由和出版自由，天主教會也有一段異端裁判所（又稱"宗教裁判所"）的歷史。即使是宗教改革之初，新教也不接受我們現代的人權和自由的概念，例如宗教自由。但是中世紀的政教分離確實有利於後來法治的建立。剛才說的上帝制定神聖法和自然法的概念，對於法治也有正面的影響。因為，現代法治裏面其中一個最重要的元素是，即使一個國家裏面享有最高權力的人或機構還是要受到更高的法律所約束。這種更高的法律的來源，在中世紀是神聖法和自然法，到了現代就變成憲法；也有人認為，現代憲法裏那些保障人權的部份還是基於自然法。

所以基督教同西方的法治，包括與實質意義上的法治和人權的關係，我覺得是比較複雜的問題，不可能簡單地說成基督教是有利於或不利於這種實質意義上的法治或者人權。

**顧瑜**　現代法治理念的起源與基督教關係密切，而您做的比較研究還顯示，在現代社會，法治在不同文化和思想傳統的地區都能得到不同程度的實現，例如盛行伊斯蘭文化和儒家文化的地區，這是否印證了您在著作中提到的一種觀點：法治稱得上是"與人類有關的普遍意義的善"？

**陳弘毅**　這個説法是來自英國的 E. P. 湯普遜（Thompson），意思是法治的好處是有普遍性的，不同的國家和不同的民族同時都會承認法治是個好的東西。其實這關係到對政治權力的調控問題。在人類歷史上，國家出現後就有了政治權力和統治階層，而政治權力基本上是一種壟斷地使用暴力的權力，它對外是戰爭，對內是懲罰。那麼，法治就是用來調控和規範政治權力的行使的東西，法律規範的存在，是對可以任意或是肆意行使的權力的一種調控，這樣，人們就有一定的安全感；可以預測到只要不做法律訂明為犯法的行為，就不會受到懲罰，這是法的可預見性。從這個意義上來說，法治對人民是有好處的，是具有普遍意義的善。當然還需要一些配套，例如在現代，政府機構或官員如果越權了，人們可以提出行政訴訟，這個是法治的制度保障。當形式意義上的法治再進一步發展到同時具有實質意義時，例如 19 世紀德國的法律制度到二戰後德國新的法律制度，就更有進步的意義。

講到伊斯蘭法，是有它的特點的。可能你也留意到，在伊斯蘭教比較盛行的國家，有些政治力量主張要恢復傳統伊斯蘭法，比如馬來西亞的其中一個州，比如在中東的回教原教旨主義也主張恢復傳統的伊斯蘭法。他們對於法的概念與無論是中國傳統還是西方現代對於法的概念都是很不同的。因為他們認為有一些關於法的最基本的內容，來源就是伊斯蘭教的經典，例如《可蘭經》，或是記載穆罕默德和伊斯蘭法的一些教導的文獻，這些經典反映了真主（阿拉）的意願，相當於西方講的神聖法，他們認為這些神聖法有最高的權威，是法的淵源，即使到現在還是應該實施。這種看法對於現在有比較多伊斯蘭教徒的國家還是有比較大的影響。在這些國家，有些比較保守的力量希望在比較大的範圍內適用這些傳統的伊斯蘭法，但有些主張現代化的力量就認為，這些傳統法的適用範圍應該收窄，認為在大部份的社會、經濟和生活領域應該適用國家的立法機關制定的世俗法，這也可能是受西方的法治思想影響的表現。

## 四　法治國家的道德基礎

**顧瑜**　回到中國的傳統和法治上來，傳統對於今天建設法治國家有甚麼樣的啟示？

**陳弘毅**　對於法治問題，同其他重要的社會建設的課題一樣，一方面可以從傳統中找到有用的資源，但是同時還需要留意到現代世界中還有很多新的有進步意義的思想和現象，對於中國人來說，還是值得借鑑和學習的。我認為，在中華傳統文化中，有一些超越法律制度本身的和基本的價值理念，可以為我們建設現代法治國家提供很有用的資源。

**顧瑜**　講到價值理念，您曾經提到"作為政治理論和制度的最根本的道德基礎"的儒家思想，這具體是指哪些方面？如何在制度層面加以實現？

**陳弘毅**　這個問題問得很好！因為我覺得政治和法律制度需要一個根本的道德基礎；這個道德基礎，就是一種超越法律和政治的道德價值理念。中國法理學家夏勇曾經提出一個問題：憲法之上有沒有法？又例如，為甚麼要尊重人性尊嚴？這就是一種超越法律的道德倫理價值。在西方，人性尊嚴更早的可能來自古希臘的哲學，來自中世紀的基督教，到現代，例如 1949 年德國《基本法》的第 1 條第 1 款就規定，人的尊嚴不容侵犯。我們中國關於人性尊嚴的思考就是來自儒家、道家、佛家等一些傳統的文化思想或者理念。像儒家講的仁政、民本、性善論，都可以作為中國現代法治國家的道德價值的基礎。為甚麼要建立法治國家？答案可能是我們希望建立一個符合儒家講的"仁義禮智信"或"孝悌忠信禮義廉恥"的社會，仁義等這些最終極的價值在現代還是有它們的意義，因為即使在現代，人們還是需要信仰一些基本的道德價值。法治國家還是需要一個根本的道德基礎。因為法治本身不是一個終極的價值理念，即使在西方，在德國，在英美，它也不是最終極的，在它的上面還有一些更終極，更根本的東西。

中國傳統上有王道同霸道之分，儒家思想提倡的是王道，一個政治秩序如果有很高的道德水平和說服力，便不需要通過強制力，人民也會自願去接受它，支持它，這個就是王道；霸道就是通過武力或是暴力威嚇才可以維持的秩序。任何一種政治秩序都不可以完全缺乏強制力，但儒家主張的是，不要倚靠強制力和霸道。為甚麼人們會自願接受一個政治秩序所訂立的法律規範？因為人們看到這個政治秩序的設計和政治權力的行使是符合人性和國民的利益的，是符合仁政和民本精神的，是能夠體現和推廣"仁"的價值理念的。

那麼，仁政的理想怎樣在現實世界裏實踐呢？我覺得沒有甚麼一勞永逸的政治制度或是法律思想可以保證長治久安，因為環境是不斷變化的。我們只可以考慮，在目前的情況下，用甚麼樣的政策和制度是最好的。當然，我們還是可以通過思考去探索甚麼是最理想的社會，這也是社會哲學和政治哲學的任務。哲學探索與現實政治是兩回事，但不表示哲學探索沒有意義，它是人類文明創造性的來源。

陳弘毅

香港大學法律學院

2015 年 8 月 20 日

# 第二版序*

本書的初版完稿於 1998 年，並在 1999 年出版。在整整十年後的今天，本書新版終於得以面世，我感到十分高興、榮幸和欣慰。新版的籌備、撰寫和編輯過程歷時三年，我在這裏要向本書的各位編者和作者，致以由衷的謝意和崇高的敬意；沒有他們每一位對本書的修訂再版的精神上的支持和在研究、寫作和編輯工作上的不懈努力，本書便沒有可能和讀者見面。

令我們感到很欣慰的是，本書的初版面世以來，銷售的情況一直相當不錯，香港三聯書店多次重印本書以滿足讀者的需求。在這裏，我代表各編者和作者對讀者多年來的支持表示最深切的感謝。你們的支持，給了我們去進行本書修訂再版工作的動力。記得去年一天的晚上，我和幾位港大法律學院的同事一起從港大乘的士到中環參加一個招待來訪學者的晚宴，我們分乘兩部的士，其中一部的士的司機得悉乘客們是港大法律學院的老師後，説希望我能在他正攜帶在車上的《香港法概論》一書簽名留念，當時我在另一部的士上，後來兩部車一起到達目的地，同事們便立刻叫我在這位的士司機的《香港法概論》上簽名。《香港法概論》這本書能如此深入民間，我們都感到十分高興；更令我們受啓發和感動的是，原來一般香港市民可以如此關心香

＊　本文原題為"新版序"，原刊於 2009 年 7 月出版的《香港法概論（新版）》（即本書的第二版）。

港的法律、法制和法治，可以如此渴望瞭解法律常識。

　　我們相信，法治、自由、人權、民主，包括法律之下人人平等、司法獨立等原則，都是香港社會所重視和珍惜的核心價值，也是促進香港的繁榮、進步、發展和成功的無形、無價的寶貴資產。1997 年回歸以來，在"一國兩制"的憲政框架下，我們曾經面對過一些考驗和挑戰。在年幼的特別行政區的歷史上，在《中華人民共和國香港特別行政區基本法》（以下簡稱《基本法》）實施的過程中，出現過不少與法治有關的論爭。從 1999 年的"人大釋法"到 2003 年的《基本法》第 23 條立法事件，整個香港社會好像都因關於《基本法》的論爭而震蕩。但是，歷史事實終於證明，"一國兩制"的設計和《基本法》的規定是可以成功落實和經得起時間考驗的。在今天，正如在本書初版的十年前一樣，香港的法律、法制和法治依然健在，大家有目共睹。香港的法制以至"一國兩制"的生命力是蓬勃旺盛的，這應該是我們港人的驕傲。

　　我們把本書的新版獻給所有關心香港法律、法制和法治的人士，包括上面提到的那位的士司機先生。願這份關心能化為愛護，愛護化為承擔。謹以此共勉。

陳弘毅

香港大學法律學院

2009 年 3 月 26 日

# 初版序一 *

　　根據基本法的規定，香港在回歸祖國以後，除了繼續採用普通法制度外，還首次有自己的終審法院。香港人可以在法治的精神下真正體驗和實踐"一國兩制"的政策。作為整個司法制度之首的終審法院，能夠自行詮釋普通法，並加以發展，以適應香港這個國際大都市的需要，實在是具有特別重大的意義。

　　普通法着重法院的判例。不過要從成千上萬的判例找尋當中的法律概念和原則，領悟其中的特色和精髓，着實不易；加上普通法中的公法和私法、民事和刑事等案件種類繁多，箇中困難可想而知。因此，能夠有系統地將判例中的法律原則收集、並加以分析的法律典籍，不單對普通法的詮釋和發展有莫大的幫助，還能有助於提高市民對法律的認識，推廣法律的普及化，從而對加深整個社會的法治精神，發揮着重大的作用。

　　中國大陸與香港兩地的法律制度雖有不同，不過也有很多值得互相學習和借鏡的地方。藉着交流和溝通，可使兩地的法律制度更臻完善。兩地的法學典籍的撰寫便是交流的最好工具之一。

　　在香港，有權威性的中文法學典籍不多。《香港法概論》一書，由香港本

---

* 　本書第一版首印於 1999 年 3 月，由陳弘毅、陳文敏、李雪菁、鍾建華、李亞虹合編。

地精通普通法的資深學者，經歷三載編寫而成，談論有關香港法律中最重要的一些課題。每一章都就所討論的課題，向讀者作出介紹並加以詳細分析，論據精闢，深入淺出，將法律的精要所在清晰地表達出來，不單對廣大市民，而且對法律系學生及中國內地和香港兩地的法律界人士和司法人員都有很大的裨益。本人深信《香港法概論》一書，對於增進市民的法律知識，強化社會的法治精神，幫助普通法的詮釋和發展及促進內地和香港之間法律界的交流，必會有很大的貢獻，誠然是一本值得推薦的好書。

李國能

（前香港特別行政區終審法院首席法官）

1998 年 9 月 1 日

# 初版序二

　　本書的構思在 1995 年春天形成，三年後的這個春天，書稿終於撰寫和編輯完成了，我們深感快慰和喜悅。本書是第一本由香港本地法學教師編寫，全面地介紹整個香港法律體系的中文書；也是在香港成文法的雙語化完成後，根據這些成文法的正式中文文本所採用的中文法律詞彙而編寫的第一本中文法學著作。在香港法制進一步邁向雙語化的過程中，我們希望本書不但會對香港的律師、法官和法學院校的同學具有參考價值，而且能有助於香港、中國內地和其他華語區域的讀者瞭解"一國兩制"之下的中華人民共和國香港特別行政區的法律制度。

　　"一國兩制"的成功運作，既決定於"一國"觀念下的國家民族、歷史文化的凝聚力，也有賴於"兩制"之間的互相尊重、溝通、瞭解、學習、合作和互補。我深深地相信，"兩制"中的兩個法制的互動，對於整個中國的法制、法治、人權和民主的建設是有深遠意義的。近八十年前的"五四"運動中，我們開始認識到"民主"（"德先生"）和"科學"（"賽先生"）對於我國的富強、現代化以至文化更新的關鍵性，這可以說是近代中國一場最重大的啟蒙運動。八十年後的今天，啟蒙事業仍方興未艾，但必須承認的是，雖然好幾代的志士仁人曾前仆後繼地為此而努力、付出和作出犧牲，但這個事業仍未完全成功，同胞仍須繼續努力。

可幸的是，在這八十年內，尤其是最近的二十年裏，國人汲取了歷史的教訓，更從世界各國的現代經歷中得到啟示，法制建設的水平比以前大大提高。作為法學工作者，我非常高興看到國人對法制、法治、人權、民主，以至法律和市場經濟的關係等問題的認識，正與日俱增，某些方面的進展，更是一日千里。最值得欣慰的是，大家明白到在現代西方出現的法治、憲政、人權和代議民主等制度和實踐經驗，並不只是適用於資本主義社會，而是人類文明在現代史階段的成就，是整個人類都能分享的共同文化資源和遺產，因而具有跨國的、跨民族和跨文化的普遍意義。

香港的法制屬於普通法系，普通法源於英倫法院在中世紀以來累積的判例。回想二十年前我在香港大學唸法律的時候，不時受到這樣的一個問題困擾：我唸的大部份都是英倫法院在無數涉及英國人的糾紛裏的判例，而香港法院的判例和香港立法機關制定的成文法，也追隨英國法的有關原則，這一切都與香港作為殖民地的地位不可分割，而香港的殖民地地位又是帝國主義侵略我們祖國的表現；那麼，作為中國人，唸這些東西有何意義？如果我唸的是自然科學，這是放諸四海皆準的，其價值和真理無可置疑，但我唸的是法律，它會不會不外是為殖民地統治服務的東西，而沒有甚麼客觀的、普遍的意義呢？

現在，我已經把這些問題想通了。雖說科技無分國界，而不同國家卻實施不同的法律，但在法學的世界裏，一如科學的領域，是存在着一些客觀和有普遍意義的原則和標準的；正是因為這些原則和標準的存在，我們才可以評價和判斷不同國家關於同類問題的不同法律孰優孰劣，我們才可以借鑑和參考其他國家的法律以改良和發展我們自己國家的法律，我們才可以努力使我們的法制更加進步，更臻完美。如果說科學是對“真”的追求，藝術是對“美”的追求，那麼法律——連同道德和政治——便是對“善”的追求，而這些對於真善美的追求都是無分國界的、屬於全人類的。

因此，研讀英倫普通法的意義便是，找出這個制度和傳統的優點，予以學習、吸收、借鑑，從而令國人受益。作為不少現代先進國家採用的法系，普通法確有不少長處和特色，以下只是隨便舉一些例子：

（1）普通法制度崇尚法治精神，任何人除非觸犯法律，否則政府不能干預其自由，任何政府機關或其人員均不可作出法律授權範圍之外的事，而且在法律之下，人人平等。

（2）普通法制度重視司法獨立，法官必須很有學識，在社會中享有崇高的地位和權威，不得輕易被罷免，行使職權時，不受其他政府機關以至社會輿論的影響。

（3）普通法制度提供人權的保障，尤其重視個人的人身自由、言論、思想信仰、集會結社遊行等自由；在刑事訴訟程序中特別保障被告人的權利，以確保其得到公平和公開的審訊，並以寧縱毋枉為其一般取向。

（4）普通法制度重視財產權利的保障，它不但對各種與合同和財產有關的權益作出非常深入的分析和細緻的界定，而且對於如何執行和實施這些權益，提供包羅萬有的程序和補救方法。

（5）在普通法制度的成長過程中，其社會和經濟基礎由中世紀的封建制度轉化為工業革命後的市場經濟，其政治基礎又由君主專制改革為民主憲政，所以現代普通法制度中有不少內容，是特別適合市場經濟和民主憲政的需要的。

（6）普通法制度可透過司法判例的累積而形成新的法律概念、原則和規範，所以普通法是一個在演化中的有機體，有其自我發展和完善的內在生命力。由於判例法源於個別案件的訴訟，所以它是以實際經驗為基礎的、務實的，不是只來自抽象而一般性的概念思維。

（7）普通法制度不單提供關於各種實質權利的理論和定義，它更為關注的是這些權利在具體實施中的實際問題，尤其是程序上的設計。普通法制度對於程序法和訴訟法的重視是它的特色之一，對於普通法來說，實體公義和程序公義同等重要。

（8）普通法制度裏的律師扮演十分重要的角色，當事人在法律上和訴訟上的權利是否得到保障，往往取決於其律師是否充分發揮其功能。律師的天職是竭盡全力去維護其委託人的法定權益，即使當事人被社會人士認為是罪大惡極的，他仍有權獲得律師的專業服務，而律師亦有責任提供此服務。

（9）普通法制度十分關注在個別案件中的個人權益，個人的生命、財產、自由、尊嚴和價值是最可貴的，普通法制度的一般取向，是不願意為了所謂社會整體的利益或政策而犧牲個人的重要權益。

（10）在法官書寫的判詞和立法工作者起草的成文法中，普通法制度體現了一種認真的、嚴謹的、一絲不苟的理性精神。在普通法制度中，成文法的內容是非常細緻精密的，有條不紊，務求不會在字眼上有任何遺漏；而如果法律真有漏洞的話，法院是會容許當事人因此而獲益的，即使他的這樣得益與政策或道義上的要求不符。在普通法判例的文體和風格中，普通法的理性精神更透徹地表露無遺。閱讀這些判詞時，我們可以看到法官如何詳盡地敘述案情事實，如何全面地分析有關法例和以往的相關判例，如何仔細地說明適用於此案的法律原則和把它應用至有關案情事實中。判詞中不容任何的馬虎苟且，不容任何思維上的混亂或推理上的疏忽。普通法史上有不少傳誦千古的判詞，把人類的理性精神和良知發揮得淋漓盡致，這是任何研究人類文明與成就的人都不容忽視的。

由於篇幅所限，我們在本書裏未能摘錄判詞和予以分析；本書的目的，在於以淺白的中文和在香港政府出版的《英漢法律詞彙》（香港：律政署 1996年第 2 版）的基礎上，向讀者介紹香港現行法律體制的基本概念和原則，從而為此法制勾劃出其輪廓。全書的結構可簡介如下：第一章和第二章首先介紹香港法制的基本架構，第一章描述香港的立法、司法、律師等制度，第二章介紹民事和刑事訴訟程序。餘下的十二章則介紹香港的實體法中的一些主要部門，前三章屬於“公法”領域，後九章屬於“私法”（主要是“民商法”）領域。

公法所規範的是政府的架構和政府與人民的關係，本書所討論的公法部門包括第三章所談的憲法性法律（在香港主要是《中華人民共和國香港特別行政區基本法》）、第四章的行政法（尤其是關於法院如何審查政府行政機關的違法行為的法律）和第五章的刑法。刑法一章主要介紹刑事罪行的界定和懲罰的法律，是人們最熟悉的。由於刑事罪行一般是由政府對涉嫌犯罪者提出檢控，所以也歸入公法範疇。

　　在普通法的歷史中，私法比公法更加源遠流長，不少私法的概念和原則塑造着整個普通法的精神面貌。私法規範的是民間私人之間的權利義務關係，尤其是涉及財產問題的關係。普通法中的私法，核心內容是合約法（本書第六章）、侵權法（第七章）、房地產法（第八章、第九章）、信託法（即衡平法的主要部份）、繼承法和家事法（第十章、第十一章），這些領域中的大部份法律規範，都是由法院在審理私人之間的訴訟案件的過程中創設的。本書最後三章介紹的，則是在普通法傳統中較新興的、但在現代工商業社會中至為重要的法律部門，即知識產權法（第十二章）、公司法與合夥法（第十三章）和僱傭法（第十四章）。和上述較傳統的私法部門不一樣，此三章討論的部門都是以立法機關所制定的成文法為基礎的。

　　本書的作者和編者絕大部份都是現時任教於香港大學法律學院的教師，他們包括法律系的陳文敏、戴耀廷、廖雅慈、譚奕雯、何錦璇、李雪菁、張善喻、李亞虹和我本人，及法律專業教育系的張達明和周偉信，另外兩位作者（其中一人也是編者之一）則是任教於香港城市大學法律系的羅敏威（他也是在港大取得法學學士學位的）和山東煙台大學副教授鍾建華（現時在港大攻讀法學博士學位）。本書得以與讀者見面，全賴他們各人的辛勤努力和悉心支持，作為本書的組織策劃和最後審訂者，我謹此向他們每人致以最深的謝意和最高的敬意。我還要感謝港大法律學院諸位同事在本書文稿的打字和校對上的大力支持，特別是吳思螢、吳雷華和姚茂萍諸小姐。最後還得向香港三聯書店的策劃編輯關秀瓊小姐致以最誠摯的感謝，沒有她在精神上和實務上的支持，本書也是不可能面世的。

陳弘毅

香港大學法律學院

1998 年 6 月 8 日

第一章

# 法律制度

陳文敏[*]

香港大學法律學院教授

　　香港是一個國際金融中心和安定繁榮的國際大都會，其成功的重要因素之一，是擁有一個相當健全的法律制度。《中華人民共和國政府和大不列顛及北愛爾蘭聯合王國關於香港問題的聯合聲明》（以下簡稱《中英聯合聲明》）規定，香港特別行政區在 1997 年 7 月 1 日成立後，香港原有的法律基本不變，《中華人民共和國香港特別行政區基本法》（以下簡稱《基本法》）第 8 條亦明確指出，香港原有法律，即普通法、衡平法、條例、附屬立法和習慣法，除與《基本法》相抵觸者外，均予保留。《基本法》並同時對香港特別行政區法律制度的不同範疇作出具體的規定，總的原則是在“一國兩制”的大前提下，香港在 1997 年 7 月之前的法律制度，在特區成立以後予以保留，中華人民共和國的全國性法律和法律原則，除《基本法》另有規定外，將不會在特區實施。所謂“法律制度”，除了包括法律的淵源和組成部份外，亦同時包括制度內不同架構和人士的角色與任命、運作和程序，司法推理方法與基本價值體系等。本章將就這各方面作簡單的介紹。

---

[*]　　就張達明先生對本章初稿所提出的寶貴意見，作者謹此致謝。

# 一 不同法系與普通法法系

不同國家因應不同的歷史發展、社會需要，以及政治、經濟、文化等各方面的差異而發展出不同的法律制度，而這些不同的法律制度可根據一些共通的特徵和架構而歸納為不同的 "法系"（families of legal systems）。在同一法系內的法律制度有共通的特徵，有類似的架構，還有一些共通的價值觀念。目前世界上主要的法系包括普通法法系、歐陸法系（大陸法系）、社會主義法系，以及一些以回教或印度教為基礎的宗教式法系。香港特別行政區屬於普通法法系，而中國內地則屬於社會主義法系，但當中又吸收了不少歐陸法系的元素[1]。

## （一） 普通法系

普通法（Common Law）源自英國。在 1066 年，諾曼底公爵威廉（即英皇威廉一世）征服英格蘭後，鑑於當時的英格蘭在不同地方有不同的風俗和習慣法，但卻沒有一套統一和適用於全國的法律，於是他和他以後的幾位皇位繼承者便着手建立一套以皇權為中心的全國性法律制度。他們建立了一些皇室法院，這些皇室法院最初主要處理一些和皇室利益有關的事項，例如涉及土地、稅項，以及破壞公共安寧（breach of the peace）的刑事罪行等方面的案件。經過二百多年的發展，這些皇室法院逐漸取代了各地自己設立的地方法院的職權，並通過判例逐漸形成了一套統一的法律制度。從這裏可明白到 "普通法" 這個用語的其中一個涵義，即普通法是指適用於全國的普遍性的法律，有別於不同地方因應不同風俗而形成的地方性法律。這個歷史發展過程亦產生了普通法的另一個特點，即普通法是由法院的判例累積而成的，時至今日，不少部門的法律，例如合同法、侵權法、信託法等，仍然是以普

---

1　就不同法系的進一步介紹，請參閱 René David and John Brierley, *Major Legal Systems in the World Today* (London: Stevens & Sons, 3rd ed. 1985)。

通法判例為骨幹的。故此，普通法的另一涵義是指由判例衍生出來的法律。

　　早期，普通法又發展出一套複雜的令狀制度（writ system），根據這套令狀制度，不同的訴訟需要採用不同的令狀，而不同的令狀又會相應有不同的司法程序，甚至不同的司法補救方式（即法院判決勝訴一方可得的賠償或其他補救）。在 15 世紀，這個令狀制度變得相當僵化和臃腫，甚至出現矯枉過正的情況，不少人往往因為程序方面的失誤而被拒諸於法院門外，於是這些人紛紛向英皇提出申訴，英皇遂將這些申訴轉交首席大臣（即大法官）（Lord Chancellor）處理，隨着這些申訴日漸增加，大法官便設立了一個衡平法法院（Court of Chancery），專門處理這些申訴。在處理這些申訴時，大法官避免過分重視令狀和程序方面的技術性問題，而集中考慮案情的理據得失，漸漸地，這個法院便發展出另外一套的法律規範，亦即所謂 "衡平法"（Equity）。於是，"普通法" 的一個較狹義的解釋，是指由皇室法院的判例所衍生出來的法律，而不包括由衡平法法院所衍生出來的另一套法律原則。一般而言，衡平法是較為有彈性及注重案情的合理性，程序方面或技術性的失誤相對上是較次要的考慮。然而，隨着時間流逝和判例制度的發展，衡平法亦逐漸失去其原有的靈活性，加上衡平法和普通法兩套法律規範並存，也引來不少的衝突和不便。於是，在 1873 年至 1875 年間，英國國會通過立法對司法制度進行大幅改革，將涉及衡平法和普通法的案件的管轄權共冶一爐。時至今日，衡平法和普通法的分別已經不再像以前那麼重要了，但由於衡平法規範和普通法規範在具體應用時仍有若干不同的考慮，而衡平法衍生了多套重要的法律原則，例如信託法、強制履行令、禁制令（強制令）等，故此，我們仍須瞭解衡平法與普通法的區別。

　　在 17 世紀以後，英國國力日漸強大，在海外建立殖民地時，英國人同時引進了這套普通法制度（這裏的 "普通法" 是指其廣義的涵義，即包括衡平法）。在今天，美國和幾乎所有英聯邦國家，一些前英國殖民地，包括澳洲、新西蘭、馬來西亞、新加坡、印度、加拿大，以及不少非洲國家及太平洋島國等，都是採用這套普通法制度的。這套制度有四個特點：（a）它是以判例為骨幹，有些重要法律部門（如合同法、侵權法、財產法、行政法等）的基本概念和原則都來自判例而非成文法（即由立法機關制定的法例），普通法的一個特點，就是法院每一宗判案的理據所蘊涵的原則都可成為法律，而這些原則便構成所謂"判例"。一般而言，上級法院的判例對下級法院是有約束力的；(b) 普通法信奉三權分立的原則，司法機關獨立於行政和立法機關，並在一定程度上發揮着監察與制衡行政機關的功能；(c) 承襲西方民主自由思潮的傳統，普通法亦極為重視個人自由與財產的權利，例如在未判罪之前假定無罪（"無罪推定"的其中一方面），或任何人的財產都不得在沒有合理補償的情況下予以剝奪等原則，都是由普通法衍生而來的。此外，普通法亦極為注重公平審判的原則，從而發展出很多在程序方面對人身自由的保障，這些保障，在刑事訴訟制度中尤為重要；(d) 普通法的審訊程序比較傾向於辯論式或對抗式（adversarial）。普通法認為，若果控辯雙方能竭盡所能，各自提出對己方最有利的證供和論據，然後由一個公正的第三者進行裁決，這將是一個最公平的制度。於是在對抗式或辯論式的審訊程序中，法官的角色主要是一個公正的仲裁人，而決定審訊中所採用的策略的主動權，以至提出甚麼法律論據或傳召哪些證人的決定權，均屬於訴訟雙方或他們的律師代表；故此，在普通法的審訊制度中，律師扮演着一個舉足輕重的角色。

## （二）歐陸法系

歐陸法系又稱"民法法系"（civil law family），源於歐洲大陸，其內容及發展都受到古羅馬法的深遠影響。羅馬帝國在全盛時期已經發展出一套相當完整的法律體系，但隨着西羅馬帝國在公元 5 世紀滅亡以後，它所建立的法律制度亦隨之在西歐湮滅。中世紀的西歐起初是無法無天的黑暗年代，直至 11 世紀商旅興盛和及後的文藝復興時代，重燃對古羅馬法研究，才將這個局面轉變過來。文藝復興是指在文學、藝術、哲學、建築等各方面重新發現古代希臘和羅馬文明的成就並加以推展的一個時期，法學亦沒有例外。在這段

時期，不少學者都在思索如何建立一個更公義的法律制度，與此同時，市場
經濟的發展逐漸形成了一些重要的商業城市，如佛羅倫斯、威尼斯等，城市
裏新興的商人階級意識到如果商業貿易要繼續發展的話，便必須依賴一個公
平和理性的法律制度，而古羅馬法正好提供了一個很好的基礎，去發展這樣
一種理性的法律制度。故此，如果說英倫普通法乃建基於一個統一的王朝的
法律制度，歐陸法系則建基於一個共通的歷史遺產和文化源流。英倫普通法
的發展是由法院作主導，而歐陸法系的發展則是以大學裏的學者為骨幹。

　　歐陸法系的一個最大特色，便是以法典（code）為基礎。法典不同於普
通法系中的一般成文法，普通法法制中的成文法通常只會就個別的問題訂出
規範，而歐陸法系的法典則將某一個法律部門中所有的有關原則和概念，很
有系統和很有條理地寫出來，這和它的歷史發展在於尋找一個合理、公平和
理性的社會有密切的關係；其次，歐陸法系國家雖然亦接受三權分立的原
則，但它們的司法機關（主要是指法院）所享有的權力和地位，卻遠遜於普
通法制度下的司法機關，這也和它們的歷史發展息息相關，因為在一些歐陸
國家（如法國），法院曾經一度淪為統治者壓迫異己的工具。故此，三權分立
的意思便變成法院只能扮演忠實演繹法律的角色，而不能有類似普通法法院
那種透過判例而建立法律規範的權力，這也是在歐陸法系中沒有一套嚴謹的
約束性判例制度的原因，法院的判案一般都不會對其他法院具有約束力；最
後，歐陸法系的審訊程序是傾向於調查式（inquisitorial system）的。在調查式
的審訊制度裏，法官不再是普通法制度中的被動的公正人，而是積極和主動
的調查者，法官會在審訊中主動地調查事件的真相，盤問有關的證人，甚至
傳召一些雙方律師可能都不願傳召的證人。審訊再不是像普通法制度中的一
場由控辯雙方作主導的辯論，而是由法院主導的對事件真相進行調查的過程。

　　歐陸法系可分作兩個支派，一個是法國法系，另外一個是德國法系。法
國法系最基本的法律文獻是法國在 1804 年頒佈的法國民法典（French Civil
Code），亦稱為 “拿破崙法典”（Napoleonic Code），這個法典對所有屬於法
國法系的國家都有深遠的影響。德國法系則主要是受到 1896 年的德國民法

典所影響，中國台灣地區和日本，甚至現在的中華人民共和國，它們的法律制度都比較接近德國法系；日本在明治維新之後，主要是模仿德國的法律制度，中華民國南京國民黨政府時代亦是主要參考德國、瑞士和日本的民法來制定自己的民法典。

## （三）社會主義法系

雖然，普通法系和歐陸法系在制度上有很多不同的地方，但它們都有一些共通的價值觀念，例如尊崇個人自由和重視對私有財產的保障等。故此，在這些問題上，它們往往會有相類似的法律條文或判例。社會主義法系則建基於另一套完全不同的思想價值體系之上，它源於馬克思主義及列寧主義，認為法律乃上層建築；在資本主義社會，法律是資本家統治人民的工具，為了消除剝削及解放工人，便必須進行社會主義革命，打破對資產階級生產工具的壟斷及階級的剝削，從而建立一個無分階級的共產主義社會。在這個過程中，法律的作用是建立和鞏固社會主義的一種手段；換言之，法律只是一種手段去達致一個政治目的。因此，社會主義法系的法律都會有一些政策性的條文，法律的解釋往往會從廣義的政策作出發點，而沒有普通法那種細緻甚至咬文嚼字的推理。傳統上，社會主義法系都是以公法為主，私法難以有足夠的發展空間。這一點在中國內地開始實行經濟改革的時候便曾帶來不少理論上的阻力，例如如果在社會主義法系中不保護私有產權，那麼如何發展國營企業以外的私營或合資企業，或當破產法只適用於私有產權時，如何處理不斷虧蝕的國營企業？

社會主義法系的另一個特點是將國家權力集中於人民代表大會，並實行共產黨領導的原則。因此，它並不接受三權分立；相反地，它認為不論立法、執法，甚至解釋法律的權力均應該在人民手上，而人民的意願就由國家最高權力機關──即全國人民代表大會執行。故此，在今日中國內地，全國人民代表大會可以行使立法權，並可透過其常務委員會行使法律解釋權，法院雖然可以對個別的案件擁有最終的裁判權，但對人民代表大會所通過的法律，卻沒有最終的解釋權。


## 二　法律的分類

法律可以有不同的分類。首先，有國際法（International Law）和國內法（Municipal Law）之分，國際法主要涉及國家與國家（包括國家與國際機構）之間的關係，它們的主要來源是條約、國家慣例，以及一些普遍受國際公認的習慣法。國際法又可分為國際公法（Public International Law）及國際私法（Private International Law），國際公法管轄的範圍包括主權、領土、領海、人權、國籍、難民等等，而國際私法則涉及不同種類的國際經貿活動和不同法域之間的法律衝突。有人認為，國際間只有政治角力而沒有法律可言，這是一個比較偏激的觀點。試想想，為甚麼飛機需要按照固定的航道飛行？為甚麼信件只要貼上一個郵票便可以穿州過省地送到遠方朋友的手上？又或為甚麼你安坐家中便可收看透過人造衛星直接轉播千里以外進行中的體育賽事？這些都是由國際法管轄的行為。誠然，在國際司法制度中，沒有國際警察或享有強制執行的權力的司法機構來執行國際法，但國際關係千絲萬縷，互相牽引，以致國際法在執行方面也遠比一般人想像中更為複雜和有效。事實上，就正如國內法一樣，各國遵從國際法的行為是遠比違反國際法的行為為多。20 世紀 90 年代中期，國際社會成立了兩個刑事審訊法庭，審訊在前南斯拉夫及非洲的盧旺達進行的 "種族清洗" 罪行，這又再一次燃起國際社會對成立國際刑法制度的希望，聯合國後來更在 1998 年召開會議，正式通過成立國際刑事法院的條約，該羅馬條約在 2002 年 7 月 1 日正式生效，至 2008 年已獲一百零六個國家簽署，並在海牙成立國際刑事法院，審訊像戰爭罪行、種族滅絕、干犯人道罪等違反國際法的嚴重罪行。

國內法亦和國際法一樣，可以分為公法（Public Law）和私法（Private

Law），公法是關於政府的運作和政府與人民之間的關係的法律，而私法則主要涉及人民之間，即私人之間的關係，尤其是財產和經濟方面的法律。公法的範圍包括憲法、行政法、國籍法、刑法、稅務法等；私法則包括合同法、侵權法、財產法、信託法、家事法、繼承法、公司法、商法等。

　　另外一種分類方法，是把法律分為民法和刑法。民法牽涉的是民事訴訟（civil proceedings），刑法牽涉的是刑事訴訟（criminal proceedings）。刑法訂立了一些社會公認為最起碼的行為標準，並對違反這些行為標準的人作出懲罰。因此，刑法一般是由政府提出檢控，目的在懲罰犯法者。由於懲罰可能涉及剝奪人身自由，故此，刑法要求一個較高的舉證標準：控方必須提出足夠的證據，舉證標準須達到沒有合理疑點（beyond reasonable doubt），法院才能將被告入罪。民法則規範私人與私人之間的權利和義務，及處理因違反這些權利或義務而導致的索償要求。由於民法並不涉及個人自由，加上普通市民沒有政府那樣龐大的資源和權力去進行調查、拘捕或搜集證據，故此，民法的舉證標準是較刑法為低的：舉證一方所提出的證據，只要證明他所主張的事實存在的可能性高於其不可能性（balance of probabilities），便達到民事的舉證標準了。另一方面，由於民事訴訟的目的在於索取賠償而非懲罰被告，故此，通常原告必須提出證據證明其損失。例如在一宗交通意外中，司機醉酒駕駛，警方可對司機提出刑事檢控，因為醉酒駕駛是觸犯了刑法所訂出的社會認可的最低行為標準。刑事檢控的後果是司機可能被判罰款，或被吊銷駕駛執照，甚至被判入獄。在刑事檢控的過程中，因交通意外而受傷的路人將會作為控方證人，但刑事程序的目的，不在於對傷者作出賠償，如果傷者需要索取賠償，便要進行民事訴訟了。在民事訴訟中，傷者要提出足夠的證據，證明他受傷的原因是因為司機的疏忽，以及足夠的證據證明他的損失，例如醫藥費、工資的損失和工作能力的喪失等。由於民事程序和刑事程序是兩套不同的程序，也有不同的舉證標準，故此，即使在一宗工業意外或交通意外中，政府沒有對僱主或司機提出刑事檢控，仍不會影響傷者（或死者的家屬）向僱主或司機提出民事索償的權利。

最後一種較為普遍的分類方法，是把法律分為程序法（Procedural Law）
和實體法（Substantive Law）。實體法是指各個法律部門中的具體原則和規
範，例如怎樣才構成一份有法律效力的合約，或在甚麼情況下才構成民事疏
忽；程序法則規範了向法院提出訴訟的程序。普通法相當重視程序的要求，
目的在保證司法程序能夠公正地進行；在今天，程序法是一個相當複雜和技
術性的法律部門。事實上，在高等法院處理的一般民事和刑事訴訟中，程序
方面的爭論往往佔了訴訟一半以上的時間。

## 三　香港早期的法治

1842 年《南京條約》簽訂後，英國割佔了香港島，其實早在 1841 年 1
月 20 日義律單方面公佈的《穿鼻草約》（Convention of Chuenpi）時，英國已
強佔香港島，伊諾上尉（Captain Elliott）並於六天後首次在香港懸掛英國國
旗。同年 2 月 1 日及 2 月 2 日，伊諾上尉發出兩份公告（proclamation），指
出香港已成為英國領土和當地居民受英國保護，但中國人仍繼續受中國法律
及風俗習慣所約束（酷刑除外），並由英籍裁判官所管治，至於在香港的外國
人則由英國法律管治，並由當時設在廣州的刑法及海商法法院所管轄。同年
4 月 30 日，伊諾委任威廉堅（William Caine）為首任裁判官，並兼任警察首
長及監獄長。

然而，《穿鼻草約》從未生效，因為清廷認為割地賠款乃喪權辱國而
拒絕簽署，英國政府則認為香港這不毛之地毫無用處，巴馬頓勳爵（Lord
Palmerston）便是在這情況下說了香港歷史上的一句名留青史的名言："香港
乃一荒蕪的石塊"（barren rock）。英政府認為伊諾上尉不夠進取而將他撤掉，
改派強硬的鷹派人物砵甸乍爵士（Sir Henry Pottinger）取代之。英廷當時的
指示是放棄香港而奪取更有實用價值的地方，但砵甸乍不理會倫敦的指示，
藉着英軍的船堅砲利，直取香港及其他地方，並在 1842 年 8 月 29 日迫使清

廷簽訂《南京條約》。

《南京條約》第 3 條指出，香港由適用的英國法律所管轄，這有別於伊諾上尉以不同法律規範中國人和外國人的方法，事實上，在 1842 年至 1843 年，英國國會對兩套法律分別適用於中國人及外國人的處理方法亦大有保留。但這情況維持至 1844 年，才由立法局通過規定英國法律適用於所有人士，但仍保留以中國法律作為對中國犯人判刑的基礎，箇中原因是中國法律較為嚴苛，若對中國人施以仁慈的英國律法，只會令中國人失卻對英國法律的尊重！這項保留直至 1875 年才被廢除。

英皇在 1843 年 4 月 5 日頒佈首份《英皇制誥》，奠定行政、立法和司法的權責，同時委任砵甸乍為首任港督，並在 6 月 26 日正式宣誓就任。

同年 6 月 1 日，英皇會同樞密院頒令，將在廣州的刑法及海事法院移至香港，並由砵甸乍兼任法官。6 月 26 日，英國政府委任馬琴中校（Lieut-Col Malcolm）為民政事務司（Colonial Secretary），威廉堅為首席裁判官，並委任立法局及行政局成員。至此，香港的管治架構便漸具雛形。

## （一）法院的成立

英國佔領香港後，便得馬上面對管治的問題。香港當時只有幾百名英國人，當中大部份為軍人，並鮮具法律資格。另一方面，香港只是中國南面一個邊陲小鎮，這裏不如北京、上海般有大量知識份子可供籠絡。在缺乏人材的情況下，再加上當時英國人普遍存在的文化與種族優越感，以及倫敦亦難以駕馭身處八千里外的官員，早期香港的法治確是差強人意。

威廉堅出任首任裁判官，卻同時兼任警察首長和監獄長，並為立法局及行政局成員，集大權於一身。他本身是軍人出身，除軍法外對法律一無認識。在他管治期間，判決大多隨其喜好，而且他以鐵腕手段，動輒對罪犯施以重刑，但他卻仕途亨通，官至民政事務司及核數署長（Auditor General），並曾出任署理港督，在 1871 年以七十一歲高齡逝世。

　　1844 年 3 月 4 日，香港的刑事法院正式開幕，法官為砵甸乍及德忌立上尉（Major General D'Aguilar），當天第一宗案件為一名馬尼拉船員被控謀殺，案件審至下午時只有砵甸乍一人審理，該名被告既沒律師代表，亦沒有傳譯員，但最後被判罪名成立及判處死刑。在開審前，砵甸乍向陪審團發表演說，指出"但願他即將要進行的調查能交給一個更有資歷的人來處理。"[2] 事實上，在成立法院時不少人期望由一真正法官來主持，而砵甸乍所領導的法院，一直為人詬病。

　　1844 年 4 月，英政府任命史他令（Paul Sterling）為律政司，年薪一千五百英鎊。史他令為執業大律師，他於 7 月 28 日抵達香港履新。然而，首席法官一職卻仍杳無音訊，即使年薪高達二千五百英鎊，仍最少有七位大律師先後推卻聘任，原因之一是天氣問題！最後年薪加至三千五百英鎊才吸引到約翰·休姆（John Hulme）。休姆為英國執業大律師，並為英國法律界泰斗 Joseph Chitty 的女婿，與 Chitty 合寫了幾部重要著作，他於 5 月 7 日抵達香港。然而，最高法院卻延至 10 月 1 日才正式開幕，原因乃休姆與律政司用了幾個月時間草擬有關的法院程序法例，但延誤開幕卻令休姆備受批評。

　　10 月 2 日，法院正式開庭，這是除了由砵甸乍主理的刑事及海商法庭外首次在中國有陪審團的刑事審訊。這是一宗誘拐控罪，被告誘拐兩名年輕女子上船，然後綁起她們運來香港以每人九十元的價值將她們出賣，兩名被告均被判罪名成立，判監十八個月。[3]

## （二）司法獨立受到挑戰

　　1844 年 5 月 7 日，英輪"史畢呼號"（Spiteful）由孟買抵港，船上載有首任首席法官休姆，接替砵甸乍作第二任港督的戴維斯，首任民政事務司布祿士（Frederick Bruce）以及最高法院首任經歷司羅拔基爾（Robert Cay）。

---

2　Norton-Kyshe, *The History of the Laws and Courts of Hong Kong* (Vetch and Lee Ltd, 1971), Vol 1, p 38.

3　Norton-Kyshe, pp 64-66.

同年 10 月，最高法院正式開始運作，亦標誌着香港法治新的一頁。

　　當今天我們認為法治乃理所當然時，百多年前由零開始去建立一套法制卻殊非易事。休姆法官為人正直，平易近人，在開埠初期對建立香港的法制貢獻良多，然而，一宗涉及司法獨立的案件，令剛起步的法治受到莫大挑戰。

　　1846 年 7 月 4 日，英國商人甘頓（Charles Compton）在廣州踢倒一名水果檔小販，並毒打阻止他的中國官員，這事件引起華人不滿並與英商發生流血衝突，結果導致三名華人死亡。甘頓最後被起訴及被英國駐廣州領事罰款二百元。港督戴維斯親自批文同意該罰款，並認為甘頓的行為違反中英有關的條約，故可不經正式審訊而作出罰款。甘頓不服，遂向香港最高法院提出上訴。

　　在上訴前夕，戴維斯去信休姆，指出若甘頓上訴得直，將會對英國政府造成極度尷尬與不便，要求休姆維持原判。11 月 26 日，休姆作出判決，判詞指出原審的程序草率，錯漏百出，控罪根據一條法例，罰款卻依據另一條法例，法院無可避免地必須推翻原判。[4]

　　休姆的判決充分體現了司法獨立，而他不給戴維斯買賬令兩人的關係逐步惡化。戴維斯隨後向外務大臣巴馬頓勳爵告狀，並指休姆酗酒成性，不宜繼續當法官。巴馬頓勳爵就甘頓案作出回應，他完全同意戴維斯的處理方法，若英國政府要求中國人不騷擾英國子民。同樣地，英國子民亦不准騷擾中國人，甘頓的行為令政府蒙羞，故罰款是恰當的，唯一可惜的是，罰款沒有依從正當的程序，既然法院已作出判決，政府便不得向甘頓就該次事件再提出起訴。至於對休姆的投訴，巴馬頓勳爵將投訴轉交殖民地大臣基勒男爵（Earl Grey）處理。

　　基勒男爵認為戴維斯的指控嚴重，遂命令進行公開聆訊，戴維斯原意只是告休姆一狀，並無意提出聆訊，故他回應指自休姆休假回來後情況已大有改善。然而，基勒男爵堅持弄清事件，並指示一是戴維斯作出公開道歉，一

---

4　Norton-Kyshe, pp 115-119.

是他提出證據，戴維斯無奈下選擇進行聆訊，亦成為香港首次對法官進行紀律聆訊。[5]

1847 年 11 月 22 日，戴維斯要求首席法官休姆出席行政會議，就三項對他的指控作出答辯，這三項指控為（a）他經常酗酒（habitual drunkard）；（b）1845 年，他在"愛琴閣號"船上的一次宴會上酩酊大醉；及（c）1846 年 7 月，他在德忌立上尉家中作客時酗酒。[6]

聆訊在 11 月 25 日展開，由港督戴維斯主持，聆訊委員會成員為德忌立上尉、莊臣（為港督秘書）及已貴為民政事務司的威廉堅。刑事檢控專員金寶（Charles Campbell）負責檢控，這是香港司法史上的一次污點。聆訊前夕，休姆要求公開聆訊遭拒絕。戴維斯既是投訴人，復為聆訊的主席，聆訊委員會中的成員莊臣及威廉堅先後作供，既為法官亦為控方證人，唯一獨立的成員是德忌立上尉，而他認為檢控為誣告，並提出強烈抗議。

事實上，控方傳召的證人大部份均否定控罪，一名高級軍官指出，他曾與休姆共進晚餐十八次之多，卻從未見他酗酒。控罪中有關兩項在宴會的指控，控方均提不出證據，就第二項控罪，更有證人指出休姆當時患腳傷，要靠柺杖行路，但他在宴會中一時忘形將柺杖放在一旁，以致令人覺得他腳步浮腫！控方唯一力指休姆為酗酒者為聲名狼藉的威廉堅，聆訊歷時三天，在 11 月 27 日結束。儘管德忌立強烈反對，聆訊結果仍是控罪成立。11 月 30 日，戴維斯下令暫停休姆法官的職務，等候英皇發落。

這個消息傳出後，馬上引起社會各界強烈的回響，當中包括英國公民、香港的華人代表及香港執業律師，他們均高度表揚休姆，並期望休姆盡快回港，甚至遠至印度的報章均對事件表示遺憾。

12 月 30 日，休姆啟程返倫敦對他的指控提出上訴，他離開時受到大批英國人和本地華人送行。他離開後，首席法官一職由當日負責檢控的金寶繼任。1848 年 3 月 20 日，休姆乘坐輪船"北京號"由倫敦返港，船上的乘客

---

5　　Norton-Kyshe, pp 155-168, pp 196-200.

6　　Norton-Kyshe, pp 157-158.

有剛休假回來的律政司史他令及第三任港督般含爵士。戴維斯正式卸任，離開香港時，歡送他的除了般含爵士外便只有寥寥數人，與休姆離港時的熱鬧情況成強烈對比。

1848 年 6 月 16 日，英國殖民地大臣公佈，推翻所有對休姆的指控，認為指控並無事實根據，並同時恢復休姆首席法官的職位。至此，這宗冤案總算沉冤得雪。

## （三）毒麵包案

1857 年 1 月，香港發生了一宗轟動一時的案件，數百名在香港的外籍人士當天在早餐吃過麵包後紛紛中毒，當中包括當時港督夫人及不少高官名人，雖然所有人在醫治後均告無恙，但事件明顯是針對在香港的外籍人士，他們吃早餐的麵包均由一間叫“義盛”（Esing）的麵包店供應，調查後發覺麵包混入了火酒。麵包店的負責人張亞林在案發當天清早舉家離港前往澳門，麵包店的往來賬戶亦於日前結算清楚，似乎麵包店已準備結業。麵包店的另一名員工亦於同日離開香港，種種跡象均指向張亞林為落毒者。幾天後，張亞林在澳門被捕，並隨即被遞解回香港受審。2 月 2 日，案件在高等法院開審，由首席法官休姆主審，律政司親自檢控，法院公眾席座無虛設，張亞林由兩間外籍律師行轉聘兩名外籍大律師代表，陪審團亦全為外籍人士。

律政司在開案陳詞中指出，這是一宗嚴重罪行，是有計劃地毒害所有在香港的外籍人士。雖然沒有直接證據指張亞林落毒，但環境證據已足夠令張入罪，法院必須伸張公義。張的代表律師認為案有不少疑點，並指張乃遭人陷害：張只是舉家往澳門度假，並買了來回船票，他甚至買了不少麵粉準備帶回香港，張的女兒亦吃了有毒麵包，在船上嘔吐不已。控方回應這只不過是張故意製造的煙幕，不足構成疑點。首席法官在引導陪審團時指出：“儘管我與律政司同樣深切地認為落毒者必須受到法律的制裁以伸張公義，但將一名無辜的人定罪並不會彰顯公義。”最後，陪審團以五比一多數裁定張罪

名不成立。可惜，香港政府在外籍人士的強大壓力下，隨即再逮捕張。律政
司質疑港督作出逮捕張的合法性，最後倫敦介入事件，同意釋放張，但他須
從此離開香港，事件才告平息。[7]

　　法院的判決，凸顯了公平審訊的可貴；更難得的是，這宗案件的被告代
表律師、主審法官和陪審團全為毒麵包的受害人，但法院卻能堅持案件疑點
利益歸於被告的原則而作出公正的裁決，香港法治的基石亦自此逐步鞏固，
為未來百年的法治奠下重要的基礎。


# 四　法律淵源

　　在 1997 年以前，香港長期為英國所管治；自 1997 年 7 月 1 日起，香
港已回歸中國成為一個特別行政區，實行"一國兩制"。故此，香港法律的
來源可分為兩方面，即在本地實施的香港以外的法律和香港本地的法律。在
1997 年以前，在本地實施的香港以外的法律包括皇室特權立法（prerogative
legislation），如《英皇制誥》（Letters Patent）和《皇室訓令》（Royal
Instructions），也包括一些適用於香港的英國國會立法（Acts of Parliament）。
1997 年 7 月後，在本地實施的香港以外的法律，則包括適用於香港特別行政
區的中國全國性法律，全國人大常委會對《基本法》的解釋和相關的決定、
以及《中華人民共和國憲法》（以下簡稱《中國憲法》）。[8]


## （一）來自香港以外的法律淵源

　　皇室特權立法是英國憲制史上遺留下來的產物，它容許皇室在國會許可

---

7　Norton-Kyshe, pp 414-421; Steve Tsang, *A Modern History of Hong Kong* (Hong Kong University Press, 2006), pp 52-55.

8　就回歸以前香港法律制度的一般介紹，請參閱陳弘毅：〈香港法律制度的現況及前景〉，刊於鄭宇碩（編）：《過渡期的香港》（香港：三聯書店，1989），頁 67-96。

的情況下進行立法，皇室特權立法理論上由英皇制定，實際上是由英政府的行政機關制定，最常見的皇室特權立法，是英皇會同樞密院的頒令（Orders in Council）。在英國管治時期的香港，英皇會同樞密院頒令的主要作用在將英國國會立法引進屬土，並在引進時作適量的修改。《英皇制誥》及《皇室訓令》，也具有英皇特權立法的性質。

《英皇制誥》及《皇室訓令》在 1997 年前乃香港的憲法性文件。《英皇制誥》規定了行政局、立法局的設立及法官的任命，並對立法機關的組成和權力，以至司法人員的罷免等問題作出規限。《皇室訓令》則對當時的行政局及立法局的運作以及立法程序作出進一步的具體規定。《英皇制誥》是英國管治時期的香港的最根本的憲法性文件以及立法局立法權力的來源，立法局制定的法律不能超越《英皇制誥》的授權範圍，過往亦曾有一些法例因為抵觸《英皇制誥》的規定而被法院宣佈為無效[9]。

英國國會法例是英國國會的立法，香港以前雖然受英國管治，但絕大部份英國國會法例均只適用於英國，故適用於香港的英國國會法例只佔香港法律的一小部份，它們只有在三種情況下才在香港適用[10]：(a) 英國國會法例本身明文規定它適用於香港或所有英國海外屬土，例如 1985 年的《香港法》規定在 1997 年 6 月 30 日後英國便不會再在香港行使主權，或適用於所有英國屬土的《殖民地法律有效法》（*Colonial Laws Validity Act 1865*）；(b) 即使英國國會法例本身並沒有明文規定適用於英國海外屬土或香港，但從法例的性質和內容，可以推斷國會有意將該法例應用於海外屬土，那麼該法例便會在香港具有法律效力，但透過這方法適用於香港的法例的例子並不多；(c) 英國國會立法也可以透過英皇特權立法（如英皇會同樞密院頒令）或本地立法引進香港，例如《英國法律應用條例》便明文規定在其附表內列出的英國國會法例將適用於香港；在附表中列出的均為 1843 年 4 月 5 日（即香港島正

---

9    其中一個最佳的例子，是所有在 1991 年 6 月 8 日以後通過的法律，若違反《公民權利和政治權利國際公約》適用於香港的條文，便會因抵觸《英皇制誥》第 VII(5) 條而無效。

10   1997 年前的《英國法律應用條例》，第 4 條。此條例已於 1997 年 7 月 1 日起廢止。

式成立其本身的立法機關之日）當天適用於英國的國會法例，例如《人身保護令法》。在 1997 年以前，大約有三百多條英國國會法例適用於香港，它們大部份是透過英皇會同樞密院頒令引進香港的，這些法例涉及例如版權、專利、海商和航空運輸等領域，這些領域對 1997 年後的香港仍是重要的，但由於《中英聯合聲明》和《基本法》均沒有保留英國國會法例及英皇特權立法於 1997 年後在香港特別行政區的法律效力，於是，自 1985 年起，港英政府便對這些英國國會法例進行全面檢討。其後，更決定採用其中大約一百五十多條的英國國會法例的內容，並以香港本地立法的形式重新訂立這些內容，這項工作稱為 "法律本地化"。法律本地化並不單只把英國國會法例的條文抄過來便完成，很多英國國會法例都涉及一些國際條約。故此，在進行本地化之前，香港還須得到有關方面包括英國、中國及其他條約的締約國的同意，對有關條約作出確認及保證這些條約在 1997 年以後仍然適用於香港，或重新訂定新的條約（例如涉及引渡的雙邊條約），才能進行有關的立法。[11]

《基本法》第 18 條規定，在香港特別行政區實行的法律為《基本法》、香港原有法律和香港特別行政區立法機關制定的法律，也包括列於《基本法》附件三內的全國性法律。這些全國性法律，必須關係國防、外交或其他按《基本法》規定不屬於香港特別行政區自治範圍的法律。凡列於附件三的法律，還須由香港特別行政區在當地公佈或立法實施。這些適用於香港的全國性法律，包括《關於中華人民共和國國都、紀年、國歌、國旗的決議》、《中華人民共和國國旗法》、《中華人民共和國領事特權與豁免條例》、《中華人民共和國領海及毗連區法》、《關於中華人民共和國國慶日的決議》、《中華人民共和國國籍法》、《中華人民共和國國徽法》、《中華人民共和國專屬經濟區和大陸架法》、《中華人民共和國外國中央銀行財產司法強制措施豁免法》及《中華人民共和國香港特別行政區駐軍法》（以下簡稱《香港駐軍法》）[12] 等。

---

11　較詳細的討論可參看陳文敏撰寫的〈在風雨飄搖中的法律制度〉，該文刊於鄭宇碩、盧兆興合編的《九七過渡：香港的挑戰》（香港：中文大學出版社，1997），頁 81-116。

12　《香港駐軍法》是根據 1997 年 7 月 1 日《全國人民代表大會常務委員會關於〈中華人民共和國香港特別行政區基本法〉附件三所列全國性法律增減的決定》加進附件三的法例的其中之一。

　　1997 年 7 月 1 日後，香港成為了中華人民共和國的一個特別行政區。設立特別行政區的法律依據來自《中國憲法》第 31 條，這一條規定，國家在必要時得設立特別行政區，在特別行政區內實行的制度按照具體情況由全國人民代表大會以法律規定。既然香港特別行政區是中國的一部份，《中國憲法》理應在香港實行，但由於香港的特殊情況和歷史發展，第 31 條可理解為容許《中國憲法》中部份條文不適用於香港，例如在香港特別行政區不實行社會主義的制度和政策，並保持原來的資本主義制度和生活方式五十年不變。然而，這是否意味《中國憲法》除第 31 條外，其他條文均不適用於香港？這又不然，《中國憲法》內關於全國人民代表大會或國務院這些國家機構的規定，似乎仍然對香港特別行政區有實際和重要的意義。事實上，《中國憲法》內哪些條文適用於香港，哪些條文不適用於香港，一直是個懸疑未決的問題。

## （二）人大釋法與《基本法》的解釋

　　《基本法》第 158 條規定，全國人大常委會享有對《基本法》的解釋權。特區法院在判案時亦同時享有對《基本法》的解釋權，但在終審法院作出終局判決前 [13]，若有關的《基本法》條文涉及中央政府管理的事務或中央和特區的關係，而該條款的解釋又會影響到案件的判決時，終審法院便得提請全國人大常委會對有關條文作出解釋，這些解釋對特區法院具約束力，但在此以前作出的判決則不受影響。全國人大常委會在作出解釋前得先徵詢基本法委員會的意見。[14]

　　這一條文曾在香港引起很大的爭議，在"吳嘉玲案"[15]，法院要處理的是港人在內地所生的中國籍子女是否享有居港權，根據《基本法》第 24 條的規

---

13　第 158 條指任何法院作終局判決均受這一條的規範，在某些情況下，香港法例規定上訴法院的判決為終局判決，但終審法院認為這規定並不阻止有關人士再向終審法院提出上訴：參見 *A Solicitor v Law Society* [2004] 1 HKLRD 214。

14　基本法委員會有十二位成員，其中六人為內地委員，六人為香港委員，由中央任命。

15　*Ng Ka Ling v Director of Immigration* [1999] 1 HKC 291.

定，這些子女已符合香港永久居民的定義，享有居港權，但《入境條例》卻進一步規定，這些子女必須出示有效的永久居民證明書才可獲居港權，而證明書必須在香港以外地區申請，在內地作出申請時，申請人必須同時出示內地公安機關批准離境的證明書（俗稱"單程證"）才會獲永久居民證明書，換言之，偷渡或合法來港後逾期居留的人士將不獲永久居民的身份。這些規定是在 1997 年 7 月 10 日由臨時立法會修訂的。法院面對的問題是這些規定是否符合《基本法》第 24 條的規定。

終審法院在拒絕香港特區政府的要求提請全國人大常委會對第 24 條作出解釋時指出，法院是否需要提請人大釋法得視乎兩點：(a) 法院在判案時是否需要解釋有關條文；(b) 該條文是否屬於需要提請人大釋法的類別。香港特區政府認為案件亦涉及第 22 條關於內地居民來港定居的規定，而這一條涉及中央地方關係，故法院得提請人大釋法，但法院認為案件主要關乎第 24 條，而這一條乃涉及香港永久居民的定義，這屬於香港內部事務，故第 158 條的規定並不適用。法院更指出，將證明書與單程證掛鈎乃違反《基本法》的規定，內地出生的子女是否有香港永久居民身份與他們是否可以合法離開內地，是兩個不同的問題。《入境條例》的規定無疑是將鑑定香港永久居民身份的權力轉交內地公安，這並非《基本法》的設計原意。

然而，香港特區政府認為終審法院的判決會令大量內地出生的子女湧來香港，對特區的醫療、房屋、福利、教育，以至勞動市場均會有沉重打擊，於是提請人大常委會作出解釋。1999 年 6 月，全國人大常委會在回歸後首次引用解釋權，推翻終審法院的判決，並重申全國人大常委會解釋《基本法》的權力可在任何情況下行使，而不一定在法院作出提請後才能行使。

人大釋法在香港法律界引起極大的反響，他們指出在普通法制度下，只有法院才可行使解釋權，若香港特區政府不滿意法院的解釋，正確的解決方法是修改法例，這情況在普通法制度亦時有發生，修改法例有一定的程序，市民亦有機會參與，但由一個政治機構以閉門會議的方式改變法院的判決，這對司法獨立會有極壞的影響，這種擔憂有一定的道理，但亦凸顯了在"一國兩制"之下，兩個法制的衝突之處。按中國內地的法制，全國人大常委會享有立法解釋權，全國人大常委會根據第158條行使這權力完全符合內地法制的規定，但當這涉及《基本法》作為一個普通法法制的憲法解釋時，這種解釋便與普通法的司法解釋顯得格格不入。

　　在2001年的"莊豐源案"，終審法院終於就這問題作出解釋[16]。法院指出，人大釋法屬於立法行為，這和香港立法會修訂法律的性質相類似，立法會修訂的法例對法院有約束力。同樣地，人大釋法這種立法行為對法院有約束力，法院得遵從全國人大常委會的解釋。另一方面，由於這是一種立法行為，法院在判案時便無須對全國人大常委會會如何解釋《基本法》作出臆測或考慮，就等如法院在解釋一般法律時也不會考慮立法會的反應。作為普通法法制的憲法，法院只能根據普通法的原則解釋《基本法》，這包括在涉及基本權利時採納一個開明和給予權利最大的保障的原則，以及只能從文字方面推敲立法原意。在這方面法院可以考慮《中英聯合聲明》的規定，但對一些在《基本法》通過以後對《基本法》的闡明，例如在1995年基本法籌委會的報告書中對《基本法》條文的理解則不能列作考慮之列。

　　"莊豐源案"清楚闡釋了人大釋法和法院判案的關係，一方面尊重全國人大常委會作為國家機構的地位及在中國法制下行使的合法權力；一方面又維繫特區作為一個普通法法制的完整性及法院維護普通法的角色，對以後法院的憲法地位的發展具重要的指導作用。另一方面，法院堅持以普通法的原則從文字與立法背景去理解法律的原意，這與全國人大常委會從國家政策層面去闡釋甚至補充法律條文的解釋方法及其體現法律為政治服務的社會主義法律觀不同，亦正好凸顯了兩制的潛在矛盾。

　　此後，全國人大常委會還作了三次解釋，當中兩次均涉及香港的憲制發展，包括特首出缺時繼任者出任餘下任期時，該任期是否計算在《基本法》第46條最多兩次連任之內，以及附件二關於修改香港特區立法會的產生辦法

---

16　*Director of Immigration v Chong Fong Yuen* [2001] 2 HKLRD 533.

的解釋等。

這些立法解釋均成為香港法律來源的一部份，由於不少港人對人大釋法仍有不少憂慮，故全國人大常委會在行使解釋權時亦頗為小心，而且明顯在程序方面作出改善，例如第一次釋法是閉門進行，然後公佈釋法內容，第三次釋法時內地高官會來香港對釋法作出解釋等。如果整個程序能更加透明，例如公開有關文件和基本法委員會的意見等，這都會有助釋除社會各界的疑慮。畢竟人大釋法屬立法行為，而透明和公開的立法行為乃文明法制的基石。另一方面，釋法與修訂法律只有一線之差，釋法源於中國立國初期，全國各地的司法素質極為參差，加上上訴機制並未完備，由中央釋法便成為快速有效地統一對法律條文的理解的方法，但隨着國家司法素質逐步提高，這種以政治掛帥欠缺透明的立法方式與國家決心走向依法治國的方向背道而馳，應該逐漸由有明確程序的修法所取替。

人大常委會的第二次釋法，確立了政改的五項程序，即先由特首向人大常委會提交報告，人大常委會確定是否須要修改立法會和特首的產生辦法，然後由特首提出立法草案，經立法會三分之二多數通過，特首簽署後，最後由人大常委會批准或作備案。根據這解釋，人大常委會便曾決定 2007/08 及 2012 年均無須修改立法會的基本組成辦法，並規定若立法會要增加議員人數，則直選議員與功能組別的議員的增加比例必須相等。這些決定由釋法所衍生，甚至進一步補充釋法的內容，亦明顯地對特區有約束力，但嚴格而言這些決定並不屬於特區的法律，亦沒有明確的準則規範人大常委會在作出決定時的權力限制，雖然可以籠統理解為中央政府行使主權的表現，但它們的法律地位與限制，仍有待進一步的澄清。

在 2011 年，終審法院首次向全國人大常委會提請釋法，這宗案件涉及一間美國公司欲透過香港法院執行一些判定剛果政府敗訴的仲裁判決，剛果政府則以主權國不受香港法院管轄的國家豁免權作答辯。[17] 根據普通法，國家豁

---

17　*Democratic Republic of Congo v F G Hemisphere Associates LLC* (2011) 14 HKCFAR 95.

免權並不適用於商業行為，但中國的外交政策奉行絕對的國家豁免權，於是問題便是香港是否沿用普通法相對有限的國家豁免權原則，還是應跟從中國的絕對豁免權的原則？終審法院最後以三比二的多數決定提請人大常委會釋法。作出這決定前，法院容許律政司介入訴訟，外交部則透過律政司向法院作出陳詞，法院並同時要求與訟各方對案件作全方位而非局限於提請人大釋法這問題的詳細陳詞，以便讓法院可以作出初步的判詞。法院並主動擬定提請人大解釋的問題，透過在法院的辯論，法院保障了與訟各方在關鍵法律問題上作出陳詞的權利，而在提請時法院亦同時向人大常委會提交法院的初步判詞，讓人大常委會在作出決定前可以參考法院以普通法所作的初步判決的理據，從程序方面將人大釋法的權力作出合理的規範，這是相當可取的。這方面的程序仍有很多尚待解決的問題。若終審法院在作出終局判決前作出提請，而有關的解釋又會影響案件的判決，那麼基於公平審訊的原則，涉案雙方應該有權向全國人大常委會作出陳詞。然而，目前的程序並不容許涉案雙方作出這樣的陳詞。另一方面，若果人大釋法屬立法性質，那麼在案件去到終局判決前才改變《基本法》的規定，對當事人是否公平？普通法的原則是在案發後所作的法律修訂，一般不會影響當事人的權利，但《基本法》第158條只規定在釋法前作的判決不受影響，這並不包括在提出釋法的案件中的當事人，如何在法院作出提請時平衡釋法與案件當事人的權利，以及終審法院提請全國人大常委會釋法的適用原則，將是未來仍須解決的問題。

## （三）來自香港本地的法律淵源

### 1. 成文法及判例法

香港本地的法律有兩個主要來源，即成文法（legislation）和普通法（case law，或稱"判例法"）。成文法是立法機關經過法定的程序制定出來的法律，它又可以分為條例（ordinance）和附屬法例（subordinate legislation 或

subsidiary legislation）。條例由行政長官會同立法會制定；附屬法例則是立法
會通過條例授權其他機關或個人在指定的範圍內制定的法律。立法機關在條
例中制定了一些基本原則後，有時便會將制定一些具體細節和規定的工作交
由一些專門的團體或個人（如首席大法官或某政府部門首長）負責，例如《高
等法院條例》[18] 規定了高等法院的權力、組成和運作，但就着市民向法院提出
訴訟的具體程序和費用等問題，條例便交由首席法官以附屬法例的形式作出
規限。附屬法例有不同的名稱，包括規例（regulation）、附例（by-laws）、規
則（rules）或命令（orders）。它們有兩個共通的特徵：第一，附屬法例的內
容不能超越條例所指定的立法範圍，否則有關附屬法例便屬越權和無效；第
二，附屬法例的地位是低於條例的，故此，若附屬法例和有關的條例相抵觸
時，附屬法例便會無效。在這些問題上，法院有權在具體案件的訴訟中審查
附屬法例是否合法及有效。

　　承襲普通法的特色，判例亦為香港法律的主要來源之一。所謂 "判例
法"，是指從法院在判詞內所列出的理據推論出來，並累積產生的法律原則
和規範，判例可以是對成文法的條文作出解釋，也可以是對普通法的一些原
則作出闡釋、演繹或推廣，以及決定怎樣將這些原則應用到案件的具體情況
上。正如上文所説，上級法院的判例對下級法院是有約束力的，只要判例是
適用的話，即使下級法院不同意上級法院的判決也得遵從，且只能透過上訴
程序讓上級法院重新檢視其先前判例，這個原則保證了法律的一貫性和穩定
性，不會因為不同的法官而有不同的判決；由於上級法院在一些特別的情況
下可以背離其本身的過往判例，這樣，這個判例制度又保持了一定的靈活
性，容許司法機關因時移勢易或環境的轉變而發展有關的判例法。

　　除了香港本身的判例外，所有普通法國家如英國、澳洲、新西蘭、馬來
西亞、加拿大、美國、印度等的司法判例，亦可在香港的法院引用，具有參
考價值 [19]。正如在其他普通法適用地區一樣，香港法院是在英倫普通法和衡平

---

18　《香港法例》第 4 章。

19　《基本法》第 84 條。

法的基礎上發展自己的判例法的，而英倫普通法和衡平法，便是把上述各國和地區的法制統一為普通法系的共同因素。根據 1997 年前香港的《英國法律應用條例》的規定，英倫的普通法和衡平法在香港有法律效力，除非這些法律是由於某些特殊情況而不應適用於香港。此外，香港法院亦可在引用這些法律時，就香港情況的需要而對這些英倫判例法作出相應的變通。在 1997 年以前，倫敦的樞密院是香港的終審法院，故樞密院的判例當時對香港的法院是有約束力的。由於香港實行普通法，而樞密院認為在普通法的問題上，它將會以英國上議院（House of Lords）法庭（即英國本土的前終審法院）的判決為準，故此，英國上議院的判例對 1997 年前的香港法院亦具有約束力 [20]。在 1997 年後，由於香港和英國在憲制上的關係已經終結，英國樞密院和上議院的判例對香港特別行政區的法院將不再具約束力，這個情況和不少前英國殖民地獨立和脫離與樞密院作為它們的終審法院的聯繫後的情況是相類似的 [21]。

　　法院每天不斷在判案，這些判例不斷產生新的法律原則，判詞的數量便有如浩瀚汪洋般，一般市民如何可以找到這些判詞？判例既然是法律的一部份，當然應當予以出版。所以，香港主要的判詞皆收錄於一些"案例彙編"（law reports 或 case reports）當中。香港的案例彙編包括政府認可的《香港案例彙編》（*Hong Kong Law Reports*），《香港刑法案例彙編》（*Hong Kong Criminal Law Reports*）和《地方法院案例彙編》（*District Court Law Reports*）。自 1997 年起，這三套彙編為《香港案例彙編及撮要》（*Hong Kong Law Reports and Digest*）所取替。也有由民間出版社出版的《香港判例》（*Hong Kong Cases*）及《香港公法案例彙編》（*Hong Kong Public Law Reports*），以及個別審裁處的判詞如《香港稅務案例彙編》（*Hong Kong Tax Cases*）等。《香港案例彙編》可以追溯至 1903 年，而《香港判例》所收錄的

---

20　*Tai Hing Cotton Mill Ltd v Liu Chong Hing Bank* [1985] 3 WLR 317, 331.

21　請參閱 Peter Wesley-Smith，"The Common Law of England in the Special Administrative Region"，於 R Wacks (ed.), *Hong Kong, China and 1997* (Hong Kong: Hong Kong University Press, 1993), p1, at pp 28-39。終審法院在 *Solicitor (24/07) v Law Society of Hong Kong* (2008) 11 HKCFAR, [18-58] 一案中對此問題作詳細釐清。

判詞則遠至 1843 年。

　　隨着互聯網的發展，不少判例現在也可在網上供市民瀏覽，當中包括香港司法機構的網頁[22]，法院主要的判案均即日在網上可供下載。由律政署負責的"雙語法例資料系統"則提供所有成文法的中英文版本[23]，由香港大學法律學院負責的"香港法律資料庫"則提供法院的判例，成文法，法律改革委員會的報告書等各方面的詳盡資料[24]。這些法律資訊均是免費提供給市民，令法律能真正普及和深入民間。此外，還有一些由商業機構負責的法律網站（如 LexisNexis, Westlaw 等），這些網站服務是收費的，主要為專業人士提供更進一步的參考資料。

## 2. 習 慣 法

　　最後，香港法律的另一個來源乃傳統風俗習慣。19 世紀中葉，當香港開始被英國統治時，英國保留了部份當時適用於香港的《大清律例》及中國的習慣法（Customary Law）的規範（如部份關於家事法、土地法和繼承法的規範），但隨着時日消逝，這些《大清律例》和中國的習慣法漸漸為成文法和判例法所取締。例如，立法局在 1971 年通過《婚姻制度改革條例》[25]，禁止在 1971 年以後根據中國傳統習慣法納妾。在此以後，傳統中國習慣法的主要適用範圍便局限於遺產繼承和新界鄉村土地方面。在 1995 年以前，新界原居民在土地繼承權方面仍然沿用《大清律例》和中國的習慣法的法律規範，在沒有遺囑另作規定的情況下，土地財產只傳男丁，政府亦透過丁屋政策，保障新界原居民於原址免補地價興建丁屋的權利。在 1995 年立法局通過《新界土地（豁免）條例》[26]，廢除這種傳男不傳女的風俗，新界原居民若仍希望遺產傳男不傳女，便必須在生前訂立遺囑。至此，傳統風俗習慣在香港法律的

---

22　香港司法機構的網址為 http://www.judiciary.gov.hk。

23　雙語法例資料系統的網址為 http://www.legislation.gov.hk。

24　香港法律資料庫的網址為 http://www.hklii.org。

25　《香港法例》第 178 章。

26　《香港法例》第 452 章。

地位便更加式微了。至於丁屋政策，由於涉及龐大的經濟利益，故它的存廢仍極具爭議性。一種觀點是雖然《基本法》第 40 條保障新界原居民的"合法傳統權益"，但由於這種傳男不傳女的風俗習慣已在 1997 年前已遭廢除，因而不再是"合法"權益，而且這種繼承方法有違男女平等的原則，故《基本法》第 40 條並不保留這種已遭撤銷的習慣法。另一種觀點是《基本法》第 40 條是一條特別的條款，明文保障了新界原居民的合法傳統權利，因而凌駕於《基本法》內有關男女平等的規定。但即使如此，這些傳統權益必須可以追溯到 1898 年英政府佔領新界之時，若這些權益是在 1898 年後才獲得，例如選舉村代表的權利，則不屬於傳統權益。[27]

# 五　立法制度

在 1997 年 7 月以前，香港立法機關的立法權來自《英皇制誥》；1997 年 7 月起則來自《基本法》。1997 年 7 月以前，香港的立法機關是指香港總督會同立法局一起組成：立法局制定法律，但它所制定的法律必須得到港督同意才能成為正式生效的法律。故此，港督對立法局通過的法律享有否決的權力，但同樣地，港督亦只能透過立法局及得到立法局大多數議員的同意，才可行使立法的權力，港督不能繞過立法局自行立法，因此有些論說認為 97 前立法權在於港督而立法局只是一個諮詢架構這種說法並不正確，港督和立法局均是組成立法機關的部份，兩者缺一不可[28]。1997 年後，特區立法會是特區的立法機關，行政長官不享有立法權，但特別行政區立法會通過的法律，仍須經行政長官簽署、公佈，方能生效。行政長官不再享有港督那種絕對的否決權，若行政長官認為立法會通過的法案不符合特區的整體利益，他可將

---

27　*Secretary for Justice v Chan Wah* (2000) 3 HKCFAR 459.

28　樞密院在"麗的呼聲（香港）有限公司訴律政司"一案中肯定這個觀點：見 *Rediffusion (Hong Kong) Ltd v Attorney General of Hong Kong* [1970] HKLR 231。

法案發回立法會重議，但若立法會以不少於三分之二多數的議員再次通過法案，行政長官便必須簽署法案[29]；否則，他只能解散立法會，而行政長官在其一任任期內只能解散立法會一次[30]。但若重選後的立法會再次通過相關法案，則行政長官便須請辭。

在 1997 年以前，香港立法局的立法權受到三方面的限制：第一，在英國的殖民統治下，香港立法局通過的法律不能與適用於香港的英國國會立法或英皇特權立法相抵觸，但在 1987 年及 1989 年，英皇會同樞密院根據《香港法例》的規定作出附屬立法，容許香港立法局在指定範圍內撤銷適用於香港的英國國會法例，以便香港進行英國法例本地化，這些指定的範圍包括民用航空、海商法、海事法及用以引進或執行適用於香港的國際條約的法例；第二，《皇室訓令》規定，若有關法例屬於某些指定範圍，則港督必須首先徵得英國政府的同意，才能決定是否簽署有關法案；第三，即使香港立法機關制定了一條法例，英國政府仍可根據《英皇制誥》所保留的權力，否決有關法例，這項權力源自宗主國對殖民地的控制原則，但自 1913 年以後，英國政府便沒有再就香港行使這項否決權。

1997 年 7 月起，除了在國防、外交及香港特別行政區自治範圍外的法律須依照適用於香港特別行政區的全國性法律的規定外，香港特別行政區享有立法權。大抵而言，香港特別行政區成立以前的立法程序被保留下來，而立法會制定的法律須報全國人民代表大會常務委員會備案，備案不影響該法律的生效。立法機關制定的法律不能抵觸《基本法》，若人大常委會在徵詢基本法委員會後，認為特區立法機關制定的法律不符合《基本法》中關於中央管理的事務或中央和香港特別行政區的關係的條款時，可將有關法律發回，但不作修改。這些發回的法律即時失效，但這失效並無追溯力。這項發回重議的權力在香港特區成立後從未被引用，某程度上這也體現了香港高度自治的原則。

此外，在 1997 年 7 月之前的香港原有法律，除由全國人大常委會宣佈為

29　《基本法》第 49 條。

30　《基本法》第 50 條。

與《基本法》相抵觸者外，均採納為香港特別行政區法律。《基本法》規定，香港特別行政區成立後，香港原有法律，即普通法、衡平法、條例、附屬立法和習慣法，除與《基本法》相抵觸外，予以保留。1997 年 7 月以前，由於有部份原有法例與《基本法》有相抵觸的地方或含有殖民地色彩的詞彙，故此香港政府對這些法例進行了一系列的修改，使其符合《基本法》的規定，這項工作稱為"法律適應化"。與此同時，中方亦對香港原有法例進行檢討，1997 年 2 月 23 日，全國人大常委會作出決議，指出香港原有法例其中十四章的內容以及另外十章的部份內容，由於和《基本法》相抵觸而不予採納為特別行政區的法律，並決議對一些具殖民地色彩的詞彙作相關的替換。不被採納為特別行政區法律的法例包括涉及立法局、市政局及區議會的組成的有關條例，以及極具爭議性的《社團條例》在 1992 年和《公安條例》在 1995 年的重大修改。[31]

# 六　立法程序

香港大部份的法例均由本地政府起草和提出，這些法例的目的主要在於推行一些政府政策，或填補法律運作時出現的漏洞，或解決就一些因社會環境或價值的轉變或科技的發展而產生的問題。故此，政府部門在起草重要法律之前，會將有關政策以備忘錄的形式列出，提交行政會議（相當於香港回歸前的行政局）考慮。在決定是否立法和立法的範圍與內容時，特區政府也可以用不同的形式諮詢市民及有關團體。這些諮詢工作可以是局部和選擇性的，例如只諮詢受影響的有關團體，但也可以是全面公開的，例如在制定對社會大眾有長遠影響的法例時，特區政府通常會以不同形式作公開諮詢，包括發表諮詢性文件，發表"綠皮書"（列出建議作諮詢）和"白皮書"（列出

---

31　《全國人民代表大會常務委員會關於根據〈中華人民共和國香港特別行政區基本法〉第一百六十條處理香港原有法律的決定》，載於全國人民代表大會常務委員會法制工作委員會編：《中華人民共和國香港特別行政區基本法》（北京：法律出版社，1997），頁 119-126。

有關決策）。至於一些極具爭議性的法例，政府在提交立法機關審議前，更可以將草案在《香港特別行政區政府憲報》的《法律副刊第五號》刊登（俗稱"白紙草案"），讓市民對條例草案的具體內容作出回應。在 1997 年後，香港特區政府已較少以綠皮書或白皮書諮詢公眾。[32]

　　當要起草的法律背後的政策獲行政會議贊同後，有關政府官員便會草擬一份關於起草法律的指示文件，交給律政司的法律草擬科進行草擬。草案完成後，得再提交行政會議考慮，行政會議主要考慮草案的內容是否符合行政會議所同意的有關政策，若行政會議同意草案的內容，草案便會交給立法會審議，進行立法程序。立法會審議法律草案的程序由《立法會會議常規》（*Standing Orders of the Legislative Council*）規定，當立法會的書記收到法律草案後，該草案便正式進入立法程序。條例草案會刊登於《香港特別行政區政府憲報》（以下簡稱《憲報》）的《法律副刊第三號》（俗稱"藍紙草案"）。刊登憲報的規定反映了普通法制度內一項重要的原則，即法律的制定必須是一個公開的程序，市民有權知曉法律草案的內容，從而可以對有關草案透過不同的渠道提出意見。

　　草案在《憲報》刊登後不久，便會在立法會進行"一讀"。所謂"一讀"，就是由立法會的書記在立法會會議中，把法律草案的名稱讀出來。"一讀"之後，立法會便隨即開始"二讀"程序。"二讀"程序通常會分為兩個階段，第一階段是由負責與草案內容有關的事務的政府官員解釋草案的目的和內容，然後法案的"二讀"程序便會押後至另一次立法會會議。與此同時，立法會可將有關法案提交法案委員會（Bills Committee）作深入研究。法案委員會除了搜集市民在不同渠道發表對有關草案的意見外，並可諮詢有關團體或個人，以及傳召政府官員對草案內容作進一步解釋。這個程序，可以讓普羅市民透過議會代表參與法律制定的過程，又可以透過一種協商的程序尋求政府和市民皆能接受的共識，包括對草案作出修訂的可能性。故此，押後"二讀"

---

32　在 2007 年夏天，香港特區政府發表《政制發展綠皮書》諮詢公眾對政制發展的意見，為近年罕見的綠皮書。

辯論的程序是立法程序中一個重要的環節，它保證了民意在制定法律的過程中得到充分的反映，從而確保制定出來的法律有一定的公眾認受性。

當立法會恢復"二讀"辯論有關法案時，立法會議員便會在會議中發表對草案的意見，然後有關的政府官員會在總結辯論時對議員提出的論點作出回應。接着，若立法會大多數議員在原則上均支持這草案，草案便可通過"二讀"，並隨即進入"委員會審議階段"（Committee Stage）。所謂"委員會"，其實是由全體立法會議員組成，它等如整個立法會。委員會審議，就是對草案的條文逐一審查，所有對草案條文作出修訂的動議，便在這個階段提出和辯論，並投票通過是否接受每項修訂的提議。委員會審議階段結束後，草案便可進行"三讀"。"三讀"一般會押後至另外一次立法會會議才進行，主要目的是讓立法會秘書處能整理所有對草案的修訂，然後將最後版本提交立法會，如果立法會以大多數票數三讀通過草案，草案便會呈交行政長官，行政長官簽署後，這條例便會在下一期《憲報》的《法律副刊第一號》公佈。普通法一項重要原則乃法例必須在公佈後才能生效，除非條例內有明文規定生效日期，否則條例在《憲報》公佈之日，便會正式生效。

在 1997 年 7 月 1 日以前，除了香港政府提出的法案外，立法局個別議員亦可以以私人議員法案（private member's bill）的形式提出條例草案，但這些草案必須不涉及公共開支。若涉及公共開支，有關草案便必須得到港督的同意才能提出。在 1993 年，譚耀宗議員便成功地提出私人條例，凍結政府容許外籍公務員轉為以本地公務員的僱用條件受聘的決定，以便讓政府和外籍公務員及本地公務員的團體能夠有更多的時間尋求一個各方均能接受的解決方案。1994 年，胡紅玉議員亦以私人條例的形式提出《平等機會條例草案》及《平等機會委員會條例草案》，但港督只同意《平等機會條例草案》的提出，因此，《平等機會委員會條例草案》便胎死腹中了。香港特別行政區成立後，根據《基本法》[33]，議員提出的私人條例草案必須不涉及公共開支或政治體制或

---

33　《基本法》第 74 條。

政府運作；若私人條例草案涉及政府政策者，在提出前必須得到行政長官的同意。《基本法》的限制只限於提出私人法案，對議員提出修訂政府法案的權力，在《立法會議事規則》中亦有類似限制，修訂案必須不涉及公共開支，在 2007 年初，原訟法院裁定有關的《立法會議事規則》，並無違反《基本法》[34]。此外，通過私人條例草案的點票方法也有異於政府提出的條例草案：政府提出的法案，只須獲出席會議的全體議員的過半數票，即為通過，但私人條例草案則須分組投票（即功能團體選舉產生的議員組成一組，另一組為分區直選與選舉委員會選舉產生的議員），並在各組內得到出席會議議員過半數支持，才獲通過。[35] 這項分組點票的規定極具爭議性，亦令在回歸後不少議員提出的修訂法案或動議無法通過。有部份議員為表達對相關法案的不滿，遂透過提出大量的修訂案以拖延立法會的審議工作，和迫使政府作出妥協，亦即所謂 "拉布"。隨着拉布的情況愈見普遍及嚴重影響立法會的審議法案的工作，立法會立席決定限制議員的發言時間，亦即所謂 "剪布"。在 2014 年終審法院裁定立法會主席有權決定如何主持會議，至於主席怎樣行使這權力，有鑑於三權分立的原則，應該由立法會自行處理，法院會極度小心，並不會輕易介入。[36]

　　附屬法例的立法程序則較為簡單，附屬法例制定後必須在《香港特別行政區政府憲報》的《法律副刊第二號》刊登，並在刊登以後，呈交立法會。立法會在廿八天內可以對該附屬法例進行修改。除非有關條例明文規定附屬法例必須得到立法會決議同意，否則附屬法例在《憲報》刊登時便可即時生效。

34　"梁國雄訴立法會主席" [2007] 1 HKLRD 387。

35　《基本法》原附件二（2021 年修訂之前）。

36　*Leung Kwok Hung v President of the Legislative Council* (2014) 17 HKCFAR689.

# 七　司法制度

當人與人之間，或個人與政府之間，就大家的權利和義務發生爭執時，文明社會便會將這個爭執交由一個獨立和公正的司法機關（法院）來處理。法院的職能在於在訴訟中把法律運用到具體案情，從而作出一個公平的裁決。在應用法律的時候，法院並可對有關法律進行解釋。在普通法制度內，法院是唯一可以對法律規範作出有權威性的解釋的機關，行政機關和立法機關均不享有解釋法律的權力。普通法有一系列的解釋法律的原則，對法院行使司法解釋權時提供指引，其中一個重要的原則是行政機關對有關法例的理解或解釋，對司法機關行使解釋權時並無任何約束力。此外，由於普通法極端依賴判例，故法院在運用和發展普通法（包括衡平法）的過程中，其實亦行使一定的立法權力。因此，司法體制是法律體系中其中一個最重要和最基本的環節，而司法機關能否獨立和公正地運作，亦往往成為衡量這個法律制度是否完善和人們對這個法律制度是否有信心的重要指標。

香港的司法制度由不同級別的法院組成，它們行使不同的司法管轄權（jurisdiction）。低級的法院在司法管轄權方面是設有上限的，這些法院包括區域法院（在回歸以前稱為"地方法院"）、裁判法院、小額錢債審裁處、勞資審裁處、土地審裁處和死因研究庭。高級的法院在司法管轄權方面是沒有上限的（unlimited jurisdiction），這些法院包括在 1997 年 7 月之前的最高法院和設於倫敦的樞密院（Privy Council）司法委員會。當時最高法院又分為高等法院和上訴法院，而樞密院司法委員會則是香港的終審法院。1997 年 7 月起，根據《基本法》和《香港回歸條例》[37]，最高法院易名為"高等法院"，而原來的高等法院和上訴法院，則改稱為"高等法院原訟法庭"和"高等法院上訴法庭"。香港特別行政區法院的終審權則由新設於香港的香港特別行政區終審法院行使。

---

37　1997 年第 110 號條例。

　　香港所有刑事案件審訊均會在裁判法院開始。裁判法院負責審理較輕微的刑事案件，裁判官的權力，通常限於兩年監禁或不超過十萬元的罰款；但若被告同時犯了超過一項刑事罪行，裁判官最多可判被告入獄三年[38]。在裁判法院審理的案件由裁判官單獨審理，不設陪審團。對於較嚴重的刑事案件，裁判官有權將這些案件轉介區域法院審理。此外，裁判官亦負責嚴重刑事案件的交付審判程序（committal proceedings）。在這程序中，裁判官要決定控方是否有足夠的表面證據向被告提出檢控，若果表面證據並不成立，裁判官便可釋放疑犯。若表面證據成立的話，裁判官便會將案件轉交高等法院進行正式的審訊，以裁定被告是否有罪。一般的交付審判程序，控方都只會提供書面證據，但被告人亦有權要求進行初級偵訊（preliminary enquiry）[39]。這時候，控方便得傳召控方證人，被告或其律師代表亦可以在庭上盤問證人以確定其證供的可信性。當然，這個聆訊只是一種初步聆訊，它的目的並不在決定被告是否有罪，而只是決定控方的證據是否足以構成表面證據。

　　區域法院行使民事和刑事的司法管轄權。在刑事方面，它處理案情較嚴重的案件，並最高可判被告入獄七年；在民事案件方面，區域法院可審理五萬元以上和一百萬元以下的索償案件，以及涉及應課差餉租值二十四萬元或以下的土地的民事案件[40]。此外，區域法院亦處理根據《性別歧視條例》[41]、《殘疾歧視條例》[42]、《家庭崗位歧視條例》[43]和《種族歧視條例》[44]提出的民事訴訟，而這類案件的索償限額，並不受法院最高賠償額的限制，即對法院所能作出的賠償並不設上限。至於處理離婚、領養及其他與家庭事項有關的家事法院，亦為區域法院的一部份。區域法院審理的民事和刑事案件，由一位區域法院法官單獨處理，不設陪審團。

---

38　《裁判官條例》（《香港法例》第 227 章），第 57 條。

39　《裁判官條例》（《香港法例》第 227 章），第 80C 條。

40　《區域法院條例》（《香港法例》第 336 章），第 32 條。

41　《香港法例》第 480 章。

42　《香港法例》第 487 章。

43　《香港法例》第 527 章。

44　《香港法例》第 602 章。

　　至於索償金額在五萬元以下的民事案件[45]，則必須由小額錢債審裁處進行審理。由於涉及的金額較小，《小額錢債審裁處條例》[46]規定訴訟雙方都不准聘請律師代表出庭。審訊的程序也一般比較簡單和快捷，並且較傾向於調查式而非抗辯式。類似的簡易程序，也適用於勞資審裁處[47]。它負責處理與僱傭合約有關的民事糾紛。在案情較為複雜或為執行公義而有所需要時，審裁官可將案件轉介區域法院。在 1996 年一宗涉及僱傭合約的民事糾紛中，由於僱主本身是律師，僱員是兩位菲傭，而案件涉及一些頗為複雜的法律問題，審裁官認為在這些情況下，僱員沒有律師代表將會對他們不公平，故將案件轉介地方法院審理，以便僱員向法律援助署申請法律援助。

　　有別於小額錢債審裁處和勞資審裁處，土地審裁處的程序則較為嚴謹和複雜，並容許訴訟雙方聘用律師代表出庭。土地審裁處的司法管轄權主要有兩方面，一是關於業主與租客之間的訴訟；二是關於政府以公眾利益的理由收回官地（包括私人土地）而引起的索償糾紛，這些案件不少涉及巨額賠償和頗專門的土地賠償原則和法例。土地審裁處的法官一般由區域法院法官出任，但庭長則須為高等法院法官。小額錢債審裁處和勞資審裁處的審裁官，則一般由裁判官出任。裁判法院、小額錢債審裁處和勞資審裁處的上訴，均由高等法院原訟法庭處理。土地審裁處和區域法院的上訴，則由高等法院上訴法庭處理。

　　若果刑事檢控涉及淫褻或不雅物品，則有關物品是否屬淫褻或不雅這一問題便須交由淫褻物品審裁處審理[48]。審裁處由一位裁判官和兩位社會人士組成，這個組合是希望透過社會人士的參與，使審裁處的判決更能反映社會當前的道德標準。由於涉及道德標準，審裁處有不少判決，在社會上曾惹起頗大的爭議。

　　高等法院原訟法庭亦同樣行使民事和刑事司法管轄權。在民事方面，

---

45　《小額錢債審裁處條例》（《香港法例》第 338 章）第 5 條及附表。

46　《香港法例》第 338 章。

47　參見本書第十六章 "僱傭法"，頁 603-604。

48　見《淫褻及不雅物品管制條例》（《香港法例》第 390 章）。

它處理索償額在一百萬元以上的案件，而且在索償額方面並不設上限。事實上，不少在高等法院審理的民事訴訟，動輒都會涉及數百萬元甚至億萬元以上的索償金額；在刑事案件方面，它的判罰權力也沒有監禁年期方面的限制。一些嚴重的罪行如謀殺、誤殺、強姦等必須在高等法院進行審理。高等法院原訟法庭的刑事案件由一位法官和一個由七至九人組成的陪審團一起聆訊；民事案件則通常由一位法官獨自處理，但在少數例外的情況下也可以有陪審團一起聆訊。在 1995 年一宗轟動的民事誹謗訴訟中，原告便要求以陪審團審理，這是自 1915 年來第一宗有陪審員審理的民事案件[49]。在刑事案件方面，除了審理由裁判法院經過交付審判程序轉交高等法院進行第一次審理的刑事案件外，高等法院原訟法庭也處理來自裁判法院的刑事上訴和來自小額錢債審裁處和勞資審裁處的民事上訴。

高等法院上訴法庭由高等法院首席法官和九位大法官組成，處理來自高等法院原訟法庭和區域法院的民事和刑事上訴案件，每宗上訴通常由三位大法官組成一個合議庭審理。此外，上訴法庭亦處理一些專業團體的紀律聆訊案件的上訴。

在 1997 年以前，英國的樞密院司法委員會為香港的終審法院。司法委員會的成員均為英國及英聯邦國家內最高法院的資深和極具威望的法官，委員會負責處理來自英國屬土及部份英聯邦國家（如千里達、湯加共和國和毛里裘斯）的上訴。在 1920 年代，全球四分之一人口可以向這委員會提出上訴，但隨着各個英國殖民地相繼獨立，委員會的重要性已大不如前，但至今它仍是約二十七個國家或地區的終審法院。委員會的上訴，通常由五位法官一起審理。向樞密院司法委員會提出上訴前，必須得到香港上訴法院或樞密院發出的批准；一般而言，只有涉及重大金額或重大法律問題的案件，才有機會上訴至樞密院。通常香港平均每年向樞密院提出的上訴只有五宗左右，但在 1996 年及 1997 年提出的上訴每年平均超過十宗。由於樞密院司法委員會的

---

49　"張五常訴東周刊"（*Cheung Ng Sheong v Eastweek Publisher Ltd*）[1995] 5 HKPLR 428。此案以後有不少誹謗訴訟由陪審團一起審理。

法官均為極具威望和國際知名的資深法官，故此，它的判例在海內外均受到高度尊重。

　　1997 年 7 月起，香港特別行政區設立本身的終審法院，取代以前樞密院作為終審法院的角色。根據《香港終審法院條例》[50]，終審法院由首席法官，三名常任法官和若干非常任法官組成，非常任法官包括一些香港退休法官及普通法適用地區的海外法官，這些海外法官均為普通法地區如英國和澳洲最高法院內極具名望的資深法官。審理每宗上訴的合議庭由五位法官組成，通常其中一位為非常任海外法官。終審法院法官的任命由《基本法》作出規定，除了得到司法人員推薦委員會的推薦外，還須由行政長官徵得立法會同意，並報全國人大常委會備案。終審法院設首席法官，並為司法機構之首長，由在外國沒有居留權的香港特別行政區永久性居民中的中國公民擔任。向終審法院提出上訴的程序，大致上和 1997 年前向樞密院司法委員會提出上訴的程序相類似。由於上訴至終審法院不似昔日要遠赴英倫，故終審法院處理的案件數量遠超出樞密院所處理的案件；單在 2013 年，終審法院便聆聽了四十六宗上訴和一百二十七宗上訴許可的申請。

## 八　司法獨立

　　由於法官的質素和獨立性會直接影響整個法律制度的公平和公正，故普通法極重視維護司法獨立，並透過不同的制度設計來保障司法獨立。首先，法例內詳細列明法官的資歷：在普通法法制，法官一般來自執業律師，並沒有像歐陸法制那樣設立專門培訓法官的機構。區域法院的法官，必須具律師或大律師資格，以及最少五年的專業經驗，而高等法院和終審法院的法官，則必須是律師或大律師並有最少十年的執業經驗 [51]。這些年資均只是最低要

---

50　《香港法例》第 484 章。

51　香港政府於 1996 年修例，容許有豐富訴訟經驗的律師（有別於大律師）獲委任高等法院法官。

求，實際上，區域法院的法官一般均有十年以上的專業經驗；而高等法院的法官，則通常均有十五年至二十年的專業經驗。在普通法制度內，法官享有崇高的社會地位，躋身司法界往往被視為律師生涯的高峰，這個制度的好處是司法界可以吸引到一批非常優秀和經驗豐富的資深律師，但與此同時，由於躋身成為地方法院或以上的法官便不能回頭當律師，故此在高等法院的法官，年紀一般會較歐陸法系下的專業法官為大，但人生經驗和閱歷亦相對較豐富。

其次，法例對法官的任命、升職和罷免均訂下了一些嚴謹的程序。在任命和升職方面，行政長官對各級法官的任命和升職，均須先行徵詢司法人員推薦委員會（即回歸以前的司法人員敘用委員會）的意見。此委員會是一個法定機構，它的組成、地位和職權，均由《司法人員推薦委員會條例》[52] 所規定。雖然此委員會只是一個諮詢機構，但實際上行政長官均會接受委員會的建議。關於法官的任命，《基本法》亦規定，香港特別行政區法院的法官，根據當地法官和法律界及其他方面知名人士組成的獨立委員會推薦，由行政長官任命[53]。至於香港特區成立前在香港任職的法官和其他司法人員，均予留用，其年資予以保留，薪金、津貼、福利待遇和服務條件亦不會低於原來的標準[54]。2003 年，首席法官委任梅賢玉大法官就司法人員的薪酬制度作出檢討，在考慮過多個不同的普通法制度的相關設計後，梅賢玉大法官建議立法保障司法人員的薪酬不受減免，並由一獨立法定組織建議每年的薪酬調整水平，當中盡量減免行政機關的介入，以保障司法獨立及司法人員的待遇不受行政機關干預。[55]

司法人員推薦委員會的功能是向行政長官提供獨立的意見，從而保障司法人員的任命和升職均會受到客觀，公正和獨立的評審和考慮。在向行政長

---

52　《香港法例》第 92 章。

53　《基本法》第 88 條。

54　《基本法》第 93 條。

55　Sir Anthony Mason, *Consultancy Report: System for the Determination of Judicial Remuneration* (Judiciary, Feb 2003).

官作出建議時，司法人員推薦委員會主要考慮三方面的條件：（a）專業資歷和經驗；（b）司法人員的涵養，例如耐心聆聽訴訟各方的陳詞，能夠保持客觀和開放的態度等；（c）個人操守。法官在社會上享有崇高地位，並代表着正義和公平，故法官的個人操守極為重要，以保障公眾對司法人員的信心。

　　司法人員推薦委員會共有九名成員，包括首席法官（當然主席），律政司司長（Secretary for Justice，1997 年 7 月以前稱為"律政司"（Attorney-General））及七位由行政長官任命的成員。這七位成員包括兩名法官、一名律師、一名大律師及三名非法律界人士。任何決議必須有最少七位成員同意才可以通過。由於律政司司長身兼行政會議成員、香港特區政府的首席法律顧問、律政司（1997 年 7 月以前稱為"律政署"）的首長，掌管法律草擬、刑事檢控和涉及政府的民事訴訟的工作，並在所有刑事程序和涉及政府的民事程序中代表政府，這一系列的職權，曾令香港法律界質疑律政司加入司法人員推薦委員會會否產生一些角色衝突的問題，例如對一些頻頻對政府作出不利判決的法官的升職或續約，律政司能否不偏不倚，完全保持客觀與獨立？但香港政府在 1990 年檢討有關條例後，考慮到政府對保障司法獨立有一定的角色和律政司司長只是九名委員中的一位，決定仍然保留律政司作為司法人員敘用委員會的成員之一。此外，由於只要有三票反對便可以否決一項任命或升職的動議，法律界亦曾指出，委員會內的三名非法律界人士，可以聯手否決一項獲委員會內所有法律界人士支持的任命，這會否出現"外行領導內行"的情況？論者指出，非法律界人士的數目應減至二名，如果他們反對某一項任命，必須最少獲得委員會內一位法律界人士的支持，這樣的安排會比較合理。

　　如果法官在一宗案件中判政府敗訴後可能會受到革職或罷免，法官在判案時便很難完全客觀獨立了。為了保障司法人員可以完全獨立和無懼地執行其職務，法例對罷免法官的程序亦作了嚴謹的規定。

　　在 1997 年 7 月以前，根據《英皇制誥》，除非法官已達退休年齡或自動提出辭職，否則港督只能基於兩個理由罷免任何地方法院或最高法院的法官：(a) 法官因疾病或其他原因無力履行職責；(b) 法官行為不檢。但在罷免該法官前，港督必須先委任一個由三名英聯邦國家最高法院法官組成的審議庭對事件進行研訊；若審議庭建議罷免該法官，則港督必須將建議呈交樞密院再作審議，若樞密院同意罷免，港督才可罷免該名法官。

《基本法》亦規定香港特別行政區法院的法官只有在無力履行職責或行為不檢的情況下，行政長官才可根據一個審議庭的建議，予以免職。但《基本法》在程序方面對原有制度作出了幾項修改：(a) 審議庭由不少於三名當地法官組成，並由終審法院首席法官任命；若果被建議罷免的為終審法院首席法官，則審議庭必須由不少於五名當地法官組成，並由行政長官任命；(b) 終審法院的法官和高等法院首席法官的免職，除經審議庭進行審議外，還須由行政長官徵得特別行政區立法會同意，並報全國人大常委會備案；(c) 至於其他級別的法官，審議庭的建議便會是最終的建議，和 1997 年之前的程序相比，這些法官在被罷免方面是少了一重的保障，即沒有樞密院司法委員會的再次審議；但終審法院的法官和高等法院首席法官的罷免程序，則增加了須得到立法會的同意這項保障。

## 九　律政司

律政司（Department of Justice）是香港政府其中一個部門，由律政司司長出任首長。在香港的法制中，律政司司長扮演一個非常重要的角色：他是行政長官和香港政府的首席法律顧問，也是行政會議的成員、法律改革委員會的主席以及司法人員推薦委員會的成員。律政司負責草擬法律，向政府各部門提供法律意見，以及提出刑事檢控，並在所有涉及香港政府的民事訴訟案件中，代表香港政府出庭及進行訴訟。此外，律政司司長同時肩負維護公眾利益以及保障孤兒弱小及慈善基金的憲法責任，在 2007 年轟動一時的龔如心案，風水師陳振聰聲稱為華懋集團前主席龔如心千億遺產的唯一繼承人，與華懋慈善基金對簿公堂，律政司便介入訴訟，以保障遺產不被濫用。當公眾利益和政府利益有衝突時，律政司司長必須以公眾利益為重，在悠長的普通法歷史當中，便有不少律政司司長為維護公眾利益不惜掛冠而去，甚至為此負上沉重的個人代價。

　　律政司分為六個主要部門，包括五個專業部門和一個處理行政、人事和培訓的部門。政策及行政科負責律政司內的行政工作，並就政府政策問題提供法律意見。此外，政策及行政科亦為法律改革委員會的秘書處，協助法律改革委員會就法律改革問題進行法律研究和調查的工作。政策及行政科的工作由律政專員（Solicitor General）領導。此外，律政司內亦設有民事科，為香港政府各部門的工作提供法律意見和服務，並在涉及政府和一些法定機構如城市規劃委員會的訴訟中，代表政府出庭。民事科由民事檢察專員（Law Officer（Civil Law））領導。

　　律政司的第三個專業部門為刑事檢控科，主管刑事檢控工作。當警方或其他執法部門完成對罪案的調查工作後，便會將有關證據及報告送交律政司，由刑事檢控科決定是否提出檢控。律政司司長是檢控工作的最高負責人，在作出檢控決定時，律政司司長必須保持獨立，不受任何人的干預，包括不受政府各部門甚至是行政長官的影響。《基本法》第 63 條亦規定，特區律政司主管刑事檢察工作，不受任何干預。這項獨立作出檢控的保障對保護個人自由極為重要，亦保障檢控工作不會受政治因素影響。律政司對在甚麼情況下才應提出檢控訂有詳盡的指引[56]，基本上，律政司的考慮只局限於案中有關證據是否充足和社會大眾的利益。律政司司長一旦決定不提出起訴，他無須向公眾解釋這個決定背後的詳情。法院便曾指出，這並不是律政司司長的特權，而是要保障有關當事人的利益，因為律政司司長一旦對他不提出檢控的決定作出公開解釋時，這解釋無可避免地會涉及一些對當事人的指控，但由於這解釋是公開作出，當事人便不能透過司法程序對有關指控作出答辯

---

56　Department of Justice, *The Statement of Prosecution Policy and Practice* (2006).

或澄清，這樣對當事人是不公平的[57]。儘管如此，在一些具爭議的決定當中，律政司司長仍會就不提出檢控的決定作出有限度的解釋。在 1999 年，首任律政司司長梁愛詩便曾為不對星島集團主席胡仙提出檢控作出辯護，指檢控可能導致集團大部份員工失業，這有違公眾利益。這理由引起社會及法律界的強烈反響，認為等如有錢人可以不受起訴。這討論有利於檢討公眾利益的定義，但在過程中，公眾認定胡仙有罪，對不受起訴又沒機會答辯的胡仙而言，是不公平的。2006 年，律政司司長黃仁龍不起訴前法官王見秋案，就以案件詳情早前已被傳媒披露及案件涉及公眾利益為由，就其決定破例向立法會作出較詳細的交代，但強調這只屬例外情況。

在提出檢控後，檢控工作便由律政司裏的律師（又稱為"檢察官"）負責，但個別案件的檢控工作亦可外判予私人執業律師。刑事檢控科由刑事檢控專員（Director of Public Prosecutions）掌管。若律政司司長為避嫌而認為他不適宜參與檢控的決定，便可授權由律政司內其他官員署理檢控的決定。例如在 2013 年廉政公署對特首梁振英和劉夢熊有否涉及選舉舞弊的調查，律政司司長便因他與特首的關係密切而授權由刑事檢控專員全權作出是否提出檢控的決定。2015 年初，政府考慮是否向"佔中"發起人之一的戴耀廷提出檢控時，律政司司長和刑事檢控專員均為戴耀廷在大學唸書時的同班同學，律政司司長為避嫌便授權由另一名高級檢控官處理檢控事宜。

律政司的另一個主要部門是法律草擬科，由法律草擬專員（Law Draftsman）領導，負責香港所有法律條例和附屬法例的起草。1997 年前，法律草擬科的一項重要工作是協助建立一套雙語法律制度，這包括以中英雙語草擬 1989 年以後訂立的法例，及將 1989 年以前的成文法翻譯成中文，使它們具有一個與英文版本同樣法律效力的中文文本。[58] 另一項重要工作，是將適用於香港的英國國會立法和英皇特權立法本地化，以及對香港原有法律作出

---

57　*R v Harris* [1991] 1 HKLR 389.

58　根據 1989 年生效的《法定語文（修訂）條例》，所有在該條例生效後的法例必須以中英雙語草擬，在此之前，英文是唯一的法定法律語文：參見本章第十二節（本書頁 69-71）。

檢討和修訂以符合《基本法》的要求。最後，律政司的第五個專業部門為國際法科，由國際法專員（Law Officer（International Law））領導，處理所有涉及國際法的問題，如簽訂國際協議和司法互助的安排等。在香港回歸前過渡期間，國際法科更協助中英聯合聯絡小組英方代表就適用於香港的國際條約在 1997 年後繼續適用的問題作研究及支援工作。

# 十　律師制度

　　香港的律師制度承襲英格蘭的傳統，分為律師（solicitors，又稱"事務律師"）和大律師（barristers，又稱"訟務律師"）兩個分流。他們的工作性質和範圍，甚至訓練和專業守則皆不盡相同，但卻沒有高低從屬的關係。"大律師"一詞，其實源自往日的高等法院，當時高等法院（其後成為立法會大樓）俗稱為"大葛樓"（court），故此在高等法院執業的律師便被稱為"大律師"。

　　律師提供一般的法律服務，例如樓宇買賣及按揭、草擬商業文件、公司上市、離婚、贍養及子女撫養權、遺產、稅務等等法律問題，也有一些提供較專門的法律服務，如關於航運和知識產權等法律問題。律師也提供訴訟方面的服務，起草訴訟文書和為開庭聆訊作準備工作，但除非他們獲法院頒發的高等法院的發言權，否則他們只能在裁判法院、區域法院及高等法院的內庭聆訊代表當事人。一般市民需要法律服務時，均須首先接觸律師。香港目前大約有近八千多名本地執業律師，和超過八百所律師事務所。律師事務所當中超過四成為獨資經營，其餘是合夥經營，當中包括一些跨國的海外律師事務所。除了擔任合夥人外，也有不少律師是以僱員身份受聘於律師事務所。

　　大律師的服務範圍主要是提供與訴訟有關的服務，他們的工作可以分為三類：（a）在各級法院作為當事人的代表律師，進行訴訟及辯論；大律師在各級法院的聆訊中均享有出庭發言權；（b）根據當事人的指示草擬與訴訟有關的法律文件；（c）透過律師向當事人提供任何方面的書面法律意見，這些書面法律意見可以涉及與訴訟無關的法律問題。除了少數專業人員如會計師可以直接聘用大律師外，大律師必須由律師轉聘，當事人不能直接聘用大律師。由於大律師是訴訟方面的專才，而且是個人獨立執業的（即非任何律師事務所的成員），這種轉聘制度，保證當事人不論前往任何一間律師事務所，皆可以透過律師轉聘到適當的大律師。由於律師熟悉不同大律師的專長和收費，在作出轉聘時，便能就當事人的需要而提供適當的意見。加上當事人和大律師之間沒有任何利益關係或長期的商業關係，這個轉聘制度亦保證了大律師在提供服務時的客觀性和獨立性。

　　律師和大律師的專業資格均詳列於《執業律師條例》[59]，一般而言，他們必須具備由香港大學、香港城市大學或香港中文大學所頒發的法學專業證書（Postgraduate Certificate in Laws）。如果選擇當律師的話，畢業後便要在律師事務所當兩年見習律師（trainee solicitor），兩年後向法院及律師會（Law Society）申請成為執業律師。成為執業律師之後，只能受聘於律師事務所，最少有兩年經驗以後，才能夠自己開設律師事務所。至於大律師，在取得法學專業證書後，得跟隨一名最少有五年經驗的大律師實習一年（pupillage），實習半年後即可向法院申請成為大律師及申請有限度執業證書，並在實習期結束後，向大律師公會（Bar Association）申請正式執業證書後才可以執業，同時必須自設事務所（chambers）。律師可以合股經營律師事務所，大律師則必須獨資經營。在 1997 年前，一些經驗豐富和才華卓越的大律師，可以經首席法官推薦，由英女皇任命為御用大律師（Queen's Counsel）。1997 年以後，御用大律師改稱為 “資深大律師”（Senior Counsel），並由終審法院首席法官委任。資深大律師多處理一些比較複雜的個案。在 2014 年，香港約有一千二百多名大律師和不足一百名資深大律師。在 1995 年之前，轉聘御用大律師時，必須同時聘用另一位大律師（junior counsel），這名大律師主要是處理案件中一些文件工作和協助御用大律師在上庭前的準備工作，使御用大律

---

59　《香港法例》第 159 章。

師能更專注於法庭內的訴訟事務。1995 年後，香港大律師公會廢除了這項硬性規定，聘用資深大律師的當事人是否再聘用另一位大律師，便視乎案件的需要。此外，《執業律師條例》亦列出一些在海外獲律師資格的人士在香港執業的途徑，主要途徑是在香港的法律學院修讀法學專業證書，或考取兩個律師會自設的海外律師資格考試。

　　律師和大律師均有一套嚴謹的專業守則，藉以對他們提供法律服務時的行為作出規範。任何人若果認為有關律師在提供服務時違反這些專業守則，可向律師會或大律師公會作出投訴。公會訂有明確的程序處理這些投訴，投訴一經證實，有關律師和大律師可根據《執業律師條例》受到紀律處分，包括暫停或吊銷他的執業資格。一般而言，專業守則要求律師或大律師在法律容許的情況下盡最大的努力去保障其委託人（當事人）的利益，以及避免陷入任何利益衝突的情況。他們亦需要對委託人的事務履行保密的責任。除了專業守則所規定的義務外，律師還須要負上合約方面的義務和承擔疏忽（即民事侵權法中的疏忽）方面的責任。為了保障法律服務的消費者，律師及大律師均必須購買專業疏忽方面的保險。

　　大律師和當事人之間並不存在合約的關係，此外，在提供涉及法庭訴訟方面的服務時，大律師一般亦不受疏忽責任的規範，這是因為法院要決定大律師在先前處理的案件是否疏忽，便必須間接地重新審理該前一宗訴訟。這樣，訴訟便會永無終止了。然而，在 2002 年，英國上議院法庭在一案中[60]，推翻先前絕對豁免的原則，認為無止境的訴訟這憂慮有點言過其實，並認為普通法的疏忽責任應同樣適用於大律師專業，香港終審法院並未表態是否追隨英國的案例[61]，但似乎這已是英美歐洲各國的大勢趨向，香港恐怕早晚也會跟從這方面的發展。若大律師在提供並不涉及訴訟的法律意見時，這項豁免便不適用。在專業守則方面，對大律師而言，就更有所謂 "不可拒聘原則"（cab

---

60　*Arthur Hall & Co v Simons* [2002] 1 AC 615.

61　*HKSAR v Hung Chan Wa* [2006] 3 HKLRD 841 at 853, para 31. 由於終審法院未作表態，原訟法庭在 2007 年的一宗判案認為這豁免權仍適用於香港，參見 *Lam Chi Kong v Tai Siu Ching* [2007] HKEC 1042 (7 June 2007)。

rank rule）；即是説，只要當事人所委託的事務屬該大律師的執業範圍之內的事務，而當事人又願意付出該大律師一般收取的費用時，大律師便必須接受這宗委託，不能因為他個人對當事人的觀點或因其他不應考慮的因素而拒絕接受聘用，這項"不可拒聘原則"，保障了一些即使是臭名遠播的當事人也可以獲得律師代表的權利。在法治社會裏，獲得律師代表的權利是一項基本權利，社會沒有賦予律師剝奪當事人這項權利的權力；不然的話，當事人便可能因為他的過往紀錄或案件的種類而喪失律師代表的權利，這是違反了公平審訊的基本原則。最後，律師或大律師和其他市民一樣，受到刑法的管制，如犯刑事罪行，便會受到檢控，不會因為是法律界人士而得到特殊待遇。所謂"法律面前，人人平等"，正是這個意思。

在 2010 年以前，只有大律師能夠在高等法院和終審法院的公開聆訊中享有發言權，而自 1990 年代中期起，這問題一直在律師與大律師之間備受爭議。最後，香港特區政府在 2010 年修例，容許合資格並通過了一獨立評審委員會的評審的律師獲取較高級法院的上庭發言權。在 2013 年首批申請人中，便有 15 位律師通過評審獲得發言權。


# 十一　法律援助

"法律面前，人人平等"，但隨着法律日漸複雜，不少市民要尋求公義時，便得依賴律師。可是，當律師行業日漸專業化以及收費日漸高昂的時候，不少升斗市民，因為無力支付高昂的律師費，便往往只能對着公義的大門望門興嘆。法律援助便是要矯正這種情況，令到一些無力支付律師費的人士仍然能夠得到公義。

香港的法律援助主要來自三方面：(a) 由法律援助署提供的法律援助；(b) 由律師會和大律師公會透過"當值律師計劃"提供的法律援助；(c) 民間提供的法律服務，例如各級議會的部份議員提供有限度的法律輔導服務。

這些法律援助項目的範圍各有不同，法援署和當值律師計劃的經費由政府支付，議員辦事處提供的法律諮詢服務，則主要由一些具執業律師資格的議員提供。這種民間的法律諮詢服務的範圍一般只限於諮詢工作，並且會因議員的離任或其他原因而告終。大律師公會亦設有一免費律師訴訟服務（pro bono service），但只會在極例外的情況下或應法院的邀請才會提供這服務；香港大學法律學院舉辦的法律服務計劃，則由師生及義務律師提供有限度的免費法律服務。此外，消費者委員會亦設有一訴訟基金，就一些涉及重大消費者利益的案件提供法律援助，平等機會委員會亦會就其職權範圍內的事項提供有限度的法律意見。

法律援助署提供了主要的法律援助服務，它的服務適用於在區域法院、原訟法庭、上訴法庭及終審法院審理的案件，以及在一些死因裁判研訊庭及精神健康覆查審裁處提出的案件，提供律師代表。申請人必須符合一些入息限額的資格，《法律援助（評定資源及分擔費用）規例》[62] 中對如何計算財務資源作出了具體的規定，主要視乎申請人的入息，扣除生活所需的各項支出。在第一審刑事案件中，只要申請人符合入息限額，法援署便會提供法律援助。至於刑事上訴案件，除了考慮申請人的入息限額外，法援署還會考慮是否有足夠理由提出上訴，但若果是謀殺罪名的上訴，只要符合入息限額，法援署便必須提供法律援助。

至於民事案件的法律援助，申請人除了要符合入息限額的要求外，亦要證明其案件有合理的訴訟或答辯理由。一般的程序是申請人須向法援署提交與案件有關的文件，然後由法援署的律師考慮申請人是否有足夠理由提出訴訟或答辯，若果申請人沒有足夠理由提出訴訟或答辯，那便不應動用納稅人的金錢來資助這宗案件。法例亦規定受助人須分擔部份費用，分擔的費用視乎受助人的財務資源而定，但一般最高不超過佔受助人財務資源百分之二十五的金額 [63]。此外，法援署亦為一些中等入息人士提供另一項法律援助輔

---

62　《香港法例》第 91 章的附屬法例。

63　《法律援助（評定資源及分擔費用）規例》（《香港法例》第 91 章的附屬法例）附表三第一部份。

助計劃，這個計劃適用於經濟資源超出基本法律援助計劃的水平的申請人，該計劃的特點是倘若申請人成功地索取賠償的話，他便得在賠償金額中付出百分之十五的款項給這個計劃作為基金。這個計劃只適用於因交通及職業意外傷亡而索償和涉及醫生、牙醫和律師的專業疏忽責任的案件，而涉及的索償金額超過六萬元。

此外，即使申請人未能符合有關的入息限額，法律援助署署長仍然可以因公義的需要而行使酌情權，向有關申請人提供法律援助，這酌情權適用於所有刑事案件，但在民事案件中，這酌情權只適用於與《香港人權法案條例》[64] 有關的訴訟和精神健康審裁處的訴訟。當法律援助署願意提供法律援助後，這宗案件便會交由法律援助署內的律師處理，或由法援署轉聘私人執業的律師處理。

由於法律援助署始終是一個政府部門，以致不少市民均有一種錯覺認為它會偏幫政府，市民因而對其獨立性有所保留。在 1994 年，港英政府成立了一個跨部門工作小組對法律援助服務作出了全面的檢討，並建議成立一個獨立的法律援助服務局，監察法律援助署的運作，保障法律援助署的獨立性以及就法律援助政策及有關撥款問題向港英政府作出建議。這個法律援助服務局在 1996 年中成立 [65]。1997 年底，法律援助服務局又舊事重提，聘請顧問公司研究法律援助署應否獨立於政府這問題，研究於 1998 年 4 月完成。法律援助服務局基於這報告，於 1998 年中建議逐步使法援署脫離政府獨立運作，但這建議一直未被政府接納。

法律援助署提供的法律服務，並不包括在裁判法院審理的案件及一般的法律諮詢服務，"當值律師計劃"便是針對這方面的需要而設立。這個計劃由律師會及大律師公會聯合主辦，它包括了以下三種不同的服務：

a. 提供免費法律諮詢服務，市民只需到各區政務處或其他轉介機構，便可以安排約見律師。政務處或轉介機構的職員會要求市民就他所要求諮詢

---

64　《香港法例》第 383 章。有關酌情權見《法律援助條例》（《香港法例》第 91 章）第 5AA 條。

65　《法律援助服務局條例》（《香港法例》第 489 章）。

的事項提供一些基本資料，例如租約、有關信件等。這些文件會送到有關律師，一般預約律師大約需要兩個星期，有關律師會在指定時間（一般為晚上六時至八時）在政務處會見該市民，向市民解釋有關的諮詢事項和法律程序。兩個律師公會還提供一項電話諮詢服務，市民可以透過電話選擇聆聽一些就不同法律部門（如合同法、婚姻法等）的基本法律原則的錄音簡介。這服務提供一個便捷的方法，讓市民知曉一些基本的法律原則，但這電話服務，並不包括由律師回答個別法律問題。若市民覺得有需要的話，可以透過上述免費法律諮詢計劃預約律師，以獲得進一步的法律諮詢服務。

b. 當值律師計劃在裁判法院提供律師代表的服務，這項服務最初只包括裁判法院最常審理的九項控罪，但在 1991 年以後，這計劃已擴展至在裁判法院審理的所有可被判入獄的刑事罪行。申請人需要接受一項簡單的入息審查，但若公義需要的時候，當值律師計劃亦可向那些未符合入息審查條件的申請人提供律師代表的服務。這項服務提供的是一般辯護律師的服務，包括代表申請人向法院申請保釋候審；若申請人否認控罪時，在審訊過程中代表申請人作其辯護律師，以及在申請人被判有罪後或申請人承認控罪時，代表申請人向法院求情。

c. 在 20 世紀 90 年代初期，由於照顧到證人的憂慮，警方決定在認人手續時在有關房間採用一面單鏡反光玻璃，使證人可以透過單面玻璃指出被告，而無須像以往一般在被告面前指出被告人，但由於在這種新的程序下，被告人無法知曉認人手續是否公平，當值律師計劃便可應被告人的要求提供律師在場，以保證認人手續公平地進行。此外，在一些小販事務上，有關法例容許小販向行政長官會同行政會議提出上訴，當值律師計劃亦會就這些上訴提供法律援助服務。

# 十二 法律語言

在 1974 年以前，英文是香港唯一的官方語文。1974 年，香港制定了《法定語文條例》[66]，規定英文和中文都是香港的法定語文，但這規定只適用於政府與市民的一般接觸溝通，卻不適用於立法和司法程序，故此在 1989 年以前香港的成文法只有英文版本才具有法律效力。雖然 1974 年的條例容許裁判法院以中文審理案件，但這種情況在 20 世紀 90 年代以前幾乎是絕無僅有的。

《中英聯合聲明》簽訂以後，香港政府才開始着手進行法律的全面雙語化。首先，香港政府在 1987 年修訂《法定語文條例》，規定在 1989 年該條例生效以後訂立的新的條例，必須以雙語制定。與此同時，律政署亦着手將 1989 年以前通過的法例翻譯過來。1989 年後新的雙語立法以一般的立法程序由立法局三讀審議後通過，但這程序並不適用於 1989 年以前已經訂立的法例，因為通過另一個語文版本並不等如重新立法，故此，三讀程序並不適用。修訂後的《法定語文條例》規定，當律政署將 1989 年以前的法例翻譯為中文後，這個翻譯本便會交由雙語法例諮詢委員會審議，在作出有需要的修正後由港督會同行政局頒令在《憲報》刊登，一經刊登後，這些法例的中文文本便具有與英文文本同等法律效力的地位。到了 1997 年，制定香港的六百多部成文法條例及其附屬法例正式中文文本的工作已經基本完成。

在司法方面，法院在 1987 年已開始着手研究在法庭上使用中文的問題，並先後成立了三個不同的委員會對有關的問題及涉及的技術性困難作出研究。在 20 世紀 90 年代，《法定語文條例》中關於法院審訊中所用語文的條文作出了一系列的修訂，最後使香港各級法院都可以根據需要，在適當的案件中容許律師和法官以中文操作。在實施雙語化初期，法院也處理了一些中

---

66 《香港法例》第 5 章。

英文版本不協調的案件 [67]。時至今天，大部份在裁判法院審理的案件均是以中文進行，但是在高等法院或以上法院所處理的案件，以中文審理的則仍屬少數，箇中原因乃在法庭上使用中文是一個相當複雜的問題。法律訴訟中的語言，包括訴訟當事人的語言、他們的代表律師的語言、法官的語言、司法文書（如起訴書及狀書）的語言、證據（如合約、股票、信件、醫生報告等）的語言、法院紀錄的語言、陪審團的語言，以及法院判詞和命令的語言等等。這裏每一個環節都可能會影響審訊的公平，各個環節的雙語化亦需要互相協調和大量人力和物力資源的配合。例如若一個被告人在刑事檢控中選擇以中文進行審訊的時候，這便可能影響到他不能聘用一個不諳中文的外籍律師作其辯護律師，也會影響到法官的人選和陪審團成員的人選。此外，所有有關的法律文件，尤其是以英文為原文的法律文件或文書證據也可能需要翻譯為中文，龐大的翻譯服務的支援便不可或缺。在"程介南案"中，法院便以行政理由及程介南本身亦諳熟英語為理由，拒絕程介南要求以中文進行審訊的要求。[68]

　　由於普通法源自英國，普通法內有不少的概念或用語，在中文均沒有相對的詞彙，加上法律事務上對語文的準確性的要求極高，這形成了推行法律雙語化中的一個重大障礙。此外，雙語法律人才的缺乏亦是推行雙語化的另一個重要困難。目前司法界及法律界中仍有不少外籍人士，而即使在華人之中，能流利使用中文提供法律服務的律師或審案的法官亦寥寥可數。最後，普通法極端依賴判例，正如上文指出，在香港法院引用的判例除了香港本身的判例外，還包括英國和其他普通法系國家的判例，這些判例並每日不斷地增加，它們都是以英文書寫的，要將這些判例翻譯成中文，在資源上是不可能的。這個問題，在上訴案件中便更加明顯，因為上訴時法院所面對的多是

---

67　如 *HKSAR v Tam Yuk Ha* [1997] 2 HKC 531，該案的焦點在於被告將一些檯椅放在生肉檔對開的馬路上是否構成"增建工程"，違反有關批准的肉檔圖則，英文的"alteration & addition to the plan"可以指任何改動，但中文"增建工程"則似乎有關工程須屬較永久性改動，法院最後認為英文版較能反映立法原意。關於雙語法制的發展，可參考 Anne Cheung，"Towards a Bilingual Legal System-The Development of Chinese Legal Language"(1997) 19(2) *Loyola International and Comparative Law Journal*, pp. 315-336。

68　*Re Cheng Kai Nam* [2002] 2 HKLRD 39.

法律問題（而非案件的事實問題），引用判例便幾乎無可避免；另一方面，若香港的判例只用中文書寫，沒有英文翻譯，這很容易使我們的判例和其他普通法系國家的判例脫節，繼續在香港使用普通法的前景便會大受影響。在2005 年，法院開始着手將一些中外重要案例翻譯過來，雖然進展緩慢，但總算是一個起步。而法院亦會就一些重要的判詞提供一個中文撮要。此外，隨着中國內地經濟起飛及內地與香港之間商貿往來日益頻繁，不少商業文書均以中文草擬，但這亦帶出另一個問題：長遠而言，法律中文應該以廣州話為主，還是以普通話為主？可惜，香港政府在香港發展雙語法律制度時並沒有一個長遠和明確的方向，外國的經驗亦指出，沒有足夠的雙語法律人才和足夠資源的配合，雙語法律制度便無從談起。香港在這方面剛剛起步，要真正發展出一套雙語法律制度，恐怕最少也要二三十年的時間，這方面發展不宜操之過急，以致為語言而犧牲公義。

## 十三　法治精神

任何一個法律制度，最終還是建基於一系列的價值觀念上，雖然這些價值觀念會因不同的社會環境、政治取向、經濟發展、宗教、歷史和文化背景，在具體體現時有所分別，但在同一法系內，這些基本的價值觀念仍然是共通的。香港屬普通法系，而普通法已有超過八百年的歷史，這個法系內的一些基本信念，亦已深深植根於所有沿用普通法的國家或地區的法律體系之內，這些信念和價值，便是我們所謂的 "法治精神"（Rule of Law）。[69]

法治精神並非單指有法律的存在和有法律作行事依據，更重要的，它是一系列的信念，貫串着整個法律制度的每一個環節，包括立法、執法和司法

---

69　有關法治精神的更詳盡的討論，請參閱陳弘毅：《香港法制與基本法》（香港：廣角鏡出版社，1986），第1 章；陳弘毅、陳文敏：《人權與法治》（香港：廣角鏡出版社，1987），第 28 章；陳弘毅：《香港法律與香港政治》（香港：廣角鏡出版社，1990），第 19 章；梁偉賢、陳文敏（合編）：《傳播法新論》（香港：商務印書館，1995），第 2 章。

等各方面，並深深影響整個制度的設計和程序，而這些機制，又同時維護和促使這些信念得到體現和實踐。

　　首先，整個法律制度必須是理性和莊嚴的。任何法律的制定或修改，必須要有一個合理的目的，並須遵從一套嚴謹和經過認可的程序。在立法程序中，必須有公開的辯論，使立法者可以考慮不同的意見，並在有需要時，對草案作出修訂，甚至撤回草案重新再作考慮。香港立法機關的三讀立法程序，便是體現這個理想，令公眾人士可以知曉法律草案的內容和對草案中的建議表達意見。公開的辯論和公開的程序，保證整個制度是理性和公平的。

　　法治的另一重要意思是法律必須是公諸於世的。公開的法律，使市民可以知道法律的內容，從而遵守法律。若市民根本無法知曉法律的內容，守法便無從談起。故此，香港所有的成文法均是公開的文件，在政府刊物銷售處發售，各大公立圖書館亦藏有香港整套約六百多章的《香港法例》（*Laws of Hong Kong*），這套法例的中英文全文更於 1997 年 11 月底起 "上網"，市民可以在家中通過電腦免費進入有關網頁系統的資料庫[70]。基於法律必須公開這項原則，法例草案即使獲立法會通過，法例生效之日一般是在法例刊載於香港特區政府《憲報》之時（對過往的某段時間有 "追溯力" 的法例是一種例外情況）。所有不公開的文件如部門內部守則等，均不能作為政府官員行使權力的法律依據。在 1995 年，懲教署署長抽起囚犯所訂閱的報章內的馬經副刊，這項措施受到監獄內囚犯的反對，他們並提出司法覆核的訴訟，在第一審的時候，懲教署署長指出他們的措施是基於懲教署內的常規（standing order），但由於這些常規只是一份內部文件，為懲教署的職員提供指引，但卻沒有公開讓囚犯知曉，法官認為這些常規並不能構成懲教署實行這項措施的法律依據。[71]

---

70　有關網址是香港律政司的網址，即 http://www.doj.gov.hk。另外，香港大學法律學院亦有提供香港法例和判例的免費網頁：http://www.hklii.org。

71　"詹承宗訴懲教署署長"（*Chim Shing Chung v The Commissioner of Correctional Services*）[1995] 5 HKPLR 570。上訴法院基於其他理由推翻了原審法官的判決，但這並不影響內部文件不能作法律依據的原則。上訴法院的判詞見於 [1996] 6 HKPLR 313。另外可參見 "女皇訴林運球"（*R v Lam Wan-kow*）[1992] 2 HKPLR 26, 32。

　　法治的另一項重要原則，乃法律必須是普及和平等的。這並不是說，法律不能為某一類人士訂下一些特別的準則，例如法例中有不少條文是特別為未成年人士或弱智人士而設的。所謂"法律面前，人人平等"，一方面是指法律乃普遍適用於所有人，任何人觸犯法律均要受到法律制裁，而不會因為他的財富、政見或官職而有所區別。不論是政府高官、立法會議員，或是富商名流，一旦觸犯法律，也同樣會受到法律的制裁。"法律面前，人人平等"的另一含義，是法律不會基於一些不合理的因素，例如性別、政見、財產等，而對不同人士作出不合理的區別。若法例基於這些因素而作出區別的話，便必須要有足夠和令人信服的理由。

　　此外，法律亦必須有一定的穩定性，不能朝令夕改。故此，在立法時必須深思熟慮；其次，法律必須是一貫的，不會因為不同的法官而有所區別。普通法的判例制度，即上級法院的判例對下級法院有約束力，便是保證了法律的一貫性，使判案不會因不同的法官而異。普通法中亦有一些認可的方法容許法院離棄先例，使這個制度能靈活運作，不會因盲從先例而使整個制度變得僵化。保持法律的穩定性和一貫性，使市民可以預見各種行為在法律上的後果，例如甚麼事情或甚麼情況是違法的行為，或需要承擔刑事或民事法律責任。知法才能守法，法律的運作的可預見性便成為法治精神的一部份。

　　法律制度建基於理性這項基本原則，這亦同樣見於司法方面。法律規範始終是一些較抽象的原則，要將這些規範運用到現實生活時，便需依賴人來執行。在普通法制度下，法官便負起解釋、演繹和運用法律的責任，而法院也是唯一可以對法律條文作有權威性解釋的司法機關。法官在執行法律時，只須要向法律負責，他必須大公無私，摒除個人好惡，按照法律的原則與精神作出判決，而不受任何外界包括行政機關的影響。司法獨立不單建基於法官本身的個人操守，整個法律制度的設計也盡量透過程序的保障來保證司法獨立。上文已經指出，在法官的任命、升職和罷免方面，普通法均有一套嚴謹的程序，其目的在於從制度方面保障司法的獨立。

　　在司法程序方面，也同樣體現了法律制度的理性和公平的要求。法官判案必須基於證據，而這些證據必須為訴訟雙方在法院內提出，任何法院以外的東西如報章的報導、道聽途說的傳聞等，均不能入於考慮之列。至於訴訟雙方所提出的證據，必須與案件有關，在這方面，證據法有非常嚴謹的規限。一般而言，被告人過往的刑事紀錄或個人品德等，均視為與案件無關，不能作為呈堂證據。

在審訊過程中，法官必須保持中立，耐心聆聽所有證據及陳詞。普通法不但要求法官須保持中立，還需要讓公眾人士可以客觀地信服他的中立，使公義昭然可見。例如在一宗涉及大學的訴訟中，主審法官是大學校董會的成員之一，儘管主審法官在案中完全保持中立，但他的判決仍可能被上訴庭推翻，因為在這種情況下，公眾人士未必能信服他的中立性。基於同樣理由，若法官與訴訟任何一方或其律師有任何利益關係，除非訴訟雙方同意，否則他便不能審理該案。在案件審結前，法官更不可以和訴訟任何一方，以及他們的代表律師或證人單獨接觸。在香港，當案件尚未審結時，即使是一般的社交場合，案件的代表律師和法官也會盡量避席或避免交談的。

在作出判決前，法官必須給予訴訟雙方最後陳詞的機會。法官作出任何判決，必須在判詞中說明判決的理由，包括對案中雙方所提出的證據作出分析與評估，以及就雙方所提出的法律觀點作出回應。由於判詞內所列出的理據可以構成普通法（或稱“判例法”）的一部份，故普通法對判詞極為重視，法官寫判詞時，亦會非常謹慎。判詞內對法律觀點的分析和判詞整體的說服力，更往往成為衡量法官質素的客觀標準。

法治的另一項重要原則乃審訊必須公開進行，而公開審訊亦是保障司法工作的獨立和公正的重要基石。法院乃公開的地方，任何公眾人士均有權自由進出法院，觀察司法制度的實際運作。當然，如法院有合理的理由，例如為保障未成年人士的權益或保障當事人的私隱，可以要求公眾人士離席才進行審訊，但這閉門審訊的決定，只適用於例外的情況。在一宗著名的判案中，香港首席法官便曾援引英國上議院法庭的一宗判例，指出在決定閉門聆訊時法官所應考慮的原則：

　　法院作閉門聆訊的權力，不能單單取決於法官的喜好或他個人認為基於公眾道德，閉門聆訊會比較適合。就執行公義必須在法院公開進行這項基本原則來說，任何例外的情況必須建基於一些其他重要或甚至更為重要的基本原則，而這些例外的情況亦必須清楚界定，不能取決於個別法官個人的喜好。[72]

英國上議院法庭在另一宗判例中指出：

　　讓公義公開執行還涉及其他重要的原則：當案中的證據及論點為公眾人士知曉時，社會便能自行判斷以社會的名義所執行的公義的質素，以及有關法律是否需要修改……透過公開審訊，普通法保證司法制度受到公眾的監察；但除非有言論自由相配合，而這包括公開報導案件的審訊的權利，討論、批評、發表和取得受監察事項的訊息和資料的權利，否則所謂公眾的監察只會徒具虛名。讓公義公開進行，就是要讓公眾人士能就此作公開的討論和批評。[73]

　　普通法的另一個主要特色，便是強調個人自由與權利，惟有基於充分理由和重大的利益，以及經過明確的程序後，個人自由才可以受到削減，而即使在這種情況下，這些對個人自由的限制，仍須受到不斷的監察。這並不表示普通法並不重視集體權益，但在集體權益與個人權利之間，普通法明顯傾向於保障個人權利，只有在明確和具說服力的證據顯示集體權益會嚴重受損時，普通法才會接受對個人權利的限制。當然，並不是每個人均願意接受這套思想價值的，然而，歷史經驗卻指出，強調集體權益，以追求經濟平等為綱領的國家，個人權利是鮮有受到尊重的。

---

72　*R v Samsudin* [1987] HKLR 254; *R v Legal Aid Board, ex parte Todner* [1999] QB 966, 977; *Wong Tak Wai v Commissioner of Correctional Services* [2009] HKEC 1422.

73　*Home Office v Harman* [1983] 1 AC 280, 316.

普通法採納有利於權利保障的"剩餘原則"（residue），凡法律沒有禁止的事情均屬合法，例如新聞界對政府施政的評論或對公眾人物的言談所作的批評，均可自由發表，這些言論，不論是積極的建議或是消極的批評，一般均不會構成誹謗，不同意見可以自由表達，更是民主社會的基石。此外，任何人的權利受到侵犯時，均有權透過法院尋求司法補救。普通法極為重視執行的細節，如果權利遭侵犯時卻沒有任何補救的途徑，這些權利便形同虛設。故此，普通法提供了一系列的補救方法和程序，其中最為人所熟知的當數人身保護令（writ of habeas corpus）了。

在解釋法例方面，普通法亦有一系列的假設。首先，所有法例均假定為沒有溯及力（即追溯到過往的效力），尤其是涉及刑法的法例更是如此。普通法的精神是一個人的行為是否觸犯法律，必須以當時的法律為準則，不能事後修改法律，將原來合法的行為變為非法；其次，如果一條法例是保障個人權利的，法院在解釋它的條文時，將會採納一個較為寬鬆的態度。在解釋《基本法》時，法院也是採取這樣的原則，以廣義和開明的態度解釋條文，使個人權利得到最大的保障；相反，如果一條法例是限制個人自由的，法院便會對它的條文採取較挑剔和嚴峻的態度，給予它較狹義的解釋。若條文內有任何含糊的地方，法院一般會採納對被告人最有利的解釋。普通法亦假定任何法例均不會減損在法例生效前已享有的權益，尤其是涉及財產方面的權益。

在司法程序方面，普通法亦設有多項保障，以體現其尊重個人自由的信念。首先，任何人在未經判罪之前均假定為無罪，而證明他觸犯法律的舉證責任在於控方，被告人有權但沒有責任提出證據證明自己清白無辜。由於刑事罪行的後果極為嚴重，很多時並會導致被告喪失人身自由，故普通法要求控方提出的證據，必須達"沒有任何合理的疑點"的標準（proof beyond reasonable doubt），才可將被告入罪。由於被告人沒有責任證明自己是清白無辜，故此，在被警方盤問或於法院審訊過程中，他都可以保持緘默，拒絕回答警方的問題或選擇不在法庭上作供，而法院或陪審團均不能因他行使緘默權而就案情對他作出不利的推斷。

此外，不論是刑事檢控或民事訴訟，被告人（及民事訴訟的原告人）均有權得到公平和公開的審訊，他有權自己或透過律師作出抗辯，法院必須給予他提出證據、傳召證人、盤問證人、陳詞和抗辯的機會，以及充分的時間與方便予他準備抗辯；審訊必須盡快進行和結束，審訊過程、結果和判詞均須公開，經判定有罪或敗訴後，他仍有權上訴或在某些情況下要求覆核。

這些程序上的設計，目的皆在保障和尊重個人自由，尤其是當個人和政府進行訴訟時，這些對個人權利的保障，最少可以將兩者在資源方面的差距拉近，使個人可以得到一個較公平的審訊。此外，這些程序上的保障亦建基於寧縱毋枉的信念上，這是普通法中重要的信念，程序上的設計盡量減少無辜的人被入罪的機會。

中國自 1978 年進行改革開放以來，重建其法律制度，提出"有法可依"、"有法必依"和"違法必究"等口號。三十多年來，它制定了大量的法律和法規，大致上已做到有法可依的階段。然而，有法不依、貪贓枉法的情況依然嚴重；2014 年 10 月的中共十八屆四中全會提出"依法治國"，基本上也是針對有法不依和違法不究的情況。但即使做到有法可依、有法必依和違法必究的要求，這和法治的理想仍有一段距離。就如上文所述，法治尚包涵對人權自由的尊重，對政府行使權力的約制，以及透過法律去彰顯公義。2014 年秋，香港爆發大規模的群眾運動，對法治多少有點衝擊，但亦同時給港人帶來機會，反思法治、人權、公義和民主的關係，在塵埃落定後，香港在這方面將更趨成熟。

# 十四　結語

香港從百多年前一個寂寂無聞的漁港，發展成為今天舉足輕重的國際金融中心，健全的法律制度是賴以成功的重要支柱之一。《中英聯合聲明》和《基本法》保證，香港的法律在 1997 年後基本不變。這包括指香港原有法

律制度的基本精神和原則將會維持不變。上文已經指出，這些基本原則包括
（a）尊重個人權利；（b）重視執行基本權利和保障自由的具體途徑和方法；
（c）保證法律的理性和公正；（d）刑法建基於寧縱毋枉的基本信念上；（e）
強調程序方面的公義；（f）堅持公平和公開的審訊及；（g）保障司法獨立等。

　　回歸十多年以來，"一國兩制" 對香港法制帶來新的思考，我們基本上仍
能維持一個健全和獨立的法律體制，以及這法制背後的基本原則和價值，令
香港成為世界上華人社會當中成功維護法治人權的地方。隨着中國的經濟開
放和法制逐漸完善，香港的成功經驗可以對內地的法制與法治的發展作出重
要的啟示和貢獻。

## 第二章

# 訴訟法和證據法

陳文敏

香港大學法律學院教授

## 一 刑事訴訟

　　任何一個法律制度，最終還是建基於一套價值觀念上。不同的價值觀念可以衍生出截然不同的法律制度，這一點在刑事和民事訴訟程序的設計上尤為明顯。普通法制度崇尚個人自由，而刑事訴訟法則提供一套既定程序，使社會或政府可以透過既定制度奪去某個人的人身自由。當然，為保障公共秩序、公眾利益及其他人的權利，刑事訴訟程序是必須的，但在極權或法治觀念薄弱的國家，刑事訴訟法往往淪為統治者壓迫異己的工具，它的程序設計偏重如何令疑犯入罪。普通法則深信寧縱毋枉，刑事訴訟程序的設計便處處維護個人的自由，避免造成冤獄。在這種制度下，部份犯法者逍遙法外的情況是難以避免的。同樣地，在一些相信寧枉毋縱的制度下，無辜者被入罪的例子比比皆是。權衡兩者，我們的制度還是選擇了寧縱毋枉，這一點對認識和評價我們的刑事訴訟法極為重要。[1]

　　最能具體地體現崇尚個人自由與寧縱毋枉的觀念者，莫過於普通法中的

---

1　就刑事檢控程序如何保障人身自由，請參閱陳文敏：《人權在香港》（香港：廣角鏡出版社，1990），第13章。

無罪推定（presumption of innocence），這項被譽為"貫串整個英國刑法制度的金線"的推定，影響及刑事訴訟程序的每一環節，例如由於每個人在未判罪前均假定無罪，故在刑事訴訟中舉證的責任落在控方；被告人沒有責任證明自己無罪，故此，被告人享有保持緘默的權利、不自證其罪的權利（right against self-incrimination，或稱"不自我指控的權利"），以及獲保釋外出候審的權利。此外，無罪推定更要求控方所提出的證據必須達到無任何合理疑點的標準（beyond reasonable doubt）才可將被告入罪。加拿大最高法院便曾這樣描述無罪推定：[2]

> 無罪推定保障了每一個被國家予以刑事檢控的人的基本自由與個人尊嚴。任何一個面對刑事檢控的人，均得承受巨大的社會與人際壓力，這包括喪失個人自由的可能性，受社群的揶揄及排擠，以及其他社交、心理和經濟上的傷害。有鑑於這些嚴重的結果，無罪推定便顯得不可或缺。在國家能提出全無合理的疑點的證據證明被告人有罪之前，這推定保證被告人被假定無罪。對任何深信公平和社會正義的社會而言，這是絕對需要的。無罪推定肯定我們對人性的信心，它反映了我們認為直至有相反舉證前，社會每一份子皆為良好及奉公守法的成員這個信念。

不少人曾懷疑，我們的刑事程序是否太偏幫被告，上述這判詞正好作出了回應。在刑事檢控中，被告人面對的是整個政府架構，控方擁有龐大的人力物力資源，有熟悉整個制度的檢控專才，有法定的權力搜集證據，更有不同政府部門與龐大的執法機關作後盾；被告人則往往是升斗市民，資源短缺。於是無罪推定及較高的舉證標準，正好減少控方和被告人因資源方面的不平衡而造成的不公平，從而保證有一公平的審訊；其次，無罪推定體現寧縱毋枉的精神，又可減輕無辜者在面對政府龐大的檢控機器時身心所受的巨

---

2　*R v Oakes* [1986] 26 DLR（4th）200, 222.

大壓力；最後，它亦反映了我們對人性善良守法的信心。

不論是刑事或民事訴訟，被告人均可進行自辯。當然，由於訴訟程序複雜，有律師代表是較為有利的。本文以後提到原告人、被告人的時候，應理解為包括他們的律師代表。關於律師代表及法律援助的討論，請參閱本書的第一章〈法律制度〉。

## （一）提出檢控

雖然私人也可以提出刑事檢控，但由於司法程序成本昂貴，私人亦沒有如警隊那種調查案件的資料和權力，難以提出達刑事檢控標準的證據，加上律政司司長可以在任何時間介入或甚至取代私人檢控，故這類檢控極為罕見。絕大部份的刑事檢控均由政府提出，而律政司司長便是掌握政府所有刑事檢控的最終決策者。

在考慮是否就某宗案件提出刑事檢控時，律政司司長必須獨立作出決定，不受任何方面包括行政長官的左右。他所須考慮的因素主要有兩點：[3]（a）是否有足夠的證據作為刑事檢控的基礎，這是最重要的因素，由於刑事檢控的舉證標準較高，故在一些模稜兩可的情況下，政府便可能不會提出起訴；（b）提出檢控是否符合公眾利益，這點給予律政司司長一定的酌情權，在即使明顯有觸犯法律的情況下仍可不提出起訴，例如案件只涉及技術性犯規；但由於何謂公眾利益並無絕對標準，過往律政司一些不提出起訴或提出起訴的決定亦曾引起非議。不過，根據普通法，提出檢控與否乃律政司司長的責任，法院不會加以干預。但如果提出檢控構成濫用司法程序，法院可以終止起訴。若律政司司長不提出檢控，無須公開解釋背後的詳情，因為任何解釋往往會涉及對一些可能被控告的人士不利的指摘，但由於沒有檢控，這些人士便不能透過司法程序來還我清白，故要求律政司司長解釋不提出起訴便會

---

3　Department of Justice, *The Statement of Prosecution Policy and Practice* (2006)；並參見《基本法》第63 條及本書第一章，頁 59-62。

對被指摘的人士不公平，這是法院不會對律政司司長的決定作出干預的原因。

當然，不是所有刑事檢控均須由律政司司長親自決定，大部份的檢控工作是由律政司內不同級別的官員作出決定，但就某些罪行來說，法例規定必須得到律政司司長同意才能提出檢控，例如亂倫、官職與財富不相稱等。在是否提出刑事檢控及律政司司長應否就某罪行同意提出檢控這些問題上，掌管刑事檢控工作的刑事檢控專員的意見便顯得舉足輕重。

當律政司決定提出檢控後，一個需要決定的問題是在哪一級別的法院提出檢控，這將取決於兩個因素：有關刑事罪行的性質及案情的嚴重性。

香港的刑事罪行基本上可以分為三類：（a）簡易程序罪行（summary offences），這些一般是比較輕微的罪行，例如噪音滋擾他人、在公眾地方行為不檢等；（b）可公訴罪行（indictable offences），這些罪行之中有些不可循簡易程序進行審訊，它們一般是較嚴重的罪行，例如強姦、謀殺等，這類罪行列於《裁判官條例》[4]附表 2 第 1 部份。其他的可公訴罪行可循簡易程序審訊（indictable offences triable summarily），即可在裁判法院進行審理；（c）具雙重性質的罪行，即有關法例內會列明該罪行可以作為簡易程序罪行審理，亦可以作為可公訴罪行審理，循哪種程序提出檢控則由律政司司長決定，主要是視乎案情的嚴重性，而兩者會有不同的最高刑罰，盜竊罪便是一個例子。

簡易程序罪行由裁判官審理，而不可循簡易程序審理的可公訴罪行則通常由高等法院原訟法庭審理[5]。可循簡易程序審理的可公訴罪行可由裁判官審理，在這情況下這些罪行的判罰會比在區域法院或高等法院審理為輕，因為裁判官的判罰權是有限的，一般而言，最高判刑為兩年監禁及罰款十萬元。但若控方認為控罪比較嚴重，可以向裁判官申請將可公訴罪行移交給區域法院審理。區域法院的最高判刑為七年監禁。若果控方認為罪行極為嚴重，便可循公訴程序提出檢控。這些案件最後會在高等法院原訟法庭進行審理，並

---

4    《香港法例》第 227 章。

5    但根據《裁判官條例》第 88 條，如可公訴罪行不屬於列於該條例附表 2 第 3 部份的嚴重罪行（此第 3 部份所列的罪行與上述附表 2 第 1 部份所列罪行有不少重疊之處），控方可向裁判官申請移交區域法院審理。列於附表 2 第 3 部份的可公訴罪行則只能在高等法院審訊。

由陪審團決定被告人是否有罪。區域法院及裁判法院則沒有陪審團，選擇在哪一級法院進行審訊的權力在於控方，故控方亦間接控制了被告人獲陪審團審判的權利，近年便有不少原來安排在高等法院審理的複雜商業罪案被抽調及改為在區域法院提控。

不論是簡易程序審訊還是公訴程序審訊，刑事檢控均在裁判法院開始，但在這兩種程序中，裁判法院擔當的角色是截然不同的。

## （二）簡易程序審訊

刑事檢控是以一份法律文件開始的，如果案件不涉及逮捕，通常便是由執法機關（如警方或廉政公署）向裁判法院提出告發（laying an information），並由裁判法院發出傳票（summons）傳召被告人出庭。嚴格而言，告發和傳票是兩份不同的文件，但一般的做法均是將兩份文件合併為一。傳票適用於一些較輕微的罪行，例如危險駕駛，或控方認為沒有需要逮捕被告人的案件，例如：在 1994 年，香港《明報》因披露廉政公署開始調查數大地產商在官地拍賣中聯手壓低地價一事而遭檢控[6]，被告為明報報業有限公司及其三名高層編輯，控方認為無須逮捕被告，故控罪是以傳票方式提出。這宗案件的傳票見於本章附錄（見本書頁 84-85）。傳票中間部份列出告發書，這部份說明被告人被懷疑的罪行、犯罪的地點及行為、涉嫌所觸犯的法例及條文以及告發人的姓名（廉政公署調查員伊湯姆），傳票並命令被告人於 1994 年 9 月 6 日早上 9 時 30 分出席東區裁判法院第 1 號法庭受審。

傳票可以用郵寄方式送達或派人送達，如果第一次用郵寄方式送達後被告人沒有依照傳票的指示出庭，裁判法院會安排由警方或法院執達吏親自派送。如果被告人仍然不依照傳票的要求出庭，法院便可以發出逮捕令，授權警方逮捕被告人及押解被告人上庭受審。

---

6　*Ming Pao Newspaper Ltd v Attorney General* [1994] 4 HKPLR 621(Mag); [1995] 5 HKPLR 13(CA); [1996] 6 HKPLR 103 (PC).

在不涉及逮捕的情況下，還有兩種提出刑事檢控的方式：第一種主要應用於交通違例案件，警方會在案發現場發出一張定額罰款通知書，若被告按通知書的指示繳交罰款便不用上庭，法院也不會發出傳票，但若被告不繳交罰款或寄回回條表示準備提出抗辯時，警方便會安排向裁判法院申請發出傳票；第二種方式是傳票上列明可以書面認罪的，這是一種特別的傳票，傳票附有認罪表格，被告人只要填妥表格寄回便屬於書面認罪而無須上庭受審；但若他打算抗辯的話，便得按傳票的指示出庭應訊。這種方式只適用於一些與駕駛、道路交通、夜間製造噪音或忘記攜帶身份證等有關的少數輕微罪行。在其他控罪中，即使被告人認罪還得出庭。

若果涉及逮捕的話，執法機關的職員會在執法機關如警署內向被告人派發控罪書（charge sheet），控罪書的形式和傳票不同，但內容卻大致相同。一般情況下，一名高級執法人員在派發控罪書時，會以口頭向被告人解釋控罪書的內容。

### 附錄：在裁判法院使用的傳票及告發

〔條例第 8 及 72 條〕　　　　　　　　　　　　　　案件編號：ESS10075/94

表格一

被告人傳票

在香港的西灣河太安街 29 號東區法院大廈東區裁判法院

致：明報報業有限公司

　　香港柴灣嘉業街 18 號明報工業中心 A 座 15 字樓

廉政公署官員伊湯姆於 1994 年 8 月 31 日提出告發，指稱你（被告）在 1994 年 8 月 3 日在香港，在沒有合法權限或合理辯解便向其他人，即明報報業有限公司的刊物《明報》的讀者，披露一項調查的詳情，而該項調查涉及一宗被指稱或懷疑觸犯香港法例第 201 章《防止賄賂條例》的罪行。

日期：1994 年 8 月 3 日

地點：香港

主任裁判官施允義

違反：香港法例第 201 章《防止賄賂條例》第 30 條

因此，本傳票現規定閣下於 1994 年 9 月 6 日早上 9:30 到東區裁判法院的第一號法庭，在屆時主審的裁判官席前就該項告發作出答辯，並依法接受進一步處置。

本傳票是根據《裁判官條例》（第 227 章）以女皇陛下名義由裁判官或由根據該條例第 8（1）條獲授權的裁判法院人員發出。

傳票日期：1994 年 8 月 31 日

　　傳票或控罪書是一份非常重要的法律文件，它們開啟了刑事檢控機器，並同時告訴被告人他將要面對的指控。被告一項非常重要的權利，便是獲知他將要面對的是甚麼指控，從而可以為自己準備答辯。可惜，直至 1995 年以前，傳票或控罪書仍主要以英文書寫，1995 年後同時以中文和英文發出傳票和控罪書的情況才開始普及。

　　被告人有權答辯。他可以進行自辯，亦可以聘請私人執業的律師為其代表，如果他符合資格的話也可以向"當值律師計劃"申請律師代表 [7]，當值律

---

7　　關於當值律師計劃，可參見本書第一章，頁 65-68。

師計劃的辦公室設於裁判法院內。若他已被逮捕並不獲保釋，則在他被送達法院羈留室內等候出庭時，當值律師計劃的職員會主動接觸他，詢問他是否需要免費律師代表的服務。

## （三） 審訊程序的開始

刑事案件的被告人第一次出庭應訊的地點，一般會是裁判法院的第 1 號法庭，法院一般不會在當天審理這宗案件。這次應訊可能發生以下事情：

a. 法院會公開宣讀被告人被控的罪名及聽取被告人的"答辯"，由於刑事檢控涉及個人被政府起訴，公眾有權知曉被告所犯何事，故公開宣讀控罪及公開聽取被告的答辯有助於保障刑事檢控的公開性和公平性。在此階段，被告人只須答"認罪"或"不認罪"。

b. 若果被告人承認控罪，控方會將案情事實摘要呈堂，並由法院宣讀。然後，法院會問被告人是否同意案情。若果要判被告人罪名成立，裁判官必須信納被告人所同意的案情足以支持他所承認的控罪。如果裁判官接受被告人的認罪，控方跟着會將被告人的刑事紀錄呈堂，但一般不能就法院應如何懲罰被告人作出陳詞。相反，裁判官在未判刑前必須讓被告人作出求情，即提出理由或解釋，要求法院從輕發落。聽過被告人的陳詞後，法院可以即時判刑，亦可以將案件押後並要求感化官、戒毒所或其他專業人士作出報告後才作出判刑。在這樣的情況下，案件一般會押後兩個星期，而在下一次提堂時，被告人有權閱覽有關的報告書及就報告書的內容作出回應；之後，裁判官才作出量刑的判決。

c. 若果被告人否認控罪，法院便會將案件押後，排期審訊。若果被告人已獲警方同意保釋（police bail），而控方又不反對被告人繼續獲保釋外出候審，則法院會以同樣的保釋條件容許被告人繼續保釋，被告人只需辦理轉擔保的手續。

d. 如果被告人被逮捕而警方又拒絕其保釋要求時，警方必須在最多四十八小時內將被告人提交法院（所謂“提堂”或“過堂”程序），這是對人身自由的一項重要保障，保證在短時間內就被告人是否應繼續被拘禁這事由獨立的法院作出裁決。故此，在被告人否認控罪後，法院便要處理控方能否提出足夠的理由拒絕被告人獲保釋外出候審的問題。

　　e. 也有一些情況控方會要求被告人無須答辯，例如被告人在提堂前一天才被逮捕並遭拒絕保釋，而他所涉及的控罪為藏毒，但控方還得等待政府化驗師確定從被告人身上搜獲的東西是否毒品及其份量，又或控方正等待律政司司長的指示會否申請將案件移交區域法院審理。在這些情況下，控方均會要求法院將案件押後，而被告人則暫時無須答辯。法院跟着會處理被告人應否獲保釋的問題。

　　若被告人否認控罪，當法院處理過保釋的問題及安排了押後審訊的日期後，檢控的第一階段便告一段落，下一階段便會是下述的正式的審訊。但在一些較複雜或牽涉眾多被告人的案件，控辯雙方可提出進行預審（pre-trial review），預審一般在正式審訊前約二至三個星期前進行，目的在解決一些技術性問題，以便正式的審訊能順利開展。這些技術性的問題包括控方預備傳召的證人的數目有多少？控方的有關文件（如證人供詞）是否已送交被告人？雙方是否在案情方面能達成一些共識，而無須控方就某些問題舉證？雙方估計審訊所需的時間以及審訊所用的語言（英文或中文）、文書證據的翻譯，以及雙方能否同意某部份的證據而無須相關的證人出庭作供等等。如果案情是較簡單的話，預審便沒必要了。


## （四）　逮 捕 和 保 釋

　　上文提及逮捕和保釋，這一節，我們會就這問題作進一步探討。不少執法機關如警方、廉政公署、海關、入境事務處等的官員均享有逮捕權，基本上，所有執法機關所享有的逮捕權均來自法例的明文規定，而有關法例會列出行使這些逮捕權的先決條件及所要遵從的程序。其中最重要的一部條例，是《警隊條例》[8] 第 50 條及第 54 條所賦予警方的逮捕權，行使這權力的基礎是一些合理的懷疑，只要警方合理地相信或合理地懷疑某人已犯了任何罪行，並因以下理由覺得將傳票送達此人並非切實可行，便可對他行使逮捕權而無須任何逮捕令（warrant of arrest）：這些理由包括警員未能輕易確定疑犯的姓名；警員有合理理由懷疑疑犯所報姓名未必屬實；疑犯並沒有一個可送達傳票的妥當地址；或警員有合理理由懷疑疑犯所報地址未必是為可作送達的妥當地址。由於逮捕的行為直接限制了人身自由，故除成文法的規定外，普通法亦附加一些先決條件。首先，逮捕人必須明確讓被捕者知道後者的行動自由已受限制，用了含糊的言詞（如“返回警署協助調查”）而被邀請者自願到警署協助調查，這並不足以構成逮捕；其次，在作出逮捕時，執法人員必須告訴被捕者他被逮捕的理由，除非執法人員在當時的環境下沒有機會向被捕者作出陳述，例如被捕者已拔足狂奔，或被捕者正在行劫時被捕，因而他必定知道被捕的理由。若警方超越行使逮捕權的權限或沒有遵從有關的程序要求，則這個逮捕便變成非法禁錮（false imprisonment），受影響者可循民事侵權法向政府及有關執法人員索取賠償。若受影響者在警方超越權限時拒絕合作或阻礙警方執法，亦不足以構成“阻差辦公”罪。[9]

根據《警隊條例》第 51 條，警方在作出逮捕後必須將被捕者帶返警署，並將事件向當時的值日警官報告。警方可拘留被捕者一段時間及向他問話，但拘留時間不得超過四十八小時。警方可以容許被捕者以現金擔保、自簽擔保（recognizance）或人事擔保（sureties）保釋外出，這種保釋叫“警察保釋”（police bail），有別於由法院批准的保釋。“自簽擔保”的意思，是被捕者簽署一份文件，承諾在指定的時間到警署報到，若他不能履行這承諾便得繳付一筆款項；換言之，在這類保釋的情況下，被捕者不用即時拿出現金作擔保，只有他違反保釋條件時才需要拿出款項。人事擔保即由另外一名人士擔保被捕者會履行保釋條件，擔保人可能須要拿出現金作擔保，也可能自簽

---

8　《警隊條例》（《香港法例》第 232 章）；並參見 *Yeung May Wan v HKSAR* (2005) 8 HKCFAR 137。

9　*Yeung May Wan v HKSAR* (2005) 8 HKCFAR 137.

擔保。在後者，擔保人也是在被捕者違反保釋條件時才需要拿出款項。

警方可以在未提出控訴時容許被捕者保釋外出，以便警方有更多時間搜集證據及作進一步調查。若警方拒絕讓被捕者保釋外出，則警方必須盡快落案起訴被捕者，草擬控罪書及在四十八小時內將被捕者提交裁判法院，由法院決定是否容許被捕者保釋。這裏需要指出，警方有責任將不獲保釋的被告盡早提堂，四十八小時是上限，並不表示警方可以在沒有足夠的理由下拘留被告足四十八小時以作懲罰。在 2014 年的 "佔中運動" 初期，警方拘捕幾名學生領袖，相關的調查在幾小時內已完成，但警方一直拒絕讓被捕學生保釋，一度堅持要拘留足四十八小時，最後學生的律師向法院成功申請人身保護令，警方才釋放相關的學生。

由於被告人被假定無罪，故法院就保釋問題的基本原則是控方必須提出有力的理據反對保釋，否則法院將會容許被告人保釋。在考慮是否拒絕保釋時，關鍵的問題是被告人棄保潛逃的可能性。故此，控方反對保釋的理據可包括被告人過往曾有棄保潛逃的紀錄，被告人會騷擾證人，控罪嚴重而控方證據確鑿、故被告人極有可能會棄保潛逃，被告人會對社會大眾構成危險等；被告人有權對這些論點提出反駁。法院可以有條件地讓被告人保釋，這些條件包括與上述警察保釋相同的條件，即現金保及人事保，及定時向警署報到，也可以包括一些其他特別的條件，例如不准離開香港、不准接觸受害人或其他證人，甚至晚上必須留在家中等。如果裁判官拒絕保釋，被告人仍然可以向高等法院申請保釋。同樣地，若裁判官同意保釋，而控方不服，控方亦可以向高等法院申請覆核及推翻裁判官的決定。

## （五）在裁判法院或區域法院的正式審訊

裁判法院和區域法院的審訊程序相同，在本節的討論中提到裁判官之處，可理解為也適用於區域法院法官。在正式審訊當天，法院書記會再一次宣讀控罪及就每一項控罪詢問被告人是否承認控罪；即使被告人先前曾否認控罪，他在這階段仍可以改變主意，承認控罪。被告人否認控罪後，主控官會陳述案情的概要，這叫"開案陳詞"（opening speech）。開案陳詞的目的，是讓裁判官對控方的指控及控方證人將會提出的證供有一概括的瞭解，但由於在裁判法院審理的案件一般比較簡單，故主控官多數不會作開案陳詞。在區域法院和高等法院，開案陳詞則相當重要；在較複雜的案件中，開案陳詞甚至可以用上個多星期！

主控官跟着便會逐一傳召控方證人出庭作證，未作證的證人不能在法庭內聆聽審訊，而正在作供的證人，在法院休庭期間亦不准和任何人談論案情，直至作供完畢為止。主控官首先會引導證人作供，這部份稱為"立案訊問"（或稱"揭問"）（examination-in-chief），立案訊問的目的是希望證人在回答主控官提出的問題的過程中，講述出支持控罪的事實，例如在一宗劫案中受害人描述案發的過程及在庭上指出被告人為劫匪。由於證供必須由證人而非主控官作出，故此，立案訊問的基本原則是不准提出引導性問題（leading questions），除非被告人同意。所謂"引導性問題"，是指問題的答案已在問題本身的內容中披露，例如"那天早上，你是否見到一名中國籍男子試圖開啟你家的大門？"這問題已將提問者希望證人要作答的說話在問題中披露，屬引導性問題。主控官應該問的是"你當時見到甚麼？"待證人答說見到一中國籍男子後，主控官才再問"那名中國籍男子在做甚麼？"

立案訊問結束後，被告人便可對同一證人進行"盤問"（cross-examination）。盤問的目的在於攻擊或削弱這個控方證人所作證供的可信性，找出證人供詞的疑點或自相矛盾之處、含糊不清的地方，或為被告人的答辯鋪路。立案訊問的要點在"立"，盤問則旨在於"破"，盤問和立案訊問的不同之處，是盤問容許甚至是以引導性問題為主，大律師行業中甚至有一條不成文的規定，在盤問時不會問一條提問者不知答案的問題！也有人認為盤問是一種藝術，好的盤問往往是清脆簡單，三言兩語便點到題旨，問題是具方向和組織性的，簡單中又是重重疊疊，玄機四伏，令人拍案叫絕。

盤問過後，控方證人的證供可能已變得支離破碎，七零八落。此時，控方可以作“覆問”（re-examination），讓證人澄清被盤問時所作的一些含混回答。覆問只限於盤問時所提問的範圍。被告盤問時沒提及的事項，控方不能在覆問時提出。覆問結束後，控方便傳召第二位證人，控辯雙方重複一次立案訊問、盤問和覆問的過程。

在一些不具爭議性的證據上，控辯雙方可以同意證人的書面供詞而無須傳召有關證人，或以書面供詞作為立案供詞而讓證人隨即接受對方盤問。

當警方在調查一宗刑事案件時，往往會向被告人問話，錄取口供；被告人的回覆會記錄在案，被告人在這些回覆中可能作出一些對他不利的說話，甚至承認控罪，這份紀錄即所謂“供詞”（confession statement，或稱“招認詞”），控方會在審訊時將這些供詞呈堂。由於刑事檢控的舉證責任在控方，被告人無須協助警方指證自己，故被告人有權保持緘默，在被警方問話時拒絕回答問題。若他選擇作答而警方予以記錄作為供詞，法院必須信納該供詞乃被告人自願作出的，才會接納該供詞為案中證據，這樣保證了被告人不會被苦打成招。錄取供詞的警員作證時會試圖呈交被告人的供詞，這時若被告人因供詞並非自願作出而反對供詞的可接納性時，法官便得先處理該供詞是否自願作答這問題。審訊此時進入所謂“審訊中的審訊”（voir dire）的階段，控方會傳召證人講述錄取口供的過程，證人並得接受被告的盤問，當控方在這方面提出舉證的證人作供完畢後，被告人會就他如何被迫招認作供，他的律師會作出立案訊問，然後控方進行盤問，盤問的範圍只限於錄取口供的過程，其他與案有關的問題不能在這時候提出，當被告作證完畢後，被告便可作出陳詞，指出供詞並非自願作出的理據，裁判官隨後宣判他是否接納該供詞，他必須在毫無合理疑點下才可接納供詞，審訊中的審訊至此結束。

若裁判官接納供詞，被告人仍可要求裁判官考慮錄取供詞的過程而對供詞的可信性打上折扣；若裁判官拒絕接納供詞，他在判案時便不能考慮供詞內所寫的東西。對專業法官而言，這是可以做到的，但對沒有受過專業訓練的陪審員而言，要他們完全排除一些他們看過的東西於考慮之列，便會較為困難。故在高等法院原訟法庭的審訊中，當案件要進入“審訊中的審訊”這階段時，陪審團便得退席。在聆聽過證供後，若主審法官認為供詞並非自願作出，則陪審團便不會看到供詞。若主審法官認為供詞可以接納為證據時，陪審團方會看到供詞，而辯方仍然可以透過盤問，提出在"審訊中的審訊"時提過的關於錄取供詞的方法的質疑，以打擊供詞的可信性。

由於"審訊中的審訊"對審訊多少造成一些不便，故在裁判法院一般處理供詞的可接納性的方法，是採用"交替程序"（alternative procedure），即暫時接納供詞而不進行"審訊中的審訊"，直至控方舉證完畢後，被告人可以選擇就整件案件的指控作供，或只就供詞的自願性作供。若被告人選擇後者，則控方的盤問只能局限於錄取供詞的過程。被告人這樣作供後，裁判官才裁定是否接納供詞為證據，然後控方的舉證才正式完畢。至於高等法院的審訊，一般會在預審時作出安排，就供詞的可接納性進行聆訊。

當所有控方證人作證完畢後，主控官會正式表示控方舉證完畢（close of prosecution case），這時被告人有三個選擇：

a. 向法院申請被告人無須答辯（no case to answer），這只適用於控方所提的證據並不足以構成罪行，或控方證人的主要證供互相矛盾，以致造成表面證據不足的情況。若法院接受申請，裁定表面證據不足，便會撤銷控罪及判被告人當庭釋放；但若法院裁定表面證據成立，被告人便得考慮是否作供或傳召其他證人。

b. 被告人不申請無須答辯或申請遭駁回後，被告人可選擇是否親自上庭作供。由於舉證責任在控方，被告有權保持緘默，法院不能因被告人不選擇上庭作供而作出對他不利的推斷。假如被告人選擇不出庭作供，又不準備傳召其他辯方證人，那麼他便可以馬上作出結案陳詞（closing speech）。在這情況下，除法律觀點外控方不能就案情作結案陳詞。法院這時候便得考慮控方所提出的證據是否達致沒任何合理疑點的標準，這是遠遠高於要求有表面證據的標準，故即使法院先前曾裁定表面證據成立，法院這時仍可認為證據未達刑事舉證標準而撤銷控罪，但若法院認為控方的證據足夠的話，法院可將被告人入罪。選擇不上庭作供的好處在於被告人不用接受控方盤問，但弊端則是被告人讓法院只聽到控方一面之辭便作判決。被告人就此問題如何作出決定視乎很多因素，例如控方已提出的證據的強弱、被告人提出抗辯的理由等，律師會就這問題向被告人提供專業意見，但最後是否上庭作供必須由被告人自行決定。

c. 若被告人選擇出庭作證，又同時打算傳召其他辯方證人，則被告人本身必須作為第一位辯方證人出庭作供。被告人亦可選擇本身不作供但卻傳召其他辯方證人作供。不論是被告本人或其他辯方證人作供，上文的立案訊問、盤問及覆問的程序同樣適用，不過這一次是由被告人的律師先引導被告人或其他辯方證人作供，然後由主控官操刀進行盤問。

當所有辯方證人作供完畢後，被告人亦得正式向法院表示辯方舉證完畢（close of defence case）。跟着便會由控方作結案陳詞，然後由被告人作結案陳詞。在刑事案件中，被告人永遠享有最後的發言權（last word）。裁判官可以隨即宣判或押後宣判，裁定被告人是否罪名成立。被告人有權知曉他為何罪名成立，控方亦有權知曉為何控罪不成立，故裁判官在判詞中須解釋他對案情和證據的分析評估及他如何應用有關的法律至案中的事實。裁判官一般只會作出簡單的口頭判詞，但若日後有上訴時，裁判官便要將判決的具體理由以書面列出。

若法院宣判被告人罪名成立，跟着便進入量刑的階段，量刑的程序和被告人在第一次出庭便承認控罪的程序相同（見上文）。

## （六）公訴程序

公訴程序也是以傳票或控罪書開始的，但裁判官的角色和在簡易程序檢控時截然不同。在簡易程序中，裁判官的角色是根據雙方提出的證據和法律觀點裁定被告人是否有罪；在公訴程序中，裁判官扮演的是一個轉介者的角色，他的責任是確保控方有足夠的證據才可在高等法院提出檢控。若控方未能提出足夠的表面證據支持控罪，裁判官可以撤銷控罪及釋放被告人。若表面證據成立，裁判官便會將案件交付高等法院原訟法庭審理，故在裁判法院這部份的程序稱為"交付審判程序"（committal proceedings）。

在被告人第一次上庭時，控方便可要求裁判官定出進行交付審判程序的日期，但由於控方一般在這階段的準備仍未足夠，而且除必須在高等法院以公訴程序進行審理的控罪外 [10]，其他的可公訴罪行可以由裁判官根據控方的申請移交區域法院審理，故控方亦可能需要等候律政司司長關於是否申請移交區域法院的指示，因而控方在被告人第一次上庭時便要求裁判官定出交付審判程序的日期並不常見。控方一般會將案件押後，在下一次過堂時才要求裁判官定出交付審判程序的日期。

按照規定，在交付審判程序舉行之日最少七天前，控方便得將告發書（information）及有關的證據送交被告人，這些證據包括所有控方證人的陳述書（statement），所有書面證據的副本，以及列出所有呈堂證物的清單。這項規定令被告人在面對嚴重控罪時，可以盡早知悉控方的指控及其憑藉的證據，以便有足夠的時間準備抗辯。在交付審判程序當日，被告人須作出以下決定：

a. 他可以選擇讓案件交付高等法院審理而不在裁判法院先進行初級偵訊（preliminary inquiry），裁判官可隨即將案件轉介高等法院原訟法庭。若被告人在當天已承認控罪，裁判官便只須將被告人轉介高院進行量刑。

b. 他亦可以選擇進行初級偵訊，意思是控方須舉證，然後由裁判官決定表面證據是否成立。被告人可以同意控方只須提交證人的陳述書（書面供詞）而不傳召控方證人，亦可以要求控方傳召證人。若被告人選擇進行初級偵訊，案件便會押後，法院會安排日子進行初級偵訊。大部份的初級偵訊均是裁判官根據書面證據作出判決，進行聆訊的情況並不常見。

初級偵訊的程序和正式審訊的程序頗類似，法院首先宣讀控罪，但被告人無須作出答辯，控方跟着會作開案陳詞，傳召證人進行立案訊問，被告

---

10　見本書第 82 頁註 5 釋文。

人對此證人提出盤問，控方再覆問；直至所有控方證人作供完畢後，控方會總結陳詞。被告人這時候可以選擇自己作供或傳召辯方證人，但這情況是絕無僅有，因為初級偵訊的目的在於決定是否有表面證據支持控罪，而非審判被告人是否有罪，故最常見的情況是被告人在控方舉證後作出無須答辯的申請。若裁判官認為表面證據成立，被告人需要答辯，法院會再次宣讀控罪及要求被告人表示是否承認控罪。若被告人否認控罪，裁判官便會詢問被告人在這階段是否選擇作抗辯，並會同時警誡他並非必須作出抗辯，但假若他作供，他所作的供詞會在日後高等法院的審訊中使用。接着，裁判官會處理保釋的問題，若他拒絕讓被告人保釋，便必須告訴被告人他也有權向高等法院申請保釋，以及被告人申請法律援助的權利。若被告人打算在高等法院審訊時提出不在犯罪現場（alibi）的證據，則他必須給予控方最少十天的預先通知。最後，裁判官會正式下令將案件轉介高等法院，並將有關文件交回控方，以便律政司草擬正式的公訴書（indictment）。交付審判程序至此結束。

公訴書是一份詳細的控告文件，並且需要符合很多技術性的規定。公訴書草擬後便會送交法院及被告人，控方同時會申請排期進行預審。預審的目的和程序大致上和上述可在裁判法院進行的預審相同，但高等法院的程序會較嚴謹及涉及的事項會較多。由首席法官發出的審訊實務指示（practice directions）對預審有詳盡的規定。在預審時亦可安排日期在正式審訊前處理了供詞的可接納性及一些其他技術性的法律觀點的爭論。

高等法院原訟法庭的刑事審訊有陪審團參與。在正式審訊開始時，法院會宣讀公訴書內的控罪及聽取被告人是否承認控罪。被告人在這時候仍然可以承認控罪，跟着的程序和被告人在裁判法院承認控罪時的程序相同。若被告人否認控罪，法院便得遴選陪審員。法院會安排數十名至一百名合資格擔任陪審員的候選人到法院等候傳召，然後由法院書記抽籤並逐一讀出被選中的候選人的姓名，控辯雙方可以反對獲抽選者擔當陪審員。在被告人方面，他可以提出五次反對而無須解釋反對的理由（pre-emptive challenge），之後的反對便必須提出理由，有理由的反對並無次數限制。控方提出反對則必須提出理由，但控方亦可提出將獲抽選者暫留不用，若最後仍未湊足陪審團的人數，先前獲抽選但被暫留不用的人便會再次被抽選，這時若控方再要提出反對，便得説明理由。

　　陪審團一般有七名成員，必須最少五名陪審員認為被告人有罪才能裁定被告人罪名成立。在　些較冗長的案件，陪審團的人數可增至九名，罪名成立需要最少七名陪審員的同意，如果審訊中途陪審團的人數減少，例如有個別陪審員逝世，則只要有五人或以上同意定罪及不多於兩人反對便可將被告人定罪，例如有八名陪審員便得有六人同意，七名陪審員便得五人同意，六名或五名陪審員便得五人同意才能將被告人入罪。但當陪審團人數跌至六人或五人時，法官可以解散陪審團及擇日重新審理案件，以免案件在中途因陪審團人數不足而要撤銷審訊。擔當陪審員是公民的責任，但在某些冗長的案件，有些市民會以不同藉口推搪擔當陪審員。近年遴選陪審團的困難往往不是來自控辯雙方的反對，而是被抽中者向法院申請豁免，申請的理由千奇百怪，有謂"自己不諳英語，聽不明白律師陳詞"，有謂"工作繁忙"，有謂"對被告人存有偏見"，但大部份的藉口均遭法官駁回。

　　陪審團成立後，審訊便正式開始，程序和上述裁判法院的程序相類似，也是控方作開案陳詞、傳召證人作立案訊問，辯方盤問，控方覆問，控方舉證完畢後，辯方可作無須答辯的申請。若法官認為被告人需要答辯，被告人可選擇是否作供及傳召證人，若他選擇作供及傳召證人，同樣的訊問證人的過程會重複，直至辯方舉證完畢。控方跟着會作結案陳詞，然後是辯方作結案陳詞（辯方永遠有最後的發言權），跟着法官會作出引導陪審團的總結陳詞（summing-up）。

　　法官和陪審團的分工在於法官負責裁決所有法律問題，而陪審團則判斷案情的事實真相及把有關法律應用到這些事實上，從而決定被告人是否有罪。法官會對陪審團解釋舉證責任的概念、有關的法律原則、有關罪行在法律上的定義，以及陪審團需要裁決的問題。法官亦會總結控辯雙方的證據及其中的矛盾之處，以及引導陪審團怎樣將有關法律應用到他們所信納的案情事實上。陪審團跟着會退席商議，按法官的引導對案情事實作出判斷及將有關法律應用於這案情。陪審團退席商議時是不容許有任何其他人士（包括法官）在場，以保證他們能在獨立及不受其他人左右或影響的情況下作出裁決。陪審團必須達成裁決後才能解散，過往曾經有陪審團商議達三至四天，在這情況下法院是會提供食宿的。

　　陪審團達成裁決後便會返回法庭，法院書記會再次讀出公訴書內的每一項控罪，並向陪審團的代表詢問他們的裁決及同意裁決的人數。上文已提及必須要最少五比二的多數才能將被告人入罪，但謀殺的控罪則須要陪審團一致同意才能把被告人定罪。在一般案件中，若陪審團不能達致最少五比二的多數裁決，則法院得解散陪審團，並另外組織新的陪審團對案件進行重審。

　　如果陪審團裁定被告人罪名成立，量刑的責任則落在法官身上。量刑的程序和裁判法院的量刑程序相同，即控方一般只能提交被告過往的刑事紀錄，但不能就判刑作出陳詞，被告人則有權作出求情。法官在考慮過案情及被告人的陳詞後，可即時宣判或押後宣判。

## （七）判刑和上訴

　　法官在判刑時享有很大的酌情權，一般的刑法條文只列出最高的判刑，而除了就部份罪行（如持械行劫或販毒等）上訴法院曾作出判刑指引外，大部份罪行的判刑均取決於法官的酌情權。由於每宗案件及每個被告人的背景和犯罪動機均不盡相同，故先例只能提供有限度的參考價值。不同級別的法官會定期召開判刑會議，以保證判刑不會因不同法官而相差太遠。

　　被告人被判罪名成立後，除了一般的罰款和入獄外，法院仍有其他選擇。法官可以判無條件釋放（absolute discharge）被告人。在一些較輕微的罪行，裁判官可以判被告接受感化（probation），感化令可以是開放式的，即被告人無須入獄，但在一段指定時間內要定期見感化官及接受感化官的督導。感化令也可以規定青少年的被告人入住男童院或女童院。另外，青少年罪犯亦可被判入教導所（training centre）或勞役中心（detention centre），涉及毒品的案件則可以判被告人入戒毒所（drug addiction treatment centre）。也有一種"社會服務令"（Community Service Order），命令被告人履行一些指定的社會服務。這一般只適用於案情較輕的案件。近年較觸目的，有藝人謝霆鋒危險駕駛由他人頂包而被判妨礙司法公正，裁判官在考慮過被告的背景及求情後，判被告履行二百四十小時的社會服務令。在這些判刑中，被告人均會有刑事紀錄，即所謂"案底"。根據《罪犯自新條例》[11]，裁判官無權下令不留案底，但若是初犯而又沒被判入獄者，只要三年內不再犯事便可以被視為沒有案底（俗稱"洗底"）。另外，在裁判法院還有一種獨特的命令叫"簽保"（binding over），俗稱"守行為"，這是裁判官特有的權力。簽保有兩種不同的情況，第一種是被告人被判罪後裁判官判他簽保，即他要承諾在一段指定期間內行為良好，不生事端，若他在簽保期間犯事，便得向法院繳交他簽保時所承諾的款項，這又稱為"有條件釋放"（conditional discharge），被告人是會有刑事紀錄的。另一類簽保是在判罪前控辯雙方達成協議，被告人同意控方所指的案情，並願意簽保守行為，且為裁判官接受，控方然後決定不就控罪舉證（offer no evidence），裁判官因而撤銷控罪。這樣被告人是沒有刑事紀錄的，簽保所須承諾的保金金額及守行為的時間，則由裁判官決定。在1997年6月的一宗案件裏，被告人為十六名記者，因採訪"反對臨時立法會大聯盟"在沙頭角示威而誤闖禁區，裁判官接受他們簽保一千元及守行為六至十二個月，然後因控方不提證供而撤銷控罪。[12]

　　如果被告人對判決不服，可以提出上訴。上訴的方法及途徑會因不同級別的法院而有所分別，香港的法制基本上是採取三審終審制，即被告人一般來說有兩次上訴的機會。上訴可以針對判罪及判刑或兩者其中一項，上訴的程序由有關法例規定。

　　對於裁判官的決定，被告人可以在十四天內要求該裁判官重新審核

---

11　《香港法例》第 297 章。

12　*R v Tsang Lok Man & Others* [1997] Mag, FLS Case Nos 3223/97 & Others.

(review) 有關的判罪或判刑，這是一個較簡單快捷的途徑，也是裁判官特有的權力。若裁判官認為有足夠的理由進行審核，他可以重審或聽取新的證據，或修正原有的法律觀點，從而改變原來的決定。在 2007 年初，一宗涉及《成報》拖欠員工薪金的案件，裁判官最初判以罰款。翌日，裁判官發覺控方未有提供部份重要資料，故主動提出覆核，但覆核後，他仍維持原判。若裁判官拒絕覆核或在覆核後維持原判，被告人仍然可以向高等法院原訟法庭提出上訴。上訴有兩種途徑，一種是普通上訴，另一種是以案件呈述（case stated）的形式提出上訴。案件呈述的形式只限於就法律問題的上訴，而不適用於就案情事實方面的上訴。在案件呈述中，裁判官以書面列出他所斷定的案情，以及請求高等法院原訟法庭裁決的法律問題。這種上訴方法同樣適用於被告人及控方。例如在 "明報訴律政司" 一案 [13]，裁判官認為有關控罪違反《香港人權法案條例》[14] 而無效，因而應辯方申請裁定被告人無須答辯。控方以案件呈述方式提出上訴，裁判官所呈述的法律問題是他裁定有關罪行違反《人權法案》的決定是否恰當。由於這法律問題影響深遠，故高等法院應控辯雙方的要求將這法律問題直接轉交上訴法院，由上訴法院作出有約束力的裁決。經聆訊後上訴法院推翻裁判官的裁決，認為有關罪行的法例並沒有違反《人權法案》，故被告人需要答辯，案件發還裁判官繼續進行審訊。被告人不服，向樞密院取得批准進行上訴，最後樞密院認為有關罪行的規定並無違反《人權法案》，但要構成有關罪行，廉政公署必須有懷疑的目標，控方案情透露廉署當時並無懷疑目標，故裁定被告人無須答辯。此外，控辯雙方均可以以司法覆核的程序質疑裁判官的決定，但這程序一般只適用於法律或程序方面的錯誤。

　　對區域法院的決定的上訴程序也頗相近，被告人可以循普通上訴的方式，也可以通過案件呈述的方式，控方則只能以案件呈述的方式就法律問題提出上訴。上訴由高等法院上訴法庭處理。

---

13　見本書第 83 頁註 6 釋文。

14　《香港法例》第 383 章。

　　對高等法院原訟法庭的判決，只有被告人才可以進行上訴，上訴的理由一般是主審法官錯誤引導陪審團，例如主審法官在解釋適用的法律時犯了錯誤，誤解法律或誤導陪審團，或法官接納了一些不該被接納的證供等。基於質疑法院在事實問題上的判斷而提出的上訴，上訴成功的機會較微，因為關於陪審團應該相信哪位證人或不信哪些證供這些問題，上訴法庭通常是不願干預的。不過，即使原審法官犯了技術上的錯誤，若上訴法庭認為沒有造成"不公義的後果"（no miscarriage of justice）的話，上訴法庭仍可駁回上訴，這權力避免被告人純粹因為一些技術問題而可以逍遙法外。

　　雖然控方不能就原訟法庭判被告人無罪的決定提出上訴，但若律政司司長認為原審法官在引導陪審團時在法律問題上犯錯，律政司司長可以書面列出有關的法律問題要求上訴法庭作出裁決，這裁決不會影響被告人，但上訴法庭對有關法律的解釋可以構成先例，避免日後其他法院犯同樣的錯誤。

　　至於對上訴法庭的判決的上訴，被告人沒有絕對的上訴權，他必須先獲得終審法院的許可才可進行上訴，但除非上訴法庭或原訟法庭（若就有關判決不能向上訴法庭提出上訴的話）證明有關案件的判決涉及具有嚴肅及廣泛重要性的法律論點，或顯示可能有實質及嚴重的不公平情況，否則終審法院一般將不會給予上訴許可。


## 二　民事訴訟與公平審訊

　　民法規管的是個人與個人，或個人與政府之間，就大家的權利和義務引起的紛爭，其重點在於財產和補償的問題，故民法一般只涉及金錢利益而不涉及人身自由。此外，在刑事訴訟中，控辯雙方在權力與資源方面有極大差距，民法的與訟雙方一般則多處於較為對等的位置。故此，民法要求的舉證標準較刑法為低，舉證一方所提出的證據只要顯示其支持的事實存在的可能性高於其不可能性（balance of probabilities），便達到民事的舉證標準，而民事程序的設計主要着眼於保障與訟雙方均會有一個公平審訊的機會。如果寧縱毋枉是刑事訴訟法的脈絡，則程序公義可算是民事訴訟法的盤基。

　　除了舉證標準外，民事訴訟法和刑事訴訟法還有不少相異之處；整體而言，民事訴訟比刑事訴訟來得複雜。首先，刑事訴訟的主要法律文件是傳票或控罪書，民事訴訟則有頗為複雜的狀書（訴狀）（pleadings）制度，雙方需要準備大量法律文件；其次，刑事訴訟除了預審外，一般沒有太多其他的"非正審程序"（interlocutory proceedings，又稱"旁枝程序"或"中途程序"），民事訴訟的特色則是有大量非正審程序，單是非正審程序的訴訟便可以是經年累月，有時非正審訴訟比正式審訊來得更重要。由於有大量的非正審訴訟，民事訴訟中的策略和部署便比刑事訴訟來得重要和多變；第三，由於民法涉及的範圍非常廣泛，故不同類別的案件會有不同的程序以切合該類案件的需要，例如破產申請的程序或司法覆核的程序便和一般的民事訴訟程序大相逕庭；最後，在刑事訴訟中，法院的判決一般已是審訊的尾聲，若法院判被告人有罪而入獄或罰款，執行起來很簡單，但民事訴訟中法院判一方勝訴並須由對方作出賠償時，可能只是勝訴一方的惡夢的開始，因為執行法院的判令往往不是容易的事，尤其是當被告人不肯按判令賠償或無力作出賠償時，勝訴一方便可能要啟動另一系列關於執行判決（enforcement of judgment）的司法程序，例如扣押或查封敗訴一方的物業或財產，甚至向法院申請破產令或清盤令等。

　　視乎案件的類別及索償的金額，民事訴訟會由不同級別的法院審理。索償額在五萬元以下的案件由小額錢債審裁處（Small Claims Tribunal）處理，索償額在五萬元以上及一百萬元以下的案件由區域法院審理。超越區域法院管轄權的索償案件便由高等法院原訟法庭審理。區域法院亦同時負責審理離婚、子女撫養以及根據《性別歧視條例》[15]、《殘疾歧視條例》[16]、《家庭崗位歧視

---

15　《香港法例》第 480 章。

16　《香港法例》第 487 章。

條例》[17]和《種族歧視條例》[18]所提出的民事訴訟。如果和僱傭合約有關的糾紛則由勞資審裁處（Labour Tribunal）審理，涉及業主與租客之間的糾紛或因政府收回土地而產生的賠償爭議，則由土地審裁處（Lands Tribunal）審理。[19]

## （一）民事訴訟改革

由於民事訴訟程序非常複雜，一方面這令民事訴訟的任何一方有大量空間去玩弄程序，以致訴訟往往是經年累月，甚至可以因為一些技術問題而令公義未能伸張。另一方面，這亦令民事訴訟的訟費變得非常高昂。程序的設計原來是幫助市民尋求公義，但低效率、高消費這些因素已喧賓奪主，令不少人對訴訟望而卻步，以致公義未能彰顯。不少普通法地區均面對這些問題，於是紛紛着手對民事訴訟程序作出改革，而影響最深遠的，是英國在上世紀 90 年代中期由胡佛勳爵（Lord Woolf）所推動的改革，不少普通法地區的改革均以胡佛改革（Woolf Reform）作藍本。終審法院首席法官亦在 2000 年 2 月委任工作小組，對民事訴訟程序作出研究和改革。工作小組在 2004 年 3 月提交報告書，提出一百五十多項建議，對民事程序作出大幅修改，務求令民事訴訟變得更有效率，減低延誤，簡化程序和提高司法制度的成本效益，但同時保留公平審訊的基本原則。改革的中心思想，是將原來由雙方律師主導的程序變為由司法機構作主導，法官掌握及控制每一階段的進程，不同階段皆設下嚴謹的時間表，簡化訴訟程序，包括狀書、證供等方面繁瑣和不必要的要求，減少程序方面的上訴，鼓勵雙方盡早披露案情細節及盡早並在公平情況下進行和解。

首席法官隨即成立督導委員會，負責推行這些建議，由於涉及的範圍廣泛，部份改革亦涉及修改法例和引進科技的支援，這些改革措施在 2008 年底

---

17　《香港法例》第 527 章。

18　《香港法例》第 602 章。

19　關於這些不同級別的法院的進一步敘述，請參閱本書第一章，頁 52-56。

才制定完成，並在 2009 年 4 月全面實施。

這些改革的成效如何？英國胡佛改革並未見成功，不少論者指出，胡佛改革令律師得在案件初期進行大量的準備工作，但當大部份案件均是以和解告終時，這些以往在訴訟後期才進行的工作便變得浪費，結果是令訟費不減反加，而案件拖延的情況亦未見很大的改善。亦有論者指出，要真正有成效還得改變律師與法官對訴訟的取態，如果律師仍是按時收費，法官仍是輕易批准押後的申請時，民事訴訟程序改革的成效便始終有限。香港並沒完全跟隨胡佛改革，但似乎也有一點將大量後期工作搬至訴訟前期的趨勢。在 2014 年底，民事案件排期的輪候時間已超越改革前的情況，其中一個原因是法官人手不足，大量前期的工作和沒律師代表的與訟人數目增加，皆令法官的工作量大增。訟費亦未見顯著回落，調解的成效亦未見顯著，改革的中期檢討已迫在眉睫，改革是否成功還只能拭目以待。

## （二）民事訴訟程序

新的民事訴訟程序在 2009 年 4 月 2 日生效，當中關於調解的執行實務細節則於 2010 年 1 月實施。下文主要介紹高等法院的一般民事訴訟程序，這些程序列於《高等法院規例》（Rules of the High Court）內，區域法院的程序亦頗為類似。

民事訴訟程序大體可以劃分為五個階段：（a）狀書程序（pleadings）；（b）披露文件程序（discovery）；（c）非正審程序（interlocutory proceedings）；（d）正式審訊（trial）；及（e）執行判決程序（enforcement of judgment）。

## （三）狀書程序

就正如刑事訴訟是以傳票或控罪書開始，民事訴訟程序也是以一份法律文件開始。在高等法院提出民事訴訟，主要有兩種方法：（a）傳訊令狀（writ of summons）和（b）原訴傳票（originating summons）。在某些類別的案件中，法例內有特別規定，訴訟得以呈請書（petition）或（d）動議書（motion）提出。

不同程序使用不同文書，令法律變得不必要地複雜，新的民事訴訟程序改革，便統一使用傳訊令狀和原訴傳票，但仍保留了在例外的情況下使用呈請書及動議書。傳訊令狀是最常用的起訴文件，適用於一般的訴訟。原訴傳票則主要適用於在案情事實方面沒有重大爭議，而主要爭議為法律問題的案件，例如對合約條文或遺囑內容的解釋。呈請書和動議書只在法律明文規定的情況下才會使用，例如在申請破產令、公司清盤或離婚時便須用呈請書。動議書則一般用於請求法院作出關於某些事項的決定的申請，例如申請獲認許為大律師或律師的程序。在傳訊令狀和原訴傳票中，與訟雙方稱為"原告人"（plaintiff）和"被告人"（defendant），在呈請書中稱為"呈請人"（petitioner）及"答辯人"（respondent），在動議書中則稱為"申請人"（applicant）及"答辯人"。

狀書程序的目的，是要讓與訟雙方明白大家要面對的指控，以及界定雙方爭議的事項。為達致這兩個目的，狀書程序要求雙方各自以書面列出己方主張的案情事實，和就對方提出的指稱作答辯，並在指定時間內將狀書送交對方。

傳訊令狀有一標準格式，有關的表格可在高等法院的登記處索取，亦見於《高等法院規例》內。原告人只須填上一些個人資料、被告人的姓名地址以及申索（claim）事項，然後呈交高等法院登記處（registry）及繳交入稟費用，法院登記處便會在傳訊令狀上蓋章和給予案件編號。已蓋章的傳訊令狀，一份會在法院登記處存案（filing，又稱"存檔"），另一份會交還原告人。原告人必須將傳訊令狀送達被告人，送達可以以專人派送，也可以以郵遞方式送達，民事訴訟程序便由此展開。

如果原告人在傳訊令狀內只列出了簡單概略的申索，他便必須準備一份更詳細的申索書（statement of claim，又稱"申索陳述書"或"索償聲請書"），並在指定時間內發出。一般由律師草擬的申索書均會與傳訊令狀一起發出，申索書分段詳細列出原告人所主張的事實、申索的理由和請求，但無須列出證據及法律論點。申索書的目的是讓被告人知道他所面對的指摘。

在發出傳訊令狀及申索書後，被告人須在十四天內發出送達認收書（acknowledgement of service），表示已收到傳訊令狀等文件及表示是否打算抗辯，給被告人填寫的送達認收書表格會夾載於傳訊令狀之內。若他打算抗辯，便須在二十八天內發出抗辯書（defence）。抗辯書得對申索書內每一段逐段作出回應。若果被告人不同意申索書內所列的案情事實，他便須在抗辯書內列出他所主張的事實。抗辯書也是一份送交法院存案，一份送達原告人。

若果被告人不單提出抗辯，還想反告原告，則可在抗辯書內加上反訴（counterclaim），反訴書的形式和申索書類同。

原告人在收到抗辯書後，若認為有需要反駁被告人在抗辯書內提出的"事實"，可以準備一份答覆抗辯書（reply to defence），答覆抗辯書不能重複申索書內已述的事項，而只限於就抗辯書提出而申索書內未有觸及的事項。若果抗辯書中尚有反訴書，則原告人須要草擬一份反訴抗辯書（defence to counterclaim）。被告亦可以就反訴抗辯書的內容提出反駁，這份文件稱為"答覆反訴抗辯書"（reply to defence to counterclaim）。

以上這些法律文件可以統稱為"狀書"（pleadings），它們必須在指定時間內送達法院存案及送達對方。狀書的重要之處是狀書內沒有列出的事項便不能在審訊時提出。在參閱與訟雙方的狀書後，法院及與訟雙方均會明白哪些事實是雙方同意而無須提出證據的，哪些是雙方分歧的地方，從而可以集中在分歧的地方為審訊作出準備。新的民事程序更規定，在提交狀書的同時，雙方須同時提交一份真確宣言（Statement & Truth），以確保狀書內所有陳列的事實均經確認屬實。

## （四）披露文件程序

在狀書階段結束後的二十八日內，雙方得填妥及交換一份關於程序安排的問卷，若雙方對有關的程序安排並無異議，原告人便會以共同意願傳票（consent summons）要求法院將有關的程序列為法院的命令。雙方跟着得安排一個案件管理會議（case management conference），由高等法院的司法常務官（master）主持，列出審訊程序的主要里程碑（milestone），例如各個階段的時間表，這時間表一經訂下便不容易修改，這為雙方對審理案件的進度設下進程，不容拖延。若雙方對問卷所列出的程序安排有異議時，亦會在會議中提出，司法常務官會就審訊安排作出指示，這些指示的目的在讓正式審訊能順利進行，它們涵蓋的範圍很廣，與訟雙方亦可各自提出事項要求法院作出指示，例如要求對方披露指定文件，或申請許可修訂狀書，以及規定原告人必須在指定日期前（例如在審閱文件後三十日內）安排審訊的日期。若雙方提出非正審程序，法院可安排另一案件管理會議或進行預審程序審理，務求在正式審訊前解決所有旁枝及程序方面的爭議。

在程序安排問卷或案件管理會議中要處理的其中一項事項便是披露及交換證據的程序。狀書程序讓與訟雙方瞭解對方的指摘，但狀書只列出各自所主張的事實而不提供證據，披露文件程序則讓雙方可以進一步瞭解對方的虛實，從對方的書面文件中察看其案情的強弱之處，這樣，一方面可以協助雙方對審訊作充分準備；另一方面，亦可令雙方在較瞭解對方的實力後考慮庭外和解的可能性。

在這一階段，與訟雙方得向對方提交一份文件清單，列出各自擁有與案件有關的所有文件，不論這些文件是否對己方有利。文件清單（list of documents）列有兩個附表，附表一的第一部份列出所有原告人（或被告人）擁有的，以及他並不反對披露的文件，第二部份列出他所擁有但反對披露的文件；附表二則列出所有他曾經擁有但已不再擁有的文件。文件清單更列出讓對方或其律師代表審閱這些文件的時間地點（一般為己方的律師事務所）。這份清單的重要處在於任何沒有列載於清單上的文件，在審訊時便不能引用作為證據。

如要拒絕披露文件，只能基於某些法律容許的理由，例如律師與當事人之間的通信可享有證據法上的特權保障，無須披露，但若對方並不同意有關文件享有特權，或知道對方未透露某份不享有特權的文件，便可向法院請求頒令要求對方披露有關指定文件（order for specific discovery）。

## （五）非正審程序

民事訴訟程序鮮有這般順利便到排期審訊的階段。上文已經指出，民事訴訟的特色是有大量的非正審程序，這是指在正式審訊前的訴訟程序，刑事訴訟中便很少這類的程序，這是民事訴訟複雜和昂貴的原因之一。非正審程序申請可以由原告人或被告人提出，這也是有別於刑事訴訟中主動權掌握於控方的情況，民事訴訟就如棋局一般，雙方均能採取主動攻擊或還擊。民事程序改革，其中一個目的便是要減少不必要的旁枝程序。

非正審程序申請以傳票（summons）開始，傳票列出發出傳票一方的要求，並以誓章（affidavit）或誓詞（affirmation）的形式提出書面證據，法院不會傳召證人。聆訊由司法常務官處理，一般會在內庭（chambers）進行。不服司法常務官的判決可以向高等法院原訟法庭上訴，由原訟法庭法官審理，跟着還可以上訴至上訴法庭甚至終審法院，普通法中便有不少著名的案例均是非正審程序的判決。[20]

例如在狀書階段，任何一方認為對方的狀書有含糊不清的地方，便可以要求對方提供詳情，若對方拒絕（例如因為所提問題與案無關或屬於證據而非事實方面的問題），或答覆後提問的一方仍不滿意，便可以傳票方式向法院請求頒令要求對方提供進一步的資料（order for further and better particulars），法院會根據案情決定是否作出命令。

如果被告人在指定時間內沒有提交抗辯書，原告人便可向法院申請在無反對的情況下作出其得直的判決（judgment in default of defence）。可是，若

---

20　侵權法中著名的案例 *Donoghue v Stevenson* [1932] AC 562，奠定疏忽責任的法律基礎，便是其中一個例子，這宗案件在上議院法庭審理時仍然在狀書階段。

日後被告人能提出合理的理由解釋為何沒有在指定時間內提交抗辯書並獲法院信納，則可以要求法院撤銷（set aside）先前的判決，及定出新的時限讓被告人提交抗辯書；但在這情況下，被告人一般均要負擔原告人先前的申請和這一次聆訊的訟費。

另外，原告人在被告提交抗辯書後，如認為抗辯書內根本沒提出任何真正抗辯的理由，原告人可以向法院申請剔除被告人的抗辯書（striking out the defence）及判原告人勝訴。同樣地，若被告人認為原告人的申索書內的指控在法理上根本不能成立，也可在提出抗辯前便向法院申請剔除傳訊令狀。剔除的基礎必須是，即使假定對方所作的指稱全部屬實，依然不能構成起訴或答辯的依據，這是一項頗高的標準，若雙方存在事實方面的爭議便不能使用這程序。此外，若被告人認為原告人的申索是無聊瑣屑、無理取鬧或欺壓性的（frivolous, vexatious or oppressive），或構成濫用司法程序（abuse of process of court）（例如原告人就已遭法院在剛進行過的訴訟中駁回的訴因再次發出傳訊令狀），又或原告人沒有繼續進行訴訟（want of prosecution），如在發出傳訊令狀後遲遲不採取其他行動，被告人均可請求法院剔除申索書及撤銷起訴。

"簡易程序判決"（summary judgment）是另一項常見的非正審程序，這程序列於《高等法院規例》第 14 號命令，故又稱為"第 14 號命令程序"（Order 14 procedure）。一般是被告人在發出傳訊令狀送達認收書後，原告人便可以發出傳票作出這項申請，請求法院判原告人得直，理由是原告人的理據非常充分，被告人根本沒有任何抗辯的理由。如法院判原告人得直，案件便就此了結，這程序提供一個省時快捷的方法解決紛爭。原告人除要求所有申索均得直外，也可以只要求部份申索得直，這對被告人會造成一定壓力，可能促使被告人就其他部份的申索作出妥協。由於在原告人作出第 14 號命令申請時，被告人還未發出抗辯書，故原告人的證據必須非常有力，而被告人在抗辯這個申請時若能提出事實方面的爭議，法院便不會作出簡易程序判決，這是因為在非正審程序中，法院不會傳召證人，而單憑書面證據很難就事實方面判別誰是誰非，故事實方面的爭議應該由正式審訊而非簡易程序解決。在簡易程序的階段，有關書面證據是以誓章或誓詞的形式提出的。

最常見的簡易程序判決申請為被告人的支票不兌現的情況，支票是一項無條件的付款承諾（unconditional promise to pay），若支票不能兌現，不論是由於被告人的戶口沒有足夠款項，還是被告人指示銀行不要兌現該支票，被告人均要負上賠償責任，他唯一的答辯理由，是該支票並無任何有值代價的支持（total failure of consideration），例如該支票是用作支付購買一批貨物的貨價，而根據合約法或《貨品售賣條例》[21]，他有權退回整批貨物及撤銷合約。在這情況下，被告人須要在誓章中列出合約的內容，指出他有權退貨的理由以及他曾退貨及撤銷合約這些事實。假若原告人並不同意被告人在事實方面的陳述，這些爭議便只能留待正式審訊時解決，而原告人的簡易程序判決的申請便會被駁回，但這並不表示在日後正式審訊時原告人便一定不會勝訴。另一方面，若果被告人只能證明他可以退回部份貨物，例如該批貨物只是合約的一部份，這只屬局部沒有有值代價的支持（partial failure of consideration），便不足以構成這個支票不兌現的案件的抗辯理由。當然，即使原告人透過簡易程序獲判得直，被告人仍然可以提出上訴。

民事訴訟一般頗為費時，動輒是幾年的時間，但在某些情況下，如在發出傳訊令狀時，原告人不立刻採取行動禁止被告人的某些行為，到審訊結束時可能為時已晚。在這種情況下，原告人便可以向法院申請臨時禁制令（或稱“強制令”），目的是維持現狀，直至法院有機會對紛爭作出判決為止。例如原告人的居所因隔鄰的地盤施工而出現裂痕，原告人發出傳訊令狀，申索因地盤建築商的疏忽而對他造成的損失的賠償，可是，若地盤繼續施工，他的居所可能在法院未作出審訊前便已倒塌，原告人這時可向法院申請臨時禁制令，禁止地盤繼續施工，直至法院對問題作出判決為止。

臨時禁制令的申請，一般分為兩個階段。第一階段是原告人作出單方面的申請（ex parte application），原告人須準備傳票及誓章，清楚列出申請

---

21　《香港法例》第 26 章。

的事實根據，例如在上述的例子原告人便須陳述裂痕的情況，他相信裂痕乃因地盤施工所造成（在這一點他須要以呈堂證物（exhibit）的形式在誓章內附錄有關專家的報告），以及若不及時制止施工，裂痕便可能繼續擴展至無可挽救的地步及造成不可挽救的損害。法院在審閱這些文件後，若認為表面證據成立，便可頒發一臨時禁制令，並着令原告人通知被告人在指定傳訊日期（return date）上庭，由法院聆聽雙方的理據後決定是否延續臨時禁制令。2008 年初，新鴻基郭氏兄弟發生爭執，董事會擬開會革除郭炳湘作為董事會主席及行政總裁的職務，郭炳湘便成功地單方面取得臨時禁制令，禁止董事會投票終止他的任命；其後，法院在傳訊日聆聽董事會方面的陳詞後，決定撤銷臨時禁制令。此後，雙方亦就此和解，沒有提出進一步的司法程序。[22]由於法院的臨時禁制令可能對被告人造成嚴重的經濟損失，故此，原告人在作出單方面的申請時必須承諾：若在下一次雙方皆出席的聆訊時，法院在聆聽過被告人的陳述後認為原告人的申請理據不足而撤銷臨時禁制令，原告人便須負責賠償被告人在禁制令生效期間所蒙受的一切損失。故此，原告人除非有足夠把握，不然便不該隨便申請臨時禁制令。在原告人單方面申請獲得禁制令後，原告人得安排雙方皆出席的傳訊日期（一般在一至兩星期內）及將有關文件送達被告人，而被告人若不遵從禁制令的指示便會構成藐視法庭罪。被告人在傳訊日期前可以發出誓章駁斥原告人的指稱，或提出一些補救措施，例如進行一些補救工程，在聆訊當天，法院聽過雙方陳詞後，會決定是否延續臨時禁制令。在這階段，法院考慮的，不是誰是誰非的問題，而是發出或不發出臨時禁制令會對哪一方造成更大的損失（balance of convenience）。在 2014 年，潮聯公共小型巴士有限公司和香港計程車會分別單方面成功申請臨時禁制令，禁止"佔中"示威者繼續佔據旺角等地。事後不少論者指出，單方面申請禁制令只適用於緊急情況，但示威者佔據當地已數個星期，法院沒有迫切性要在單方面申請時便批出臨時禁制令，較恰當的

---

22　*Kwok Ping Sheung Walter v Sun Hung Kai Properties Ltd* CACV 145/2008（26 May 2008）.

做法是將申請押後並要求示威者上庭作出陳述後才決定是否頒發禁制令。其後在傳訊日期的聆訊後，法官決定延續臨時禁制令，示威者隨後的上訴亦遭駁回。雖然這表面上是一宗民事訴訟，但實際上是在執行公安，這屬公法的範圍，一般該由律政司提出申請，但律政司對本案的態度相當曖昧，亦不願介入訴訟，其後則高調協助執行法院的判令，予人一種藉民事訴訟去執行公法之嫌。民間團體不是不能申請此類的禁制令，但必須證明它們有直接、具體和巨大的損失。法院在此案中所採納的標準相對為低，禁制令的範圍亦有不少模糊的地方，更可能開了以民事訴訟禁制示威集會的先河。[23]

近年，法院發展出一種頗嚴峻的禁制令，稱為"馬奇洛禁制令"（Mareva injunction），"馬奇洛"是一宗案例的名稱。在有些情況下，被告人一旦知曉原告人提出訴訟，便可能把資金和財產調離本地，以致原告人即使勝訴也無法執行判決。馬奇洛禁制令容許原告在發出傳訊令狀前便可以申請禁制令，凍結被告人所有資產如銀行戶口，以免被告人將財產轉移到其他地方，但原告人必須提出充分證據，以證明被告人將會調動財產，致使原告人無法在勝訴時獲得其追討的賠償，原告人亦需有非常充分的證據支持他的起訴，法院才會發出馬奇洛禁制令。就正如其他禁制令一般，馬奇洛禁制令的有效期只到傳訊雙方的日期，法院在傳訊日期時聆聽過被告人的陳詞，以及誓章後才會決定是否延續禁制令。由於馬奇洛禁制令的後果非常嚴峻，法院訂下很多原告人在申請時須要遵守的規則。若原告人成功取得馬奇洛禁制令，被告人會處於一個非常不利的位置而往往須作出很大的讓步或妥協，不少民事訴訟在這階段便可達致庭外和解。

另一種禁制令稱為"安比拉令"（Anton Piller Order），它適用於原告人有理由懷疑被告人會毀滅證據的情況。在民事訴訟中，一般來說，原告人並沒有入屋搜查的權力，安比拉令卻賦予原告人這種近乎執法機關才擁有的

---

23　*Chiu Luen Public Light Bus Company Ltd v Persons Unlawfully Occupying or Remaining on the Public Highway, namely, the Westbound Carriageway of Argyle Street between the Junction of Tung Choi Street and Portland Street and/or other Persons hindering or preventing the passing or repassing of Argyle Street* HCA 2086/2014 (10 Nov 2014).

權力。原告人必須證明他的起訴有非常充分和有力的表面證據支持，並提出足夠證據證明被告人會銷毀證物，以及有關證物對審訊極為重要。申請也是在發出傳訊令狀前由原告人單方面作出申請，被告人是不知情的，發出安比拉令後，原告人可攜同此命令到指定地點進行搜查及檢取有關證物。由於這命令嚴重侵犯個人私隱，法院不會輕易發出，並對執行此令訂下很嚴格的要求，例如命令必須由執業律師執行，並由另一位獨立的執業律師監督，執行命令的律師必須向被告人清楚解釋命令的內容，並給予被告人聯絡及諮詢他的律師的機會。搜查只限於命令列出的地點，以及命令容許被檢取的文件證物，原告人必須準備一張清單，列出所有被檢取的證物，及負責這些證物的安全。執行命令的律師在事後須以誓章詳細列出執行命令的過程及將誓章送達被告人，而命令亦會限制原告人對這些證物的用途。

安比拉令最常用於知識產權的訴訟，例如原告人起訴被告人抄襲其公司的電腦軟件，並有理由懷疑被告人會輕易銷毀這些翻版軟件，於是他便可申請安比拉令，由法院授權他到被告人的公司進行搜查及檢走有關的翻版軟件。對原告人而言，這是一項非常厲害的武器，因為若原告人成功在被告人辦公室或物業中檢獲翻版軟件，被告人對原告人的申索幾乎是無法抗辯的。

另一方面，若原告人為一海外公司，在香港並無資產，或是一間空殼公司，被告人可以向法院申請要求原告人向法院提交訟費擔保（security for costs），保證原告人敗訴時有足夠款項支付被告人的訟費；若原告人無法提交此擔保，被告人便可要求法院撤銷原告人的申索。

此外，被告人亦可將一筆款項繳存於法院作為支付原告人的索償（sanctioned payment）之用，該筆款項一般會比原告人的索償額為少。若原告人接受該筆款項，案件便告終結；若原告人認為該筆款項並不合理而拒絕接受它，並堅持進行訴訟，那麼最後即使原告人勝訴；倘若法院判給原告人的賠償金額少於被告人繳存於法院的款項，則原告人須支付被告人的訟費，理由是原告人拒絕接受被告人所繳存於法院的款項，才導致被告人多支付後來的訴訟程序的訟費，而最終法院所判的賠償金額則證明被告人繳存的款項是一合理數目。當然，若被告人繳存的款項多於法院判定的賠償金額，原告人也只能獲得法院判定的賠償，而法院在定出賠償時，是不會知道被告人已繳存款項於法院的，從而保證法院的判決不會因被告人繳存款項於法院一事而受影響。

在 1997 年的一宗案件，《東方日報》刊登了一張藝人王菲懷孕的照片，其後《蘋果日報》盜用了該照片而遭《東方日報》起訴，《蘋果日報》承諾支付一萬港元作賠償，《東方日報》拒絕接受。經訴訟後，法院判《東方日報》只能獲八千零一港元的賠償。故此，《東方日報》雖然勝訴，但得支付《蘋果日報》過百萬元的訟費。[24]

過往只有被告人才可作出繳款，新的民事訴訟程序容許控辯雙方皆可提出和解建議（sanctioned offer），承諾願意支付一筆款項（一般比索償的數額為少）作庭外和解，若對方不接受，而將來審訊後，法院所判定的賠償比承諾的金額為少，則勝訴一方得負責敗訴一方的堂費。

這裏提到訟費的問題，所謂"訟費"（costs，俗稱"堂費"），意指繳付予法院的費用及對方的律師費，法院的費用很少，故訟費最主要的部份是對方的律師費。基本的原則是敗訴的一方（除支付自己的律師費外）得支付勝訴一方的律師費，但這並不表示敗訴的一方需要支付勝方所有的律師費。一般而言，敗訴一方大約需要支付勝方約七成的律師費，確實的數目可以由雙方磋商，如果大家不能達成協議，則可以交由高等法院訟費評定官作出評定（taxation），評定有幾個不同的基準，一般是以合理的支出為準則，而法院在判案時會作出關於支付訟費的命令，並同時定出訟費評定的基準。

訟費不一定是在最後勝敗時才作決定，新的民事訴訟程序便規定在每一次非正審程序後，法院一般均會就該次程序的訟費作出決定，這有助阻止任何一方濫用非正審程序。法院亦可以命令此訟費由以後正式審訊中最終敗訴的一方負責（costs in the cause）。故此，非正審程序愈多，訟費便愈高，這

---

24 *Oriental Press Group Ltd v Apple Daily Ltd* [1997] 2 HKC 515. 香港《東方日報》其後的上訴亦遭駁回 [1997] 2 HKC 525。

是為何在冗長的案件中，訟費往往比案件本身的索償額為高。在 1997 年中，法院在一宗疏忽索償案中判原告人得直，獲賠償二千多萬港元，原告人為交響樂團的定音鼓手，在多年前在香港演藝學院的一次排練中，由於院方及其他被告人的疏忽，在沒有足夠安全保障及通知的情況下噴射了一種在歐美各國已遭禁用的殺蟲水，以致原告人腦部受損及不能再從事音樂工作。訴訟歷時八年，正式審訊便長達八十多天，原告人及五名被告人均由不同的資深大律師代表，最後被告人敗訴，他們要負責的訟費高達一億港元，是賠償額的五倍！

另外一點值得注意的，是若敗訴一方成功上訴的話，他不但可以得到上訴程序的訟費，還可以追討在初審時的訟費。在上述的案件中，假若被告人上訴成功，他們不但不用支付二千多萬港元的賠償額，還可要求原告人承擔他們上訴的律師費及在原審時的律師費。若上訴的律師費為五千萬港元，原審時五名被告合共的律師費是二億港元，則原告人在上訴時敗訴便得支付二億五千多萬港元的訟費；若他再上訴，敗訴一方要負擔的訟費便更驚人，故民事訴訟的風險是相當之大的。

民事訴訟的費用是相當難控制的，因為與訟雙方均可採取主動，非正審程序可以層出不窮，即使原告人不願多打官司，被告人仍可以用非正審程序迫使原告人應付有關申請，反之亦然。有時候，非正審程序可能純粹因為雙方意氣之爭，也有些是雙方或其律師採取不合理的態度，或作出不合理的要求而互不讓步所致；也有些是出於策略性的考慮。所以，儘管民事程序的設計希望盡量對雙方公平，但資金充裕或得到法律援助的與訟人必定處於較有利位置，不富有而又不太貧窮的夾心階層，往往只能望着公義的大門興嘆！這也是為何在新的民事程序中，法院會加強對案件的管理（case management），從而盡量避免或減少這種不公平的情況。法院並有權對濫用司法程序的律師或大律師作出懲處，命令他們自己（而非他們的當事人）支付浪費了的堂費（wasted cost order）。

## （六）正式審訊

民事審訊程序和刑事審訊程序相類似。首先，原告人作出開案陳詞，然後傳召證人，作出立案訊問，接着是盤問、覆問，傳召下一位證人，直至原告人舉證完畢。雖然民事訴訟理論上可以作出無須答辯的申請，但這情況絕無僅有，因為若是無須答辯的情況，這早就會在非正審程序中提出。在民事訴訟中，被告人幾乎一定要上庭作證，並同時接受盤問，跟着傳召證人，直至舉證完畢。原告人作結案陳詞，被告人作結案陳詞，原告人作回應，這一點和刑事訴訟不同，原告人而非被告人在這裏有最後陳詞的機會。之後，法官可以即時或押後宣判，宣判的形式有兩種，一種形式是由法官在法院宣讀判決書的內容，然後聆聽雙方就訟費的陳詞才作出關於訟費的命令；另一種較普遍的形式，是法官在法院將判決書交給與訟雙方而不宣讀判決書內容，這種方法的好處是與訟雙方的代表大律師無須出庭，可以省回時間金錢。訟費則暫歸勝訴一方，即由敗訴一方承擔，除非敗訴一方有異議，若是這樣的話，雙方可就訟費問題作出書面陳詞，法院才作最後頒令。

在誹謗訴訟中，與訟雙方可要求由陪審團審議，這幾乎是唯一一種可以用陪審團審理的民事案件，這種情況亦相當罕見。1995 年，香港大學經濟系教授張五常控告《東周刊》誹謗，這是八十年來唯一一宗由陪審團審理的民事案件。在這情況下，法官在雙方陳詞完畢後會向陪審團作出引導，而陪審團除判決雙方的勝負外，還負責釐定賠償金額。[25]

## （七）執行判決

法院判被告人敗訴，並命令被告人向原告人支付賠償後，如被告人在指定時間內沒作賠償時，原告人如何獲取賠償？

---

25 *Cheung Ng Sheong v Eastweek Publisher Ltd* [1995] 5 HKPLR 428。在原審時陪審團判張五常教授得直，獲賠償港幣二百四十萬元，這賠償額為上訴法院推翻，案件發回高等法院重新釐定賠償額，稍後雙方在賠償額問題上達成庭外和解。在這案以後陸續有數宗誹謗訴訟皆採用陪審團審訊。

民事訴訟中執行判決的方法五花八門，也有一些方法會開展另外一輪的訴訟，複雜之處比訴訟本身毫不遜色。判決的執行程序由勝訴一方向法院的登記處作出申請開始，在判決中有權獲支付款項者及有義務支付款項者分別稱為"判定債權人"（judgment creditor）及"判定債務人"（judgment debtor）。主要的執行方法如下：

a. **扣押債務人動產令**（writ of fieri facias）　這種命令授權法院的執達主任（bailiff）前往被告人的物業扣押他的一些動產，若被告人在一段寬限期內仍未履行判決的要求，執達主任便可將扣押的財產作公開拍賣，拍賣所得會先扣除執行判決的費用，剩餘的用作支付法院判與原告人的款項。

b. **扣押令**（charging order）　又稱"押記令"，適用於不動產及證券、股票及單位信託（unit trust）等無形財產（intangible property）。它的效力和按揭差不多，如果判定債務人（承押人）在指定時間內未能履行判決中的要求，判定債權人（押人）便可出售有關財產，用以支付法院判其可獲支付的款項。

c. **第三者債務人扣款令**（garnishee order）　這種扣押令適用於判定債務人的債務人，例如銀行。判定債權人可以向法院申請此扣押令，命令銀行不要讓被告人提取他存在銀行的存款，並將存款交給判定債權人。由於涉及第三者，這扣押令的申請分為兩個階段：法院在審查判定債權人的申請後可以發出初步扣款令（order nisi），並要求銀行解釋是否有任何理由不應將款項交給判定債權人，經聆訊後法院才會作出終局扣款令（order absolute，又稱"絕對扣款令"）。銀行收到扣款令後便不能將存款交給被告，否則銀行便要負上自掏腰包支付款項予判定債權人的風險。

d. **委任接管人**（appointment of receiver）　這是衡平法中的執行方法，由法院任命一位接管人接收判定債務人的物業或財產的收益，例如物業的租金、基金的分紅、或將會出售的物業的售賣收益等，這有點像禁制令，禁止判定債務人拿取這些收益或自行售賣這些財產令致判定債權人蒙受損失。

e. **清盤或破產**（liquidation or bankruptcy）　清盤適用於公司，破產則適用於個人。清盤或破產對判定債務人會有深遠影響，專業人士甚至會因此喪失其專業資格，故觸動這程序有時可以迫使判定債務人設法履行其償債責任，但它的缺點在於程序冗長，而且會引來判定債務人的其他債權人加入戰團，各自攫取其希望取得的財物。若判定債務人的財物不足以支付所有債務，一般有抵押債權人（secured creditors）或有優先權的債權人（preferred creditors），例如被拖欠薪金的僱員，或被拖欠稅款的政府，將有優先獲償還的權利，作為無抵押債權人（unsecured creditor）的判定債權人，最後可能得不到償還。對債務人而言，在破產令期間生活各方面均會受到限制，亦不能出任公司董事，但在破產令完結後，所有債務便一筆勾消，可以重新開始。近年經濟不景，便有不少人主動申請破產以求了結所有債務。

　　f. **禁止離境令**（prohibition order）　如判定債務人在一段時間內未能償還法院判令的賠償金額，判定債權人可向法院申請禁止離境令。判定債權人會將禁止離境令送達出入境當局，判定債務人一旦企圖出境便會遭扣留，即使判定債務人願意即時清還債務仍不能離境，他必須先向法院申請解禁令（order for discharge）才能離境。法院一般要求判定債權人在申請禁止離境令時提出證據證明沒有其他方法執行判決，才會頒發此項命令。在特殊的情況下，若原告人能證明被告人將要離境並不再回來，而境內又沒有足夠財物支付原告人的索償，原告人甚至可在未獲判決前向法院申請禁止離境令。

　　此外，在涉及樓宇土地買賣紛爭、租務糾紛或法院在判決中指定被告人須交付指定物品的時候，法例還有規定其他形式的執行方法，包括透過司法互助在海外被告人擁有財產或物業的地方執行香港法院的判決，這裏不作詳細敘述。

## （八）原訴傳票

　　原訴傳票是另一種頗常用的進行民事訴訟的方法，上文經已指出，原訴傳票只適用於在案情事實方面沒有重大爭議的案件，雙方的分歧主要在法律觀點方面。由於案情方面沒有重大爭議，故原訴傳票的程序比傳訊令狀較為簡單。

　　原告人首先向法院登記處索取一份原訴傳票的申請書和表格，填上原告人和被告人的資料，申索或呈請法院裁定的事項，另外得準備一份誓章，列出和訴訟有關的事實根據，連同原訴傳票一式兩份呈交法院的登記處。在繳交入稟費用後，法院會給予案件一個編號，並在原訴傳票的表格上填上傳票的聆訊日期。原訴傳票及誓章一份會留在法院登記處備案，一份交回原告，由原告送達被告。被告收到這些文件後，須於指定時間內送達原訴傳票送達認收書，並在送達認收書內註明是否打算提出抗辯，如果打算進行抗辯，便要準備一份誓章列出他抗辯所依據的事實。

　　這裏看到原訴傳票和傳訊令狀不同之處。首先，原訴傳票一開始便得呈交誓章，但沒有繁複的狀書程序；第二，原訴傳票一開始便會定出聆訊日期，法院一般均不會在第一次聆訊日期對案件進行審理，而只是對案件的處理作出指示和安排，通常會在第二次或第三次聆訊才進行正式審訊；第三，因為案情大部份已為雙方同意，法院會依賴誓章所列的事實，訴訟雙方無須傳召證人。在審訊處理有關法律問題時，一般會由原告人先作出陳詞，然後被告人作出陳詞，原告人作出回應，最後由法官判案。

## （九）司法覆核（judicial review）

　　呈請書和動議書只適用於特定類別的案件，這裏不加細述，但值得一提的是司法覆核的程序。這程序適用於質疑政府部門或一些公共機構的決定，質疑的理由在行政法中有詳細規定。簡單而言，舉凡政府影響個人的自由、財產或名聲的行政決定均受法院監督，這些決定必須在有關法律授權的範圍內，並符合有關的法律程序及行政法的一般原則和要求，否則法院便可在司法覆核程序中推翻有關決定，但法院並不會代行政機關作出決定，只會要求行政機關重新考慮案中問題，並重新作出決定。

　　所有涉及公法的訴訟，包括涉及質疑相關的法律違反《基本法》的訴訟，必須以司法覆核的方式提出。這程序分為兩個階段，第一階段是申請人作出單方面的申請（application for leave），請求法院許可他提出司法覆核，他須填寫一份特定的表格，列出他擬質疑的有關決定、請求法院頒發的補救，以及他提出質疑的理據。這項申請必須在他打算質疑的行政決定作出後三個月內提出，申請人並須同時向法院呈交一份誓章，列出案情事實，並把有關的書面證據列為呈堂證物（exhibit）。法院在收到有關文件後，若認為文件中顯示申請人有表面論據足以立案（prima facie case），便可以不經聆訊，批准申請人提出司法覆核的要求，法官亦可要求申請人出庭解釋他的申請才作最後決定。[26] 這是單方面的申請（ex parte application），一般情況下，答辯人並不知情，但即使申請人已知會答辯人有關申請，答辯人也要得到法院許可才可出庭反駁申請人的申請。由於是單方面的申請，申請人在申請書內必須列出所有有關的事實和文件，不論這些事實或文件是否對他有利。

若法院許可申請司法覆核，申請人便須以原訴傳票正式向法院提出司法覆核，原訴傳票會列出審訊日期。申請人同時須要將原訴傳票申請許可司法覆核的申請書、有關誓章、法院的許可令等送達答辯人及所有可能受該覆核影響的人士。答辯人此時可以向法院申請推翻有關許可，並須提出足夠理據，例如申請人隱瞞了一些重要的事項。若答辯人準備抗辯，他便得呈交誓章，就申請人所述案情事實作出反駁或解釋，例如列出有關政府部門作出有關決定的程序或考慮因素。一般的司法覆核案件，在案情事實方面的爭議並不多，大部份的爭論是關於法律方面的具體要求和其應用，或是解釋有關機構的法定權限的問題。故此，審訊時，法院主要依賴雙方所呈交的誓章作為事實根據，只會在例外的情況下，才會容許與訟各方傳召證人。審訊的程序和原訴傳票的程序相同。

---

26　*Chan Po Fun v Winnie Cheung* [2008] 1 HKLRD 319.

## （十）其他法院的起訴程序

　　區域法院的審訊程序和高等法院的審訊程序大致相同，只是涉及的賠償數額較少。土地審裁處的程序也與區域法院相近。小額錢債審裁處和勞資審裁處的程序則略為不同。

　　一般市民若要在小額錢債審裁處提出訴訟，可往審裁處的登記處索取一份申索書的表格和一份供詞的表格，申索書內列出申索人（即原告人）和答辯人（即被告人）的姓名、地址以及申索事項，供詞表格則寫上申索人聲稱的案情事實，這份表格類似原訴傳票的誓章。填妥表格及繳付入稟費用後，審裁處會填上案件編號及審訊日期。申索書及有關供詞表格會由審裁處的執達主任負責派送給予答辯人。答辯人若打算抗辯，便須要填寫一份抗辯書並交回審裁處及送交申索人。若果雙方有任何書面證據亦可直接提交審裁處。若果他們想傳召證人，可以自行通知證人出席聆訊，若他們擔心證人不肯出席，可向審裁處申請發出證人傳票（witness summons）。證人若沒依證人傳票的指示出庭便屬藐視法庭，可以受到懲罰。審裁處不准有律師代表，在聆訊當天，審裁官若認為證據不足，可以給予指示如何搜集進一步的證據，並將案件押後；若果證據足夠便可以進行審訊。審訊程序沒有高等法院那樣拘謹，審裁官也會主動訊問證人以瞭解事件的真相。有時，審裁官還會給予時間讓雙方試圖和解；如果雙方無法和解，審裁官才會作出判決。這種以解決問題為主而多於只作正式裁決的方式，在涉及小額錢債糾紛的案件是頗合適的。

　　勞資審裁處的程序和小額錢債審裁處的程序基本上相同，大家均以簡便為主。它們的分別在於在勞資審裁處進行正式審訊前通常會有一個調解過程，僱傭合約的雙方須先到勞工處進行調解，調解無效勞工處才會介紹他們到勞資審裁處進行訴訟。申索人要填寫一份表格，列出基本案情及事項，申請文件會由勞資審裁處的職員負責送達答辯人，然後勞資審裁處的職員會安排會見勞資雙方，為他們錄取供詞及接受他們提交的書面證據。在作出判決前，審裁處也會給予雙方達成和解的機會。

## 三　另類解決紛爭的方法

中國人有句俗語，謂"生不入官門，死不入地獄。"這句話一方面表現中國人認為有問題應該私下解決，張揚開去並訴諸公堂是一件很丟臉的事情。被起訴而上公堂者亦會認為對方這樣做是不給予面子，事件便往往再沒迴旋的餘地。另一方面，這句俗語亦多少反映了中國人對法院缺乏信心，傳統的司法制度並不完善，法官缺乏獨立和公正的形象，在這樣的社會環境和文化背景下，中國文化便積極發展法院以外的另類解決紛爭的方法（alternative dispute resolution），例如雙方協商（negotiation）、由第三者進行調解（mediation）或仲裁（arbitration）。

現代西方社會崇尚法治，法律制度完善，法官獨立超然，享有崇高地位，一般公民有很強的個人權利意識，故一起紛爭便往往訴諸法院，以求公正的裁決。即使雙方願意和解，也往往限於司法程序開始以後，對於在法院以外解決紛爭的方法這方面的發展便一直停滯不前。

香港承襲中西文化，一方面有一頗完善的司法制度，市民一般相信訴訟是解決紛爭的理性方法，法院會作出公正獨立的裁決，故此另類的解決紛爭途徑的發展並不蓬勃。可是，司法程序冗長複雜，費用高昂，又往往令人望而卻步。傳統文化的影響和實際訴訟費用的考慮都對庭外和解有鼓勵的作用。事實上，大部份的民事訴訟都是以和解終結的。

和解，是指雙方達成協議，解決雙方的民事糾紛並撤銷訴訟。和解可以是以協議形式或法院命令形式，前者是雙方自行協議，這種和解方法的好處是訴訟不了了之，沒有誰勝誰負，但它的弱點是一旦雙方就協議的內容發生爭執時，便得重新進行司法訴訟。較常見的和解方法是雙方達成協議並將協議內容轉化為法院的命令，這樣一旦任何一方違反協議時，對方便可透過司法程序執行法院命令而無須就案件重新進行訴訟。

與此同時，近年大量與訟人沒有律師代表，他們不諳法律程序，往往到開庭審訊時仍欠缺大量準備工作或文件，導致浪費大量司法時間和資源，為減輕司法機關的壓力和案件積壓與延誤，政府和司法機關均大力鼓吹採納調解和仲裁這些在訴訟以外的解決爭端的方法。

調解在國內是民事訴訟的特色，近年在西方社會亦漸見流行。上文亦已提到勞資審裁處的程序有一定的調解機制，由勞工處出任調解人嘗試解決勞資雙方的糾紛。自 2007 年中，香港特區政府積極推動調解的機制，用以紓緩訴訟對法院及社會資源造成的壓力，並在 2013 年實施《調解條例》對調解作出規範。[27] 調解是透過獨立的調解員與爭議雙方的接觸，盡量拉近雙方的分歧和尋求共識，找出雙方均可接受的解決方案。調解員須有一定的專業訓練，居中調停雙方的紛爭，但不會對紛爭作出任何裁決。由於調解是私下進行，雙方往往皆能保持顏面，沒有法院那種針鋒相對一拚勝負的氣氛，故較有利於解決問題，而且調解涉及的費用較低，需時亦較短，而即使調解失敗，雙方仍可透過法院訴訟解決問題，故頗切合中國文化。

在"雷曼事件"中，金融管理局便成立調解機制，藉以解決投資散戶與銀行之間的紛爭。在涉及大廈業主立案法團和物業管理公司的紛爭，或是建築行業內工人與判頭之間的紛爭，或是在家事法庭處理的家庭糾紛中，調解均發揮了積極的作用。根據新的民事訴訟程序，法院亦會要求與訟雙方進行調解，這種調解並非強迫性的，但法院可透過堂費的機制懲處不合理地拒絕參與調解的一方。不過，幾年下來，調解在民事審訊的成效並不顯著，若雙方皆無意進行調解，這程序是較難發揮作用的。

仲裁在國際間也是一種非常普遍的解決爭議的方法，尤其是私人商貿方面的紛爭，香港近年亦積極發展成為亞洲的一個仲裁中心。仲裁可以在簽署合約時便作出規定，也可以在爭端發生以後雙方同意進行仲裁，仲裁可以由雙方都接受的個人或仲裁機構負責進行，它和調解的主要分別是調解人的建議並無法律約束力，雙方可以不接受。調解人扮演一個中間人的角色，旨在排難解紛，而不會就爭端決定誰是誰非，仲裁員卻剛相反，得就紛爭判定是

---

27　《香港法例》第 620 章。

非，仲裁的裁決的法律效力相等於法院的判決，若一方不遵守仲裁裁決，另外一方可以用執行法院判決的方法執行仲裁裁決。仲裁的裁決亦可透過國際協議如《承認及執行外國仲裁裁決公約》（"紐約公約"）在外國執行。2011年，一間南斯拉夫公司成功地透過仲裁，裁定剛果政府須支付賠償，但剛果政府一直拒絕作出賠償，其後剛果政府與中國一國營企業簽訂採礦協議，國企須向剛果政府支付一筆入場費，南斯拉夫公司（其權益後為一美國公司所收購）遂決定在香港提出訴訟，要求香港法院根據"紐約公約"頒令國企將入場費用作支付仲裁的裁決賠償，這官司令香港法院面對主權國是否受香港法院所管轄這爭論，因為根據普通法，主權國家的商業行為並不受豁免，但這規定與中國的外交政策相違背，最終由人大釋法，指剛果政府作為主權國並不受香港法院管轄。[28]

仲裁和訴訟不同之處是在仲裁時，仲裁員或仲裁機構以至仲裁地點和程序均由雙方協議決定，而仲裁的案件往往會涉及一些非常專門的範圍，例如建築、化學、工程、藥物等，一般法官未必具備這些方面的專業知識，仲裁雙方卻可選擇最合適的人選作仲裁員。仲裁機構例如香港國際仲裁中心亦可提供具不同專業的仲裁員，他們除具備某方面的專業知識外，並具備仲裁方面的法律知識或本身具執業律師資格，不少仲裁員甚至是退休法官。國際間主要的仲裁中心如倫敦、紐約、斯德哥爾摩等地的仲裁機構均能提供大量具不同專業的仲裁員。仲裁的另一好處是閉門進行聆訊，不像法院的審訊須公開進行，這對一些商業糾紛而言是一個重要的考慮。仲裁的另一優點是程序一般較為簡單。然而，在一些較複雜的仲裁案件中，雙方均會延聘律師，仲裁庭也會採納近似法院民事訴訟的程序。此外，仲裁雙方除了要負擔一般的訴訟費用外，還得支付聘請仲裁員及仲裁機構的服務（如租用仲裁的場地及成立臨時仲裁文件登記處）所需的費用，這類費用在一般民事訴訟中是由納稅人而非與訟雙方負擔的。總括來說，現今仲裁的主要優點在於審訊和裁決均不用公開。

---

28　*Democratic Republic of Congo v F G Hemisphere Associates LLC* (2011) 14 HKCFAR 95.

# 四　證據法

　　普通法對證據有極嚴謹的規定，詳細界定甚麼是可接納的證據，甚麼證據可以呈堂以及以甚麼方法呈堂，從而保證審訊的公正嚴明。證據法有兩個基本原則：第一，所有證據必須在法院內提出，不在法院內提出的證據，例如報章對案件的報導，法院一律不能考慮；第二，證據必須由證人提出，而證人在庭上得接受盤問；普通法極端重視證人在庭上所作的口供，這個"口述原則"（principle of orality）是普通法審訊的特色。

　　證據大體上可以分為三類：（a）口述證據（testimonial evidence）；（b）書面證據（documentary evidence）；及（c）物證（physical evidence）。對每一類的證據法院均須考慮兩個問題：（a）證據的可接納性（admissibility），即法院是否應該聆聽或審閱和考慮這些證據；（b）當法院決定接納這些證據後，這些證據的可信性（credibility）。

## （一）　口述證據

　　口述證據，是指證人在庭上所作的證供，證人有真誠作供的責任。在作證前，須宣誓説其所作的證供為事實及為事實的全部，並無虛言。若證人作虛假證供，可能被控作假證供罪（perjury）、妨礙司法公正或藐視法庭罪。

　　基本上，任何精神健全的人士均有資格當證人，法例沒有對證人的年歲作出限制，老人家或病患者，只要他們仍有能力知道自己在法庭作供，明白在作供時須要説出實情以及作假口供的嚴重後果，仍然可以作證。同樣的原則亦適用於小孩子，當然，年紀愈輕，他的口供的可信性便愈可能被打扣。殘疾人士若能夠明白宣誓的誓詞內容及能夠與人溝通，例如藉着手語或文字溝通，仍有資格當證人。

　　一般而言，所有合資格的證人均須出庭作供。不論是民事或刑事訴訟，與訟雙方均可向法院要求發出證人傳票或傳召證人令（writ of subpoena），強迫某人出庭作證。然而,法例規定有些人士雖然為合資格的證人(competent witness),但卻不可被強迫(not compellable)出庭。例如控方或原告人便不能強迫被告人作控方證人,亦不能傳召被告人的律師出庭指證被告人。在刑事訴訟中若有多名被告人,控方亦不能傳召其中一位被告人作控方證人,除非該被告人已獲不被起訴,或已承認控罪,或在受審後獲無罪釋放,或法院已批准將這名被告人與其他被告人分開審訊。

在一般的情況下,被告人的配偶為合資格證人,但不能被強迫出庭指證被告人。這原則有不少例外的情況,例如被告人被控向其配偶施暴,作為受害人,被告人的配偶有資格並可被強迫作控方證人。此外,法例亦有特別安排,讓一些被性侵犯的受害人或被虐待兒童透過錄影轉播而無須出庭作供。[29]

## (二) 證據的可接納性

證人作供時,主要述說事實。基本上,凡是證人親身耳聞目睹的事情均可作事實的證明;只要這些證供與案件有關,它們便會為法院接納。可是,有三類證供是不為法院所接納的:

a. **意見證供**(opinion evidence)　法院一般不會接受證人單憑感覺而沒有事實支持的意見為證據,但其中一個例外的情況是證人是以專家身份作供,在這情況下,法院必須先接納有關證人為專家證人(expert witness),例如指模鑑證專家、醫生、工程師等。法院會在審閱過證人的學歷和經驗後作出決定是否接納證人為專家證人。

b. **傳聞證供**(hearsay evidence)　這是指證人沒有親眼目睹或親耳聽到而只是複述別人告訴他的東西,例如陳君在作證時稱李君告訴他李君昨晚在案發現場附近遇到被告人,陳君只是述說李君對他說的事情,此屬傳聞證供,在過往是不會為法院接納。若要證明被告人確曾在案發現場附近出現,李君

---

29　《刑事訴訟程序條例》(《香港法例》第 221 章),第 79C 條。

便得親自出庭作供。法院不接納傳聞證供，主要是因為這些證供並不可靠，作證者可能誤傳他人所說的事情，而法院又沒機會盤問原述者以決定原述者是否誠實可信。然而，不接納傳聞證供的原則有極多例外的情況，例如在謀殺或誤殺案中，證人轉述死者與其死因有關的臨終遺言，或提供傳聞證供的目的並非在於證明有關傳聞內容的真實性。此外，這項規定很多時亦流於形式化，例如醫生的報告書不能透過第三者呈交。有鑑及此，香港特區政府於1999年修訂《證據條例》，讓法院在民事訴訟中接納傳聞證供，但法院在評估該等證供的份量時，得考慮一系列的相關情況，以推斷該證供的可信性或不可信性。[30]

　　c. **關於被告人品格方面的證供**（character evidence）　在刑事審訊中，被告人過往的劣行，尤其是過往的刑事犯罪紀錄，一般來說與在審訊中的案件無關，然而，若法官或陪審團知悉被告人過往行為差劣時，往往可能對被告人造成偏見，以致其作出的判決乃基於被告人過往的紀錄，而非完全基於控方提出的證據。普通法認為這類證供的舉證能力（probative value）有限，但卻容易造成對被告人不利的偏見（prejudicial effect），故這類證供不為接納。當然，若被告人被判有罪後，其過往紀錄對判刑極為重要，在這一階段這類證供是可被接納的。這項原則有一個例外的情況，若被告人自願提出這類證供（例如在盤問控方證人時嘗試指出被告人品格良好），或在盤問時攻擊控方證人的品格（例如指出他們有刑事紀錄），則控方便可提出關於被告人的品格的證供。

## （三）敵意證人

　　任何一方傳召證人，均希望證人能提出對己方有利的證供。然而，在有些情況下，己方證人在法庭上忽然倒戈相向，提出對己方不利的證供，而

---

30　《證據條例》（《香港法例》第 8 章）第 49 條。

這些證供可能與該證人先前在庭外曾作出的供詞完全相反，而原因可能是他先前作假證供，現在推翻以前的供詞，或更可能是證人受人唆擺或恐嚇而故意在庭上作假證供。由於傳召證人的一方不能提出引導性的問題盤問他的證人，所以上述情況會對傳召一方極為不利。這時候，傳召一方可向法院申請將有關證人列為敵意證人（hostile witness），這是一項非常嚴重的申請，傳召一方必須證明該證人先前曾作出完全相反的供詞。一經宣佈為 "敵意證人" 後，傳召一方便可以用引導性問題提出盤問，並傳召其他證人以推翻敵意證人的證供。近年最為人知的例子是所謂 "失憶證人案"，在一宗刑事審訊中，控方的主要證人在庭上作證時忽然推翻其先前向警方作出的供詞，並表示已忘記有關事實，控方雖然成功將他列為敵意證人及推翻他的證供，但始終因此證據不足而致使被告獲釋，其後控方向該敵意證人提出了作假證供罪的刑事檢控。

## （四）　輔證

不少市民均有這個疑慮，如果沒有獨立於案件當事人的證人，是否很難成功舉證？其實除了少數例外情況，法律並無規定一定要有獨立的第三者證人，各方當事人本身均可作證，而法院是否相信他們的證供便視乎他們在庭上作供的表現。過往法例規定有部份控罪必須有輔證（corroborative evidence）才能入罪。所謂 "輔證"，是指一些獨立的證據，可以對某證人的證供產生支持的作用，輔證又稱為 "佐證" 或 "吻合證供"，可以來自不同證人或證物，但這方面的規定已大部份遭撤銷。[31]

---

31　參見《證據條例》（《香港法例》第 8 章）第 4A 及 4B 條和《刑事訴訟程序條例》（《香港法例》第 221 章）第 60 條。

## （五）　不在犯罪現場的證據

在電視劇或電影中，不時會出現被告在最關鍵的時刻忽然提出其不在犯罪現場的證據（alibi evidence）的情節，頓時令控方束手無策，被告因而獲釋。在現實生活中，這種情況並不會出現。法例規定，若被告擬提出這種不在場證據作為辯護，便必須在案件開審前十天，向控方提供有關不在場證據的具體資料，例如願意證實被告不在場的證人的身份，當時被告身處的地點等，以便控方有時間核實有關指稱。若被告沒有在規定限期前向控方提交這些資料，法院可拒絕被告提出這個辯護理由。

## （六）　書面證據

書面證據包括任何書信、文件、報告、賬目，甚至照片、錄音帶等等。法院在考慮是否接納書面證據時，會考慮書面證據從何而來，由何人撰寫及由何人提出該份證據等因素。書面證據可以由證人在出庭作證時呈交，在民事訴訟中，亦可以呈堂證物（exhibit）附於證人的誓章中呈交法院。

關於書面證據的可接納性的規範與口述證供相類似，書面證據必須與案情有關才可獲接納，意見證供或在刑事案件中的傳聞證供一般不會為法院接納，以往傳聞證供的原則對書面證供的影響較大，例如受害人的驗傷報告若非由驗傷者呈交，這報告便成傳聞證供，因為呈交報告的證人對報告書內的陳述並沒有第一手的認知，他只是呈交別人的證供。故此，若要呈交這份報告便得傳召撰寫報告的醫生。不過，隨着法例廢除傳聞證供不能呈堂這原則出現後，法院要考慮的只是該等證供的可信性及份量。

此外，一些銀行賬目（如存摺紀錄）或工序紀錄，法例規定只要符合一些指定的條件，包括這些紀錄是在日常業務中（ordinary course of business）編撰的，這些證據便可獲接納。

為鼓勵當事人可以毫不諱言地將案情事實告訴他的律師，而無須擔心他的律師可以忽然轉為控方證人來指證他；與訟一方的律師沒資格當另外一方的證人，而律師與他的當事人的説話和通信均享有證據法上的特權，不需呈堂。在民事訴訟中，雙方亦不能透過披露程序強迫對方披露他與其律師之間的書信。這項特權屬於當事人的權利，他的律師無權放棄這特權而自行披露有關通訊，但若當事人同意，他可以放棄這特權而將有關信件呈堂。

在刑事訴訟或涉及政府的民事訴訟中，假若披露有關文件有違公眾利益時，律政司司長可以以公眾利益豁免權（public interest immunity）為理由要求豁免呈交有關文件，例如關於律政司司長考慮是否就某案件作出檢控的文件或行政會議的文件等。有關文件是否享有公眾利益豁免權是由法院決定的，有需要時，法院可以在審閱這些文件後才作出決定。[32]

在刑事訴訟中，被告人向警方作出的供詞是可以作為呈堂證據的，這些供詞會由負責錄取口供的警員在庭上呈交法院，但法院必須信納這些供詞為被告人自願作出的才會接納這些供詞為證據。

## （七）物證

舉凡與案件有關的物證均可呈堂，法院一般會要求呈交物證的人士複述獲取物證的經過、保管的過程以及物證是否經過處理。物證可包括兇器，或從被告人身上或家裏搜獲的毒品、指模、翻版影碟、圖則等。

除口供證據、書面證據和物證外，就一些廣為人知的事實，法院可以在沒有舉證的情況下，接受這些事實為證據的一部份，這稱為"司法認知"（judicial notice），例如香港大部份人均能聽懂廣州話這個事實。

---

32　在 *Ma Wan Farming Ltd v Governor in Council* [1997] 7 HKPLR 644 一案中，總督會同行政局在審訊進行期間同意公開一份行政局的文件，但卻表明這並不表示政府放棄所有行政局的文件均受公眾利益豁免權的保護這個論據。在 2005 年一宗轟動的案件中，廉政公署高調搜查七間報館，廉政公署向法院申請手令時提交誓章，其後當報館以司法覆核質疑手令的恰當性時，廉政公署便以公眾利益豁免權為由拒絕公開誓章的部份內容，只願交給法院而非報館審閱：*So Wing Keung v Sing Tao* [2005] 2 HKLRD 11。

# 五　結語

　　普通法有句諺語，謂"只要有權利便必有補救"（once there is a right, there is a remedy），這句話充分反映了英國人務實的一面：他們認為空談權利而沒有執行或實施權利的方法，是毫無意義的。故此，普通法極為注重執行權利的方法，而最直接的途徑自然是設計出不同的司法程序以提供執行權利的門徑。事實上，普通法的訴狀制度（writ system）便是從"先有補救，後有權利"的意念中演化出來，即以程序作為權利的先驅和骨幹。多個世紀以來，這些程序法（procedural law）雖然變得非常繁複，甚至有些地方已變得捨本逐末，但這些程序法背後的精神，卻可以用"公正"和"公平"二詞概括之。本章簡單介紹了香港的刑事訴訟法、民事訴訟法和證據法，在簡短的描述中亦希望能帶出香港司法制度中崇尚"公正"和"公平"的觀念，以及如何在程序法中體現這些理念。中國內地近年的法制建設中，訴訟程序法是其中一個重點，香港在這方面的經驗，或許可以為整個中國的法制發展提供一些借鑑的經驗。

## 第三章

# 憲法性法律

陳弘毅

香港大學法律學院鄭陳蘭如講座教授

楊曉楠

大連海事大學法學院教授

## 一　憲法是甚麼？

當今世界有大約二百個國家，除了極少採用不成文憲法的國家（如英國）外，世界各國都有本國的成文憲法，即是一部法律文獻，稱為該國的"憲法"。其內容主要規定該國的政治體制和該國公民的基本權利，有些憲法更談及國家建設的目標和社會、經濟等各方面的政策。一個國家的憲法，反映該國家民族的歷史、文化和根本價值、信念，也反映這個國家在國際社會大家庭中的獨特身份。

對外來說，一個國家的憲法為它作為國際社會的一個成員提供合法性；對內而言，憲法構成這個國家成員（即其公民）之間的一部社會契約，規定公民之間和公民與政府之間的交往和互動。憲法勾畫出公民結合起來組成國家的法理基礎：公民為何及如何組成國家和建立其政府、政府與人民的關係、政府的權力及其限制、公民的權利和義務等。公民作為國家這個群體的一份子，理應認識國家的憲法，因此，有些國家在決定是否允許移民到該國居住的外籍人士入籍該國成為其公民時，會考核該移民對這個國家的憲法是否有所認識以及認同。

在現代國家，政府（這裏是指廣義的政府，包括立法、行政、司法等機關）為人民而立，政府的功能在於謀求人民的共同福祉，維持社會治安，保護國家不受外國侵犯，保障人民的政治、經濟、社會、文化等各方面的權利，為人民提供各種社會服務。一個國家的政府不單在國內為其國民（即公民）提供保護和服務，國民到外國旅遊或參加其他活動時，其本國的政府會簽發護照給其國民，以便其出行。本國的國民在外國如遇到困難或傷害，政府根據國際法有權提供保護和協助。

香港市民絕大多數是具有中國公民身份的香港特別行政區居民，其中絕大部份是香港特別行政區永久性居民。香港特別行政區永久性居民的身份，由《中華人民共和國香港特別行政區基本法》規定；至於中國公民的身份，則由《中華人民共和國憲法》和《中華人民共和國國籍法》規範。

在清朝末年，中國出現了一場立憲運動，目的是借鑑西方現代國家和日本明治維新的先例，為中國制定一部成文憲法，限制皇帝的絕對權力，建立君主立憲政體，根據憲法成立由選舉產生的國會，並在憲法中規定人民的權利和義務。清政府制定了立憲的計劃，但在計劃實現之前，辛亥革命結束了清王朝的統治，中華民國成立了。中華民國的第一部憲法是《中華民國臨時約法》，在 1912 年開始實施。在其後的三十多年，民國經歷了大總統袁世凱復辟帝制、張勳企圖復辟清皇朝、軍閥割據和混戰、國民黨與共產黨內戰、日本侵華等重重危機和災難，在這段時間裏，實質上沒有任何一部憲法能在全國範圍內正式實施。

到了 1949 年，中華人民共和國成立，中國人民政治協商會議制定了《共同綱領》，是為中華人民共和國的臨時憲法。到了 1954 年，全國人民代表大會制定了中華人民共和國的第一部《憲法》，這部憲法除其序言外，分為四章：總綱、國家機構、公民的基本權利和義務、國旗國徽等。後來，在"文革"時代的 1975 年全面修改了憲法；"文革"結束後，在 1978 年又全面修改了憲法。

中國現行的《憲法》是中華人民共和國的第四部憲法，在 1982 年制定，是"改革開放"時代的法理基礎，"一國兩制"方針政策也是源於這部憲法（第 31條）。"八二憲法"在 1988 年、1993 年、1999 年、2004 年和 2018 年先後經歷了五次部份修訂，使其內容逐步完善，例如確立了社會主義市場經濟、社會主義法治國家等理念，強調依法治國、保障人權、建立社會保障制度等。

## 二 中國憲法與香港特別行政區基本法

西方著名法學家凱爾森（Hans Kelsen）在研究現代法治國家的法律制度的結構時，曾經提出"根本規範"（Basic Norm）這個法理學概念。他指出，一個國家的法律制度中有不同層次的法律規範，較低層次的法律規範是由較高層次的法律規範所設立的國家機關，根據該較高層次的法律規範的授權而制定的；而最高層次的、最根本的法律規範，乃基於該國的憲法。

凱爾森的以上學說，可以用來說明香港回歸祖國時，香港的法制究竟發生了甚麼變化。1997 年 7 月 1 日，作為香港法律制度的終極法理基礎的根本規範有了改變或轉移，就是原來港英殖民地時代香港法律制度中以英國的不成文憲法為基礎的根本規範，被一個以《中華人民共和國憲法》為基礎的根本規範取代。雖然香港特別行政區法制的基礎是《中華人民共和國香港特別行政區基本法》，但《基本法》不是香港特別行政區法制的根本規範，因為《基本法》是全國人大根據 1982 年的《中華人民共和國憲法》的第 31 條制定的，《基本法》的效力必須追溯到《憲法》，亦即根本規範存在於《憲法》的層次。

習近平主席在 2017 年慶祝香港回歸祖國 20 周年大會的講話中提到，在香港落實"一國兩制"，必須"始終依照《憲法》和《基本法》辦事"。他指出，"回歸完成了香港憲制秩序的巨大轉變，《中華人民共和國憲法》和《香港特別行政區基本法》共同構成香港特別行政區的憲制基礎。憲法是國家根本大法，是全國各族人民共同意志的體現，是特別行政區制度的法律淵源。"

關於中國《憲法》如何適用於特別行政區，學者們已經做了大量的研究，指出中國《憲法》整體上是適用於香港特別行政區的，而憲法中某一項條文是否直接在香港實施或執行，則視乎該條文和《香港特別行政區基本法》的關係，包括該條文是否與《基本法》的條文有所矛盾因而不直接在香港實施。這是因為雖然《憲法》的條文原則上是適用於全國範圍的，但由於根據《憲法》第31條，特別行政區可以實行與全國其他不同地區的制度，所以在香港實行的制度由《基本法》作出特別規定，而《憲法》中關於全國範圍內實行的制度的條文並不全部在香港直接實施。

舉例來說，《憲法》第1條規定社會主義制度是中華人民共和國的根本制度。但是，由於《香港基本法》第5條規定香港特別行政區不實行社會主義制度和政策，保持原有的資本主義制度和生活方式，所以在香港便不實行中國內地的社會主義制度。又例如在具體政策的層面，《憲法》第25條規定國家推行計劃生育，第49條規定夫妻雙方有實行計劃生育的義務，但由於《基本法》第37條規定，香港居民的婚姻自由和自願生育的權利受法律保護，所以上述的關於計劃生育的《憲法》條文便不在香港實施。

憲法的其中一個主要功能和內容，便是規定國家機構的設立、組成方式及其運作和權力的行使。在這方面，《憲法》第三章有關於全國人民代表大會及其常務委員會、國家主席、國務院（即中央人民政府）、中央軍事委員會、地方各級人大及人民政府、民族自治地方的自治機關、人民法院、人民檢察院和監察委員會等國家機構的規定，這些規定中部份條文是直接適用於香港的，部份條文則不直接在香港實施。例如關於全國人大及其常委會和關於國務院的構成和法律地位的條文，很明顯是香港特別行政區法律的重要構成部份，因為基本法有不少條文提及這些國家機構對於香港特別行政區行使權力的情況。另一方面，關於地方人大各級法院、檢察院和監察委員會的條文則不在香港實施；根據《基本法》第12條的規定，香港特別行政區是直轄於中央人民政府的地方行政區域；第22條規定，中央人民政府所屬各部門、各省、自治區、直轄市均不得干預香港特別行政區自行管理的事務。由此可見，香港特區的行政、立法和司法機關的設計是有別於中國其他省市的。

　　值得留意的是，雖然部份《憲法》條文並不在香港直接實施或尚未立法實施，但這不表示這些條文在香港並無法律效力或香港居民無需理會這些條文。例如《憲法》第一條規定，"中國共產黨領導是中國特色社會主義最本質的特徵。禁止任何組織或者個人破壞社會主義制度。"又例如《憲法》第 52 條規定，"中華人民共和國公民有維護國家統一和全國各民族團結的義務。"第 54 條規定，"中華人民共和國公民有維護祖國的安全、榮譽和利益的義務，不得有危害祖國的安全、榮譽和利益的行為。"在《基本法》所確立的"一國兩制"的憲制框架下，"兩制"的前提是"一國"，香港市民須尊重在中國內地實行的社會主義制度及承認其合法性，港人不應從事破壞中國內地的社會主義制度的活動，也不應進行危害國家安全的行為。正因如此，《基本法》第 23 條規定香港特別行政區應自行立法禁止叛國、分裂國家、煽動叛亂、顛覆中央人民政府等危害國家安全的行為；在特區成立後長期仍未能履行這方面的憲制義務的情況下，全國人大在 2020 年便根據《憲法》第 31 條及第 62 條第 2、14 和 16 項的規定，通過了《關於建立健全香港維護國家安全的法律制度和執行機制的決定》。全國人大常委會根據這一決定通過《香港特別行政區維護國家安全法》，並將其列入《基本法》附件三，在特別行政區以公佈方式實施。

# 三　"一國兩制"方針政策的由來

　　"一國兩制"這個概念起源自上世紀七十年代末中國大陸政府對台政策的改變，其內容最終在 1982-1984 年中英兩國就香港前途問題進行談判時得到全面闡述。1949 年中華人民共和國建國以來，其對台的基本立場一直是希望能夠"解放台灣"。"解放"這兩個字當然含有從資本主義和"帝國主義"之中加以"解放"，以及進行社會主義革命的意思。

　　包含"一國兩制"雛形的對台新政策，是在 1979 年之後中國大陸幾份官方文件中提出的。這其中最重要的，就是時任全國人大常委會委員長葉劍英於 1981 年 9 月 30 日提出的"有關和平統一台灣的九條方針政策"（簡稱"葉九條"）。其基本構想是，讓台灣成為中華人民共和國的一個"特別行政區"，以實現祖國的和平統一。根據此構想，台灣可以在統一後保留原有的"社會、經濟制度"和"生活方式"，並享有"高度的自治權"，"中央政府不干預台灣地方事務"；台灣還可以繼續和其他國家保持經濟和文化關係，甚至可以保留自己的軍隊。

　　1982 年 1 月，鄧小平首次公開提出"一個國家，兩種制度"這個概念，他表示"葉九條""實際上就是一個國家兩種制度。兩種制度是可以允許的"[1]。1982 年 12 月，全國人大制定了新憲法，即現行的"八二憲法"。為了體現上述構想，"八二憲法"第 31 條規定，"國家在必要時得設立特別行政區。在特別行政區內實行的制度按照具體情況由全國人民代表大會以法律規定"。這條文意味著將來特別行政區可以實行和中國其他地方不同的"特別的社會、政治和經濟制度"[2]。

　　1982 年 9 月，英國首相戴卓爾（Thatcher）夫人訪問北京，尋求解決香港 1997 年之後的憲制地位問題的辦法。英國政府之所以關心 1997 年的問題，主要是他們認為 1997 年之後英國對"新界"的管治將失去法律依據。英國政府認為，和港島和九龍半島分別於 1842 年和 1860 年"永久割讓"給大英帝國不同，"新界"是清政府於 1898 年租借給英國的一塊土地，租期為 99 年。在戴卓爾夫人訪華之後，兩國政府開啟了關於香港前途的談判。經過兩年艱苦的討價還價和大量研究和起草工作，中英兩國政府《關於香港問題的聯合聲明》於 1984 年 9 月草簽，並於同年 12 月在北京正式簽署。根據《聯合聲明》，香港在 1997 年交還中國，並實施"一國兩制"。1987 年的《中葡

---

1　參見中共中央黨史研究室：《中國共產黨的九十年：改革開放和社會主義現代化建設新時期》（北京：中共黨史出版社，2016），頁 761。

2　參見蔡定劍：《憲法精解》（北京：法律出版社，2006 年第 2 版），頁 231。

聯合聲明》也就澳門在 1999 年的回歸作出了類似的規定。

## 四　《基本法》和高度自治

1990 年，全國人大根據《憲法》第 31 條制定了《中華人民共和國香港特別行政區基本法》，把 "一國兩制" 的方針政策具體化，並轉化為可操作的法律規範。《基本法》於 1997 年 7 月 1 日香港特別行政區成立時開始在香港全面實施。《基本法》規定了香港特別行政區的政權機關的組成和運作模式，明確了特別行政區和中央國家機關的關係以及中央授權特別行政區實行高度自治的範圍，確定了特別行政區的法律淵源，保障了特別行政區居民的人權，還規定了特別行政區實行的社會、經濟等制度和政策。

根據《基本法》，香港特別行政區的政權機關（包括行政長官、行政機關、立法機關和司法機關）的自治範圍（即其有權管理的事務）相當廣泛，這自治範圍比一般聯邦制國家裏的州所享有的自治範圍還要大得多。以下我們舉例説明特別行政區有權管理的自治事務的廣泛性：

（1）絕大部份 "全國性法律"（即全國人大及其常委會制定的法律）都不在香港實施，基本上保留香港原有的普通法制度和原有立法機關制定的成文法。適用於香港特別行政區的全國性法律僅限於那些列在《基本法》附件三中的法律，目前共有 14 部，包括《國籍法》、《國旗法》、《國徽法》、《國歌法》、《領海及毗連區法》、《駐軍法》、《外交特權與豁免條例》等，也包括本文下述的《香港特別行政區維護國家安全法》。

（2）在香港法院提起訴訟的案件全都在香港的法院系統內處理；香港終審法院是香港特別行政區最高層級的上訴法院，香港的案件不能上訴到中國內地的法院或者機構，當然更不能像在回歸前上訴到英國法院。根據《基本法》第 158 條，香港終審法院在某些情況下必須就《基本法》的有關規定的解釋問題，提請全國人大常委會解釋，但是，全國人大常委會作出的解釋不能推翻此前香港法院已作出的判決。例如，終審法院已經判決的案件的當事人根據該判決所獲得的權益，不會受到全國人大常委會日後所作解釋的影響。

（3）香港居民無須向中央政府交稅，他們向特別行政區政府交的稅也完全用於特別行政區，即："香港特別行政區政府的財政收入全部用於自身需要，不上繳中央人民政府"（《基本法》第 106 條）。

（4）香港特別行政區可以繼續發行港幣。

（5）香港特別行政區對進出特別行政區的人士自行實行出入境管制。

（6）香港特別行政區是有別於中國其他地方的"單獨的關稅地區"。

（7）香港特別行政區可以"中國香港"的名義"參加不以國家為單位參加的國際組織和國際會議"（比如世界貿易組織），並在若干領域以"中國香港"的名義，"單獨地同世界各國、各地區及有關國際組織保持和發展關係，簽訂和履行有關協議"。《基本法》第 7 章授權香港特別行政區政府處理部份"對外事務"，儘管一般而言涉及香港的"外交事務"屬於中央政府的事權。

大致來說，香港特別行政區根據《基本法》享有的自治權比香港在英國殖民統治時期更為廣泛。事實上，香港在殖民時期享有的自治大部份是不成文的實踐和憲法性慣例的產物，《基本法》則以明文方式在許多領域賦予和保障了香港特別行政區的高度自治權。

根據主權原則和中國的單一制國家的性質，中央政府對香港特別行政區享有"全面管治權"，但全國人大授權香港特別行政區依照基本法的規定"實行高度自治"[3]，"香港特別行政區是中華人民共和國的一個享有高度自治權的地方行政區域"[4]。同時，香港特別行政區"直轄於中央人民政府"[5]，其行政長官在香港通過選舉產生後由中央任命，[6] 須"對中央人民政府和香港特別行政區負

---

3　《基本法》第 2 條。至於"全面管治權"的概念和用語，首先見於中華人民共和國國務院新聞辦公室：《"一國兩制"在香港特別行政區的實踐》白皮書（北京：人民出版社，2014）。該白皮書發表於 2014 年 6 月 10 日，後來時常被中央政府引用。

4　《基本法》第 12 條。

5　《基本法》第 12 條。

6　《基本法》第 15、45 條。

責"[7]。學者指出，中央的"全面管治權"和特區的"高度自治權"同時存在，並行不悖，是"有機的結合"。[8]

# 五　中央國家機關的權力

在對香港特別行政區政權機關作出諸多授權的同時，《基本法》也明文規定了中央國家機關關於香港的管治的重要權力。這些權力可以視為是對特別行政區自治的限制，因此有"香港特別行政區享有的高度自治權不是完全自治"[9]的提法。《基本法》中體現中央國家機關的權力的條文包括《基本法》第13條（管理外交事務）、第14條（管理國防事務）、第15條（任命行政長官和主要官員）、第17條（備案及發回香港的立法）、第18條（將全國性法律列入《基本法》附件三以適用於香港，以及在戰爭狀態或香港進入緊急狀態時將全國性法律適用於香港）、第158條（解釋《基本法》）和第159條（修改《基本法》）等。在實踐中，除任命行政長官和主要官員外，全國人大常委會解釋《基本法》及作出相關決定，是中央比較常用並在實踐中起到較大作用的權力。

正如前文所指出，如果有關案件符合一定的條件（即如果案件涉及對《基本法》中"關於中央人民政府管理的事務或中央和香港特別行政區關係的條款"的解釋，而"該條款的解釋又影響到案件的判決"），終審法院在審理該案件時須根據《基本法》第158條第3款的規定提請全國人大常委會就有關條文作出解釋。1999年以來確立的實踐是，即便終審法院沒有向全國人大常委會提請釋法，全國人大常委會根據《基本法》第158條第1款可以主動或者應特別行政區行政長官的請求對《基本法》作出解釋。

---

7　《基本法》第43條。

8　參見駱偉建："論中央全面管治權與特區高度自治權"，《港澳研究》，2018年第1期，頁14-24；陳欣新："維護中央全面管治權和保障香港高度自治權有機結合是'一國兩制'的落實關鍵"，環球網，2018年1月9日，https://baijiahao.baidu.com/s?id=1589092205439143103&wfr=spider&for=pc。

9　《"一國兩制"在香港特別行政區的實踐》白皮書，見註3，頁31。

　　到目前（2022 年 4 月）為止，全國人大常委會對《基本法》一共作出了五次解釋。第一次是 1999 年，針對的是《基本法》第 22 條第 4 款和第 24 條第 2 款第 3 項，關係到香港永久性居民在中國內地所生子女的居港權問題。之所以要進行這次解釋，是因為香港終審法院於 1999 年初就 "吳嘉玲案"[10] 和 "陳錦雅案"[11] 作出判決後，特別行政區政府向中央政府提出由人大進行釋法的請求。終審法院認為，香港永久性居民在內地出生的子女享有居港權，不論後者出生時其父母是否已經是香港永久性居民。特區政府估計，終審法院對《基本法》有關條文的解釋，將導致未來十年內有 167 萬內地居民有權移民香港。於是，在國務院向全國人大常委會提出釋法議案後，全國人大常委會於 1999 年 6 月首次對《基本法》作出解釋，該解釋與終審法院的解釋不同，即否定了終審法院對有關條文的解釋。

　　根據《基本法》第 158 條第 3 款，全國人大常委會的解釋不能改變終審法院在這次釋法前已經就 "吳嘉玲案" 和 "陳錦雅案" 所作的判決對有關當事人的效力；人大釋法只意味著香港法院在未來審理案件時，如涉及《基本法》有關條文的適用，則必須跟從全國人大常委會對該條文的解釋，而不是終審法院以前對該條文的解釋。在 1999 年底的 "劉港榕案"[12]，終審法院審視了全國人大常委會解釋《基本法》的權力，並承認 1999 年 6 月的釋法的約束力。終審法院同時也接受全國人大常委會解釋《基本法》的權力是可以隨時行使的，也就是說，全國人大常委會可以在香港法院沒有提出請求人大釋法的情況下，自行、主動地行使這項權力。

　　1999 年之後，全國人大常委會四次行使了解釋《基本法》的權力。2004 年，全國人大常委會自行〔而不是基於特別行政區行政長官（通過國務院）或終審法院的請求〕對《基本法》關於選舉制度程序的規定進行解釋。2005 年，應特別行政區署理行政長官的請求，在國務院正式提出提請議案後，全

---

10　(1999) 2 HKCFAR 4.

11　(1999) 2 HKCFAR 82.

12　(1999) 2 HKCFAR 300.

國人大常委會就在完成其任期前辭職的行政長官的繼任者的任期問題進行釋法。2011 年，終審法院在"剛果（金）案"[13]中首次根據《基本法》第 158 條第 3 款規定的程序，提請全國人大常委會就《基本法》關於外交事務和"國家行為"的條款進行解釋。"剛果（金）案"涉及的法律問題主要是，香港特別行政區關於外國政府及其財產在民事訴訟中享有多少豁免權的法律原則，是否要與中央政府的有關原則保持一致。

2016 年 11 月，全國人大常委會進行了第五次釋法，這是它自行主動對《基本法》第 104 條作出解釋，該條乃關於政府官員、法官、立法會和行政會議議員的就職宣誓要求。該釋法是在香港高等法院原訟庭就一宗與兩名主張"港獨"的立法會議員的就職宣誓有關的案件進行聆訊後三天作出的，當時法院還沒有就該案頒佈判決。在這宗訴訟裏，[14]特區政府主張，該兩名議員因為不符合《基本法》第 104 條和香港其他法律規定的宣誓要求，已經喪失其議員資格。在全國人大常委會作出釋法後，法院根據香港原有法律和人大的釋法判政府勝訴。

至於《基本法》規定的中央享有的其他權力的行使，情況大致如下。根據第 17 條，全國人大常委會可以否決香港特別行政區立法機關制定的法律，而自從 1997 年香港特別行政區成立以來，中央還沒有行使過這項權力。根據第 18 條，列於《基本法》附件三的全國性法律可以在香港特別行政區實施，而目前來說，附件三列有 14 部全國性法律，包括在 1997 年 7 月 1 日或以前已經放進附件三的全國性法律，以及在此以後加進附件三的 4 部全國性法律。此外，正如下文所述，全國人大在 2021 年作出《關於完善香港特別行政區選舉制度的決定》，根據此決定的授權，全國人大常委會在 2021 年修改了

---

13　(2011) 14 HKCFAR 95, 395.

14　*Chief Executive of the HKSAR v President of the Legislative Council and Leung Chung Hang Sixtus* HCAL 185/2016; [2017] 1 HKLRD 460; (2017) 20 HKCFAR 390. 本案導致兩位涉案議員被取消其議員資格。在這次人大釋法後，特區政府再次提起訴訟，請求法院以其未能符合宣誓要求為由取消另外四位立法會議員的資格，政府在案件中勝訴，見 *Nathan Law Kwun Chung* [2017] 4 HKLRD 115 (CFI); *Leung Kwok Hung* [2019] HKCA 173。可參見朱含、陳弘毅："2016 年香港立法會選舉及宣誓風波法律評析：歷史和比較法的視角"，《法學評論》，2017 年第 4 期，頁 24-37。

《基本法》的附件一和附件二。[15]

　　總的來看，根據《基本法》，香港特別行政區享有的自治事務的範圍相當廣泛，但香港特別行政區法院在適用和解釋《基本法》方面的司法權，則受制於全國人大常委會可以自行主動或應終審法院請求而解釋《基本法》的權力。此外，中央也可把涉及特區自治範圍以外的事務的全國性法律適用於香港，或行使對《基本法》及其附件的修改權。本章下文還會探討中央政府任命特別行政區行政長官和主要官員的權力，以及這種制度設計背後的政策理念，這方面也將有助於我們瞭解香港特別行政區自治的性質和界限。

# 六　人權保障

## （一）人權保障制度的要素

　　世界各國的憲法大都訂有特別的條文，以保障人民的人權，這便是所謂人權法案。一個有效的憲法性人權保障制度，應有以下三個特點：

　　a. **具有憲法性地位的權利條款**　憲法必須羅列出各項基本人權，人們所享有的這些憲法權利並不是由某些人或政府賦予的，也不是由憲法所賦予的，而是與生俱來的。即使憲法沒有提到，人們仍可享有這些權利，憲法的條文只是對這些權利作出積極的確認。這些關於人權保障的條文須比一般法律享有更高的法律地位，即具有“憲法性”地位。若有任何法律或政府行為與這些憲法性條文相抵觸，那些法律和行為便會自然失去效力。這些憲法性條款可以說是人權保障制度中的“權利條款”。

　　b. **限制上的限制**　但人權之中不少權利並非絕對的，所以人權保障制度也同時會有條文允許政府在特定條件下對某些人權作出限制，這可說是人權

---

15　《基本法》第 159 條規範了《基本法》的修改程序。《基本法》附件一和附件二的修改程序在該兩附件中有所規定，該兩附件在 2010 年曾作出修改，在 2021 年再作修改。

保障制度裏面的"限制條款"。不過為了避免政府濫用"限制條款",一個有效的人權保障制度會就政府限制人權的權力設定一些限制,我們或可稱其為"限制上的限制"。

根據國際人權法的標準,足夠的"限制上的限制"至少要包括以下三個條件:第一,任何對人權的"限制"必須以法律的形式作出,但單以法律來作為限制人權的條件是不夠的,人權保障制度很多時候正是為了針對立法機關而設立的,所以除了"依法"的形式要求外,立法機關還得滿足下述這些額外的條件;第二,對人權的限制只有在特定條件下才可作出,如保障國家安全、公共秩序、公共衛生或道德、或其他人的權利時;第三,即使上述兩點可以滿足,任何限制還須在一個民主社會裏面被認為是"必需的",該限制方能成立。

"限制上的限制"的實質意義是給予法院一系列標準,使其在行使違憲審查權時,可以審查法律或行政決定是否符合人權保障的標準。"限制上的限制"對保障人權和違憲審查是非常關鍵的,因為沒有足夠的"限制上的限制"條款,政府限制人權的權力就不受限制,司法機關也沒有足夠依據去實現"權利條款"對人權所作出的保證。

c. **獨立及有效的執行機制**　憲法還必須提供一個執行這些條款的機制,包括設立一個獨立於行政和立法機關的機制(如司法機關)以使這些憲法權利得以實現。在這種機制中,政府作出的任何侵犯人權的立法、行為或決定都會被裁定為無效,政府並須向被侵犯者提供補償。當然,司法機關在處理有關人權的訴訟時,必須給予有關人權條款一個正確的理解,從而使公民的權利可以通過司法救濟得到充分保障。

## (二)《基本法》設立的人權保障制度

《基本法》第三章本身就是一份人權法案,第三章內大部份條文都屬於"權利條款",對一系列人權作出保證,如第 25 條(平等權)、第 26 條(選舉與被選舉權）、第 27 條（言論、新聞、結社、集會等自由）、第 28 條（人身自由）、第 29 條（住宅房屋不受侵犯）、第 30 條（通訊自由）、第 31 條（遷徙自由）、第 32 條（宗教信仰自由）、第 33 條（自由擇業）、第 34 條（學術自由）、第 35 條（法律諮詢權）、第 36 條（享有社會福利權）及第 37 條（婚姻、生育自由）等。除此以外，《基本法》還有其他條文也屬於"權利條款"，對某些人權提供了額外保障，如《基本法》第 6 條（私有財產權）、第 87 條（公正審判與無罪推定）、第 105 條（私有財產權）、第 137 條（學術自由）和第 141 條（宗教信仰自由）。依上文的討論，這些"權利條款"還需"限制條款"和"限制上的限制"來配合。《基本法》第三章的"限制條款"就是第 39 條第 2 款。此條款規定，香港居民享有的權利和自由，除依法規定外不得限制，此種限制不得與第 39 條第 1 款規定抵觸。而《基本法》第 39 條第 1 款規定《公民權利和政治權利國際公約》、《經濟、社會與文化權利的國際公約》和國際勞工公約適用於香港的有關規定繼續有效，通過香港特別行政區的法律予以實施。第 39 條第 2 款確定了政府限制人權的權力，但也提供了一定程度的"限制上的限制"。第一，限制必須是以法律作出的；第二，限制不得與三個國際公約適用於香港的規定相抵觸，後者包括"《公民權利和政治權利國際公約》適用於香港的有關規定"和"實施《公民權利和政治權利國際公約》的香港特別行政區法律"。

1991 年，港英政府制定了《香港人權法案條例》，並修訂了《英皇制誥》，將《公民權利和政治權利國際公約》納入其中，使任何與《公民權利和政治權利國際公約》抵觸的香港法律失效。回歸前的香港法院運用其司法審查權在一系列訴訟中審理當時法律的合憲性，並在判例中確定了解釋《香港人權法案條例》的原則——"人權條款應適用'寬鬆的'解釋以避免嚴格的法制主義帶來的弊病，使得個人的權利和自由得以充分實現"。回歸前香港法院適用《香港人權法案條例》的判決對回歸後香港特別行政區法院仍然有着重

要的影響。在"吳嘉玲案"的判決中，[16] 香港特別行政區終審法院認為，"解釋
《基本法》這樣的憲法性文件時，法院均會採用考慮立法目的這種取向……為
了令香港居民充分享有上述憲法性文件所保障的各項基本權利及自由，法院
在解釋第三章內有關那些受保障的權利及自由的條文時，應該採納寬鬆的解
釋"。在 *Gurung Kesh Bahadur v Director of Immigration*[17] 一案的判決中，終
審法院明確重申了這一原則："在解釋權利和自由條款時應該適用'寬鬆的'
解釋方法，而在對自由和權利的限制應該給予'嚴格的'解釋"。

## （三） 其他執行機制

即使法院能根據《基本法》第三章中關於香港居民享有的權利和自由
的條款對香港的法律進行違憲審查，但僅依靠法院作為執行機制，還是不夠
的。法院只有在處理訴訟時才可執行人權的保障，但很多涉及人權的問題未
必都能到達訴訟的階段，這是因為訴訟所涉及的費用及時間未必是一般人所
能負擔得起的。那麼，他們可能只有默默地接受自己的人權被侵犯而不採取
實質行動。

故此，很多國家會在司法機關以外設立另一種處理人權問題的獨立中介
組織，通常稱為"人權委員會"。人權委員會可以直接受理人民就其人權被侵
犯事宜的投訴，並對有關投訴進行調查。有時候所涉及的投訴可能只是一些
政府官員的過失，而不涉及政府的政策。在調解後，問題就可以得到解決。
人權委員會可擔當調解者的角色。但若投訴涉及政府的政策或一些法律的條
文，調解不能解決雙方糾紛時，人權委員會就可以代表有關人士向法院興
訟，要求法院根據憲法內關於人權保障的條文作出裁決。《基本法》並沒有設
立這樣的獨立機制的規定，但 1996 年成立的平等機會委員會，在涉及人權的
案件可以發揮積極的作用，其主要處理的是平等權和反歧視的問題。此外，

---

16　見註 10。

17　(2002) 5 HKCFAR 480。

個人資料私隱專員公署也可在保障私隱權方面扮演重要的角色。

　　但即使是人權委員會這樣的安排也可以說是"消極"的，因為只有當問題出現時，有關人權問題才會被處理。更積極的方式是，負責制定法律和政府政策的立法機關和行政機關，在作出任何影響人民的決定前，都先詳細考慮有關決定會對人權產生甚麼影響，並給予人權保障最優先的考慮。

　　要確保政府會如此做，還得有一些外在的監察設施，其中一種就是國際監察。香港作為一個國際化都市，人權方面的狀況也不應落後於世界的大潮流。《基本法》第 39 條規定《公民權利和政治權力國際公約》、《經濟、社會與文化權利的國際公約》和國際勞工公約適用於香港的有關規定繼續有效，通過香港特別行政區的法律予以實施。在中央政府授權下，香港特別行政區政府根據《公民權利和政治權力國際公約》和《經濟、社會與文化權利的國際公約》定期向有關國際人權機構提交關於香港特別行政區實施這兩項公約的報告。

　　另一種重要的監察途徑，就是自由的新聞媒體。在現今資訊發達的時代，傳播媒界的影響力是無可置疑的。它可以協助政府實踐法治和人權保障，透過輿論對政府進行監督，對政府施加政治壓力以改善其政務。必須要有新聞自由，傳播媒界才能發揮監察政府的功能。

## （四）　人權教育

　　人權保障制度最終是為了保障人民的人權，但若人們根本不知道自己的權利是甚麼，或是根本不接受人權的觀念，那麼即使我們有很完備的人權保障制度，作用也不會大。若人們對自己的權利一無所知，那麼即使他們的人權受到侵犯，他們也不會提出申訴，只會懵然不知地任由自己的權利被人剝奪。

　　但有些人可能根本不接受人權的觀念，故即使有人權的保障制度，他們也不會使用。有些人甚至會說，難道我們不可以放棄自己的人權嗎？不接受人權又有甚麼問題呢？在這裏，我們應指出，人權只是對人的尊嚴提供最起碼的保障，人權本身並不能提升人們的情操，但若人的尊嚴不能得到最起碼的保障，人也難稱為真正的人了。人類更高的情操必須建立在人的尊嚴之上，而不是以犧牲尊嚴來換取的。人權也有可能被人濫用而損及其他人的權利或社會的整體利益，但問題是出在人權的濫用上而不是人權本身。

即使有人反對人權概念，他們並不是真正反對人權，因為他們同樣不希望自己的人權被侵犯。問題是他們如何看待其他人的人權。若果真要實踐人權的話，那麼不單他們自己的人權要被尊重，其他人的人權也必須受到保障，他們也必須如所有人一樣尊重其他人的人權。要全面保障人權，需推行人權教育，使每一個人不單要明白他所享有的權利是甚麼，還要明白其實每一個人都是同樣地享有人權的。這樣就能排除人權適用的"雙重標準"，也可以使人知道人權亦有界限而不應被濫用。

## 七　香港的政治制度

### （一）香港政治體制的特點

《基本法》在其第四章規劃了香港特別行政區的政治體制，並就其政治體制的以下構成部份設有專節：行政長官（題為"行政長官"的第四章第一節裏也有關於行政會議的規定）、行政機關（根據第 59 條，香港特別行政區行政機關被稱為"香港特別行政區政府"）、立法機關（立法會）、司法機關（法院）、區域組織和公務人員。

大致來說，香港特別行政區政治體制的特點，可總括為"行政主導"、行政機關和立法機關既互相配合又互相制衡、司法獨立。

"行政主導"是中央政府和內地學者十分強調和重視的概念。"行政主導"有至少兩方面的涵義，一是指行政長官在香港政治體制中的獨特地位，二是指行政機關相對於其他政權機關的重要角色。

就行政長官的地位來說，有所謂"雙首長制"和"雙負責制"的特點。行政長官有雙重的身份或法律地位，他既是香港特別行政區的首長（第43條），又是特別行政區行政機關（即特區政府）的首長（第60條）。行政長官以前者身份代表香港與中央或外國交往，在這方面其地位是高於特區的行政、立法和司法三種機關的。另一方面，行政長官作為行政機關的首長，負責領導特區政府。以上便是所謂"雙首長制"。至於"雙負責制"，是指行政長官須同時向中央和香港特別行政區負責（第43條）。

"行政主導"的另一層次的意義，是指行政機關在香港的管治上扮演特別重要和關鍵的角色。例如，行政機關負責制定和執行公共政策，所有關於徵稅和涉及動用公帑的財政預算案和開支建議，都是由行政機關向立法機關提出的，絕大部份法律草案，也是行政機關起草然後提交立法機關審議的。此外，在緊急情況下，行政長官會同行政會議可根據《緊急規例條例》行使立法權。即使是就司法機關（即法院）來說，各級法院的法官也都是由行政長官任命的。當然行政長官不能隨意挑選法官，因為《基本法》和香港法例規定，他必須根據獨立的司法人員推薦委員會的推薦任命法官。

至於行政機關和立法機關的關係，也具有香港特色。1990年全國人大審議通過《基本法》時，基本法起草委員會主任委員姬鵬飛已經指出，"行政機關和立法機關之間的關係應該是既互相制衡又互相配合；為了保持香港的穩定和行政效率，行政長官應有實權，但同時也要受到制約。"根據《基本法》的規定，香港特區立法會具有立法、審批財政預算、批准稅收、聽取施政報告、質詢政府、彈劾行政長官等權力；根據《基本法》第64條，行政機關對立法會負責。由此可見，二者有相互制衡的作用。但與西方國家的立法機關相比，香港特區立法會的權力又相對有所限制，以保證"行政主導"能夠順利實施。例如，立法會議員的提案權，受到《基本法》第74條的限制；議員的提案，須經《基本法》附件二規定的"分組投票"機制通過才有效。另一方面，《基本法》對香港特區的制度設計又促進行政機關和立法機關的相互配合，例如第 54 和 55 條規定，行政會議是協助行政長官決策的機構，其成員可包括立法會議員。行政和立法兩機關的配合主要體現於立法機關經審議後通過行政機關提出的法律草案、財政預算案和其他撥款建議。

司法獨立是《基本法》所規定的重大憲制原則，香港的司法獨立制度在本書第一章〈法律制度〉中已有所介紹。在香港的政治體制中，行政機關的工作不但受到立法會的監察，而且法院也可在司法覆核的案件中對行政機關和立法機關發揮監察作用。本書在第四章〈行政法〉中對司法覆核制度有所介紹，該章談到的司法覆核主要是指法院對於行政機關的行為是否合法的司法審查。除此以外，法院也可在司法覆核案件中審查立法機關的立法是否有違《基本法》，這方面將在本節最後部份予以討論。

## （二）行政長官和立法會的產生辦法

地方自治的主要特徵之一，是有關地區的地方政府是由該地區的人民通過民主方式產生，從而確保該地方政府能在行使其自治權時，以當地人民的利益和意願為依歸。因此，研究香港特別行政區的"高度自治"時，除審視上文討論過的中央授予特區政權機關的權力外，還須瞭解特區政治制度的設計和其具體運作。其中，最重要的、最受關注的乃是行政長官和立法會的產生辦法。

在這裏，我們先說明《基本法》及其附件的原有規定以及 2010 年對附件一和附件二的有關修改，至於《基本法》附件一和附件二在 2021 年的修改，將在本章最後部份探討。

根據全國人大在 1990 年通過的《關於香港特別行政區第一屆政府和立法會產生辦法的決定》，第一任行政長官由 400 人組成的推選委員會選舉產生，推選委員會的成員則由香港特別行政區籌備委員會從工商界、專業界、政界和其他社會界別和團體中選任。根據《基本法》附件一的原有規定，第二和第三任行政長官由 800 人組成的選舉委員會選舉產生，選舉委員會由工商界、專業界、政界和其他社會界別選舉產生，這"四大界別"中每一界別的代表佔委員會成員的四分之一。2010 年《基本法》附件一修改後，在 2012 年和 2017 年，行政長官由 1200 人組成的選舉委員會選舉產生，選委會的成員也是來自四大界別的代表，每個界別仍佔委員會的四分之一。每一次選舉結束後，當選者必須根據《基本法》第 15 條和第 45 條獲得中央人民政府任命，才能成為行政長官。

根據《基本法》，中央不僅有權任命行政長官，特區政府主要官員也是由中央根據行政長官的提名任命的。[18]《基本法》的這個制度設計的背景是鄧小平上世紀八十年代提出的"港人治港"（而不是內地官員治港）即"愛國者治港"的想法：[19] 在香港政制中佔關鍵位置的港人，必須是中央認為可以接受和值得信任的愛國愛港人士。根據《基本法》第 12 條，香港特別行政區是"享有高度自治權的地方行政區域，直轄於中央人民政府"，《基本法》第 43 條則規定，行政長官"依照本法的規定對中央人民政府和香港特別行政區負責"，因此，中央對行政長官的任命權是實質性的，而不只是形式性或者儀式性的。時任國務院港澳辦主任王光亞便在 2016 年底，即 2017 年行政長官選舉前幾個月時公開表示，行政長官要符合四個條件：愛國愛港；中央信任；有管治能力；港人擁護。[20]

除行政長官和主要官員外，香港特別行政區立法會在香港政制中也扮演關鍵角色，因為它享有立法權、財政權、監督權等重要權力。根據《基本法》附件二的原有規定，香港特別行政區立法機關通過混合式的選舉方法產生，即有不同的選舉方式同時存在。立法會部份議員由分區直接選舉（即普選）產生，部份議員由工商界、專業界和其他社會界別構成的"功能界別"（又稱"功能組別"或"功能團體"，英文是 functional constituencies）選舉產生。原本在第一和第二屆立法會，有少數成員由選舉委員會選舉產生，但從第三屆

---

18    《基本法》第 15 及 48（5）條。

19    參見《鄧小平論"一國兩制"》（香港：三聯書店，2004）。

20    見於 2017 年 2 月 17 日香港各大報章。

立法會（2004 年選舉產生）開始便不再採用這種選舉方式。而 2021 年全國人大對《基本法》附件二的修改，恢復了由選舉委員會選舉產生部份立法會議員的制度，本章最後部份將予以討論。

根據 2010 年通過的對《基本法》附件二的修改，從 2012 年起，立法會議員的人數從 60 人增加到 70 人，其中一半由分區直接選舉產生，另一半由功能界別選舉產生，其中包括由 "區議會（第二）"，即所謂 "超級區議會" 功能界別選出的 5 名區議會的民選議員。由於這個新增功能界別的選民由超過三百萬不屬於任何其他原有功能界別的香港永久性居民組成，所以這個功能界別的選舉可以說是一種 "準普選"。2021 年《基本法》附件二修改後，"超級區議會" 議席不復存在。

《基本法》第 45 條和第 68 條規定，行政長官和立法會的選舉辦法根據香港特區的 "實際情況和循序漸進的原則而規定"，最終達到普選的目標。就這些選舉辦法的改革來說，《基本法》附件一和附件二（在 2021 年的修訂之前）規定，香港和中央的政府機構有其各自的角色。根據附件一，"2007 年以後各任行政長官的產生辦法如需修改，須經立法會全體議員三分之二多數通過，行政長官同意，並報全國人民代表大會常務委員會批准"。而根據全國人大常委會在 2004 年對《基本法》的解釋，香港特別行政區政府如果要啟動有關選舉辦法的修改（即所謂 "政制改革"），必須先由行政長官向全國人大常委會提交報告，如全國人大常委會在考慮了這份報告後同意確有需要修改有關選舉辦法，行政長官才能向立法會提出政制改革的方案。在實踐中，全國人大常委會還在回應行政長官的報告的決定中，規定其允許的政制改革的範圍，以至政制改革的時間表。[21]

如上所述，《基本法》規定了香港特別行政區的政制改革的最終目標。就立法會來說，第 68 條規定最終目標是 "全部議員由普選產生"。就行政長官來說，第 45 條規定最終目標是 "由一個有廣泛代表性的提名委員會按民主程

---

21　全國人大常委會在 2004 年、2007 年及 2014 年作出了有關決定。

序提名後普選產生"行政長官。2007年，全國人大常委會就時任香港特別行政區行政長官曾蔭權提交的政改報告作出決定，表明在2017年行政長官可以由普選產生。

2014年8月31日，全國人大常委會就時任行政長官梁振英提交的政改報告作出決定（即"八三一"決定），規定了有關行政長官普選的提名程序，包括由（類似於原有的負責選舉行政長官的選舉委員會的組成方式的）提名委員會按民主程序提名二至三名候選人，每名候選人須獲得提名委員會半數以上成員的支持。這個較高的提名門檻的目的，似乎是保證最後被提名的候選人都是"愛國愛港"的、可以被中央接受的人士，如果這樣的候選人在普選中勝出，中央會願意任命他（她）成為行政長官。這樣，該提名制度便可避免有當選人不被中央任命所可能導致的憲政危機。

但是，上述提名機制被"反對派"（或稱"泛民主派"）批評為對候選人的政治"篩選"，不是"真普選"。2014年9月，以爭取"真普選"為目標的"佔領中環"運動爆發，持續至12月。特首普選的政改方案最終於2015年6月在立法會被否決：根據《基本法》附件一，政改方案必須得到立法會中三分之二的議員的支持才能通過，但當時"反對派"在立法會中佔有超過三分之一的議席，所以政改方案無法通過。

總的來看，我們可以說1990年制定的《基本法》所確立的政治制度是一種具有相當民主成分的"混合政體"，既有"普選"的成分（主要在立法會），也有代表工商界、專業界和其他社會界別的"功能團體"參政的成分，也有中央在一定程度上的參與（尤其是在行政長官和主要官員的任命方面）。由於香港目前沒有由普選產生的行政長官和立法會，但《基本法》對各種人權和自由又有合乎國際標準的保障，故著名政治社會學學者劉兆佳教授把香港特別行政區的"獨特政治形態"描述為"一個自由威權政體的特殊個案"[22]。

---

22　劉兆佳：《回歸後香港的獨特政治形態》（香港：商務印書館，2017）。

## （三）法院的司法覆核權和《基本法》解釋權

上面談的主要是香港政治體制中的行政和立法機關，現在再談司法機關，亦即法院。法院除審理社會裏的私人、公司和團體等訴訟當事人的民商事訴訟外，也負責審判由政府對被告人提出檢控的刑事案件，又在司法覆核（或稱"司法審查"）案件中對任何行使公權力的人或機構的行為進行審查。因此，正如上文所指出，法院也有監察政府運作的重要憲制角色。

法院在審理案件時會應用法律於案情事實，如有關法律有不清晰之處，法院會在判案過程中予以解釋。涉案的法律可能是一般的民商法或刑法，也可能是《基本法》。本章上面已經談到全國人大常委會解釋《基本法》的權力，但是法院對《基本法》的解釋權也是十分重要的課題，不少司法覆核案件都涉及《基本法》的解釋。

從特區成立到現在，香港法院處理了數以百計的涉及《基本法》的訴訟案件。在這些案件中，《基本法》有關條文的解釋和應用，基本都是由香港法院全權負責的，只有三次例外，就是 1999 年的"吳嘉玲案"和"陳錦雅案"（居港權案）、2011 年的"剛果（金）案"，和 2016 年的"梁頌恆、游蕙禎案"（宣誓案）。過去 25 年來，人大常委會總共五次根據《基本法》第 158 條行使其對《基本法》的解釋權，其中三次便是處理以上案件中的《基本法》解釋問題。

從涉及《基本法》的案件的數量和被解釋的《基本法》條文的數量來看，香港法院是《基本法》的主要解釋者。特區政府律政司在 2022 年出版了一本《基本法起草材料及案例精選》，收錄了回歸以來特區法院關於《基本法》的解釋的約二百宗案例，這是很方便的讀本，讓讀者能比較容易了解特區法院在過去 25 年來的《基本法》解釋工作。

舉例來說，特區法院對於本章第六節談到的《基本法》中涉及人權保障的條款，作出了不少重要的解釋。有關的判例法確立了法院對於特區立法的"違憲審查權"，即法院有權在司法覆核案件中，審查有關法例是否符合《基本法》，包括（但不限於）《基本法》所規定的人權保障標準，如涉案法例中有不符合這些標準的條文，法院有權宣佈其因違反《基本法》而無效。在這方面，法院對《基本法》有關條文（如第 39 條）的解釋是，《基本法》所確立的人權標準包括（但不限於）《公民權利和政治權利國際公約》內（亦即《香港人權法案條例》內）訂出的國際人權標準。

根據有關判例法，法院對限制人權的立法或行政行為進行司法覆核時，可應用"比例原則"（或稱"相稱性原則"，即 proportionality principle），去審查涉案法例對有關權利的限制背後的目的是否正當和合理，以及有關限制是合乎比例還是屬於過份。在這方面，法院會在有關個人權利和社會整體利益之間取得適當的平衡。

在判例法中，法院就不同類型的案件定出了相應的審查標準。例如對於涉及有限公共財政資源的使用和分配的社會政策、政治問題或國家安全的案件，法院會採用較寬鬆的審查標準，即在較大程度上尊重立法機關和行政機關的判斷。至於涉及公民和政治權利的案件，法院則採用更嚴格的審查標準，即除非證明確有必要，否則不應對有關權利作出案中所涉及的限制。

此外，香港終審法院曾對《基本法》中關於全國人大常委會解釋《基本法》的權力的條文作出解釋。有關判例法指出，人大釋法的權力並不限於終審法院提請其釋法的情況，全國人大常委會可視乎需要，隨時發佈對《基本法》中任何條文的解釋。法院考慮到中國的立法解釋制度的運作情況，指出人大釋法不但可解釋在字眼上模糊的、模棱兩可的《基本法》條文，也可對《基本法》條文的內容予以補充。此外，法院認為人大釋法的效力可追溯至《基本法》生效的時候，因為釋法所解釋的是《基本法》的立法原意。


## 八　香港政制的運作

以上介紹了《基本法》關於香港特別行政區政治制度的設計，本節將進一步探討這個政治制度的具體運作。在 1997 年到 2020 年的政治實踐中

（2021 年的選舉制度改革後的情況應作別論），香港的參政力量大致可以分為
"建制派"（或稱為"愛國愛港"陣營）和"非建制派"（或稱為"反對派"，
包括"泛民主派"和在 2016 年的立法會選舉中爭取到一些議席的新興的"本
土派"）。"建制派"陣營支持中央對香港的政策，包括中央對香港的政制改
革所持有的謹慎態度，即改革必須符合香港的實際情況，循序漸進，並保證
"愛國者治港"。此外，"建制派"陣營也認同和支持中國內地實行中國特色社
會主義制度。另一方面，"反對派"主張在香港發展西方式的民主政治，包括
行政長官和立法會所有議席的"真普選"，他們並對中國內地的政治體制持批
判態度。

　　"泛民主派"（最初稱為"民主派"）自從上世紀八十年代登上政治舞台
以來，一直得到相當數目香港選民的支持。自從 1991 年香港立法局實行部份
議席由分區直接選舉產生的"普選"制度以來，直至 2016 年的立法會選舉，
"民主派"或"泛民主派"的候選人一直在地區直接選舉中獲得 55% 左右的
選民支持。但是，由於"建制派"陣營在歷屆功能界別議席選舉中取得多數
席位，再加上其在地區直接選舉中取得的相當數目的席位，"建制派"仍能長
期在立法會佔多數議席，讓特區的"行政主導"政治體制能夠運作下去。

　　"建制派"陣營中，各位議員的聯盟是比較鬆散的，議員的立場會隨著不
同的議題和環境而不斷變化。香港特別行政區從來沒有出現任何"執政黨"，
也沒有任何單一政黨曾通過選舉取得立法會的多數或接近半數的議席。負責
選舉產生行政長官的選舉委員會是獨立於立法會的，沒有任何政黨曾在選舉
委員會中取得多數或接近半數的席位，在實踐中該委員會也不受任何政黨支
配，雖然多數成員屬於"建制派"或持有親"建制派"的立場。在實踐中，
立法會內"建制派"陣營的議員基本上會支持行政長官及其管治團隊，不過
這種支持不能完全落實到每一項政策、法案或者財政撥款中，因為這些議員
畢竟是由選舉產生的，還需要對他們的選民負責。

# 九　"一國兩制" 政策的演進

1997 年以來，"一國兩制" 方針政策的實踐屢次面臨重大挑戰和考驗，比如 2003 年反對《基本法》第 23 條立法的 "七一" 50 萬人大遊行、2012 年的 "反國民教育" 運動、2014 年的 "佔領中環" 運動、2016 年的旺角騷亂，以至 2019 年的涉及持續數月暴動的 "修例風波"。一連串事件和事態的發展，都是設計 "一國兩制" 和起草《基本法》時未能預測得到的。因此，中央政府因應香港局勢的發展而逐步調整其治港方略。

1997 年後中央對香港特別行政區政策的演變的第一個分水嶺，是 2003 年 7 月 1 日反對實施《基本法》第 23 條的《國家安全（立法條文）條例草案》的大遊行。在那之前，中央政府一直認為，香港事務基本上可以完全交由特區行政長官及其政府處理，中央應盡量不予介入。2003 年的動盪及之後 "泛民主派" 發起的爭取 "雙普選" 運動的興起，驅使中央調整了之前的不干預政策或所謂 "井水不犯河水"，改為比較積極地參與和介入香港的管治，尤其是香港政制發展的問題。因此，後來有分析認為，香港存在兩支 "管治隊伍" —— 香港特別行政區政府，以及中央授權處理香港事務的官員（包括國務院港澳事務辦公室、中央人民政府駐港聯絡辦公室等）。[23]

《基本法》的 "序言" 提到 "一國兩制" 的目的是 "維護國家的統一和領土完整，保持香港的繁榮和穩定"，而近年來中央一再強調的是，在 "一國兩制" 下，中國的 "主權、安全和發展利益" 必須得到保障。2014 年香港社會就行政長官普選辦法進行辯論期間，國務院新聞辦公室就 "一國兩制" 在香港的發展發表白皮書，[24] 提出了中央對香港擁有 "全面管治權" 的概念。其後，習近平主席 2017 年的兩篇講話，對 "一國兩制" 方針政策作出了簡要和清晰的闡述。

---

23　曹二寶："'一國兩制' 條件下香港的管治力量"，《學習時報》，2008 年 1 月 29 日第 422 期，http://www.legco.gov.hk/yr08-09/chinese/panels/ca/papers/ca0420cb2-1389-2-c.pdf。曹二寶乃時任中央人民政府駐港聯絡辦公室研究部部長。

24　《"一國兩制" 在香港特別行政區的實踐》，上註 3。

在 2017 年 7 月 1 日慶祝香港特別行政區成立 20 周年大會上的講話中，習主席指出：[25]

> 始終準確把握"一國"和"兩制"的關係。……香港回歸後，我們更要堅定維護國家主權、安全、發展利益。……任何危害國家主權安全、挑戰中央權力和香港特別行政區基本法權威、利用香港對內地進行滲透破壞的活動，都是對底線的觸碰，都是絕不能允許的。與此同時，在"一國"的基礎之上，"兩制"的關係應該也完全可以做到和諧相處、相互促進。要把堅持"一國"原則和尊重"兩制"差異、維護中央權力和保障香港特別行政區高度自治權、發揮祖國內地堅強後盾作用和提高香港自身競爭力有機結合起來，任何時候都不能偏廢。只有這樣，"一國兩制"這艘航船才能劈波斬浪、行穩致遠。

在 2017 年 10 月 18 日中國共產黨第十九次全國代表大會的報告中，習主席說道：[26]

> 必須把維護中央對香港、澳門特別行政區全面管治權和保障特別行政區高度自治權有機結合起來，確保"一國兩制"方針不會變、不動搖，確保"一國兩制"實踐不變形、不走樣。

以上說法仍在《中英聯合聲明》和《基本法》所訂立的"一國兩制"憲制框架之內，並無超越此框架，但其強調中國的"主權、安全和發展利益"，強調"一國"原則是"兩制"的基礎，強調中央對特別行政區的"全面管治權"和特別行政區的高度自治權"有機結合"，反映出中央政府對香港的政治趨勢的關注和警惕。

---

25 習主席的講話見於：http://www.locpg.hk/2017-07/01/c_129645318.htm。

26 http://www.gov.cn/zhuanti/2017-10/27/content_5234876.htm。

# 十　香港國家安全法的制訂

《基本法》的起草者認識到，香港特別行政區作為中華人民共和國的一部份，必須具備保障中華人民共和國國家安全的立法。世界各國都有保障國家安全的立法，在有地方自治安排的國家，無論是聯邦制國家（如美、加、澳洲），還是單一制國家（如英國——蘇格蘭在英國境內享有高度自治權），關於國家安全問題的立法權都是掌握在中央政府或聯邦政府手中的，通常不會授予地方政府。但是，《基本法》卻在這方面作出了特殊的安排，《基本法》第 23 條規定：

> 香港特別行政區應自行立法禁止任何叛國、分裂國家、煽動叛亂、顛覆中央人民政府及竊取國家機密的行為，禁止外國的政治性組織或團體在香港特別行政區進行政治活動，禁止香港特別行政區的政治性組織或團體與外國的政治性組織或團體建立聯繫。

第 23 條之所以這樣規定，是因為《基本法》起草於上世紀八十年代後期，當時中國還未有關於"危害國家安全罪"的法律，當時中國的《刑法》只有關於"反革命罪"的規定，這些規定相當於其他國家的危害國家安全罪的規定。根據"一國兩制"原則，香港是資本主義社會，社會主義法制下的"反革命罪"不適宜適用於香港，因此便有《基本法》第 23 條的特殊安排，規定由特別行政區自行立法處理有關危害國家安全的罪行。

第 23 條規定香港特別行政區應自行立法禁止有關行為，這不只是賦予特區制定有關法例的權力，也同時要求特區承擔一種法律義務和憲制責任，去完成有關立法。第 23 條設立的制度安排是，首先由特別行政區承擔國家安全立法的義務及行使有關立法權，特區應在成立後一段合理時間內履行此基本憲制責任；如特區長時期未予履行，而在特區出現了嚴重危害國家安全的情況或風險，那麼中央可根據《基本法》行使其權力，去制定有關的國家安全立法。

在 2019 年，因陳同佳涉嫌在台灣殺人而導致特區政府提出"修例"建議，即修改現行法律以容許香港和中國內地、澳門或台灣之間進行相互的逃犯引渡。反修例者反對香港和中國內地之間的逃犯移交，香港出現了史無前例的政治風暴，即使在特首宣佈無限期擱置、並在後來撤回"修例"草案的情況下，社會動亂仍越演越烈，出現了各種挑戰中央政府底線的言行，包括"黑暴"、"攬炒"、"港獨"、主張"光復香港、時代革命"等，[27] "一國兩制"遂陷入前所未有的危機。

中央政府分析情勢後，認為香港出現了外國勢力介入的類似"顏色革命"的情況，[28] 恐怕香港成為美國在"新冷戰"時代制約中國崛起的一隻棋子，甚至成為西方勢力顛覆中國社會主義政體的基地。鑑於中國的國家安全已經因為香港問題而面臨重大威脅，而超過半年來飽受"修例風波"困擾的特區政府已經沒有推行《基本法》第 23 條立法的政治能量，[29] 所以中央決定採取行動，行使其關於國家安全問題的事權，去堵塞長期未能完成第 23 條立法的法律漏洞。[30] 於是在 2020 年 5 月 28 日，全國人民代表大會通過了《關於建立健全香港特別行政區維護國家安全的法律制度和執行機制的決定》（本節以下簡稱《決定》）。

中央政府官員表示，[31] 這個《決定》的目的，不是改變或減損"一國兩制"，

---

27　參見中央港澳工作領導小組辦公室、國務院港澳事務辦公室："完善香港選舉制度，落實'愛國者治港'，確保'一國兩制'實踐行穩致遠"，《求是》，2021 年第 8 期，www.qstheory.cn/dukan/qs/2021-04/16/c_1127330765.htm。

28　參見中國外交部發表的文件："美國干預香港事務，支持反中亂港勢力事實清單"，人民網，2021 年 9 月 24 日，https://baijiahao.baidu.com/s?id=1711819675883362723&wfr=spider&for=pc。

29　香港行政長官林鄭月娥在 2020 年 5 月 22 日表示，"香港回歸祖國將近 23 年，特區在《基本法》第二十三條下應自行立法禁止危害國家安全行為的工作，因為種種原因並無寸進。這是令人十分失望的。鑑於目前的政治形勢，部分激進示威者採取的'攬炒'手段和議會內非建制派企圖癱瘓政府的行徑，再加上反對力量多年來把二十三條立法污名化，特區政府無論是行政機關或是立法機關將難以在一段可見時間內自行完成維護國家安全有關的立法，這是香港社會不得不承認的現實。"見 https://www.info.gov.hk/gia/general/202005/22/P2020052200858.htm。

30　參見"王晨作關於《全國人民代表大會關於建立健全香港特別行政區維護國家安全的法律制度和執行機制的決定（草案）》的說明"，新華網，2020 年 5 月 22 日，www.xinhuanet.com/politics/2020-05/22/c_1126019468.htm。

31　同上註。

而是要保證 "一國兩制" 的順利和準確的實施，使它能夠 "行穩致遠"。制定
《香港國安法》的目的，在於遏止分裂國家和顛覆國家政權的行為、恐怖活動
和外國勢力對香港事務的干預，如能達到這些目的，"一國兩制" 便能順利地
繼續推行，香港的繁榮和安定以至國際投資者在香港的利益才能得以保障。

　　2020 年 6 月 30 日，全國人大常委會根據上述人大《決定》的授權，通
過了《中華人民共和國香港特別行政區維護國家安全法》（以下簡稱《香港國
安法》），並根據《基本法》第 18 條，把該法列入《基本法》附件三，在香
港公佈實施。《香港國安法》設立了分裂國家、顛覆國家政權、恐怖活動和勾
結外國勢力以作出危害國家安全的行為等四類刑事罪行。在設定這些刑事罪
行的同時，《香港國安法》也引進了關於法治和人權保障的原則性規定。[32] 和其
他刑事立法一樣，《香港國安法》沒有追溯力，不能用於檢控在該法生效以前
的行為或活動。[33]

　　從中央政府的角度看，《香港國安法》為 "一國兩制" 下的 "一國" 原則
以法律方式劃出明確的底線，只要香港市民日後的言行不再跨越這條底線，
"一國兩制" 的事業便可重回正軌、重新上路，香港作為 "兩制" 中其中一制
仍有發展空間。[34] 這是中央政府制定《香港國安法》背後的構想和目標。

　　《香港國安法》的制度設計的特點之一，便是依靠香港原有香港法律制
度，由原有的執法和司法機關去處理有關案件和涉案人士的逮捕、調查、檢
控和審判工作，即是由警方負責行使逮捕權和進行調查，然後把證據移交律
政司，由律政司司長根據《基本法》獨立行使檢控權，然後由法院根據司法
獨立原則和適用的法律進行審理，被告人原則上享有《基本法》、《香港人權
法案條例》和國際人權公約所保障的各種基本權利，案件在初審後可按正常

---

32　見《香港國安法》第 4、5 條。根據香港終審法院在 "黎智英保釋案" 的判決（*HKSAR v Lai Chee Ying*
　　[2021] HKCFA 3），香港法院無權審查《國安法》的個別條文是否因違反《基本法》規定的人權保障標
　　準而無效。

33　見《香港國安法》第 39 條。

34　參見張曉明："國家安全底線愈牢，'一國兩制' 空間愈大"（2020 年 6 月 8 日在香港特區政府舉辦的紀
　　念《基本法》頒佈三十周年的研討會上的發言），https://www.basiclaw.gov.hk/filemanager/content/sc/
　　files/anniversary30/speeches_file2.pdf。

程序上訴至較高級法院。[35]

　　《香港國安法》設立了一些組織架構和職位,去訂立與保障國家安全有關的政策和措施,並保證《香港國安法》的規定能得以落實。這些組織架構包括香港特別行政區維護國家安全委員會和警務處、律政司和法院內專門負責處理國安法案件的部門、官員或法官。此外,《香港國安法》設立了維護國家安全委員會的國家安全事務顧問的職位,由中央政府任命。[36]

　　關於法官方面,《香港國安法》授權行政長官從現任法官中挑選若干人士,列在這名單上的法官才有資格審理《香港國安法》案件。[37] 根據現行制度,香港各級法官由行政長官根據獨立的司法人員推薦委員會的推薦而任命,[38] 該委員會的主席是終審法院首席法官。[39]《香港國安法》規定,在訂出可審理國安法案件的法官名單時,行政長官可徵詢終審法院首席法官和維護國家安全委員會的意見。[40] 一般估計,作出法官挑選時考慮的因素和標準,可能包括有關法官的國籍以及其以往審理案件的專長和經驗等。

　　在對香港的執法和司法機構作出授權以處理涉及《香港國安法》的案件的同時,《香港國安法》也保留了中央在必要時直接處理案件的權力。中央政府根據《香港國安法》在香港設立維護國家安全公署,其職權包括就維護國家安全的戰略和政策提出意見和建議,"監督、指導、協調、支持香港特別行政區履行維護國家安全的職責"[41] 等。國安公署在香港的法律地位,類似於原

---

35　《香港國安法》第 42(2)條就被捕的被告人申請保釋候審的門檻訂下了高於其他刑事案件的標準(參見 *HKSAR v Lai Chee Ying* [2021] HKCFA 3);《香港國安法》第 46 條規定,律政司司長可發出指示,要求高等法院原訟法庭在審判國安法案件時,由三位高院法官組成合議庭審訊(而非像一般刑事案件由一位高院法官會同市民組成的陪審團審訊)(參見 *Tong Ying Kit v Secretary for Justice*, CACV 293/2021, [2021] HKCA 912)。

36　見《香港國安法》第 15 條。現任國家安全事務顧問是駱惠寧先生,他同時是中央人民政府駐港聯絡辦公室主任。

37　見《香港國安法》第 44 條。在"唐英傑案"(*Tong Ying Kit v HKSAR* [2020] HKCFI 2133)中,高等法院原訟法庭認為這種"指定法官"的制度並不違反司法獨立原則。

38　見《基本法》第 88 條。

39　見《司法人員推薦委員會條例》第 3 條。

40　見《香港國安法》第 44 條。關於香港終審法院時任首席法官馬道立對此的立場,見於"終審法院首席法官聲明",香港特別行政府新聞公報,2020 年 7 月 2 日,https://www.info.gov.hk/gia/general/202007/02/P2020070200412.htm?fontSize=1。

41　《香港國安法》第 49 條。

有的中央駐港的三個機構，即中央政府駐港聯絡辦公室、外交部駐港特派員公署和解放軍駐港部隊。根據《香港國安法》的規定，除非是該法第 55 條規定的非常特殊、罕有或極端的三種特定情況，否則駐港國安公署將不會行使執法權或檢控權。

《香港國安法》頒佈以來，直至 2022 年 4 月 15 日，因涉嫌觸犯危害國家安全的罪行而被香港警方國安處拘捕的總共有 182 人，其中的 114 人後來被檢控，絕大部份案件仍有待法院審理。[42] 到 2022 年 3 月底為止，根據《香港國安法》的檢控而審結的案件只有三宗，便是 "唐英傑案"[43]、"馬俊文案"[44] 和 "鍾翰林案"[45]，三名被告人均被判罪名成立，唐被判入獄九年，馬被判入獄五年九個月，鍾被判入獄三年七個月。此外，《香港國安法》的制定及其執行也產生了相當的社會效應。例如《蘋果日報》、立場新聞和眾新聞的相繼結業；在公民社會裏，有一些可能被懷疑觸犯《香港國安法》的民間社團先後自行解散，包括香港教育專業人員協會（教協）、香港民間人權陣綫（民陣）、香港市民支援愛國民主運動聯合會（支聯會）、香港職工會聯盟（職工盟）等。

## 十一　選舉制度的改革

2019 年的 "修例風波" 促使中央全面檢討 1990 年制定的《基本法》對 "一國兩制" 的制度設計，結果是中央方面認為，香港特別行政區不但在法制上

---

42　參見 "警國安處至今拘 182 人，檢控 114 人"，《明報》，2022 年 4 月 16 日，A4 版。除根據《港區國安法》進行檢控外，特區政府也動用了港英時代延續至今的《刑事罪行條例》（Crimes Ordinance）第9-10 條的煽動叛亂罪（sedition）提出一些檢控，可參見 "香港特別行政區訴許佩怡" DCCC 177/2020, [2021] HKDC 504; *HKSAR v Cho Suet Sum* DCCC 767/2021, [2022] HKDC 119; "香港特別行政區訴譚得志" DCCC 927/2020, [2022] HKDC 208, [2022] HKDC 343。香港終審法院認為，煽動叛亂罪也屬於危害國家安全的罪行，故《港區國安法》的一些程序性條款（如關於保釋候審和指定法官的規定）也適用於煽動叛亂罪的案件：*HKSAR v Ng Hau Yi Sidney*（伍巧怡）DCCC 854/2021, FAMC 32/2021, [2021] HKCFA 42; *HKSAR v Lai Man Ling* DCCC 854/2021, [2022] HKDC 355。

43　*HKSAR v Tong Ying Kit* [2021] HKCFI 2200, [2021] HKCFI 2239.

44　"香港特別行政區訴馬俊文" DCCC 122/2021, [2021] HKDC 1325, [2021] HKDC 1406。

45　"香港特別行政區訴鍾翰林" DCCC 27/2021（區域法院 2021 年 11 月 23 日的判決）。

存在漏洞，未能維護國家安全，而且香港的政治體制，尤其是其選舉制度，也存在漏洞和缺陷，未能為"愛國者治港"、"行政主導"和特區的有效管治提供足夠的制度保障。於是，繼 2020 年制定《香港國安法》後，中央在 2021年對香港特別行政區的選舉制度進行了大幅度的改造。《香港國安法》的制定和選舉制度的改革被中央官員稱為一套"組合拳"的兩個構成部份：[46]《香港國安法》的功能在於阻嚇和懲治危害國家安全的行為，而選舉制度改革的目的，則在於改變香港的政治格局和政治生態，為"愛國者治港"原則提供穩固的制度保障，以及防止"反對派"通過選舉奪取特別行政區的管治權，或在特別行政區的政權機構取得能發揮關鍵作用的議席數量。[47]

2021 年 3 月 11 日，全國人大通過了《關於完善香港特別行政區選舉制度的決定》，為香港的選舉制度改革訂出基本原則和方向，並授權全國人大常委會修改《基本法》附件一和附件二中關於行政長官和立法會的產生辦法的規定。2021 年 3 月 30 日，全國人大常委會完成了對於《基本法》附件一和附件二的修訂。2021 年 4 月 13 日，香港特別行政區政府啟動了《完善選舉制度（綜合修訂）條例》草案的立法程序，為實施修訂後的《基本法》附件一和附件二進行相關的本地立法，把有關選舉制度的改革具體化，並在操作層面提供相關法律規範和細則。該條例在 2021 年 5 月 27 日由立法會通過，以用於2021 年 9 月舉行的選舉委員會選舉、2021 年 12 月舉行的立法會選舉和 2022年的行政長官選舉，以及日後的同類選舉。這次選舉制度改革的重點可綜合如下。

首先是香港立法會組成的改變。在這次選舉制度改革之前，立法會的組成由在 2010 年修訂的《基本法》附件二規定，立法會有 70 議席，其中 35 席由分區直接選舉（採用比例代表制的普選）產生，30 席由"傳統"功能組別

---

46　關於以"組合拳"來形容這兩項措施，參見"改港選舉，栗戰書：打出法律組合拳"，《明報》，2021 年 3 月 9 日；"港澳辦：'循序漸進'非次次擴直選"，《明報》，2021 年 3 月 13 日。

47　參見王晨（全國人大常委會副委員長）："關於《全國人民代表大會關於完善香港特別行政區選舉制度的決定（草案）》的說明"，中國人大網，2021 年 3 月 5 日，www.npc.gov.cn/npc/kgfb/202103/83ef4cdc 36d444eab3c2686311486121.shtml。

（所謂"傳統"是指在 2010 年的政改前已存在的功能組別）選舉產生，5 席為 2010 年的政改所設立的"超級區議會"議席，由全港選民（已在"傳統"功能組別享有投票權者除外）從區議員中選舉產生（各區議員本身則由分區直接選舉產生）。2021 年的選舉制度改革，則把立法會議席的總數增加至 90 席，其中 20 席由分區直接選舉產生（在每區採用"雙議席單票"制），30 席由功能組別選舉產生（此次選舉制度改革對部份"傳統"功能組別的選民資格有所調整），另外 40 席由重新構建的選舉委員會選舉產生。

選舉委員會的重構是這次選舉制度改革的核心設計。根據《基本法》原有的附件一，選舉委員會由社會中四大界別的代表組成，四大界別分別為工商、金融等界，專業界，勞工、宗教和社會服務等界以及政界，絕大部份代表由有關界別的"子界別"選舉產生，各"子界別"的選民資格大致上類似於立法會"傳統"功能組別的選民資格。

根據《基本法》原有的附件一和附件二，行政長官由選舉委員會選舉產生，另外，選舉委員會也負責選出第一屆立法會的 60 個議席中的 10 席，以及第二屆立法會 60 個議席中的 6 席。而從第三屆立法會開始，選舉委員會便不再選舉任何立法會議員，立法會議員一半由分區直選產生，另一半由功能組別選舉產生。

2021 年的選舉改革恢復了選舉委員會選舉立法會部份議席的功能（選委會選舉行政長官的職權則維持不變），而且由它負責選舉較大比例的立法會議員，這是這次選舉改革的重點之一。根據此次改革，選舉委員會不但負責選舉部份立法會議員，而且選舉委員會的每位成員也享有對循不同途徑參選立法會的候選人的提名權，每名參選的候選人（包括循分區直選、功能組別選舉和選委會選舉途徑參選者），必須獲得這個新的選舉委員會的五大界別中每個界別裏至少兩名選委會成員的提名，才能參選。此外，此次選舉制度改革還規定設立候選人資格審查委員會。此委員會可以決定候選人是否符合參選資格，在作出決定時，可考慮警務處的國家安全處對候選人是否擁護《基本法》和效忠香港特別行政區的審查意見。[48] 並且，修改後的《基本法》附件一和附件二明文規定，就委員會的決定不得提起訴訟。

至於選舉委員會的組成，根據這次選舉制度的改革，原有的由四大界別組成、每界別佔 300 人、總數為 1200 人的選舉委員會，改為由五大界別的 1500 人組成，每個界別產生的選委會成員人數為 300 人。五大界別包括原有的第一界別（工商、金融界）、第二界別（專業界），而原有的第三界別（即"勞工、社會服務、宗教等界"）改組為"基層、勞工和宗教等界"（其中"基層"主要由基層社團和同鄉社團組成），新的第四界別則由立法會議員和"地區組織"的代表擔任選委會成員（其中，"地區組織"主要是由政府任命的地區性諮詢組織，也包括中國內地的港人團體，原有的第四界別中由區議員互選的選委會席位則被取消），新的第五界別則由港區全國人大代表、港區全國政協委員和指定的全國性團體的香港成員的代表擔任選委會成員。此外，對於原有第一、第二和第三界別的選民資格也有所調整，基本上是取消原有的"子界別"中個人的投票權，只有被指定的團體或機構才有投票權或有權委派其代表作為選委會的成員。

在中央政府負責領導港澳工作的韓正副總理在 2021 年全國人大會議期間曾說，[49] 這次選舉制度改革涉及的不是"民主與不民主的問題"，而是"顛覆與反顛覆的鬥爭"，意思是說，選舉制度改革的目的，在於防止香港社會中的所謂"反中亂港"勢力通過選舉奪取香港特別行政區的管治權，或在選舉委

48　擁護《基本法》和效忠中華人民共和國香港特別行政區的要求源於《基本法》第 104 條，其進一步闡釋見於全國人大常委會 2016 年通過的對《基本法》第 104 條的解釋以及其在 2020 年通過的《關於香港特別行政區立法會議員資格問題的決定》，和香港特別行政區立法會在 2021 年 5 月 12 日通過的《公職（參選及任職）（雜項修訂）條例》。此《公職條例》同時要求區議會議員作類似於《基本法》第 104 條規定的就職宣誓，該條例的執行最終導致 49 名在 2019 年的區議會選舉中當選的區議員因被裁定宣誓無效（其言行與其誓言不一致）而喪失其議員資格。見"區議員剩 151，四成泛民，原 479 席佔八成"，《明報》，2021 年 10 月 22 日。全港共有 18 個區議會，區議員原來有 479 人，在大批區議員辭職以及上述部份區議員被裁定喪失議員資格後，只剩下 151 人。

49　見於"韓正：完善香港選舉制度是保衛戰"，《信報》，2021 年 3 月 8 日；"韓正：改制是顛覆反顛覆問題，非民主問題"，《明報》，2021 年 3 月 8 日。

員會和立法會中取得相當數目的議席。[50]

　　從這次選舉制度改革的內容來看，中央政府在重新評估“一國兩制”及其政治體制和選舉制度的運作情況後，已經斷定 1990 年制定的《基本法》的附件一和附件二所設計的選舉制度存在漏洞或缺陷，不能適應近年來香港愈趨惡劣的政治情況，尤其是不能保證“愛國者治港”、“行政主導”和特區的有效管治。從 2014 年的“佔領中環”到 2019 年的“修例風波”，香港特別行政區的政治發展，已經出現了嚴重失控的局面，必須動大的“手術”[51]，實現一種管治上的“範式轉移”[52]，才能使“一國兩制”重回正軌。

　　根據 2021 年選舉制度改革的思路，中央評估認為，由選舉委員會產生較大比例的立法會議員，有利於保障特區的“整體利益”，並為“愛國者治港”、“行政主導”提供更有效的制度保障。[53]西方式的民主並不適用於“一國兩制”下的香港特別行政區，香港必須發展適合特區情況的“具有香港特色的民主制度”[54]，從而保障香港的“長期繁榮穩定”以及“國家主權、安全、發展利益”。[55]

---

50　中央港澳工作領導小組辦公室和國務院港澳事務辦公室在其共同發表的一篇文章中指出，必須“切斷反中亂港勢力奪取香港管治權的制度通道”，並“為確保‘愛國者治港’提供……堅實的制度保障”，見“完善香港選舉制度，落實‘愛國者治港’，確保‘一國兩制’實踐行穩致遠”，見註 27；另外，權威性官方刊物《求是》雜誌評論員指出，“這一次，全國人大及其常委會修改完善香港選舉制度，最直接、最重要的目的，就是要有效彌補香港特別行政區選舉制度中存在的漏洞和缺陷，確保行政長官必須由中央信任的堅定的愛國者擔任，確保愛國愛港力量在選舉委員會和立法會中穩定地佔據壓倒性優勢”，見“確保‘一國兩制’實踐行穩致遠”，《求是》，2021 年第 9 期，www.qstheory.cn/dukan/qs/2021-04/30/c_1127389822.htm。值得留意的是，在“修例風波”期間舉行的 2019 年 11 月 24 日的區議會選舉，反對“修例”的“反對派”（包括“泛民主派”、“本土派”等）候選人在以往由“建制派”佔多數議席的全港 18 個區議會中，贏得 85% 的議席（包括 17 個區議會中的絕大多數議席），令中央政府大為震驚。以得票率來說，“反對派”在這次選舉中取得約 57% 的選票，而這次選舉的投票率和投票總人數都遠超以往的選舉。見 2019 年 11 月 25 日至 26 日的香港報章，如《明報》、*South China Morning Post* 等。

51　引述自國務院港澳辦副主任張曉明的發言，見於“港澳辦：‘循序漸進’非次次擴直選”，《明報》，2021 年 3 月 13 日。

52　參見“中央把關從嚴從緊，香港政治範式轉變”，《明報》社評，2021 年 3 月 31 日。

53　參見王晨，見註 47。

54　引自“完善香港選舉制度，落實‘愛國者治港’，確保‘一國兩制’實踐行穩致遠”，見註 27。另可參見中華人民共和國國務院新聞辦公室：《“一國兩制”下香港的民主發展》白皮書，人民網，2021 年 12 月 20 日，http://hm.people.cn/n1/2021/1221/c42272-32312866.html。

55　見於《全國人民代表大會關於完善香港特別行政區選舉制度的決定》，2021 年 3 月 11 日通過。

## 第四章

# 行政法

羅敏威

香港中文大學會計學院高級講師（法律）

## 一　甚麼是行政法？

　　讀者已通過上一章瞭解香港的憲法性法律，本章將會介紹與憲法性法律有着密切關係的行政法。在日常生活中，市民往往會受到政府和公共機構（public bodies）（定義見本書頁 171）的行政決定及其行使權力的行為所影響。例如，根據《收回土地條例》，"每當行政長官會同行政會議（the Chief Executive in Council）決定須收回（resume）任何土地作公共用途（public purpose）時，行政長官可⋯⋯命令收回該土地。"這決定當然會影響在該土地上居住以至工作的人士。

　　這法例條文（provision）對有關權力的描寫比較簡短。這法例的釋義（interpretation）[1] 部份規定"收回作公共用途"包括（a）因某物業"衛生情況欠佳"（insanitary）而把該物業收回，以在其上建造衛生情況較好的建築物，或改善該物業之衛生情況；（b）因在有關土地上的建築物鄰近或相連其他建築物，以致嚴重地影響到空氣流通，或因在有關土地上的建築物的其他方面

---

1　《香港法例》第 124 章，第 3 條。

令別的建築物變得"不適合人居住"（unfit for human habitation）或對健康有影響；而把有關土地收回；（c）因涉及解放軍駐港部隊之用途而把有關土地收回；及（d）行政長官會同行政會議因認為某用途為公共用途而收回有關土地。[2]

那麼，我們會問：到底甚麼是"衛生情況欠佳"、嚴重地影響到空氣流通、及"不適合人居住"呢？究竟如何給這些準則下定義？又，如行政長官會同行政會議認為某用途為公共用途，但受影響的居民並不同意的話，這些居民有甚麼申訴途徑呢？上述問題關乎到有關行政決定本身可否受到質疑。此外，就程序方面而言，如果該收回土地的決定符合公共用途，但假使該決定只是行政長官獨自（而非會同行政會議）作出的話，該決定是否有效？受影響的居民又是否可在法律上要求當局在考慮是否作出該決定的過程中容許他們陳述其意見？

簡單來說，行政法是一門關乎政府和公共機構應如何作出行政決定及行使其權力的行為的法律。有關的原則是有很多的。[3] 讓我們先看行政法的理論根據與功能。

## 二　行政法的理論根據與功能

著名英國法律學者 H. W. R. Wade 及 C. F. Forsyth 指出，行政法的理論根據是，由於行政當局有任意運用，甚至濫用其權力的可能，社會需要有一套制約當局運用權力之法律制度。有些時候，政府官員"濫用"了其權力非因出於不恰當動機，而是出於對賦予其有關權力的法例的內容存有錯誤之理解。行政法也可用以防止行政失當（maladministration）及提升當局之公信

---

2　《香港法例》第 124 章，第 2 條。

3　H. W. R. Wade and C. F. Forsyth, *Administrative Law* (Oxford: Oxford University Press, 9th ed., 2004), p 5.

力。[4] 此外，行政法的目的還包括就有關當局設置他們應履行的公共義務，和讓公眾能在某程度上參與當局作出行政決定之過程。[5]

讀者已在前一章中瞭解《基本法》賦予香港居民不少權利和權益，例如《基本法》規定了特區政府"依法保護私人和法人（legal persons）財產的⋯⋯使用⋯⋯的權利"。不過，《基本法》同時也規定了特區政府可"依法徵用私人和法人財產"，惟須提供補償給有關私人和法人。[6] 我們已在前面看到當局可根據《收回土地條例》的規定收回土地。由此可見，特區政府在行使權力時難免會影響到公民的權益。上一章中提到的憲政主義（constitutionalism）觀念的精髓，在於以法律原則來限制政府之權力，從而保障人性尊嚴及社會利益；而行政法則反映憲政這個價值理念的具體實施。[7]

我們會在後面談到行政法對政府和公共機構提供了司法方面與非司法方面之監察。這兩種監察在性質上並不相同。

司法監察是指透過獨立的司法機構監察政府和公共機構之運作。在英國，國會負責制定法例並授權行政部門執行有關法例，行政部門須就有關法例的執行向國會負責，而司法機關則負責確保行政部門恰當地行使這些權力。[8] 傳統上，司法機構須受國會制定的法例所約束；法官不能因不同意某條法例的內容而把該法例撤銷。[9] 這被稱為"國會至上"（supremacy of Parliament）原則。在 *Leung Kwok Hung v President of Legislative Council*[10] 一案中，香港法院指出這原則並不適用於香港，理由是《基本法》高於本地的立法機關，法院因此有權把抵觸《基本法》的法例視為無效。

4　H. W. R. Wade and C. F. Forsyth, 見上註，pp 4-5。

5　Swati Jhaveri and Michael Ramsden and Anne Scully-Hill, *Administrative Law in Hong Kong* (Hong Kong: LexisNexis, 2nd ed. 2013), pp 6-8.

6　《基本法》第 105 條。

7　The Right Honourable the Lord Clyde and Denis J. Edwards, *Judicial Review* (Edinburgh: W. Green & Son Limited, 2000), pp 58-59 and p 65.

8　O. Hood Phillips and Paul Jackson, *O. Hood Phillips' Constitutional and Administrative Law* (London: Sweet & Maxwell Ltd, 8th ed. 2001), pp 23-29.

9　J. H. Baker, *An Introduction to English Legal History* (London: Butterworths LexisNexis, 4th ed. 2002), chapter 2.

10　[2007] 1 HKLRD 387.

英國法官 Woolf 曾這樣寫道："法治精神在我們憲法的心臟的正中央。……它要求行使權力的人士須受到法律約束及不能隨意或非法地行使其權力。它容許我們在適當的情況中得到法律的保護。"[11] 法院須確保當局在行使其權力時，不會踐踏法院所認可的公義原則，也不會越權（ultra vires）。[12] 越權的行政決定是非法及無效的。

司法覆核（judicial review）是一個容許公民就行政部門及公共機構所作的決定或行為向法院提出覆核（或稱"審查"）的程序。覆核與上訴（appeal）在本質上有不同。處理一宗上訴的上訴機構可根據案情去判斷有關決定是否正確。法院在處理一項司法覆核的申請時則只是以司法監察者的身份，去判定行政部門在作出有關的決定或行為時有否"越權"，但並不會判定該決定或行為是否"正確"。如下面所述，"越權"的決定包括非常不合理的決定。若行政部門的決定或行為是在法律所賦予的權力範圍之內作出的話，那麼法院便不能撤銷或更改這決定或行為，或提供其他的司法補救。法院只能就"越權"的行政決定或行為向公民提供司法補救。[13] 我們會在下文中說明法院處理司法覆核的程序和原則。

如前所述，行政法對政府和公共機構的權力的行使，提供了司法方面與非司法方面之監察。目前，在香港適用的非司法監察制度包括：（a）首長級官員問責制（Principal Officials Accountability System）；（b）公開資料守則（Code on Access to Information）；（c）政府就政策進行公眾諮詢；（d）法定（statutory）的諮詢組織；（e）法定的審裁處（tribunals）[14]；（f）獨立的行政申訴機構；（g）立法會和（h）政府進行自我監察。[15]

---

11　The Right Honourable the Lord Woolf, "The Importance of the Principles of Judicial Review"（1996）*Law Lectures for Practitioners*, p 61（筆者自譯）。

12　Richard Clayton and Hugh Tomlinson, *The Law of Human Rights* (Oxford: Oxford University Press, 2000), pp 34-37.

13　Peter Wesley-Smith, *Constitutional and Administrative Law in Hong Kong* (Hong Kong: Longman, 2nd ed. 1994), p 227, p 241 and p 267.

14　Swati Jhaveri, Michael Ramsden and Anne Scully-Hill, 見註 6，p 41。

15　戴耀廷、羅敏威：《香港特區的法律制度》（香港：中華書局，2011），第十三章。

## 三　司法覆核的適用範圍

可受到法院司法覆核其行政決定的機構和人員既包括政府部門和有關官員，也包括"公共機構"。"公共機構"不單包括根據法例行使公權力的法定機構（例如內幕交易審裁處[16]）、處理有關行政權力的行使的上訴機構（例如上訴審裁處[17]）及負責向當局提出如何作出政策決定的建議的委員會（例如城市規劃委員會[18]），也包括作出對公眾有重大影響力的決定的業界有效監察機構（例如保險索償投訴局[19]），但不包括對公眾有重大影響力的私人公司（例如香港射擊聯合總會[20]）。此外，一般來説，政府及公共機構的非行政決定（例如有關人事合約[21]、商業[22]及政府土地合約[23]的決定）不受法院的司法覆核，理由是這些決定屬私法（如合約法）而非公法的範疇。

在 *Rank Profit Industries Ltd v Director of Lands*[24] 一案中，擁有某地段（lot）的一間公司向地政署署長提出建議修訂有關政府租契（government lease）中的土地使用限制規定（參見本書第九章，香港特區政府在將土地售予發展商時，可在有關的政府租契中規定該土地之用途）。不過，地政署署長在與該公司商討有關交易時，要求該公司支付一筆地價（premium）。該公司因不同意這地價的計算方法而向法庭提出司法覆核。法庭指出地政署署長在處理修訂政府租契時，是以業主的身份與該公司商討交易，而非行使任何法例賦予之權力。該公司因此被裁定敗訴。

---

16　*Re Applications by Chow Chin-wo and Others for Judicial Review* [1987] HKLR 73.

17　*Ko Siu Luen v Appeal Tribunal (Buildings)* [2012] 1 HKLRD 149.

18　*Capital Rich Development Limited v Town Planning Board* [2007] 2 HKLRD 155.

19　*Pacific Century Insurance Co Ltd v Insurance Claims Complaints Bureau* [1999] 3 HKLRD 720.

20　*Hong Kong Rifle Association v Hong Kong Shooting Association (No 2)* [2013] 3 HKLRD 362.

21　*Sit Ka Yin Priscilla v Equal Opportunities Commission* [1998] 1 HKC 278.

22　*Lee Shing Yue Construction Co Ltd v Director of Architectural Services* [2001] 1 HKLRD 715.

23　*Hang Wah Chong Investment Co. Ltd. v Attorney-General of Hong Kong* [1981] 1 WLR 1141.

24　[2009] 1 HKLRD 177.

# 四　司法監察的運作

## （一）司法覆核的程序

　　市民可根據《高等法院條例》[25] 及《高等法院規則》[26] 向高等法院提出申請司法覆核，尋求法院審查有關的行政決定或行為。申請人必須（以誓章形式）先向高等法院取得申請司法覆核的許可（leave），然後再向法院正式申請覆核。申請人若勝訴的話，法庭可作出下列命令：移審令（certiorari）、禁止令（prohibition）、履行義務令（mandamus）及宣佈（declaration）。所謂"移審令"，就是法庭撤銷行政部門的有關決定；換言之，行政部門必須重新作決定。所謂"禁止令"，則是法庭禁止行政部門作出某決定或行為，而"履行義務令"是法庭命令行政部門履行它的責任去作出有關決定。所謂"宣佈"，是指法庭聲明某行政決定是不合法或無效等。這幾種命令都是法院視乎每個個案的情況而給予公民的司法補救。[27]

　　現時法律清楚規定了申請人必須有"充分權益"（locus standi）才可申請司法覆核。在 *Inland Revenue Commissioners v National Federation of Self-Employed and Small Businesses Ltd.* [28] 一案中，英國上議院法庭認為"充分權益"一詞是指申請人在案件中有充分理據要求補救。在 *Lee Miu Ling v Attorney General* [29] 一案中，兩名市民入稟法院，引用《香港人權法案條例》[30] 挑戰 1997 年前的《立法局（選舉規定）條例》[31] 中有關功能界別選舉的部份。就他們指稱"香港政府有欠公允，容許不同的功能界別存有選票影響力的差異"這個論點來說，大法官列顯倫在判詞中指出，他們缺乏"充分權益"作

---

25　《高等法院條例》（《香港法例》第 4 章）第 21K 條申請司法覆核。

26　《高等法院規則》（《香港法例》第 4A 章）第 53 號命令申請司法覆核。

27　Peter Wesley-Smith, 見註 13，p 235。

28　[1982] AC 617；黃金鴻：《英國人權 60 案》（香港：商務印書館，1990），頁 311-316。

29　[1996] 1 HKC 124.

30　《香港法例》第 383 章。

31　《香港法例》第 381 章。

出這個申請，理由是他們並非任何功能界別的選民，無權在功能界別的選舉中投票或參選。

如上所述，司法覆核只適用於涉及公法而非私法的個案；反過來說，若有關個案涉及公民在公法下的權益的話，那麼他只可以透過公法的程序（也即是司法覆核）來挑戰行政部門的決定或行為，而不能採用私法的程序要求司法補救。在 *O'Reilly v Mackman*[32] 一案中，英國一所監獄內的一批囚犯因不滿獄中待遇而暴動。在事件平息後，有關當局紀律處分涉及的囚犯，而沒有依一般慣例給予他們減刑。這些囚犯不滿當局的決定，乃透過私法的法律程序入稟法院，要求法院宣佈有關決定無效。法庭因囚犯選擇了錯誤的訴訟程序來挑戰當局的決定而判囚犯敗訴。法庭認為當局須公允地處理囚犯可否得到減刑的問題，但這關乎囚犯的合理期望（legitimate expectation）（若存在的話），屬公法和行政法的範疇，而不是囚犯在私法上被承認的法律權益。故此，囚犯應透過公法的程序申請司法覆核。

## （二）司法覆核的原則

如上所述，行政當局不得作出越權的決定。根據 *Council of Civil Service Unions v Minister for the Civil Service* [33] 一案，法院可在三種情況下判行政部門有所越權：即行政部門作出了不合法、非常不合理或不符合程序性要求的行政決定或行為。此外，我們會在下面談到，在某些情況下，公民可能會對行政當局將如何行使其權力產生某些合理期望，而這點可成為公民提出司法覆核之理據。

### 1. 不合法的行政決定或行為

非法的行政決定或行為包括的範圍相當廣泛，以下是一些主要情況。

---

32　[1983] 2 AC 237.

33　[1985] AC 374.

a. **沒有法律依據**　若行政部門在沒有任何法律依據的情況下作出行政決定或行為，那麼這決定或行為便是非法和越權的。有學者曾指出，在 1987年之前，港英政府引用了 1953 年制定的《電影檢查規例》來檢查電影，但規例沒有清楚界定電影檢查的標準，所以該規例的制定可能是越權和無效的；港英政府可能其實一直是在非法進行電影檢查，也即是說，在 1987 年之前，電影檢查處對有關電影可否上映的決定可能全都是越權和無效的。[34] 在 *Leung Kwok Hung v Chief Executive of the Hong Kong Special Administrative Region*[35] 一案中，法院裁定行政長官授權截取電訊訊息的行政指引並非法律，故不能成為有關政府部門截取市民的電訊訊息的法律依據；當時香港並沒有任何符合《基本法》的法律去授權執法部門進行截取電訊訊息。

b. **超越了法律的授權**　有時候，行政當局會在行使其權力時會超越了法律所授權的權限。在 *Hermes Pacific Ltd v Commissioner of Customs and Excise*[36] 一案中，海關關長對某入口商輸入香港的一批肥皂徵收關稅。有關法例賦予了海關關長對入口的化妝品徵收關稅的權力。由於這批肥皂較昂貴及有香氣，海關關長認為這批肥皂是化妝品。不過，法院指出該批肥皂不算化妝品，並裁定海關關長的決定為非法和越權。法院認為這批肥皂較昂貴及有香氣並非海關關長應考慮的相關因素。

在 *Wong Kam Kuen v Commissioner for Television and Entertainment Licensing*[37] 一案中，影視及娛樂事務管理處（這個香港特區政府部門已在 2012 年與電訊管理局合併成為通訊事務管理局）處長規定了在決定是否批准某電子遊戲設於遊戲機中心供人娛樂時，須考慮（a）該遊戲的暴力程度；（b）該遊戲是否涉及性；（c）該遊戲是否有賭博意識；（d）該遊戲是否會對遊戲者（players）及公眾造成危險。根據《遊戲機中心條例》，有關決策者可在發

---

34　陳文敏、梁偉賢：《傳播法新論》（香港：商務印書館，1995），頁 437；Albert Chen, "Some reflections on the 'Film Censorship Affair'" (1987) 17; *Hong Kong Law Journal* 352。

35　(2006) HCAL 107 / 2005。自 2006 年 8 月起，香港已有《截取通訊及監察條例》（《香港法例》第 589 章）規範執法部門可如何進行截取電訊訊息。

36　[1988] 2 HKLR 165.

37　[2003] 2 HKLR H1 及 [2003] 3 HKLR 596.

出遊戲機中心牌照時 "訂下他認為適當的條件（may impose conditions as he thinks fit）"。[38] 持牌人可因違反牌照條件而被暫時撤銷（suspend）牌照等。[39]

在本案中，影視及娛樂事務處處長認為某間遊戲機中心內設有內容 "不雅"（indecent）的遊戲而暫時吊銷有關遊戲機中心持牌人之牌照。該持牌人就這決定向法院提出司法覆核。法院認為影視及娛樂事務處處長可基於公眾利益（the public interest）而在牌照中訂下相關的條件。若有關條件為遊戲內容不得抵觸《淫褻及不雅物品管制條例》[40] 中對淫褻（obscene）物品的禁止及對不雅物品的規管的話，這條件屬合理。但是，影視及娛樂事務處處長無權根據自己對不雅的觀點而管制個別遊戲。因此，本案中的暫時吊銷牌照決定屬越權而被撤銷[41]。

法院並審議了前述影視及娛樂事務處處長訂下的其他規定。法院認為玩麻雀等電子遊戲並不構成《賭博條例》[42] 禁止的賭博行為。因此，禁制有賭博意識的遊戲屬違反發表意見的自由，而這自由受到《香港人權法案條例》之保障。[43] 此外，法律容許已年滿十八歲的人士參與真正的合法賭博活動。當局只能以法例所規定的道德標準管制個別遊戲。法院並認為相對來說，規管可對遊戲者及公眾造成危險之遊戲則屬合理。

c. **錯誤解釋法律或就事實作出錯誤判斷**　根據案例，倘若行政部門錯誤理解有關法律規定而作出決定，而有關錯誤可見於有關文件中（error of law on the face of record）的話，這決定便是非法和越權的。在 *Rex v Northumberland Compensation Appeal Tribunal*[44] 一案中，英國一名醫院職員根據法例向當局申請離職補償，但當局卻錯誤理解有關的法律規定，在計

---

38　《遊戲機中心條例》（《香港法例》第 435 章）第 5（3）條。

39　《香港法例》第 435 章第 9 條。

40　《香港法例》第 390 章。

41　原訟法庭指出，遊戲機中心牌照容許十六至十八歲的人士進入一般遊戲機中心，而《淫褻及不雅物品管制條例》第 22 條禁止向未年滿十八歲的人士發佈不雅物品。原訟法庭並認為這一點不會影響法庭的判決。

42　《香港法例》第 148 章。

43　《香港人權法案條例》（《香港法例》第 383 章）第 8 條。

44　[1952] 1 KB 338.

算他的補償金額時沒有包括其中一段服務年期。法院因此裁定該賠款決定無效，必須重新計算有關金額。此外，倘若行政部門的決定乃基於其對有關法律的錯誤理解，或其對事實作出錯誤判斷，而有關錯誤是涉及其權限的（jurisdictional error）（例子是行政當局在沒有合理的證據支持下，把持牌人的有關牌照撤銷[45]），那麼這決定亦是非法和越權的。[46]

在 *Town Planning Board v Society for the Protection of the Harbour Ltd* [47]一案中，保護海港的團體入稟法院，要求覆核城市規劃委員會所作出的有關填海工程之建議。《保護海港條例》設定了一項"不准許進行海港填海工程的推定（presumption）"以"保護和保存"海港。[48]終審法院強調，除非有"凌駕性的公共需要"（overriding public need）進行有關填海工程，否則城市規劃委員會不能作出這建議。由於城市規劃委員會在作出有關填海工程的建議時，以為只需考慮規劃之需要便足夠，法院遂撤銷了這建議。

在 *Ho Choi Wan v Hong Kong Housing Authority* [49]一案中，一位公共屋邨居民認為因通縮的關係，她和其他公共屋邨居民當時所繳付的租金已超越《房屋條例》[50]第 16（1A）條訂立之百分之十的"收入中位比例"上限（後來立法會已在 2007 年修訂了這立法條文）。這位公共屋邨居民指出，香港房屋委員會多年來維持的有關租金，違反了上述規定。此外，這條文提及香港房屋委員會作出更改（variation of）租金之釐訂（determination）"須於⋯⋯上次的釐訂的生效日期起計最少三年後才生效。"因此，她認為香港房屋委員會須每隔三年檢討有關租金。終審法院最後裁定香港房屋委員會所訂的租金沒有違法，它並沒有每隔三年檢討及調整有關租金之法律義務。

---

45　*In an application by Tse Cho for orders of certiorari and prohibition* [1979] HKLR 339.

46　*Anisminic Ltd. v Foreign Compensation Commission* [1969] 2 AC 147；*South East Asia Fire Bricks Sdn. Bhd. v Non-Metallic Mineral Products Manufacturing Employees Union* [1981] AC 363.

47　[2004] 1 HKLRD 396.

48　《保護海港條例》（《香港法例》第 531 章）第 3 條。

49　[2005] 4 HKLRD 706.

50　《香港法例》第 283 章。

在 *Lee Yiu Kee v The Chinese University of Hong Kong*[51] 一案中，香港
中文大學一名學生入稟法院，指校董會接納校方一個委員會就推行雙語教學
的建議，因而違反了《香港中文大學條例》[52] 弁言（preamble）中的"主要授
課語言為中文"之條文。法院認為"主要授課語言為中文"並非指主要授課
語言必須為中文。法院在作出這一點決定時參考了一些詞典及一些香港法例
條文之中文譯本。此外，法院考慮了"主要授課語言為中文"這條文在香港
中文大學成立之時訂立之背景。最後，法院裁定前述校董會之決定未有抵觸
《香港中文大學條例》。

須要注意的是，一些法例對政府當局的有關權力之描述不夠詳細，例如
前述的《收回土地條例》賦予了行政長官會同行政會議很大權力去收回土地。
該法例所規定的"公共用途"之範圍是很廣泛的。

d. **不符合法律的轉授行政權力**　若法律規定一項行政權力必須由某一指
定的官員行使，而這官員卻把決定權轉授（delegate）給另一官員，那麼由該
另一官員所作出的有關行政決定或行為有可能因有關轉授是不恰當的而被視
為非法和越權。不過，《釋義及通則條例》[53] 規定，凡法律向某指定官員授予權
力，該官員可轉授給另一官員，亦可轉授給正在擔任他所指定職位的官員。
但他不可轉授訂立附屬法例或聆訊上訴的權力。[54]

在 *In re Chiu Tat-cheong, David and Chiu Te-ken, Deacon*[55] 一案中，有
兩名人士被控串謀偽造賬目罪。他們在向裁判官申請永久擱置起訴失敗後，
轉而向法院質疑主審該案的裁判官的法律地位，請求法院宣佈該裁判官作出
的對他們不利的裁決是無效的。代表他們的律師提出的理據是，根據《英皇
制誥》，裁判官必須由香港總督直接委任。在這宗案件中的裁判官並不是由港
督直接委任，而是由首席大法官行使港督授予他的委任權而委任的。故此，

---

51　(2010) CACV 93/2009.

52　《香港法例》第 1109 章。

53　《香港法例》第 1 章。

54　《釋義及通則條例》（《香港法例》第 1 章）第 43 條。

55　[1992] 2 HKLR 57 (HCt)；*Attorney General v Chiu Tat-cheong, David and Chiu Te-ken, Deacon* [1992] 2 HKLR 84 (CA)；陳文敏，梁偉賢，見註 34，頁 83。

被告的律師認為這宗案件中的裁判官的委任是不合法的，而他對該案所作的有關判決也是不合法的。不過，最後上訴法院裁定，《英皇制誥》容許港督把委任裁判官的權力授予首席大法官。故此，這一宗案件中的裁判官的委任是合法的。

e. **沒有真正行使酌情決定權**　有時候，行政部門沒有真正行使法律所賦予它的酌情決定權（discretion，又稱"酌情權"）。在 *In re an Application by the Hong Kong Hunters' Association Ltd.*[56] 一案中，漁農處（1997 年後稱為"漁農自然護理署"）處長拒絕香港獵人協會打獵牌照的續期，理由是行政局（1997 年後稱為"行政會議"）認為一切打獵應被禁止。結果，香港獵人協會成功地申請司法覆核。法院指出，根據《野生動物保護條例》[57]，漁農處處長本應按每一宗申請的具體情況考慮是否發牌給申請人。但是，在本案中漁農處處長實際上盲從行政局的決定，而沒有真正行使他的酌情權。因此，他的決定是非法和越權的。

在 *Hysan Development Company Limited and others v Town Planning Board*[58] 一案中，城市規劃委員會決定接納分區計劃大綱圖（outline zoning plans）A 和分區計劃大綱圖 B，對一些公司擁有的物業加以建築物高度及一些其他發展限制。這些公司認為城市規劃委員會作出這決定時，並沒有真正地行使其酌情權，理由是該委員會在這些公司表達其立場時只有很少時間考慮事宜，而當時該委員會並未有押後有關會議。不過，原訟法庭接納該委員會當時已充分地理解這些公司的立場。此外，該委員會可決定是否押後該會議。儘管如此，原訟法庭認為，該委員會未能提出充分理據支持其中一項限制。後來，上訴法庭指出，該委員會在作出分區計劃大綱圖 A 的規劃決定時未有做足夠調查；它在作出分區計劃大綱圖 B 的規劃決定時，程序不夠公允。上訴法庭因此撤銷了該委員會的決定。

---

56　[1980] HKLR 179；陳文敏、梁偉賢，見註 34，頁 89。

57　《香港法例》第 170 章。

58　[2012] 5 HKC 432 及 (2014) CACV 232/2012。上訴法庭在 2015 年 6 月批准這些公司提出上訴：(2015) CACV 232/2012。

　　倘若行政部門缺乏彈性地墨守某項行政政策而作出決定，這也可能是一種沒有真正行使酌情權的情況。在 *Laker Airways Ltd. v Department of Trade*[59] 一案中，英國民航局吊銷了 Laker Airways Ltd. 橫越大西洋航空服務的牌照。它的理據是，根據《民航法》內政大臣可向民航局發出指引，而在此個案中，內政大臣曾向民航局發出吊銷該公司牌照的指引。可是，法院認為該指引並非命令，民航局不該不加考慮地服從。事實上，《民航法》清楚寫明民航局必須避免使國營的英航公司壟斷市場，因此民航局這次的決定乃是非法和越權的。

　　f.　**非善意的行政決定或行為**　假使行政部門作出某決定或行為時並非存心"善意"（good faith）的話，這決定或行為實質上是非法和越權的。在 *R v Toohey, ex parte Northern Land Council*[60] 一案中，澳洲北領地的土著根據《（北領地）土著地權法》向當局以傳統業權為由，就遠離省都達爾文的一個海灣部份土地之業權作出申請。根據法例，若土地在城市內，土著便不得申請取得它的業權。在土著作出申請後，北領地行政官立即通過《規劃規則》將該海灣大片土地劃入達爾文的城市範圍內。澳洲高等法院認為這項突然而來的附屬立法之用意，顯然是為了不讓土著成功申請獲取有關業權，而非真正為城市規劃而制定。故此，該行政官在作出決定時有不恰當目的及有"惡意"，法院乃裁定有關決定無效。

　　g.　**為了不恰當目的而使用行政酌情權**　有時候，法例未必會清楚訂下賦予行政當局有關權力之目的為何。法院會在這情況下合理地判斷有關目的為何，並禁止行政當局為了不恰當目的而行使有關權力。另外，在 *Lee Ma-loi v Commissioner of Inland Revenue*[61] 一案中，法院表示，稅務局不能為了達到阻遏個別市民賺取利潤但不交稅的目的，而在沒有任何證據指出某筆款額是因工作賺取的利潤之情況下充公該筆款額。法院強調稅務局必須按照有關法例

---

59　[1977] QB 643；黃金鴻，見註 28，頁 240-248。

60　[1980-1981] 151 CLR 170.

61　[1992] 1 HKLR 200.

的規定行使其權力。在本案中，儘管稅務局真誠地相信它充公該筆款額符合公眾利益及並無"惡意"，有關決定仍須被撤銷。

h. **考慮了不相關的因素或沒有考慮一些相關的因素**　另一種非法的情況是決策者考慮了一些不相關（irrelevant）的因素或沒有考慮一些相關（relevant）因素而作出某決定。在 *Padfield v Minister of Agriculture, Fisheries & Food*[62] 一案中，一批鄰近倫敦的牛奶業生產者因不滿當時不公允的牛奶銷售政策，而向漁農及食物部部長提出申訴。他們請求該部長根據《農產銷售法》所賦予他的權力，將有關申訴交與一個調查委員會處理。但是，該部長並沒有這樣做，他並解釋說這樣做可能導致他必須接受委員會的建議。英國上議院法庭認為，這位部長的解釋無疑默認他拒絕的理由，只是他不想自己面臨政治尷尬之境，而這顯然並非應有的與其決定相關的考慮因素，而是不能成立的理由。因此，他的決定是非法和越權遂告無效。

在 *Hong Kong Cable Television Limited v The Telecommunications Authority*[63] 一案中，使用香港有線電視有限公司（以下簡稱"有線電視"）提供的電視廣播服務的一些用戶向電訊管理局（現已由"通訊事務管理局"取代）局長投訴，由於涉及安裝有線電視的技術性問題，他們在使用這服務後便不能再收看衛星電視廣播的電視節目。電訊管理局局長考慮了特區政府認為應讓廣大市民在收看電視節目時應有更多選擇之政策後，發出指示要求有線電視解決有關技術問題。有線電視就電訊管理局局長的指示提出司法覆核。法庭認為，根據有關法例，電訊管理局局長不應受上述政府政策所約束。此外，雖然《電訊條例》授權電訊管理局局長在有關牌照中附加條件，而有線電視所持牌照有要求它（指有線電視）不得妨礙用戶使用其他電視廣播服務，但法庭指出，有線電線在本案中未嘗防礙其用戶使用其他電視廣播服務；有線電視亦沒有確保其用戶得以接收其他電視廣播服務之責任。法院因此裁定有線電視勝訴。

---

62　[1968] AC 997.

63　(2004) HCAL 62/2003.

在 *Re Pham Van Ngo and others*[64] 一案中，一批越南船民乘一艘船隻前
往日本。不過，該船隻因在途中受損而駛入香港海域。香港政府根據當時的
《入境條例》的有關規定 [65] 把該批船民羈留（detain）在船民營，以考慮是否准
許他們留在香港。結果，法院指出入境事務處處長未有考慮及該批船民進入
香港之目的並非為在香港逗留，乃裁定入境事務處處長羈留該批船民的決定
屬不合法。

在 *Dr Chan Sze Lai Jacqueline v Dental Council of Hong Kong*[66] 一案中，
一位註冊牙醫在完成修讀香港大學開辦的一個與牙醫實務有關之兩年制兼讀
科學碩士課程後，向香港牙醫管理委員會申請把這學歷資格作為該委員會認
可的附加資格，並列入有關資格列表內。然而，香港牙醫管理委員會採納了
其學術及資格認可委員會之建議，認為前述碩士學歷資格只相等於文憑資
格，拒絕了有關的附加資格認可申請。該牙醫遂提出司法覆核。原訟法庭認
為香港牙醫管理委員會沒有證據支持前述碩士學歷資格只相等於文憑資格之
決定，因此撤銷了這決定。另一方面，雖然該牙醫還投訴香港牙醫管理委員
會未有考慮她的言論自由及公眾知情權，但原訟法庭表示這論點不成立。

## 2. 非常不合理的行政決定或行為 (irrationality)

有時候，一項行政決定可以是合法但不合理的。傳統上，普通法要求司
法覆核的申請人必須證明某項行政決定達到非常不合理程度，法院方會撤銷
這項決定。[67] 到了較近年，法院認為，在有關的行政決定影響及基本人權之情
況，有關申請人可較容易以該行政決定並不合理為理由，要求法院撤銷該決
定。[68]

在 *Associated Provincial Picture Houses, Limited v Wednesbury*

---

64　[1991] 1 HKLR 499.

65　《入境條例》(《香港法例》第 115 章) 第 13D 條。

66　[2014] 1 HKLRD 77.

67　見註 33。

68　見註 47。

*Corporation*[69] 一案中，《星期日娛樂法》容許英國地方當局發牌給戲院業時附加它認為合適的條件，而地方當局結果附加了不准十五歲以下的兒童在周日進戲院看任何電影的條件。法院認為戲院業如欲以 "非常不合理" 這原則來挑戰該條件的話，戲院業必須證明該條件之不合理所達到的嚴重程度，亦即在當時的情況下，任何一個合理的決策者都不會作出如此決定。在此案中，由於不准十五歲以下的兒童看電影是為了他們的心智成長及德育着想，該決定並不算非常不合理，法院不能予以推翻。

在 *Chim Shing Chung v Commissioner of Correctional Services*[70] 一案中，香港一批囚犯指責懲教署將派發給囚犯的報紙中的馬經抽起的決定極不合理。懲教署則指這決定是為了維持監獄中的秩序，並是《監獄規則》所容許的。上訴法院結果判該批囚犯敗訴，理由是抽起馬經能否抑制監獄中聚賭只是判斷的問題，而該案的案情並非一個可被法院認為達到非常不合理的濫權情況；再者，在維持監獄秩序的大前提下，抽起馬經亦有可能是一個必須及合理的決定。

在 *Senior Non-expatriate Officers' Association v Secretary for the Civil Service*[71] 一案中，一批首長級的華裔公務員希望參加推選委員會去推選首屆香港特別行政區行政長官及臨時立法會議員。但是，港英政府已向他們發出通知，表示他們不可參加推選委員會，理由是高級公務員不應該把自己陷入政治角色衝突之境。結果，高等法院否決了他們的司法覆核申請。法院認為首長級的高級公務員既身負重任，故不應涉及政治活動，否則便會危害到整個公務員架構的運作。況且，當時港英政府的立場是不與臨時立法會合作，因此禁止他們參加推選委員會並非非常不合理的決定。

在 *Chan Heung Mui and others v Director of Immigration*[72] 一案中，一位內地女子因她在香港的丈夫為弱智人士，而他們夫婦在香港有兩位年紀很小

---

69　[1948] 1 KB 223.

70　(1996) 6 HKPLR 313.

71　(1997) 7 HKPLR 91.

72　(1994) 4 HKPLR 533.

的女兒，以及她丈夫尚有需被照顧之父親，而向入境處處長申請留在香港。
但是，入境處處長不接受她的人道立場申請。法院指出這決定並非非常不合
理。另外，法院在 *Ko Mei Chun v Secretary of the Civil Service*[73] 一案中裁定，
行政當局給予有關公務員（即本案的司法覆核申請人）的懲罰與他的過失並
不相稱（disproportionate），故撤銷了行政當局給予他的懲罰。

　　在 *Chu Yee Wah v Director of Environmental Protection*[74] 一案中，
有市民就環境保護署署長接受運輸署的港珠澳大橋工程之環境影響評估
（environmental impact assessment）報告書提出司法覆核。她認為環境保護
署署長用以評估有關工程對空氣質素之影響的方法並不合理。不過，上訴法
庭認為環境保護署署長使用的方法屬合理而裁定政府一方勝訴。在 *Ma Wan
Farming Ltd v Chief Executive in Council*[75] 一案中，申請人認為行政長官會同
行政會議作出的收回土地的決定並不合理，但在司法覆核訴訟中敗訴。

## 3. 不符合程序性要求的行政決定或行為(procedural impropriety)

　　法律可規定行政部門在作出某種決定或行為時必須遵守某程序，以確保
受影響者得到程序上的保障。例如，負責發出酒牌的行政部門須根據法例規
定審查申請人的背景，這可保障大眾利益。[76] 若行政部門在作出該決定或行為
時沒有遵從有關法定程序的話，那便是不符合法律在程序上的要求，法庭可
因而命令行政部門履行其責任，在作出決定或行為時遵從有關程序。[77] 但是，
並不是所有法律所規定的程序都是強制性（mandatory）的程序。若有些程序
性規定只是指引性（directory）的話，那麼即使有關的行政部門並沒有遵守該
規定，這也不會構成越權。[78]

---

73　(1996) HCMP 1112/1996.

74　[2011] 5 HKLRD 469 及戴耀廷，《司法覆核與良好管治》（香港：中華書局，2012 年），頁 65-67。

75　[1998] 1 HKLRD 514.

76　Paul Craig, *Administrative Law* (London: Sweet & Maxwell Limited, 6th ed., 2008), p 372.

77　見註 33。

78　*The Queen on the application of Bizzy B Management Limited v Stockton-on-Tees Borough Council* [2011]
　　EWHC 2325 (Admin).

假使有關成文法並沒有訂明行政部門行使其權力的程序，普通法仍會要求行政部門在行使權力時遵守一些基本的程序性要求，這就是自然公義原則（rules of natural justice）[79]，亦稱為行政部門“公平地行使權力的義務”（duty to act fairly）。[80] 根據案例，行政部門倘違反了這原則，它的決定便會被視為越權而無效。自然公義原則的內容包括：(a) 作決定者必須是公正無私的；及 (b) 受決定影響者應享有申辯的機會或公平的聆訊。這原則適用的情況是，相關的行政決定影響到公民的權益或其合理期望。不過，成文法可以清晰的條文來規定，當局在作出某決定時可採用某種不能完全符合自然公義的要求，但可達致基本公義之程序。[81]

在 *McInnes v Onslow-Fane*[82] 一案中，法庭指出：(a) 倘行政當局決定取消某市民的現有權利（existing right）（例如繼續享有某現有牌照）的話，它必須遵守上述的兩項自然公義原則；(b) 倘行政當局的決定影響到某市民的合理期望的話，它也須遵守上述兩項原則，有關例子包括行政當局拒絕某市民的牌照續期申請；(c) 倘某市民只是申請他原先沒有的牌照等權益的話，行政當局在作出決定時須公正無私；但無須給予該市民申辯的機會或公平的聆訊。

a. **作決定者須公正無私**　所謂“作決定者須公正無私”，這不單指他在作決定時實際上不能存有偏私（bias），也指他在作出有關決定時，並不存在任何會使公眾人士認為他有偏私之真實的可能性（real likelihood of bias）的情況。[83] 在 *The King v Sussex Justices*[84] 一案中，申請人（案中申請司法覆核者）因一宗車禍被以危險駕駛罪刑事檢控並被裁判官判有罪，而該裁判官的一名書記同時受聘於該車禍的傷者委託替其進行民事索償的律師事務所。申請人

79　*Attorney-General of Hong Kong v Ng Yuen Shiu* [1983] 2 AC 629; D. Clark & G. McGoy, *Hong Kong Administrative Law* (Hong Kong: Butterworths, 2nd ed. 1993), pp185-229.

80　*In Re H.K. (An Infant)* [1967] 2 QB 617.

81　*Wiseman v Borneman* [1971] AC 297.

82　[1978] 1 WLR 1520.

83　*Regina v Gough* [1993] AC 646.

84　[1924] 1 KB 256; 黃金鴻，見註 28，頁 28-34。

遂要求法院推翻判決，理由是裁判官的書記有可能希望申請人入罪，以增加傷者日後在向申請人索償的民事訴訟中勝訴的機會。法庭指出，雖然並無證據顯示書記有影響裁判官的判決，但書記受聘於傷者所委託的律師事務所這一事實，足以令人認為：裁判官在對申請人作出判決時，有偏袒控方的真實的可能性。法庭乃為了使司法機構的莊嚴無私的形象得以維持，而裁定裁判官的判決須被推翻。

如果裁決者與案件有直接的金錢上的利益關係，則無論公眾對他的判決可能偏私之懷疑是否合理，他的判決都會因違反自然公義原則而被判定為無效。[85] 在 *William Dimes v The Proprietors of the Grand Junction Canal*[86] 一案中，一名英國法官在一宗涉及某業主和一間公司的訴訟中判該公司勝訴。該法官是擁有該公司的股份的。儘管並沒有證據指該法官在作出判決時曾考慮他自己的利益，但法院推翻了他的判決。

香港上訴法院在 *Cheng Kai-man, William v The Panel on Takeovers and Mergers*[87] 一案中對上述原則有詳細的分析。在此案中，收購及合併委員會一名委員致信給證券及期貨監察委員會，信中指某上市公司與另一方似有合作以低價收購股份之嫌。此外，該委員亦是某公司的股東，這公司對上述收購也有非唯一的委託關係（non-exclusive mandate）。該委員後來擔任聆訊該上市公司有否不公平收購股份的委員會的成員之一。結果，上訴法庭指出他與此案件並無直接的金錢上的關係，而即使有關係，這關係也過於疏遠，不足以影響他參與的聆訊之公正性。最後，英國樞密院法庭裁定他的上述信件不足以令人認為他在參與此聆訊時有偏頗的真實危險，故他可以委員會成員的身份參與處理此案。[88]

在 *Medical Council of Hong Kong v Helen Chan*[89] 一案中，香港醫務委員

---

85　*Regina v Bow Street Metropolitan Stipendiary Magistrate* [2000] 1 AC 119.

86　（1852）10 ER 301; 黃金鴻，見註 28，頁 26-27。

87　[1995] 1 HKLR 166.

88　*Panel on Takeovers and Mergers v William Cheng Kai-man,* [1995] 2 HKLR 302.

89　（2010）13 HKCFAR 248.

會在一宗紀律聆訊中裁定一位醫生因就一些健康產品作宣傳而觸犯了專業守則。該委員會曾安排它的法律顧問出席有關商議（deliberations）過程，及編寫有關決定的草稿。在聆訊過程後，這位醫生向法院提出司法覆核。終審法院指出有關法例並沒有禁止香港醫務委員會安排其法律顧問出席有關商議過程及編寫有關決定之草稿。此外，以上安排亦不影響這聆訊之公平性。這位醫生結果被判敗訴。不過，終審法院建議：不同上訴委員會或審裁處的法律顧問，應在聆訊中清楚地解釋其擔當何種角色，以消除有關方面之疑慮。

在 *HLB Hodgson Impey Cheng v Hong Kong Institute of Certified Public Accountants*[90] 一案中，一間會計師事務所被證券及期貨事務監察委員會質疑，指其就一間證券公司（該公司後來清盤）編寫的一份審計報告未有符合有關的標準。香港會計師公會委任了一位顧問研究有關證據，及協助它的調查委員會。這位顧問在其草擬的報告書中表示，該會計師事務所可能違反了前述有關的標準，調查委員會亦接受了這份報告書。雖然香港會計師公會尚未決定是否將有關事宜交給調查委員會處理，該會計事務所向法院提出了司法覆核。終審法院表示，調查委員會可視乎情況尋求顧問的意見，這並不代表調查委員會不夠公允。此外，基於香港會計師公會還未作出任何"決定"，該會計師事務所乃過早提出司法覆核。結果，該會計師事務所因此未能成功地提出司法覆核。

**b. 受決定影響者應享有申辯的權利**（right to be heard）**或得到公平的聆訊**（fair hearing）　這權利是指公民有權在行政部門作出影響他們的權益或合理期望的決定或行為前，得到公平之申辯或聆訊的機會。[91] 行政部門在作出有關的決定或行為前，一般應通知受決定影響者有關的關鍵內容，使他可作出回應。[92]

在 *Ridge v Baldwin*[93] 一案中，一名非合約制的英國總警司曾被控串謀妨

---

90　（2013）16 HKCFAR 460.

91　見註 82。

92　*Pearl Securities Ltd v Stock Exchange of Hong Kong Ltd* [1999] 1 HKC 448.

93　[1964] AC 40; 黃金鴻，見註 28，頁 31-34。

礙司法公正和貪污並被判無罪。可是，主審法官在審理此案時質疑他的品格。該總警司後來遭當局撤職；當局在作出此決定前，沒有給他為自己申辯的機會。英國上議院法庭認為此決定是違反自然公義原則的。在 *Lam Yuet Mei v Permanent Secretary for Education and Manpower*[94] 一案中，政府當局因一間學校沒有足夠學生，而停止資助該校及不准該校在下一個學年招收一年班新生。雖然政府當局事前未有向該學校和學童父母作出諮詢，但由於當局後來曾安排與學校的有關人士和學童父母會面和對話，法院因而裁定整體來說當局對該校的處理沒有程序不公。

在 *Fok Lai Ying v Governor in Council*[95] 一案中，香港政府根據《收回土地條例》宣佈把一名業主的部份土地收回作公共用途。業主的代表律師曾向規劃署提出反對理據，規劃署發信給業主表示將會把有關當局就此收地事宜的意見提交行政局，並邀請業主的代表律師作出進一步回應。不過，業主代表律師沒有就此信件作出提問，香港政府卒將該業主的這塊土地收回。英國樞密院法庭認為在這情況下，香港政府已給予業主書面申辯的機會，故沒有違反自然公義原則。

另外，法院曾指出，在案中的證人的書面證供有重大案情爭議的情況下，有關行政部門應給予受決定影響者口述申辯的機會。[96] 假若有關行政部門的證人誠信成疑的話，受決定影響者可在聆訊中盤問該證人。[97] 在指控嚴重、受決定影響者沒有能力自辯及案情涉及法律爭議等的情況下，受決定影響者更有權委任律師代表在聆訊中為他申辯。[98] 有關的行政部門也應在聆訊前將重要資料通知受決定影響者，但不需將全部資料通知受決定影響者。[99]

---

94　[2004] 3 HKLRD 524.

95　[1997] HKLRD 810.

96　*R v Army Board of Defence Council, ex parte Anderson* [1991] 3 All ER 375.

97　*Re Ngai Kin Wah* [1987] 1 HKC 236.

98　*R v Secretary of State for the Home Department, ex parte Tarrant* [1984] 1 All ER 799.

99　*The Queen v The Town Planning Board ex parte the Real Estate Developers Association of Hong Kong* [1996] 2 HKLR 267.

在 *Attorney-General of Hong Kong v Ng Yuen Shiu*[100] 一案中，申請人是一名來自澳門的華籍非法入境者。由於港英政府較早前曾宣佈屬此類背景的人士可到入境事務處報到，及入境處將對所有這類人士的留港申請酌情處理，申請人遂到入境處報到。但是，他旋即被捕及面臨被遣返澳門的命運。英國樞密院法庭認為由於港英政府先前的公開承諾，而且這承諾沒有抵觸入境處的法律責任，申請人因此有得到公平聆訊的合理期望，在這階段不應被遣返，否則有欠公允。

　　c. **受決定影響者是否有權知悉決定背後的理由**　除非成文法有明文規定，一般情況下，普通法並不要求行政部門在作出決定後向受影響人士解釋它作出有關決定所依據的理由。行政部門拒絕向申請人透露有關決定背後的理由，固然會令法院難以對行政部門進行監察，但法院並不能因行政部門沒說明理由便斷定它的決定是越權的。[101] 終審法院在 *Oriental Daily Publisher Ltd v Commissioner for Television and Entertainment Licensing Authority*[102] 一案中指出，審裁處向受其決定影響之人士解釋有關依據有以下好處：（a）審裁處可更詳細地分析有關的決定過程；（b）受影響人士較易信服審裁處的決定有所依據；（c）行政部門可因此得到指引，及（d）增加公眾對審裁處之信心。終審法院同時指出，若成文法明文規定行政部門或有關機構在作出決定後，須向受影響人士解釋有關理由的話，則對有關依據的解釋須充分而詳盡。

　　在 *Public Service Board of New South Wales v Osmond*[103] 一案中，澳洲新南威爾斯省一名官員申請擔任土地委員會主席一職失敗，而處理他的申請之公共服務委員會並沒有透露有關理由。他懷疑委員會並沒有真正的恰當理由拒絕其申請。澳洲高等法院裁定在普通法下，除非有特殊情況，行政部門並無法律義務透露它拒絕有關申請的理由。但在 *Lau Tak-pui v Immigration*

---

100　見註 79；黃金鴻，見註 28，頁 311-316。

101　*Regina v Secretary of State for Trade and Industry* [1989] 1 WLR 525.

102　（1997-98）1 HKCFAR 279.

103　[1986] 159 CLR 656.

*Tribunal*[104] 一案中，法院認為入境事務處須就拒絕居留權申請的"司法性"決定作出充足解釋。

在 *Oriental Daily Publisher Ltd v Commissioner for Television and Entertainment Licensing Authority*[105] 一案中，淫褻及不雅物品審裁處認為某報章刊登的其中三張照片屬不雅物品。該審裁處按照《淫褻及不雅物品管制條例》的規定須在將有關物品作出暫定分類（interim classification）時"指出該物品屬淫褻或不雅的部份"[106]，並有權就有關物品是否淫褻或不雅作出決定。[107] 終審法院指出，淫褻及不雅物品審裁處須在行使這些權力時對受影響人士給予充足理由。終審法院並基於該審裁處當時只對有關的出版人（publisher）敘述上述法例就不雅物品作出的定義，及該三張照片並非明顯地屬法例定義之不雅物品，因而撤銷了淫褻及不雅物品審裁處的決定。

### 4. 實質性（substantive）的合理期望

近年來，香港終審法院發展了它稱為"實質性的合理期望"的原則。在 *Ng Ka Ling*（吳嘉玲）*v Director of Immigration*[108] 一案中，終審法院裁定，根據《基本法》，香港永久性居民在中國內地所生的子女可享有在香港的居留權，而不須受內地有關部門之批准出境制度所約束。此外，在 *Chan Kam Nga*（陳錦雅）*v Director of Immigration*[109] 一案中，終審法院裁定根據《基本法》，即使有關父母在上述子女出生後方成為香港永久性居民，上述子女仍可享有在香港的居留權。特區政府隨後要求全國人大常委會對有關的《基本法》條款作出釋法。在全國人大常委會作出釋法後，終審法院的前述裁決部份失去其約束力。終審法院亦接受了這釋法。[110]

---

104　[1992] 1 HKLR 374.

105　見註 102。

106　《淫褻及不雅物品管制條例》第 15 條。

107　《淫褻及不雅物品管制條例》第 29 條。

108　[1999] 1 HKLRD 315.

109　[1999] 1 HKLRD 304.

110　*Lau Kong Yung v Director of Immigration* [1999 ] 3 HKLRD 778.

在 *Ng Siu Tung v Director of Immigration*[111] 一案中，一些受到上述全國人大常委會釋法影響的人士表示，儘管有了全國人大常委會釋法，但基於特區政府在釋法前作出的一些行為，他們仍可享有在香港的居留權。這些行為包括了當時的行政長官及入境事務處處長曾在有關案件訴訟期間，於公開場合表示會遵守終審法院作出之決定（終審法院稱這為"一般性陳述"（general representations））。當時的保安局局長也曾發信通知一些上述人士，入境事務處將來會按照終審法院的裁決來處理他們來港定居的申請。此外，法律援助署曾向申請法律援助的部份上述人士表示，他們不需申請法律援助以提出司法覆核（終審法院稱這些信中陳述為"明確陳述"（specific representations））。《基本法》也規定，全國人大常委會釋法不會影響終審法院已作出的判決。[112] 這些人士認為基於以上情況，他們應如吳嘉玲及陳錦雅般可享有在香港的居留權。

終審法院在本案中確立了"實質性的合理期望"這原則。這原則的內容如下：（a）當局在它的權力範圍內作出了不違反法例之承諾或陳述，令受影響者產生期望；（b）有關期望是當局對受影響者作出行為或決定時應該考慮的因素；（c）有關期望屬合理（根據法院的解釋，究竟有關期望是否合理，須視乎當局作出了甚麼行為或承諾，和有關人士期望的是甚麼），及（d）有關陳述須明確而非空泛。法院通常會接受當局就有關陳述定下的解釋。終審法院並強調這原則的重要性在於維護公義。終審法院認為，基於人大釋法及有關法例的目的，前述"一般性陳述"適用的人數並不明確，故有關人士不能根據"合理期望"此原則獲入境事務處處長批准他們在香港居留。相對之下，前述"明確陳述"乃向個別指定人士作出，其適用的有關人士之人數可以確定（ascertainable），終審法院認為入境事務處處長可酌情批准他們在香港居留。

---

111　[2002] 1 HKLRD 561. 可參見 Benny Tai and K. Yam, "The Advent of Substantive Legitimate Expectations in Hong Kong: Two Competing Visions"（2002）*Public Law* 688。

112　《基本法》第 158 條。

在 *Yook Tong Electric Company Limited v Commissioner for Transport*[113]
一案中，一間公司在某條街道經營業務。運輸局局長後來決定禁止所有車輛
於每天上午十時至下午六時期間駛入包括上述街道在內之有關地區。該公司
乃呈上很久以前由市政局寫給該公司的一份信件，作為反對上述決定之理
據。市政局在該份信件中表示該公司的商店外有足夠地方進行上落貨物，致
使該公司認為這份信件令它可合理地期望，運輸局局長會考慮信中內容方決
定是否作出前述決定。但是，法院表示，無權管理交通的市政局不能作出有
效的有關陳述。此外，該信件沒有提及汽車可在每天的任何時間駛入該街
道。法院乃裁定該公司敗訴。

在 *Law Sze Yan v The Chinese Medicine Practitioners Board of the Chinese
Medicine Council of Hong Kong*[114] 一案中，香港中醫藥管理委員會制定了認
可中醫藥學位課程的一些準則，其中一項準則為有關課程須為全日制及為期
五年。該委員會在制定這些準則後，曾設立讓就讀香港大學及香港浸會大學
當時已開辦的非全日制中醫藥課程學生於畢業後考專業試之安排。申請人
（一間本地教育機構）當時和內地一間大學合辦了一個非全日制中醫藥課程，
而該委員會認為這課程不符合前述準則。申請人乃提出司法覆核。它指出這
決定違反了申請人就該委員會會作出類似上述的批准考試安排之實質合理期
望。不過，法院認為該委員會的決定是公允的。此外，法院強調該委員會從
未有作出提及申請人之有關陳述。結果，該申請人被裁定敗訴。

## （三）司法覆核的限制

### 1. 成文法限制了自然公義原則的適用或豁免司法覆核

成文法可以規定某些行政決定或行為不受法院覆核（ouster clauses）。不

---

113　(2003) HCAL 94/2002.

114　(2006) HCAL 41/2005 及 (2007) CACV 268/2006.

過，法院會對這種成文法條文作嚴格的處理和狹義的解釋，以保障公民監察行政部門運作的權利。[115] 成文法也可以限制自然公義原則的適用，但不得違反《香港人權法案條例》規定的公民 "受獨立無私之法定管轄法庭公正公開審問" 的權利。[116] 在 *Re Otis Elevator Co（HK）Ltd*[117] 一案中，有關法例授權機電工程處處長委任負責審理個別電梯承辦商有否過失的紀律委員會成員。法庭認為這制度不算對當事人構成不公允。

## 2. 國家安全

司法覆核並不適用於涉及國家安全的問題。不過，政府必須向法院證明案件如何牽涉到這層面。在 *Council of Civil Service Unions v Minister for the Civil Service*[118] 一案中，負責搜集情報及保護英國軍事及官方通訊機密的政府通訊總部的人員，一向有權參與某些全國性工會，而總部管理層與其員工亦一向就管理事宜與工作條件互相交流意見。不過，自前首相戴卓爾夫人執政以後，工會發動了七次與總部及其員工的關係無關的工業行動，令英國政府陷入癱瘓狀況。於是公務員部長在沒有諮詢總部員工的情況下，下令總部員工只可參加總部認可的工會。公務員工會遂向法院申請司法覆核，認為公務員部長不合理地剝奪總部員工參加工會的自由，且違反總部以往與員工互相交流意見的做法。不過，英國上議院法庭認為工會有關罷工足以危害國家安全，因為罷工會嚴重影響情報搜集的工作，破壞英國政府在這方面的有效運作。所以公務員部長可以基於國家安全的理由，無須在作出有關決定前事先諮詢總部的員工。

## 3. 公眾利益保密權（public interest immunity）

公眾利益保密權與法律專業保密權（legal professional privilege）的性質

---

115　The Right Honourable the Lord Clyde and Denis J. Edwards（見本書頁 169 註 7），pp 396-397。

116　《香港人權法案條例》（《香港法例》第 383 章）第 10 條。

117　[1994] 1 HKC 740.

118　見註 33；黃金鴻，見註 28，頁 256-261。

接近，屬證據法上的豁免原則，指政府有權在聆訊中將某種性質的資料保密，不向對方（公民）披露。不過，法院對於這保密權的行使採取審慎的態度，不容政府濫用此特權從而令公民無法取得充足的資料來與政府打官司。在 *Conway v Rimmer*[119] 一案中，一名警員指控他的上司誣告他盜竊罪，並索取賠償，又要求查閱五份有關他的工作表現及他被指控犯盜竊罪的文件。但是，內政大臣以文件屬官方機密為理由而拒絕給他，並表示披露文件不符合公眾利益。不過，英國上議院法庭裁定有關文件並非機密文件，披露它們並不影響政府服務的正常運作，因為案中文件只是一些日常性文件而已，披露文件只會令聆訊更公平。

## （四）人身保護令

人身保護令（habeas corpus）是行政法中一種重要司法補救，用以挑戰行政部門（如警務處、懲教署、入境事務處等）對任何人（包括非香港居民身份的人）的拘留的合法性。假若在人身保護令的申請中，法庭裁定有關拘留為非法的話，被拘留的人便會立即得到釋放。在 *Tan Te Lam v Superintendant of Tai A Chau Detention Centre*[120] 一案中，四名華裔越南船民被香港政府拒絕難民身份後，一直被長期拘禁以等候遣返。他們聲稱長期被拘留是不合理及非法的，越南政府的政策是不會收回非越裔人士。結果，英國樞密院法庭判他們上訴得直及發出人身保護令，讓他們可獲自由。

---

119　[1968] AC 910.

120　[1996] 2 HKLR 169.

# 五　非司法的監察

我們在前面介紹過現時在香港對行政部門行使權力適用的非司法監察。現在，讓我們看看這些監察之內容：

a. **首長級官員問責制**　這制度的特色包括：（a）首長級官員須向行政長官負責；（b）這些官員可因"重大政策失誤"以至"嚴重的個人操守問題"而失去官職；（c）這些官員是以合約制度任用，其任期和行政長官的相同；（d）這些官員須出席立法會以及向廣大公眾解釋政府政策。[121] 有學者認為香港應發展首長級官員在某些情況下須主動辭職的憲法慣例（constitutional convention），認為這可提升特區政府的管治權威。不過，中央政府則認為立法會議員對首長級官員投不信任票會損害香港特別行政區的行政主導（executive-led）制度。[122]

b. **公開資料守則**　目前，特區政府有一套《公開資料守則》。[123] 根據這守則，市民可向政府部門及一些公共機關提出查閱資料的要求。這些資料包括政府部門的紀錄。市民可以書面或口頭方式提出有關要求。這守則規定當局在收到市民的書面要求後須盡可能於十天內向市民提供有關資料；但當局在特殊情況下可在先向申請人提供解釋後，最遲於從收到有關要求起始計算的三十天內作出回應。必須注意的是，這守則規定了當局可拒絕提供一些指定的資料。例如，如提供某些資料會損及香港的保安、對外事務、執法及經濟制度等的話，當局便可拒絕提供這些資料。此外，這守則並非具有法律約束力的法例。

c. **政府就政策向市民作出諮詢**　政府可就對社會有重大影響的政策向市民作出諮詢──不過，政府沒有必須這樣做的法律義務。很明顯，政府就政策向公眾作出諮詢可讓市民參與有關決策制定之過程，亦可使有關政策有較

---

121　香港特區政府政制事務局，《立法會文件──主要官員問責制》，2002 年 4 月 17 日。

122　Sonny Lo, "The Emergence of Constitutional Conventions in the Hong Kong Special Administrative Region"（2005）35 *Hong Kong Law Journal* 103.

123　http://www.access.gov.hk/tc/code.htm.

大的認受性。一些政策諮詢可以與制定或修訂法例有關。例如，香港特區政府的平等機會委員會在 2014 年 7 月至 10 月期間就反歧視立法的內容向市民作出諮詢。2013 年至 2015 年期間，香港特區政府就 2017 年行政長官的產生辦法進行了兩次公眾諮詢。

d. **法定的諮詢組織**　政府在香港成立了不少法定的諮詢組織，藉以與社會人士溝通及提高施政效率。例如，強制性公積金計劃管理局轄下設有強制性公積金計劃諮詢委員會。這委員會的主席、副主席及絕大部份成員是行政長官委任的。[124] 它的功能為就上述管理局如何能更有效率地運作等事宜，向該管理局提供意見。[125] 作為地區政制架構的重要部份的區議會 [126] 亦具諮詢功能。區議會除了在已獲撥款的情況下於有關地區舉辦社區活動外，也可向政府就有關地區之公共設施等事宜提供意見。[127] 區議會的成員主要為民選議員，但也有政府委任的議員（所有委任議席將於 2016 年取消）。[128] 鄉議局是香港特區政府設立的另一個重要的諮詢組織，[129] 它的主要功能是就新界居民的福利等事宜向政府提供意見。[130]

e. **法定的審裁處**　政府設立了一些審理市民就與他們有關的某些行政決定的上訴事宜的審裁處。例如，根據《公安條例》的有關規定，如果公民不滿警務處長禁止公眾集會及反對遊行等的決定，他可向公眾集會及遊行上訴委員會提出上訴。[131] 這委員會的主席為已退休的法官或曾擔任裁判官超過十年的人士，並為行政長官所委任。其餘成員亦為行政長官所委任，而這些成員不能為公職人員。[132]

此外，《行政上訴委員會條例》規定，不同意該條例指定的行政部門所

---

124 《強制性公積金計劃條例》（《香港法例》第 485 章）第 6R 條。

125 《強制性公積金計劃條例》（《香港法例》第 485 章）第 6T 條。

126 《區議會條例》（《香港法例》第 547 章）第 3 條。

127 《區議會條例》（《香港法例》第 547 章）第 61 條。

128 《區議會條例》（《香港法例》第 547 章）附表 3；《2013 年區議會（修訂）條例》。

129 《鄉議局條例》（《香港法例》第 1097 章）弁言。

130 《鄉議局條例》（《香港法例》第 1097 章）第 9 條。

131 《公安條例》（《香港法例》第 245 章）第 16 條。

132 《公安條例》（《香港法例》第 245 章）第 43 條。

作出之某些行政決定的當事人，可要求行政上訴委員會處理其上訴個案。[133] 這委員會的成員是由行政長官所委任的。[134] 這法例並沒有規定行政長官可委任的（除主席及副主席外）成員可否為公職人員。不過，法院曾表示個別審裁處的成員組成不得導致當事人可能會受到不公平之審訊。[135]

這些審裁處行使着與法院不同的功能，它們可在審理有關行政部門作出的行政決定是否恰當時，重新考慮個案情況及作出新的決定，而法院在處理司法覆核時，只考慮有關行政決定有否越權。此外，這些審裁處的裁決也不得越權。[136] 在 *Gutierrez v Commissioner of Registration*[137] 一案中，一位菲律賓籍家庭助理在香港生了一名孩子。這名孩子後來申請兒童永久性香港居民身份證，但人事登記處處長拒絕了他的申請。他接着向人事登記處審裁處提出上訴。該審裁處認為按照《基本法》的規定[138] 及考慮到他的個案情況，他不能擁有在香港的居留權。他乃向法院提出司法覆核。終審法院裁定，這審裁處並沒有錯誤地理解《基本法》的有關條文，因而維持前述決定有效。

**f. 獨立的行政申訴機構**　除審裁處外，政府亦成立了一些獨立的行政申訴機構，去處理某些行政決定是否恰當之申訴。例如，申訴專員公署為一法團（corporation），該專員為行政長官所委任，並不得擔任其他有收益的工作。[139] 該公署可在收到申訴時或主動調查指定的政府部門和公共機構有否作出"行政失當"行為，以致當事人受到"不公平待遇"（injustice）。[140] 所謂"行政失當"指行政欠效率、拙劣或不妥善，包括了不禮貌等"不合理的行為"，"濫用權力（包括酌情決定權）或權能"，和"不合理、不公平、欺壓、歧視或不當地偏頗的行動"。[141] 申訴專員公署可因申訴事項屬"微不足道"（trivial）等

---

133　《行政上訴委員會條例》（《香港法例》第 442 章）第 5 條及附表。

134　《行政上訴委員會條例》（《香港法例》第 442 章）第 6 條。

135　*Wong Pun Cheuk v Medical Council of Hong Kong* [1964] HKLR 47.

136　戴耀廷，見註 74，頁 35。

137　（2014）17 HKCFAR 518.

138　《基本法》第 24 條。

139　《申訴專員條例》（《香港法例》第 397 章）第 3 條至第 4 條。

140　《申訴專員條例》（《香港法例》第 397 章）第 7 條及附表 1。

141　《申訴專員條例》（《香港法例》第 397 章）第 2（1）條。

情況而不作有關調查，惟須向當事人解釋其原因。[142]

　　申訴專員公署可就有關申訴作出調解[143]，也可作出包含建議及補救辦法（remedy）的報告書。[144] 例如，申訴專員公署曾在 2002 年認為康樂及文化事務署處理讀者歸還書籍的程序不當，並提出補救和改善的建議，康樂及文化事務署也接受了這些建議。[145] 不過，儘管申訴專員公署可調查指定的政府部門和公共機構是否基於錯誤地理解有關法律而作出行政決定[146]，但申訴專員公署不能如法院般撤銷有關決定。[147] 而且，某些機構並不受申訴專員公署之監管，例如港鐵公司（雖然行政長官可委任其部份董事）。[148] 此外，對於廉政公署和警隊等部門之運作，該公署只能實施有限的監管。[149]

　　現時，政府設有平等機會委員會與個人資料私隱專員公署這兩個與公眾生活息息相關之申訴機構。根據《性別歧視條例》[150]、《殘疾歧視條例》[151]、《家庭崗位歧視條例》[152] 和《種族歧視條例》[153]，平等機會委員會可對懷疑違法（作出性別歧視、殘疾歧視、家庭崗位歧視及種族歧視等行為）的個案進行調查和按照情況為各方調解，或向投訴人提供法律協助以起訴違法一方。根據《個人資料（私隱）條例》，個人資料私隱專員公署可對懷疑違法（作出侵犯個人資料等行為）的個案進行調查，和按照情況發出執行通知或為各方調解等。[154] 以上幾部法例規定，包括政府人員及公共機構人員在內的人士，不得在作出行政決定等行為時違反這些法例。

---

142　《申訴專員條例》（《香港法例》第 397 章）第 10 條。

143　《申訴專員條例》（《香港法例》第 397 章）第 11B 條。

144　《申訴專員條例》（《香港法例》第 397 章）第 16 條。

145　http://www.ombudsman.gov.hk/chinese/link_02_about.html.

146　見註 140。

147　見註 139。

148　《香港鐵路條例》（《香港法例》第 556 章）第 7 條至第 18 條。

149　見註 139。

150　《香港法例》第 480 章。

151　《香港法例》第 487 章。

152　《香港法例》第 527 章。

153　《香港法例》第 602 章。

154　《香港法例》第 486 章。

g. **立法會**　按照《基本法》，立法會可就政府的行政決定對政府提出質詢。[155] 不過，政府並無接受立法會議員提出的改善施政建議的法律責任。因此，立法會對政府運作的規管是有限的。[156] 此外，《基本法》規定立法會在行使其權力時可傳召有關人士作證。[157] 立法會的常設委員會（standing committees）也可按《立法會（權力及特權）條例》行使相同的權力。[158] 立法會曾在香港經歷非典型肺炎疫情過後成立了專責委員會（select committee）對當局就這疫情的應付措施進行調查。該委員會其後在報告書中作出了一些有關建議。[159]

h. **政府進行自我監察**　政府部門會制定自我監察的指引，例如，警務處的內部通令便禁止男性警員搜查女性疑犯的身體。這些指引無疑對政府運作有一定幫助。

## 六　結語

我們在本章中談到行政法對政府和公共機構的權力的行使提供了司法方面與非司法方面之監察。如前所述，司法覆核可用於制約當局的權力的運用，以及保障公民的權益。越權的行政決定屬非法及無效。申請人若訴訟成功的話，法庭可給予申請人撤銷有關決定等司法補救。但是，司法覆核對政府和公共機構之監察有其局限性。法院只會判定當局在作出有關決定時有否"越權"，但並不會判定有關決定是否"對"或"不對"。不過，非司法方面之監察可在某程度上補足這不足。

---

155　《基本法》第 73（5）條。

156　戴耀廷、羅敏威，見註 15，頁 142-143。

157　《基本法》第 73（10）條。

158　《立法會（權力及特權）條例》（《香港法例》第 382 章）第 9 條。

159　立法會，《調查政府與醫院管理局對嚴重急性呼吸系統綜合症爆發的處理手法專責委員會報告》，2004 年 7 月（http://www.legco.gov.hk/yr03-04/chinese/sc/sc_sars/reports/sars_rpt.htm）。

第五章

# 刑法

周兆儁[*]
香港大學法律學院助理教授

## 一　甚麼是刑法？

香港法律可分刑事及民事兩大類，分別在於觸犯法律的後果。[1] 犯刑事法（或稱"刑法"）可留有案底及被政府懲罰（例如罰款或監禁），民事訴訟則不涉案底或政府懲罰。舉例，我們不小心撞破別人的杯子牽涉侵權（tort）行為，但本身並不是刑事罪行。（侵權法是民事法的重要一支：詳見本書第七章《民事侵權法》。）杯子的主人可從民事途徑索償；但賠償後我們不會留有案底。有些行為會同時引致刑事及民事兩種法律後果，例如襲擊別人致造成身體傷害，[2] 我們即使已賠償予受害人（甚至即使受害人本身不追究），仍可能會負上刑事責任。

犯刑事法的後果嚴重，因此，決定把甚麼行為刑事化是一個重要的問題。英國哲學家密爾（J.S. Mill）提出著名的傷害原則（harm principle）：刑法只可用以防止傷害他人。[3] 舉例，即使我們認為自殘是不道德的，但因自殘

---

[*]　就蔡暉祁先生對本章的寶貴意見，作者特此致謝。

1　David Ormerod, *Smith and Hogan's Criminal Law* (Oxford: Oxford University Press, 13th ed.), pp 14-15.

2　見本章第四節，頁 204-208。

3　J. S. Mill, *On Liberty,* chapter 1.

並不傷害他人，根據傷害原則，我們不應以刑法禁止。但也有論者認為刑法除了可用以防止市民受他人傷害，也可用以禁止不道德的行為。[4] 撇開傷害原則是否合理的問題，香港刑法是否完全符合傷害原則？似乎不是。當然很多香港刑事法例是基於防止傷害他人，但有一些罪行，如禁止十八歲至二十一歲的人士肛交的法例，[5] 似乎並不符合傷害原則。

香港的刑事法覆蓋範圍甚廣。若把香港法律以其規範的活動區分（如勞工法、版權法等），即發現很多方面的法律也牽涉刑事法。例如侵犯別人的版權，被侵權者可向你提出民事索償。此外，在一些特定情況下侵犯別人的版權（如製作侵犯版權複製品以作出售之用）會是刑事罪行。[6] 在學習不同範疇的法律時，分清有關的民事及刑事責任十分重要。

## 二　罪行的基本元素

此節簡述香港罪行常有的基本元素。在討論之前，必須強調並非每種罪行均包含以下所有元素。一個罪行實際上由甚麼元素組成是由成文法及普通法決定（當然在不與《基本法》抵觸的前提下）。

罪行元素可分為犯罪行為元素（actus reus）及犯罪心態元素（mens rea）兩類。

---

4　這題目的文獻很多，例如 H. L. A. Hart, *Law, Liberty, and Morality* (Stanford: Stanford University Press, 1963); Joel Feinberg, *The Moral Limits of the Criminal Law* (Oxford: Oxford University Press, 1984-1988), volumes 1-4。

5　《刑事罪行條例》（《香港法例》第 200 章）第 118 C 條。由於此條文涉及性傾向歧視，它在 2006 年被香港法院裁定為違憲及無效；見 *Leung v Secretary for Justice* [2006] 4 HKLRD 211; 並可參見 *Secretary for Justice v Yau Yuk Lung* (2007) 10 HKCFAR 335。

6　《版權條例》（《香港法例》第 528 章）第 118 條。

## （一）　犯罪行為元素

我們可將一個人的行動（conduct）分為"作為"（act）及"不作為"（omission）。舉例說明其分別，我如打你一拳，這是一個作為。如果我動也不動，這是不作為。[7]我們的作為當然可帶來刑責：動手打人可被控。但不動而使他人受傷呢？對於很多罪行，被告需（a）有"作為"或（b）他的"不作為"違反一些法律責任。[8]舉例，我看見我仇人快在河中浸死，而我在岸邊蓄意不伸出援手，即使有違道德，但我並沒犯謀殺罪。[9]那是因為不伸出援手乃"不作為"，而市民一般沒有援助陌生人的法律責任。上述乃一般而言的原則；成文法及普通法可在不與《基本法》抵觸的前提下對某些罪行作特定要求：例如妨礙司法公正罪要求被告必須有"作為"。[10]

導致（cause）一些指定後果也是很多罪行的必要元素。顯而易見，如果我的行動沒有導致他人死亡，我不能犯謀殺罪或誤殺罪。在刑法上，有兩點可決定一個行動導致一個後果；換言之，兩者有刑法上的"因果關係"（causation）：（a）沒有該行動，該後果不會發生；（b）該行動是該後果的一個進行中的重要原因（operating and substantial cause）。[11]茲舉例說明（a）和（b）的分別：假設被告打致受害人腿部輕傷。之後，城市在無人能預見的情況下突然地震。受害人因腿部輕傷，未及逃生，而被瓦礫壓死。在此，如被告沒有打受害人，受害人不會死亡；然而，因地震不能被合理預見，法律上被告的行動不是受害人死亡的進行中的重要原因，故此，刑法上被告不算導致受害人死亡。[12]何時某行為會被視為某後果的一個進行中的重要原因牽涉一些複

---

7　有些時候要決定一個行動是"作為"還是"不作為"可沒那麼容易：見 *Airedale NHS Trust v Bland* [1993] AC 789。

8　見 Lord Mustill 在 *Bland* 案的判辭。

9　Michael Jackson, *Criminal Law in Hong Kong* (Hong Kong: Hong Kong University Press, 2003), pp 72-75.

10　*R v Headley* [1996] RTR 173.

11　*R v Smith* [1959] 2 QB 35.

12　這例子是由 Ormerod, *Smith and Hogan's Criminal Law*, p 87 中的一個例子修改而來。

雜法律問題，在此篇幅所限不能詳述。[13]

　　情況元素（circumstances）指犯罪行為必須的背景條件。舉例說明之，對強姦罪而言，"女方沒有同意"是必要情況元素。

## （二）犯罪心態元素

　　很多罪行除要求被告符合指定行為元素外，也要求被告符合一些犯罪心態元素。如我不知情下弄傷別人，一般不構成傷人罪。但不同的罪行要求的犯罪心態元素可大有分別。一些常見的犯罪心態元素包括：意圖（intention）、罔顧（recklessness）、惡意（malice）、故意（wilfulness）、明知（knowledge）及疏忽（negligence）。

　　在以下兩種情況下，被告會被視為"意圖"（或"蓄意"）導致一些指定後果：（a）該後果是他行動時的目的；或（b）被告的行動基本確定（virtually certain）會導致該後果而被告對此是瞭解的。[14]這便解釋了為何一個執行主動安樂死的人有謀殺的犯罪心態元素。謀殺的犯罪心態元素是意圖非法地導致受害人死亡（或受嚴重傷害）。如我對受害人注射毒藥使其安樂死，無論我的動機道德上有多高尚，因注射毒藥基本確定會導致受害人死亡而我是知道的，這已反映我在法律上有謀殺的犯罪心態。[15]這也解釋了為何我們常說良好動機一般而言並非刑事抗辯理由。[16]

　　"罔顧"一個後果（或對一個後果魯莽），是指一個人行動時主觀地（subjectively）察覺該後果有發生的風險，而在他所知情況下冒該險是不合理的。[17]以下舉例說明"罔顧"與"意圖"的分別：如在因貪玩並察覺有三成機

---

13　有興趣的讀者可參考 Ormerod, *Smith and Hogan's Criminal Law*, pp 85-101; Alexander Steel, "Causation in Tort Law and Criminal Law" in Matthew Dyson (ed.) *Unravelling Tort and Crime* (Cambridge: Cambridge University Press, 2014)。

14　*Zou Yishang* [2007] 3 HKC 409.

15　*Bland*.

16　Ormerod, *Smith and Hogan's Criminal Law*, pp 116-117.

17　*R v G* [2003] UKHL 50; *HKSAR v Sin Kam Wah* [2005] HKCFA 29.

會弄傷你的情況下，我向你投擲物品，那儘管我沒有意圖要導致你受傷；但我罔顧你是否受傷害。在此需指出，即使某後果發生的風險是明顯的及會被一個合理的人察覺到，但若被告自己主觀不察覺該後果有發生的風險，在法律上，他的心態不算是罔顧該後果。另一方面，假設被告主觀察覺其行動有導致某後果的風險，那冒該風險的行動是否合理乃客觀問題。[18] 舉例說，假設我認為玩樂刺激是人生最重要的事，因此，我認為我投擲物品的行為即使有機會弄傷你，也是合理的。因這在客觀上並不合理，所以我的心態仍可構成罔顧。

"惡意"及"故意"也是成文法中常見的犯罪心態要求。一般而言，在法律上如我意圖地或罔顧地導致一些指定後果，我將被視為惡意地或故意地導致該後果。[19]

"明知"意指一事為真確的及被告主觀相信該事為真確。[20] "懷疑 (suspicion) 不足以構成明知。" [21]

沒有做合理的人會做的事，便是"疏忽"。[22] 一個行為是否疏忽是客觀 (objective) 問題；即使被告主觀沒有察覺其行動的任何風險，但合理的人 (reasonable person) 會察覺有關風險，被告行為也可構成疏忽。對很多嚴重罪行而言，疏忽是不足以令被告入罪的。

# 三　如何找出一個特定罪行的構成元素

本章第四節會簡介一些常見罪行。現在先談如何找出一個特定罪行的構

---

18　Ormerod, *Smith and Hogan's Criminal Law,* p 118.

19　*Barnes v HKSAR* [2000] 3 HKLRD 279; *R v Cunningham* [1957] 2 QB 396.

20　*Saik* [2006] UKHL 18.

21　Ormerod, *Smith and Hogan's Criminal Law,* p 129.

22　*R v Adomako* [1994] UKHL 6.

成元素。舉例，根據《刑事罪行條例》[23]第 118A 條，"任何人與另一人作出肛交，而在肛交時該另一人對此並不同意，即屬犯罪"。但到底該罪構成元素是甚麼？到底該罪的犯罪心態元素是明知、罔顧，或是其他？換言之，如受害人實際上沒有同意，但被告並非明知受害人沒有同意，他有沒有犯法？如被告並非明知，但他是疏忽（意指一個合理小心的人會察覺受害人不同意），情況又如何？我們如何找出答案？

對於一些罪行，成文法會列出所有元素。以盜竊罪為例，成文法列明其罪行元素為 "挪佔屬於另一人的財產"、"不誠實" 及 "意圖永久地剝奪該另一人的財產"。[24]但對於很多罪行，成文法不會列明所有元素。（如上述的《刑事罪行條例》第 118A 條並沒有列出該罪的犯罪心態元素。）在此情況下，我們可參考以往有關該罪行的案例。除此以外，一些普通法的通用原則也有幫助。特別需要注意的是普通法中的 "犯罪心態推定"（presumption of mens rea）原則，即若成文法不列出一個嚴重罪行是否需要犯罪心態，一般而言，我們將會解讀為它至少需要罔顧的犯罪心態。[25]

# 四　一些常見的罪行

## （一）侵害人身的罪行

謀殺（murder）的犯罪行為元素是非法地導致受害人死亡。一般而言，除非被告有一些法律認可的特定理由（如 "自衛" 或 "防止罪行"），否則殺人便是非法（unlawful）的。除非有 "人" 被殺，否則被告不能犯謀殺罪。胚胎在法律上不等如人，所以破壞胚胎不算是殺人。[26]當然，破壞胚胎有可能干

---

23　《香港法例》第 200 章。

24　《盜竊罪條例》（《香港法例》第 210 章）第 2 條。

25　*Hin Lin Yee v HKSAR* [2010] HKCFA 11 對犯罪心態推定原則有詳細討論。

26　*AG's Reference (No 3 of 1994)* [1997] UKHL 31.

犯其他罪行，如"殺胎"[27] 及"施用藥物或使用器具以促致墮胎"[28] 等。謀殺的犯罪心態是意圖非法地導致有人死亡或身體受嚴重傷害。成年人犯謀殺必須被判終身監禁；[29] 這與大部份罪行只列明最高刑罰而給予法官在量刑時酌情權的情況不同（如《侵害人身罪條例》第 7 條只列明誤殺罪的最高刑罰是終身監禁，而沒有規定法官必須判誤殺者終身監禁）。

　　誤殺（manslaughter）可分為自願誤殺（voluntary manslaughter）及非自願誤殺（involuntary manslaughter）兩大類。非自願誤殺和謀殺的分別在於犯非自願誤殺的人沒有導致有人死亡或身體受嚴重傷害的意圖。非自願誤殺分兩種：（a）不合法危險作為誤殺（unlawful and dangerous act manslaughter）及（b）嚴重疏忽誤殺（gross negligence manslaughter）。[30] 以下舉例說明第一種非自願誤殺，假設我在沒有意圖使受害人受嚴重傷害情況下，大力推撞他一下以圖報復；受害人因此跌倒，並弄穿頭部而死。如此，我沒有謀殺的犯罪心態。但是因我的行動是罪行（在沒有法律認可的特定理由下，大力推撞他人本身已構成襲擊罪）及危險（意指合理的人定會認為大力推撞有可能導致傷害），所以我會犯上誤殺罪。[31]

　　嚴重疏忽誤殺罪在英國及香港均存在。在英國普通法中，此罪行要求被告導致有人死亡的行動疏忽，而疏忽必須達致嚴重程度。需要注意的有兩點：第一，被告的嚴重疏忽行動不需是"作為"；"不作為"也犯上該罪。在 Adomako[32] 案，被告是麻醉師。他為受害人做手術時沒有留意受害人的氧氣管脫落，受害人因此死亡。在該案中，被告因他的不作為（沒有適當處理受害人）干犯嚴重疏忽誤殺罪；第二，在英國普通法中，被告的行動是否嚴重疏忽乃客觀問題，意指即使他行動時沒有主觀察覺有致人死亡的風險，他的行

27　《侵害人身罪條例》（《香港法例》第 212 章）第 47B 條。

28　《侵害人身罪條例》第 46 條。

29　《侵害人身罪條例》第 2 條。

30　*AG's Reference (No. 3 of 1994)*.

31　*AG's Reference (No. 3 of 1994)*.

32　[1994] 3 WLR 288.

動也可能構成嚴重疏忽。至少在 2012 年前，很多人均認為香港的嚴重疏忽誤殺罪跟英國的大致一樣。但在 *Lai Shui Yin*[33] 一案中，香港高等法院原訟法庭法官張慧玲裁定，如被告沒有主觀察覺有致人死亡的風險，他不能犯香港法中的嚴重疏忽誤殺罪。這一裁決頗有爭議性，它會否得到更高級法院肯定仍有待觀察。

自願誤殺和謀殺的分別在於自願誤殺者雖有非法導致有人死亡或身體受嚴重傷害的意圖，但因被告符合以下三項法例上列明的其中一項條件，而使罪名由謀殺減輕為誤殺：受減責神志失常影響（diminished responsibility）、激怒（provocation）及自殺協定（suicide pact）。[34]

除殺人罪（誤殺和謀殺）外，香港法律也有其他不同罪行保障人身。被告如有意圖地導致受害人身體受非法嚴重傷害，他便犯了《侵害人身罪條例》[35] 第 17 條的 "意圖造成身體嚴重傷害而傷人罪"（causing grievous bodily harm with intent）。普通法沒有對 "嚴重傷害" 給予詳細定義，故此有一定灰色地帶。[36] 但很多時候，這並不是問題；如被告砍受害人數刀使其傷殘，這便很可能是嚴重傷害。即使被告沒有意圖導致受害人身體受嚴重傷害，但他有意圖導致其身體受一些（不一定嚴重的）非法傷害或對此罔顧，而實際上受害人所受的乃嚴重傷害，他便犯了《侵害人身罪條例》第 19 條中的 "對他人身體加以嚴重傷害罪"（inflicting grievous bodily harm）。[37] 又或被告沒有導致受害人身體受嚴重傷害，但他襲擊受害人導致其受一些身體傷害，他便犯了《侵害人身罪條例》第 39 條中的 "襲擊致造成身體傷害罪"（assault occasioning actual bodily harm）。[38]

即使受害人身體沒有受任何傷害，被告也可能干犯《侵害人身罪條例》

---

33    [2012] 2 HKLRD 639.

34    《殺人罪行條例》（《香港法例》第 339 章）第 3 條至第 5 條。

35    《香港法例》第 212 章。

36    *DPP v Smith* [1961] AC 290.

37    *R v Savage* [1991] 94 Cr App R 193.

38    *Savage*.

第40條中的普通襲擊罪（common assault）。在法律上，"襲擊"（assault）可分為"技術性襲擊"（technical assault）及"毆打"（battery）兩種不同的行為。毆打要求被告意圖或罔顧地向受害人施以非法武力對待。"武力"（force）需有身體接觸，但接觸不需直接。[39] 舉例，我向你投擲物件並擊中你，我們沒有直接身體接觸，但有間接接觸，我也算向你施以武力。技術性襲擊，是指被告意圖或罔顧地使受害人憂慮其人身會即時遭非法武力對待。舉例：我沒砍你，但向你說我會立刻砍你，這可構成技術性襲擊，但不能構成毆打。

　　"武力"在法律上的定義甚廣。任何身體接觸，即使是輕微的及不構成傷害的，也可構成武力。[40] 我們每天也無可避免和別人有身體接觸，我們的行為是否構成毆打，取決於我們的行為是否"非法"。我們可合法地用適當武力自衛或防止罪案。除此之外，如別人同意我們的身體接觸，或該接觸屬日常生活中大眾接受的行為（例如在摩肩接踵的地鐵車廂中與他人有輕微身體接觸）[41]，我們的行動也不犯普通襲擊罪。

　　在此需指出，受害人的同意與被告行動的非法性之間的法律關係頗為複雜。簡單而言，如受害人同意，被告不能犯普通襲擊罪；但對其他牽涉較大傷害的罪行，如謀殺及襲擊致造成身體傷害等罪，受害人的同意並不一定能使被告的行動合法從而免去其刑事責任。篇幅所限，不能詳述。[42]

　　技術性襲擊要求被告使受害人憂慮會即時受"武力"對待。若被告威脅受害人，不做對被告有益的事，便會以非武力方式對付受害人（例如損害其名譽），他可被控以《刑事罪行條例》[43] 第24條中的"刑事恐嚇"罪或《盜竊罪條例》[44] 第23條中的"勒索"罪。勒索罪在以下經濟罪行的部份討論。刑事恐嚇罪的犯罪行為元素為"威脅其他人：（a）會使該其他人的人身、名譽或

---

39　*HKSAR v Leung Chun Wai Sunny* [2003] HKCFI 323.

40　*Collins v Wilcock* [1984] 3 All ER 374.

41　*Collins v Wilcock.*

42　有興趣的讀者可參考 Jackson, *Criminal Law in Hong Kong*, pp 565-577; Ormerod, *Smith and Hogan's Criminal Law*, pp 626-643。

43　《香港法例》第 200 章。

44　《香港法例》第 210 章。

財產遭受損害；或（b）會使第三者的人身、名譽或財產遭受損害，或使任何死者的名譽或遺產遭受損害；或（c）會作出任何違法作為。"其犯罪心態元素為意圖"（a）使受威脅者或其他人受驚；或（b）導致受威脅者或其他人作出他在法律上並非必須作出的作為；或（c）導致受威脅者或其他人不作出他在法律上有權作出的作為。"

## （二）性罪行

強姦罪（rape）的犯罪行為元素，是未經女性同意而與她非法性交；其犯罪心態元素為意圖性交及明知該女子不同意或罔顧她是否同意。[45] 受害人是否同意，在一些情況下，答案清晰。如被告捉住受害人使其不能反抗，或受害人完全失去知覺，這都反映是未經受害人同意。但假若被告用欺詐手段騙取受害人的同意，在此情況下的"同意"能否免除被告強姦刑責？舉例，被告欺騙受害人指他將在性交後給她金錢，從而得到受害人同意性交，但他根本沒有打算付錢，會否構成強姦？

在法律上，除非被告的欺詐屬於以下兩種情況之一，否則用欺詐手段騙取的同意也可使被告免除強姦刑責：（a）被告欺騙自己的身份（identity）；（b）被告欺騙其行為的性質（nature of the act）。[46] 舉例，被告冒充受害人的男朋友而獲得受害人同意性交，被告可觸犯強姦。又或被告告訴受害人他的行為不是性交而只是醫療程序，因被告欺騙其行為的性質，也可觸犯強姦。[47] 但如被告只是對其付款的意圖有所欺騙，則不構成強姦。[48] 當然，這不代表他會無罪釋放，因其行為可能構成《刑事罪行條例》第 120 條中的"以虛假藉口促致他人作非法的性行為"（procuring unlawful sexual acts by false pretences）罪。[49]

---

45　《刑事罪行條例》第 118 條；*R v Khan* [1990] 1 WLR 813。

46　*Chan Wai Hung v HKSAR* [2000] HKCFA 99.

47　*R v Williams* [1923] 1 KB 340.

48　*R v Linekar* [1995] QB 250.

49　*HKSAR v Nyamdoo Zoljargal* [2014] HKCFI 1088.

此罪也適用於在報章大幅報導的兩宗"性交轉運"事件。[50]

除了強姦罪及剛提及的"以虛假藉口促致他人作非法的性行為罪"，香港還有很多有關性的罪行。例如猥褻侵犯（indecent assault），（俗稱"非禮"）要求被告（a）有意圖地襲擊受害人；（b）該情況下的襲擊是可以被正常思維的人認為是猥褻的；及（c）他有猥褻意圖。[51] 舉例，被告在受害人不同意的情況下胸襲受害人以滿足其性慾，其行為符合以上三點，故可構成猥褻侵犯。

另外一個比較常見的性罪行是《刑事罪行條例》第 124 條中的"與一名年齡在 16 歲以下的女童非法性交"（俗稱"衰十一"，因泛指"與未成年少女發生性行為"此話共十一個字而得名）。對此罪行而言，女童有否同意並不重要：即使女童同意性交，被告也不能脫罪。但假若被告不知道女童在 16 歲以下，甚至有合理理由相信其年滿 16 歲呢？在 *So Wai Lun*[52] 一案中，終審法院判定這並非抗辯理由。上文第三節提及嚴重罪行一般需要相關的犯罪心態；此罪行可算例外。

偷拍別人不雅照片是不道德的行為，但不算襲擊，故不包括在非禮罪中。在公眾地方進行偷拍有時可控以《刑事罪行條例》第 160 條的"遊蕩罪"（loitering）[53]，《公安條例》[54] 第 17 B 條的"公眾地方內擾亂秩序行為罪"（disorder in public places）[55] 或普通法中"有違公德行為罪"（outraging public decency）。[56] 然而，香港法律改革委員會指出，這些罪行未能涵蓋私人地方的偷拍行為。[57]

在香港，召妓及賣淫本身並非違法。然而，很多與賣淫有關的行為乃刑

---

50　香港特別行政區訴歐陽國富 [2012] HKCA 33; *HKSAR v Chow Kam Wah* [2012] HKCA 523。

51　《刑事罪行條例》第 122 條；*R v Court* [1988] 2 All ER 221。

52　[2006] HKCFA 78.

53　*HKSAR v Chau Cheuk Yin* [2003] HKCFI 442. 此罪也曾用以控告沒有偷拍只有偷窺的人："香港特別行政區政府訴陳智文" [2004] HKCFI 1659; *HKSAR v Au Pak Chung* [2009] HKCFI 939。

54　《香港法例》第 245 章。

55　*HKSAR v Cheng Siu Wing* [2003] HKCFI 791; 此罪也曾用以控告沒有偷拍只有偷窺的人：*HKSAR v Chu Man Cheung* [2009] HKCFI 1122。

56　*R v Hamilton* [2008] 1 All ER 1103.

57　香港法律改革委員會，(2012)，《強姦及其他未經同意下進行的性罪行：諮詢文件》，第 6.24 段。

事罪行。舉例，"導致賣淫"（causing prostitution）、"依靠他人賣淫的收入維生"（living on earnings of prostitution of others）、"經營賣淫場所"（keeping a vice establishment）、"公開展示宣傳賣淫的標誌"（public display of signs advertising prostitution）及 "在公眾地方為不道德目的而唆使他人"（soliciting for an immoral purpose）均是《刑事罪行條例》中的罪行。[58] 這解釋了為甚麼香港性工作者常以 "一樓一鳳" 形式工作及不會在街上公開招徠客人。

## （三）　經濟罪行

盜竊罪（theft）是其中一種有關經濟的罪行，並列明在《盜竊罪條例》中。如之前所述，其犯罪行為元素為 "挪佔屬於另一人的財產"，其犯罪心態元素為 "不誠實" 及 "意圖永久地剝奪該另一人的財產"。

"財產"（property）除包括有形財產（如書本、衣服等），也包括無形財產如 "據法權產"（thing in action）。[59] 據法權產是指一些法律權利。舉例，我在銀行有一百元存款，法律上我有權利向銀行取回一百元現金，故我有一些據法權產。

《盜竊罪條例》列明只要我管有或控制一財產，或對其有任何所有權的權利或權益，該財產便 "屬於"（belonging to）我（就盜竊罪而言）。

"挪佔"（appropriation）的意思是 "行使擁有人的權利"（assumption of the rights of an owner）。需要注意的有兩點：首先，挪佔並不需要被告行使擁有人的 "所有" 權利；行使部份權利經已足夠。[60] 舉例，"管有"（possession）是擁有人對財產的一種權利；[61] 如我拿走你的物品，法律上確認我管有它，便可構成挪佔；其次，根據 *Gomez* 和 *Hinks*[62] 兩案，即使擁有人同意，被告的行

---

58　《刑事罪行條例》（《香港法例》第 200 章）第 131 條，第 137 條，第 139 條，第 147 條及第 147A 條。

59　《盜竊罪條例》（《香港法例》第 210 章）第 5 條。

60　*DPP v Gomez* [1993] AC 442.

61　Jackson, *Criminal Law in Hong Kong,* p 675.

62　[2000] 4 All ER 833.

為也可構成挪佔。舉例，你在超市把一件貨品放在購物車中，即使超市老闆同意（甚至歡迎）你的行為，在法律上，你已是挪佔該貨品。[63] 當然，這並不代表你已犯盜竊罪，因你未必有其犯罪心態元素。

《盜竊罪條例》沒有正面定義何謂 "不誠實" （dishonesty），只列舉了以下 3 種情況下，挪佔不算不誠實：（a）被告相信自己在法律上有權這麼做；（b）被告相信財產屬於的人知道挪佔行為及其有關情況後會同意；（c）被告相信採取合理的步驟亦不能找到擁有該財產的人。[64] 在其他情況下，根據 Ghosh[65] 一案，被告符合以下兩點便算不誠實：（a）以合理及誠實的人的一般標準而言，他的行為不誠實；（b）被告主觀知道，以合理及誠實的人的一般標準而言，他的行為不誠實。

盜竊罪要求被告 "意圖永久地剝奪該另一人的財產" （with the intention of permanently depriving the other of it）。如果我只想借用財產一段短時間，一般情況下我沒有犯盜竊罪。然而，《盜竊罪條例》也列明，如被告 "不顧該另一人的權利而意圖將該東西視為自己的東西處置（dispose of）"，那麼即使實際上他沒永久地剝奪該人財產的意圖，法律上他將被視作有該意圖。[66]

以上的討論略為抽象，現以例子說明。假如我在你的袋中拿走一部手提電話，我挪佔屬於你的財產；而如果我想偷走它，我便意圖永久地使你失去電話；而明顯地我的行為是不誠實的；所以我犯了盜竊罪。假如我冒你的名寫假支票提款，我也犯了盜竊罪。這是因為：（a）我行使你作為存款者的權利；（b）我的行為不誠實；（c）我不顧你的權利而意圖將你的據法權產視為自己的東西處置。[67] 如果我見到有人在提款機提款時忘記拿錢，我把其收起，又有否犯盜竊罪？有興趣的讀者可嘗試自己找出答案。[68] 此外，由於減少接贓

---

63　*Gomez; Hinks.*

64　《盜竊罪條例》（《香港法例》第 210 章）第 3 條。如被告是以受託人或遺產代理人身份獲得財產，第（c）項並不適用。

65　（1982）QB 1053; *HKSAR v Hsu Ming Mei* [2012] HKCA 494.

66　《盜竊罪條例》（《香港法例》第 210 章）第 7 條。

67　*AG v Chan Man Sin* [1988] 1 WLR 196; *Wong Cho Sum* [2001] 3 HKLRD 76.

68　*HKSAR v Cheng Wai Chun* [2004] HKCFI 51.

可間接減少盜竊，故此"處理贓物"（handling stolen goods）根據《盜竊罪條例》第 24 條，是一項罪行；任何人"知道或相信某些貨品是贓物而不誠實地收受該貨品，或不誠實地從事或協助另一人或為另一人的利益而將該貨品保留、搬遷、處置或變現，或作出如此安排"，即犯該罪。

刑事法除了保障我們的財產免受盜竊外，也保障它們免受破壞。根據《刑事罪行條例》第 60（1）條，任何人無合法辯解下意圖或罔顧地摧毀或損壞屬於他人的財產，即犯刑事毀壞罪（criminal damage）。

盜竊罪及刑事毀壞罪要求被告挪佔或破壞屬於另一人的已有財產。但騙徒的欺詐或不誠實行為未必有此後果。舉例，以欺詐手段獲得一些服務或一份工作，並不構成盜竊。故此需要其他有關經濟的罪行，略述如下。[69]（這些罪行時常重疊，即一個行為可同時干犯多個經濟罪行。[70]）

"以欺騙手段取得服務罪"（obtaining services by deception）可在《盜竊罪條例》第 18A 條中找到。其罪行元素為（a）以欺騙手段；（b）取得另一人的服務；及（c）不誠實。"欺騙手段"（deception）的意思是使他人相信一件不實的事，而自己是知道或相信該事是不實的。[71] 需留意的是"欺騙手段"不一定是謊話；沉默或沒有指出一些事實，在一些情況下，也可構成欺騙手段。[72]

"以欺騙手段取得金錢利益罪"（obtaining pecuniary advantage by deception）可在《盜竊罪條例》第 18 條中找到。其罪行元素為（a）以欺騙手段；（b）為自己或另一人取得任何金錢利益；及（c）不誠實。"金錢利益"（pecuniary advantage）在第 18（2）條中界定，是指獲得銀行信貸服務或獲給予機會在某職位賺取報酬等。舉例，以虛假資料騙得銀行批出貸款，即犯此罪。[73]

---

69　此外，普通法的"串謀詐騙"（conspiracy to defraud）也是一個重要的經濟罪行。篇幅所限，不能詳述，有興趣讀者可閱 Jackson, *Criminal Law in Hong Kong*, pp 442-452; *HKSAR v Mo Yuk Ping* [2007] 3 HKLRD 750; *HKSAR v Chan Wai Yip* (2010) 13 HKCFAR 842。

70　Jackson, *Criminal Law in Hong Kong,* p 754.

71　*Re London Globe Finance Corporation Limited* [1903] 1 Ch 728.

72　Jackson, *Criminal Law In Hong Kong,* pp 730-731.

73　*Cheung Bing Lit v The Queen* [1979] HKCA 50.

"以欺騙手段逃避法律責任罪"（evasion of liability by deception）可在《盜竊罪條例》第 18B 條中找到。其罪行元素為：

（a）以欺騙手段；（b）甲、獲得免除作出付款的全部或部份現有的法律責任；乙、意圖不履行作出付款的全部或部份現有的法律責任（不論是否永久地不履行），或意圖讓另一人如此辦，而誘使債權人或任何代表債權人申索款項的人等候付款（不論付款日期是否獲得延期）或放棄要求付款；或丙、取得任何豁免或減除作出付款的法律責任；及（c）不誠實。

舉例，我有法律責任今天付款給你，而我在知道銀行戶口無錢的情況下（故銀行不會兌現支票情況下）開支票給你，從而不誠實地使你等候付款，我便犯了此罪。[74]

"以欺騙手段在某些紀錄內促致記項罪"（procuring entry in certain records by deception）可在《盜竊罪條例》第 18D 條中找到。其罪行元素為（a）為使自己或另一人獲益，或意圖使另一人遭受損失；而（b）以欺騙手段；（c）促致在銀行或接受存款公司，或其主要業務是提供信貸的任何附屬公司的紀錄內記入、略去、改動、抽出、隱藏或毀滅某記項；及（d）不誠實。舉例，保險經紀欺騙受害人存款到一戶口作為保費，但實際上保險經紀用該筆金錢作其他用途。因他用欺騙手段不誠實地，為使一人獲益，促致在銀行的紀錄內記入或改動有關該存款的記項，所以犯了此罪。[75]

此外，根據《盜竊罪條例》第 16A（1）條，"如任何人藉作任何欺騙……並意圖詐騙而誘使另一人作出任何作為或有任何不作為，而導致（a）該另一人以外的任何人獲得利益；或（b）該進行誘使的人以外的任何人蒙受不利或有相當程度的可能性會蒙受不利，則……犯欺詐罪。""欺騙"（deceit）意思和之前討論過的 "欺騙手段" 意思相似。[76] 根據第 16A（2）條，"任何人

---

74　*HKSAR v Chan Siu Tai Edward* [2011] HKCA 463.

75　*HKSAR v Wong Ming Wai* [2001] HKCFI 857.

76　Neerav Srivastava, "Offences under the Theft Ordinance" in Kemal Bokhary, Clive Grossman, and Grenville Cross (eds) *Archbold Hong Kong 2014* (Hong Kong: Sweet and Maxwell, 2014), paras 22-125; 讀者也可參閱 Jackson, *Criminal Law in Hong Kong*, p 769。

如在進行欺騙時意圖藉所進行的欺騙……誘使另一人作出任何作為或有任何不作為，而因此會導致該款（a）及（b）段所提述的兩種後果或其中一種後果產生，則該人須被視為意圖詐騙。"如我冒用他人資料向銀行申請支票簿，因我欺騙銀行誘使其作出給我支票簿的行為，而其他人相當可能會因此蒙受不利，而我有意圖導致相關後果，故我已犯欺詐罪。[77] 用虛假資料騙取社會福利也屬欺詐罪範圍。[78]

除了欺騙手段外，罪犯也用恫嚇的手段獲益或使人受損。這些情況有時可構成勒索罪（blackmail）。根據《盜竊罪條例》第 23 條，"任何人如為使自己或另一人獲益，或意圖使另一人遭受損失，而以恫嚇的方式作出任何不當的要求，即屬犯勒索罪。"恫嚇不局限於威脅向受害人施以武力：根據 *Thorne v Motor Trade Association*[79] 一案，"恫嚇"（menaces）也包括威脅做一些使受害人受妨害或不愉快的行為。至於"不當要求"（unwarranted demand），根據《盜竊罪條例》第 23 條，"凡以恫嚇的方式作出要求，均屬不當，除非作出要求的人在如此要求時相信他有合理理由作出該項要求及相信使用恫嚇是加強該項要求的適當手段。"

## （四）貪污罪行

在《香港法例》中，有一些專門針對貪污的法例，其中最重要的可在《防止賄賂條例》[80] 中找到，包括三大類：（a）針對一般市民收受利益（及向一般市民提供相關利益）的；（b）只針對"公職人員"（public servant）收受利益（及向公職人員提供相關利益）的；及（c）只針對"訂明人員"（prescribed officer）收受利益（及向訂明人員提供相關利益）的。"訂明人員"指擔任政府轄下的受薪職位的人、法官及主要官員等；"公職人員"是指"訂明人員"

---

77　*HKSAR v Wan Kwong Chiu* [2004] HKCA 47.

78　*HKSAR v To Ah Sin* [2013] HKDC 1438.

79　[1937] AC 797.

80　《香港法例》第 201 章。

及公共機構（如大學、建造業議會及電視廣播有限公司等）的僱員等。[81] 由於政府受賄對社會影響最大，第三類法律特別嚴苛。（《防止賄賂條例》也有特別監管行政長官的貪污行為，篇幅所限，不能詳述。）

先討論針對市民收受利益的法例。"代理人索取／接受利益罪"可在《防止賄賂條例》第 9（1）節找到：

> 任何代理人無合法權限或合理辯解，索取或接受任何利益，作為他作出以下行為的誘因或報酬，或由於他作出以下行為而索取或接受任何利益，即屬犯罪——
>
> （a）作出或不作出，或曾經作出或不作出任何與其主事人的事務或業務有關的作為；或
>
> （b）在與其主事人的事務或業務有關的事上對任何人予以或不予，或曾經予以或不予優待或虧待。[82]

其犯罪心態元素是意圖做有關行為（例如意圖接受利益，作為其作出與其主事人的事務有關的作為的報酬）。[83]

"代理人"（agent）包括私人機構僱員及代他人辦事的人。[84]《防止賄賂條例》第 9（2）條是第 9（1）條的相應的而針對提供利益的人（而非索取或接受利益的人）的條文。而《防止賄賂條例》第 9（4）條列明代理人如有其主事人（principal）（例如其僱主）的許可索取或接受利益，則該代理人及提供該利益的人不算犯罪。

需要注意的有三點。首先，"利益"（advantage）在《防止賄賂條例》中定義甚廣，但不包括"款待"（entertainment），即"供應在當場享用的食物或

---

81　《防止賄賂條例》（《香港法例》第 201 章）第 2 條。

82　《防止賄賂條例》（《香港法例》第 201 章）第 9 條。

83　*R v Looi Kim-lee* [1985] 2 HKC 410.

84　《防止賄賂條例》（《香港法例》第 201 章）第 2 條。

飲品，以及任何與此項供應有關或同時提供的其他款待"；[85] 其次，《防止賄賂條例》第 19 條列明即使提供某種利益在某行業中已成習慣，也不能作免責辯護；第三，即使代理人沒有及不打算在其工作中濫權或偏私，收受利益也可犯法。[86] 舉例，一位大廈看更盡責工作，新年時大廈住客因其工作給他利是，而看更知道這是因他曾經作出與其僱主業務有關的行為而提供的報酬，及其僱主不會許可他收該利是。如此，即使這是香港傳統習俗，收取利是也會犯罪。

《防止賄賂條例》第 4（2）條的"公職人員索取／接受利益罪"是一條和"代理人索取／接受利益罪"類似（但不完全相同）而針對公職人員收受利益的罪行。[87] 它覆蓋公職人員在沒有許可或其他合法權限或合理辯解下，收受一些由於他憑其公職人員身份而作的作為而提供的利益。（第 4（1）條禁止向公職人員提供相關利益）。除此以外，《防止賄賂條例》第 5 條的"合約事務上給予協助等而作的賄賂罪"（bribery for giving assistance, etc. in regard to contracts）只適用於公職人員收受利益；一般市民收受利益不受此限（當然，一般市民可因提供相關利益而干犯此罪）。

《防止賄賂條例》有幾條條例特別針對訂明人員收受利益。首先，雖然《防止賄賂條例》第 4（2）條的"公職人員索取／接受利益罪"覆蓋所有公職人員，然而，它對非訂明人員及訂明人員有不同處理：一個非訂明人員的公職人員只需有其所屬公共機構的許可，即可收受一些由於他憑其公職人員身份而作的作為而提供的利益；[88] 但是，訂明人員收受同類利益，即使有許可也不能免罪；其次，《防止賄賂條例》第 3 條列明，訂明人員如未得行政長官許可而索取或接受任何利益，即屬犯罪。這條例和第 4（2）條分別在於其覆蓋非因其公職人員身份而提供的利益；第三，根據《防止賄賂條例》第 10 條，如訂明人員（a）維持高於與其現在或過去的公職薪俸相稱的生活水準；

---

85　《防止賄賂條例》（《香港法例》第 201 章）第 2 條。

86　*AG v Chung Fat Ming* [1978] HKLR 480.

87　讀者可參考 Ian McWalters, *Bribery and Corruption Laws in Hong Kong* (Hong Kong: LexisNexis, 2nd ed. 2009)。

88　《防止賄賂條例》（《香港法例》第 201 章）第 4（3）條。

或（b）控制與其現在或過去的公職薪俸不相稱的金錢資源或財產，那麼除非他就其如何能維持該生活水準或就該等金錢資源或財產如何歸其控制向法庭作出圓滿解釋，否則他將犯"訂明人員管有來歷不明財產罪"（possession of unexplained property）。就此罪行，控方不必指出特定收受利益行為，所以此乃打擊訂明人員貪污的重要武器。

除了《防止賄賂條例》外，普通法的"公職上行為失當罪"（misconduct in public office）有時也用於檢控貪污行為。根據 *Sin Kam Wah* 案，其罪行的五個元素為：

（1）犯案者為公職人員；

（2）在擔任公職期間或在與擔任公職有關的情況干犯罪行；

（3）藉作為或不作為而故意作出失當行為，例如故意疏忽職守或沒有履行職責；

（4）沒有合理辯解或理由；及

（5）考慮到有關公職和任職者的責任、他們所尋求達致的公共目標的重要性及偏離責任的性質和程度，有關的失當行為屬於嚴重而非微不足道。[89]

在此需指出，"公職上行為失當罪"中的"公職人員"（public official）和《防止賄賂條例》中的"公職人員"（public servant）意思不同。有興趣的讀者可細閱終審法院在 *Wong Lin Kay*[90] 一案中對"公職上行為失當罪"中"公職人員"的定義。

此外，香港也有《選舉（舞弊及非法行為）條例》[91]，專門針對有關選舉的舞弊行為。

---

89　[2004] HKCFA 70. 翻譯來自麥高義，（2011），"公職上行為失當——誰是公職人員？"，取自　http://www.doj.gov.hk/sc/public/pdf/pd2011/Feature_Articles.pdf。

90　[2012] HKCFA 33.

91　《香港法例》第 554 章。

## （五）其他一些常見的罪行

除了上述的罪行外，香港還有很多其他罪行和我們日常生活息息相關。現舉兩例。

一家人在家搓麻雀，即使牽涉金錢，很多時候是合法的。但很多其他情況下的賭博是犯法的。這怎樣加以區分？答案是根據《賭博條例》[92] 第 3（1）條，除非屬於列明的情況，賭博乃屬非法。而《賭博條例》第 3（2）條列明"如博彩遊戲乃在私人處所內的社交場合中進行，而且並非以生意或業務的形式籌辦或經營，亦非為任何人的私有收益（以博彩遊戲的博彩者或在博彩遊戲中博彩的人的身份贏得者不計）而籌辦或經營，則該等博彩乃屬合法。"需要留意的是賭博中作弊以贏取金錢是刑事罪行。[93]

另外，很多人都曾不遵守交通規則過馬路，但他們未必知道這觸及刑事法。然而，根據《道路交通（交通管制）規例》[94] 第 33 條及第 61 條，任何人無合理辯解而不按交通燈指示過馬路，已屬違法，可罰款二千港元。

## （六）法律也應用互聯網上

在此特別指出，以上法律除應用於實體世界，也應用於互聯網上。舉例，如我通過互聯網勒索或恐嚇你，我的行為也可犯法。

# 五　參與犯

以上所述的是關於"主犯"（principal offender）的法律。現在介紹有關

---

92　《香港法例》第 148 章。

93　《賭博條例》第 16（a）（1）條；《盜竊罪條例》第 18（2）（c）條。

94　《香港法例》第 374G 章。

"參與犯"（participant）的法律。

　　首先簡述主犯和參與犯的分別。主犯需符合有關罪行的行為元素，參與犯則不需；他負刑事責任的原因，在於他對該罪行有一些特定的參與。舉例，假設甲有意圖地鼓勵乙槍殺受害者，而乙被甲説服而有意圖地槍殺受害者。在此，乙可作為謀殺罪主犯。然而，甲不能作為謀殺罪主犯，原因和第三節所述的 "導致" 的法律定義有關。簡單而言，導致受害者死亡是謀殺的必要行為元素；乙所作乃自由而知情的行動（free and informed act），故刑法上甲不會被視為導致受害者的死亡。[95] 在此情況下，甲可被控為乙的謀殺罪的參與犯，並根據《刑事訴訟程序條例》[96] 第 8 9 條，就同一罪行（謀殺）入罪。在此需指出，一般而言，如一件罪行沒有發生，則沒有人可因參與該罪被定罪。[97] 舉例，丙有意圖地鼓勵丁槍殺受害者，但丁最後沒有殺人，則丙不算是參與謀殺（當然，他算是煽惑謀殺：這是 "參與罪行" 和 "初步罪行" 的分別。下面第六節將討論煽惑等初步罪行）。

　　上面提到參與犯需對主犯的罪行有一些特定的參與。何謂特定的參與，在 *Sze Kwan Lung*[98] 案中，終審法院指出有兩個可能。首先，參與犯可以是普通法下的從犯（common law accessory）；其次，他可以是因 "參與主犯的合謀犯罪計劃"（joint enterprise）成為參與犯。

　　要成為普通法下的從犯，被告需（a）協助、教唆、慫使或促致（aid, abet, counsel or procure）主犯犯法；（b）知道 "主犯的罪行的必要事項"（"essential matters which constitute the principal offence"）；及（c）意圖協助、教唆、慫使或促致主犯犯法。[99] 舉例，上述槍殺例子中，甲有意圖地用言語教唆乙犯法，他也知道乙會因其教唆而謀殺受害人，故在普通法下，他是乙觸

---

95　*R v Kennedy (No. 2)* [2007] UKHL 38.

96　《香港法例》第 221 章。

97　這原則是有例外的。可參閱 *HKSAR v Sze Kwan Lung* [2004] HKCFA 57; Ormerod, *Smith and Hogan's Criminal Law*, pp 231-236; Janice Brabyn, "Secondary Party Criminal Liability in Hong Kong" (2010) *Hong Kong Law Journal* 40(3) 623, pp 654-656。

98　[2004] HKCFA 57.

99　Brabyn, "Secondary Party Criminal Liability in Hong Kong", pp 642-651; Ormerod, *Smith and Hogan's Criminal Law*, pp 191-213.

犯謀殺罪的從犯。

　　被告要因"參與主犯的合謀犯罪計劃"成為參與犯，他須符合以下數點：（為清晰起見，主犯所犯罪行稱為"罪行A"）（a）被告和主犯共同參與一犯罪計劃（該計劃不需以罪行A為目的）；（b）主犯的罪行A是因該計劃進行的（in pursuance of the joint enterprise）；（c）被告在參與計劃時主觀察覺有真實的風險（real risk）主犯會干犯罪行A。[100] 舉例，在 *Chan Wing Siu* 一案中，三人持刀行劫受害人。其中一人（主犯）行劫中用刀謀殺受害人。根據樞密院的判決，因另外兩人和主犯共同參與一犯罪計劃（行劫計劃），而主犯的謀殺是和行劫有關的，而他們在參與行劫計劃時，主觀察覺主犯在實行行劫計劃時有可能會謀殺他人，故此該兩人即使沒有意圖有人被殺，也可因參與被判謀殺。

　　在此必須指出，有關參與犯的法律十分複雜，篇幅所限，迴避了一些複雜的問題。舉例，關於從犯，何謂"知道主犯罪行的必要事項"？關於合謀犯罪計劃，如被告主觀察覺有真實的風險主犯會干犯罪行A以實行其犯罪計劃，但主犯干犯罪行A的方式（如所用的兇器）是完全在被告意料之外，在甚麼情況下被告會被視為罪行A的參與犯？有興趣讀者可參閱附註列出的文獻。[101]

# 六　初步罪行

　　以上討論的是有關"完成罪行"（completed crime）的法律；香港另有法律針對"不完整罪行"（incomplete crime）（或稱"初步罪行"或"未遂罪行"（inchoate crime））。"不完整罪行"可分三類：企圖（attempt）犯某項罪行、

---

100　*Sze Kwan Lung*; *The Queen v Chan Wing Siu* (1985) 80 Cr App R 117.

101　Brabyn, "Secondary Party Criminal Liability in Hong Kong"; Ormerod, *Smith and Hogan's Criminal Law*, chapter 8; Andrew Simester, John Spencer, Robert Sullivan, and Graham Virgo, *Simester and Sullivan's Criminal Law* (Oxford: Hart Publishing, 4th ed. 2010), chapter 7.

串謀（conspire）犯某項罪行和煽惑（incite）某項罪行。犯"不完整罪行"的人不需要符合所有該項罪行的犯罪行為元素。以謀殺為例，謀殺罪需要被告導致受害者的死亡；但犯企圖謀殺罪的人不需導致受害者的死亡。如我意圖殺死受害者而向其開槍，但子彈出奇地被風吹偏了，所以受害者沒有死，我只犯企圖謀殺罪，而沒有犯謀殺罪。

先討論企圖。根據《刑事罪行條例》第 159G 條，"如任何意圖犯本條所適用的罪行的人作出的某項作為已超乎只屬犯該罪行的預備作為者，則該人即屬企圖犯該罪行"。何謂"超乎只屬犯該罪行的預備"（more than merely preparatory）？在法律上有一定灰色地帶，但有些時候答案是清晰的：[102] 若我扣動了手槍的扳機，很明顯我的作為是超乎只屬預備謀殺，故我能犯企圖謀殺；但若我只購買手槍，這似乎只屬預備謀殺，故我不能犯企圖謀殺。[103]

串謀又是甚麼意思？根據《刑事罪行條例》第 159A 條：

> 如任何人與任何其他人達成作出某項行為的協議，而該項協議如按照他們的意圖得以落實，即出現以下的情況──
>
> （a）該項行為必會構成或涉及協議的一方或多於一方犯一項或多於一項罪行；或
>
> （b）若非存在某些致令不可能犯該罪行或任何該等罪行的事實，該項行為即會構成或涉及犯該罪行或該等罪行，
>
> 則該人即屬串謀犯該罪行或該等罪行。

舉例，假設我和你協議，明天我們用我的手槍重創受害人。若協議按照我們的意圖得以落實，將構成意圖造成身體嚴重傷害而傷人罪；因此，無論我們明天有沒有按計劃攻擊受害人，我們今天的協議已構成串謀意圖造成身

---

102　讀者可參閱 Jackson, *Criminal Law in Hong Kong*, pp 473-477; Ormerod, *Smith and Hogan's Criminal Law*, pp 413-418。

103　*Jones* [1990] 1 WLR 1057.

體嚴重傷害而傷人罪。

根據普通法，煽惑一項罪行也是犯法的。煽惑和串謀的分別在於煽惑不需要協議：假如我鼓勵你謀殺別人，而你不同意，我有可能犯煽惑謀殺，但我不能犯串謀謀殺。煽惑可以有指定對象，但非必須：在 *Invicta Plastics Limited*[104] 一案中，被告是通過宣傳單張煽惑別人犯法的。

# 七　免責辯護

免責辯護（defences）可分為兩類：(a) 對特定罪行的免責辯護（如對《防止賄賂條例》第 4 條中的罪行，公共機構的許可是免責辯護）；(b) 比較通用的免責辯護。此節將集中討論第二類。

免責辯護和求情理由不同。免責辯護可使被告免去刑事責任；求情理由只影響判罰輕重，而不影響被告會否被定罪（或留案底）。

## （一）自動症／不自主（automatism/involuntariness）

基本上所有刑事罪行均要求被告行動自主。[105] “自動症”即行動不自主。法律上，一個人若完全失去自主控制身體的能力（total loss of voluntary control），則他算是不自主。[106] 舉例，假設被告在昏迷當中，倒前並撞到另一人。在此，他撞到另一人的行動是不自主的。

既然行動自主是刑事罪行的必要條件，如被告行動不自主，他將如一般無罪者獲無罪釋放（simple acquittal）。這原則有兩個例外：第一，如被告的不自主是由精神錯亂引致的，在此情況下，雖然被告不會被定罪，他也不

---

104　[1976] RTR 251.

105　Ormerod, *Smith and Hogan's Criminal Law*, pp 63-65 討論了一些可能是此原則的例外情況。

106　*AG's Reference (No. 2 of 1992)* [1994] QB 91.

會得到一般無罪釋放的裁決：他將得到"因精神錯亂而無罪"（not guilty by reason of insanity）的特別裁決（special verdict）。[107] 其重要性在於法官對獲特別裁決的被告有特別處理權力，例如法官可在一些情況下把他們送到精神病院。[108] 在下面"精神錯亂"一節將繼續有關討論。

　　第二，如被告被控的罪行屬"基本意圖罪行"（basic intent crime）（而非"特定意圖罪行"（specific intent crime））而他的行動不自主源自其魯莽地飲酒或服用藥物，則他不能以自動症作免責辯護。[109] 實際上甚麼罪行屬"基本意圖罪行"由普通法案例決定。現時，"基本意圖罪行"包括誤殺、普通襲擊等；"特定意圖罪行"則包括謀殺、盜竊等。[110]

## （二）錯誤信念（mistaken belief）

　　錯誤的道德或法律信念絕大部份情況下均不是免責辯護。舉例，即使殺人者相信謀殺其他宗教的人士是合法合理的，他並不能以此免責。[111]

　　錯誤相信或以為某事實存在（即錯誤關於事實（factual）而非道德或法律），從而否定一個控罪的心態元素，便可對該控罪作免責辯護。[112] 舉例，假設我用手槍射擊一物並把其摧毀。我以為那是死物，但我的信念是錯誤的：其實那是一個人。在此情況下，我沒有犯謀殺罪。這是因為謀殺的犯罪心態元素包括意圖導致其他人死亡或受嚴重身體傷害；如我真心相信我射擊的是死物，謀殺的犯罪心態便不成立。

　　除了以下兩個例外情況，被告可用一個能否定其控罪心態元素的錯誤信

---

107　*R v Sullivan* [1984] AC 156.

108　《刑事訴訟程序條例》第 76 條。

109　*R v Majewski* [1977] AC 443; Jackson, *Criminal Law in Hong Kong*, pp 255-271; Ormerod, *Smith and Hogan's Criminal Law*, pp 310-323.

110　*Smith and Hogan's Criminal Law*, pp 317-321; Jackson, *Criminal Law in Hong Kong*, pp 260-266.

111　對於小部份控罪來說，某些錯誤的法律信念可以否定犯罪心態元素。可參閱 Jackson, *Criminal Law in Hong Kong*, pp 174-175。

112　Ormerod, *Smith and Hogan's Criminal Law*, p 330, p 335; Jackson, *Criminal Law in Hong Kong*, pp 164-166.

念作免責辯護，從而獲一般的無罪釋放（這兩個例外和有關自動症的例外原理一樣）：第一，如被告的行為屬於精神錯亂，雖然被告不會被定罪，他也不會得到一般無罪釋放的裁決：他將得到"因精神錯亂而無罪"的特別裁決；第二，如被告被控的罪行屬"基本意圖罪行"（而非"特定意圖罪行"）而他的錯誤信念源自其魯莽地飲酒或服用藥物，則他不能以該錯誤信念作免責辯護。[113]

## （三）精神錯亂（insanity）

根據《刑事訴訟程序條例》第 74 條，如被告犯案時精神錯亂，他將得到"因精神錯亂而無罪"的特別裁決。精神錯亂的定義可從 *M'Naughten*[114] 一案找到：被告行動是在從精神疾病而來（from disease of the mind）的理性缺損（defect of reason）下進行，以至於他不知道其行為之性質與品質（nature and quality of the act）或不知道其行為是不對（wrong）的。

就此免責辯護而言，"精神疾病"是一個法律問題而非醫學問題。[115] 根據案例，若被告的精神毛病（mental disorder）"曾以暴力方式表現及易於復發"（has manifested itself in violence and is prone to recur），可算免責辯護所言的"精神疾病"；[116] 但若被告的理性缺損是"由外來因素造成的短暫效果"，則不算是"從精神疾病而來"。[117] 舉例，如我重擊一人頭部使其昏迷，他的理性缺損是由外來因素造成的短暫效果，故不算"從精神疾病而來"。同樣地，在 *Quick*[118] 一案，英國上訴法院裁定，因注射胰島素而引致的短暫理性缺損不算"從精神疾病而來"。

---

113　Ormerod, *Smith and Hogan's Criminal Law*, p 311.

114　[1843] UKHL J16.

115　*Sullivan*.

116　*AG v Bratty* [1963] AC 386.

117　*R v Quick* [1973] QB 910.

118　[1973] QB 910.

## （四）脅迫（duress）

　　一般而言，刑法是用以對付壞人，而非要求市民做英雄或聖人。故此，一個人被脅迫下犯法，有時是情有可原及可免刑責。

　　根據 *Hasan*[119] 一案，要用脅迫免責，被告需符合以下幾點：（a）他相信（而該信念是合理的）如他不犯法，則他或一些他要負責的人（如其子女）會被致死或受嚴重身體傷害，而促使其犯法行動；（b）一個合理的、與被告年齡及背景一樣的人，在該情況下有可能做同樣的事；（c）除該犯法行動外，被告無其他行動可迴避有關傷害；（d）被告並非自願地接受有關之威嚇，否則不能以脅迫為免責辯護（例如被告自願地和慣常罪犯混在一起，而合理的人看到這樣被告有受暴力威嚇的風險，脅迫免責便不成立）。

　　脅迫可用於大部份的罪行，但謀殺和企圖謀殺是例外。[120]

## （五）自衛（self-defence）及防止罪案（crime-prevention）

　　當我（或其他人）受到不法的攻擊而我用適當武力自衛（或防止罪案），該武力便是合法的。有兩點需要注意：首先，即使我可用武力自衛，但若使用的武力過度，便不能以自衛作免責辯護。[121]

　　另一方面，在判斷被告的武力反應是否過度，我們是以被告的主觀事實信念作基礎，即使其事實信念為錯誤而不合理的。[122] 舉例，你舉起筆向我打招呼，但我誤看為你向我舉槍而向你出拳阻止你"開槍"，而該事實信念（"你向我舉槍"）是不合理的（意指一個合理的人該不會如此粗心看錯）。在此，我能否用自衛作免責辯護取決於"出拳阻止開槍"是否適當，而非"對舉筆打招呼的人出拳"是否適當。

---

119　[2005] 2 AC 467.

120　*Hasan*.

121　*R v Martin (Anthony)* [2003] QB 1.

122　*The Queen v Beckford* [1988] AC 130.

## （六）兒童的刑事責任

在香港，關於刑事責任的年齡，目前已訂立一項不可推翻的規定，即十歲以下兒童不能犯罪。[123] 十歲至十四歲的兒童可以犯罪；但要將他們入罪，控方需額外證明被告在犯罪時知道自己的行為是嚴重不對（seriously wrong）的，而非純屬頑皮（naughty）或是惡作劇（mischievous）。[124]

# 八　舉證責任及無罪推定

我們需要知道罪行的必要條件，也要知道誰有舉證責任（burden of proof）。舉例，謀殺的犯罪心態是意圖非法地導致有人死亡或身體受嚴重傷害。對於被告的意圖，舉證責任在控方還是辯方？換言之，是控方需要證明被告有意圖，否則被告被判無罪；還是辯方需要證明被告沒有意圖，否則被告被判有罪（假設其他罪行元素不成問題）？

一般而言，[125] 根據 "無罪推定"（presumption of innocence）原則，控方需在無合理疑點（reasonable doubt）的情況下證明被告犯了他所被控的罪行，即證明該罪行的所有必要條件。因此，我們常說 "疑點利益歸於被告"。在 Woolmington[126] 一案中，判決清楚指出要使被告判謀殺罪，控方需在無合理疑點下證明被告有相關意圖。

有些時候，普通法或成文法會把某些罪行的某些條件的舉證責任分配到辯方。舉例，被告 "無合法權限或合理辯解" 是《防止賄賂條例》第 4（2）條中的公職人員索取／接受利益罪的必要條件；而《防止賄賂條例》第 24 條列明 "以具有合法權限或合理辯解為免責辯護的舉證責任在於被控人"。這些

---

123　《少年犯條例》（《香港法例》第 226 章）第 3 條。

124　*Chan Shi Wah v The Queen* [1967] HKLR 241.

125　終審法院曾詳細討論無罪推定原則。見 "香港特區政府對吳保安" [2008] HKCFA 12。

126　[1935] AC 462.

分配舉證責任的條文不一定有法律效力。這是因為無罪推定不只是釋義原則
（principle of interpretation），而是有憲法地位的：此乃《基本法》保障的權利
之一。[127] 一條成文法或普通法如不合理地侵犯《基本法》保障的權利，則將失
效。一條侵犯無罪推定原則的法律（即把罪行某些條件的舉證責任分配到辯
方的法律）是否合理（因而有效）視乎該罪行懲罰的輕重，調查有關條件的
困難等。[128]

## 九　刑罰及其他對罪行的應對

　　事實上，並非每個犯了罪而被捕的人都會被定罪及判刑。首先，律政司
可選擇不檢控；其次，控方可選擇在被告同意簽保守行為（binding over）的
情況下，不提證供起訴（offer no evidence）。"簽保守行為" 的意思是被告向
法庭保證一段時間內保持良好行為並／或遵守法紀，否則須向法庭繳交一定
數目的保證金。[129] 如控方不提證供起訴而被告沒被定罪，他不會留有案底。
這些酌情權原則上是有道德基礎的：把每個犯了罪的人定罪及判罰，無論其
罪行是否輕微，並不合乎公眾利益。然而，公平及一視同仁是法律的重要美
德，故政府在行使這些酌情權時必須慎重。

　　此外，還有犯罪者在以下兩種情況不會被定罪：一、對一些輕微的罪
行，如 "在公眾地方吐痰" 等，[130] 公職人員可選擇要求犯罪者繳交定額罰款藉
以解除他對該罪行的刑事責任；二、對未成年的犯罪者，警方可根據 "警司
警戒計劃"（Police Superintendent's Discretion Scheme）處理。"警司警戒計劃"
是指警方同意對該犯罪者不提出起訴，而他須接受警方監管一段時間。[131]

---

127 《基本法》第 87 條。
128 "吳保安案"。
129 《刑事訴訟程序條例》（《香港法例》第 221 章）第 109 I 條。
130 《定額罰款（公眾地方潔淨罪行）條例》（《香港法例》第 570A 章）第 3（1）條及附表 1。
131 Victor Ho, *Criminal Law in Hong Kong* (Kluwer: Dordrecht, 2011), p 265.

　　如被告被定罪，可能被判的刑罰有多種，包括監禁、緩刑（如"刑期一年，緩刑兩年"，意即兩年內被告不再犯可判監罪行，則不須服刑，但如兩年內被告再犯可判監罪行，法庭除可就新罪行判罰，也可要求被告服回舊罪行一年的刑期）、社會服務令、感化令、罰款等等。[132]（法律中另有一些只適用於年輕犯案者的判罰，如判入感化院。[133]）一般而言，成文法只會訂明一個罪行的最高刑罰，在決定犯案者實際所受刑罰時，法官會考慮犯案者的罪行及其個人因素，並會考慮報應（retribution）、阻嚇（deterrence）、隔離（incapacitation）及更生（rehabilitation）四條量刑原則。[134]

---

132　Ho, *Criminal Law in Hong Kong*, pp 259-276 對各刑罰作了清楚而簡明的介紹。

133　《感化院條例》（《香港法例》第 225 章）第 17 條。

134　*Sargeant* (1974) 60 Cr App R 74; *Secretary for Justice v Kwan Chi Cheong* [1999] HKCA 767.

第六章

# 合約法

張達明

*香港大學法律學院首席講師*

李穎芝[*]

*香港大學法律學院副教授*

## 一　合約的定義及基本元素

"合約"一詞，在法律上並沒有一個絕對及公認之定義。但簡單來說，在普通法中，合約可被定義為"一項或一組在法律上可強制執行的承諾（promise）"[1]或"一項受法律認可或可強制執行之協議（agreement）"。[2]當然，這些定義本身並沒有就哪些承諾或協議會受法律認可或可強制執行提供答案。故此，我們須先探討產生合約的基本元素。

合約的產生有三個基本元素：（a）協議，即有兩個或以上的當事人透過要約（offer）及承約（acceptance）達成一確定無疑及完全的承諾或協議；（b）該承諾或協議有代價（consideration，又稱"約因"）支持或以契據形式訂立；（c）當事人有訂立法律關係的意向。

---

[*]　本章作者鳴謝香港大學法律專業證書課程學生呂駿彥先生協助搜集資料。

[1]　HG Beale et al (ed.), *Chitty on Contracts* (London: Sweet & Maxwell, 31st edn., 2013), vol 1, paras 1-016-1-018.

[2]　E Peel, *Treitel on The Law of Contract* (London: Sweet & Maxwell, 13th edn., 2011), para 1-001.

## （一） 協議

### 1. 要約

要約人（offeror）向受要約人（offeree）發出要約，意思是說，要約人有此實際或表面意願，一旦他在要約中提出之條款為受要約人接受，便即時產生有法律約束力的合約。一般來說，要約的作出並沒有規定之形式，可以透過口頭、書面，甚至行為去作出。例如當一名顧客從超級市場所陳列的貨品中挑選他想購買的貨品，拿到收銀處，這行為便構成購買該貨品的要約。

在立約各方進行協商以產生合約的過程中，一般都會涉及很多初步交談，才達至一個確實的要約。因此，我們要小心分辨要約與"邀請要約"（invitation to treat）；後者只是建議對方提出要約，作出建議的人並不想在對方接受建議時立即產生具有法律約束力的合約。例如案中原告人曾向被告人發出電報，詢問被告人是否願意出售某種貨品，並要求電報最低現金價格。當被告人回覆最低價格為九百英鎊時，原告人發電報表明願意以九百英鎊購買該批貨品。英國樞密院裁定被告人的電報並非要約，而只是對他們願意出售該貨品的價格的陳述；原告人的第二次電報方構成被告人發出的要約，但被告人並未接納該要約。[3] 在判斷要約是否存在時，法庭主要是採用一個明理人的標準（reasonable man's test）去推斷當事人的真正意向。雖然要推斷某人的意向並不容易，但幸好在普通法制度下，已累積很多判例，就個別不同之具體情況，訂下適用之規則去區分要約及邀請要約。例如在一般情況下，陳列附有標價的貨品、發出貨品價目表、登廣告出售貨品、招請投標等等行為，只被視作邀請要約。

### 2. 承約

承約，是最終及無條件地表示同意接受要約人所提出之建議合約條款。

---

3　*Harvey v Facey* [1839] AC 552.

一般來説，承約必須在要約仍生效及未被撤回時傳達給要約人並為其所獲悉，方為有效。但也有例外，其一是當受要約人以郵遞方式接受要約，而該方式又是合理或為雙方所接受時，承約便在承約郵件寄出時生效，即使郵件有延誤或遺失，亦不影響有效合約之成立；[4] 另一例外情況是關乎一些單邊合約（unilateral contract），這種情況是要約人以明示或默示的方式表示，受要約人可以用履行合約的方式來表示承約，而無須事前通知要約人或向他作出任何承諾。英國有一宗很著名及有趣的案例：[5] 被告人在報章上刊登廣告推銷其出產的 "炭煙丸"，聲明任何人若按照指示服用兩星期後仍患上傷風或流行性感冒，便可得到一百英鎊作為酬償。英國上訴法院最後裁定該廣告構成要約，任何以行動滿足廣告所開出之條件的人，均成為承約人，無須事前發出承約通知，便有權要求被告人履行合約給予酬償。

我們須要區分承約、拒絕要約與反要約（counter-offer）。拒絕要約會使要約終止，以至要約無法再被接受。一項聲稱是承約的表示，若提出違反要約內容或在要約中沒有的新條款，便構成反要約，在法律上的效果等同拒絕要約並提出一項新的要約，讓原先的要約人考慮是否接受。一旦發出反要約，原先的要約在法律上便會即時失效，即使原受要約人後來改變主意，亦不能在未得原要約人同意下作出有效接受要約之承約。故此，在 *Hyde v Wrench* [6] 一案中，被告人向原告人發出要約以一千英鎊出售其農場，原告人反要約以九百五十英鎊購買。遭被告人拒絕後，原告人便表示願意接受原要約以一千英鎊購買該農場。但法庭裁定原要約已因原告人之反要約而失效，故原告人再不能作出有效之承約。

另一方面，我們亦要區分反要約與查詢資料之回覆。後者並不帶有拒絕要約中條款的意願，因此不構成拒絕要約，故不會終止原要約。法庭一般會以客觀的標準來推斷有關意願，例如在一案例[7] 中，被告人要約以某一價錢

---

4　*Henthorn v Fraser* [1892] 2 Ch 27, 33.

5　*Carlill v Carbolic Smoke Ball Co* [1893] 1 QB 256.

6　[1840] 3 Beav 334.

7　*Stevenson Jacques & Co v McLean* [1880] 5 QBD 346.

出售某貨物，原告人回電詢問被告人是否願意接受於兩個月內交收貨款的安排。當原告人等了一段時間後仍未收到被告人任何回覆，便向被告人表示願意即時付款購買該貨物，但被告人卻不再願意以該價錢出售。法庭裁定原告人的答覆只是一項詢問，並沒因此終止原要約，故判原告人勝訴。

### 3. 確定無疑及完全的協議

即使表面上有要約及承約，若所達成的協議太含糊或在關鍵及重要的條款上雙方未有一致意見，仍不構成有效合約。

例如在 *G Scammell & Nephew Ltd v Ouston* [8] 一案中，雙方協議買賣一輛汽車，條件之一是以"分期付款租購"（hire-purchase）方式在兩年內清償貨款餘額。英國上議院法庭裁定該協議太含糊，並不構成合約。主要原因是有不同的分期付款租購方式，關於所付首期及月供的條款千變萬化，故法庭無從判定雙方在這方面是否有一致意見；又例如合約雙方嘗試訂定一份租賃協議，但並沒有列明租期於何時開始，該協議便不會構成有效合約。[9] 在 *World Food Fair Ltd v Hong Kong Island Development Ltd* [10] 一案中，雖然原告人在商討租賃協議過程中已向被告人繳付初期訂金（initial deposit），並取得單位鑰匙開展裝修工程，但雙方最後未能簽署正式租約。由於雙方對一些主要條件如租約生效日期、免租期等仍未有共識，終審法院裁定雙方仍未有達成有效合約，而原告人亦可以取回已繳付的初期訂金。

當然，法庭也明白，普羅大眾或一般商人往往會以簡單粗糙的方式記錄或表達他們希望達成之協議的內容，故法庭會避免矯枉過正地尋找其中不足之處。當雙方訂立合約的意向清晰時，法庭在可行的情況下會盡量挽救一些表面上含糊或不完全的協議。例如貨品買賣合約即使沒有訂明價格，但根據普通法及《貨品售賣條例》[11]，法庭會視乎個別情況默示一個合理的價錢，故

---

8　[1941] AC 251.

9　*Harvey v Pratt* [1965] 1 WLR 1025.

10　[2007] 1 HKLRD 498,(2006) 9 HKCFAR 735.

11　《香港法例》第 26 章，第 10（2）條。

合約仍是有效的。此外，法院亦透過判例去訂立一些原則，以解決一些表面含糊之處，並將"含糊的協議"與"協議中含糊的條款"區別開來，當後者並非協議中重要或必不可少的部份時，可將之刪除來挽救協議。

## （二）代價

合約的第二個基本元素，是代價（又稱"約因"）。除非一個協議以契據（deed）形式訂立或有代價支持，否則不構成有效合約。

代價在法律上可定義為"一方可得的權利、權益、利潤或利益，或是另一方付出、容受或承擔的寬容、損害、損失或責任"。[12] 簡單來說，代價是指受諾人（promisee）為了得到許諾人（promisor）的許諾（promise）而蒙受的損失，或許諾人因其作出許諾而獲得的利益。

故此，若甲許諾贈送一汽車給乙，因這許諾並沒有對受諾人（乙）構成損失或對許諾人（甲）構成利益，故沒有代價去支持此許諾並構成合約。在這情況下，若想該許諾構成合約，可用契據形式訂立。過往，訂立契據是一件極嚴肅的事，有一定的程序及格式。但今時今日，基本上只要在文件上聲稱它屬契據，而簽署者又已作出行動顯示他願意被該契據約束的意願；那麼，即使沒有蓋章或其他特別儀式，亦可構成法律認可之契據。

普通法雖然要求非契據的合約必須有代價支持，但只要涉及的代價有經濟價值，法庭便不會理會該代價是否足夠或是否與它所換取的許諾相稱。象徵式的代價亦足以支持許諾。故此在上述贈送汽車的例子中，若乙許諾給予甲港幣一元以換取甲贈送汽車的許諾，該協議便可成為一有效合約。但要注意的是，雖然普通法允許以契據形式或象徵式的代價去支持許諾，但受諾人卻可能因合約缺乏實質代價而得不到衡平法的補救措施（見下文）。

有一個很重要的原則，就是代價必須由受諾人提供。換言之，除非受

---

12　*Currie v Misa* [1875] LR 10 Ex 153, 162; *Midland Bank Trust Co Ltd v Green* [1981] AC 513, 531.

諾人本身有提供代價，否則他不能請求法院執行許諾。故此，若甲許諾給乙一千元以換取丙替甲做一件事，除非乙本身有提供代價（如許諾去說服丙做該事）；否則，乙在法律上不能強制執行甲的許諾。另一方面，雖然代價必須由受諾人提供，但卻不一定要使許諾人受惠，例如受諾人在許諾人的要求下使第三者受惠，同樣構成有效的代價。

因為代價必須是為了換取或支持許諾而付出，故此，若代價是在許諾作出之前，或基於與許諾無關的原因而付出的，在法律上叫"過時代價"（past consideration），不能有效支持許諾。舉例說，一個人主動替其友人修理房子，完成後其友人為表謝意，許諾給他一筆錢，這許諾在法律上便不可被強制執行，因為這人所付之代價（修理房子）是過時的。[13]

要決定代價是否過時，不能單從事件發生的時間先後來決定。若構成代價的行為及之後所作的許諾實質上屬同一交易，如製造商之保證書（guarantee）往往在買賣交易完成後才發給買家，則該代價並不屬過時代價。此外，若構成代價的行為是基於許諾人的要求而進行的，而雙方當時理解到許諾人將會就該行為作出許諾，兼且該許諾假如在當時作出會是有效的，則該較前的行為在法律上仍可構成有效的代價。故此，在上述修理房子一例中，若修理房子的要求是由友人提出，而雙方當時又理解到事後該友人會許諾付錢作為報酬，則修理房子的行動便可作為對方事後所作的許諾的有效代價了。

不單訂立有效合約要有代價支持，改變合約條款的承諾同樣要有代價，否則承諾一般不能被強制執行。一項重要的例外是"承諾不容反悔原則"（doctrine of promissory estoppel），該原則要符合下列情況：雙方之間存在着涉及可強制執行或可行使的權利、責任或權力的關係；其中一方（許諾人）藉言語或行為，向另一方（受諾人）傳達保證（或合理地被理解為傳達保證），即許諾人保證不會強制執行或行使部份相關權利、責任或權力；及受

---

13　*Re McArdle* [1951] Ch 669.

諾人合理地倚賴該承諾，並憑該保證而被促使改變受諾人本身的狀況，以致一旦許諾人的行為與其承諾不一致，便屬不公平或不合情理。[14] 例如當租客根據合約條款須維修物業，但在租客與業主商討購買業權的過程中，業主傳達出不會強制執行該維修條款的訊息時，業主便不得因為租客未能及時維修而沒收該物業，[15] 又例如當業主因戰亂並在沒有代價的情況下減租，戰後再恢復原有的租金，業主則不能就戰爭期間索取原有的租金。[16] 然而，此 "承諾不容反悔原則" 一般只可用作辯護理由，若要就承諾申索，還是需要具有代價的承諾。

### （三）訂立法律關係的意向

成立合約的第三個基本元素，是當事人須有訂立法律關係的意向。在商業性的交往中，法律會推定當事人有這樣的意向，所以若某一方要否定這意向的存在，他負有沉重的舉證責任。[17] 例如在 *New World Development Co Ltd v Sun Hung Kai Securities* [18] 一案中，有關的協議屬商業性質，終審法院表示縱使當事人對若干條款存在爭議，由於雙方的行為均建基於他們的協議具法律效力，因此合約一方未能否定當事人有訂立法律關係的意向。在商業交易的商討及談判過程中，若某一方不希望當自己提出的大原則或主要條件被接納後便即時產生有效合約，最常用的方法是在文件上標上 "待訂約" （subject to contract）的字眼。一般來説，法庭會接納 "待定約" 標籤作為當事人不願意在簽署正式合約前訂立法律關係的表示。在 *Darton Ltd v Hong Kong Island Development Ltd* [19] 一案中，雙方訂定一份標有 "待訂約" 的租賃協議，

---

14　*Luo Xing Juan Angela v The Estate of Hui Shui See, Willy Deceased And Others* (2009) 12 HKCFAR 1, [55].

15　*Hughes v Metropolitan Railway Co* (1877) 2 App Cas 439.

16　*Central London Property Ltd v High Trees House Ltd* [1947] KB 130.

17　*Edwards v Skyways Ltd* [1964] 1 WLR 349, 355.

18　[2006] 3 HKLRD 345, (2006) 9 HKCFAR 403.

19　[2002] 1 HKLRD 145, (2001) 4 HKCFAR 376.

其中一個條款規定準承租人即使將來未能簽署正式租賃合約，其已繳付的訂金仍不可退還，並清楚列明此條款並非"待訂約"的。終審法院表示，有關訂金的條款跟合約雙方有權在訂立具約束力（binding）的正式合約前可退出合約的"待訂約"原則相違背，故此，在準承租人未有與準業主進一步簽定正式合約的情況下，準承租人可基於該訂金並未有代價支持而向準業主討回該訂金。

另一方面，大多數親屬之間或社交性的協議不會構成合約，因為法庭通常會認為當事人沒有訂立法律關係的意向。故此，若甲邀請友人乙出席一社交舞會，並許諾會安排接送及負責有關費用，即使事後甲違反此許諾，乙也不能循法律途徑追究。在 *Balfour v Balfour* [20] 一案中，丈夫到海外公幹，留下多病的妻子在英國，雙方協議丈夫每月會給妻子生活費。事隔數月，雙方感情破裂而分居，妻子就該口頭許諾起訴丈夫。法庭裁定雙方並沒有訂立法律關係的意向，故協議不構成合約。但要注意，當事人是否有訂立法律關係的意向是一個事實的裁定，法庭除了考慮雙方的親屬關係，亦會考慮所有相關情況及背景資料，假如當事人之間的關係已經破裂或疏離，訂立法律關係的意向便會較易被裁定存在。故此，分居協議中的贍養費安排一般都被視為有效。

## 二　合約的形式

不少人有一種誤解，認為只有白紙黑字寫下來或經由律師草擬的合約，才具法律效力。事實上，除了成文法另有規定的一些例外情況，訂立具法律約束力之合約一般不存在任何形式的規限，不論書面、口頭，甚或透過行動，皆可產生合約。

較重要的例外是涉及房地產交易的合約或租期超過三年之租約，它們必

---

20　[1919] 2 KB 571; *Ma Chi Wing Wendy v The Personal Representatives of the Estate of Ma Vincent* [2005] HKEC 759, HCA 3913/2001 (20 May 2005).

須要有書面協議或書面備忘錄，並由當事人或其合法授權的代理人簽署，方為有效。[21]"書面備忘錄"基本上要列出立約人的姓名及有關房地產的名稱、代價及所有重要條款。

不符合書面備忘要求的後果，是合約不可強制執行。但若嚴格執行這規定，有時會讓一方立約人利用這些形式要求不合理地推翻真正的協議，造成不公平的結果。故此，衡平法便發展了"部份履行"（part performance）的原則，讓一些不符合書面協議或備忘錄要求的房地產合約，在當事人已部份履行後可強制執行。簡單來說，構成部份履行的行動必須能證明有某合約存在，而該合約有可能是一方當事人所聲稱的合約。[22]


## 三　訂約的行為能力

法律規定立約人必須有法律認可的行為能力（capacity），這包括了自然人和公司。關於前者，任何成年人（年滿十八歲）[23]大都被推定為有訂約的行為能力。即使立約人當時醉酒或精神紊亂，合約基本上仍是有效及具約束力的，除非能夠證明該人在訂約時，不能識別自己行為的性質，而且另一方也知道他是處於這種狀態之下。在這情況下，就該醉酒或精神紊亂者而言，合約屬"可使無效"（voidable），該人可在回復正常後一段合理時間內廢除（repudiate）合約，否則合約便被視為已受確認（ratified），繼續有效。

至於未滿十八歲之未成年人所訂立的合約，法律上將之分為三類。第一類是有效及有約束力的合約，這包括在本質上及實際上涉及該未成年人所必需的貨品或服務的合約，以及對該未成年人有利的服務、學徒或教育合約；

---

21　《物業轉易及財產條例》（《香港法例》第 209 章），第 3(1) 條及第 6(2) 條。

22　*Kingswood Estate Co Ltd v Anderson* [1963] 2 QB 169, 189; *Steadman v Steadman* [1976] AC 536.《物業轉易及財產條例》第 3(2) 條規定有關土地合約須以書面作出的要求並不影響與"部份履行"有關的法律。

23　根據《成年歲數（有關條文）條例》（《香港法例》第 410 章），第 2 條，成年歲數由以往的 21 歲降至 18 歲。

第二類是可使無效的合約，包括涉及房地產或認購公司股份的合約、合夥合約及因婚事而作的財產轉移；第三類是不可強制執行的合約，包括所有不屬第一類及第二類的合約。第二類及第三類的合約在法律效果上很類似，主要分別是第二類合約對未成年立約人有約束力，直至他在仍未成年時或成年後一段合理時間內廢除該合約；反之，第三類合約對未成年立約人沒有約束力，除非他在成年後追認（ratify）該合約。但三類合約都對另一方的成年訂約人有約束力。

## 四　合約的內容

合約內容可包括明訂條款（express terms，又稱"明示條款"）及隱含條款（implied terms，又稱"默示條款"）。若是書面合約，要確定明訂條款的內容一般並不存在太大困難，即使個別句子或用字表面上存有含糊之處，法庭也可參考上文下理，以及運用一些已確立的演繹原則去確立該明訂條款的意思。[24] 要注意，詮釋合約條款並非咬文嚼字的遊戲，而是要嘗試找出最能客觀地反映合約雙方意願的詮釋。[25] 基本上，法庭要解答的問題是：一個明理人顧及到合約的全部及相關背景時，如何理解合約雙方藉條款的用語意圖表達的意思。[26] 法庭在詮釋合約條款的含意時須着重條款用語的通常和自然解釋，亦要考慮合約的客觀目標和緣由，相關的事實組合（factual matrix）[27]，即合約訂定時雙方所知悉的客觀環境情況，包括其事實與法律背景，但一般而言不

---

24　詳細原則參見英國上議院法庭案例 *Investors Compensation Scheme Ltd v West Bromwich* [1998] 1 WLR 896。

25　*Jumbo King Ltd v Faithful Properties Ltd* [1999] 3 HKLRD 757, (1999) 2 HKCFAR 279 at p 296.

26　*AG of Belize v Belize Telecom Ltd* [2009] UKPC 10, [2009] 1 WLR 1998, [21]; *Champion Concord Ltd v Lau Koon Foo* (2011) 14 HKCFAR 837 [72-73] 終審法院常任法官李義援引 Lord Hoffmann 法官在 *Chartbrook Ltd v Persimmon Homes Ltd* [2009] UKHL 28, [2009] 1 AC 1011 [21] 的表述；*Sinoearn International Ltd v Hyundai-CCECC Joint Venture (a firm)* (2013) 16 HKCFAR 632。

27　*River Trade Terminal Co v Secretary for Justice* [2005] 2 HKLRD 326, (2005) 8 HKCFAR 95.

能採納訂約前的談判內容。[28]

　　若是口頭合約，而當事人對合約的具體內容又各執一詞（或是出於記憶上的偏差，又或是由於某一方刻意捏造或歪曲事實），法庭便須要根據當事人口頭的證供及其他環境證據（例如當事人立約前後的行動，或書信內容是否與口頭證供一致），以判定哪一方之證供較可信納。

## （一）　口頭證據規則

　　根據"口頭證據規則"（parol evidence rule），一般而言，法庭是不會接納口頭或其他書面合約以外的證據去增添、更改或否定一份書面合約所載的條款。[29] 這規則背後的目的，是要保障書面合約的確定性，讓當事人或其律師可安心地單單根據書面文件的內容確定各方的合約責任。此目的雖是可嘉，但在實際運作上卻出現很多特殊的情況，若嚴格執行這規則便會產生不公平的結果，或與立約人真正的意願背道而馳。故此，法庭透過判例，訂下不少例外的情況去規限該規則適用的範圍。首先，該規則只適用於一些表面上已全面地記錄合約整體的書面文件，若合約是部份透過書面、部份透過口頭言語訂立的，該規則便不適用。此外，法庭會接受外在證據去證明有關行業的慣例或當地的成規習俗，以支持引入隱含條款或解釋一些表面含糊的明訂條款。在合約條款用語含糊的情況下，法庭亦接受外在證據證明與合約有關的以往協商的背景及內容，以決定當事人是否有賦予該用語一些特別的意義。就有關合約的有效性來說，當事人亦可舉出外在證據，證明有錯誤、脅迫或不當影響等因素的存在（見下文），因而應撤銷合約。

　　最後，假如立約一方的若干陳述因"口頭證據規則"而未能成為合約的一部份，但陳述者卻具有相關的立約意願，而立約另一方亦已就該陳述付出代價，則該陳述便可能被視作一個附屬合約（collateral contract）。關於附屬

---

28　*Chartbrook Ltd v Persimmon Homes Ltd* [2009] UKHL 28, [2009] 1 AC 1011.

29　*Goss v Lord Nugent* [1833] 5 B & Ad 58, 64; *Bank of Australasia v Palmer* [1897] AC 540, 545.

合約，可參考 *Bank of China（Hong Kong）Ltd v Fung Chin Kan* [30] 一案。在
案中，馮氏夫婦將他們的物業押記（charge）予當時的國華商業銀行（後與中
國銀行合併）作為對一公司債務的抵押。及後，馮氏夫婦與銀行就有關公司
的債務重組進行協商，同意將他們的物業重新押記予中國銀行並承擔不多於
三百三十萬港元的法律責任。中國銀行的律師亦就此草擬了押記文件。但由
於律師的疏忽，有關馮氏夫婦所願承擔的責任的限額，並沒有記錄在馮氏夫
婦所簽署的法定押記中。後來該公司欠繳債務，中國銀行便根據押記的明訂
條款向馮氏夫婦追討有關公司欠中國銀行的所有款項。終審法院裁定，根據
客觀分析及證據，馮氏夫婦與中國銀行就責任限額的協議構成一附屬合約；
馮氏夫婦的債務負擔也因此只限於三百三十萬港元。

## （二）隱含條款

### 1. 定義及類別

隱含條款是指那些既未有記錄在書面合約，又不是口頭公開明訂，而是
由法庭默示入合約的條款。隱含條款可分三類：第一類是純粹基於當事人的
推定意向而引入的，引入的準則非常嚴謹，必須符合五個條件：（a）該條款
合理並公平（equitable）；（b）合約必須包含該條款，方有商業效用（business
efficacy）；（c）如果有旁觀者多管閒事（officious bystander）向他們建議加插
某個條款，他們會不耐煩地叫那人閉嘴，說："當然有這條款吧，何必說出來
呢！"；[31]（d）法庭能夠清楚表達該條款；（e）該條款不抵觸合約中任何明訂
條款。[32] 如不符合上述這些可能互有重疊的條件，那麼即使法庭認為某條款是

---

30　[2003] 1 HKLRD 181.

31　*Shirlaw v Southern Foundries (1926) Ltd* [1939] 2 KB 206, 227.

32　*Kensland Realty Ltd v Whale View Investment Ltd & Anor* [2002] 1 HKLRD 87, (2001) 4 HKCFAR 381 終
審法院援引 Lord Simon of Glaisdale 在 *BP Refinery (Westernpoint) Pty Ltd v Shire of Hastings* (1978) 52
ALJR 20 at p 26 英國樞密院判詞的表述；另見 *Hua Ning Industries Ltd v Best Leader Engineering Ltd*
CACV 157/2013 (11 February 2014), [16]; *Sun Crown Trading Ltd v Holyrood* Ltd CACV 64/2012 (11
October 2013), [82]-[83]。

很合理，或是代表了某一方立約人在訂約時的意願，也不會引入它。

　　第二類隱含條款，是根據普通法或成文法就某些特定關係或交易而引入的法定隱含條款。例如在業主與租客的關係中，便有隱含條款規定由業主維修大廈公眾使用的地方；在僱傭合約中，有隱含條款規定僱員須用合理努力去履行任務，不會未經許可用其受僱的時間為本身的利益做事，亦規定僱主要採取合理程度的謹慎令僱員健康不致受損；在貨品售賣合約中，有隱含條款規定貨品具可商售品質（merchantable quality）及適用於某特定用途；[33] 當代理人（agent）為委託人（principal）進行商業交易，代理人一般有隱含權利向委託人索還交易開支。[34] 這些法定隱含條款的引入主要是基於公眾利益的一般性考慮，而非單單建基於當事人的訂約意願，因為很多時候當事人根本就不知道或想像不到會有這些條款。

　　第三類隱含條款，是根據有關行業的慣例或當地成規習俗而引入的，但必須是合理的，及不與合約的明訂條款相抵觸。

## 2. 成文法的管制

　　在普通法數百年的歷史演變中，法院並非盲目及絕對地執行訂約自由的原則，也曾透過判例根據公眾利益的考慮而在某些合約關係中引入隱含條款。但是，這些規則很大程度上仍是在奉行訂約自由的大原則下發展的，存在着很大的局限性。特別是，合約的明訂條款可以凌駕普通法下引入的隱含條款，聰明的律師很快地便懂得怎樣草擬出更清晰明確的條文來有效地迴避其中一些規則，以致法院時常面對一些苛刻或不公平的合約條款時，對弱勢人士愛莫能助。以成文法來管制合約條款來說，香港在這方面起步較遲，過往成文法對某些合約的規定（例如《貨品售賣條例》[35]），大多只是把普通法重述，很少對合約條款的有效性加以管制。直至 1987 年，香港法律改革委員會

---

33　《貨品售賣條例》（《香港法例》第 26 章），第 16 條。

34　*Sinoearn International Ltd v Hyundai-CCECC Joint Venture (a firm)* (2013) 16 HKCFAR 632 [5] 終審法院援引 Bowstead & Reynolds on Agency, 19th ed, 7-056 to 7-058。

35　《香港法例》第 26 章。

才對立法管制有關售賣貨品及提供服務的合約條款的有效性進行研究。委員會有關的建議最後於 1994 年透過《服務提供（隱含條款）條例》[36] 及《貨品售賣（修訂）條例》[37] 加以落實。

(1)《服務提供（隱含條款）條例》

此條例於 1994 年 10 月正式通過及生效，內容與英國 1982 年的《貨品及服務提供法》（Supply of Goods and Service Act）第二部大致相同。條例適用於所有"服務提供合約"，意指根據合約有人同意提供服務，但不包括僱傭合約或學徒訓練合約。當局亦透過《1995 年服務提供（隱含條款）（豁免）令》，[38] 將出庭代言人（代表當事人出庭的律師或大律師）及公司董事所提供的有關服務豁免於條例適用範圍之外。

就條例適用的"服務提供合約"而言，若提供服務的人是在業務（business）過程中行事，條例即默示一隱含條款規定該人須以合理程度的謹慎及技術提供服務，例如在 *Nam Cheuk Yin v Ng Yim Hing* [39] 一案中，法庭裁定美容師在提供美容服務時未有採取措施減少顧客受傷的機會，因而違反該隱含條款。若合約中沒有協議提供服務的時間，條例即默示一隱含條款規定該人須在合理時間內提供服務。此外，無論提供服務的人是否在業務過程中行事，若合約沒有協定提供服務的代價，則有隱含條款規定另一方須付出合理費用。

上述的法定隱含條款基本上與普通法的規定相同。但條例進一步規定，在合約一方"以消費者身份交易"的服務合約下，另一方不得引用合約條款來卸除或限制由這些隱含條款產生的任何法律責任。若是與非消費者交易，則可在《管制免責條款條例》（見下文）容許的範圍內，藉合約條款去卸除或限制有關的法律責任。"以消費者身份交易"的定義與下文《管制免責條款條例》中的定義雷同。

---

36　《香港法例》第 457 章。

37　1994 年第 85 號條例。

38　《香港法例》第 457 章的附屬法例。

39　[2003] 2 HKLRD 195.

(2)《貨品售賣條例》

此條例在 1994 年 10 月根據香港法律改革委員會的建議而作出修訂，主要是修改了有關可商售品質（merchantable quality）及貨品適用性的隱含條款，引入"以消費者身份交易"的定義及澄清買方被視為已接受貨品的情況。

根據經修訂後的條例，任何貨品售賣合約，均有一隱含條件（implied condition）保證賣方有權售賣該貨品，又有一隱含保證條款（implied warranty）保證該貨品並沒有受任何買方並不知道的押記（charge）或產權負擔（encumbrance）的影響，並保證買方可安寧地享有該貨品的管有權（possession）。憑貨品說明而售貨（sale of goods by description）的合約，均有隱含條款規定貨品須與說明相符。憑樣本售貨（sale by sample）的合約，均有隱含條款規定整批貨品須在品質上與樣本相符，買方須有合理機會將整批貨品與樣本作比較，而貨品並無任何令其不可商售且不會在對樣本進行合理檢驗時顯現的缺點。

若賣方在業務（business）運作中售貨，條例則默示一隱含條件保證貨品具"可商售品質"。但若賣方立約前已經明確地促請買方注意缺點，又或買方在立約前驗貨時理應發現貨品的某缺點，則該缺點的存在並不違反關於可商售品質的條件。要決定貨品是否有"可商售品質"，視乎貨品就它的通常用途的適用性、外觀及最終修飾的水準、並無缺點的程度，以及其安全和耐用的程度是否在考慮到該貨品的說明、貨價及其他一切有關情況後可合理預期的。另外，若賣方在業務運作中售貨，而買方以明示或默示方式，使賣方知悉他是為了某特定用途而購買該貨品，其中有一項隱含條件規定貨品須在合理的程度上適合該用途。

條例保留了普通法關於條件（condition）與保證條款（warranty）的分別。違反前者導致對方有權選擇廢除合約及拒絕收貨，或選擇肯定（affirm）和繼續合約，而無論選擇廢除或繼續合約，買方均可索取損害賠償。另一方面，違反保證條款只可產生損害賠償的申索，合約仍然有效，無辜一方不能視合約為已被解除。而若買方已接受貨品，任何違反條件的情況將被當作違反保證條款來處理。但條例規定即使貨品已交付（deliver）買方，若他在收貨之前並未檢驗該貨品，則直至他已有合理機會去檢驗該貨品以確定它是否符合合約規定之前，他並不會被當作已接受該貨品。以往賣方通常會要求買方在收貨時簽署收據，當中聲明貨品已驗收妥當。為了進一步保障消費者的權益，修訂後的條例規定：以消費者身份交易的買方，不能因協議、自己放棄權利（waiver）或其他情況而喪失其享有合理機會驗貨的權利。

最後，條例並規定上述的隱含條款所產生的法律責任，只可在不抵觸《管制免責條款條例》（見下文）的情況下，以合約的條款予以否定或變更。

(3)《商品說明條例》

為求保障消費者，法例除了引入隱含條款或管制免責條款，也以刑法禁止虛假商品說明、作虛假標記及不良營商手法。新修訂的《商品說明條例》[40]由 2013 年 7 月起全面執行，擴大了商品說明的定義，及條例的適用範圍。

以下行為於《商品說明條例》中均屬違法。最高刑罰為罰款港幣五十萬元，及監禁五年。[41] 但若被告干犯該罪行是因為 (a) 錯誤；(b) 倚賴被告獲提供的資料；(c) 另一人的失責；(d) 意外；(e) 其他非被告所能控制的因由所引致，及他已採取一切合理防範措施，並已盡一切應盡的努力以避免犯該罪行，便可免責。[42]

a. **貨品或服務的虛假商品說明** 　任何人在營商業務中將虛假商品說明應用於貨品，或供應或要約供應該等貨品，或管有該等貨品作售賣或商業用途，即屬違法。[43] 任何人為供應而展示或管有貨品，即當作要約供應該等貨品。將商品說明應用於貨品的行為，包括將該說明附加於貨品本身，或以任何方式令該商品說明相當可能會被視為是指該等貨品，或書面或口頭陳述指商品說明適用於該等貨品。[44]

---

40　《香港法例》第 362 章。

41　《商品說明條例》（《香港法例》第 362 章），第 18 條。

42　同上，第 26 條。

43　同上，第 7 條。

44　同上，第 6 條。

任何商戶將虛假商品說明應用於向消費者提供或要約提供服務，或向消費者提供或要約提供已應用虛假商品說明的服務，即屬違法。[45] 將商品說明應用於服務的行為，包括以任何方式作出任何直接或間接的顯示，令該商品說明相當可能會被視為是指該服務。[46]

要裁定宣傳品內使用的商品說明是否關乎某貨品或服務時，法庭不但須顧及該宣傳品的形式及內容，亦須顧及該宣傳品的發佈時間、地點、方式及頻密程度。[47] 被告如證明他的業務是發佈或安排發佈宣傳品，並證明他是在日常業務運作中接受該宣傳品以作發佈的，並且不知道亦無理由懷疑發佈該宣傳品構成罪行，可作為免責辯護。[48]

b. **偽造商標**　任何人偽造商標、以虛假方式將商標應用於貨品、處置或管有偽造商標的儀器、或出售或展示此類貨品，除非他能證明他行事時並無詐騙意圖，否則即屬違法。[49]

c. **進出口具有虛假商品說明或偽造商標的貨品**　任何人將應用虛假商品說明或偽造商標的貨品進口或出口，即屬違法。[50] 但若被告人不知道、無理由懷疑、且即使已作出合理努力亦不能確定，該等貨品有虛假商品說明或偽造商標；或被告人能證明該等貨品非擬供作商業用途，便可免責。

d. **誤導性遺漏及具威嚇性的營業行為**　任何商戶就消費者作出屬誤導性遺漏的營業行為，即屬犯法。[51] 這包括遺漏或隱藏重要資料、含糊或不適時地提供重要資料，因而導致或相當可能導致一般消費者作出交易決定。法庭將考慮到有關營業行為的特點及情況，及傳達該營業行為的媒介的限制。重要資料指一般消費者為作出有根據的交易所需要的資料；或根據成文法則就商業傳訊而規定的資料。

---

45　《商品說明條例》（《香港法例》第 362 章），第 7A 條。

46　同上，第 6A 條。

47　同上，第 8 條。

48　同上，第 27 條。

49　同上，第 9 條。

50　同上，第 12 條。

51　同上，第 13E 條。

　　任何商戶就消費者作出具威嚇性的營業行為，即屬違法。[52] 這類行為指通過使用騷擾、威迫手段或施加不當影響，在相當程度上損害或相當可能在相當程度上損害一般消費者就有關產品的選擇自由，並因而導致或相當可能導致該消費者作出交易決定。在斷定某營業行為是否使用騷擾、威迫手段或施加不當影響時，法庭須考慮進行該營業行為的時間、地點、性質或持續情況，商戶有否使用威脅性或侮辱性的行為、有否利用他所知悉足以損害有關消費者就有關產品的判斷的不幸情況以影響該消費者的決定、有否施加任何嚴苛或不相稱的非合約障礙、及有否威脅採取任何非法行動。

　　在斷定營業行為對"一般消費者"的影響時，法庭須考慮到該一般消費者的重要特徵，包括他所掌握的資料、觀察力和謹慎程度均達到合理水平。[53]法庭將考慮到有關營業行為是否以某特定消費者群體為對象，或某個可清楚識別的消費者群體因疾病或衰弱、年齡或輕信他人，而特別易受該營業行為或所涉的產品左右。

　　e. **餌誘式廣告宣傳**　任何商戶就消費者作出餌誘式廣告宣傳的營業行為，即屬違法。[54] 這是指當商戶作出廣告宣傳，謂可按某指明價格供應某產品，但卻沒有合理理由相信能在合理期間內供應合理數量的該產品，或沒有在合理期間內供應合理數量的該產品。而在斷定上述期間或數量是否合理時，須顧及到該商戶經營業務的市場性質，及有關宣傳品的性質。若該商戶已要約在一段合理時間內按在有關廣告中宣傳的價格，向有關消費者供應合理數量的產品或同等產品，而該商戶會有能力如此供應或促致第三者如此供應該產品，便可免責。[55]

　　f. **先誘後轉銷售行為**　任何商戶就消費者作出先誘後轉銷售行為的營業行為，即屬違法。[56] 這是指當商戶就某產品作出按指明價格的購買邀請，其後

---

52　《商品說明條例》（《香港法例》第 362 章），第 13F 條。

53　同上，第 13D 條。

54　同上，第 13G 條。

55　同上，第 26A 條。

56　同上，第 13H 條。

出於促銷不同的產品的意圖，而拒絕向消費者展示前者產品、拒絕接受前者
產品訂單、或展示前者產品的欠妥樣本。

　　g. **不當地接受付款**　任何商戶就消費者作出不當地就產品接受付款的營
業行為，即屬違法。[57] 這是指當商戶就某產品接受付款或代價時，該商戶意圖
不供應該產品、意圖供應與該產品有重大分別的產品、或沒有合理理由相信
能在指定或合理時間內供應該產品。若該商戶已要約並有能力促致第三者供
應該產品或同等產品，便可免責。[58]


## （三）　免責條款


### 1. 免責條款的運用及解釋

　　通常商人會在合約內訂立一些免責條款（exemption clause）去免除或
局限他所須承擔的法律責任。若單從訂約自由（freedom of contract）的原則
考慮，容許立約雙方在互相同意下，藉着合約條款界定某方所須承擔的法律
責任並無不妥，而且讓立約一方卸除或局限一些法律責任，或可降低他所要
求的代價，亦可讓另一方事先知道他要承擔的風險，以便早作安排。但實際
上，特別是涉及消費者的合約，很多時，這些免責條款都以艱深難明的語言
載於已印好的標準合約（standard form contracts）上，另一方根本就沒有時間
或機會詳細瞭解其內容。再者，供應消費品的一方往往展示出標準合約內容
並無商榷餘地的態度，所以即使消費者知道免責條款的存在，也要被迫接受。

　　有鑑於此，普通法藉着判例訂下了一些規則限制免責條款的運用。基本
上，法庭會運用兩個主要手段管制免責條款：(a) 小心審閱有關條款是否真
正成為合約的一部份或有否被附屬保證（collateral warranty）所取代；(b) 在
決定免責條款是否適用於有關的法律責任或損失時，以狹義解釋免責條款適

---

57　同上，第 13I 條。

58　同上，第 26B 條。

用的範圍。

首先，對於免責條款是否真正成為合約的一部份（incorporated into the contract），若免責條款是記載於一份已簽署的合約文件內的，即使簽署合約者不能理解或沒有閱讀該條款，該條款仍屬合約的一部份，對簽署人有約束力，除非在簽署合約時或以前，對方作了任何與免責條款內容不符的聲明或承諾。在此例外的情況下，法庭便有可能裁定該聲明或承諾為附屬保證，因而取替了該免責條款。若免責條款並非載於已簽署的文件內，法庭會嚴格要求在訂立合約前受免責條款保護的一方，必須就免責條款的存在給予對方合理及足夠的通知，才會將條款納入合約之內。例如在 *Sugar v London Midland & Scottish Railway Co* [59] 一案中，免責條款載於發票背面，而發票的正面印上"見背面的條件"，但這些文字被印章蓋住了，法庭便裁定沒有合理及足夠通知；又例如在另一宗案件 [60] 中，原告人到酒店接待處登記及繳付房租，法庭裁定合約已於接待處訂立，故在酒店房間內張貼的免責條款的通知是來得太遲了。

有一例外的情況，就是即使在某一次交易中沒有將免責條款透過簽署文件或通知納入合約內，但若立約雙方在他們以往一貫的交易過程中都有把該免責條款納於合約內，因而成了慣例，又或雙方均屬同一商業行業並知悉該免責條款的納入為該行業之習慣，[61] 則該免責條款仍可適用。但若過往交易只有一兩宗或過往交易不一致，則不構成交往慣例。[62]

第二，若免責條款已被納入合約內，法庭便要決定該免責條款的內容是否清晰地免除或限制有關的法律責任或損失。基本上，法庭會狹義解釋免責條款，假如條款有任何含糊之處，便會採用對引用免責條款一方不利的解釋（*contra proferentem* rule）。免責條款越苛刻，法庭便會以越嚴謹及狹窄的態

---

59　[1941] 1 All ER 172.

60　*Olley v Marlborough Court Ltd* [1949] 1 KB 532.

61　*British Crane Hire Corporation Ltd v Ipswich Plant Hire Ltd* [1975] QB 303.

62　*McCutcheon v David Macbrayne Ltd* [1964] 1 WLR 125; *Hollier v Rambler Motors (AMC) Ltd* [1972] 2 QB 71.

度去解釋它,例如要求免責條款必須清楚明確地載明所要免除的法律責任或損失。在 *Houghton v Trafalgar Insurance Co Ltd* [63] 一案中,汽車保險單的免責條款免除保險公司在汽車的負荷超出其設計所容許時所產生的法律責任或損失。當意外發生時,只有五個座位的汽車卻載了六個乘客。法庭認為保險單上"負荷"(load)一詞有含糊之處,故採取對保險公司不利的解釋,裁定負荷是指重量的負荷,不是指乘客的人數,保險公司因而敗訴。

但普通法對免責條款的管制只能在不違反訂約自由的大原則下進行。因此,若免責條款確屬合約一部份,而內容又清晰明確地適用於有關的法律責任及損失,即使法庭覺得該免責條款並不合理或公平,亦不可故意製造含糊之處而給予條款牽強的解釋,或拒絕執行該免責條款。故此,不少實行普通法制度的國家,都覺察到有必要制定成文法來管制免責條款。

### 2.《管制免責條款條例》[64]

#### (1) 背景

長久以來,普通法奉行訂約自由的原則,法院的職責基本上只是去客觀地找出及詮釋合約的內容而予以執行。即使合約內容對某一方不公平,法院亦不會隨便干預或去改寫合約的內容。但在現實生活中,立約雙方的談判實力往往強弱懸殊,弱的一方根本沒有提出更改對方所建議的合約內容的機會,或拒絕接受某些合約條款的談判實力。特別是在現今社會,大企業及連鎖店很多時會壟斷有關市場,它們往往採用由聰明的律師小心仔細地草擬,以艱深的文字寫成並以細小的字體密密麻麻地印出的標準合約條款,與消費者或零售商進行交易。內中即使包括一些免責條款,對方未必會發現,而即使發現也常常在沒有實際選擇餘地下被迫接受。

故此,不少實行普通法制度的國家或地區都紛紛覺察到有必要透過成文法對免責條款進行適當的干預,特別是針對保障消費者而言。在 1983 年,

---

63　[1954] 1 QB 247.

64　《香港法例》第 71 章。

香港法律改革委員會對管制免責條款進行了研究。1989 年底，立法局根據法律改革委員會提交的研究報告書的建議制定《管制免責條款條例》，條例於 1990 年 12 月 1 日正式生效，內容與英國 1977 年通過的《不公平合約條款法》（Unfair Contract Terms Act）大致相同。

（2）適用範圍

基本上，此條例對免責條款的管制只適用於從事業務或專業活動時引致的法律責任。故此，私人或朋友間的非業務性交易一般並不受到管制，主要例外是涉及貨品售賣的法律責任並不局限於業務性交易。此外，條例不適用於一些特定類別的合約，如國際貨品供應合約、保險合約及涉及土地業權或商標版權等合約。同時，此條例亦不適用於其生效前已訂立的合約。

（3）管制類別

就條例所設定的管制可分成兩類。第一類是規定某些免責條款自動無效，例如因疏忽引致人身傷亡的法律責任不可藉合約條款或告示去卸除或局限。此外，凡合約一方以消費者身份交易，則另一方不能藉合約條款去卸除或局限《貨品售賣條例》就貨品品質及用途所訂下的隱含條款所產生的法律責任。所謂"以消費者身份交易"（dealing as consumer），條例定義為任何人並非在業務過程中（亦沒有令人以為他在該過程中）與另一在業務過程中的人（主要是指商人）訂立合約。若合約涉及貨品售賣或貨品所有權（ownership）或管有權的轉移（如分期付款租購協議），則貨品須屬於通常供應作私人使用或消費用途的類型，才算是涉及消費者的交易。

第二類是規定某些類型的免責條款必須合理（即符合"合理標準"的驗證）才有效。這些免責條款包括：卸除或局限因疏忽而引致人身傷亡以外的損失（主要指財物的損失）的法律責任的條款；與消費者交易或按另一方的書面標準業務條款交易時，卸除或局限與違約有關的法律責任的條款，或是聲稱有權完全不履行合約義務，或只履行與對方理當期望有頗大分別的合約義務的條款。證明免責條款符合"合理標準"的舉證責任在於引用該條款的人身上。他必須證明在考慮到立約各方在訂約時所知悉、預料或理應知悉或理應預料到的情況後，在合約中加入該免責條款是公平合理的。就此，法庭須特別考慮條款所用的語言是否為對方所明白以及其明白程度。此外，若免責條款意圖將法律責任局限於指定的款額內，法庭須考慮引用條款的人的資源及他就其法律責任購買保險的可能性。《管制免責條款條例》的附表 2 亦列出一些運用合理標準審查免責條款時須考慮的因素，如立約各方的相對議價能力，顧客是否知道或理應知道該免責條款的存在及其適用範圍等。雖然附表 2 嚴格來說只適用於涉及買賣貨品的交易，但法庭在決定涉及其他交易的免責條款是否合理時，往往也會借用附表 2 所列出的準則作為參考。

### 3.《不合情理合約條例》[65]

(1) 背景

除《管制免責條款條例》外，香港法律改革委員會在 1990 年也就售賣貨品及提供服務有關的合約可能出現的不合情理（unconscionable）條款提交研究報告書。有關的建議最後於 1994 年透過《不合情理合約條例》加以落實，並於翌年 10 月正式生效。條例內容主要是融合英國及澳洲的有關法例而制定。法律改革委員會的有關報告書指出，建議制定管制不合情理條款的法例，目的只在應用於一些十分罕見的極端個案，雖然對一般小市民可能幫助不大，但法例仍能對規模宏大的團體產生約束作用，令它們擬訂合約時會做得比較公平。[66]

(2) 適用範圍

條例只適用於涉及 "以消費者身份交易" 的貨品售賣或服務提供合約。若法庭根據在立約時的有關情況裁定有關合約或其中任何部份 "不合情理"，則法庭可拒絕執行該合約或當中不合情理的部份，或限制、修正或更改當中不合情理部份以避免產生任何不合情理的結果。聲稱合約不合情理的人，須負上證明它不合情理的舉證責任。

---

65　《香港法例》第 458 章。

66　《香港法律改革委員會售賣貨品及提供服務法例研究報告書》第 7.7.3 段及第 7.7.4 段。

　　條例並未就"不合情理"作出定義，但卻列出一些法庭可考慮的事項，如立約雙方相對的議價實力；消費者是否能夠明白有關的合約文件；另一方有否對消費者施加不當的影響或壓力，或運用任何不公平的手法；消費者向第三者獲得同等服務或貨品的情況及所須付的款額等等。不合情理條款的例子可能包括旅行社與消費者的合約內規定旅行社有權取消任何旅程而無須給予賠償，或有權單方面增收旅行費用；逐戶推銷公司與一班入息低微而教育水平不高或年紀老邁的消費者簽訂合約，索取不合理的高昂貨價等等。[67] 在 *Hang Seng Credit Card Ltd & Others v Tsang Nga Lee & Others* [68] 一案中，銀行與信用卡客戶之間的持卡人協議（cardholder agreement）規定若持卡人過期仍未繳付信貸款項，須對銀行就追討欠款而付出的一切開支（包括法律費用和聘請代收欠款的外界機構的費用）作出完全的補償。原訟法庭指出，持卡人協議屬服務提供合約，受《不合情理合約條例》管制。法庭考慮到有關條款廣泛的適用範圍、銀行較持卡人有較強的議價實力、持卡人未必能理解有關條款，以及持卡人由於有關條款為一般銀行與持卡人協議的標準條款而缺乏真正選擇等事項，最終裁定有關條款不合情理；相反地，在 *Citibank (Hong Kong) Ltd v Au Wai Lun* [69] 一案中，區域法院裁定有關持卡人協議的補償條款並非不合情理。案中持卡人為一有多年執業經驗的律師，而有關補償條款規定銀行只可收取就追討欠款而付出的合理及不可高於原欠款額百分之三十的費用及開支。故此，法院裁定該條款並非不合情理。

## 五　"立約各方的相互關係"的原則

　　根據普通法，只有參與合約的人（即立約人）才能根據合約取得利益或

---

67　《香港法律改革委員會售賣貨品及提供服務法例研究報告書》，第 7.5.9 段及第 7.6.4 段。

68　[2000] 3 HKLRD 33.

69　[2006] HKEC 34; DCCJ 1816/2003 (9 January 2006)。

負上法律責任，這稱為"立約各方的相互關係"或"合約參與"（privity of contract）的原則。[70] 這原則表面看來沒有甚麼不妥，特別是在法律責任的承擔方面，明顯地沒有任何合理理由要求非立約人肩負。但若合約清楚地要求立約一方須要給予第三者某些利益，而立約另一方亦因此而付出代價，為何該被指定受益的第三者不可強制執行第一方的許諾，這點是值得商榷的。正如在一宗案例中，[71] 甲的女兒與乙的兒子丙將要結婚，甲與乙訂立合約，規定甲要支付丙二百英鎊，乙要支付丙一百英鎊，合約並訂明丙有權在法院向甲或乙提出訴訟追討其所許諾的款項。甲後來悔約，丙因此而控告甲。法院卻引用合約參與的原則裁定丙敗訴，因為丙並非合約當事人。

雖然普通法清楚明確地訂立了立約各方的相互關係的原則，但亦發展出一些有限度規避這原則的規定及方法。例如在一些特殊情況下，裁定立約一方所作的許諾是由立約另一方以信託形式代第三者享有的，故第三者可透過衡平法的信託原則強制執行該許諾；[72] 又例如有人以代理人身份訂立的合約，即使沒有提及其委託人的名字，該隱名委託人便會被法律視為立約人而非第三者，故可直接享受合約的利益及負上合約的法律責任。另一簡單規避此原則的方法，就是把立約人給第三者的許諾變為一個附屬合約，而第三者成為附屬合約的立約一方。例如在 *Shanklin Pier v Detel Products Ltd* [73] 一案中，原告人聘請承包商為碼頭髹油漆，並指令承包商向被告人購買油漆（此項指令的原因，是由於被告人向原告人表明油漆效果可持續達七年之久）。雖然，有關購買油漆的主合約是承包商與被告人訂立的，但法院裁定原告人與被告人之間亦存有一個關於油漆效果可持續七年的附屬合約（collateral contract）。

此外，成文法亦就此原則制定了一些例外，主要是涉及房地產交易及保險受益人的合約。遺憾的是，普羅大眾或消費者常接觸到的一般貨品買賣交易，仍往往因受"立約各方的相互關係"原則所規範而產生一些不公平的

---

70　*Dunlop Pneumatic Tyre Co Ltd v Selfridge & Co Ltd* [1915] AC 847, 853.

71　*Tweddle v Atkinson* [1861] 1 B & S 393.

72　關於信託的問題，請參閱本書第十章《信託法》。

73　[1951] 2 KB 854.

現象。例如當甲向乙購買了一件貨品後轉送給丙，若貨品品質出現問題，丙便不能根據貨品買賣合約向乙追討，因為丙並非合約一方；又例如丙向零售小販乙購買一件由甲製造的貨品，若貨品有缺陷，即使乙沒錢賠償或找不到乙，丙亦不能按合約法直接向甲追討。雖然，民事侵權法 [74] 提供了另一渠道，讓丙在上述例子中直接向甲追討，但引用侵權法有兩個主要的局限：（a）丙必須證明甲有所疏忽（negligence）；（b）丙一般只能就有缺陷的貨品所造成的人身傷亡或財產損害追討賠償，而不能獲賠償因貨品存有缺陷而招致的純經濟損失（例如價值降低或利潤損失）。

在英國，1999 年實施的《合約（第三者權利）法》（Contracts（Rights of Third Parties）Act）就此 "立約各方的相互關係" 原則訂立了一個概括且廣泛的例外情況，讓第三者在符合合約雙方的意願下可以根據該合約而取得權利和予以強制執行。

香港法律改革委員會曾就這方面進行研究，並於 2005 年 10 月發表了《立約各方的相互關係報告書》，建議改革（但並不完全廢除）此項原則。數年後政府採納有關的建議，並於 2014 年 12 月通過《合約（第三者權利）條例》加以落實，預計該條例於 2015 年底刊登憲報正式生效。[75] 根據新的法定機制，如符合其中一項準則，不是合約一方的第三者即可強制執行有關合約條款：（a）如合約明文規定第三者可強制執行該條款；或（b）如合約條款看來是賦予第三者一項利益，除非按恰當解釋該合約，可由上述第三者強制執行有關條款並非立約用意，則屬例外。因此，合約各方可在其合約中明文規定，這個新的法定機制不適用於該合約。第三者包括在合約中明文點名者，或屬合約中明文指明的某類別人士，或屬符合合約中的明文特定描述者。即使在有關合約訂立時，第三者並不存在，或第三者沒有提供代價，該第三者也可強制執行有關合約條款。[76] 第三者可強制執行的合約條款的權利，可轉讓

---

74　見本書第七章〈民事侵權法〉。

75　可瀏覽此網址見條例內容：http://www.legco.gov.hk/yr14-15/chinese/ord/ord017-2014-c.pdf。

76　《合約（第三者權利）條例》（《香港法例》第 623 章），第 4 條。

予另一人，除非有關的合約明文另有規定，或按經恰當解釋的該合約，有關權利屬上述第三者的個人權利，並且不可轉讓，則屬例外。[77]

新的法定機制只適用於該條例的生效日期或之後訂立的合約，因此現有的合約不會受到影響。[78] 此外，某些合約類別或條款獲排除於條例的適用範圍之外，例如 (a) 匯票、承付票或任何其他可流轉票據；(b) 關乎土地的契諾，包括公契；(c) 海上貨物運輸合約或貨品航空運輸合約；及 (d) 信用狀等。[79] 條例亦不賦予第三者權利，使其可針對僱員強制執行僱傭合約的條款。[80]

## 六　無效或可使無效的合約

無效（void），是指自始便是無效（void ab initio）；可使無效（voidable），是指合約並不是由開始便無效，只是立約一方有權撤銷（rescind）合約，但若他在知悉可使合約無效的有關情況後仍肯定（affirm）該合約，一般來說，合約會被視為有效。以下，我們介紹幾種導致合約無效或可使無效的情況。

### （一）失實陳述

這裏所指的陳述，是立約一方在立約前或立約時，就某些現存或過去事實，向另一方所作出的陳述，而這陳述是導致另一方訂立合約的關鍵原因之一。陳述本身即使不是合約條款，沒有合約效力，但若陳述失實，會導致合約可使無效。若有關的陳述已被納入合約之內成為其條款，或構成附屬合約，則可同時根據一般執行合約條款或違約補救的原則處理（見下文）。

失實陳述（misrepresentation）只適用於有關事實的陳述。就有關本地法

---

77　《合約（第三者權利）條例》（《香港法例》第 623 章），第 14 條。

78　同上，第 3(1) 條。

79　同上，第 3(2) 條。

80　同上，第 3(4) 條。

律的陳述、意見的表達或將來意向的聲明，即使失實，在法律上並不構成失實陳述，除非陳述是關於外地的法律，或能證明陳述中所聲稱的意向或表達的意見根本就從未在陳述者心中存在，或沒有被他真誠地持有。在 *Edgington v Fitzmaurice* 一案中，[81] 公司董事聲稱為拓展公司業務而向公眾集資，但事實上，當時真正的意圖是用作清償公司的債務，法庭便裁定有失實陳述的存在。假若在這案中，起初公司董事真的為了拓展業務而集資，只是在集資後因為其他原因而改變其想法，則原來的陳述便不構成失實陳述。

　　失實陳述可透過言語或行為，直接或間接地作出。單單保持緘默或不主動披露資料，並不足以構成失實陳述。但也有例外情況，例如立約雙方之間有受信關係（fiduciary relationship，如委託人與代理人之間或合夥人之間的關係），又或是涉及絕對信任性質的合約（contracts uberrimae fidei；如保險合約）。在這些例外情況下，若一方知道一些重要事實而不予披露，便可構成失實陳述。另外，若立約一方選擇性地披露部份有關事實，而隱瞞其他重要事實，以致歪曲其陳述令對方被錯誤引導，也可構成失實陳述。例如有人在向貸款人給予關於借款人（borrower）的信用推薦時，只說該借款人誠實可靠，卻隱瞞該人當時已瀕臨破產邊緣，並無償債能力，便可構成失實陳述。[82]

　　除非失實陳述是導致另一方訂立合約的關鍵原因之一，否則不會令合約可使無效。因此，即使立約一方曾作出失實陳述，若另一方本來已知道該陳述是錯誤的，又或是對陳述有所保留而另外找人進行調查研究才作出訂立合約的決定，則不可用陳述失實為理由而撤銷合約。

　　失實陳述一般可分為三類：（a）欺詐性（fraudulent）；（b）疏忽性（negligent）及（c）無意性（innocent）。所謂"欺詐性的失實陳述"，是指陳述者在作出陳述時，明知（knowingly）其失實或不相信此陳述是真實的（without belief in its truth），或者根本罔顧其是否真實（reckless whether it be

---

81　[1885] 29 Ch D 459.

82　*Tapp v Lee* [1803] 3 B & PP 367.

true or false）。[83] 假如陳述者沒有上述的欺詐成分，而只是疏忽或缺乏合理理由相信其陳述是真確的，則該失實陳述便屬疏忽性。至於無意的失實陳述，乃指陳述者當時有合理理由相信陳述是真確的。對於不同類別的失實陳述，法律提供不同的補救方法。面對欺詐性及疏忽性的失實陳述，立約另一方除可選擇撤銷或確認合約外，同時有權追討賠償。[84] 但對於無意的失實陳述，立約另一方根據普通法基本上只有權撤銷合約，而無權追討賠償，[85] 但根據《失實陳述條例》[86]，法院仍有一個酌情權，根據失實陳述的性質，以及對若維持合約效力時，失實陳述會造成的損失與撤銷合約對另一方可能造成的損失作出比較，然後決定是否以賠償代替撤銷合約作為補救方法。

## （二）　錯誤

在某些情況下，合約可因立約雙方的錯誤（mistake）以致無效或可使無效。一般來說，錯誤必須是關乎事實的錯誤，單涉及對法律理解的錯誤並不影響合約的有效性。

簡單來說，錯誤可分為三大類：（a）使同意無效的錯誤（mistakes nullifying consent），即合約雙方所同意的協議內容乃建基於一些根本性的共同錯誤，以致該同意被視為無效；（b）否定同意的錯誤（mistakes negativing consent），[87] 即錯誤阻礙當事人達成協議；（c）錯簽文件或是記錄協議時的錯誤。

---

83　*Derry v Peek* [1889] 14 App. Cas. 337.

84　對於欺詐性及疏忽性的失實陳述一般也可透過民事侵權法來追討補救：參見本書第七章。

85　*Heilbut, Symonds & Co v Buckleton* [1913] AC 30.

86　《香港法例》第 284 章。

87　*Bell v Levers Bros Ltd* [1932] AC 161, 217; E Peel, *Treitel on The Law of Contract* (London: Sweet & Maxwell, 13th edn, 2011), para 8-001; A Burrows (ed.), *English Private Law* (Oxford: Oxford University Press, 3rd edn, 2013), para 8.132.

## 1. 使同意無效的錯誤

有關"使同意無效的錯誤"的較明顯例子，是雙方都誤以為合約標的物（subject matter）存在，其實它已不存在，又或雙方以為大家要賣的貨品是屬於賣方的，其實貨品的所有權早已為買方所擁有。在這些情況下，雖然雙方意見一致（consensus ad idem），但因為所牽涉的錯誤是很根本的，故在普通法下雙方的同意會被視為自始無效。這類錯誤一般又被稱為"共同錯誤"（common mistake）。

若共同錯誤只是關乎合約標的物的某些特點、質素或品質，例如買賣雙方都誤以為要售賣的油畫是某名家所畫，[88] 根據普通法，[89] 合約仍是有效的（假設沒有失實陳述的存在）。但根據 *Solle v Butcher* 一案例，[90] 有些情況下，法院為要伸張公義，可根據衡平法視該合約為可使無效而撤銷（set aside）該合約。但若撤銷合約會影響不知情而付出代價的無辜第三者的權益，法院便不會使用這衡平法下的補救方法。[91]

在 *Great Peace Shipping Ltd v Tsavliris Salvage (International) Ltd* [92] 一案中，合約雙方都錯誤以為一艘被租賃參與海難救助的船隻是十分靠近出事的船隻。當船舶租賃人發現錯誤並撤銷合約時，租賃人以合約雙方均受關於船隻位置的根本錯誤所影響為理由，拒絕繳付合約規定在其撤銷時租賃人須繳付的款項。英國上訴法院強調能令合約被視為自始無效的"共同錯誤"的驗證準則是很狹窄的，必須是根本性的，令合約的履行變得不可能或是與雙方在訂約時所期望的截然不同，一般而言須要符合以下條件：(a) 雙方共同假設一些事實的存在；(b) 另一方沒有保證該事實的狀況存在；(c) 那些事

---

88　*Leaf v International Galleries* [1950] 2 KB 86.

89　這裏所說的"普通法"是狹義的普通法，即不包括衡平法，詳見本書第一章。

90　[1950] 1 KB 671.

91　舉例說，在上述關於買賣油畫的情況，如果賣方是甲，買方是乙，而乙已把油畫轉售給丙，丙已付貨價而並不知道甲與乙之間的合約有可使無效的理由，丙便是一個不知情而付出代價的第三者，甲不能要求丙退回油畫或作出賠償。這個關於保護不知情而付出代價的第三者的原則，同樣適用於失實陳述等其他令合約可使無效的情況。

92　[2002] EWCA Civ 1407; [2003] QB 679.

實狀況之所以不存在，並非是任何一方的錯失引起的；（d）那些事實狀況的不存在必須要使合約無法履行；（e）該些事實狀況可以是約價的存在或一個重要部份或一些使合約能予以履行而必須存在的環境。

英國上訴法院最後裁定該租賃合約並未有因有關錯誤而不可能履行；反之，提供救助的船隻按合約條款所提供的服務並沒有因有關錯誤而變得根本不同，因此根據普通法，合約仍有效。另外，上訴法院亦質疑上述衡平法的處理，表示若根據普通法，該錯誤並非根本性並使合約自始無效（void），衡平法便不應裁定該合約為可使無效（voidable）。香港法院亦有案件表示同意英國上訴法院的看法。[93]

## 2. 否定同意的錯誤

這類錯誤一般是在協商的過程中出現溝通上的錯誤，以至合約雙方未能達成真正的協議。這種錯誤通常會在下列兩種情況出現。首先，合約雙方對合約的內容或作用有不同的理解，這種錯誤又稱為"相互錯誤"（mutual mistake）。在這種情況下，法院首先要考慮在客觀上是否只有其中一方的理解是正確的。如果法院認為一個明理人會如立約其中一方般理解，法院便會裁定合約有效，並根據該理解去執行合約。例如甲發出要約以每年一百元的代價租賃一物件給乙，乙理解這是唯一要付的代價，但甲卻以為還要加上五十元的附加費，乙後來以書面接受甲的要約。若法院認為明理人都會如乙一般理解甲的要約，合約便為有效，條款則按乙的理解為準。但若雙方的誤解涉及合約的根本性質，而一個明理人亦無法辨出誰是誰非，則合約會被視為無效。

其次，若立約一方對合約的一些根本條款或內容存有單方面的錯誤理解，而另一方明顯知道對方的誤解，仍然與對方立約，那麼合約通常會被視為無效（但法庭亦可糾正條款與前者的理解吻合，見下文），這種錯誤亦稱為

---

93　*Shung King Development Co Ltd v Optical Outlet (Hong Kong) Ltd* [2005] HKEC 1926, DCCJ 1287/2005 (24 November 2005); *Bank of China (Hong Kong) Ltd v Winko Metal Ltd* CACV 133/2011 (23 March 2012)；"南洋商業銀行有限公司及另一人對黃永光及另一人" HCA 19541/1999 (25 January 2013)。

"單方面的錯誤"（unilateral mistake）。例如在 *Hartog v Colin and Shields* 一案中，[94] 被告人書面要約按以每磅計算的某一價錢售賣某貨品給原告人，但被告人真正的意思是按每一件計而非按每磅計，法院認為根據該案的具體情況（特別是在合約前的商談過程中，被告人一直提及每件計的價錢），原告人明顯地知道被告人所犯的錯誤，故裁定合約無效。

### 3. 錯簽文件

另一類關於錯誤的情況，是錯簽文件的問題。若立約雙方已經同意合約的條款，但合約文件上卻錯誤地記錄了不同的內容，大家沒有發現錯誤便簽署這份文件，那麼法院可以引用衡平法來糾正（rectify，或稱"更正"）該錯誤以執行雙方的意願，合約仍然有效。若只是單方面的簽署人錯誤理解文件內容或根本沒有看過內容，他仍會受到所簽署的文件所約束。但亦有一例外，就是根據"否認曾經訂約"原則（non est factum），若簽署人能夠證明他所簽署的文件徹底地或根本地有別於他有意簽署的文件，而他又已採取合理的措施預防錯簽文件，當中並無不小心行事，則法院可裁定合約自始無效。

香港終審法院最近在 *Kowloon Development Finance Ltd v Pendex Industries Ltd* [95] 一案基於單方面錯誤及共同錯誤簽署合約文件的原則，糾正了雙方同意擱置訴訟程序的和解協議內容。案中原告公司向被告借貸，欠款可分期交還，但被告未能如期還款。雙方前後達成了兩項訴訟和解協議。根據第一份協議的明訂條款，若被告能如按分期還款，訴訟程序會被擱置（stay of proceedings）；若被告違反協議，原告可恢復訴訟。第二份協議並無此明訂條款。被告履行了第一份協議，但違反了第二份協議。原告嘗試恢復訴訟，但被告反指原告並無此權利。法庭裁定原告能夠糾正第二份協議令其包含該條款，所以原告仍可恢復訴訟向被告追討欠款。法庭釐清了基於錯誤而糾正的原則：

---

94　[1939] 3 All ER 566.

95　(2013) 16 HKCFAR 336, [2013] 6 HKC 443.

　　a. **共同錯誤簽署合約文件**　法庭考慮合約文件客觀上是否正確反映雙方同意的內容。[96]

　　b. **單方面錯誤**　法庭考慮雙方的主觀意識：若一方錯誤理解某條款的內容，而另一方知道他犯了此錯誤，法庭可拒絕執行該條款，或糾正條款與前者的理解吻合。[97]

## （三）脅迫及不當影響

　　根據普通法，在受脅迫（duress）的情況下訂立的合約屬可使無效的合約。脅迫可以是涉及暴力與人身安全的恐嚇（duress to the person）。當受害者能夠證明此脅迫是立約的其中一個成因，他可使合約無效，除非另一方可反證脅迫不構成立約的任何成因。[98] 受害者是否有其他選擇並無關連。[99] *Rehman v Heena*[100] 一案涉及一對情侶同居的物業產權，物業由男方支付買價，名義上屬於女方。後來雙方關係轉差，女方簽署了一餽贈契據，轉移物業一半的權益給男方。女方聲稱在簽契據十天前，男方在家中襲擊她，所以該契據可使無效。香港上訴法院接納女方的證供，並考慮到在襲擊發生後十天，雙方曾討論業權，而女方憂慮再次在家中遭到襲擊，故判女方勝訴。

　　經濟上的威逼（economic duress）也可使合約無效，但脅迫的手段必須是不當或不合法的，並使受脅迫者因認知到他沒有合理或實際的其他選擇而向脅迫者屈服。[101] 例如當展覽會還有一星期便開幕，負責搭建展覽台的承建商突然要求當事人繳付額外的工程費，否則便終止合約，而若展覽會不能如期開幕，當事人便會蒙受災難性的損失，他又不可能有其他合理解決辦法，因而

---

96　(2013) 16 HKCFAR 336, [2013] 6 HKC 443, [19].

97　同上，[20]。

98　*Mir, Abdul Rehman v Mir, Heena* [2013] 4 HKC 213, [51].

99　同上，[56]。

100　同註 98。

101　*Universe Tankships of Monrovia v ITWF* [1983] 1 AC 366, 400.

被迫接受承建商的要求，這情況可構成脅迫。[102] 但須注意，不少商業活動都涉及實力較強的一方向弱方施壓，而壓力可以是相當巨大或壓倒性的，但只要施壓手法並無不合法或不當，便不構成脅迫。例如在 *Esquire（Electronics）Ltd v Hongkong & Shanghai Banking Corporation* [103] 一案中，銀行在與按揭人（mortgagor）商討債務重組協議時，強烈要求按揭人簽署授權書（power of attorney），讓銀行可即時行使其作為承按人（mortgagee）的售賣權力（power of sale）以出售按揭資產，此做法並無不當，故不構成經濟上的威逼。

普通法運用脅迫原則去推翻合約時非常嚴謹，通常只有在很特殊的情況下才可滿足普通法在這方面所要求的標準。但很多時立約一方並不需要用到威嚇或脅迫手段，而只需藉着對方對他的信任，向對方施用一些不當影響便可誘使對方承諾給予自己重大利益，故衡平法發展了"不當影響"（undue influence）的原則去進一步保障立約人。

首先，立約人可根據個別案件的具體情況，證明實際上有不當影響的存在，以致合約可使無效；其次，法院亦會考慮可否只憑立約人之間的關係去推定不當影響的存在。就此，主要分兩類情況處理。第一類是立約人相互間有一些既定的特殊關係，如父母與未成年子女、醫生與病人、律師與其委託人及受託人與信託受益人，處於這些關係中的雙方如訂立合約，在法律上便自動推定有不當影響的存在。英國上議院法庭在 *National Westminster Bank plc v Morgan* [104] 一案推翻了以往的一些判例，指出在法律上推定為有不當影響的情況下，聲稱有不當影響存在的一方還要進一步證明有關交易是不公平或不利於他的（manifest disadvantage），[105] 法院才會推定不當影響的存在。但就這第一類涉及特殊關係的案件，要同時證明交易是不公平或不利的這個說法，在之後另一上議院法庭審理的 *C.I.B.C. Mortgages plc v Pitt* [106] 一案中受

---

102　*B & S Contracts and Design Ltd v Victor Green Publications Ltd* [1984] ICR 419.

103　[2007] 3 HKLRD 439.

104　[1985] AC 686.

105　*Allcard v Skinner* [1887] 36 Ch D 145, 185.

106　[1994] 1 AC 200.

到質疑，而較新的 *Royal Bank of Scotland v Etridge（No.2）*[107] 一案亦指出此要求應被摒棄。

若立約人相互間的關係並不屬於上述第一類情況，則根據上述 *Etridge* 案例，聲稱受不當影響的一方必須證明（a）他一貫信任對方，及（b）為何他會同意該項交易，不能用雙方原有的交情或關係，或其他一般人行為的動機來予以合理解釋，而須特別加以解釋（calls for explanation），法律才會推定有不當影響的存在。此原則適用於夫妻間之關係、銀行與顧客間之關係，甚至於雙方並沒有任何商業關係（non-commercial relationship）之情況。當然，關係越密切，便越容易證明有一貫信任的存在。不過，值得注意的是在 *Li Sau Ying v Bank of China（Hong Kong）Ltd* [108] 一案中，終審法院非常任法官 Lord Scott 表示，不應過分着重以確立雙方的互信關係（relationship of influence）來推定不當影響有否存在，而應從整體證據（totality of evidence）的角度出發去衡量和推斷該交易受不當影響的說法是否成立。

若有不當影響的存在，堅持合約有效的一方便有舉證責任，證明合約是對方在可行使獨立自主的意志的環境下自願訂立的，最普遍的方法是證明對方在立約前已獲得獨立及合資格人士的忠告（例如已徵詢獨立的法律或其他專業意見）。

## （四）違法

合約可因涉及違法（illegality）或違反公共政策（contrary to public policy）而導致無效，或不可被一方或雙方強制執行。例如有關合約是被成文法所禁止的（如《放債人條例》[109] 禁止任何人以超過年息百分之六十的實際

---

107　[2001] UKHL 44, [2002] 2 AC 773.

108　[2005] 1 HKLRD 106; 應用於 *Re Kasetsumpan Chiewcharn, Ex p Chun Yip Industrial (Holding)*。*Ltd* [2005] HKEC 1031, HCB 7596/2004 (6 July 2005); *Re Choi Siu Lui, Ex p Bank of China (Hong Kong) Ltd* [2005] HKEC 1475, HCB 23639/2002 (22 September 2005)。

109　《香港法例》第 163 章，第 24 條。

利率貸出款項，亦訂明違反規定的貸款協議不予強制執行），或合約的目的或履行涉及犯罪行為、侵權行為或不道德行為，或合約不合理地限制經營貿易（unreasonable restraint of trade）等等。

有關合約違法或違反公共政策的法律規範頗為複雜，特別是違法對有關合約及立約人的權利及義務產生的法律後果。因篇幅所限，故不在本章討論。

# 七　合約的解除

一般來說，合約所產生的義務在四種情況下得以解除（discharge）。

## （一）透過履行合約（performance）

立約一方必須確切及完全地履行其合約義務，才可解除其責任，並向對方索取所許諾的報酬。例如律師與其委託人間的法律專業服務合約一般會被視為一項完整而不可分割的合約，除非事前另有規定；否則，若律師在未全面完成所指定的工作前中途終止服務，在法律上無權向委託人收取分毫。[110] 但若某些合約義務是可分割（severable）的，則立約人可就已履行的部份索取報酬。此外，根據"大致上履行"（substantial performance）的原則，若立約人已大體上履行合約所規定的義務，只差一些不重要的部份沒有履行，或是其履行的有輕微缺陷，他仍有權索取合約所規定的價金，但卻須扣除未履行部份的價值或有關缺陷所致的損失。

---

110　現時律師與客戶的委託合約很多時都會加入條款，容許律師在處理案件中途索取已履行的工作的部份報酬。

## （二） 通過協議解除合約

一項解除合約的協議，必須有代價支持或以契據形式訂立，方為有效。一般來說，若立約雙方仍有尚未履行的合約義務，則雙方在協議解約時都被視為付出了代價，因他們各自放棄了要求對方履行其未完成的義務的權利。

## （三）基於對方的廢約性質的違約（repudiatory breach）

立約人可基於對方的廢約性質的違約，而以言語或行動接納合約為已被解除，並追討損害賠償。一般情況下，即使有廢約性質的違約，合約並不會自動終止，對方可選擇繼續履行合約，無辜的一方必須接納了廢約性質的違約，才會使合約終止。[111] 輕微的違約並不具廢約性質，若要確立違約行為屬廢約性質，必須證明違約的性質是非常嚴重或違約一方的言語或行為已清楚表達其無意或無能力履行合約。[112] 值得注意的是，假如在履行合約日到期之前，合約一方已清楚表達上述意向，這便可構成"預期違約"（anticipatory breach）。合約的另一方便可選擇立刻接納合約為已被解除，或等待至合約履行日屆滿，對方仍未履行合約時，才宣告合約解除。假如他選擇後者，合約雙方便要承擔在這段期間內合約因仍被視為存在而受合約受挫原則（見下文）所影響的風險。

## （四）根據合約受挫的原則（doctrine of frustration）

根據合約受挫的原則，如在沒有任何一方犯錯的情況下發生意外事故，而導致不可能履行或合法地履行合約所規定的義務，或令合約義務的履行

---

111　此規則適用於僱傭合約，見 *Societe Generale, London Branch v Geys* [2012] UKSC 63, [2013] 1 AC 523。

112　*Woodar Investment Development Ltd v Wimpey Construction UK Ltd* [1980] 1 All ER 571.

變得與立約時所預期的截然不同，則合約會被視為自動解除。[113] 此原則源於 *Taylor v Caldwell* [114] 一案，案中被告人訂立合約容許原告人用其禮堂於幾個指定晚上舉行音樂會。可是在舉行第一晚音樂會前，禮堂被火燒燬。法庭裁定被告人在此情況下無須向原告人作出賠償。根據以往的普通法，有關事故發生前已根據合約產生的權利和責任不受影響，而立約人須各自承擔在有關事故發生後因合約自動解除而引致的損失。故此，在有關事故發生前任何一方已付出的款項並不能取回，而已應付卻未付的款項仍須支付，除非能證明對方在有關事故發生前未付出任何代價（total failure of consideration）。但普通法有關在合約受挫時款項支付的原則已被成文法所修訂。根據《法律修訂及改革（綜合）條例》[115]，在合約受挫前應該支付的款項，假如尚未付則不必付，假如已付則可收回。但法院在考慮所有情況後如認為這樣做是公平的話，則有權允許一方保留對方已付的部份款項或追收對方應付卻還未付的部份款項。

　　由於普通法在判斷甚麼情況才構成合約受挫時要求非常嚴謹，亦容易存在灰色地帶，故此，合約雙方也可在合約中加入關於不可抗力（force majeure）的明文條款以釐清雙方的責任。不可抗力通常包括自然原因如風災、地震及罷工等情況，但具體的內容及範圍須在合約上列明。不可抗力條款一般規定遭受不可抗力事件的一方可以此免除或推遲履行合約的義務，而對方無權要求賠償。

---

113　*Davis Contractors Ltd v Fareham UDC* [1956] AC 696.

114　[1863] 3 B & S 826.

115　《香港法例》第 23 章，第 16 條至第 18 條。

# 八　違約的補救

## （一）損害賠償

除了因對方廢約性質的違約行為而選擇視合約為已被解除外（見上文），最常用的違約補救方法是索取損害賠償（damages）。根據普通法，即使無辜一方（innocent party）沒有任何實際損失，他仍有權向違約一方追討賠償，只是在這情況下，法庭只會給予"象徵式"（nominal）的款額作為賠償。若要得到實質賠償，無辜一方必須證明對方違約引致（cause）他有實際損失，而該損失不是過於遙遠（too remote）的。

要決定損失是否因違約所引致，並不太困難，況且法律並不要求違約是引致損失的唯一成因，只要違約是實際成因之一便已足夠。

至於損失是否過於遙遠，主要是根據三宗在英國具代表性的權威性判例所訂下的原則來衡量。[116] 簡單來說，非過於遙遠的損失須符合下述兩項規則中之一項：（a）根據事情的正常發展而言，該損失可公平合理地被視為因該違約行為而自然引起的；（b）考慮到立約各方（特別是違約一方）在立約時實際知道的特殊情況，在雙方立約時可合理地預見得到，將來如有該違約行為便頗有可能招致該損失。何謂"合理地預見得到"視乎立約時的情況，及雙方具備的資訊；法庭裁決的起點為雙方立約時所共有的知識。[117]

例如在 *Victoria Laundry（Windsor）Ltd v Newman Industries Ltd* [118] 一案中，原告人經營洗染服務，向被告人購買熱水器以擴張業務及取得一些利潤頗高的漂染合約。被告人承諾在指定日期交貨，並知道熱水器在交付後將立即投入原告人之洗染服務。但熱水器在運送時損壞了，結果延遲約五個月

---

116　*Hadley v Baxendale* [1854] 9 Exch 341; *Victoria Laundry (Windsor) Ltd v Newman Industries Ltd* [1949] 2 KB 528; *Koufos v C Czarnikow Ltd, The Heron II* [1969] 1 AC 350.

117　*Chen v Lord Energy Ltd* (2002) 5 HKCFAR 297; *Richly Bright International Ltd v De Monsa Investments Ltd* [2013] HKCA 615; CACV 247/2012 (22 November 2013), [34], [36].

118　[1949] 2 KB 528.

才送達原告人。原告人向被告人索取兩種因不能使用該熱水器而引致的利潤損失作為損害賠償。第一是每星期十六英鎊的正常利潤損失；第二是每星期二百六十二英鎊因失去一些利潤頗高的漂染合約的損失。法庭最後裁定被告人須負責賠償原告人第一種的利潤損失，但因被告人在立約時並不知道，亦不可能合理地被當作知道原告人會得到一些利潤頗高的漂染合約，故不須負責第二種的損失。

在 *The Achilleas*[119] 一案中，英國上議院法庭強調損失過於遙遠的法則背後的理念，在於違約一方只須負責根據客觀事實推論立約雙方在立約時的共同意願中該方所願意承擔的損失，故此，即使有關損失是在立約時可合理預見的，但若違約一方在當時不能合理地被視為願意就該損失承擔責任（特別是一些廣泛而難掌控或測度的損失），該損失仍是過於遙遠。根據其後的案例的演繹，此判決並沒有更改原有考慮損失是否過於遙遠的準則。[120]

至於無辜的一方能否就違約而引起的在感情或精神上蒙受的損害追討賠償，普通法的規定則比較具爭議性。以往，基於公共政策的考慮，無辜的一方一般不得追討有關賠償，即使該損害是在立約時可合理預見的，例如，英國上議院法庭曾裁定僱主以苛刻及令人羞辱的手段違約解僱員工，僱員不可就其感情上的損害得到賠償。[121] 不過，最近也有判例指出，如僱主以欺詐手段經營生意導致公司無力償債而清盤，僱員可追討對其信譽或經濟造成的損害的賠償，即所謂的"恥辱損害賠償"（stigma damages）。[122] 此外，若合約的目的是提供歡樂、消遣、安寧或擺脫精神困擾，則作例外情況處理，法庭可就違約引起的精神創傷、焦慮或煩惱等情況判予合理的賠償，例如，旅行社

---

119　*Transfield Shipping Inc v Mercator Shipping Inc, The Achilleas* [2008] UKHL 48, [2009] 1 AC 61.

120　*Sylvia Shipping Co Ltd v Progress Bulk Carriers Ltd* [2010] EWHC 542 (Comm), [2010] 2 Lloyd's Rep 81. 另見 *Mega Yield International Holdings Ltd v Fonfair Co Ltd* HCA 948/2009 (5 March 2013); *Richly Bright International Ltd v De Monsa Investments Ltd* CACV 247/2012 (22 November 2013)。

121　*Addis v Gramophone Co Ltd* [1909] AC 488.

122　*Malik v Bank of Credit and Commerce International (in Liquidation)* [1998] AC 20。不過，值得注意的是，在 *Johnson v Unisys Ltd* [2001] UKHL 13, [2003] 1 AC 518 一案中，英國上議院法庭指出，假如立法機關已制定法定條文規定僱員受到不當解僱的補救，法院便不應判予額外的補救。

因違約引致團員不歡及失望，[123] 又或律師在處理申請禁制令防止當事人被其前男朋友騷擾的訴訟中，因疏忽而令當事人焦慮及精神緊張，[124] 法庭都曾判給合理的金錢賠償。除此以外，若合約的目的是提供客觀的舒適或滿足，那麼在違反此等合約時法庭還可要求違約方對"舒適損失"（loss of amenity）作出賠償。[125]

## （二）損害賠償的計算

就違約而判給損害賠償的基本目的，是補償無辜一方的損失，而非去懲罰違約者。一般來説，法庭會根據以下原則來判定違約賠償的金額：盡量在金錢可以彌補的範圍內，令無辜一方的狀況與他在合約得到順利履行時的狀況一樣。舉例説，在上述 *Victoria Laundry* 一案中，若合約得到履行，原告人應可得到每星期十六英鎊的正常利潤，故被告人須賠償原告人該利潤損失，以盡量使原告人得到合約履行後的利益。當然，基於"損失過於遙遠"的原則，原告人無法獲賠償每星期二百六十二英鎊的特殊利潤損失。無辜一方期望對方履行合約時，自己可獲若干利潤，據此而計算的損失稱為"因期望落空而蒙受的損失"（expectation loss）。

計算損害賠償一般按照違約當日的情況作評估。[126] 但若有關個案的情況顯示按此計算方法未能公平地補償無辜一方的損失，法庭可以不跟從此方法。[127] 在 *The Golden Victory* [128] 一案中，原告與被告訂立了一長達七年的租船合約。三年後，被告承租人作出廢約性質的違約，原告收回船隻而令合約

---

123 *Jarvis v Swans Tour Ltd* [1973] QB 233.

124 *Heywood v Wellers* [1976] QB 446.

125 *Ruxley Electronics & Construction Ltd v Forsyth* [1996] AC 344; *Farley v Skinner* [2001] UKHL 49; [2002] 2 AC 732.

126 *Jamal v Moolla Dawood Sons & Co* [1916] AC 175, 179; *Miliangos v George Frank (Textiles) Ltd* [1976] AC 443, 468; *Johnson v Agnew* [1980] AC 367, 400-401.

127 *Golden Strait Corporation v Nippon Yusen Kubishika Kaisha ('The Golden Victory')* [2007] UKHL 12, [2007] 2 AC 353.

128 同上。

終止，雙方就賠償仲裁；十五個月後，美國與伊拉克爆發戰爭，租船合約內具有一條款，允許承租人因戰爭而取消合約。仲裁員裁定雖然在違約當日爆發戰爭只是一個可能出現的情況，但因為仲裁聆訊的延誤，到仲裁員要計算損害賠償時，戰爭已經爆發，若沒有出現違約而合約得到順利履行，被告可以引用戰爭條款取消合約。故此，仲裁員裁定被告要承擔的損害賠償只限於違約與戰爭之間的十五個月，而非在違約當日計算的餘下四年合約期。英國上議院法庭最後以三比二多數確立仲裁員的裁定。[129]

有些時候，無辜一方的損失在於依賴或履行合約而虛耗了金錢，而不在於所期望因合約履行而帶來的利潤（又或是無法合理地證明所期望的利潤）。在這情況下，法庭可運用另一原則去賠償這種 "因依賴合約而蒙受的損失" （reliance loss），就是判令違約者負責賠償對方因己方違約而虛耗了的費用。例如在 *Anglia Television Ltd v Reed* [130] 一案中，原告人聘請被告人擔任一部即將開拍的電影的主角，在開拍前數天被告人突然悔約，原告人因無法找到適當人選替代被告人，結果取消開拍該電影。因為原告人無法證明若電影順利開拍他所應得的利潤，故要求被告人賠償原告人籌備該電影所花掉的費用，包括他與被告人立約前後為安排場地、聘請導演及其他員工等而支出的費用。法庭裁定原告人勝訴。

損害賠償一般只是為求補償原告的損失，除非在特殊情況下賠償並不足夠，否則不會剝奪被告因違約所賺取的利益。[131] 在 *A-G v Blake*[132] 一案中，被告人受僱英國政府情報部門，但卻是俄羅斯的間諜，他將自己在英國的情報工作經歷寫作自傳，出版成書。英國政府指他違反其與英國政府訂立的僱傭合約，要求他歸還銷售自傳中所得到的利潤。英國上議院法庭裁定政府勝訴。一般情況下，損害賠償及強制令可給予原告足夠的補救。但此案情況特殊，故法庭裁定政府可清算被告所得到的利潤（disgorgement of profits）。

---

129　同註 127，[36]。

130　[1972] 1 QB 60.

131　*Attorney General v Blake* [2001] 1 AC 268.

132　同上。

## （三）　減輕損失的責任

另一方面，無辜一方有減輕損失（mitigation）的責任。若他在對方違約後不採取合理行動減輕他的損失，或採取了不合理的行動以致損失擴大，因他沒履行減輕損失的責任而引致的損失將從他可得的損害賠償扣除。例如在買賣合約中，若買方違約不肯收取貨物，賣方便有責任採取合理行動嘗試轉售貨物以減低損失，合約訂價與轉售應得的價錢（亦即貨品當時的市價）的差額（如果前者較高的話）便成為計算賣方應得的損害賠償的基準。

甚麼是合理行動？須按個別情況而定。例如在 *Brace v Calder* [133] 一案中，被告人為合夥經營之公司，原告人以兩年合約形式受聘於被告公司為經理；及後，被告人很快便拆夥，以致技術上而言，原告人是被違約解僱了。但被告公司的兩名合夥人願意以同樣條件繼續聘用原告人。原告人不接受該聘請而堅持要追討該兩年合約的餘下期間的薪酬。法庭裁定原告人拒絕接受續聘並不合理，故只能得到象徵性的損害賠償。但若僱主提供的職位是較低級或較低薪的，被不當解僱的僱員不肯接受便不一定是不合理了。[134]

## （四）　算定損害賠償

有時立約人在合約中規定，一方在某違約事件發生時須支付某指定款額予另一方。若該指定款額是雙方就違約引致的損失所作的真誠評估（a genuine pre-estimate of loss），則會被視為有效並可強制執行的 "算定損害賠償"（liquidated damages）條款。[135] 即使無辜一方的實際損失超出或少於該指定款額，損害賠償仍以該款額為準。這是因為合約雙方有訂約自由，若雙方

---

133　[1895] 2 QB 253.

134　*Yetton v Eastwoods Froy Ltd* [1967] 1 WLR 104.

135　*Philips Hong Kong Ltd v The Attorney General of Hong Kong* [1993] 1 HKLR 269; *Dunlop Pneumatic Tyre Co Ltd v New Garage and Motor Co Ltd* [1915] AC 79.

能預先評估違約損失，則可避免訴訟。[136] 但若該指定款額並非代表立約人就預計損失所作的真誠評估，而是為了阻嚇對方違約而訂出，則將被視為罰金條款（penalty clause），不可強制執行，無辜一方只能根據一般損害賠償的原則進行追討。在決定某條款究竟是算定損害賠償條款還是罰金條款時，法庭須考慮訂立合約時（而非違約時）的情況。法庭可能會比較算定損害賠償與違約所可能招致的損失，如果前者金額遠超後者，該條款則很可能被視為罰金條款。[137]

在 *Ip Ming Kin v Wong Siu Lan* [138] 一案中，被告向原告租借商店舖位十二個月，租約上寫明若業主未能如期交出空置物業（俗稱"交吉"），業主須賠償雙倍租金。租客須預先繳付全部租金。後來業主反悔，租客要求業主賠償雙倍全部租金。上訴法院裁定該條款並非罰金條款。[139] 當初賠償金額由業主提出，為求說服租客預繳龐大的租金。[140] 被告有舉證責任證明該條款屬於罰金條款，但該業主未能如此證明。[141]

## （五）衡平法的補救方法

損害賠償乃普通法賦予無辜一方就對方違約的補救方法，但普通法不會強制執行合約中非金錢方面的義務。有些時候，損害賠償並不足以補償無辜一方的損失，故衡平法容許法院運用酌情決定權（discretion）在適當時提供另類補救方法，這包括強制履行令（order for specific performance）及強制令（injunction）。

強制履行令，是指法庭頒令強制違約者（或意圖違約者）履行合約規定

---

136　*Ip Ming Kin v Wong Siu Lan* CACV 201/2012 (28 May 2013), [36]-[37].
137　同上，[40]-[41]，[43]。
138　同上。
139　同上，[56]。
140　同上，[57]。
141　同上，[38]，[58]。

的義務。法庭一般不會在一些涉及個人服務合約（如僱傭合約），或在損害賠償已足以補償無辜一方損失的情況下，頒發強制履行令。最常引用強制履行令的是涉及房地產的合約，因為法律一向認為房地產具有特殊價值，金錢賠償可能不足以充分補償無辜一方的損失。故此，在樓宇買賣合約的案件中，除非合約條文清楚訂明無辜一方在對方違約時只能獲得金錢補償；否則，買賣雙方都可請求法院以強制履行令強制要求對方履行該買賣。

　　值得留意的是，若原告人本身亦有不當行為或若頒發強制履行令將使違約者陷於極度困境，法庭一般不會頒發強制履行令。

　　涉及合約訴訟的強制令（禁制令）主要是指法庭頒令禁止違約者（或意圖違約者）作出他曾在合約上許諾不幹的事，但強制令的內容亦可正面要求被告人採取行動去補救其違約行為。例如在租約上，租客承諾不會未經業主批准擅自改動室內結構，若租客欲違約拆除一房間的牆，業主可要求法庭頒下強制令去禁止租客拆牆。若該牆已被拆掉，強制令可正面要求租客復建該牆以回復舊觀。關於在甚麼情況下可頒發正面強制令的原則，情況與強制履行令相似，但禁止性的強制令（prohibitory injunction）一般比積極性的強制令（mandatory injunction）較易取得，因為前者只涉及要求法庭阻止被告人作出他所承諾不幹的事。

　　最後要注意的，就是衡平法上的補救並不適用於沒有代價支持的契據式合約。

# 九　結語

　　總括來説，本章闡釋了香港合約法的基本結構和內容。合約法是關乎個人（包括公司）之間就日常生活或業務所訂立的各種協議。長久以來，普通法基本上奉行訂約自由的原則，認定當事人有自由透過與他人締結的協議去訂立他們所願意接受的義務及責任。香港是世界上主要的金融及商業中心之一，很多個人和公司的協議都在香港訂立。合約法是普通法及衡平法的重要範疇，基本上是由盈千累萬的案例所構成。合約法確保各種合約的訂立和執行都得到清晰的保障，但同時訂約自由的原則也受到成文法一定程度上的限制，特別是針對保障消費者或弱勢人士而進行適當的干預。

第七章

# 民事侵權法

張善喻

香港大學法律系教授

## 一 侵權法的性質

　　單看名字，"侵權法"一詞可能令人有點摸不着頭腦。何謂侵權法？侵權（tort）一詞源自拉丁文"tortus"，意思解作"被扭曲"或"被彎曲"；在法律上則是指一個人的權利受到侵害，而受害人在法律上有權索取金錢作為賠償。侵權法的精神是在合理的範圍內，盡量彌補受害人因他人的侵權行為而蒙受的損失。受害人必須證明侵權者的作為或不作為（omission）侵犯了他的權利，而這權利是法律所認可的。當然，除了補償受害人的損失外，侵權法對侵犯他人權益的行為還有阻嚇和懲罰的作用。

　　在這方面，侵權法的目的與刑法相似，但在刑法檢控中，起訴人是政府，而刑法所要保障的主要是公眾利益。一經定罪，被告將被判處監禁或罰款。侵權法則是民事法的一部份，起訴人是侵權行為的受害人，最終的要求一般是金錢的賠償。這與刑事檢控的結果截然不同。一種行為卻往往可以同時是刑事罪行，亦是民事侵權行為。舉例來說，"毆打"這行為同時觸犯了刑法亦抵觸了民法，政府可通過刑事訴訟程序檢控侵犯者，而受害者亦可循民事訴訟程序要求該人作出賠償。又例如"強姦"是一種嚴重刑事罪行，受害人亦可循民事侵權法的途徑要求侵犯者因"人身侵犯"而作出賠償。正如在 *Griffiths v Williams*[1] 一案，被告人須付出五萬英鎊的賠償金額給強姦案的受害人。

雖然，侵權法是基於兩人或多人之間在法律上所承認的權利和義務的關係，但這與較為人們所熟悉的合約法有別；合約是建基於締約雙方的共同意願，違背合約就是不履行合約上所規定的義務。和合約的情況不同，侵權法適用於在侵權行為發生時，受害人與侵權者之間並無任何合約關係。侵權法所保護的權益是由法律所賦予而非由合約所產生。經常提及的例子有因不小心駕駛而發生交通意外，傷及他人。受害人不能以合約法來起訴駕駛者，因為他們事前沒有訂下任何合約。在刑事上，縱然不小心駕駛傷人是刑事罪行，即使被告人罪名成立，受害人也不會得到分文賠償。只有循民事侵權法，受害人才有機會行使法律賦予他索取賠償的權利。

本文將介紹民事侵權法內的一些較常見的類別和例子，由於侵權行為的種類繁多，本文提到的只屬較普通的例子。

## 二　侵權法訴訟中的原告人和被告人

一般來説，任何人都可成為侵權法訴訟的原告人。這包括了個人、公司和政府；即使是尚未誕下的嬰兒也可在誕生後成為原告人，根據《法律修訂及改革（綜合）條例》[2] 第 22B 條，若因侵權者的行為而令嬰兒在胎中受到傷害或缺陷，嬰兒的父母可代他起訴侵權者。在 *B v Islington Health Authority*[3] 一案中，被控訴的醫院在沒有檢查病人身體的情況下，為一名孕婦進行手術，後果卻是使原告人天生殘缺。法院裁定雖然醫院的行為在原告人尚在胎中時

---

1　*The Times Law Report,* November 24, 1995.

2　《香港法例》第 23 章。

3　[1991] 1 All ER 825.

經已發生，但這並不影響胎兒在誕生後作為民事侵權案原告人的資格。

同樣，任何人都可能成為被告人，除非他是外國元首、外國官方代表及其委派的官員，以及領事館人員或香港駐軍人員。根據《中華人民共和國外交特權與豁免條例》第 14 條和第 15 條，外國元首和外交人員享有民事管轄豁免，除非他們自願服從香港本地法院的管轄。而根據《中華人民共和國領事特權與豁免條例》第 14 條，領事官員和其行政技術人員，一般來說也只是在執行職務時才享有司法管轄豁免權。同樣，《中華人民共和國香港特別行政區駐軍法》第 23 條也規定香港駐軍人員若在非執行職務時引起的侵權行為，將由香港法院管轄；但若在執行職務時引起的侵權案件，則會由中華人民共和國最高人民法院管轄。[4]

也許我們會問，若原告人在訴訟進行中突然去世，訴訟還可否繼續進行？依照英國的普通法，訴訟恐怕是要終止了。但成文法對這個問題作出了規定，例如：在致命意外事件的情況下，根據《致命意外條例》[5]第 3 條，死者生前供養的人（包括父母、妻子、丈夫或子女等所謂"受養人"（dependants））可向侵權者追討賠償。《法律修訂及改革（綜合）條例》第 20 條亦說明死者的遺產代理人可代死者擔任原告人或被告人，但若控告侵害者的訴訟行動在死者生前尚未開始，他的遺產代理人必須在其開始執行職務後的六個月內提起訴訟，以免妨礙處理遺產的工作。

## 三　故意的侵權

民事侵權行為大致可分為故意的侵權（intentional tort）和非故意的侵權（unintentional tort）。在前者的訴訟中，原告人無須證明侵權人的行為對他構

---

4　以上的三條法例分別見於 1997 年第 379 號法律公告《1997 年全國性法律公佈》附表 5 和 1997 年第 386 號法律公告《1997 年全國性法律公佈（第 2 號）》附表 3 和附表 2。

5　《香港法例》第 22 章。

成實際的損失。只要侵權的行為被證實便可起訴（actionable per se），不過原告人遭受損失的多寡將會決定他可獲賠償的金額；相反，在非故意侵犯的案件中，原告人必須證明被告人的行為使他受到實際的損失才能起訴。故意的侵犯可以是對人、對土地或對其他財產作出的侵犯。

## （一）對人的侵犯（trespass to the person）

### 1. 毆打（battery）

任何在沒有得到對方同意下，故意和直接觸碰他人身體的行為便足以構成毆打（或譯作"人身侵犯"）。至於碰撞的程度是強是弱，都無關重要。施用武力固然是一種侵犯，在別人熟睡時，塗污他的臉也是一種侵犯。但如果別人同意，觸碰這行為便不會構成侵犯，而"同意"是可因情況或環境而意會（implied）的。在上班時間，地鐵乘客免不了會觸碰到對方，如果並無不合理的舉動，縱然沒有對方預先明示同意，這種無可避免的觸碰並不會構成民事侵犯。正如在一場美式足球賽中，運動員之間的碰撞是司空見慣的。

值得注意的是，一些間接的侵犯也可被視為直接的侵犯。就侵權法中"毆打"的定義來說，"直接"的接觸並不只是指一般意義上的直接觸碰；向別人澆一盆冷水，或拉開別人的椅子讓他跌倒，也是一種人身侵犯。在 *Scott v Shepherd* [6] 一案中，被告人把點燃了的火柴拋向甲在鬧市的舖位；甲立即把火柴拋向乙的方向，乙亦把它拋掉，最後的受害者便是原告人。法庭裁定被告人的行為"直接"地侵犯了原告人的身體。換句話說，對人的侵犯可以是直接或間接的侵害。

---

6　(1773) 2 WBl 892.

## 2. 襲擊 (assault)

侵權法內襲擊（或譯作"威脅人身的侵犯"）與刑法中的襲擊是截然不同的。在刑法中，"襲擊"一詞通常指直接的接觸，如非禮或毆打。侵權法的"襲擊"，則是指一個人非法地對他人試圖施用暴力或恐嚇使用暴力，要點是證明受害人在精神上受到暴力侵犯的威脅。只要受害人有理由相信被告人在當時的情況下有能力去實現其作出恐嚇的傷害或攻擊受害人的可能性，襲擊便算成立。

襲擊，一般是指作出某種行動或姿勢來表示將使用武力。只要使受害人處於恐懼及擔心受到攻擊，便是違法；即使那人最終並沒有真的出擊，亦無關重要。比如一個人怒目瞪視對方，及緊握拳頭或用手槍指向對方，他已襲擊了對方的人身。如果他試圖向對方出擊但對方閃避過了，沒有受到實質的傷害，這樣的行為也足以構成侵權法上的襲擊。

也許我們會問，單是恐嚇的字句或者言詞，那又如何？一般來説，普通法並不承認僅用言語的恐嚇能構成襲擊。但在 *Wong Kwai Fun v Li Fung* [7] 一案中，受害人曾向放貸人借款十四萬八千八百五十港元，年息卻超越百分之四百。由於受害人無法依期償還，放貸人便向受害人及其家人展開一連串的恫嚇行為。被告人通過電話和受害人家中的對講機，以及在受害人的住所外，説出恐嚇受害人及其家人性命及財產的話。受害人因此患上了精神衰弱症，甚至曾經因企圖自殺而需入院治療。最後，法院裁定放貸人言語上的恐嚇也足以構成襲擊。只要受害人有合理的理由去相信，放貸人有足夠的能力在短距離內（close proximity）對受害人構成人身傷害，單是語言的恐嚇也足以構成侵權法中的襲擊。由於現今社會的交通和通訊發達，民事侵權法應當放寬從前語言不能構成襲擊的限制。

---

7　[1994] 1 HKC 549.

### 3. 故意造成精神傷害 (intentional infliction of nervous shock)

除了可構成威脅人身的侵犯外，言語的傷害力也可構成精神健康上的侵犯。在著名的 *Wilkinson v Downtown*[8] 一案中，被告人向原告人說她（原告人）的丈夫剛遭遇一宗嚴重意外，情況極為不妙，被告人的原意只是跟原告人開玩笑而已。怎知這場惡作劇令原告人嘔吐大作，精神大受打擊，身心極度困擾。在繼後的數周內，她不能過從前的正常生活，還須負擔額外的醫療費。

法院判決確立的原則是：只要原告人承受的精神傷害是一個明理的人在這樣的情況中所能預料到的，而傷害又是由被告人的行為所直接引致的結果，被告人便要對受害者負上賠償責任。跟一般故意的侵犯行為有所不同，要成功起訴故意造成精神傷害，原告人必須證明他因被告人的行為而受到實際的傷害和損失。如前述 *Wong Kwai Fun* 一案，被告的恐嚇性言詞及行為均被法院視為侵犯人身及故意造成精神傷害的行為。

### 4. 非法禁錮

非法禁錮（false imprisonment），是指一個人沒有合法的理由去限制他人行動，或剝奪他人的人身自由。非法逮捕、阻延別人離去，或限制別人的身體活動範圍也足以構成非法禁錮。禁錮所用地方的大小與時間的長短都不重要，但對人身自由的限制必須是完全的。只要還有一條出路，非法禁錮便不能成立。禁錮不一定要使他人真的不能離開其被禁錮的那個地方，只要受害人真的相信他不可能離開，非法禁錮便能成立。例如在 *R v Chan Wing Kuen*[9] 一案中，受害人在澳門賭博時曾向被告人借下金錢；事後，被告人一直跟着原告人回港。在這情況下，原告人根本沒法脫離。他是在違反自己的意願下，被迫與被告人在一起。在加拿大 *Chaytor v London, New York and Paris Association of Fashion Ltd and Price*[10] 一案中，兩名原告人本是別間百貨

---

8　[1897] 2 QB 57.

9　1995] 1 HKC 470。雖然這是一宗刑事案件，但也涉及了民事侵權法上的非法禁錮的行為。

10　(1961) 30 DLR (2d) 527.

公司的店員。案發期間，他們到被告的百貨公司內查探價錢。當他們的身份被認出後，被告公司的經理立即吩咐護衛員把他們扣留。警察也在十五分鐘後到達把原告人帶到警局問話。縱然被告人聲稱原告人在警察到達前可自行離去，但由於當時的情況，原告人不得不聽從護衛員的命令。這便足以構成非法禁錮。

有些時候，受害者甚至並不知道自己被禁錮。在 *Meering v Grahame-White Aviation Co. Ltd*[11] 一案中，案發公司一名員工被懷疑與一宗盜竊案有關，僱主要求到他房間協助調查。當時在門外，有別的員工負責不讓他離去。當時原告人並不知道他的人身自由已被限制，但法庭認為無論原告人知道與否，這都是一項非法禁錮的行為。Lord Atkin 在案中更清楚地說明，在非法禁錮的案件中，受害人無須知道自己的自由已被限制。假若一個人在熟睡、喝醉，甚至在一個神志不清的狀態中被別人鎖在房中，這也足已構成非法禁錮。[12] 法律保障的是個人自由，至於當事人知道與否並不重要。

## （二）侵犯土地（trespass to land）

除了對人的侵犯，侵權法也禁止對土地（房地產）佔有權（possession）的侵犯。凡未經許可而擅自進入他人的土地，或直接地和非法地對其土地進行干擾，即構成對土地的侵犯。這種侵犯包括進入他人土地，或把東西放置在別人的土地上。即使自己栽種的樹，若樹枝伸長越過別人的籬笆而進入其土地之上，也可構成對土地的非法侵犯。

一個人在進入土地時雖然得到許可，但若他的行為超出許可的範圍，也會構成侵犯。例如一名推銷員在屋主邀請下進入屋內，這顯然是合法的行為。但若屋主對貨物沒有興趣，並要求推銷員離開，推銷員卻強行留下，這便是一種對屋主土地的侵犯。

---

11　(1919) 122 LT 44.

12　同上，p 54。

對土地的佔有權亦包括了對土地上空和地下土層的佔有權，但法律只會保障在合理範圍內的權力。在 *Lord Bernstein of Leigh v Skyview and General Ltd* [13] 一案中，被告公司的飛機越過原告人住所的上空並拍下了相片，為此原告人控告被告公司侵犯其土地上空的佔有權。法院裁定原告人並非對土地上空擁有絕對的佔有權，這種佔有權必須是合理的。由於被告公司的行為並沒有影響到原告人對土地正常的運作和享用，被告公司不用為此作出賠償。

## （三）侵犯財物（trespass to goods）

除了對人和土地的侵犯，任何人干預別人財物的管有權（possession，又稱"佔有權"）也是一種民事侵犯，稱為"侵犯財物"。干預的行為必須是故意的、直接的和未經許可的。舉例來說，刮損別人汽車的車身，便是侵犯財物的行為。侵犯者不能以有關財物的所有權並不屬於管有人（佔有人）作為免責辯護。正如一名拾遺者享有其拾得物件的管有權，除了物件的真正物主外，其他人均不可干預拾遺者對物件的管有權，否則便構成侵犯財物。換句話說，拾遺者不能否認真正物主的物權，但在找不到物主的情況下，他便是合法的佔有人。侵犯者亦不能以行為出於錯誤的判斷，例如他誤以為自己是物件的持有人或他誤以為物主會同意，來作為辯護理由。

除了對財物的侵犯外，關於財物的故意侵權還包括對財物的侵佔和霸佔。

## （四）侵佔（conversion）

侵佔是指侵佔者否定別人對其財物的所有權（ownership 或稱"擁有權"）；這包括了佔有、損害、毀滅、擅自賣掉或處置，以及拒絕交還他人的財物。起訴的主要原因是物主要求就其財物的所有權的損失取得賠

---

13　[1978] 1 QB 479.

償。在 *Chan Yiu Wah & Another v The Hong Kong and Shanghai Banking Corporation* [14] 一案中，原告人本來擁有一張錯色的，極為罕有的一千港元紙幣。(一千港元的紙幣本應是金黃色的，但那張紙幣卻是咖啡色的，有如五百港元紙幣的顏色一般。) 原告人本欲以三十五萬港元把它售予一名收藏家。他拿着紙幣到銀行要求鑑正，銀行職員卻毀滅了那張紙幣。最後原告人得到三十七萬五千港元作為侵佔其財物的賠償。

## (五) 霸佔 (detinue)

當物主要求佔有者歸還其財物卻遭到拒絕，這便構成霸佔的行為。霸佔與侵佔相比，霸佔是較輕的一種侵權行為，因為前者並沒有否認物主對財物的所有權。適當的補救方法，是原告人請求法庭命令物歸原主。

一個簡單的例子：如學校圖書館發出逾期通知書後，同學仍然沒有交還書籍，這便是一項霸佔行為，法院可下令他歸還書籍。若借用者不小心失去了書籍，或在疏忽的情況下毀滅了書籍，他更可被控侵佔他人財物。

## (六) 辯護理由

一般來説，就以上所提及到對人身、土地或財物的侵犯等故意侵權行為，被告人在訴訟時可提出以下的辯護理由：(a) 有關行為是為了保護財物或人身安全；(b) 有關行為涉及未成年人，並且是父母或監護人的權力的行使；(c) 有關行為是按法律授權而進行的逮捕或監禁；(d) 有關行為是為了維護社會秩序而作出的；(e) 有關行為已經得到對方的同意。

---

14　[1988] 1 HKLR 457.

## 四　非故意的侵權

非故意的侵權（unintentional tort）可說是不小心的行為，而疏忽（negligence）則是侵權法內最重要和最常見的一種非故意的侵權，例如一般交通意外所引起的民事索償訴訟的訴訟理由，便是一方當事人的疏忽。在任何一宗控訴疏忽的民事案件中，原告人必須證明：（a）被告人負有法律所承認的謹慎責任（duty of care），即他不應陷別人於可預見之風險之中；（b）被告人有所失責（breach of duty），即他未盡他的謹慎責任，他的行為的謹慎程度低於一般被接受的合理謹慎行為標準；（c）被告人的失責與原告人所受到的損害存在着因果關係（causation），即是說該損害是由該失責所導致的；（d）失責與損害之間有合理的緊密聯繫；（e）最終的損害並非由原告人自己的疏忽所致。

### （一）謹慎責任

在英國上議院法庭十分著名的 *Donoghue v Stevenson*[15] 判例中，Lord Atkin 在判詞中確立了所謂 "鄰舍原則"（neighbourhood principle）用以驗證在甚麼情況下一個人應對另一人負上謹慎責任。根據此原則，如果我們可以合理預見得到我們的行為可能直接地，在合理範圍或在可預見的情況下對他人造成損害，那麼，我們便必須對他人負上謹慎責任。正如案中的女事主在喝一瓶薑啤時，發現瓶內有一隻蝸牛的殘骸；她喝了後就生病，於是向酒商要求賠償。結果，法庭裁定製造商對消費者負有確保其產品不會造成損害的謹慎責任。

---

15　[1932] AC 562.

## （二） 違反謹慎責任（失責）

為了確立被告人未盡其謹慎責任（即有所疏忽），原告人必須證明被告人的行為未達到一個明理人在有關情況下會表現的謹慎程度。謹慎責任所要求的行為標準視情況而定，具有特別技能人士或專業人士的責任必比一般普通人為高。

## （三） 因果關係

疏忽本身是不能被起訴的，原告人必須證明被告人的疏忽導致他受到傷害或損失。若在疏忽行為本身與損害之間有第三者的行為介入，法庭會考慮如果沒有發生此介入行為，被告人的疏忽是否足以造成原告人的損害。只要被告人的行為能夠和損害拉上因果關係，被告人便要負責。在 *Lam Tam Luen v. Asia Televisions Ltd.* [16] 一案中，原告人的丈夫曾在 1999 年接受亞洲電視節目《今日睇真 D》訪問時，評論一位自稱是 "神醫" 的姓鄧同行。該節目播出十八個月後，他被鄧用木棍擊斃。原告是死者的遺孀，她指出當時她的丈夫並不願意接受訪問，只是在電視台答應不披露其身份的情況下才改變主意。節目播出後，亞洲電視有限公司卻沒有為她丈夫的面容 "打格"，原告人認為是電視台的疏忽遂釀成此次悲劇，並要求索償。法院雖然認為電視台有所疏忽和違諾，但法院指出，導致悲劇是由於施襲者患有精神妄想症。若不是因為鄧患上精神病，單是電視台的報導不會做成此結果，而電視台亦不能預知鄧是精神病患者，更無法預料他會向當事人施襲。

被告人不一定能以原告人在受傷時正在進行非法活動而作為一個辯護理由。在 *Chung Man Yan and Another v Sihon Co Ltd* [17] 一案中，被告人的陽台塌下壓傷原告人和他的妻子。在原訴審訊中，法院裁定被告因疏忽而導致

---

16　[2007] 3 HKLRD 67, 上訴後為 [2008] HKEC 844。

17　[1997] 3 HKC 197.

原告人和他的妻子受到傷害，但由於當時原告人正在進行非法販賣熟食，被告人不需為原告人因傷喪失了工作入息而作出賠償。在上訴庭中，法院推翻了原審法庭的決定，指出只要原告人的行為沒有影響到侵權法中疏忽的因果關係，他便可得到收入損失的賠償。因疏忽而造成的意外與販賣活動毫無關係。縱然無牌販賣食物本身不合法，但原告人的職業本身並沒有違反公眾利益及公眾良知（public conscience）。

## （四）損失是否"過於遙遠"（remoteness of damage）

這裏主要是指損害的"可合理預見性"（reasonable foreseeability）。雖然被告人有過失，但這不等於他應為一切可能的後果負責。他的賠償責任只限於可合理預見的後果，至於在可合理預見的範圍之外的後果稱為"過於遙遠"的後果，被告人無須為此負責。在 *The Wagon Mound（No.1）* [18] 案中，船公司的人員輕率地在港外卸油。油漏入海港，在海上飄浮而燃燒起來，結果碼頭也燒燬了。法庭認為在有關情況下碼頭的污染是可預料得到的，但火災則是難以預料的意外。法庭的標準是除非一個明智的人能預料到該輕率行為會導致這樣的後果，否則被告人無須負責。

但若案件涉及到人身傷亡，法庭只會要求原告人證明被告人的疏忽"直接"造成傷害，而不會理會傷害的合理預見性。即使受害人的身體特別敏感、他患有的毛病十分罕見、或受害人已身患絕症，致使他因有關疏忽而受到的傷害比一般人在同樣情況下為大，侵權者仍須就傷害全盤負責。法庭不會接納被告人提出受害人有一個異於常人的"薄殼腦袋"（thin skull）為辯護理由。

---

18　[1961] AC 388.

## （五）原告人的疏忽

倘若造成損害的部份原因是原告人自己的疏忽，根據"自為疏忽"原則（或稱"互有疏忽"）（contributory negligence），原告人所能獲得的賠償金額將相應減少。《法律修訂及改革（綜合）條例》[19] 第 21 條規定，當一個人同時由於本身的過錯和他人的過錯而遭受損害，法律不會因為他須要分擔過失而否定其索償的要求，但他所能得到的損害賠償將按他自己的過失導致損害的比例程度予以削減。

## （六）疏忽造成的精神傷害

法律除了為因疏忽而引致的人身傷害提供賠償外，也承認應就疏忽對原告人造成的精神傷害作出賠償。精神傷害，是指因被告人的疏忽而引起他人的精神病、神經機能病，以至性格上的轉變。這並不包括因意外而引起的不安、痛苦、憤怒或抑鬱情緒，除非它們令原告人受到人身的傷害，如因長期不安，最後導致心臟病，甚至自殺。

普通法從前也承認，被告人應為原告人因目睹意外而受到的心靈創傷作出賠償，卻無須為日後才出現的病理性心靈痛苦負責。這兩個概念實在不容易分別。在 1997 年的 *Vernon v Bosley（No.1）* [20] 一案中，法院終於承認這區別是不必要的，只要原告人患上醫學上認可的精神病，並滿足疏忽法中一般規定的條件，便可得到賠償。在該案中，原告人的孩子在一宗交通意外中身亡，而被告人正是孩子的褓姆和汽車的司機。原告人趕及現場，目睹自己孩子受傷的情況，精神大受困擾而不能過以往的生活；其後，他在生意上和婚姻上均受到嚴重打擊。被告人承認自己的行為有疏忽，但卻辯稱原告人受的只是正常人在親人去世時所感到的痛苦，及日後才慢慢出現的病理上的創

---

19　《香港法例》第 23 章。

20　[1997] 1 All ER 577.

傷。法院裁定，只要原告人是因被告人的疏忽而受到精神傷害，被告人便要賠償。

傳統上，普通法對這範圍通常採取較謹慎和小心的態度，理由是精神傷害較肉體傷害難以證明。現今法院的態度已比較靈活，一般來說，被告人須就在合理預見範圍內的人所受到的傷害承擔賠償責任。

所謂"合理預見"的測試的應用，要視乎原告人是"原受害人"（primary victim）或是"次受害人"（secondary victim）。

### 1. 原受害人

原受害人，是指因有合理原因而害怕意外會直接威脅他的人身安危，因而受到精神傷害的受害人。按照前文所說的"鄰舍原則"，如被告人應可合理預見原告人可能因被告人的疏忽而受傷害，被告人便須承擔侵權法上的責任。換言之，應用在原受害人的原則與適用於疏忽法的一般原則一樣。原告人所受的傷害屬身體上的還是精神上的是無關重要的，就任何一種傷害均可提出訴訟。在 *Page v Smith* [21] 一案中，受害人遭遇交通意外，雖然身體沒有受到傷害，卻患上了長期性精神病，受了長達二十年的煎熬。被告人承認自己的疏忽，但申辯說，只有對身體的傷害才是在他可合理預見的範圍內。法院沒有採納被告人的辯護理由，指出只要原告人在被告人可合理預見的範圍內，被告人便要為因自己的疏忽行為而導致別人人身傷害作出賠償，而人身傷害包括對身體和精神的傷害。至於原告人的精神是否特別脆弱，並不重要。若受害人同時受到身體和精神傷害，法庭將視後者為可合理預見的範疇內。[22]

### 2. 次受害人

與原受害人不同，次受害人並非牽涉在意外中的一份子，而是因目睹另

---

21　[1995] 2 All ER 736.

22　*Simmons v British Steel plc*, 2004 SC (HL) 94.

一人的意外而受到精神傷害。在著名的 *McLouglin v O'Brien* [23] 一案,法院就這類案件訂下三大原則:第一,原告人與意外中身體受害人必須有一種直接和親密的關係,如夫妻、父母或子女;第二,原告人必須在時間上和地點上很接近意外現場(proximity in time and place);第三,原告人必須直接親眼看見意外發生或親耳聽到消息。在上述案中,原告人的丈夫和子女在交通意外中嚴重受傷,一名孩子還因此而過身。原告人在意外發生兩小時後才得知此消息,她立即趕去醫院,目睹了家人的痛苦,自己因而患上了精神病。法院裁定原告人受到的傷害符合上述三項準則,被告人應對有關精神傷害負責。

自 *McLoughlin* 一案後,在同類的案件中,法院通常顧及公共政策的考慮,即如果容許原告人就有關精神傷害追討賠償的話,是否會湧現過多的同類追討。在另一著名案件 *Alcock v Chief Constable of the South Yorkshire Police* [24] 中,法院更加添了第四項準則,即原告人受到的精神傷害必須是"突如其來"(shock),使其精神受到猛力打擊。此宗案件涉及 1989 年英國足球場的騷亂,其中有四百人受傷,九十五名死難者,而這場球賽和有關慘劇在電視中播放,令不少人精神受到困擾。十六名原告人以警方疏忽沒有控制人潮、沒有防止及控制騷亂、導致他們受到精神傷害為理由,控告警察部。十六名原告人全屬傷者的親戚,一名是傷者的未婚妻。有些原告人在事發現場,卻沒有目睹有關慘劇,但在認屍期間飽受精神刺激。法院裁定原告人跟受害人的關係不夠密切,而他們在認屍時目睹的一切不能視為即時的後果(immediate aftermath),因與慘劇的發生已事隔八至九小時,至於電視廣播所帶來的震撼一般是間接的,而不是猛力和突如其來的。這一判決很具爭議性。看來,法院還是以公共政策的考慮為主,擔心將來可能大量湧現的訴訟。目前,我們只能評估,在上述情況下,意外的"次受害人"一般沒有勝訴把握。

---

23 [1982] 2 All ER 298.

24 [1991] 4 All ER 907.

### 3. 營救者

在意外中，營救者（rescuers）也有可能受到傷害。如果是肉體上的傷害，疏忽法的一般性原則是適用的。[25] 至於精神傷害，相對於以前，現時普通法已採取了一個較寬鬆的態度。被告人因自己疏忽的行為而陷別人於危險情況，他就必須對受傷者負責。被告人不能以營救者是自願承擔風險，或營救者的行為 "中斷" 了因果關係作為抗辯理由。

至於原告人是否是營救者，則要視情況而定。一般要考慮的因素如下：(a) 意外本身的特點；(b) 原告人是否當時身處意外中還是在意外結束後才到達；(c) 在營救行為中，原告人或別的受害人是否身陷險境；(d) 原告人在營救行動中所擔當的角色，例如是否積極地協助救援或只是給予受傷者安慰；(e) 原告人是否在時間上和地點上很接近意外現場。

然而，以上五點並不是決定性的因素，而是應考慮的因素。

一種特別的營救者是在法律上有義務進行營救的人（例如消防員和警察），他們是否能因為自己在營救中受到精神傷害而索償？在過去的判例中，法院都不太願意要求被告人為此作出賠償。原因是原告人的職業包括了營救的任務，而他們經過訓練後應已具備應付精神傷害的技能，他們的工作經驗應已減低他們對意外的敏感程度。但在 *Frost and Others v Chief Constable of South Yorkshire Police and others* 一案中，[26] 英國法院卻改變看法，五名警員代表另外三十六名警員成功地起訴了警察部。這案件跟前文所述的 *Alcock* 一案，頗為相似。在 1995 年的一次足球賽騷動事件中，有九十六名死難者和更多的傷者，警察奉命到場協助。由於慘劇的情況可怕，多名警員事後患上了精神病。警察部承認當時處理不當，卻辯稱對下屬無須承擔法律責任，因為他們是職業營救員。但法院並不接納這抗辯理由，並明確地指出只要被告人

---

25　在 *Baker v T.E. Hopkins & Son Ltd* [1959] 3 All ER 225 一案，一名醫生為了拯救被困在井裏的工人，親自下井而吸入了一氧化碳的毒氣而死亡。法庭裁定，被告公司必須為醫生作為營救者在營救過程中招致死亡而負上民事責任。

26　[1997] 3 WLR 1194.

的疏忽行為令原告人受到精神傷害，被告人便要負責。案件中，只有一名警員不獲賠償，因他是在殮房內協助善後工作時受到精神傷害的，而不是直接在意外現場擔任營救工作時受到精神傷害。

# 五　妨擾

妨擾可分為“私人性妨擾”（private nuisance）和“公眾性妨擾”（public nuisance）。從某一角度來看，妨擾（nuisance，或稱“滋擾”）是一種失責，而非一種直接的侵權。上文曾討論過對土地的侵犯，私人性妨擾對土地來說也是一種侵擾，但它是對土地的間接干預。就私人性妨擾來說，侵權法的目的是要保障土地佔有人享用其土地的權利。妨擾必須令受害者受到實際的損害，始能起訴。

## （一）　私人性妨擾

私人性妨擾，是指非法干擾他人享受其土地（房地產）的權利。這種權利是指佔用人（occupier）對其土地的享用，包括了他在土地上享受到的健康、方便或舒適。

噪音、煙霧、臭味、灰塵、震動，以至對收音機接收系統的干擾等，都能構成妨擾的行為。法庭在考慮妨擾時，除了要考慮行為本身，還要考慮別的因素，如土地的地點，被告人是否把自己的土地用於合理的用途（如果他在此土地上的活動滋擾到原告人的話），被告人是否心懷惡意（malice），原告人是否過敏，以及妨擾的持續性和嚴重性等。如要在私人性妨擾起訴的案件中勝訴，妨擾必須是嚴重干擾了原告人的生活，而行為本身必須具有持續性和構成實際影響。

在 *ACL Electronics（HK）Ltd v Bulmer Limited* [27] 一案中，被告人由於長期使用冷氣機，導致下層住客的天花板凝成水點，及導致鋼管生銹，被法院裁定行為足以構成妨擾。

若構成妨擾的行為早已存在，原告人是搬進房子或購買土地後才發現問題，他還能成功起訴被告人嗎？英國最高法院在 *Coventry（t/a RDC Promotions）v. Lawrence*[28] 一案中為此訂立了新的指引。

原告人在 2006 年購入了新房子，不久便發現位於五百六十米外的賽車競技場和位於八十六米外的跑道發出的噪音令他難以忍受，遂向法院申請禁制令。被告人卻辯說賽車場早於 1975 年已建成，而他們分別在不同年份已獲得政府土地發展局批出進行電單車、改裝車和老爺車賽事的准許證。基於他們經營賽車場道生意已久，他們反稱應因時效歸益權（prescription）的原則，[29] 而享有發出噪音的地役權（easement）。[30] 他們亦反駁說，原告人買房子的時候應知賽車場就在附近，所以原告人是自投妨擾中（coming to the nuisance）。況且，被告人的長期活動已改變周遭環境的特質（character of locality）。並且，政府的許可證已表明他們的活動符合公眾利益。

法院對以上的陳述，取態大相逕庭。首先，法院裁定雖然英國法律承認當一個人長期使用土地達二十年，這可令他獲得享用該土地連帶發出噪音的地役權，但時效歸益權必須由當噪音構成妨擾行為開始計算。而噪音造成的妨擾在那二十年內必須達至一種"可視為慣常業務的活動"（reasonably uniform industrial activity）。由於被告人無法就噪音的頻率和持久度是慣常和一致提出證據，其論點並不成立；第二，普通法絕不承認"自投妨擾"的概念，除非原告人擅自更改土地用途。事實上，原告人的房子早建於 1950 年代；第三，至於被告人的活動應否被視作該區或其周邊環境的特質，法院的

---

27　[1992] 1 HKC 133.

28　[2014] UKSC 13.

29　英國法例和普通法所指的時效歸益權是指一個人因長達二十年在毫無間斷的情況下而使用某種跟土地享用的權利，但這權利絕不能在強迫他人下，在偷取他人權益或在他人的准許下而產生。

30　地役權是指享用他人（不是佔有）/土地的附屬權，例如通行權，享有光線的權。常見例子有當事人必須走過他人的小徑才能回到自己的房子，他將享有通行權。

回答是：只有合法的行為才會被納入作考慮因素。被告人的行為一旦構成妨擾便不能以此作為辯護理由，說自己的行為已改變該區的環境；最後，法院更裁定行政部門發出的許可證並不能與妨擾行為能否成立混為一談。法院只會在決定賠償時考慮此點。法官的意見是：若有土地用途批准證，禁制令便不會輕易發出。

## （二）公眾性妨擾

與私人性妨擾不同，公眾性妨擾並非只用於保障個人享用或使用其土地的權利。公眾性妨擾，是指被告人的行為危害到公眾的生命、安全、健康、舒適，或妨礙公眾使用公共設施的權利。例如在 *R v Johnson*（*Anthony Thomas*）[31] 一案中，被告人在五年內曾數百次致電給至少十三名婦女，向她們說出不雅的話，法院裁定被告人的行為構成公眾性妨擾。較常見的公眾性妨擾的例子，包括對水和空氣的污染，在街上亂設攤檔或非法泊車。

公眾性妨擾既是違法的行為，亦可構成刑事罪行。在某些情況下，律政司司長可代表公眾循民事途徑以促訟人訴訟（relator actions）的形式去起訴被告人。[32] 如由私人提出起訴，原告人必須證明除受到一般公眾因有關行為而普遍受到的影響之外，他自己還受到更具體或額外的損害。

在 *Halsey v Esso Petroleum Co Ltd* [33] 一案中，法院裁定私人性妨擾與公眾性妨擾同時並存。原告人投訴被告人公司經營的油庫放出的酸性煤塵，污染了他掛在後園的衣服，並損壞了他泊放在公路上的汽車。此外，油庫運作時釋出的異味、噪音和貨運車在晚上發出的噪音令到他不能安睡。法院遂裁定被告人對原告人車子的損壞和貨運車在晚間發出的聲音足以構成公眾性妨

---

31　*The Times Law Report,* May 14, 1996.

32　在促訟人訴訟中，律政司司長乃代表公眾利益進行起訴。他是名義上的原告人，實際上的法律費用則是由請求他提出起訴的促訟人（relator）而付的。見 *Halsbury's Laws of England* (4th edition, 1982), vol. 37, para 230。

33　[1961] 2 All ER 145.

擾；而對原告人的衣物的污染、油庫運作時發出的異味和噪音則是私人性妨擾。與私人性妨擾不同的是，公眾性妨擾提出起訴時無須證明持續或重複的行為，只要事件發生了一次便行。

# 六　誹謗

就某些介乎故意和非故意之間的侵犯他人權益的行為，法律規定作出該行為的人須負上民事責任。在這些情況下，原告人無須證明被告人的行為是故意或疏忽，誹謗（defamation）法就是其一例了。

誹謗法旨在保護一個自然人或法人（個人和公司）的名譽。雖然香港早在 1887 年已有《誹謗條例》，但大部份有關法律原則源於普通法。要成功提出誹謗訴訟，當事人必須證明被告曾向他人發表有關他的誹謗性陳述。

## （一）何謂"發表"？

一個人的名譽對他來說極其重要，所以任何誹謗性的陳述或資訊的發表而影響他人的聲譽，便屬不合法的侵權行為。所謂"發表"（publication）是指向發表者和被論及者以外的第三者作出任何陳述。所以，除了陳述的作者外，印刷商或出版商也有可能負上誹謗的責任。如要免除責任，他們必須證明：(a) 他們不知道發表的資料內容含有誹謗成份；(b) 他們沒有理由懷疑所發表資料的內容含有誹謗成份；及 (c) 他們沒有疏忽於審查有關資料的內容。

若被告只是在"發表"過程擔當次要角色，而又能合乎以上的三項條件，他可被視作"次要發表人"（secondary publisher），可用"無辜傳播者"（innocent disseminator）為辯護理由。一般來說，報販、書店和圖書館也是"無辜傳播者"的明顯例子。當他們一旦得悉刊物或發表的資料內容含有誹謗成份，便得採取適當的行為。在 *Vizetelly v Mudie's Select Library Ltd* [34] 一案中，圖書館因疏忽大意，沒有把含有誹謗性資料的書籍退回出版商。法庭裁定出借書籍的行為跟發表的行為相同，故圖書館必須負上誹謗的法律責任。

以上的法律準則看似合理，然而資訊科技一日千里，在網絡世界裏，誰人要為"發表"負上法律責任卻成為一個難解的議題。首先，網絡原作者極可能是以虛假姓名或以匿名方式發表言論，不會跟互聯網服務供應商登記真實姓名和資料，故原告人往往也會向不同種類的互聯網服務供應商提出訴訟。

在 *Oriental Press Group Ltd v Fevawork Ltd.*[35] 一案中，東方報業集團因不滿被告人轄下的"高登"網站討論區曾經有不同人士貼上指原告人跟洗黑錢、販毒和其他非法和不道德的活動有關的言論，而向被告人提出誹謗訴訟。高登是香港熱門的網上討論區，平均瀏覽人次為三萬人，在高峰時段則每小時有五千人在發帖子（post）。作為高登的網絡服務供應商、行政人和網站管理人，被告人應否被視作一位"發表人"？無辜傳播的辯護理由又是否適用？

香港終審法院在 2013 年裁定網上討論區的負責人是一名"次要發表人"。雖然他們並不是原作者，也沒法得悉在討論區眾多帖子的內容，但當他們一旦接到投訴或通知（notice），得悉帖子的內容含誹謗成份，便得在合理時間內移除它們，否則"無辜傳播"的辯護理由將無法適用。

在 2014 年，著名互聯網服務供應商谷歌（Google）亦因同樣的問題被告上香港法庭。娛樂界巨子和商人楊受成因不滿谷歌的搜索引擎的功能常把他的名字與黑社會和負面形容詞連在一起，而控告谷歌誹謗。[36] 事緣谷歌搜索引擎有一種稱為"自動填補"的功能（auto-complete）。當人們輸入"楊受成"三字，"黑社會"一詞便自動出現。楊受成要求谷歌把那些負面的字眼過濾（filter）或阻隔（block），但谷歌卻說人們的搜索結果不應當作一種發表。根據谷歌解釋，任何搜索得出的結果都是由特種程式算法（algorithm）而來，

---

34　[1900] 2 QB 170.

35　[2013] HKCFA 7.

36　HCA1383/2012.

不受人手所監控，公司也沒法預早得知。谷歌就此申請撤銷原告人的訴訟。

香港高等法院在 *Dr Yeung Sau Shing Albert v. Google Inc.* 的初步聆訊中（preliminary hearing）卻認為原告人提出了合理和具爭議性的法律理據（good and arguable case），因而批准訴訟程序可以進行。法官並不認為谷歌只是一名全然被動的中介者（passive intermediary）。搜索引擎的程式算法是由他們設計的，單在 2014 年就進行了五百一十六次改良。功能上，谷歌可重組、綜合和積累輸入的搜索詞彙，亦可把數據進行改革，[37] 以上種種也足可令谷歌成為一位"發表人"。雖然谷歌是否一名"次要發表者"和"無辜傳播人"要待法庭審訊後才可知曉，網絡供應商的不同角色（如網絡討論區、搜索引擎）已衍生層出不窮的法律問題。

## （二） 誹謗的含義

誹謗是指任何對當事人（原告人）以外的人（即第三者）發表有損原告人的陳述，(a) 使他陷於憎恨、恥笑、蔑視等反感之中；(b) 使他在社會一般正直人士心目中的地位被貶；(c) 或成為他們所迴避的人；(d) 或貶低他的專業或行業地位。在 *Cheung Ng Sheong Steven v Eastweek Publisher Ltd & Anor* [38] 一案中，香港某雜誌曾刊登文章，其中報導指香港大學張五常教授經常缺課，以及曾拒絕與學生合照。張教授成功地起訴該雜誌對他作誹謗性報導，影響他的形象，令人相信他是一名不負責任和不友善的老師。

## （三） 有關當事人的誹謗

雖然在有些情況下，被告人所用的語言本身未必含有明確的誹謗成份，但其涉及的影射或中傷也可能構成侵權的行為。這裏必須説明一點，就是原

---

37　HCA1383/2012, para 116.

38　[1995] 3 HKC 601.

告人必須向法庭說明有關語言的特殊含義，以及證明被告人明知這些含義而刻意中傷原告人，使原告人在一個看到或聽到這些語言的明理人（reasonable person）的心目中受到誹謗。值得注意的是，誹謗性言論必須是針對原告人；如果誹謗是以一大群人為目標，那麼誹謗的行為便很可能不成立。根據英國法院在 *Derbyshire County Council v Times Newspapers Ltd and others*[39] 一案中的裁決，政府或公共機構是不能提出誹謗訴訟的，因為一個民選的政府必須接受人民的批評。在香港，於 *Hong Kong Polytechnic University and others v. Next Magazine Publishing Ltd and others*[40] 一案中，上訴法院裁定大學為非政府機構，讓他們提出誹謗訴訟並沒有違反言論自由。另外，在 *Oriental Daily Publisher Ltd. v. Ming Pao Holding Ltd.*[41] 一案中，法院裁定案中的空殼公司因沒有經營實際業務，沒有名譽可保護，故不能作為誹謗訴訟的原告人。

## （四）　誹 謗 的 類 別

誹謗大致可分為兩類：永久形式誹謗（libel）和短暫形式誹謗（slander）。前者是指以某種可持久地存在的形式去發表誹謗的內容，例如印刷品、書籍、雕刻、電影、肖像、漫畫等。根據《誹謗條例》[42] 第 22 條，任何通過無線電或電視廣播而受公眾接收的形象、畫面和語言也屬永久性的發表形式。短暫形式誹謗則是以某種短暫形式發表誹謗，如口頭陳述。

在永久形式誹謗的訴訟中，原告人無須證明自己受到實質的傷害，便可以立即起訴。永久形式誹謗除構成民事侵權行為外，也屬刑事罪行（見《誹謗條例》第 5 條；雖然誹謗在實際上通常只在民事訴訟程序中被追究），但短暫形式誹謗則只屬民事侵權。就短暫形式誹謗提出民事起訴，一般來說，須證明實際的損害，但在以下的情況，原告人無須證明受到實際的傷害，便可

---

39　[1993] All ER 1011.

40　(1997) 7 HKPLR 286.

41　[1999] HKEC 506.

42　《香港法例》第 21 章。

就短暫形式誹謗提出起訴：（a）被告人誣稱原告人犯有刑事罪行；（b）誣稱
原告人患有傳染性疾病，從而令他人排斥或躲避他；（c）斷言原告人不誠實、
不適合有關工作或欠缺能力，因而損害原告人在其職位、專業、生意或事業
上的形象；或（d）誣稱婦女（原告人）不貞、通姦或被強姦。

　　一旦證明有關言論已經發表，法院便須決定從一個明理人的觀點來看，
有關言論是否誹謗。最後的判決通常是由法官作出的，但是原告人也可特別
要求由陪審團作出裁定。[43]

## （五） 辯 護 理 由

　　就誹謗訴訟，被告人可提出三項辯護理由：

　　a. **言詞屬實**　即使原告人能證明被告人的言論具有誹謗性，若果被告人
能夠證明有關言論內容的確是真實的或有理可據，他就可以免除責任。

　　b. **特權**　法律除了要保護個人聲譽外，同樣也保護言論自由。法律鼓勵
人們在某些特定的情況下暢所欲言，而無須顧忌其言論可能構成誹謗。舉例
來說，立法會議員在會議中的演說，法官、陪審團、當事人、證人和律師在
司法程序中的陳述，均享有絕對特權（absolute privilege），不受誹謗法所約
束。根據《誹謗條例》第 13 條，記者就法院公開審訊的報道及立法機關開會
時的發言的報道，都享有絕對特權。此外，誹謗法在某些情況下也承認受約
制特權（qualified privilege）。有別於絕對特權，若被告人懷有"惡意"（malice）
而作出其誹謗性的陳述，便會失去受約制特權的保護；後者乃建基於一項
"責任及利益準則"及對其的保護。這是指陳述人有法律、社會或道德上的責
任去發佈有關陳述，而接收訊息的人亦有責任或需要去得悉那項訊息。常見
例子有僱員的現任僱主應下任僱主要求，撰寫關於該僱員在職時的表現的報
告；或老師為學生寫推薦信。正因受約制特權的目的是要保護合法利益和履

---

43　關於陪審團制度，請參閱本書第二章。

行合法責任，任何惡意或另有目的的陳述都可能令被告失去此特權的保護。

c. **公允評論** 這可說是誹謗中最常見和對保障言論自由最重要的抗辯理由。"公允評論"（fair comment）是指任何人就有關公眾利益的事務的公允或誠實表述，均免於誹謗法的責任。儘管有關評論是多麼的誇大和偏執，只要該言論是有關公眾利益的誠實評論，被告人便可免責。在終審法院判決的 "謝偉俊訴鄭經翰"（*Tse Wai Chun, Paul v. Albert Cheng*）[44] 一案中，Lord Nicholls 指出，若要使用 "公允評論" 作為免責辯護，被告需證明：（a）該評論是就關乎公眾利益的事宜作出的；（b）該評論可被清楚識別為評論；（c）該評論乃建基於真確事實或受特權保護的事實；（d）該評論明確或隱喻地提及它是建基於那些事實之上的；（e）該評論是一個誠實的人可能持有的觀點，不論那觀點是如何偏執、誇張或煽情，關鍵是它是誠實的觀點。

在 2006 年的 *Lowe v. Associated Newspapers Ltd* [45] 一案中，英國高等法院認為上述要求欠缺靈活性，尤其是第四點。他們認為若評論涉及眾所周知的事實，就發表的陳述來說便沒必要清楚作出事實與評論的區別。

唯一能確定的是，若要用公允或誠實評論為免責辯護，有關評論必須公允，不能含有惡意。在此，必須強調公允或誠實評論中提到的 "惡意" 是有別於受約制特權中的惡意的。後者是指不良動機和意圖，而前者只包涵 "不誠實"（dishonesty）的發表，意指被告人根本不真誠相信自己的評論，或者他魯莽得毫不理會自己發表的評論是真或假。只要被告人能符合以上的五點抗辯要素，他與原告人的嫌隙，或有潛藏的仇怨心態全不重要。這無疑有利於言論自由，也正如 Lord Nicholls 本人指出，也許 "公允評論" 日後應解作 "誠實評論"（honest comment）更為貼切。

---

44　*Tse Wai Chun, Paul v Albert Cheng* [2000] 4 HKC 1.

45　[2006] EWHC 320 (QB); [2006] 3 All ER 357.

# 七　嚴格法律責任和轉承責任

　　侵權法除了為故意和因疏忽行為而造成的傷害提供司法補救外，還在某些情況下要求他人負上"嚴格法律責任"（strict liability）。一般來說，若一個人沒有犯過失（即故意或疏忽而造成傷害），便無須為自己的行為承擔侵權法上的民事責任。但在某些情況下，法律會把產生責任的標準從過失或普遍的合理謹慎原則提高到"嚴格責任"的標準；意思是說，在法律規定的特殊情況下，無論當事人的行為是否故意或是否疏忽，他都必須為其行為帶來的後果而負責。在侵權法中，嚴格法律責任適用於某些因被告人的高風險活動而造成損害的情況。[46] 侵權法在要求他人負上嚴格責任時也會考慮到受害人應從最有經濟能力支付賠償的被告人獲取賠償。此外，侵權法中甚為重要的"轉承責任"（或稱"替代責任"）（vicarious liability）原則，也可理解為一種嚴格責任。

　　轉承責任，主要是指僱主必須為其僱員在執行該僱員的職務時所犯的民事侵權行為負責。僱主本身不必有任何過失，責任也不取決於僱主在取錄僱員時或在監督其工作上的疏忽。轉承責任是建基於經濟考慮，用以保證有關責任由較有經濟能力支付賠償的人去承擔。在轉承責任的案件中，原告人必須證明：（a）侵權行為的發生；（b）這行為是由僱員作出的；（c）這行為是與該僱員執行其職務有關的。有一點必須澄清的是受害人可同時向僱主及僱員提出訴訟，因他們得負上侵權法上的共同及個別法律責任（jointly and severally liablity）。

## （一）侵權行為

　　僱員的疏忽及故意的侵權行為都足以導致僱主承擔轉承責任。疏忽的

---

46　在這方面最著名的例子便是 *Rylands v Fletcher* (1865) 3 H & C 774 案的原則。

情況是較常見的。如在 *Century Insurance Co Ltd v Northern Ireland Road Transport Board* [47] 一案中，一名運油車司機在工作時抽煙，他不小心地把燒着的火柴拋棄，引起了一場嚴重的火災。法院裁定被告人作為僱主應對發生的火災負責，因司機的行為與受僱的工作有關。

　　較具爭議性的是，僱主應否為僱員在工作時所作的故意侵權行為負上轉承責任。根據現時的普通法，當僱員為僱主的利益進行活動時令原告人受到損害，僱主必須負責。那麼，僱主又應否為僱員的詐騙或欺騙他人的行為負責呢？在 *Lloyd v Grace Smith* [48] 一案中，律師事務所的一名助理人員以欺騙的手段安排原告人把物業轉讓給他，並在收到轉售物業的款項後潛逃。雖然這事是為該僱員的私人利益而作的，但因律師樓把僱員安放在這個工作崗位上，令人相信他有"顯然的權力"（ostensible authority）去辦理有關事務，因此僱主要向原告人作出賠償。

## （二） 僱主與僱員的關係

　　轉承責任乃建基於僱主與僱員的關係，由於現今商業社會的人際關係漸趨複雜，這項關係也愈來愈難明確界定。我們在這裏可談談三種較常見的關係：

　　a. **代理關係**　一般來説，當事人（委託人）（principal）不必為其代理人（agent）的侵權行為負責，除非委託人曾在事前授權或事後認可（追認）該行為，而該行為是為了委託人並以他的名義所作的，原告人必須證明委託人對該行為完全了解及明確採納。

　　若代理人過於熱心替委託人辦事，從而作出了未經許可的侵權行為，當事人又是否要負上轉承責任？在香港，較為常見的情況是債權人僱用了收債公司為代理追收債項，而後者作出了侵權行為。例如在 *Wong Wai Hing &*

---

47　[1942] AC 509.

48　[1912] AC 716.

*another v. Hui Wei Lee*[49] 一案中，被告人是一名醫生，她曾向原告人夫婦倆購買一份投資計劃，卻損失了十五萬加元，事後她向原告人追討。她的病人趙氏也自薦幫她追討債務，並獲被告人同意；其間，趙氏曾向原告人作出恫嚇並威脅會對他們作出人身傷害；其後，被告人聘用了收債公司為其收債。在合約條款中，清楚列明收債公司為其代理人，並在收債工作中不得作出違法行為。

收債公司的職員卻在原告人上班的地方潑上紅漆油，並對他們的員工和家人作出恫嚇及威脅他們的人身安全。原告人因此向被告人提出襲擊的侵權訴訟，要求她就其代理人的行為而承擔轉承責任。

法院裁定，雖然被告人與收債公司的合約已清楚說明不得用違法手段去追討債務，但被告人是否須承擔責任仍取決於她與其代理人的關係和其他相關情況。法院必須考慮代理人的行為是否完全獨立於當事人的指示，抑或是代理人的行為與當事人有着密切及息息相關的代表性（intimately representative）。在此案中，合約禁止了違法行為，這只針對收債行為的模式（mode），並非規管工作的性質或範圍（sphere of employment）。而在一般收債工作中，對債務人造成騷擾是可預見的，所以被告要為收債公司職員作出的威脅人身的侵犯行為負責。至於潑紅漆油的行為卻是完全違法及一般屬黑社會所為，不能視作與收債公司職務範圍相關，故被告不用為此負責。至於趙的行為則屬自願性質，被告亦無須負責。

從上述案例看來，當事人與代理人的侵權責任關係得視乎事前的授權、事後的認可，以及代理人的行為與當事人是否有密切代表性。

b. **僱員或僕人**　僱員或僕人與代理人有別，他與僱主的關係以往被稱為"主僕關係"（master and servant），現在被稱為"僱主與僱員的關係"。上面已指出，僱主必須為僱員在其工作中的侵權行為承擔轉承責任。但我們怎能知道一個人的身份是僱員還是代理人，又或是下述的獨立承判商呢？有些時

---

49　[2001] 1 HKLRD 736.

候，確實難以得知一個明確的答案。根據普通法，法官會考慮四個因素：(a) 雙方的意願和實質關係；(b) 一方對另一方工作的控制程度，如果是僱傭關係，一般僱主可指示僱員應該做甚麼工作及按照怎樣的方式去做；(c) 如果是僱傭關係，通常僱員會是在僱主的組織或事業中的一份子，相反來說，例如在計程車（的士）司機的情況，儘管乘客可以控制其行駛的地點，但出租車司機卻不是任何一位乘客的僱員；(d) 經濟風險的分配，包括對風險的承擔和利潤的回報。若業務的風險和利潤與當事人無關，他大概便是一名僱員。

以上的四個因素都是視情況而靈活運用的。例如在一宗較爭議性的案件 *Cheng Yuen v. Royal Hong Kong Golf Club* [50] 中，一位為高爾夫球會工作了十年的八十三歲球僮不被法院認為是一名僱員。縱然此案件不是關於侵權法的，但它也是關於如何應用《僱傭條例》[51] 內對僱員的定義。法院在判詞裏分析了上文提到的四項因素，最後裁定由於球僮對自己的上班時間有絕對自由和基於工作性質的彈性，原告人只是一名獨立承判商因而得不到僱員所能享有的長期服務金。[52]

但在 *Lee Ting Sang v Cheung Chi Keung*[53] 一案中 ，法院卻認為一名冷氣機技工是被告人的僱員。雖然原告人是一名散工，只在被告人有需要時，原告人才為他提供服務，法院認為必須考慮兩人的整體實質關係。由於被告人擁有空調機生意，他可委派原告人做特定的工作，原告人不單無須為被告人分擔虧損的風險，亦可向被告人索回交通費和所有因工作而支付的零件費，法庭裁定他與一名僱員無異。

**c. 獨立承判商**（independent contractor）　獨立承判商與其聘用人的關係是一種合約的關係，但這個合約不是僱傭合約，他們沒有僱員和僱主的關係。獨立承判商根據有關合約為其聘用人提供某些服務（例如承辦某些工

---

50　[1997] 1 HKC 243（上訴庭的裁決獲樞密院確認，見 [1997] 2 HKC 426; [1997] HKLRD 1132）。

51　《香港法例》第 57 章。

52　最後高爾夫球會私底下給予了原告人三萬三千港元作為退休金。見《南華早報》1997 年 3 月 1 日 "Club Chips In After Caddie's Legal Setback"。

53　(2007) 10 HKCFAR 156.

程），並以獨立經營自己業務的個人的身份收取酬金。一般來說，聘用人對獨立承判商的民事侵權行為不用承擔轉承責任。例外的情況包括（a）若聘用人聘用承判商作不合法的事情，他便要為承判商在做有關事情時所犯的民事侵權負責；（b）聘用人在聘用承判商的過程中有所疏忽，或因聘用人手不足而造成口後的損失；（c）若聘用人聘請承判商去進行一項異常危險的工作，聘用人便有責任採取預防措施，防止在預見範圍內可能發生的事故。

### （三）　執行職務中的行為

僱主必須對僱員在執行職務中（in the course of employment）的侵權行為負責。這包括僱員在僱主授予的明示或默示權力範圍內所作的事情，也包括一切與其受僱工作有關但被視為錯誤的或未經授權的行為，但對於那些完全超出僱員職責範圍的行為，僱主則無須負責。正如在 *General Engineering Services Ltd v. Kingston and Saint Andrew Corp.*[54] 一案中，由於消防人員因勞資糾紛而採取工業行動，原本只需三分鐘的路程，他們卻足足用了十七分鐘才到達原告人發生大火的物業，以至原告人的物業在火災中完全燒燬。法院裁定消防員的行為絕對與其職責的滅火和救人的宗旨背道而馳，是嚴重的擅離職守；言下之意，這是僱員"自己的任意作為"（a frolic of his own），所以僱主對此無須負上轉承責任。

## 八　經濟性民事侵權

侵權法除了為對人身、土地，或個人名譽和其他財產等的傷害提供司法補救外，還補償被告人給受害人故意造成的某些金錢上或經濟上的損失，這

---

54　[1988] 3 All ER 867.

並不包括所有故意造成的經濟損失，理由是法律要顧及到市場經濟中自由競爭的原則。在資本社會的經濟競爭中，利益的衝突是在所難免。良性的競爭可為社會帶來進步，減低成本和提高經濟效益。侵權法在這方面發揮一種調節的功能，一方面保障社會整體的經濟利益，另一方面為不公平競爭的受害人提供司法補救。這些不公平的經濟行為必須是故意而作而非只由於疏忽。被告人必須蓄意使有關後果發生或罔顧有關後果是否會發生。在這裏，我們只介紹較常見的干預合約關係來作為經濟性民事侵權的例子。

## （一）干預合約關係

故意干預合約關係（interference with contractual relations）的侵權訴訟可追溯至 14 世紀英國的封建社會。那時的社會十分重視主僕關係。要就合約關係被干預而成功起訴，原告人必須證明主僕關係的存在，至於其他種類的合約則不受這樣的保護。但到了 19 世紀，著名的 *Lumley v. Gye* [55] 一案改變了以往的規則，確定了故意干預合約關係為不合法的侵權行為，不只限於主僕（即僱傭合約）關係。在該案中，原告人是一間歌劇院的東主。他與一位著名歌手簽了一季的獨家演出合約。在開季之前，被告人卻成功地說服歌手轉投被告人的歌劇院演出，使歌手違反其跟原告人簽訂的合約。由於歌手的地位是藝術家，而不是僕人，因此被告人以這理由抗辯，又辯稱因歌手還未開始演出，所以被告人的行為不應被視為干預合約。法院裁定任何惡意干預合約關係的侵權行為都屬違法，而違約的行為是否在開始履行合約之後發生是不重要的。現今的普通法已放棄用"惡意"（malicious）的標準而採用了"故意"一詞。

在 2008 年，英國上議院法庭在 *OBG Ltd. v Allan* [56] 一案重新釐清了干預合約和相關的導致經濟損失的違法行為的侵權準則。

---

55　(1853) 2 E & B 216.

56　[2007] UKHL 21.

在該案中，原告人 OBG 公司陷入了經濟困難，而它的其中一名債權人為了保障自己的利益，在誤以為自己對 OBG 公司某些產業享有押記（charge）的情況下，委任了管理人（即本案的被告人）接管該公司的業務和資產，並處理與該公司有關的若干合約。其後 OBG 公司破產，其清盤人發現了上述的情況，遂向被告人提出訴訟，控告被告人干預 OBG 的合約。

英國法院裁定該案涉及的侵權行為可分為“勸誘（或導致）他人違反合約（procuring a breach of contract）”和“使用違法方式導致他人蒙受損失（causing loss by unlawful means）”兩類。

a. **勸誘（或導致）他人違反合約**　原告人必須證明：(a) 違反合約的行為；(b) 違約導致了經濟損失；(c) 被告人知道自己在勸誘他人做不符合合約規定的行為；而 (d) 被告人有意圖勸誘他人違反合約。

由於被控告“勸誘他人違反合約”的人並不是違約的一方，他要負責的將是協從責任（accessory liability）。法院裁定被告人必須有主觀的認知（subjective knowledge）知道自己是在勸誘他人違約。若被告人真心誠意相信那不是違約行為，侵權行為便不成立；但若被告人罔顧或刻意避開（reckless indifferent）考慮此問題，又或毫不在乎所勸誘的行為是否違約，法院則會裁定被告人已知道自己行為的本質在於勸誘他人違約。

而意圖則是指被告人實際上故意（actually intend）勸誘他人違約。無論他的目的是令他人違約，或是從違約中得到別的好處，這並不重要。

b. **使用違法方式導致他人蒙受損失**　原告人必須證明：(a) 被告人作了違法的行為；(b) 從而干預了他人與原告人的關係；(c) 原告人確實蒙受損失。

與勸誘他人違反合約的行為不同，此項訴訟所指的違法行為必須是民法（而非刑法）上的行為，如違約或襲擊。跟先前的行為一樣，這裏也是指實際上故意的意圖，而不只是一種合理可預見的想法。

基於以上兩種侵權行為，法院最後裁定 OBG 一案的被告人無須賠償，因為並無違反合約的行為，而且被告人一直也只是誤以為自己是正確地被委任為管理人，從沒作出違反行為或有意令 OBG 公司蒙受損失。

# 九　補救

　　就一般民事侵權行為來説，最常使用的補救辦法（remedy）就是損害賠償（damages）。法院在計算適當賠償金額時，必須考慮原告人因侵權行為而受到的實際損害，以及他在肉體上和精神上所受到的痛苦。在人身傷亡案件中，可賠償的損失主要是醫療費用及因賺取收入的能力減低或喪失所導致的損失。一般來説，賠償和其他補救包括下列五項：

　　a. **普通賠償和特別賠償**（general and special damages）　前者是由法律推定，再由法院決定賠償的金額，例如原告人因被告人的疏忽引致意外而遭受日後收入的損失。特別賠償是關於原告人必須具體證明的損失款額，例如已經支付的醫療費用及有關開支。

　　b. **象徵性賠償**（nominal damages）　這種賠償的目的是肯定維護一項被侵權行為侵犯的權利，但由於原告人並沒有遭受到實際的損失，所以象徵性的賠償便已足夠。這種賠償常用於無須證明損失的案件中。

　　c. **加重賠償**（aggravated damages）　如侵權者的行為是惡意、故意或橫蠻的，使受害者蒙受特別的精神痛苦，法庭可判予加重賠償。

　　d. **懲罰性的賠償**（exemplary damages）　在特殊情況下，例如以下三項：（a）原告人受到政府人員非法的欺凌和壓迫；（b）被告的行為有牟利成份，他已盤算了自己因侵權行為的得益可超過需要給原告人的賠償；（c）有成文法的特別規定，法院可判被告人支付懲罰性的賠償。

　　e. **強制令**（injunction）　又稱"禁制令"，通常是指法庭禁止侵權人作出或繼續某種行為的命令。在妨擾和誹謗案件中，強制令是常用的補救。在誹謗訴訟中，除了金錢的賠償，原告人很多時也會要求法庭頒發禁制令，阻止被告人繼續發表誹謗性的言論。在一宗案例裏，香港某雜誌報導名人潘迪生先生患上癌症，並指他透過宗教團體成功治癒癌病及向教徒作見證。潘迪生先生即時向高等法院申請禁制令，要求禁制出版商及雜誌社繼續發表有關報道，並要求即時收回在所有報攤、書報社及超級市場內的該期雜誌周刊。在正式審訊尚未開始時，高院已頒發禁制令。[57]

## 十　結語

　　總括來説，上文提到的侵權行為是對人身、土地、財物、個人名譽和經濟上的民事保護。根據《時效條例》[58]第 4 條，侵權行為應在六年內起訴；第 27 條則規定涉及人身傷害的案件必須在三年內起訴。人身傷害並不包括對人的侵犯（trespass），而是指因疏忽和妨擾行為而造成的傷害。

---

57　見《明報》，1996 年 7 月 4 日："忽周承認捏造新聞，潘迪生被指患癌入稟要求賠償"。關於涉及強制令的訴訟程序，見本書第二章。

58　《香港法例》第 347 章。

第八章

# 房地產法

李雪菁

香港大學法律系副教授

## 一 財產的定義和分類

"財產"的定義可謂因人而異,人們因應各自的需要和價值觀對"財產"一詞作出不同的詮釋。但在法律上,"財產"有其特定的範圍,包括"土地財產"(real property)及"非土地財產"(personal property)。[1]

顧名思義,前者指土地及有關的權益,後者則指土地以外,人們可擁有和轉讓的財物,以及有關的權益,而土地之所以自成一類,乃因其性質獨特。每片土地在地球表面的位置均是獨一無二的,即使另一片相同面積的土地也不能予以替代,故此某人的土地權益一旦被侵犯或奪去,他有權拒絕金錢上的賠償而要求取回其土地。在普通法中,傳統上稱這種針對財產的法律訴訟為"對物訴訟"(action in rem),與此相對的是"對人訴訟"(action in personam),即所針對的是侵犯者而非財產本身。

---

1　"土地財產"也可簡稱"土地"(參見《物業轉易及財產條例》,《香港法例》第 219 章),或稱"不動產"(immovable property),中國內地稱為"房地產",而"非土地財產"則可稱為"動產"(movable property)(參見《釋義及通則條例》,《香港法例》第 1 章)。

## （一）土地財產（房地產）

　　"土地財產"是法律用語，涵蓋範圍並非局限於其字面意義，除了土地（地球的表層）以外，還包括土壤及其中的礦物、地上生長的樹木植物、建在地上的永久性建築物及一切附連在土地或建築物上的實物。根據《物業轉易及財產條例》《香港法例第219章》第2條，"土地"包括：（a）有水淹蓋的土地；（b）土地或其上的任何產業權、權利、權益或地役權；（c）土地的不分割份數的全部或部份，以及土地或其上的任何產業權、權利、權益或地役權；及（d）附連在土地的物件或牢固於任何此類物件上的東西。

　　上述"土地"的定義十分廣泛，包括陸地、河床或海床及附在地上的物件等有形部份，統稱"有體可繼承產"（corporeal hereditaments），亦引申至與土地有關的無形權利（如地役權（easement）），這些權利統稱"無體可繼承產"（incorporeal hereditaments）。

　　要瞭解"土地"在法律上的含義，必須知道"產業權"（estate）、"地役權"、"土地的不分割份數"（undivided shares）及"附連在土地的物件"等艱澀的詞彙所指為何。

　　首先，"產業權"一詞非常重要，常見於與土地有關的法律文件，《物業轉易及財產條例》雖沒有直接解釋這個詞彙的意思，卻提供了"法定產業權"（legal estate）的定義，即：（a）土地的絕對年期（租賃期）；（b）土地或其上的任何地役權、權利或特權的法定權益，而土地的權益相等於絕對年期者；及（c）法定押記（legal charge）。

　　"法定"是指普通法上承認和有效的，而"法定押記"則是一種普通法承認的抵押方式。[2]"絕對年期"指固定期限租賃或逐年訂定的順延租賃。[3]

　　上述權利均是某人可行使於自己的土地上的，但"地役權"則是行使

---

2　關於普通法和衡平法的分別，請參閱本書第一章及本章第二節"獲取土地財產的方法"；關於抵押，請參閱本章第四節"土地財產的抵押或按揭"。

3　關於土地的租賃，請參閱本章第五節"土地財產的租賃"。

於別人的土地上的權利，例如甲的土地和乙的土地毗鄰，而甲的土地三面環山，乙的土地成為甲以陸路方式通往外界的唯一出路（見上圖）。

在此情況下，甲可向乙要求通過乙地以直達公路的權利，這是一種容許甲在乙地作某種行為的地役權，可稱為"正面（positive）的地役權"。

另外，某些地役權是禁止乙在其土地上作某種行為，以使甲可安心使用自己的土地的，例如甲大廈的某幅外牆與乙大廈的外牆相連，甲有權禁止乙拆卸與甲大廈相連的外牆，以免甲大廈的結構支撐受影響，這是一種反面（negative）的地役權。

"土地"的定義亦提及"土地的不分割份數"，此概念與多人同時擁有同一土地（即共同擁有人（co-owners））的情況有關，例如甲、乙、丙、丁四人聯名購入土地，每人均有權管有和使用土地的任何部份，若每人享有的權利及業權相等，法律上稱為"聯權共有"（joint tenancy）土地；但若其中某人或某些人的權益較他人為大，例如甲佔業權的一半，乙、丙和丁各佔六分一，又或他們在不同時候先後獲得該土地業權的某部份，各人則各有自己的權利和業權的"份數"（shares），而這些份數是抽象的，實際上土地並未分割，故此每人擁有的是"土地的不分割份數（undivided shares）"，而這種多人擁有同一土地的方法稱為"分權共有"（tenancy in common）。

最後，"土地"還包括"附連在土地的物件或牢固於任何此類物件上的東西"，這些物件或東西本是"非土地財產"，但被牢固於土地或建築物後成為土地或建築物的不可分割的部份，故此在法律上其性質亦相應改變，由"非土地財產"變為"土地財產"。當有關土地或建築物的業權轉易時，這些物件的擁有權亦會同時轉至新業主名下（除非有關契約有相反的規定）。

　　至於在何等情況下，這些物件才被視為土地或建築物的不可分割的部份，主要決定於把這些物件附連於土地或建築物的目的，而此目的可從以下兩點推斷出來：（a）物件與土地或建築物相連的程度；（b）物件對土地或建築物所起的作用。

　　以往法庭多着重第一點，一旦裁定有關物件是鞏固地附於土地或建築物，即將之納入土地財產的範圍。這種判決方法，因忽略了第二點而往往導致不公平的情況。舉一簡單例子，某畫家租賃一房間作畫展用途，畫幅巨大，須鞏固於房間的牆壁上方可展示，若畫展後業主強行把畫家的作品扣留，而法庭單憑作品與房間相連的程度而裁定它們歸業主所有，便完全漠視了展示畫幅的目的。為了達致更公平和更合理的裁決，近年來，法庭已盡量兼顧上述兩點（尤其着重第二點），並考慮一切有關情況，以推斷出物件附於土地或建築物的真正目的。

## （二）非土地財產

　　一如"土地財產"，"非土地財產"亦可按其性質分為有形的"據形權產"（choses in possession）及無形的"據法權產"（choses in action）；前者指"土地財產"以外的有形可見及可轉讓的實物，如書籍、汽車，後者則指與土地無關的無形權益，如知識產權、股權。由於這些權益非肉眼可見，只能透過法律訴訟才得以行使和保障，故名"據法權產"。

　　15 世紀前的英國法律制度下，以土地或建築物為標的物的租賃（lease 或 tenancy）亦被視為無形的"非土地財產"；後來，此等租賃的經濟價值及重要性逐漸提高，租賃雙方的權益亦相應增加和擴闊；時至今日，此等租賃已脫離"非土地財產"，而獲獨立的地位，稱為"土地實產"（chattels real）[4]，其重要性在香港尤其顯著。

---

4　另一類實產 (chattels) 是"非土地實產"(chattels personal)，包括上述的據形權產和據法權產。

清政府把界限街以北的"新界"自 1898 年起租借給英政府，為期九十九年，即 1997 年屆滿。港島和九龍則根據較早期 1842 年和 1860 年的條約割讓給英國。雖然中華人民共和國政府不承認這些不平等條約，但根據 1984 年的《中英聯合聲明》和在 1997 年 7 月 1 日開始生效的《基本法》，中國在 1997年 7 月 1 日恢復對整個香港地區行使主權，而基本上香港原有的土地法律制度維持"五十年不變"。

在本地政府分配和處置土地的層面上，租賃可謂最重要（幾近"唯一"）的擁有香港土地的方法，此即批出"官契"（1997 年後稱為"政府租契"或"官契協議"的制度 [5]。地產發展商以此形式向本地政府取得有限期（如七十五年或九十九年）的土地使用權，建成住宅、商業或工業樓宇後再把這使用權分售或分租給實際使用者。故此，香港的土地使用者並無比租賃權益（leasehold interest）更高的業權，他們所能享用或轉讓的只是有限的租賃期內的使用權。

## 二　獲取土地財產的方法

### （一）普通法和衡平法的區別

普通法偏重形式，成文法的規定要嚴加遵守，普通法的案例亦盡量跟從此原則，務使案情相同的個案得到同樣的對待，可謂重理不重情。

衡平法則剛好相反，往往因個別案件的情況特殊而不依先例，着重公平、公義等大原則，靈活變通，制衡頑固死板的普通法，故名"衡平法"。

就獲取土地財產而言，普通法有嚴謹的形式規定，但當這些規定未能完全履行，導致有關土地權益未能有效產生或轉讓，因而有不公平的情況出現，法庭可在適當時候引用靈活的衡平法，避免普通法中某些不近人情的規定。

---

5　請參閱本書第九章〈房地產轉讓及租務法〉。

## （二）　以普通法形式獲取土地財產

除了為期三年或以下的土地財產的租賃（簡稱"短期租賃"）外，普通法規定無論何種土地財產（如產業權、地役權、三年以上的租賃等）均須以契據（deed）的形式產生或轉讓。

契據是一種比書面合約要求更多和更繁複的文件，不單要簽署，更須蓋章（sealed）和交付（delivered）。以往蓋章均以火漆蓋在有關文件上作標記，現在程序已簡化 [6]；而所謂"交付"，即是以行動或明示語句表達"欲受契約約束"的意向。隨着契據的廣泛應用，其形式程序已簡化，現行香港做法是在有關契據加上"此契據已簽署、蓋章和交付"之類的條款，便足以符合普通法對契據的形式要求。

至於"短期租賃"，形式上可謂並無特別要求。按《物業轉易及財產條例》第 6（2）條規定，租賃為期不超過三年；一般來說，可以口頭方式設定。

其他土地財產均須以契據形式獲取，其他形式均不足以代替。實際上，人們在買賣或轉讓土地財產時多會先簽訂書面合約，在合約中協議短期內再訂立契據，並且在簽署合約時多會先付樓價的十分之一作訂金，在訂立契據時把餘數付清 [7]。此類書面合約雖不能完全地產生或轉讓土地財產，但仍有其法律約束力，其中一方一旦違約，另一方亦可提起法律訴訟。但根據《物業轉易及財產條例》第 3（1）條，任何人根據任何土地售賣合約或其他土地處置合約提出訴訟，該合約或有關協議的備忘錄或摘記須以書面作出，並由被告的一方或其授權人簽署方可。

## （三）　衡平法如何彌補普通法的不足

普通法只顧形式，不近人情，存心不良而熟悉普通法的人可設下圈套，

---

6　見《物業轉易及財產條例》第 19(2) 條。

7　詳情請參閱本書第九章〈房地產轉讓及租務法〉。

向不清楚普通法規定的人騙取利益而逃之夭夭。例如甲先後與乙和丙訂立口頭協議出售其房子，因丙出價較高而把房子售予丙，乙亦無法申請禁制令阻止甲和丙的交易，因《物業轉易及財產條例》第 3（1）條清楚規定土地售賣合約必須以書面作出，否則不得就此合約提出訴訟。

但是，乙可從衡平法中得到幫助，只要乙證明自己曾遵守和甲所訂的口頭協議而作出與所購房子有關的行為（如乙已開始裝飾或維修房子的工程），法庭便會按衡平法的 "部份履行" 原則[8]（part performance），容許乙就其口頭協議向甲提出訴訟。《物業轉易及財產條例》第 3（2）條明文規定與 "部份履行" 有關的法律不受第（1）款有關書面合約的規定所影響，故此，"部份履行" 原則可說是衡平法彌補普通法不足的方法之一。

此外，衡平法有另一原則，針對普通法關於要求有契據的硬性規定。在 *Walsh v Lonsdale*[9] 一案及同類的 19 世紀一樁土地買賣或租賃糾紛的案例中，只要買賣或租賃雙方訂立了 "可強制履行" 的合約，他們所訂的權利和義務便在衡平法上得以承認，這即是說，在衡平法上土地已正式售出或租出，若其中一方欲進一步爭取普通法的承認，可向法院申請 "強制履行"（specific performance），強迫另一方訂立契據，使有關買賣或租賃在普通法上生效。

所謂 "可強制履行" 的合約，即指書面合同，或已被 "部份履行" 的口頭協議。口頭協議內容雖難以證明，但若其中一方因遵守此口頭協議而作出屬 "部份履行" 的行為，這些行為便可成為協議存在的證據。

法院在應用 "部份履行" 或 *Walsh v Lonsdale* 的原則時，需要考慮所有因素，舉例來說，如向法院求助者本身所作所為並不妥當，或強制履行令會使無辜的第三者蒙受損失或傷害，法庭便會拒絕頒佈強制履行令，而以金錢賠償代替。由於衡平法給予求助者的補償決定於法庭的酌情決定權（discretion），故此，先例未必依循，求助者只好碰碰運氣了。

---

8　詳見本書第六章〈合約法〉。

9　[1882]21 Ch D9.

## （四）　衡平法權益概述

### 1. 信託 [10]

最常見的衡平法權益是信託受益人（benefiiciary）所享有的權益，此外，衡平法權益亦可以租賃、地役權和按揭等形態產生。據《物業轉易及財產條例》第 5（1）（a）條，土地的衡平法權益須由設定或處置該權益的人或其以書面授權的代理人，以書面設定或處置並加以簽署，或藉遺囑或法律的施行而設定或處置，方為有效。

信託（trust）有"明示"及"默示"兩大類，而默示信託又可分為"歸復信託"（resulting trust）及"法律構定信託"（constructive trust）兩種。

（1）明示信託

關於明示信託的設定形式，《物業轉易及財產條例》第 5（1）（b）條規定，有關土地或其他任何權益的信託聲明，須以書面予以宣告及證明，並由有能力作出該信託聲明的人簽署，或藉該人的遺囑予以宣告及證明。

另外，衡平法權益亦可在沒有明確聲明的情況下產生，"默示信託"便是一例，而按《物業轉易及財產條例》第 5（2）條，第（1）款有關書面聲明及簽署等規定並不適用於"默示信託"。

（2）默示信託

所謂"默示信託"，即衡平法為維護正義而提供比普通法規定更寬鬆的獲取權益的方法，包括"歸復信託"和"法律構定信託"。

"歸復信託"其實是一種推定：甲向乙購買土地，但實際上承擔部份或全部代價的是丙。若丙沒有參與有關土地的轉讓契據的訂立，丙在普通法上不可獲得該土地的任何權益；假若甲日後欲將土地再轉讓，無須事先徵求丙的同意，亦無須與丙共享所得金錢上的利益。然而，衡平法卻認為丙已付出代價，應該得到相應的權益，因而推定丙在付款時有意獲得所購土地的相當於

---

10　關於信託的性質和種類，除本節的討論外，請參閱本書第十章〈信託法〉。

其所付款項的權益,而甲與丙之間有信託的關係:若丙支付購買土地的全部費用,他便獨享該土地的受益所有權(beneficial interest,又稱"實益權益")的人,而甲只是持有普通法權益(法定所有權)的受託人,並不享有任何衡平法權益;但若丙只支付了有關購價的四分三而甲支付餘下的四分一,則甲不單以受託人身份擁有普通法權益,亦以受益人身份與另一受益人(即丙)按比例共享衡平法權益,假若日後轉讓該土地,甲和丙便分別得到四分一及四分三的價款,如此類推。

關於"歸復信託"有兩點值得注意。首先是其受益人所付的"代價"必須是金錢(如訂金、樓價的部份或全部,有關買賣的律師費),其他性質的貢獻並不足以構成"歸復信託";其次是這項衡平法上的推定並非絕對的,如有相反的明示意向或另一更合適的推定,則"歸復信託"的推定便會被推翻。常見的例子是付款人為普通法權益持有人的丈夫或父親,或付款人對此權益持有人有父母對子女般的道義上的責任,在這些情況下,衡平法會推定付款人的目的是把所購土地贈予其妻子、子女或倚賴其照顧的人(presumption of advancement),而"歸復信託"的推定便無法成立了。

"法律構定信託"是衡平法用以消除不公平現象的有力武器,適用範圍比"歸復信託"更廣,種類繁多,現只介紹與土地轉易有關的類別。

一如"歸復信託","法律構定信託"要求向法院求助者對有關土地作出過"貢獻",但不局限於金錢形式,從判例可見,與土地有密切關係的體力勞動(如修葺房屋)在某些情況下也可作為此類"法律構定信託"的基石,因這類信託着重的是當事人的"共同意向",而非"貢獻"的形式。所謂"共同意向",即土地普通法權益持有人與"貢獻者"共有的關於如何分配土地權益的意向。在 *Grant v Edwards* [11] 一案中,原告人格蘭太太與被告男子共同生活一段日子後,決定買新房子組織新家庭,但被告人藉詞指格蘭太太正與丈夫辦理離婚手續,不方便出面購買新房子,而以被告人自己及其兄的名義買下新居。不久,原告人與被告人關係破裂,法庭裁定原告人可依"法律構定信

---

11    [1986] 2 All ER 426.

託"獲得新房子衡平法權益的一半。此案例説明以下三點：

a. 任何原告人與被告人間與土地權益的分配有關的對話，不論是書面或口頭形式的，均可當作明示的"共同意向"。

b. "貢獻"的定義隨"共同意向"的形式而改變。此案中的"共同意向"是明示的，故此任何形式的"貢獻"都可構成"法律構定信託"：原告人格蘭太太曾支付與被告人生活所需的雜費，以令被告人有能力以自己的收入支付每月的按揭還款金額，這其實是一種間接的金錢形式的"貢獻"。但若"共同意向"是默示的，"貢獻"的門檻將會提高。[12]

c. 原告人可得的土地權益的計算方法較"歸復信託"更有彈性，法庭會根據雙方的"共同意向"、原告人的"貢獻"及經濟狀況、被告人的行為及經濟狀況等因素，計算出原告人應得的土地權益的比例，務求達致真正公平的裁決。本案的原告人格蘭太太獲衡平法權益的一半，是由於法庭考慮到有關房子被火災摧毀後，原告人及被告人曾把保險賠償金存入二人的聯名戶口，足以證明雙方均有平分房子的意向。

在 *Stack v Dowden* [13] 一案中，一對聯名購買房子的男女，在同居多年後，因業權爭議對簿公堂，法庭認為直接付款數目並非唯一考慮因素。法庭認為應作全面的探討（holistic approach），金錢以外的因素也在考慮之列，以求達致真正公平的業權分配。

## 2. "不容否認"原則

衡平法中有一項"不容否認"原則（doctrine of proprietary estoppel），適用範圍比默示信託涉及的更廣，更能抗衡普通法所造成的某些不公現象。

若甲就其土地向乙作出某個承諾，或甲明知乙誤以為自己有權使用甲的土地，但仍默許乙繼續使用它，後來甲卻違背此承諾或默許而導致乙蒙受損

---

12　例如直接付款或支付按揭以購買物業，*Lloyds Bank plc v Rosset* [1991] IAC107。*Ip Man Shan Henry v Ching Hing Construction Co Ltd* [2003] 1 HKC 256。

13　[2007] 2 AC 432.

失，乙便可引用“不容否認”原則以取得合理賠償。

　　**例一**　陳先生晚年喪偶，為求挽留女兒和女婿繼續與他居住，陳先生曾多次對女兒作出口頭承諾，他在遺囑內會把所住房屋贈予女兒。女兒相信父親會遵守諾言，因而放棄遷徙的念頭，並照顧父親至百年歸老，後來卻發現父親原來從沒訂立遺囑。在此情況下，父親的承諾在普通法上無效，但在衡平法上是“不容否認”的，因女兒已因信賴此承諾而作出犧牲，放棄了搬遷的機會及耗時費神照顧父親，故此女兒可引用“不容否認”原則向法庭要求父親的遺產代理人兌現父親生前的諾言。這是明示承諾的例子，有兩點值得留意：

　　a. 承諾之標的必須能清楚界定，若父親只答允會“酬謝”女兒，但沒指明以甚麼為報酬，則不屬於“不容否認”原則的範疇。

　　b. 承諾無須是有法律約束力的合約，即使雙方是家庭成員，沒有互相約束的意圖[14]，只要對方堅信此承諾並因而蒙受損失，便可倚賴“不容否認”原則。

　　**例二**　甲公司在新界擁有一幅未經開發的土地（甲地），此地與毗鄰的土地（乙地）間並無圍牆或明顯的界域。張先生購入乙地時，誤以為甲地亦屬其所購土地的範圍而在甲地上大興土木。後來，甲公司負責人雖獲悉此事，卻默不作聲，讓張先生繼續蒙在鼓裏，待房屋建成後才揭露真相，欲坐享其成。雖然甲公司沒有向張先生作出過任何正面的承諾，但根據衡平法，其沉默足以構成間接或默示的“認許”（assurance），而這種“認許”一旦令誤會的一方蒙受損失，亦是在事後“不容否認”的。

　　從以上例子可見，“認許”或“承諾”並無特定的形式，無論明示、默示，抑或直接或間接，只要導致另一方予以倚賴，或作出行動而受損失，法院均有可能應用衡平法上的“不容否認”原則。在這裏，“損失”的定義是廣泛的，除了金錢上的損失外，上述例一中的女兒所作的非金錢性質的犧牲亦包括在內。

　　一如“法律構定信託”，“不容否認”原則針對的是“不合情理”

---

14　參見本書第六章〈合約法〉。

（unconscionable）的情況，但要求更寬鬆，因承諾或默許可以是單方面的，而 "法律構定信託" 要求的則是雙方面的 "共同意向"。此外，就賠償的種類而言，"不容否認" 原則亦較靈活，受害者所得的賠償視情況而定，以下只是較常見的例子：

a. **撤銷控訴**　若上述例二中的甲公司向張先生提出關於其土地被侵佔的訴訟[15]，而張先生以 "不容否認" 的原則抗辯而成功，則甲公司的訴訟將被撤銷。

b. **強制令**　受害者可向法庭申請強制令（禁制令），阻止另一方作出違背有關承諾的行為。

c. **金錢上的補償**　若法庭在衡量控辯雙方的經濟狀況及其他因素後，認為受害者的損失可以金錢補償，將會下令另一方在指定時間內繳交一筆法庭認為合理的金錢予受害者。

d. **土地權益的設置或轉讓**　法庭須考慮受害者的需要、控辯雙方的經濟能力及其他因素，以決定是否讓受害人獲得對方所承諾或默許的權益。所謂 "其他因素"，範圍甚廣，視乎個別案件而定，例如業權擁有人另謀居所的能力，他與受害者的關係，第三者在有關物業上的權益等，均在考慮因素之列。

根據 "不容否認" 的原則所得的賠償，種類繁多，這是該原則較其他衡平法原則優勝的地方，而其缺點則在於法庭在判決時須考慮的因素太多，每件案件均作個別處理，因而缺乏統一性，判決結果往往難以預測。由於每種衡平法原則都有其獨特的優點及缺點，故此，受害人須視其情況及需求而在訴訟行動中作出取捨。

## （五）因訴訟的時效屆滿而獲土地權益

《時效條例》[16] 規定了各種訴訟的時效期限，原告人須在此期限內提出訴

---

15　參見本書第七章〈民事侵權法〉。

16　《香港法例》第 347 章。

訟，否則便會喪失其就有關事件（如違約、疏忽、人身傷害等）提出訴訟的權利。

就討回土地管有權的訴訟而言，《時效條例》第 7 條規定了兩種時效期限：（a）適用於官方（政府）的訴訟期限為六十年；（b）其他人或團體的訴訟期限本為二十年，但 1991 年後減為十二年。

至於時效期限由何時起計，則視乎原告人所持有的是何種土地權益而定，因不同權益有不同規定。如權益屬現時可行使者，則《時效條例》第 8 條適用，但若權益屬將來方可行使者，則《時效條例》第 9 條適用。此外，無論權益屬何種類，訴訟時效均須符合《時效條例》第 13 條的規定。由於絕大部份原告人的權益均屬現時可行使的類別，所以《時效條例》第 8 條最常被引用，其規定如下：

時效期限於原告人（即土地業權擁有人）終止其對有關土地的管有權（discontinuance of possession）或其管有權被剝奪（dispossession）時開始。但要證明原告人終止其管有權並不容易，因為根據判例，原告人只須在其土地上放置雜物或進行極小規模的維修（如更換門鎖），便足以表示他並沒有終止其管有權。至於“管有權被剝奪”，則指原告人在非自願情況下喪失其對土地的實質控制權，這項要求與《時效條例》第 13 條的規定有密切的關係。

根據《時效條例》第 13 條，要使時效期限開始計算，土地的管有權必須落入某逆權管有者手中，而逆權管有者必須有拒絕或防止他人（包括土地業權擁有人）進入該土地的意圖[17]。所謂“逆權管有”（adverse possession），即管有者並未獲業權擁有人同意或授權。這項規定與《時效條例》第 8 條的“管有權被剝奪”的規定其實是一而二，二而一。以下兩例正好闡釋這兩條的規定：

---

17　*Powell v McFarlane* [1977] 38 P&CR 452, *Buckinghamshire County Council v Moran* [1990] Ch 623.

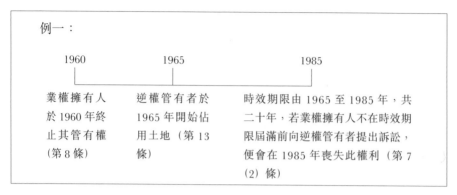

註：時效期限不在 1960 年開始，因當時土地未被佔用，即不符合第 13 條的規定，故此時效期限在 1965 年才開始。

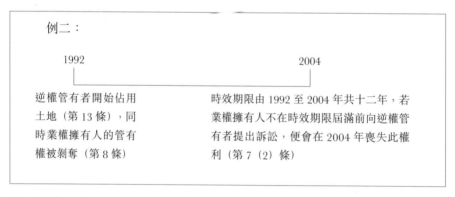

註：時效期限在 1992 年開始，因在當時同時符合第 8 及第 13 條的規定，而期限為十二年而非二十年，因《時效條例》在 1991 年修訂，凡於 1991 年 7 月 1 日後開始的時效期限均縮短為十二年。

　　根據《時效條例》第 17 條，若業權擁有人不在時效期限屆滿前向逆權管有者提出訴訟，其相對於逆權管有者的業權便會在期限屆滿時終止。若土地曾被不同逆權管有者先後連續佔用，則時效期限由第一個逆權管有者開始佔用土地時起計：

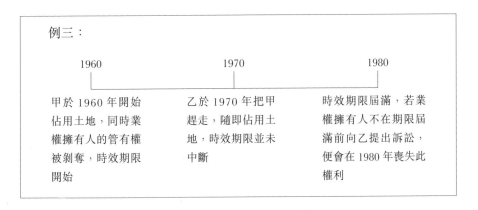

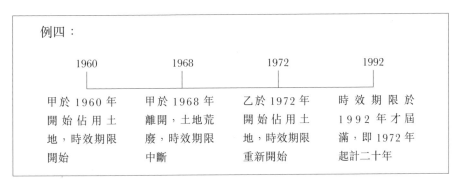

　　值得注意的是，英國已修訂"逆權管有"法例，根據 *Land Registration Act 2002*，逆權管有者在連續管有土地十年後可申請為註冊業權人，但需要通知原業權人，如兩年內對方沒有反對，方可正式申請成為新業權人。香港法律改革委員會亦於 2014 年 10 月建議參照英國做法，惟須待業權註冊制度正式實行後才實施。[18]

---

18　參見本章第三節"土地權益的優先次序"。

# 三　土地權益的優先次序

## （一）優先次序（priority）的重要性

當兩個或以上的個人或團體在同一土地上分別享有權益，而他們的權益無法同時行使，便須決定誰有行使權益的優先權。

**例一**　甲向乙借貸五百萬元時以其物業作按揭，甲再向丙借貸三百萬元又以同一物業作按揭，當甲無法還款時，乙和丙便可以承按人的身份售賣甲的物業，但若該物業時值七百萬元，即使把物業拍賣亦無法同時償還兩筆借款，便須決定乙和丙誰有優先權在售賣物業所得的金額中取回其應得的款項。

**例二**　陳先生把其物業租予黃小姐，為期五年，但在租賃期屆滿前，陳先生把物業售予何先生，若黃小姐欲繼續在該物業居住，便須證明自己作為租客的權益比何先生作為物業買主的權益優先。

關於土地權益的優先次序，《土地註冊條例》[19] 訂下了規則，但這些規則只適用於可註冊權益（registrable interests）。

根據《土地註冊條例》，所有以書面設置或轉讓的土地權益（包括法定權益及衡平法上的權益）均是可註冊的。在上述的例一中，若乙和丙的按揭均以書面設置，他們的優先次序便須按《土地註冊條例》的規則決定。這些規則亦適用於例二，因黃小姐為期五年的租賃和何先生所購的業權均須以書面契約設置。但若黃小姐的租賃為期不超過三年，而且是以口頭方式設置的，有關優先次序便須按不成文法的規則決定。

## （二）《土地註冊條例》的規則

《土地註冊條例》第 3（1）條規定，可註冊並已在土地註冊處註冊的土

---

19　《香港法例》第 128 章。

地權益的優先次序決定於其註冊日期,而若權益在設置後一個月內註冊,《土地註冊條例》第 5 條把其設置日期當作其註冊日期。在其餘的情況,註冊日期都是指實際的註冊日期而非權益的設置日期。若例一中丙的按揭較乙的按揭的註冊日期更早,則丙可獲優先權。

另外,《土地註冊條例》第 3 (2) 條規定,若同一土地上的兩個可註冊權益中首先設置者不曾註冊,而較遲設置者屬一已付代價的真誠(bona fide)購買人或承按人所有,則後者可享有優先權。此款並沒有指明較遲設置者是否已註冊。

以下兩例可說明《土地註冊條例》第 3 (1) 條及第 3 (2) 條的規定:

甲:1 月 1 日設置但未註冊;

乙:1 月 8 日設置並即日註冊。

甲只須在 1 月 31 日或以前註冊,便可按第 3 (1) 條享優先權。

丙:2 月 2 日設置但未註冊;

丁:2 月 9 日設置亦未註冊。

若丙和丁從未註冊,根據第 3 (2) 條,若丁是真誠購買人或承按人便可享優先權。


## (三) 不成文法的規則

當土地權益因非以書面設置而不可註冊時,優先次序決定於權益的種類和設置的先後次序。一般而言,當同一土地上的兩個權益屬相同種類時,首先設置者可得優先權,但當權益的種類不同時,法定權益通常較衡平法權益優勝,但亦有例外的情況。下列例子將闡明不成文法決定優先次序的方法。

**例一**　第一個權益是為期兩年並以口頭方式設置的租賃,不可註冊;第二個權益是以契據設置的法定按揭,可註冊。由於前者不可註冊,《土地註冊條例》的規則不適用。二者同屬法定權益,種類相同,故此優先次序決定於設置的先後次序;租賃是首先設置者,故可得優先權,法定按揭的承按人無權要求租客遷出物業。

　　**例二**　第一個權益是為期兩年並以口頭方式設置的租賃，不可註冊；第二個權益是以書面設置的衡平法按揭，可註冊。同樣地，《土地註冊條例》的規則不適用，優先次序決定於兩個權益所屬的種類；前者是法定權益，後者是衡平法上的權益，優先權歸法定權益（即租賃）所有。

　　**例三**　第一個權益是為期五年，但只以口頭形式設置的租賃，不可註冊，由於沒有依照《物業轉易及財產條例》第 4（1）條的規定以契據設置，所以不可成為法定租賃，只屬衡平法上的租賃（上述的 *Walsh v Lonsdale* 一案的原則）；第二個權益是以書面設置的衡平法按揭，可註冊，但由於前者不可註冊，優先次序由不成文法的規則決定。由於二者均是衡平法權益，種類相同，在一般情況下，首先設置者（即租賃）應有優先權，除非法庭在衡量雙方所作或應作而未作的行為後，裁定租客不應獲優先權，而把優先權給予衡平法按揭的承按人。

　　**例四**　第一個權益是為期五年，但只以口頭形式設置的衡平法租賃（如上）；第二個權益是以契據設置的法定按揭。上述的不成文法的規則均不適用，優先次序由一特別的原則決定，稱為“真誠買主”原則。根據此原則，若承按人在設置法定按揭時是真誠和有付代價的，而且對有關衡平法租賃並不知情，便可得優先權，承按人有權把衡平法租賃的租客逐出物業。

　　“真誠買主”原則範圍甚廣，所謂“買主”實包括所有得到業主同意而獲得土地權益（如業權、租賃和按揭）的人。故此，例四中的承按人也屬“買主”的一種。至於“真誠”則指沒有欺詐情況，“代價”可以是金錢或有價事物，而價值的大小不拘。[20] 此外，買主必須要對首先設置的衡平法權益毫不知悉，而“知悉”包括“實際知悉”（actual notice）、“法律構定的知悉”（constructive notice，又稱“推定知悉”）和“認定知悉”（imputed notice）。

　　“實際知悉”，是指買主實際上知道衡平法權益的存在；“認定知悉”，是

---

20　參見本書第六章〈合約法〉。

指買主的代理人（法律上的 agent，並不等於地產經紀）已得知衡平法權益的存在。假若買主在設置其法定權益時不聞不問，沒有仔細查察有關物業的資料，亦沒有委託代理人代為查察這些資料，便不會有"實際知悉"和"認定知悉"，但普通法並不容許買主故意拒絕獲悉衡平法權益的存在，所以加入了"法律構定的知悉"：若買主沒有採取合理的行動，嘗試找出所購物業上的其他土地權益的資料，便會被當作對他理應知道的情況有"法律構定的知悉"，因而喪失優先權。

至於如何找出土地權益的資料，視乎情況而定。一般而言，買主或其律師應在土地註冊處查閱有關物業的檔案，如有疑問便須向賣方或其律師查詢，並應親自視察環境，檢查物業的結構、設置、裝修和外貌是否與賣方所形容的相符。如物業仍有人居住或使用，則須向居住者或使用者查詢。若居住者或使用者誠實作答，而其居住或使用權與買主將要取得的權益有衝突，買主便會因有"實際知悉"而不可獲優先權；但若居住者或使用者把實情隱瞞而使買主無法知悉其權利，買主便可引用"真誠買主"原則而得優先權。當然，若買主沒有向居住者或使用者充分查詢，因而不知道其居住或使用權是有效的衡平法權益，買主便會被視為有"法律構定的知悉"，優先權亦隨之落入居住者或使用者的手中，即買主無權拒絕或阻止居住者或使用者繼續行使其權利。

這些繁瑣的程序將被簡化，因香港特區政府已於 2004 年通過《土地業權條例》[21]，以業權註冊（title registration）取代香港現行的土地文件註冊（deed registration），新制度將逐步取代舊制，其間有十二年緩衝期，讓公眾可逐漸適應。新制度下，只有通過註冊方可獲取土地權益，到時"真誠買主"原則便可能無用武之地了。有關新制度及緩衝期安排，可參考土地註冊處網頁（www.landreg.gov.hk）。

---

21 《香港法例》第 585 章。

# 四　土地財產的抵押或按揭

## （一）抵押和按揭

抵押（security），是泛指以土地或非土地財產作為借款的還款保證的方法；按揭則是“mortgage”的翻譯，是抵押的一種，常用於土地財產。

在《物業轉易及財產條例》還未制定的時候，土地財產的按揭人（業權擁有者）須將其產業權轉移給承按人（貸款人），待全部貸款本息及其他費用還清後，承按人才把產業權歸還按揭人。

至於按揭的性質，要視乎有關產業權和按揭設置方式而定。若被按揭的是法定產業權，而按揭是以契據設置的，便為法定按揭；但若以其他方式設置（即沒有符合契據此形式上的要求），便只是衡平法上的按揭。當然，若被按揭的是衡平法上的權益，按揭亦只能是衡平法上的按揭（衡平法按揭）。

按《物業轉易及財產條例》第 44（1）條規定，所有土地財產的法定按揭須以“明訂為法定押記的契據”（deed expressed to be a legal charge）設置 [22]，這只是形式上的轉變，承按人和按揭人在法律上各自的權利和義務基本不變。

## （二）按揭人的權利和義務

### 1. 按揭人的權利

a. **居住或使用被按揭物業的權利**　若按揭人每月按期歸還利息及借款的部份並獲承按人同意，按揭人可繼續居住或使用被按揭物業，或把物業租出並收取其租金。

b. **查閱業權契據的權利**　被按揭物業的業權契據一般由承按人（或首位承按人，如有多個按揭的話）保管，根據《物業轉易及財產條例》第 47 條，按揭

---

22　“押記”是新造詞，用以翻譯 legal charge，這是英國法制下的一種抵押方式，抵押人無須轉移其產業權，只須給予貸款人某些特定權力便可。

人有權在任何合理的時間查閱承按人所管有的契據，以及複製該等契據的副本。

**c. 提前還清借款的權利**　若按揭人向承按人提出提前還清借款以贖回被按揭物業的要求，承按人不可拒絕，因這是按揭人作為業權擁有者的一種不可被剝奪的權利。但承按人一般會要求按揭人提前通知承按人，以便承按人計算總欠款後要求按揭人在指定日期或此日期前付清。

## 2. 按揭人的義務

按揭人最主要的義務當然是按期還款和繳付利息，若按揭人不能履行此義務，承按人將可行使其權力（詳見下文），以保障貸款得以歸還。此外，按揭人尚有下列義務：

**a. 履行對政府的義務**　按揭人須在按揭期間履行物業的政府租契或批地條款所規定的所有義務，並須繳交應付予政府的地租、差餉等一切有關的費用。

**b. 履行公契的義務**　若被按揭物業受大廈公契管轄，按揭人須在按揭期間履行公契所規定的義務及繳交公契規定的費用。

**c. 維修及保養**　按揭人須維修被按揭物業並保持它的良好狀態，如有需要，並須允許承按人或其代表在合理的時間進入物業視察，更須購買物業的保險（主要是火險）及支付保險的費用。

**d. 處置物業時的義務**　除非獲承按人事先書面同意，否則按揭人不得將被按揭物業轉讓、抵押、出租或以其他方式處置。

## （三）承按人的權利、權力和義務

### 1. 承按人的權利和權力

承按人作為貸款人最基本的權利當然是收回貸款及利息，若承按人所享有的是有關物業的首次法定按揭，更可管有與物業有關的業權契據（見《物業轉易及財產條例》第 44 (6) 條）。

若按揭人不能按期歸還貸款本息，承按人便可行使下列權利或權力：

　　**a. 隱含權力**　根據《物業轉易及財產條例》第 51（1）條，除非有明確的相反約定，否則任何以契據設置的法定押記或衡平法按揭，均隱含附表 4 所述的承按人權力，包括：（a）取得被按揭物業的管有權（第 2 段）；（b）將被按揭物業出租（第 4 段）；（c）售賣及轉讓被按揭物業（第 8 段）。

　　**b. 委任接管人**（receiver）**的權力**　《物業轉易及財產條例》第 50（1）條規定，任何以契據設置的法定押記或衡平法按揭，均隱含承按人委任接管人的權力，但此接管人將當作為按揭人的代理人，故承按人無須為接管人的作為或過失負上責任（第 50（2）條）。

　　一經委任，接管人便可行使上述附表 4 的隱含權力，他售賣或以其他方式處置被按揭物業後所得的款項，須按《物業轉易及財產條例》第 54 條所訂的優先次序運用：（a）清償被按揭物業的一切應繳予政府的地租、稅項、差餉及其他開支；（b）解除具優先權的產權負擔（encumbrances）；（c）支付接管人的合法報酬、費用及開支，以及因售賣或其他交易而適當招致的合法費用及開支；（d）支付按揭的按揭金、利息及費用，而任何剩餘款項須付給此物業在有關售賣或處置前的業權擁有者。

　　**c. 引申優先權至加貸或再貸款項的權利**（"按揭優先清償"（tacking）原則）　若甲和乙先後獲得同一物業的按揭，而其後甲加貸或再貸出款項給同一借款人，則該筆款項在下列情況下可享有與甲先前按揭的貸款相同的優先權（《物業轉易及財產條例》第 45（1）條）：（a）其後的承按人（即乙）同意此事；或（b）加貸或再貸出的款項，連同其他尚欠的貸款，款額不超逾先前按揭所指明的最高款額；或（c）該先前按揭的承按人（即甲）是一間認可機構（即《銀行業條例》[23] 所界定的認可機構），而該按揭明訂為欠該承按人的全部款項的保證。

　　**d. 止贖權**（foreclosure）　止贖權可說是承按人最後的一着，因為一經行使，按揭人的產業權便會轉移至承按人名下，即承按人成為被按揭物業的最終所有人。此權與承按人享有的其他的權利的分別主要有二：（a）行使權利的方法。承按人必須獲法庭頒佈止贖令，方可行使此權利；（b）行使權利的後果。

---

23　《香港法例》第 155 章。

承按人行使其他權利後，按揭人仍有贖回產業權的權利（除非被按揭物業已經出售）和繳交尚餘欠款的義務，例如，承按人售賣被按揭物業所得的款額不足以抵償貸款本息，承按人仍可要求按揭人繳交差額。另一方面，若售賣物業所得的款額超逾按揭人應繳的款額，承按人須把剩餘的款項交還按揭人。但在承按人行使止贖權後，按揭人贖回產業權的權利便終止，即使物業的價值超逾欠款，按揭人亦無權要求承按人歸還任何款項，這對按揭人甚為不公。故此，按揭人可以此理由在法庭反對承按人的止贖令的申請。

### 2. 承按人的義務

承按人在售賣被按揭物業時，須履行合理謹慎的義務，採用所有合理可行的步驟，以物業的真正市值出售物業。[24] 所謂"合理可行的步驟"並無劃一規定，主要視情況而定。一般而言，承按人多以公開拍賣方式出售物業，並事先作充足詳盡的宣傳，以吸引更多對被拍賣物業有興趣的人，售價亦得以提高。

無論物業以何種方式出售，購買者必須是真正的第三者，若購買者是承按人或其代表或其附屬公司，要證明售價是真正市值將十分困難，[25] 而交易亦可能因此而被裁定無效。[26]

## 五　土地財產的租賃

### （一）租賃的定義和特徵

租賃，是指土地的業權擁有者（業主）給予另一人或團體（租客），在特定時間（租賃期）內獨自管有和使用土地的權利；租賃的功能，是會產生

---

24　*Cuckmere Brick Co Ltd v Mutual Finance Ltd* [1971] 2 All ER 633.

25　在 *Tse Kwong Lam v Wong Chit Sen* [1983] 1 WLR 1349，承按人持股的公司在拍賣中投得物業，但法庭認為承按人仍未採取所有合理可行的步驟以獲得物業市值。

26　在 *Tang Ying Ki v Maxtime Transportation Ltd* [1996] 3 HKC 257，承按人把被按揭物業售予自己，法庭裁定交易無效。

一種重要的土地權益。香港政府用以批地的官契，實際上也是租賃的一種，但條款與普通租賃合約有別，在此不贅。

香港大部份的租賃合約均受《業主與租客（綜合）條例》[27] 所管轄，此條例的規定在下一章詳加探討，此章主要闡釋租賃的特徵、種類和常見的條款。

首先，租賃必須具備兩大特徵：獨自管有及使用物業的權利，以及按揭人的義務。

## 1. 獨自管有及使用物業的權利

在租賃期內，租客是唯一享有其所租物業的管有權及使用權的人，租客當然可讓其家人、朋友或僱員在物業居住或工作（視乎租約的規定），但其他人（包括業主）不可擅自進入或使用該物業。

此獨有權不會出現於其他使用土地的形式，例如旅客入住酒店可獲某房間的使用權，並可享用酒店的服務及設施，但卻不可禁止酒店員工在有需要的情況下進入房間，酒店也可安排調換房間，所以住客並無特定房間的管有權，更遑論獨有的（exclusive）管有權。此種使用土地的方式稱為"許用"（licence），所牽涉的只是有限的使用權。

另一方面，在某些特殊情況下，即使使用者的權利不會受業主或其他人干擾，但仍不構成租賃關係。*Street v Mountford* [28] 一案把這些情況歸納如下：（a）家庭、朋友之間的物業使用安排；（b）僱員在僱主的物業居住，以使僱員可執行職責或更有效地執行職責；（c）轉讓契據還未簽署，但賣主容許買主遷入物業居住或進行裝修；（d）按揭人未能按期還款，承按人取得物業的管有權；（e）其他缺乏訂立合約（租賃合約）的意向的情況。

此外，*Street v Mountford* 一案亦確定了釐定管有權是否獨有的方法。以往法庭只憑有關合約的名稱或其中某些條款，來決定使用者是否享有獨有的管有權和使用權。若合約稱為"許用合約"，或其中某條款容許業主或業主所

---

27　《香港法例》第 7 章。

28　[1985] AC 809.

授權者隨時進入物業和分享管有權，法庭便會裁定使用者因缺乏獨有管有權而並非物業的租客，故此不獲成文法（如《業主與租客（綜合）條例》）對租客的保障。有鑑於此，不少業主在訂立租賃合約時故意稱之為"許用合約"，或故意加一些容許業主進入物業的條文，以圖削弱對租客的保障。

為了防止租客的保障受侵犯，審理 *Street v Mountford* 案的上議院指出：合約的名稱和條款並非決定合約性質的唯一因素，其他因素如合約雙方的行為、合約的條款有否實行及其可行性等均須考慮，比方租客為一對夫婦，而物業只有睡房一間，但合約卻訂明業主有權隨時遷入物業，此條款明顯地不可行，故此不會排除租賃關係成立的可能。

## 2. 固定或可確定的租賃期

由於租客享有的只是有限的使用權，租賃的期限必須是固定或可確定的，即租約對起租日期和租賃的最長期限必須有明示或默示的規定。

就起租日期而言，一般租賃合約會明確規定，或從業主與租客的行為可找出雙方默示的起租日期，例如租客遷入所租物業的日期，或租客首次繳交租金的日期，均可能是默示的起租日期。

至於租賃的最長期限則必須在起租時固定（長短不拘，可短至一天，或長至九百九十九年）或以某特定事件發生的日期確定，但此事件發生的日期必須是可預知的。故此，英國法院曾在 1944 年裁定以"第二次世界大戰結束日期"為終止日期的租期缺乏可確定的條件，租賃因而無效。[29] 值得注意的是，只要"最長期限"是固定或可確定的，租賃的實際期限可以較短，例如某些租約訂明租賃的固定年期，但同時容許業主在此年期屆滿前向租客發出通知以終止租賃，這種做法不會破壞最長期限的可確定性，故此不妨礙租賃的設立。

---

29　*Lace v Chantler* [1944] KB 368.

## （二）　租賃的種類

租賃可分為五類：(a) 固定期限租賃；(b) 順延租賃[30]；(c) 不定期租賃；(d) 默許租賃；(e) 不容否認的租賃。嚴格來說，只有前兩種是真正的租賃，因為唯有它們才擁有上述租賃的兩大特徵。

所謂"固定期限（fixed term）租賃"，顧名思義，租賃期是固定的，而順延租賃則指每段租賃期（如一個月或一年）屆滿後，租賃會順延一段相等的時間（即續租一個月或一年），如此類推，直至其中一方向另一方發出通知要求終止租賃。雖然順延租賃的最長期限不可預知，但每段租賃期是固定的，而且雙方有權隨時終止租賃，亦即擁有確定租賃期的權力，故此不違反租賃期的可確定性要求。

不定期租賃（tenancy at will）其實並非真正租賃，因租客不須繳交租金，租賃期亦沒有明示或默示規定，即業主可隨時要求租客遷出，只要給予租客充足時間收拾便可，不須作出任何賠償。這種情況通常存在於固定期限租賃年期屆滿後，若業主容許租客繼續享用物業而不索取任何代價，亦無續租或訂立新租約，不定期租賃便自動產生，不須任何特定形式。

默許租賃（tenancy at sufferance）亦非真正租賃，租客同樣沒有付任何代價，雙方亦沒有商議租賃期，這種租賃與不定期租賃最大的分別在於業主有否授權租客使用物業。若業主曾授權租客使用其物業，便構成不定期租賃，但若業主不置可否，雖知某人使用其物業卻不干涉，便被當為默許此人的行為，故此稱為"默許租賃"。

最後，不容否認的租賃（tenancy by estoppel）是指所謂的"業主"根本沒有足夠業權以設立租賃，但租客一旦遷入物業便不可否認或質疑業主的業權，而業主亦不可以業權不足或缺乏業權為理由迫使租客遷出。當然，只有租賃雙方及他們的業權繼承人（successors in title）受此"不容否認"原則所

---

30　即"periodic tenancy"，香港特區政府律政司法律草擬科編纂的《英漢法律詞彙》（1998 年第 3 版）譯作"定期租賃"，但此譯名不能清楚表達這類租賃的特質，故在本章譯作"順延租賃"。

管轄，若業權的真正擁有人發現此類租賃，他絕對有權行使其權利，要求終止租賃。

## （三）　租賃的設定和終止

關於租賃的法定權益，法例規定所有為期三年以上的物業租賃必須以契據設定（《物業轉易及財產條例》第 4（1）條），為期三年或以下的固定期限租賃，和每段期限不超過三年的順延租賃，則可以口頭方式設定（《物業轉易及財產條例》第 4（2）（d）條及第 6（2）條）。衡平法上的要求則較為寬鬆，即使沒有契據，只要符合 *Walsh v Lonsdale* 一案的原則的規定，便可設立衡平法上有效的固定期限租賃。[31]

固定期限租賃並無特別終止方式，當固定期限屆滿便自動終止，而順延租賃則在某一方向另一方發出通知後的特定時間內終止，這段時間與該租賃每段期限的長短有關，若每段期限為一星期或一個月，租賃在通知發出後一星期或一個月終止，但若每段期限為一年，租賃在通知發出後半年便終止。這裏所述的是不成文法的規定，關於終止租賃的方式，《業主與租客（綜合）條例》有更詳盡的規定。

此外，若租客不遵守租賃合約規定而業主因此沒收租賃權（forfeiture），又或租客向業主退回租賃（surrender）及交還管有權而獲業主接納，又或租客購入或獲贈業主的業權而使租賃消失，均可導致租賃終止。另外，按合約法有關 "合約受挫" 的原則 [32]，若天災或其他租賃雙方不能控制的事件令租賃無法實行，租賃便會被迫終止。

至於其他租賃的設立和終止十分簡單，不定期租賃和默許租賃均不須任何特定形式，例如不定期租賃通常於原先的固定期限租賃屆滿後出現（見上文）。無論是不定期租賃還是默許租賃，業主都可隨時要求租客遷出，終止租

---

31　見本章第二節第（三）部份 "衡平法如何彌補普通法的不足"。

32　參見本書第六章〈合約法〉。

賃。但在多數情況下，這兩類租賃均會因租客開始定期繳交租金而變成順延租賃，原本的不定期租賃或默許租賃亦因而終止。

最後，不容否認的租賃的特點是業主無權設立租賃，它並無特別的形式規定，設立方式視乎業主所欲設立的是何種租賃而定。若日後業主獲得真正業權，原先的不容否認的租賃將變成業主所欲設定的租賃，例如，所謂的 "業主" 欲設定一固定期限租賃，但當時並無業權，便只可構成不容否認的租賃；若此業主在該固定期限屆滿前取得業權，原先的不容否認的租賃便會終止；代之而立的，是真正的，有效的固定期限租賃。

### （四） 租賃的常見條款

租客最重要的義務是按期繳交租金（某些租賃亦規定租客須繳付差餉或物業的管理費用），而業主的義務主要是讓租客在租賃期內享用物業，不受任何騷擾。一般租賃合約對租金、租期及管有權均有明確的規定。

此外，租客亦有義務保持物業的狀況，但卻未必有維修物業的義務。一般來說，租賃期越短，租客對物業狀況的義務越少，例如，每段期限為一個星期或一個月的順延租賃，除非租客蓄意破壞物業，否則不必因物業的狀況變壞而負上任何責任，但固定期限租賃的租客，卻須為物業的維修保養負上一定程度的責任。上述的責任範圍，只適用於對物業維修沒有明文規定的租賃合約，只要租賃雙方同意，上述的責任可作增減；但在任何情況下，租客均無須為物業的正常耗損負任何責任。

最後，一般租賃合約亦規定租客須事先取得業主的書面許可，才可將物業或其部份轉租或分租，同時亦會訂明業主可在租客違反租賃條款時沒收租賃權。關於此權利的行使，《物業轉易及財產條例》第 58 條有詳細規定，在此不贅。

第九章

# 房地產轉讓及租務法

周偉信[*]
香港大學法律專業學系副教授

## 一 持有土地的制度

### （一）概述

在 19 世紀，清廷與大英帝國簽訂不平等條約，香港的土地為英國佔有（港島和九龍半島）或租用（"新界"），除了聖約翰座堂現址為永遠保有外，其他一概只為租賃土地（即由港英政府批租給他人）。1997 年 7 月 1 日起，中華人民共和國恢復對香港行使主權，香港特別行政區的土地所有權歸中華人民共和國所有[1]，行政長官可代表特區政府出租或批出土地[2]。另一方面，根據《香港回歸條例》[3]，在不抵觸《基本法》及未被香港特別行政區立法機關變更或取消的前提下，回歸前原有法律繼續適用，包括適用於"新界"土地的中國習俗及傳統權益[4]，但這些中國傳統法律和習俗，不適用於以政府租契或協

---

* 　作者鳴謝陳弘毅及韋健生（Michael Wilkinson）兩位教授的鼓勵和啟迪，並感謝胡惠生博士撥冗指正。

1 　參見《釋義及通則條例》因《香港回歸條例》而加入的附表 8 第 1 條。

2 　《香港回歸條例》，第 32 條。

3 　1997 年第 110 號條例，第 7 條及《釋義及通則條例》（《香港法例》第 1 章） 因《香港回歸條例》而加入的第 2A 條。

4 　《新界條例》（《香港法例》第 97 章），第 13 條。

議批租予私人持有的土地。

## （二）批租土地的方法、權益及年限

香港的土地以地段（lots）的類別和編號來識別，有些地段再被縱向及橫向地切割為若干分段（sections）[5]。香港特區政府批租土地的方法大抵有三種：公開拍賣、私人合約和公開標投。批租文件的形式則分兩大類：政府租契及租契協議[6]，後者又再分為售賣、交換、批予、重批及延伸等幾種。租契協議所列條件及限制，往往較政府租契為多，其中尤為顯著的，是有關土地發展及建築的條款。此外，租契協議與政府租契不同，在法理上只具有衡平法權益[7]，待協議承租人須確實履行租契協議中關於批出土地租契的先決條件後[8]，才獲得土地的法定產業權。其中於 1970 年 1 月 1 日以前訂立的租契協議[9]，協議承租人被視為已符合該等條件；該日以後訂立的，若符合以下其中一種情況，協議承租人亦被視作擁有土地的法定產業權：（a）政府發出證明書，證明有關條件已獲符合，而該證明書亦已在土地註冊處註冊；（b）政府在租契協議上以摘記註明有關條件已獲符合，且已將註明的文本在土地註冊處註冊；或（c）說明有關條件已獲符合的摘記，已記入土地註冊處中關於該土地的註冊紀錄內。[10]

政府租契或租契協議（下統稱"政府租契"）下土地租賃年期有多種，包括九九九年期、九十九年期、九十九年減去最後三天、七十五年期、七十五年期並於期滿後可續期七十五年等。舉凡政府租契明文規定期滿可續

---

5　除政府外，土地承租人亦可藉"分割契據"（Deed Poll）將土地分段。

6　又稱為"政府租契"及"政府租契協議"（1997 年前稱為"官契"及"官契協議"），見《法律適應化修改（官地）條例》（1998 年第 29 號條例）。

7　有關衡平法權益和法定產業權的分別，請參見本書第八章，頁 313-323。

8　《物業轉易及財產條例》（《香港法例》第 219 章）第 14(1) 條。所指乃是需積極履行的契諾（positive covenants），如付地價條款、建築條款等，而並非限制性的契諾（restrictive covenants）或持續履行的契諾（continuing covenants）。

9　《物業轉易及財產條例》第 14(2) 條。

10　《物業轉易及財產條例》第 14(3) 條；另可參見 Tai Wai Kin v Cheung Wan Wah Christina [2004] HCMP No. 1858/2003。

期者，屆滿時均因法例的規定而自動續期，續期後土地租金為該地的應課差
餉租值（rateable value）的百分之三[11]；凡於 1997 年 6 月 30 日前期滿的"新
界"政府租契，自動續期至 2047 年 6 月 30 日[12]；在 1985 年 5 月 27 日至
1997 年 6 月 30 日期間批出的，或原沒有續期權而獲續期的，如年期伸延至
1997 年 6 月 30 日以後（但又不越過 2047 年 6 月 30 日），土地承租人（包
括其後藉其而得業權的人）於 1997 年 7 月 1 日不用補地價（payment of land
premium），但需每年繳納相當於當日該土地應課差餉租值百分之三的租金；
此後，該地租並須隨應課差餉租值的轉變而調整。[13] 在香港特別行政區成立
後新批的政府租契租期，一般於 2047 年 6 月 30 日前屆滿；同時，土地承租
人須每年繳納相等於該土地應課差餉租值百分之三的租金；此後，該地租並
須隨應課差餉租值的轉變而調整。[14]

## （三）公契

在法律概念上，土地被劃分為若干不可分割的相等份額（equal undivided
shares），代表興建在土地上的多層樓宇內各單位，或是小社區內一幢幢的獨
立樓房（包括車位，但一般不包括公共地方），其佔整片土地的權益的比例。
每一單位的業主亦按其所持有的份額，計算須負擔的管理費和地租等開支的
比率。當發展商在土地上興建房產，與第一位買家簽訂業權轉讓契據時，雙
方同時簽訂公契（Deed of Mutual Covenant）。

公契一般不得與政府租契相違，同時亦不得抵觸《建築物管理條例》[15]
的條文[16]。公契主要內容包括：(a) 申明不可分割的相等份額的設定及分配，

---

11　《政府租契條例》（《香港法例》第 40 章），第 9 條。

12　《新界土地契約（續期）條例》（《香港法例》第 150 章），第 6 條。

13　《基本法》第 121 條。

14　同上。

15　《香港法例》第 344 章。

16　一般由地政總署法律諮詢及田土轉易處透過通告備忘錄，經香港律師會轉發會員，詳列有關起草指引及
要求，除經申請獲豁免外，必須遵循。

以及有關地租的分擔；（b）列明各單位業主的權利和義務；（c）委任物業管理公司，負責管理事宜，並列明其任期、責任和權利；及（d）規定發展商保留樓宇命名權，或於天台或外牆建設廣告牌等權利。

根據《建築物管理條例》附表 7，公契必須包括以下內容：（a）物業管理公司須制定管埋開支預算；（b）物業管理公司須預備有關賬目、收支及資產負債表等，並設立銀行獨立專戶；（c）如物業管理公司辭職，須給予業主不少於三個月的通知；（d）物業管理公司採購物資時，須符合職業操守；及（e）如有不少於佔百分之五十的全體業權的業主同意，可辭退物業管理公司[17]等。

條例中附表 8，則引入其他在與公契沒有矛盾時適用的附加條款[18]，包括有關業主委員會和業主大會的會議常規。

業主的權利主要包括：（a）獨有地管有、使用、佔用及享用其單位的權利；（b）無須事先徵得其他業主的同意，可自由出售或抵押（即按揭）其單位；及（c）使用公共地方及設施等。

另一方面，根據《建築物管理條例》，業主須履行的責任包括：（a）維持其單位於良好的維修狀況[19]；及（b）不得將公共地方轉為私人用途或導致妨擾[20]等。

業主的其他責任一般還包括：（a）對其單位不作任何結構性的改動；[21]（b）

---

17　民政事務局局長具法定權力，排除附表 7 對該建築物的適用，改為以其他適合的條件規限有關事宜，為期不超過三年；惟若收到總計不少於百分之五十業權的業主反對，則不能作出此項排除：《建築物管理條例》第 34E(4) 條及第 34E (5) 條。

18　有關條款須詳細表述或引述納入大廈公契內，經申請獲豁免除外。

19　《建築物管理條例》第 34H 條。

20　《建築物管理條例》第 34I 條；另參見：*Incorporated Owners of Chungking Mansions v Shamdasani Murli Pessumal* [1993] CACV No. 199/1991（業主無權出售或處置大廈公共地方）及 *Incorporated Owners of Golden Crown Court v Chow Shun Yung* [1987] HCA No. 4322/1986（業主無權於公共地方放置告示牌）。

21　根據 *Incorporated Owners of Tuen Mun Hung Cheung Industrial Centre (Phase I) v United Hong Kong Ltd* [1999] HCMP No. 2991/1998，"結構性的改動" 在大廈公契的範疇內應按字義闡釋（literal interpretation），在此訴訟中，業主將單位外牆拆去，改用捲閘，以便用作車房，縱然業主已獲有關建築證書證明該改動並沒有影響樓宇結構，但該改動仍屬 "結構性的改動"。另參見案例：*Incorporated Owners of Elite Garden v Profit More Company Ltd* [2002] 2 HKLRD 518，案中業主在外牆開啟窗戶，亦被判定為 "結構性的改動"。又例如 *The Incorporated Owners of Shan Kwong Towers PhaseII v Li Suet Ching* [2007] LDBM 290/2006，案中業主鑿開外牆以擴大原有窗戶，同樣被判定為 "結構性的改動"。

不將其單位作非法用途；（c）不作任何影響物業保險情況的行為；（d）支付其所應分擔的管理費用；及（e）不可隨意曬晾等。

《建築物管理條例》同時設立機制及程序，容許業主組成法團（業主法團），在必要時取代物業管理公司，直接參與管理事宜。

公契是一份契據，契據雙方自然受到其中契諾（covenants）的相互約束。根據《物業轉易及財產條例》[22]的規定，這種約束對雙方的業權繼承人（successor in title），及藉着或透過該人而得土地業權的人（如承按人），同樣有效，然而，卻不得強制承租人、分租人或土地佔用人執行任何積極性契諾。[23]

另外，若任何人停止擁有受契諾影響的土地的業權或權益，則不再受有關契諾約束，但仍須為在此之前其任何違反契諾的事項負責。[24]而公契在土地註冊處註冊後，則不論契諾承諾人的業權繼承人，以及藉着或透過該人而得土地業權的人，是否知悉其存在，仍須受其約束。[25]

## （四）註冊

香港現實行土地契約註冊制度，土地及其上建築物的有關資料，均載入相關土地登記冊內，由土地註冊處管理。土地註冊處實施中央註冊系統，由位於金鐘道政府合署的中央註冊處辦理所有房地產交易的註冊。公眾可前往位於金鐘或"新界"的三個地區（大埔、荃灣及元朗）的查冊中心，在繳交所需費用後，跨區查閱電腦土地登記冊，以及訂購土地文件的影像副本，亦

---

22　《香港法例》第 219 章。另據法院判例，有關條文只將部份法律原則編纂為成文法則，未被納入的普通法法則仍然適用於未能涵蓋的契諾：參見 *Sky Heart Ltd v Lee Hysan Co Ltd* [1999] 1 HKLRD 100。

23　《物業轉易及財產條例》第 41(1)、(2)、(3)、(5) 及 (6) 條。土地契諾是指對土地的性質、質素、用途或價值構成影響的契諾；根據判例，關於大廈命名權利的契諾（參見 *Supreme Honour Development Ltd v Lamaya Ltd* [1991] CACV No. 128/1990），以及發還租客以前支付的按金的契諾（參見 *Hua Chiao Commercial Bank Ltd v Chiaphua Industries Ltd* [1987] 2 WLR 179），不屬此列；而積極性契諾包括支出金錢、作出事情或在其他方面具積極性質的契諾。另據 *Incorporated Owners of Man Hong Apartments v Kwong Yuk Ching* [2001] HKC 116，上訴庭認為非法佔用者同樣需受限制性的土地契諾制約。

24　《物業轉易及財產條例》第 41(8) 條。

25　《物業轉易及財產條例》第 41(9) 條。另可參閱本書第八章。

可透過互聯網 "綜合註冊資訊系統"（IRIS）查冊。[26]

　　土地註冊處的紀錄只顯示就某物業來說有哪些契據已經登記，並不保證有關契據的法律效力，也不保證誰是真正的業主。雖然旨在透過改行業權註冊將物業轉易程序簡化的《土地業權條例》，已於 2004 年 7 月在立法會通過制定並刊憲，但迄今仍實施無期，而且從該條例實施日起，還有一段暫定至少十二年的過渡期，期間兩個制度雙軌並行，直至所有依舊制註冊的物業轉為業權註冊止。[27]

## 二　物業買賣

### （一）　地產代理 [28]

　　香港的房地產市場自上世紀 80 年代末，90 年代初活躍起飛至今，住宅及商業樓宇價格及租金雖經歷起跌，卻仍在上升軌跡，其中衍生了地產代理行業，成為香港經濟別具特色的一環。為提供足夠市場資訊，規範代理從業員執業手法，以及保障市民大眾置業的利益，立法會遂通過《地產代理條例》（以下簡稱 "代理條例"）[29]，成立地產代理監管局（以下簡稱 "監管局"），透過規管和培訓，促使地產代理從業員行事持正及稱職，維持或提高他們的地位 [30]，條例也賦予監管局發牌及紀律制裁的權力。

---

26　有關服務詳情及收費可瀏覽土地註冊處網頁：www.landreg.gov.hk/tc/services/services_b.htm。

27　有關的 "白晝轉制" 機制，除可參看《土地業權條例》的條文外，亦可瀏覽土地註冊處網頁：http://www.landreg.gov.hk/tc/title/daylight.htm。

28　這部份於本書 2009 年新版時加入，由香港中文大學資訊處高級主任曹永強先生撰文。因曹先生未克執筆，由作者修訂整理。

29　《香港法例》第 511 章。

30　《地產代理條例》第 5 條。

## 1. 發牌制度

任何公司或個人，在香港經營地產代理業務或受聘從事地產代理工作的營業員，均須領有監管局發出的有效牌照。[31] 個人牌照持有人均需年滿十八歲[32]，最低限度具中五學歷，並須通過監管局的有關資格考試。[33] 在接受客戶委託前，地產代理和營業員必須明確告訴客戶身為持牌人及其牌照號碼。[34]

牌照一般為期一年或兩年[35]，屆滿前可申請續期，監管局在發新的個人牌照或續牌前，須考慮某些情況，以決定申請人是否持牌的 "適當人選"，這些須考慮的情況包括申請人是否下列人士[36]：(a) 破產人士；(b) 喪失持牌資格的公司董事或高級人員；(c)《精神健康條例》所指精神紊亂的人或病人；(d) 曾因欺詐、舞弊或不誠實罪行被定罪的人；(e) 因觸犯代理條例被判監禁的人。

代理公司則須符合以下情況方可獲發新牌或續牌：(a) 最少有一位董事及每位參與地產代理業務的董事均為持牌地產代理；(b) 公司有一名持牌地產代理實際控制公司的地產代理業務；(c) 公司每名董事均為 "適當人選"；(d) 符合監管局的規定；(e) 被監管局認為是持牌的 "適當人選"。

監管局考慮一間公司是否持牌的 "適當人選" 時，必須顧及該公司是否曾經或正在進行清盤，和曾否根據代理條例被定罪。[37]

除上述各項因素外，監管局也可考慮個別的情況以決定某申請人是否持牌的 "適當人選"。獲發牌入行的從業員，工作上仍須遵循監管局定下的指引或專業操守，否則就算不觸犯代理條例或其附例，也可能會被認為不是 "適當人選" 而影響牌照。這項 "適當人選" 的規定，讓監管局有權以拒絕發牌

---

31　《地產代理條例》第 15 條及第 16 條。

32　《地產代理（發牌）規例》第 6 條。

33　《地產代理（發牌）規例》第 7(1)(a) 條。

34　《地產代理常規（一般責任及香港住宅物業規例）》（《香港法例》第 511C 章）第 5 條。

35　《地產代理（發牌）規例》第 9 條。

36　《地產代理條例》第 19 條及第 21 條。

37　《地產代理條例》第 20 條。

或續牌的做法來維持行業的專業及操守水平。

## 2. 執業規例

在處理香港住宅物業的買賣與租賃的過程中，代理須遵循一套作業流程及使用指定標準文件，否則便會違反代理條例或其附例下的規定，甚至負上民事責任。

### (1) 指定物業資料

地產代理接受客戶委託期間，須管有有關物業以下的指定資料並提供予客戶：(a) 擁有人和產權負擔（如收樓令、按揭／押記等）；(b) 面積；(c) 樓齡；(d) 用途限制；(e) 政府租契尚餘年期；(f) 如即將要就有關物業批出租契，則建議的租契年期；(g) 賣方就物業有否結構性改建的聲明。

在租賃的情況下，代理只需管有及提供以上第（a）項至第（d）項的物業資料。[38] 如代理違反指定物業資料的規定，除觸犯代理條例可被監管局紀律處分外，受影響的客戶也可循民事途徑索償。[39]

### (2) 地產代理協議

在未有任何規管法例之前，代理與客戶間的代理關係，多是以口頭形式訂立，或是以代理自家草擬的簡單文件訂立，各方的權責可能不夠全面，亦不夠清楚，容易引起爭執。

監管局根據代理條例的精神及指引，制定標準格式的地產代理協議，供代理分別與售樓業主、買家、出租業主和租客簽訂，為各方的權利及義務作出比較客觀清晰的界定。各款地產代理協議的細節也許有所不同，但主要條款包括：

a. **協議有效期**　協議清楚訂明有效期，並以顯著的字眼提醒消費者留意有效期不宜太長，特別是在業主委託代理獨家放盤的情況下，業主在協議有效期內不經代理售出物業，也有可能須付佣金，因而要加倍留意。

---

38　《地產代理條例》第 36 條；《地產代理常規（一般責任及香港住宅物業）規例》第 3 條及表格一和表格二。
39　《地產代理條例》第 36(4) 條。

**b. 代理關係**　清楚界定代理與客戶的關係為單邊代理抑或雙邊代理（即代理同時可代表交易雙方）關係。代表交易雙方的代理須向客戶披露從另一方客戶收取的佣金款額或比率。

**c. 利益披露**　代理須向客戶披露是否對所涉物業擁有任何權益，不單是代理自己，還包括代理的指明親屬（配偶、父母、子女、兄弟或姊妹）、代理或指明親屬的代名人、代理公司的僱員、大股東、合夥人和董事等；代理須披露上述各人對物業不論在金錢上或實益上的任何權益。

**d. 代理職責**　代理職責協議中訂明的代理職責如下：(a) 為業主推銷物業；(b) 向客戶提供物業資料；(c) 安排準買家視察物業[40]；(d) 進行商議，並按準買家指示向業主提供所有要約[41]；(e) 協助訂立買賣協議。[42]

客戶也可與代理另議其他職責並載於協議內。[43]

**e. 佣金**　標準格式協議供立約雙方訂明以下有關佣金的細節：(a) 款額或比率；(b) 支付時限（可選擇簽訂買賣合約或成交時）；(c) 如交易未能完成而非因客戶犯錯所致，客戶無須支付佣金；(d) 在以上第 (c) 項的情況下，如客戶已經付佣，代理須退還佣金（可選擇是否連利息）；(e) 如買賣雙方非因買賣合約的條文而共同取消買賣合約，客戶有責任支付佣金予代理；(f) 客戶沒有責任付佣給予代理合作促成交易的其他代理；(g) 買家客戶若透過其

---

40　《地產代理常規（一般責任及香港住宅物業）規例》第 10 條也規定代理必須：
　　(1) 協助安排買家視察物業（包括車位）；
　　(2) 視察物業之前須得到業主同意；
　　(3) 在簽訂買賣協議或租約前須準備一份連同樓宇出售或出租物事的清單。

41　《地產代理常規（一般責任及香港住宅物業）規例》第 11 條規管代理代客進行商議的行為，包括：
　　(1) 不得提出虛假的要約；
　　(2) 必須如實按先後次序向客戶提交所有要約，並保存要約記錄；
　　(3) 不得對客戶施加不當影響，以誘使客戶簽訂買賣協議或租約。

42　《地產代理常規（一般責任及香港住宅物業）規例》第 13 條規定代理必須：
　　(1) 向未有律師代表的客戶在簽訂買賣協議或租約前解釋買賣協議或租約的條款，或建議客戶尋求法律意見；
　　(2) 為業主客戶在簽訂買賣協議或租約前進行有關物業的土地查冊，並把土地查冊副本提供予買家或租客；
　　(3) 確定業主身份以避免買賣協議或租約有身份方面的欺詐或失實陳述；
　　(4) 在簽訂買賣協議或租約後不再繼續推銷有關物業。

43　地產代理協議所載代理的法定職責與其他默示的代理責任（例如秉持誠實、忠誠和嚴正的態度向客戶提供服務；保障和促進客戶的利益和盡量小心和努力履行職務等）並行不悖：參見 *Ricacorp Properties Limited v Kan Yiu Wing Stuart and Ku Benedict Wei Chun* [2006] DCCJ No. 5483/2003。在該案中，代理因未履行一項基本而重要的法定職責（協助客戶簽訂正式買賣協議）而未能成功追討佣金。

配偶、代名人、未披露身份的主事人或代理人購入物業，也須付佣金。

另有條文規定代理在收到客戶佣金後必須馬上發出書面收據。代理若向客戶推介其他人的服務而可從推介中得到任何利益，也須事先向客戶披露。[44]

代理接受客戶委託放盤或尋找合適物業，須在指定時間內與客戶訂立標準格式的地產代理協議。[45]若代理未有遵從這項規定，除違反代理條例外，代理更無權循任何法律程序追討佣金及其他費用。[46]

(3) 尋求委託及放盤價

針對"假盤"、"假價"等不良手法，代理在尋求客戶委託時不得提供任何虛假或誤導的資料，代理並須為所有業主委託放盤的住宅物業和相關地產代理協議保存記錄不少於三年，並在需要時供監管局查閱。未經業主事先書面同意，代理也不可把業主及有關物業的資料轉移給任何分銷放盤代理[47]。業主的放盤價也須在地產代理協議內訂明，代理須按此發出廣告，並不得未有業主書面指示而更改此放盤價。[48]

(4) 廣告宣傳

代理須嚴格遵守以下有關廣告宣傳的規定：(a) 不得發出虛假或具誤導性的廣告；(b) 在發出住宅物業的廣告前，須取得業主的書面同意；(c) 不得以有別於業主指示的價格或租金或條款宣傳有關住宅物業；(d) 如住宅物業是供分租則必須在廣告列明是分租；(e) 須在物業不再放賣或放租或在有關地產代理協議終止後（以較早者為準）移去有關廣告。[49]

(5) 紀律制裁

代理條例賦予監管局權力，主動調查違規個案或處理市民投訴，並召開

---

44　《地產代理常規（一般責任及香港住宅物業）規例》第 14 條。

45　《地產代理常規（一般責任及香港住宅物業）規例》第 6 條。

46　《地產代理條例》第 45 條；代理沒有與客戶簽立地產代理協議便沒有申索權：參見 *Easy Property Co Ltd v Hau King Kuen* [2004] 1 HKLRD 154；至於過期的地產代理協議可否作為申索的依據，則屬法律兼事實的問題：參見 *House Living Property & Interior Design Co Ltd v Victory Power International Ltd. and Lam Yuet Siu* [2001] DCCJ No. 14010/2001，案中原訴人並無根據先前簽訂但已於簽訂買賣協議時過期的地產代理協議追討佣金，所以其簡易判決的申請遭拒絕。

47　《地產代理常規（一般責任及香港住宅物業）規例》第 8 條。

48　《地產代理常規（一般責任及香港住宅物業）規例》附表表格 3。

49　《地產代理常規（一般責任及香港住宅物業）規例》第 9 條。

研訊以查明事實。[50] 在查明屬實的情況下，監管局可對涉案的地產代理或營業員施以紀律制裁，包括：(a) 訓誡或譴責；(b) 於牌照上加附條件；(c) 更改牌照條件；(d) 暫時吊銷牌照不超過兩年；(e) 撤銷牌照；(f) 罰款不超過港幣三十萬元；(g) 命令支付因調查／或聆訊所花的費用。[51]

(6) 其他

a. **住宇樓宇一手市場**　代理條例並不規管發展商[52]，代理如果接受發展商委託推銷樓花或新建成的住宅樓宇，便得按《地產代理常規（一般責任及香港住宅物業）規例》第 7 條的規定，與發展商訂立代理協議，並管有有關物業資料提供予準買家。此外，由於近年一手市場的銷售手法層出不窮，監管局曾發出多份執業通告，包括因應 2012 年 7 月通過的《一手住宅物業銷售條例》[53] 而發出有關進行推廣活動及提供物業資料的，以及如回贈、介紹按揭、是否代表買家行事、售樓處秩序等其他事宜的規定，從業員也需恪守。[54]

b. **其他類型物業**　現時執業規例只適用於處理香港住宅物業的買賣和租賃，其他類型的物業如商業和工業樓宇，則尚未有法定的執業程序和標準文件，從事這些類型物業的代理和營業員只須持牌並遵守一般責任的規定。此外，代理條例下“土地”的定義並不限於香港[55]，理論上條例的管轄權可以延伸到境外物業。雖然由於法制及市場實況不同，規管境外（主要是中國內地）物業代理活動有不少技術性的困難，但假若推銷行為是在香港進行，有關代理仍要符合發牌及一般責任（如經營、賬戶和廣告）的規定。

c. **佣金裁定機制**　監管局的法定職能，還包括裁定代理與客戶之間有關佣金或其他相關費用的爭議[56]，持牌地產代理與其客戶如有訂立地產代理協議，出現爭議的佣金款額不超過三十萬港元，經雙方同意，可要求監管局作

---

50　《地產代理條例》第 28 條、第 29 條及第 34 條。

51　《地產代理條例》第 30(1) 條。

52　《地產代理條例》第 2(2)(g) 條及第 2(4) 條。

53　《香港法例》第 621 章。

54　該等執業通告見監管局網址：www.eaa.org.hk，並按“規管＞執業通告”來瀏覽。

55　《地產代理條例》第 2(1) 條。

56　《地產代理條例》第 49 條。

出裁定，裁定結果在區域法院登記後，可視作法院判決並予以強制執行。[57]

## （二）銷售未建成住宅樓宇的單位（"樓花"）

銷售"樓花"在香港十分普遍，一方面發展商能盡快把投資兌回現金；另一方面小業主亦能延長付款期，並能於市場利好時轉售，以賺取利潤。

為防止發展商"爛尾"未能完成物業的發展，政府及香港律師會分別制訂了兩種方案，規範樓花的銷售。

"同意方案"（Consent Scheme）適用於購得土地的發展商尚未符合在租契協議內所列的所有條件，須先徵得地政總署署長同意方可轉讓土地或其任何部份的情況。發展商欲徵得地政總署署長的同意，一般須符合以下條件：（a）已付清地價及其他須繳的土地費用；（b）除與當局已經允許的建築貸款有關的抵押外[58]，不可抵押百分之五十或以上的有關土地權益，以借取貸款；（c）已就該土地的發展投入不少於百分之三十的資金；及（d）一定程度的建築工程（包括基礎及樁基工程）已竣工，並已獲准開始興建上蓋工程等。

為徵得地政總署署長的同意而作出申請時，須提交發展商律師代表的誓章，內附有關政府部門所示，而又不時更新要求的文件[59]，以供審閱。

"非同意方案"（Non-consent Scheme）則由律師會設定，適用於其他出售樓花的情況，舊樓重建正是一例。此方案程序較簡單，只須由發展商的律師代表擬好所需誓章，提交土地註冊處登記，並使用與指定文本相符的買賣合約。[60]

---

57　《地產代理條例》第 52 條。

58　一般而言，如發展商為了在有關土地進行建築工程而作抵押及借款，而此建築貸款安排符合租契協議中有關建築貸款的限制條件，則無須就該抵押申請批准。

59　一般由地政總署（Lands Department）法律諮詢及田土轉易處（Legal Advisory and Conveyancing Office）透過通告備忘錄（circular memorandum），經香港律師會轉發會員，例如：據香港律師會在 1998 年 6 月 15 日發出的會員通告，轉載地政總署通告備忘錄編號 31，發展商需另將售樓書（sales brochure）及價目表（price list）呈交消費者委員會（Consumer Council）、房屋及規劃地政局（the Housing, Planning and Lands Bureau）及地產代理監管局（Estate Agents Authority）。

60　"同意方案"與"非同意方案"兩者所用的買賣合約的指定文本內容大同小異，目的是在保障買家利益之餘，又容許買家已付的訂金被動用作建築用途。

## （三）《一手住宅物業銷售條例》

立法會於 2012 年 7 月通過《一手住宅物業銷售條例》[61]，在售樓說明書、價單、示範單位、廣告、記錄及披露資料，以至臨時合約和買賣合約條文等多方面，進一步規管一手住宅物業的銷售，以保障買家的權利，同時為賣方提供公平的競爭環境。

### 1. 適用範圍

幾乎所有由發展商出售予公眾的一手住宅物業，包括未落成和已落成的一手住宅物業，以及無論該物業是否屬於地政總署的預售樓花"同意方案"的項目，都屬條例規管範圍。[62] 雖然有關項目內的車位銷售並不納入條例規管範圍，但賣方仍須在售樓說明書內提供停車位的樓面平面圖，以顯示停車位的位置和數目，以及每個停車位的尺寸及面積。[63] 此外，若住宅物業連同車位出售，賣方亦須於成交紀錄冊一併列出。[64]

### 2. 實用面積

售樓說明書、價單及廣告中所示物業面積及尺價，只可以實用面積計算[65]，而條例亦為實用面積釐清定義[66]。過往一些於建築面積與實用面積之間的取巧，以及對量度實用面積的不同理解和方法的問題，可望得以消除。

---

61　《一手住宅物業銷售條例》（《香港法例》第 621 章）於 2013 年 4 月 29 日起全面實施。

62　《一手住宅物業銷售條例》第 10 條。其中一項獲豁免的例子，是根據《建築物條例（新界適用）條例》（《香港法例》第 121 章）第 5(a) 條已獲發豁免證明書的指明新界發展項目。

63　《一手住宅物業銷售條例》第 19(2)(l) 條及附表 1 第 1 部。

64　《一手住宅物業銷售條例》第 59(1)(b) 條。

65　《一手住宅物業銷售條例》第 19(2)(k) 條及附表 1 第 1 部、第 31(2)(c) 及 71(4) 條。

66　《一手住宅物業銷售條例》第 8 條及附表 2。

### 3. 售樓説明書

售樓説明書必須在銷售前三個月內印製、檢視或修訂[67]，並包括以下資訊：

a. 政府批地文件和大廈公契的摘要；另在售樓處提供複本，以供免費閱覽。

b. 附橫截面圖，以顯示出建築物最低一層住宅樓層和街道水平的高低差距。

c. 附所在位置圖，並顯示距離發展項目界線二百五十公尺以內每條街道的名稱，以及該範圍內其用途可能對交通、空氣質素、嘈音、氣味、環境、衛生、消防、人流及日常起居等有影響的建築物或設施。

d. 小業主的責任，包括物業管理開支按甚麼基準分擔（但不包括管理費的款額），要否分擔管理、營運或維修發展項目內外公眾休憩用地或公共設施，及維修斜坡等的開支，以及列明有關發展項目所在用地和設施的位置。[68]

e. 並非一般公眾人士所知悉，但相當可能對享用該物業造成重大影響的資料。[69]

### 4. 賣方資料表格

就已落成的物業，賣方還須提供"賣方資料表格"，該表格須列出以下各項內容：（a）就指明住宅物業支付的管理費用的款額；（b）住宅物業繳付地税的款額；（c）業主立案法團的名稱；（d）發展項目管理人的名稱；（e）賣方自政府或管理處接獲的關乎該住宅物業的擁有人日後須分擔的款項的通知；（f）賣方自政府接獲的規定賣方拆卸發展項目的任何部份，或將該發展項目的任何部份恢復原狀的通知；（g）以及賣方所知道會影響該住宅物業的任

---

67　《一手住宅物業銷售條例》第 25(9) 條。

68　詳見《一手住宅物業銷售條例》第 19 條及附表 1 第 1 部。

69　《一手住宅物業銷售條例》第 20 條。

何待決申索。[70]

### 5. 示範單位

賣方不一定提供示範單位。若設有示範單位，該單位必須按照條例的規定而建設。賣方必須先提供"無改動的示範單位"，才可提供同一物業的"經改動示範單位"，但沒有規定公眾參觀的次序。賣方不得限制參觀"無改動的示範單位"的人士進行量度、拍照或拍影片，亦不得限制參觀"經改動示範單位"的人士進行量度，但可以不允許其拍照或拍影片。在開放示範單位時，應已提供售樓說明書。[71]

### 6. 參觀

就已落成物業，賣方須在簽訂臨時買賣合約前，安排買家參觀其有意購買的物業。倘安排參觀該物業並非切實可行，賣方須安排一個相若的物業，以供買家參觀。如買家拒絕，賣方可要求買家書面確認其曾拒絕賣方安排參觀一個相若的物業。[72]

### 7. 臨時合約和買賣合約

合約須列明該宗交易所包括的裝置、裝修物料和設備；準買家於簽署臨時合約時，須向賣方支付樓價百分之五的臨時訂金，並於其後五個工作日內（不包括公眾假日、星期六、黑色暴雨警告或颱風警告的日子），與賣方簽立買賣合約，否則該臨時合約即告終止，臨時訂金亦會被賣方沒收，而賣方則不得對準買家提出進一步申索。如買家按時簽立了買賣合約，則賣方必須在訂立該臨時合約後的八個工作日內，在買賣合約上簽署。買方支付予賣方有關交易的金額，包括臨時訂金，應支付予負責為所涉物業擔任保證金保存人

---

70　《一手住宅物業銷售條例》第 68（1）、（2）條及附表 8。

71　參見《一手住宅物業銷售條例》第 2 部第 4 分部條文。

72　參見《一手住宅物業銷售條例》第 2 部第 5 分部條文。

的律師事務所。買賣合約須夾附圖則，顯示售予準買家的物業面積。[73]

## 8. 成交紀錄冊

成交紀錄冊刊載有關地產項目的交易資料，包括買家是否賣方的有關連人士，以便公眾能更瞭解該項目的市場狀況。[74]

## 9. 廣告

任何促銷廣告不得載有虛假或具誤導性的資料。[75]

## 10. 懲處

一般不依上述有關規範的行為，即屬犯罪，可處罰款；若涉虛假或具誤導性資料的廣告，甚至可致監禁。[76]

## 11. 成立銷售監管局及建立資料庫

銷售監管局乃根據《一手住宅物業銷售條例》第 86（1）條成立，隸屬運輸及房屋局，以確保條例得以有效實施。另外，監管局設立中央電子資料庫[77]，貯存受條例規管的一手住宅發展項目的售樓說明書、價單和成交紀錄冊的電子版本；又開設其轄下的資源中心，供公眾查閱有關售樓說明書及價單的印本。[78]

## （四）業權的查證

根據《物業轉易及財產條例》的規定，土地的法定權益大部份須以契據形

---

73　參見《一手住宅物業銷售條例》第 2 部第 7 分部條文及附表 4 至 7。

74　參見《一手住宅物業銷售條例》第 2 部第 9 分部條文。

75　《一手住宅物業銷售條例》第 70(1) 條。

76　《一手住宅物業銷售條例》第 70(2) 條。

77　《一手住宅物業銷售條例》第 89(1) 條。該電子資料庫名為 "一手住宅物業銷售資訊網"（www.srpe.gov. hk）。另參見《一手住宅物業銷售條例》第 25(4)(b)、32(4)(b) 及 60(4) 條。

78　參見《一手住宅物業銷售條例》第 25(4)(a)、32(4)(a) 條及附表 3。

式設定或處置[79]，這包括買賣、饋贈、按揭及超過三年的租約等。由於香港現行的土地註冊仍以契據註冊為本，故律師為保障委託人在購買物業時的權益，審查業權契據雖然費時，但卻十分重要。

賣方須給予買方物業的妥善業權（give good title）[80]，是《物業轉易及財產條例》附表 2 之 A 部所列出的標準土地買賣合約其中一條可以提述方法收納的條款[81]，而在這層面，該條例亦規定，除非明訂相反用意，買方可要求賣方交付涉及該物業的契據的正本。[82] 另一方面，普通法更要求賣方出示最少六十年以內的所有有關契據，以證明其土地業權（show good title）[83]，然而據《物業轉易及財產條例》，除非在買賣合約內有相反規定，賣方只須出示政府批租有關土地的租契[84]，以及由上溯期不少於十五年而又關乎該物業全部業權的首份業權轉讓契據（assignment）（或以轉讓方式作出的按揭文件（mortgage by assignment）或法定押記文件（legal charge））[85] 開始，至是次買賣合約日期整段期間的全部有關契據；而若該政府租契在是次買賣合約日期前十五年內批出，則以該政府租契為首份契據。此外，賣方並須出示：（a）上述轉讓契（或按揭文件、押記

---

79　《物業轉易及財產條例》第 4(1) 條。但需留意第 4(2) 條及第 6 條的例外，以及衡平法法則的特殊情況，參見本書第八章〈房地產法〉。

80　據 *Chen Paul v Lord Energy Ltd* [1999] 1 HKC 1，在沒有相反申明下，賣方承諾轉讓法定產業權（legal estate）；若合約內未有提及業權問題，則 "賣方須給予買方妥善業權" 是協議的一項隱含條款：參見 *De Monsa Investments Ltd v Whole Win Management Fund Ltd* [2013] 5 HKC 350。妥善業權並不等同完美業權，主要是衡量買方於購入物業後，其權益會否面對實質危機，被第三者提出無法抗辯的挑戰：參見 *MEPC Ltd v Christian Edwards* [1981] AC 205 及 *Kan Wing Yau v Hong Kong Housing Society* [1987] HCMP No. 2436/1987 二案。

81　買賣合約包括臨時買賣合約。另外，此等條款可藉雙方同意，於買賣合約明文修改或規限；然而，有不少案例牽涉該等限制條款效力的爭議，尤其賣方或其代表律師對業權問題知情（包括法律構定的知悉—'constructive knowledge'），而買方卻未被知會，甚至被誤導的情況：參見 *Jumbo King Ltd v Faithful Properties Ltd* [1999] 3 HKLRD 757，[1999] 4 HKC 707；另參見案例：*Rignall Developments Ltd v Halil* [1987] 3 All ER 170；*Wah Ying Properties Ltd v Sound Cash* [1994] 1 HKC 786；*Billion Profit Enterprises Ltd v Global Fly Development Ltd* [1999] HCA No.712 of 1999；比較：*Ip Kam Wah v Fair City Group Ltd* [2005] 4 HKLRD 168，案中買方是富有經驗的房地產中介人，被法庭認為在是項交易中代表投機者入市。

82　《物業轉易及財產條例》第 13A(1) 條；另比對 *De Monsa Investments Ltd v Whole Win Management Fund Ltd* [2013] 5 HKC 350，該案涉及第 13A(1) 條立法前的合約，法院裁定賣方只須交付其管有或其權力範圍內的契據正本，至於其他未能交付正本的契據，賣方只須就那些有實質可能影響到買方業權的情況提供解釋，例如藉交付正本契據而構成的衡平法押記。

83　對賣方來説，證明及給予妥善業權是各自獨立而又相關的義務。

84　包括變更政府租契文件，參見《釋義及通則條例》（《香港法例》第 1 條），第 3 條，*Earning Code Ltd v Lau King Lin* [1995] HCA No. 3874/1991 及 *Grand Money Ltd v Tang Tak Shun* [1996] HCA No. 7791/1995 二案。

85　如無該等符合條件的文件，賣方需於買賣合約中申明：參見 *Chan Chu Hang Arden v Man Yun Sau* [1997] 2 HKC 144。

文件）內提及的任何設定或處置權益、權力或義務的文件，只要該等權益、權力或義務既對該土地（不論任何部份）造成規限，亦無顯示已終止或期滿[86]；(b) 用以簽署上述十五年內任何有關文件的授權書（power of attorney）[87]。[88]另外，根據判例[89]，賣方還須出示大廈公契、佔用許可證（occupation permit，俗稱"入伙紙"）、完工證（certificate of compliance，俗稱"滿意紙"）、停車場車位圖則、附於政府租契（或租契協議）及大廈公契內的圖則等文件。在證明業權的層面上，這些契據及其他文件可為正本，或經公職人員或律師核證為真正副本的副本，在 1984 年 11 月 1 日前，經兩名律師行書記核簽證實為真正副本的副本亦可接納[90]。

買方律師須把賣方交來的契據對照土地註冊處的紀錄，以查證是否有遺漏的文件。遇有已遺失的契據，一般情況下可要求賣方出示由知情者以誓章形式，說明遺失的情況，並以輔助證據來證明契據的內容[91]；同時，律師須留意契據是否全已在土地註冊處註冊，因為據《土地註冊條例》[92]，依期註冊的文件，其當事人的權益可得優先保障，而未經註冊的產權負擔（encumbrance），

---

86　參見 *Greatek Investments Ltd v Lam Kit Sum* [2000] HCA No. 8817/1998。

87　惟據 *Lam Kwok Cheong Dinnes and another v Tse Ming Chiu* [2001] 2 HKLRD 500；[2001] 3 HKC 196，政府租契協議中代表買方簽署的授權書，並不包括在內。

88　參見《物業轉易及財產條例》第 13(1) 條。故此，法例沒有規定賣方必須出示有關期限前的契據；另參見 *Dawson Properties Ltd v Hong Kong Niiroku Ltd* [1997] 2 HKC 800；但若買方自行查閱土地註冊記錄而對業權產生疑問，可上溯超過十五年：參見 *Lo Hung Biu v Lo Shea Chung* [1997] 2 HKC 723；*Ho So Yung v Lei Chon Un* [1998] 2 HKC 593。

89　可參考的主要案例包括 *Lui Kwok Wai v Chan Yiu Hing* [1995] 1 HKC 197；*Wong Bik Ching v Yu Hon Chung & Another* [1997] 4 HKC 38；*Lo Miu Ling Cindy v Tam Hung Ping* [1998] 4 HKC 238；*Chen Paul v Lord Energy Ltd* [1999] 1 HKC 1；*Tang Wing Lam David v Chung Chi Keung Frederick* [1999] HCMP No. 2766/1998；*Tai Wai Kin v Cheung Wan Wah Christina* [2004] HCMP No. 1858/2003；*Fan Tony v The Incorporated Owners of Kung Lok Building* [2006] HCMP No. 1861/2004；另參見律師公會會員通告 1986 年第 40 號等。

90　《物業轉易及財產條例》第 13(2) 條；另參見 *Chen Paul v Lord Energy Ltd* [1999] 1 HKC 1 及 *Wong Bik Ching v Yu Hon Cheung* [1997] 4 HKC 38。另需特別留意授權書的獨特核證方法：參見《授權書條例》（《香港法例》第 31 章），第 3(1) 條及第 3(2) 條。該等核證本，必需取自正本：參見 *Lo Miu Ling Cindy v Tam Hung Ping* [1998] 4 HKC 238；另再經核證的真正副本亦可接受：參見律師會會員通告 1987 年第 48 號及 *Yeung Sau Chuen Sammy v Chung Chun Ting* [1997] 4 HKC 34。

91　參見 *Re Halifax Commercial Banking Co Ltd and Wood* [1898] 79 LT 536；*Wu Wing Kuen v Leung Kwai Lin Cindy* 及 *Ip Foo Keung Michael v Chan Pak Kai* [1999] 3 HKLRD 738，[1999] 4 HKC 565；另參見《物業轉易及財產條例》第 13A(2) 條。

92　《香港法例》第 128 章，詳見本書第八章〈房地產法〉的有關介紹。

不能抗衡真誠的並已付代價的購買人。[93] 另外，買方亦須查看是否有任何已註冊的產權負擔尚未解除，以確保其購得的業權不會受到這些負擔的限制，例如：超過三年期的租約[94]、未完成交易的買賣合約[95]、樓宇按揭或押記[96]、政府部門的命令或通知[97]、押記令（charging order）[98]、待決案件（lites pendentes）、法庭判決書[99]、離婚附屬濟助，以及因未清繳大廈維修分攤費用或管理費而引起的索償或對業權的押記[100] 等。

此外，買方律師亦須核對文件的簽立是否有效。就個人簽署而言，須留意其在買入與賣出時在契據中的姓名、身份證號碼和簽字式樣是否相符，如有不符，則可由該人或見證有關簽字的律師作出法定聲明予以澄清[101]。就公司簽立契據而言[102]，在 2014 年 3 月 3 日前簽立的[103]，須蓋上清晰刻有公司名稱的法團印章（common seal，俗稱"公司鋼印"）[104]，一般並由該公司的秘書或其他常任人員，聯同公司董事局或其他管理組織的其中一名成員，或由董事局或管

---

93　參見本書第八章〈房地產法〉。另比對 *Siu Wing Yee Angeline v Earning Yield Ltd* [2013] 6 HKC 281，案中押記的土地註冊在各方同意下，雖獲法院命令取消，但不表示該押記已被解除。

94　可藉相關退租書解除：參見 *Ng Tim Yee v Kindbest Investment Ltd* [1999] HCMP No. 463/1998。

95　可藉註銷文書解除：參見 *Guang Xin Enterprises Ltd v Leung Kwai Mui* [1996] HCMP No. 2024/1996。

96　可藉相關解除或發還文書解除：參見 *Trump Well International Ltd v Siu Fung Knitting Factory Co Ltd* [1999] HCMP No. 2408/1998。

97　最常見為屋宇署對違例建築物的拆卸命令；此等命令或通知可藉相關履行證明書解除：參見 *Lucky Health International Enterprise Ltd v Chi Kit Co Ltd* [2000] 2 HKLRD 503, [2000] 3 HKC 143；*Heung Sui Kei v Benefit Charter Ltd* [1999] 3 HKC 543；*Modern Sino Ltd v Art Fair Co Ltd* [1999] HKLRD 847。

98　可藉相關發還文書解除；另據《土地註冊條例》第 17 條，此等押記令於登記五年後視為失效：參見 *Ocean Rich Investment Co Ltd v Leung Yiu Biu* [1999] HCMP No. 1903/1998。

99　參見 *Nanyang Finance Co Ltd v Chan Kwok Wing* [2004] 1 HKLRD 869；但一般不包括外地法院的判決或判令，有實質風險向香港法院申請執行判令者除外：參見《外地判決（交互強制執行）條例》（《香港法例》第 319 章）、《土地註冊條例》及 *Cova Enterprises Ltd v Ruddy Tjanaka* [2004] 1 HKLRD 199。

100　參見 *AIE Co Ltd v Kay Yam Yu* [1996] 1 HKC 239；*Luk Ho Chang v Fook Man Finance Co Ltd* [2006] 2 HKLRD 489，[2006] 2 HKC 207。

101　參見 *Chudai (HK) Development Co Ltd v Portia International Ltd* [1992] 1 HKLR 350；*Liu Moon Ping v Wong Kwok Tung* [2006] 1 HKLRD 358。

102　一般買賣合約則由獲授權代理人簽立即可。

103　新《公司條例》（《香港法例》第 622 章）於 2014 年 3 月 3 日起實施。

104　舊《公司條例》（《香港法例》第 32 章）第 93(1) 條；另參見 *On Hong Trading Co Ltd v Bank of Communications* [2000] HCMP No. 3099/1999，該案中有關公司使用的膠造印章不被接納；*OTV Birwelco v Technical and General Guarantee Co Ltd* [2002] 4 All ER 668，在此英國案例中，印章上公司名稱雖有誤，但獲裁定沒有影響文件的約束力；比對 *Wang Zhidun v Tsoi Ming Pui* [2011] 3 HKC 314 中，不能清楚辨識印章上的公司名字，地方法院遂裁定不符上述條文的規定。

理組織的其中兩名成員核簽[105]；然而，若表面看來契據已經簽立，則推定其為有效簽立，除非有相反證據顯示事實並非如此[106]，對此買方常藉查看公司的組織章程，並對照契據中簽署條款的描述來確定[107]。假如契據乃按照於 2003 年 5 月 9 日或之後所訂立的買賣合約出示，作為證明業權的證據[108]，而該契據是在該指定日期前由一名或多於一名可據組織章程細則或其他文書獲授權的人士核簽，核簽人士將被推定為獲授予權力，而該份契據亦被視為簽妥，直至相反證明成立為止[109]；如該份契據乃於是次買賣前不少於十五年簽立，則被決定性地推定為有效地簽立[110]。如屬海外公司，則須有該海外地區法律的專家意見，證明契據根據當地法律是有效簽立的[111]，否則依香港法律界定[112]。不論香港或海外公司在 2014 年 3 月 3 日後簽立契據，可不用蓋上法團印章[113]，而由唯一的董事（如屬只有一名董事的公司）、兩名董事或任何董事及公司秘書（如屬有兩名或多於兩名董事的公司）簽署[114]，並不論措辭，說明是由有關公司作為契據簽立和交付便可[115]。

倘若一份文件是由獲授權人在是次土地買賣合約的訂立日期前不少於十五年簽立，則有關授權書被決定性地推定為有效地簽立，在該文件簽立時仍然有

---

105 《物業轉易及財產條例》第 20 條，此規定適用於 1984 年 11 月 1 日以後簽署的契據。

106 《物業轉易及財產條例》第 23 條，適用於任何時間簽署的契據。另參見 Leung Kwai Lin Cindy v Wu Wing Kuen [2001] 1 HKLRD 212；(2001) 4 HKCFAR 55。

107 Tread East Ltd v Hillier Development Ltd [1992] HCA No. 907/1991；Li Ying Ching v Air-Sprung (Hong Kong) Ltd [1996] 4 HKC 418；Lee Chat v China Roll Industries Ltd [1998] 1 HKC 269 及 Wong Yuen Wah Mandy v Lam Tsam Yee [1999] 3 HKC 268。

108 《物業轉易及財產條例》第 23A(3) 條及 Silver Pioneer International Ltd v Good Onwards Co Ltd [2004] HCMP No. 4807/2003。

109 《物業轉易及財產條例》第 23A(1) 條；另參見 Schneider Wong Fung Yin v Peter Ngai [2007] DCCJ 2904/2005。

110 《物業轉易及財產條例》第 23A(2) 條。

111 參見 Liu Xiao Ming v Chase Eagle Development Ltd (2013) HCMP 1709/2009，案中有中國內地律師事務所提供相關法律的意見。

112 參見 On Hong Trading Co Ltd v Bank of Communications (2000) HCMP 3099/1999。屆時，該海外公司亦可依賴上文提述《物業轉易及財產條例》第 20、23 及 23A 條的推定：參見 Excelling Profits Investments ltd v Sera Ltd [1992] 2 HKC 262。

113 按新《公司條例》成立的公司，不一定需要法團印章：第 124(1) 條。

114 新《公司條例》第 127(3) 條。另按條例第 127(5) 條，如此有效簽立，又不論措辭如何，契據說明是由公司簽立具有效力，則與已藉蓋上法團印章而簽立無異。

115 新《公司條例》第 128(1) 條。另按條例第 128(2) 條，有效簽立被推定為作為契據而交付。

效,並足以就該文件的簽署作出有效的授權[116]。在其他情況下,須查看有關授權書的權限,以及於文件簽立時,授權書是否已被撤銷[117]。如文件在授權書簽立後十二個月內簽訂,則推定授權書於文件簽訂時仍然有效[118],否則,必須由該位曾與獲授權人交易並取得有關業權的人,在是次買家購買物業的程序完成前或完成後三個月內作出法定聲明書,表明在有關時間並不知悉該授權書已被撤銷[119];然而,這類法定聲明書並非唯一可行辦法,例如授權人作出的類似聲明亦可接受,但獲授權人的聲明則不被接受。[120]

買方律師在審查契據時,若對賣方的業權有疑問,可以[121]在買賣合約指定的時限內,以書面向對方提出查詢[122]。如無協定,可在合理時間內提出[123]。如屬關乎業權的根本問題[124],則不受時限;除非買方在正常情形下,早應從所得契據中或視察樓宇時發現[125]。業權查詢理應明確而具體,不可無的放矢,瑣屑

---

116 《物業轉易及財產條例》第 13(4A) 條。

117 故據《物業轉易及財產條例》第 13(1)(c) 條,賣方需出示有關授權書,並證明其有效性:參見 *Wong Kwai Fun v Li Fung* [1994] HCA No. 5810/1986。

118 《授權書條例》第 5(4)(a) 條。

119 《授權書條例》第 5(4)(b) 條;*Kung Wing Chuen Francis v Antony Louis Marden* [1989] HCMP No. 2523/1989 及 *Au Siu Wing Jacky v Choy Ka Lee* [1999] 1 HKC 248。

120 *WOC Finance Co Ltd v Wing On Cheong Investment Co Ltd* [2000] 2 HKLRD 713.

121 對於買方就業權提出查詢究竟是權利還是義務這問題,證明業權的責任在賣方,買方沒有責任提出查詢:*Flywin Co Ltd v Strong & Associates* [2002] 5 HKCFAR 356;*Profit World Trading Ltd v Ho So Yung* (2011) CACV 152/2010;然而,買方亦不能既對業權有懷疑卻保持緘默,又寄望藉此不完成交易:*Mexon Holdings Ltd v Silver Bay International Ltd* [2000] 1 HKLRD 935.

122 《物業轉易及財產條例》附表 2A 部第 7 條所訂的參考提問時限,是不少於交易前十四天;另一可能時限乃是由收到第一份或第一批契據起計的若干天:參見 *Ko Lan v Hoo Man Kuen Martin* [1999] HCMP No. 4416/1998;*First Shanghai Enterprises Ltd v Dahlia Properties Pte Ltd* [2002] 3 HKLRD 461。

123 *Mexon Holdings Ltd v Silver Bay International Ltd* [2000] 1 HKLRD 935,[2000] 2 HKC 1;*Goldmex Ltd v Edward Wong Finance Co Ltd* [2006] 2 HKLRD 795.

124 如遺失政府租契,參見 *Gold Check Investments Ltd v Star Investment Ltd* [1992] HCMP No. 592/1992 一案;又如拆去樓梯以將閣樓改建成為另一樓層:*Lucky Dragon Corporation Ltd v Speedy Vantage Ltd* [2009] 5 HKLRD 501;部份物業越界侵佔公眾街道:*Yes Profit Investment Ltd v Mainly Tone Co Ltd* [2013] 4 HKLRD 570;比對 *Mexon Holdings Ltd v Silver Bay International Ltd* [2000] 1 HKLRD 935,[2000] 2 HKC 1(未被認可的間格);*Leung Yun On v Popula Investments Ltd* [2001] HCA No. 3970/1998(未經許可的泳池)。

125 *Trend East Ltd v Hiller Development Ltd* [1993] 1 HKC 285;*Chan Chik Sum v Great Pearl Industries Ltd* [1997] 1 HKC 27;*Ng Lung Sang Anita v Lam Yuk Lan* [1999] 4 HKC 106;*Billion Best (Hong Kong) Ltd v Amity Investment Co Ltd* [2002] 1 HKLRD 392.

無聊。[126] 另一方面，賣方律師亦須充分及誠實地回應買方的業權查詢[127]，並須在雙方協定的時限內作答。如無協定，賣方須在成交前的合理時間內作答，讓買方能有機會考慮賣方的回應[128]。對於買方已逾時限才提出的查詢，賣方可選擇不予回應。[129]

某些情況會明顯對業權構成負面影響，卻未能從契據中偵查出來。例如：如有未經建築事務監督批准的違例建築物，可能導致建築事務監督採取執法行動[130]。因此，買家應作實地視察，並在需要時聘用合資格的測量師同行，甚或審查物業圖則；又例如：為了應付非書面設定的衡平法權益，包括因支付部份甚至全部樓價款項而可能產生的歸復信託（resulting trust）等情況[131]，買方亦宜親自視察，甚至要求有關佔用人作出書面聲明，申明自己並不擁有有關物業任何權益，並且同意是宗買賣，或者安排在正式買賣合約中，由賣方作出保證，沒有第三者就有關物業擁有任何權益[132]。就買賣合約引起或有關的問題，其中最常見為因未能通過協商解決的業權查詢而引發的糾紛，其中一方可向法院提出申請裁決。[133]

---

126　*Goldmex Ltd v Edward Wong Finance Co Ltd* [2006] 2 HKLRD 795；*Chan Chik Sum v Great Pearl Industries Ltd* [1997] 1 HKC 27；*Queen Energy Ltd v Chan Shu Keung* [2000] 3 HKLRD 152.

127　*Active Keen Industries Ltd v Fok Chi Keong* [1994] 1 HKLR 396；*Jasmin Enterprises Ltd v Chan Yuk Hon* [1998] 4 HKC 224；*Cashew Holdings Ltd v Pacific Success Enterprise Ltd* [2004] HCA No. 10296/2000；另據《物業轉易及財產條例》第 13(3) 及 (4) 條，賣方可以契據文件內的敘文 (recital)，協助回應及證明業權。

128　參見 *Tang Wing Lam David v Chung Chi Keung Frederick* [1999] HCMP No. 2766/1998；如買方在臨近交易日時合理地提出業權查詢，一般而言雙方將同意押後交易日期，以便賣方回應：參見 *Regent Summit (HK) Ltd v Smart Business (Asia) Ltd* [1998] 2 HKC 718。

129　縱或回應，亦不一定被認定為放棄其以逾時為理由，反對有關查詢的權利：參見 *Goldmex Ltd v Edward Wong Finance Co Ltd* [2006] 2 HKLRD 795；*Big Foundation Development Ltd v Wong Shu Kei* [1998] HCMP No. 4536/1997。

130　有關違例建築物的定義，可參見 *Mariner International Hotels Ltd v Atlas Ltd* (2007) 10 HKCFAR 1 及《建築物條例》（《香港法例》第 123 章）第 41(3) 條。至於執法行動可能性要多大才構成業權問題，則參見 *Spark Rich (China) Ltd v Valrose Ltd* [2006] 2 HKC 589，案中違例建築物已存在近四十年，仍未足以排除執法的可能性。

131　參見本書第八章〈房地產法〉及第十章〈信託法〉。

132　*Wong Chim Ying v Cheng Kam Wing* [1991] 2 HKLR 253.

133　有關程序參見《物業轉易及財產條例》第 12 條，有關業權查詢應為重大而非雞毛蒜皮的：參見 *Guang Xin Enterprises Ltd v Leung Kwai Mui* [1996] HCMP No. 2024/1996。

## （五）買賣合約

在簽署正式業權轉讓契據（assignment）前，為相互約束，買賣雙方經常先訂立物業買賣合約（sale and purchase agreement）。根據《物業轉易及財產條例》，土地合約須以書面訂立，方可引之以提出訴訟[134]。物業買賣合約最低限度需要清楚提及立約雙方的身份、涉及的物業、議定的價格及其他要項，同時立約雙方須有被約束的意圖和在合約上簽署[135]。現時常見的書面物業買賣合約，包括在物業代理行簽署具約束力的臨時（provisional）買賣合約，和之後在律師行簽訂的正式買賣合約。兩份合約均屬可予徵收印花稅的買賣協議[136]，即須"打士擔（stamp，又稱"釐印"）"。

正式買賣合約的用意，在於取代臨時買賣合約，並詳細列明交易的條款。一般物業的"二手"買賣，在買賣雙方各有律師代表的情況下，正式合約是由賣方律師負責起草，再交買方律師審議的，期間免不了連串商議和修改；任何一方需要在正式買賣合約內加入與具約束力的臨時合約不協調的條款，都必須先徵得對方同意[137]。此外，律師亦會兼顧因個別交易情況而相應作出配合的條款，如關於物業內的固定附着物（fixtures）、裝置（fittings）和傢具的轉易、管理費按金的易手等問題。

《物業轉易及財產條例》附表 3 格式 2 載有正式買賣合約的範本，簡要地羅列了各重要條款，包括：（a）訂約各方姓名；（b）具法律效力的主詞（operative words）；（c）樓價；（d）樓價按金和餘款的交付時間及處理，包括賣方律師是否作為按金保存人（stakeholder），以表示不得單憑賣方指令而將

---

134　《物業轉易及財產條例》第 3(1) 條，但需留意第 3(2) 條及第 6 條所提的例外情況。可參見本書第六章〈合約法〉及第八章〈房地產法〉。

135　如文件上出現"以合約為準"（"subject to contract"，或譯作"待訂約"）等字眼，當事人可被推斷為未具被約束的意圖。詳見本書第六章〈合約法〉。

136　《印花稅條例》（《香港法例》第 117 章）第 4 條、29A(1) 條及附表 1 第 1(1A) 類，詳見本書第十七章〈稅務法〉。

137　*Chu Wing Nin v Ngan Hing Cheung* [1992] HCA No. 9409/1991 及 *DH Shuttlecocks Ltd v Keung Shiu Tang* [1994] 1 HKC 286.

按金交付賣方 [138]；（e）交易日期 [139] 及方法 [140]；（f）是否將物業的空置管有權（vacant possession）[141] 交予買方（俗稱 "交吉"）；及（g）準時履約乃重要條款 [142] 等。

在合約的附表，應列出有關物業的說明及地址、地段編號與段號、不可分割的相等的份額、政府租契的年期等資料。合約範本的附表 2A 部還列出一些要項條款，供買賣雙方參考和藉合約明文引用，例如：（a）賣方就物業收支的權益和責任，至交易日（包括該日）為止；（b）賣方律師是賣方收取樓價的代理人，買方一旦將價款交予賣方律師，則為已履行了付款的責任；（c）賣方須將物業的妥善業權轉易予買方；（d）買方提出業權查詢的時限和程序；（e）買方是在知悉物業的實質狀況，並接受其現有狀況而購買；[143]（f）除非賣方已在合約中披露，或買方已知悉或在作出合理查詢後可予以確定，否則，賣方保證物業不受其所知悉的或在作出合理查詢後可確定的任何地役權（easement）、權利、特權及法律責任的不利影響；（g）買賣不會因合約中的錯誤、遺漏及失實陳述，或在訂立合約的磋商過程中所提供的圖則或所作陳述中的錯誤、遺漏及失實陳述而廢止，買方亦不能因此解除責任；只有關

---

138　*Rockeagle v Alsop Wilkinson* [1991] 3 WLR 573.

139　如沒有加入時限，午夜規則將適用，表示可遲至所定交易日午夜前完成交易：參見 *Camberra Investment Ltd v Chan Wai Tak* [1989] 1 HKLR 568。

140　現時普遍採用的方法，是由香港律師會制定的：以代表當事人的律師的書函承諾為基礎的交易方式，代替傳統上買賣雙方須同時出席並在同一地方交收的形式，而律師會亦提供有關書函的標準文本及制定有關的使用指引，規定同業遵守。此交易方法需於買賣合約內列明是當事人可以選用的：*Chong Kai Tai Ringo v Lee Gee Kee* [1997] 1 HKC 359。

141　空置管有權包括兩個層面：(a) 沒有佔用人：參見 *Topfell Ltd v Galley Properties Ltd* [1979] 2 All ER 388; *Team Leader Development Ltd v Tang Pak Chung* [2000] HCA No. 11746/1997；及 (b) 沒有雜物：參見 *Cumberland Consolidated Holdings Ltd v Ireland* [1946] KB 264；*Wealthy China Trading Ltd v Huie Man Kit* [1999] 3 HKC 832；少量而不影響佔用除外：*Grandwide Ltd v Bonaventure Textiles Ltd* [1990] 2 HKC 154。

142　此條款亦可隱含於臨時合約內：參見 *Wong Wai Chi Ann v Cheung Kwok Fung Wilson* [1996] 3 HKC 287, 290 及 *Chong Kai Tai Ringo v Lee Gee Kee* [1997] 1 HKC 359；除獲對方寬容外，須嚴格恪守：參見 *Union Eagle Ltd v Golden Achievement Ltd* [1997] 2 WLR 341，[1997] 2 All ER 215 及 *Speedy Rich (Asia) Ltd v Leung Pui Shu* [2000] HCA No. 3623/1997；比照：*Ip Ming Wai v World Ford Development Ltd* [1993] 1 HKC 98。因颱風或黑色暴雨訊號，甚至多年前 "非典型肺炎" 等特別情況而需延遲交易的，宜附加條款處理。

143　即所謂 "現狀"（"as is"）條款，建基於普通法 "買家當心"（"caveat emptor"）法則，要求買方就物業狀況承擔風險，賣方無須披露已知實情，包括物業內曾發生意外、自殺甚至謀殺案：參見 *Jopard Holdings Ltd v Ladefaith Ltd* [2005] 1 HKLRD 317；但並不包含業權問題：參見 *All Ports Holdings Ltd v Grandfix Ltd* [2001] 2 HKLRD 630。

鍵性的錯誤、遺漏及失實陳述，方可使買方有權得到適當的賠償 [144]；及（h）列明任何一方不履行合約條款時的責任。一般而言，若賣方違約，買方可中止交易及索償[145]；若買方違約，則賣方可沒收已付訂金[146]，同時將物業轉售他人，倘遇損失，仍可向買方索償。

簽妥買賣合約後，物業的衡平法權益[147]和風險即歸買方。此時，賣方作為買方的受託人[148]，須合理而謹慎地處理物業，惟仍保留留置權（lien），直至樓款繳清為止。另一方面，買方為保障其優先權益，會將合約於簽訂日後三十天內，到土地註冊處註冊。[149]

## （六）　業權轉讓契據

轉讓契一般由買方律師草擬，交賣方審定，雙方可參考和引用《物業轉易及財產條例》附表3格式1的標準文本，加上雙方欲訂立的土地契諾。此外，《物業轉易及財產條例》附表1第I部，列出適用於任何土地轉讓的隱含契諾，包括：（a）轉讓人作出契諾，如土地因轉讓而分劃（partition），則由轉讓契的日期，或契內所指的其他日期起，轉讓人須就其保留的土地，在到期之日繳付地租餘額，並遵守及履行載於政府租契及任何公契內的相關契諾、協議和條件；及（b）承讓人作出契諾，由轉讓契日期或契內所指其他日期起，須就其受讓的土地繳付相關地租，並遵守及履行載於政府租契及任何公契內的相關契諾、協議和條件。

《物業轉易及財產條例》附表1其他部份列出因轉讓身份不同而有別的各

---

144　*Flight v Booth* [1834] 131 ER 1160.

145　買方在真誠合理的情況下，可以業權不盡滿意為由中止交易：參見 *Regal Success Venture Ltd v Jonlin Ltd* [2000] 4 HKC 143。

146　訂金不逾樓價 10% 的，若遭沒收一般不被法庭否決；否則，賣方需申明為何有此差額：參見 *Polyset Ltd v Panhandat Ltd* [2002] 3 HKLRD 319。

147　參見本書第八章〈房地產法〉及第十章〈信託法〉。

148　參見本書第十章〈信託法〉。

149　參見本書第八章〈房地產法〉及第十章〈信託法〉。

種隱含業權契諾（covenants for title）。該條例第 II 部所列的契諾適用於最常見的，以實益擁有人（beneficial owner）身份作出的轉讓，同時亦較為詳盡，其中主要包括：(a) 政府租契是妥善、有效和仍然續存；(b) 買方及任何藉買方而得業權的人士，可安寧地取得物業的管有權，並在政府租契所餘年期內，可持有及享用該物業，而不受任何合法干擾或擾亂；及 (c) 賣方於轉讓時，除在轉讓契中列明的產權負擔除外，享有妥善的權利和業權，並可將物業轉讓。

至於《物業轉易及財產條例》第 III 部的業權契諾，則適用於以贈與人（donor）身份作出的無償轉讓，而第 IV 部則適用於以受託人（trustee）、確認人（confirmor）、承按人（mortgagee）、法定承押記人（legal chargee）、遺產代理人（personal representative）的身份作出的或根據法院命令作出的轉讓。

轉讓契同樣須付印花稅和在土地註冊處註冊，以保障買方法定產業優先權。[150]

## 三　物業抵押

以物業作抵押品，向銀行或其他財務機構申請按揭貸款，不論是用以支付樓價餘款或融資，在香港都十分普遍。自 1984 年 11 月起，任何法定產業權的按揭（mortgage）[151]，均以法定押記（legal charge）作出[152]。法定押記是抵押或按揭的一種，借款人（borrower）藉此申明在其違反有關借貸合約的規定時，承按人（mortgagee）可處置有關物業，包括出售或出租，以所得款項清還欠款。

《物業轉易及財產條例》附表 3 格式 4 載有法定押記的標準文本，有關契據除列明借貸雙方的身份、所牽涉物業及金額外，還詳列還款條件及時限

---

150　關於印花稅，參見《印花稅條例》（香港法例第 117 章）第 4、29AI 條及附表 1 第 1(1) 類，詳參本書第十七章〈稅務法〉。

151　參見本書第八章〈房地產法〉。

152　《物業轉易及財產條例》第 44(1) 條。

等。此外，附表 1 第 V 部列出法定押記適用的隱含業權契諾，大致上與上述第 II 部所列並沒有顯著分別。同時，承按人有權於還款期已到時委任接管人（receiver）。而附表 4 亦詳列承按人及接管人可行使的權力（契據另有相反規定則除外），主要包括：（a）為物業投購保險；（b）取得物業的管有權，及為此目的而進行任何法律程序；（c）作出一切必需或合宜的行動，以保存、維修及管理物業；及（d）售賣、轉讓、出租物業，或以合宜的行動將物業變現等。

《物業轉易及財產條例》亦規定，承按人可加貸或再貸款項，而在任何一種下列特定情況下，該筆款項可具與原先貸出款項相同的優先權，這稱為"按揭優先清償"（tacking）原則，該等特定情況包括：（a）獲得其他在較後期就同一物業取得按揭的承按人同意；（b）加貸或再貸出的款項，連同其他尚欠的餘款，不超逾以先前按揭為保證的指明最高款額；或（c）承按人是以一間認可財務機構，而先前按揭明訂為保證借款人不時欠該承按人全部款項（all money）。[153]

除法定產業權的按揭或押記外，根據衡平法而設定的按揭或押記，亦可參考《物業轉易及財產條例》的有關條文[154]。設定一般按揭或押記，無須支付印花稅，但仍應於簽訂後三十天內，在土地註冊處註冊，以保障承按人的優先權益。

## 四　物業租賃

租賃（lease 或 tenancy agreement），是通過業主（landlord）與租客（tenant）之間有關物業權益的合約，業主將物業在指定租期內出租予租客，出租期間租客需付租金，換取獨有管有權（exclusive possession），而業主則保

---

153 《物業轉易及財產條例》第 45 條。

154 同上，第 46 條。

留物業的歸屬權（reversion）。[155]

租期三年以上的租約須以書面形式訂立[156]，訂定其他租約則未有形式上的限制，但為確定業主與租客之間的權責，訂立書面租約當然較為理想[157]。除租約的明訂條款外，普通法亦默示不少隱含權責，例如：業主一般須確保租客不受干擾地管有物業，不得作出任何令物業不適合佔用用途的事宜，也須負責單位及單位所屬建築物結構性的維修保養等。另一方面，租客不得做出任何有損業主權益的事情。在沒有其他約定的情況下，租客須維持物業於良好的維修狀況，以及遵守政府租契及大廈公契的條款等。

影響物業租賃的主要成文法是《業主與租客（綜合）條例》[158]。2004年 7 月 9 日之前，條例傾向保障租客的權益，租客享有所謂"租賃權保障"（security of tenure）。條例於 2004 年 7 月 9 日被大幅修改[159]，全面撤銷對住宅物業的租賃權保障，同時簡化了議定續租及收樓的程序。

經修訂後的條例仍分為七部，但規管戰前樓宇的第 I 部及若干戰後樓宇的第 II 部，已經完全或大部份失效，而第 III 部條文，則是關於業主追討欠租和按既定程序向法院申請扣押令，扣押租客留在物業內的財物，並將之拍賣以抵銷欠租的而收回應課差餉租值不超過十萬港元的小型物業單位，則可按第 VI 部的法律程序辦理。

條例第 IV 部適用於私人住宅物業的租賃，也適用於分租的情況，但符合以下三項條件的租賃則屬例外：(a) 以書面訂立；(b) 租期固定為五年或以上；及 (c) 租約並無訂明業主可提前終止租約及在租期內加租或加徵額外費用。[160]

經修訂後的條例既不對租客提供租賃權保障，也不規限業主與租客議定

---

155　請參閱本書第八章〈房地產法〉。

156　《物業轉易及財產條例》第 4 條及第 6 條。

157　書面租約須繳付印花稅，基數為每年平均租金，稅率按租期長短遞增，由百分之零點二五至百分之一不等。參見《印花稅條例》（《香港法例》第 117 章）第 4 條及附表 1 第 1(2) 類，詳參本書第十七章〈稅務法〉。

158　《香港法例》第 7 章〈稅務法〉。

159　《2004 年業主與租客（綜合）（修訂）條例》（2004 年第 16 號）。

160　《業主與租客（綜合）條例》第 116(2)(bd) 條。

續租條款包括租金。以前在租賃權保障制度之下，租約屆滿、收樓及續訂新約均有一套嚴謹程序規管。在 2004 年 7 月 9 日後訂立的租約，其終止方式須按租約條款，或業主與租客同意的其他方式進行。若雙方並無議定方式，則根據普通法原則，固定期租賃（fixed term tenancies）在租期屆滿時終止，順延租賃（periodic tenancies）於任何一方發出遷出通知書上所訂明的通知期（相等於租期長短）屆滿時終止。

如果租客拒絕在租期屆滿後遷出，業主仍須經法律途徑取得收樓令後方可收回物業，絕不可以非法手段侵擾租客強行令租客遷出。企圖以非法手段（包括恐嚇、使用暴力或以截斷食水、電力及煤氣等供應的形式）收樓的業主將干犯刑事罪行。[161]

條例也訂明，即使業主與租客所訂立的租約中沒有訂明以下契諾，條例亦將視該租約為隱含同樣契諾，令業主可以在租客違反該等契諾的情況下沒收租賃權（forfeiture）。由租客承擔的契諾包括：（a）依時支付租金（最遲不超過租金到期日十五天）；（b）不得利用物業作不道德或非法用途；（c）不得令業主或其他人遭受不必要的煩擾、不便或騷擾（包括持續逾時交租）；及（d）不得未經業主同意擅自改動物業結構。[162]

業主如與新租客訂立租約，或與舊租客續訂租約，須於訂立或續訂租約一個月內，向差餉物業估價署署長發出表格 CR109，並由署長批署。如租約未經差餉物業估價署署長批署，遇上租客欠租的情況，業主將無權採取法律行動追討欠租[163]。第 IV 部也規定，業主須在收到租金後向租客發出租單，列明業主姓名或名稱、業主地址、租金關乎的期間及支付日期，否則亦屬違法。[164]

條例的第 V 部規管非住宅物業，但不適用於租期固定為三年或以上，且租約除以下兩項外並不載有其他條文訂明可提前終止租約者：（a）違反租約

---

161　《業主與租客（綜合）條例》第 119V 條。

162　同上，第 117 條。

163　同上，第 119L 條。

164　同上，第 119RA 條。

條文便可提前終止租約；(b) 在出租物業被毀或局部被毀或受到損壞時，可沒收或終止租賃權 165。條例經修訂後，非住宅物業的租賃，其終止方式也與住宅物業一樣。

總括來説，修訂後的條例內有關住宅租賃的條文，增加了業主在收回物業及商議新租約時的靈活性，令業主與租客之間的法律關係，更大程度依賴雙方所簽訂的租約。因此，訂立內容充分代表自己的意願而又能保障自身權益的租約，就更顯得重要了。

## 五　律師在物業轉易中的收費

律師在物業轉易中的收費問題，一向備受爭議。一般來説，律師主要根據《法律執業者條例》166 有關附屬法例的規定，按交易價款的高低收取費用，而在發展商銷售樓花或新建成的住宅樓宇單位時，買賣合約條款通常列明由買方（除繳付己方的律師費外）繳付賣方的律師費。

自 1997 年 6 月 30 日起，如買賣雙方有不同律師代表，法例規定任何要求買方繳付賣方律師費的合約條款都是無效的 167，這即是説，雙方須各自負擔本身的律師費用。至於沿用已久的律師在房地產交易中的定額階梯收費（scale fee），雖未有立法明文取消 168，但香港律師會在研究有關法例條文後已通告會員，容許律師與客戶在定額階梯收費的基礎上，自行上落議價 169。不同的收費制度孰優孰劣，見仁見智，但如有律師行的收費特低，與一般同業收費相距甚遠，精明的消費者自然會考慮是否有"將貨就價"之嫌，並應參照"買者當心（caveat emptor）"的普通法原則，提高警覺。

---

165 《業主與租客（綜合）條例》第 121 條。

166 《香港法例》第 159 章。

167 《物業轉易及財產條例》第 34A 條。

168 港英政府於回歸前本擬撤銷定額階梯收費，但條例草案的有關條文被前立法局否決。

169 香港律師會於 1997 年 9 月 1 日向會員發出了對《法律執業者條例》第 56(1) 條的新詮釋。

第十章

# 信託法

何錦璇*

香港大學法律系教授

## 一　信託法和衡平法

　　信託法是衡平法的重要部份，衡平法是英美法系（即普通法系）所特有的，亦適用於香港。[1] 衡平法的成立，可追溯至 14 世紀的英國。當時，英國的普通法法院處理案件時很不靈活，以致有很多不公平的判決。為了補救這個情況，當時新設的衡平法法院（Court of Chancery）接受申訴，詳細研究案件的個別情況，若認為普通法法院的判決不公，便會下令在普通法法院勝訴的一方不得執行判決。經過數番改革，時至今天，若訴訟人士要引用衡平法，已無須向另一特設的法院申訴，因為所有法院都可引用普通法和衡平法。然而，衡平法仍然保留一些原有的特點。例如，法官引用衡平法時，雖然會受具體的法律規則約束，但仍有較大的空間，去引用一些較一般性或抽象的原則（如衡平法的箴言），並考慮訴訟雙方是否憑良知行事，從而作出判決。

　　衡平法常引用的多項箴言（maxims of Equity），現列舉如下：（a）衡平法不容許有人受害而不獲補救；（b）衡平法的原則依從普通法的原則，除非

＊　　本章作者鳴謝馬嘉慧小姐協助搜集資料。

1　　根據《基本法》第 8 條，香港原有的衡平法是香港特別行政區的法律淵源之一。

公義有所不容，則作別論；（c）普通法的業權與衡平法的業權有所競爭時，如兩業權的擁有人的行為均符合公義，則普通法的業權凌駕於衡平法的業權之上；（d）當兩個衡平法的業權有所競爭時，如兩業權的擁有人的行為均符合公義，則先成立的業權凌駕於在它之後成立的業權之上；（e）為人不公者當不受衡平法之蔭庇；[2]（f）惟清白者始能訴諸衡平法以尋求保障；[3]（g）延誤行使自己權益的人不會受衡平法保護；（h）若沒有明文規定或其他方法去分配財產，平等分配便是公平的分配；（i）衡平法注重實質意圖而非表面形式；（j）衡平法把應做的事情當作為已做的事情；（k）衡平法認定人們有意圖履行他們的義務；（l）衡平法的權益是對人（而不是對物）行使的。

衡平法的應用範圍非常廣泛，包括合約法中有關不當影響（undue influence）、失實陳述（misrepresentation）、錯誤（mistake）、不容否定（estoppel）和不合情理合約（unconscionability）等部份。貫穿這些領域的共同特點，都是被投訴的一方由於某種行為，或在某些情況下，不公地取得合約或饋贈。普通法只容許受害的一方在非常狹窄的情況下撤銷合約或饋贈，而衡平法所容許的範圍則比較廣泛，所賦予的權利也是比較多被運用的。同時，財產法中的衡平法權益（equitable interests）和信託法（law of trusts），以及有關受信責任（fiduciary duty）的法律規範，都屬衡平法的範圍。

如果持有財產的法定所有權（legal ownership）的人，因自願或因法律的要求，要為他人或某些特定目的，持有或管理該財產，並有責任把該財產與自己的財產分開，該財產便受信託所限。信託的最大特點，是信託財產（trust property）之法定所有權的擁有人，只享有名義上的法定權益（legal interest）。實質上，此人只是受託人（trustee），以受託人身份為信託受益人（beneficiary）持有或管理有關財產。受益人所擁有的受益所有權（beneficial interest，或稱"實益權益"）是一種衡平法權益（equitable interest），也是真

---

2　"伍艷濃訴錢家駒及其他人"，香港高等法院雜項法律程序1995年第3440宗，1997年7月14日楊振權法官的判決。

3　同註2。

正能享用財產的權益。

## 二　香港信託法的歷史、現狀與應用的領域

香港早期的信託法，主要應用於遺產的繼承和鄉村祖堂的管理。[4] 隨着香港經濟起飛，信託的運用不斷改變，應用的領域隨之擴大。我們在此分三方面去討論。首先，在家庭方面，信託可用於保儲家族財產，執行遺囑，監察子女對財產的使用，減少須繳稅款，甚至預防財產在離婚時被配偶瓜分等。例如，在香港未撤銷遺產稅前，不少富有人士為了減付遺產稅而設立信託。[5] 即使香港政府已修改法例，訂明於 2006 年 2 月 11 日或之後過世的人不需繳付遺產稅，[6] 家庭財產信託仍有不少功用，例如辦理遺產繼承手續時，遺產會被凍結，設立家庭財產信託，便可減少因遺產被凍結而引致的不便或金錢損失。時至今日，隨着香港第一代富商年齡老邁和社會離婚率飆升，有關家族信託及財產繼承的訴訟也與日俱增。[7] 例如，香港終審法院最近須在 *Poon Lok To Otto v Kan Lai Kwan Kay & HSBC International Trustee Ltd*[8] 一案中分配一對已婚四十年夫婦的信託財產。男方的生意剛起步時，成立了一個海外酌情權益信託，把他擁有的公司的權益注入信託，由匯豐國際信託有限公司擔當受託人持有，而受益人是他自己、妻子和子女。當他與妻子離婚時，女方

---

4　有關鄉村祖堂的信託，參見 B. Wong, "Chinese Customary Law - an Examination of Tsos and Family Tongs" (1990) 20 *Hong Kong Law Journal*, p 13; *Lau Yue Kui (administrator of estate of Lau Wai Chau, deceased) v Estate of Lau Leung Chau, deceased and Others* [1998] 1 HKLRD 579; [1998] 3 HKC 562。

5　參見 A. Halkyard, "Asset Protection? Estate Planning? (unit) Trust Me," in C. Booth (ed.), *Hong Kong Commercial Law* (Hong Kong: Hong Kong University Press, 1996), Ch. 8; P. Willoughby, "International Trusts under Fire: The Expanding Scope of Litigation", *Law Lectures for Practitioners 1997* (Hong Kong Law Journal Ltd, 1997),pp.3; J. Wadham, Willoughby's Misplaced Trust, 2nd edn (London: Gostick Hall, 2002)。

6　《遺產稅條例》(《香港法例》第 111 章)，第 2 條。

7　如有關 "電器大王" 蒙民偉遺產的案件，參見 *Li Kwok Po v Mong Sien Yee*，CACV 34 of 2012，December 20, 2012，*Li Kwok Po v Mong Sien Yee*，CACV 34 of 2012，December 20, 2012，香港上訴法庭；*Timmerton Company Inc v Li Kwok Po David* [2013] 1 HKLRD 1100。

8　FACV 21 of 2013, July 17, 2014.

根據《婚姻法律程序與財產條例》第 7 條（1）(a) 項，提出由於男方在可預見的將來相當可能獲得分配信託權益，要求分割信託一半的財產。法庭考慮到男方是信託的保護人，受託人處境被動，往往採納信託人的意見，並且信託人可以影響他擁有的公司派發股息增加信託資產，而唯一還在生的女兒也沒有確定的受益所有權，[9] 所以裁定整個信託基金屬於婚姻財產。[10] 分配資產的起點為平均分配。[11] 如果審訊前分居時間甚久，而該期間因單方努力遠超於另一方的貢獻，導致婚姻資產急升，另一方則不能分割該升值。[12] 然而，本案雙方分居只是離婚前兩年的事，基於女方之前對家庭的貢獻，法院裁定她應得到信託一半的財產。[13]

於商業方面，信託可用來代辦證券業務，籌集投資基金（如單位信託基金），提供僱員公積金等。由於很多人士退休後都需依靠公積金形式的退休金來維持生活，香港近年亦制定法例，監管公積金的運作，為市民提供多一重保障。首先，1992 年通過的《職業退休計劃條例》[14] 自 1995 年 10 月 15 日起生效，規定除獲豁免者外，凡有僱主自願為員工提供設於香港的職業退休計劃，均須為該計劃在職業退休計劃註冊處註冊（見第 3 條），沒有註冊的僱主，便犯上刑事罪行，可被罰款或甚至被判入獄最高兩年。一經註冊，有關的退休計劃便受到該條例管制，例如：退休計劃的財產必須獨立於僱主的財產。該條例亦規定退休計劃的資產須足以應付退休計劃的既有總負債（見第 24 條）。僱主必須定期向僱員提供關於他們權益的資料，並必須定期向職業退休計劃註冊處處長提供註冊計劃的周年申報表（見第 30 條）。處長可要求僱主向他提供資料（見第 32 條），亦可就某註冊計劃未能遵守第 32 條的規定而進行查訊。若處長認為某註冊計劃不遵守法例的某些規定，則可發出撤銷

---

9    FACV 21 of 2013, July 17, 2014，[65].

10    同上，[89]。

11    同上，[90]。

12    同上，[129]。

13    同上，[134]。

14    《香港法例》第 426 章。

註冊的建議（見第 42 條）。發出建議後，法院有權應處長申請，凍結該計劃的資產（見第 44 條）。

　　由於《職業退休計劃條例》只適用於自願為僱員提供退休計劃的僱主，若僱主索性不提供這類計劃，員工便得不到退休保障。所以，1995 年通過的《強制性公積金計劃條例》[15] 及 1998 年 2 月通過的《1998 公積金計劃立法（修訂）條例》[16] 規定，除獲豁免者外，在香港聘用"有關僱員"（見第 2 條的定義）的僱主，必須採取所有切實可行的步驟，以確保該僱員在法例規定的限期內成為註冊退休計劃的成員。[17] 自僱人士亦必須在法例規定的限期內成為一註冊退休計劃的成員。[18] 而所有的退休計劃，必須以信託形式成立，才能獲得註冊。

　　《強制性公積金計劃條例》有以下值得注意的地方：首先，必須成立有關的機構，即成立一個強制性公積金計劃管理局來監督強積金的運作，並設立強積金計劃諮詢委員會，就條例的實施、強積金計劃的管理和運作事宜提供意見，以及設立強制性公積金行業計劃委員會，就"行業計劃"有關事宜提供意見（"行業計劃"是強積金計劃的其中一種，另外兩種是"僱主營辦計劃"和"集成信託計劃"）。成立這些機構之後，該條例列出了強積金管理局的職能，並賦予它有關的權力去執行。管理局的職能主要是確保該條例獲得遵守，為公積金進行註冊，核准註冊計劃的受託人，規管核准受託人的事務和活動，以及就強制性供款事宜訂立規則或指引。為了履行職務，管理局有權對拖欠供款的僱主施加懲罰性利息和追討該等利息，向有法律責任支付供款的欠供者收取供款附加費（附加費的款額是將欠款乘以由《強制性公積金計劃（一般）規例》訂明的百分率所得），及追討拖欠的供款及供款附加費（見第 18 條），接受註冊計劃成員向補償基金申索補償，查察正在處理有關註

15　《香港法例》第 485 章。

16　1998 年第 4 號條例。

17　根據《1998 年公積金計劃立法（修訂）條例》作出修訂後的《強制性公積金計劃條例》（《香港法例》第 485 章），第 7 條。

18　同上，第 7C 條。

冊計劃的事務的處所（見第 30A 條），要求任何人提供用以確定該條例是否被遵守的檔案，以及暫停或甚至終止某受託人對某強積金計劃的管理。違反這條例的僱主和受託人，有可能負有刑事責任。為了進一步詳細補充及落實這條例的規定，自 1998 年起，已有多套附屬法例，詳細列明強積金的營運守則。《強制性公積金計劃條例》以及其配套規例和守則的制定，補充了一般適用的信託法，加強了對公積金受益人的保障。

於社會公益方面，信託可作慈善用途，例如扶助貧困、資助學術、推廣宗教及其他以公共利益為宗旨的社會事務。值得一提的是，慈善事業雖然可用信託形式運作，但在香港，很多慈善機構都是以註冊公司形式運作的。這種做法的好處在於公司是一個法人，公司董事決定由公司承擔某些債項時，這些債項便全由公司負責，董事個人本身不用負責。但受託人為信託辦事而承擔債項時，由於信託不是法人，而債務方面的責任是普通法的責任；普通法不會考究箇中衡平法上的信託安排，所以受託人本身便須負起責任。故此，一些與外面交易往來較多的慈善信託都以公司形式運作，以保障機構幹事的權益。

## 三　香港信託法的內容

香港信託法的內容主要分四部份：(a) 信託的種類和成立的條件；(b) 受託人和受益人的權利義務關係；(c) 信託的管理和更改；(d) 違反信託行為所涉及的法律責任。

### （一）信託的種類和成立的條件

信託主要分為明示信託（express trust）和因法律的施行而產生的信託（trust that arises by operation of Law）。前者是個人或公司藉信託契據（trust deed）、遺囑（will）或非蓋章（即非契據）之文書，甚至口頭方式自願明示聲明訂立；後者包括歸復信託（resulting trust）和法律構定信託（constructive trust），這兩種因法律的施行而產生的信託都是由法院依據某些法律原則而訂立的。

## 1. 明示信託

明示信託又分為"明示私人信託"（express private trust）和"慈善信託"（charitable trust）。顧名思義，前者是為私人受益人而成立的信託，而後者則為慈善公益成立。

### (1) 明示私人信託

若財產擁有人想創立一個明示私人信託，他可把財產的法定所有權轉移給心目中的受託人，並聲明此人為受託人（信託聲明與合約不一樣：即使信託創立人單方面作出聲明，而不是與受託人共同協議，也可構成有效的信託聲明）。另外一個方法，是他可以聲明自己成為財產的受託人，而由於他已擁有財產的法定所有權，此舉可省卻轉移財產的手續。至於信託的聲明，必須符合"三項必須明確"的原則（three certainties）：(a) 成立信託的意願必須明確（certainty of intention）；(b) 標的物必須明確（certainty of subject matter），意思指信託財產的整體及每位受益人所分享的權益等，必須明確列出；(c) 受益對象必須明確（certainty of object），好使標的物能正確地分配給受益人。受託人的任務越重（和受益人的權益越大），法院對界定信託受益對象的要求便越加嚴謹。例如，假若有關信託是確定權益的信託（fixed interest trust），即每位受益人所得的權益已由信託創立人確定，則信託聲明的詳細程度，必須足以使受託人有可能列出所有受益人的名字；[19] 假若有關信託賦予受託人酌情權去分配標的物（discretionary trust），則聲明中界定受益對象的詳細程度，必須能讓受託人指出任何人是否屬於受益人之一。[20]

---

19　*IRC v Broadway Cottages Trust* [1955] Ch 20.

20　*McPhail v Doulton* [1971] AC 424; *Re Baden's Deed Trusts (No. 2)* [1972] 3 WLR 250.

信託的內容不得違法或不道德。若信託創立人是有意為了避開債務而創立信託，這信託便完全無效。私人明示信託的受益對象必須是自然人或法人，除非信託是為照顧動物或修補墳墓或紀念碑而成立的。

至於形式上的要求，若信託在信託創立人在生時有效成立，而信託財產是動產，信託聲明可以口述；若信託財產是不動產，則必須以文書證明或表明。[21] 而無論信託財產是否動產，若信託是在遺囑內作出聲明設立的，則必須符合《遺囑條例》[22] 第 5 條的規定。香港雖然沒有一般的信託登記制度，但在個別情況下，若涉及重要交易（如上述的職業退休計劃和強積金計劃），[23] 為保障受益人或公眾利益，法例會要求信託作出登記。

信託的成立不需要以法律所謂的"代價"（consideration）為必要條件，但對未有付出代價的受益人而言，信託必須已有效成立，信託法才會保障他們的權益。要成立有效的信託，信託創立人除了要聲明某些財產受信託所限外，更要完成他須負責的法律程序，把信託財產的法定所有權轉移給受託人（除非信託創立人自己便是受託人）。另一方面，假若信託受益人已付出代價，或信託是因結婚而訂立，兼且受益人是信託創立人的子女，那麼，即使信託創立人只作出信託聲明而沒有完成有關轉移手續，衡平法亦會強制創立人履行聲明，把財產轉移給受託人，從而成立有效的信託。

信託一經有效成立，信託創立人就信託財產所享有的任何權益即告終止；除非他在信託聲明中給予自己撤銷信託的權力，否則，他甚至不能把信託撤銷。所以，信託關係並不是一個由信託創立人、受託人和信託受益人三者同時共同享有權利和義務的法律關係，而是由信託創立人創立，然後只涉及受託人和信託受益人兩者之間的法律關係。事實上，信託的靈活之處，在於讓信託創立人把財產轉移給他人，以達到減稅或其他目的。當然，若信託創立人仍然希望能控制有關信託財產，他可以用其他身份，在不再擁有信託

---

21　《物業轉易及財產條例》（《香港法例》第 219 章），第 5(1)(b) 條。

22　《香港法例》第 30 章。

23　見本章註 14 及註 15。

財產所有權的條件下，參與信託財產的管理。例如，他可委任他信賴的人為信託的保護人（protector）；但若採用這個做法，法院有可能認為信託創立人仍然就信託財產享有某些權益，因而導致需要繳交有關該財產的稅款。此外，根據《受託人條例》[24] 第 41X 條，信託創立人可為自己保留投資權力或資產管理職能，而不導致信託無效。

至於受託人方面，則在信託有效成立後成為有關財產的法定所有權擁有人，信託受益人亦開始享有財產的受益所有權，可享用有關利益，或將他的受益所有權轉讓或作其他處置。信託受益人的權利和受託人的義務是互相對應的；除非一個私人信託設有保護人，否則唯一負責監管受託人的人便是信託受益人。

(2) 慈善信託

與私人信託不同，慈善信託不是為了私人利益而是為公益慈善的目標而成立的。根據法院判例法，慈善目標包括：(a) 扶助貧困；(b) 提倡學術；(c) 推廣宗教；(d) 推廣其他公共利益事業。除扶助貧困的慈善信託外，慈善信託必須有利於公益。故此，在 *Ip Cheung Kwok v Ip Siu Bun* 一案中，[25] 法院裁定，一個以新界葉氏鄉堂為受益對象的信託，並非為公共利益而成立，因此不屬慈善信託；相反，在 *Cheung Man Yu v Lau Yuen Ching & Ors* 一案中，[26] 由於有關的道堂向街外人募捐和讓他們參加道堂的活動，便屬於慈善信託。法律亦規定，慈善信託不能以改革法律或政府政策為其主要目標。[27]

這四項 "慈善目標" 原取自英國於 1601 年頒佈的《慈善用途法》(Charitable Uses Act) 的序言，但英國法院對這四項目標的界定解釋非常狹窄，更與香港的東方文化格格不合。例如，法院曾界定學術活動不包括體育娛樂活動，所以裁定提倡體育活動的信託不算慈善信託。[28] 法院亦認為，拜祭

24　《香港法例》第 29 章。

25　[1990] 2 HKLR 499.

26　CACV 213 and 265 of 2006, May 7, 2007, Hong Kong Court of Appeal.

27　*National Anti-Vivisection Society v IRC* [1948] AC 31.

28　*Re Nottage* [1895] 2 Ch 649.

祖先的信託不算慈善信託。[29] 然而，為紀念故人而舉行的彌撒，卻算慈善信託。[30]

一般而言，慈善信託的成立條件，與私人明示信託大同小異。法院會仔細解釋信託聲明的有關條款，以確認委託人的意願。例如，在 *Secretary for Justice v Joseph Lo* [31] 一案，亞洲女首富龔如心把她估計超過八百二十億港元的遺產撥歸 "華懋慈善基金有限公司"，希望此公司 "交託由聯合國秘書長、中國政府總理和香港特別行政區政府首長組成的管理機構監管"，並要求華懋慈善基金必須 "設立中國的類似諾貝爾獎的具有世界性意義的獎金"。但是遺囑沒有清楚説明受託人屬意成立慈善信託，委任 "華懋慈善基金有限公司" 為款項的受託人，還是把款項饋贈該公司（absolute gift）。如果遺產屬於慈善信託，律政司及法庭有權力監察華懋慈善基金的事務；若遺產屬於絕對饋贈，華懋慈善基金將有絕對權力處理遺產，不受第三者監管。訴訟的關鍵在於如何解釋遺囑條款。法庭考慮到條款中多次採用 "必須" 一詞，故裁定龔如心的遺願為成立慈善信託。[32] 即使該公司管理機構不能按龔如心期望而實現，也不影響遺囑條款的解釋。[33]

一旦慈善信託成立，與私人信託不同，慈善信託的財產可以永久保存，慈善信託亦不須滿足 "受益對象明確" 的要求。此外，慈善信託亦可獲税務豁免，而一旦牽涉法律糾紛，律政司司長亦可代表信託進行訴訟。*Secretary for Justice v Joseph Lo* 這案就是一個好例子。

（3）私人目標信託（private purpose trust）

若信託為某特定目標而成立，而該目標不屬上列的慈善目標之一，該信託便是私人目標信託。由於這些信託沒有信託受益人，律政司司長又不會（像在慈善信託的情況）予以執行，受託人實際上便不受監管，所以法院不會

---

29    *Yeap Cheah Neo v Ong Cheng Neo* [1875] LR 6 PC 381.

30    *Re Hetherington, Gibbs v McDonnel* [1990] Ch 1.

31    CACV 44 of 2013, April 11, 2014, Hong Kong Court of Appeal.

32    同上，[37]-[42]。

33    同上，[51]。

承認這些信託的效力。[34] 例如，若信託創立人以信託形式向並沒有註冊成為公司的非慈善組織（unincorporated non-charitable association）作出饋贈，而受益人是該組織而不是它的成員，由於這類組織在法律上不是法人，該信託便是私人目標信託，不被法院承認，除非法院在闡釋饋贈文件的條文後，能把該饋贈看成是（a）送給當時（即作出饋贈時）該組織的成員私人聯權共有的（joint tenancy），或（b）送給當時該組織的成員，根據該組織的章程或其他有關協議而共有，又或（c）為組織的成員（無論是當時該組織的成員，或是在任何時刻該組織的在任成員）的利益而成立的信託。[35]

### 2. 因法律的施行而產生的信託

這類信託包括歸復信託和法律構定信託，兩者皆不是基於財產擁有人自願的明示聲明而成立的，而是法院依據某些法律原則而訂立的，故稱為"因法律的施行而產生的信託"。

#### (1) 歸復信託

第一種產生歸復信託的情況，是當信託創立人意圖成立明示信託，並已把財產的法定所有權轉移給受託人，但卻因為信託聲明未能符合某些法定要求以致信託無法成立，或當一個有效的明示信託不能徹底地用光其信託財產，而信託創立人亦沒有表明在這些情況下不願把財產歸復於他，法院在這些情況下，為免受託人佔據財產，會裁定該財產受歸復信託所限，而其受益所有權屬於信託創立人。這類歸復信託的目的，是為了避免信託財產的受託人在明示信託不能運作時取得不當利益。法院在設定此類信託的過程中，一般不會要求信託創立人有意願地把有關的受益所有權回歸於他名下，所以這種信託可稱為"自動歸復信託"（automatic resulting trust）。[36] 但是，若信託創立人曾表明不願有歸復信託，法院則會遵照他的意願，不裁定受益所有權

---

34　*Neville Estate Ltd v Madden* [1962] Ch 832.

35　*Chap Yick Clansman's Association Ltd v Mok Fai* [1997] HKLRD 580.

36　*Re Vandervell's Trusts (No. 2)* [1974] Ch 269.

"歸復"至他名下，而把它判作無主財物（bona vacantia），歸於政府。由此可見，法院在處理信託財產時仍是會參考信託創立人的意願的。[37]

　　第二種會產生歸復信託的情況，是在沒有文件明示，或其他證據顯示當事人的意願的情況下，某甲（下稱"甲方"）把自己的財產轉移給某乙（下稱"乙方"）而沒有收取代價，[38] 或者甲方付出某份財產的全部或部份的價錢購得此財產，卻把此財產的法定所有權歸於乙方名下。在這些情況下，由於法院認為財產擁有人不會無緣無故把財產送給陌生人，所以會產生推定的歸復信託（presumed resulting trust），裁定乙方只是財產的受託人，財產的受益所有權則回歸於甲方；另一方面，若甲方和乙方的關係不是陌生人，例如甲方是乙方的父親、監護人、丈夫，又或是與乙方未合法結婚，但已根據傳統習俗結婚的同居男伴，[39] 法院便會推定甲方想將財產贈送給乙方，除非甲方在訴訟時提出相反證據，則作別論。[40] 這種推定稱為"饋贈推定"（presumption of advancement），與前述的歸復信託推定（presumption of resulting trust）的效果相反。由於這些推定都只適用於沒有足夠證據證明當事人意願的情況，以求填補證據的空隙，假如當事人能以直接的證據證明甲的意願，法院便不會引用這些推定。[41]

　　這些推定大部份是英國法院在 19 世紀訂立的，雖然根據法院本身所作的解釋，法院乃依據財產擁有人的意圖而作推定，但其實亦與該年代的政策性考慮有關。例如，直至 2008 年，香港法院與英國法院做法一樣，會推定丈夫有意圖把物業贈給妻子，卻不會推定妻子有意圖對丈夫作出饋贈，或母親有

---

37　參見 *Westdeutsche Landesbank Girozentrale v Islington B.C.* [1996] AC 669。在這判例中，英國上議院法官 Lord Brown-Wilkinson 認為所有歸復信託都會參考信託創立人的意願，因此全都會產生推定的歸復信託。

38　參見 *Hisamichi Kiyohara v Wong Shuk Wah and another* [1997] HCA No.11400 of 1994：一間屬於日本人的香港公司依照日本的慣例，把公司的一些股份轉移給職員以表示尊重他們，但職員就股份只享有名義上的所有權，公司可隨時收回股份。法院裁定，職員是以歸復信託形式擁有有關股份的；*Re Superyield Holdings Ltd* [2000] 2 HKC 90。

39　*Lui Kam Lau v Leung Ming Fai* [1994] 2 HKC 477.

40　參見 *Overseas Trust Bank Limited v Lee See Ching, John and another* [1997] MP No. 820 of 1992。

41　同上。

意圖對子女作出饋贈。[42] 這是因為在 19 世紀的社會一般認為男士才有責任照顧配偶和子女。時至今天，價值觀不同，這些推定也應隨之改變，而實際上英國法院已較靈活地處理這些問題。例如若妻子把財產轉移給丈夫，雖然會產生推定的歸復信託，但法院卻容許丈夫提出份量頗輕的證據便足以反駁這推定。[43] 在 2008 年，香港法院更裁定，女性在香港現今社會已是家庭經濟支柱之一，法院會推定母親有意圖對子女作出饋贈。[44]

在某些情況下，究竟是歸復信託的推定適用還是饋贈的推定適用，仍是十分重要的，例如，若甲方在推翻饋贈推定時須提出的證據會顯示，他最初把法定所有權歸於乙方名下，真正的目的是進行某些違法行為（如避免繳稅或騙取社會福利），法庭便不會容許甲推翻這個推定並取回財產；[45] 相反，若有類似的情況，但在甲方和乙方之間適用的是歸復信託推定而非饋贈推定，甲方便可藉着歸復信託取得財產的受益所有權，而無須提出顯示他最初的違法目標的證據。

（2）法律構定信託

法律構定信託是法院為防止有違良心的行為，而裁定財產的法定所有權的擁有人，只是以受託人身份為他人持有該財產。法律構定信託適用於很多情況，我們可簡單列舉如下：

a. 負有受信責任（fiduciary duty）的人，因違反該責任而得的利潤，受法律構定信託規限；

b. 遺囑中的受益人為提早獲得遺產而殺害遺囑訂立人，該受益人所得的遺產，受法律構定信託規限；

c. 若某人原與信託無關，但在未得受託人授權的情況下插手干預信託事務，或不誠實地協助受託人違反信託，或在知情的情況下收受違反信託

---

42　*Watson v Smith* [1998] 3 HKC 461.

43　*Pettit v Pettit* [1970] AC 777.

44　[2008] HCA 272 of 2005. 主審的杜溎峰暫委法官認為 *Watson v Smith*（見註 42）的判決已過時。

45　*Tinsley v Milligan* [1994] 1 AC 340; *Tribe v Tribe* [1996] Ch 107; *Yue Shiu Ngan v Zen She Lin & Anor* [1999] 2 HKLRD 21.

所得的財產，此人便會被法院裁定為法律構定信託的受託人（constructive trustee）；

　　d. 若樓宇買賣雙方已訂立買賣合約，而合約是可以用強制履行令來執行的，該樓宇便會受法律構定信託規限，賣方會成為有關樓宇的受託人；

　　e. 在購入樓宇時，如物業法定所有權擁有人 A 與其他人 B 有共同意願去互相分享物業的受益所有權，而 B 因依賴該共同意願而有所付出，A 便成為有關物業的受託人，依據有關共同意願的內容，為 B 持有物業。

　　以上第 a 項至第 d 項的法律構定信託，實屬針對違反信託行為的補救方法，於下面"違反信託行為所涉及的法律責任"部份詳述（見本書頁 388-394）。至於第 e 項，即因共同意願而產生的法律構定信託，例如幾個人集資但以其中一人的名義購買產業，在香港非常普遍。這包括朋友在商業上的合資，更常見的是夫婦、同居男女或同性情侶合資購買樓宇。在這些情況下，一旦在業權的分配方面出現紛爭，內裏所涉及的法律問題也頗為複雜。所以最理想的，是由各方在產權文件中作出明示信託聲明，列明業權在他們之間如何分配，法院便會執行這文件所表明的意向。

　　若糾紛所涉及的合資人是夫婦，法院可根據《婚姻法律程序與財產條例》[46] 考慮雙方的經濟狀況和子女的需要，命令其中一方把名下的物業或其部份業權轉移給另一方。然而，若合資人沒有婚姻關係，此條例便不適用；若沒有明示的信託聲明，根據英國上議院 2007 年 *Stack v Dowden* [47] 判例，法院主要引用"法律構定信託"的原則來分配家庭住宅物業的業權；"歸復信託"的原則只考慮雙方直接用於購買樓宇的付款（如：按金、釐印費、律師費，以及向銀行借貸買樓的供款數目和公屋註冊租戶購買公屋單位時所獲的折扣）[48]，不承認雙方為購買樓宇而間接支付的款項或非金錢上的付出（如：為照顧家庭而放棄工作和收入，以及在沒有向銀行承擔按揭供款的情況下付出

---

46　《香港法例》第 192 章，第 4 條。

47　[2007] UKHL 17, [2007] 2 AC 432.

48　*Springette v Defoe* [1992] 2 FLR 388.

供款等）。[49] 因此，在處理家庭住宅物權的糾紛時，"歸復信託"作用有限。

根據 *Stack v Dowden* 判例，[50] 法律構定信託適用的原則如下：

a. 法院會推斷（infer）衡平法所有權的分配情況相等於法定所有權的分配情況，例如，若雙方共同擁有物業的法定所有權，法院會推斷他們亦共同擁有物業的衡平法所有權。其中一方若要求更多的業權，便有舉證責任，須提出證據證明他與另一方的共同意願有別於法院的推斷，雙方的衡平法所有權須另作分配。

b. 在決定雙方是否同意對衡平法所有權另作分配時，法院會參考所有有關的證據，不僅限於雙方為購買物業而支付的款項，還包括：(a) 雙方購買物業時的任何意見和討論；(b)（如適用的話）尚存者有權就出售物業所得收益發出書面收據的原因；(c) 雙方共同擁有該住宅物業法定所有權的原因；(d) 購買物業的目的；(e) 雙方關係的性質；(f) 雙方是否有責任為子女提供住所；(g) 雙方如何安排他們的財務；(h) 他們如何交付家庭開支；(i) 他們個別的性格。

c. 法院在裁決這類糾紛時，主要考慮雙方的共同意願，而不是法官自己對如何公平分配業權的看法。[51] 在引用法律構定信託的原則時，必須注意一點：擁有共同意願者必須是物業法定所有權的擁有人，法律構定信託的原則才適用。香港終審法院在 *Luo Xing Juan Angela v The Estate of Hui Shui See, Willy（deceased）and Others* [52] 一案裁定，男女雙方如以註冊公司持有物業（即物業的法定所有權屬註冊公司而男女雙方只擁有公司的股份），即使男女雙方的共同意願是該物業衡平法所有權的分配應有別於他們的股份份額，法院也不會引用構定信託的原則。由於擁有該物業法定所有權的一方並非男女任何一方，而是一間註冊公司（第三方），法院不會把與共同意願無關的第三方構定為物業的受託人。結果，終審法院在判決此案時引用了"已作承諾不

---

49　*Re Superyield Holdings Ltd* [2000] 2 HKC 90.

50　同註 47，第 68 段。

51　同註 47，第 61 段。

52　[2008] FACV No. 32 of 2007.

容反悔"（promissory estoppel）的原則，裁定由於男方已向女方承諾某份額的
物業權益，女方應可獲得因該承諾而預期得到的權益。[53]

　　近年香港法院亦不時引用 *Stack v Dowden* 這案例。在"何國標對田紅
霞"[54] 一案中，何先生和田女士在預期會與對方結婚時，購入一幢物業。購
買物業的費用全由何先生支付，但是他們雙方共同平均擁有物業的法定所有
權，卻最終也沒有結婚。法院根據 *Stack v Dowden* 這案例，推斷衡平法所有
權的分配情況相等於法定所有權的分配情況，即是田女士擁有物業實益權益
的一半。由於何先生曾經打算與田女士結婚，也容許她遷入物業，更從沒持
有該物業的鑰匙，所以未能推翻田女士擁有實益物權這個推斷，法院裁定田
女士擁有該物業的實益權益的一半。

　　另外，在 *Re Leung Wang Fai* [55] 一案中，父親、母親及兒子共同居住的物
業的法定所有權由母親及兒子共同持有。母親聲稱在購買物業時，只是為了
更易獲得銀行按揭才安排兒子持有物業法定所有權的一半，所以兒子只是受
託代她持有該物業，並無實益權益。法院根據 *Stack v Dowden* 案例，裁定母
親有責任舉證證明實益權益的分配與法定權益不同，而在購買物業時，兒子
只有二十歲，沒有工作和還款能力，對獲得銀行按揭不會有幫助，所以不信
納母親的意見，裁定兒子擁有物業實益權益的一半。[56]

## （二）受託人和信託受益人的權利義務關係

　　我們討論過各種類型的信託後，將會在這部份集中討論在明示信託中，
受託人和信託受益人的權利義務關係。

---

53　法院處理有關所有權的糾紛時，一般引用"財產權益不容否認（proprietary estoppel）"的原則，而不是
　　"已作承諾不容反悔（promissory estoppel）"的原則。但在本案中，作出承諾的一方並非物業法定所有
　　權的擁有人，所以"財產權益不容否認"的原則並不適用。這兩項原則的說明，參見本書第六章〈合約
　　法〉，頁 230-232 及第八章〈房地產法〉，頁 318-320。

54　[2013] CFI 2272.

55　[2014] CFI 474.

56　但由於將物業出售會為案中的父母帶來困苦，法院拒絕下令出售物業。

　　由於受託人掌管着他人的財產，法律為保障信託受益人的利益，加諸受託人的法律責任頗多。同時，為了方便他好好管理財產，法律也賦予他一定的權力。受託人的法律義務主要有二：

　　**a. 受託人承擔的受信責任**（fiduciary duty）　這個責任的其中一個主要內容是，除非信託另有規定或所有信託受益人另有許可，否則受託人在有利害關係（即受託人本身利益與信託的利益有衝突）的情況下，應先照顧信託的利益。對此責任，法院非常重視，即使受託人誠懇地（不懷私心地）作出涉及利益衝突的行為，或有關信託實際上根本不可能得到受託人因該行為而獲得的私人利潤，甚至有關信託沒有因此受損，反而獲利，受託人亦要就涉及利益衝突的行為負上法律責任。然而，根據 2013 年修訂的《受託人條例》第 41S 條，受託人可就他提供的服務收取酬金。

　　此外，若受託人購買信託財產，即使該交易是公平的，信託受益人日後仍有權把它撤銷；[57] 而若受託人向信託受益人購買後者對信託財產所持的受益所有權，他必須證明該買賣是公平的、有合理代價支持的，以及他已經向信託受益人披露所有有關資料。

　　**b. 信託人有責任小心謹慎地管理信託財產**（duty to take care as a reasonably prudent man）　對於一個沒有受薪的受託人來說，他管理財產時，須如謹慎明智的商人管理業務時一樣謹慎；若受託人是專業受託人，法院會要求他比非受薪的受託人更為謹慎。即使受託人曾聽取及依照法律專業人士提供的意見而行事，法院亦未必一定會認為他已符合小心謹慎的標準。最常應用這種責任的情況，是受託人就信託財產進行投資的時候。除信託聲明另有訂明外，受託人在為信託投資時，他的謹慎責任的要求會更高，他須如謹慎明智的人為其有道德責任照顧的人投資時那般謹慎。[58]《受託人條例》第 4 條放寬了投資限制，受託人可將信託基金投資在附表 2 的特准投資項目

---

57　*Tang Ying Ki and Others v Maxtime Transportation Ltd* [1996] 3 HKC 257.

58　*Re Whiteley, Whiteley v Learoyd* [1886] 33 Ch D 347 at p.355, per Lindley LJ; affd sub nom *Learoyd v Whiteley* [1887] 12 App Cas 727.

（authorized investments），例如是擁有不少於五十億港元的市場資本額，並曾於過往五年內其中任何三年派發股息的上市公司。

　　根據 2013 年修訂的《受託人條例》第 3A（1）條，受託人有法定責任採取有關情況下屬合理的謹慎態度（care and skill that is reasonable in the circumstances），在衡量合理與否時，須顧及該受託人認為其具備的特別知識或經驗，及按理可期望在受託人從事專業中的人具備的特別知識或經驗。此法定謹慎責任取代普通法規則及衡平法原則，但不適用於本條生效日期（2013 年 12 月 1 日）前設立，由有完全行為能力的人設立的或受益的信託。

　　受託人另一項很重要的義務，是受託人須備置賬簿及隨時向受益人提供關於信託財產或其投資的資料。[59] 這項義務之所以重要，是因為信託受益人掌握了有關的資料，才可有效地監管受託人。所以無論有關信託是確定權益的信託，或是賦予受託人酌情權去分配信託財產的信託，信託受益人也有權知道有關信託財產的資料。至於信託的其他資料，如受託人的會議紀錄，受託人與受益人或委託人的書信等，由於必須有效監管受託人的管理行為，法院會考慮所有因素，酌情指令受託人披露資料。法院行使酌情權時所考慮的因素，包括：申請披露資料的受託人所擁有的的受益權；平衡受託人、受益人和第三者不同的利益；以及有關文件的機密性等等。法院在指令受託人披露資料時，亦可限制資料的使用及披露的範圍，以照顧各方的利益。[60] 若受益人希望獲得進一步的有關資料，便需要提出訴訟，通過披露文件的程序（discovery of documents），[61] 才可獲得這些資料。

　　受託人的責任雖然繁多，但除法例明文禁止的情況外，信託文書可用免責條款或其他形式的規定（統稱“免責條款”）列明，容許非受償或不以專業身份行事的受託人無須就因疏忽（甚至嚴重疏忽）而引致的損失負上法律責任，

---

59　*Mui Po Chu v Moi Oak Wah* [1997] CA No. 1032 of 1997.

60　*Schmidt v Rosewood Trust Ltd* [2003] 2 AC 709; *Re Estate of Cheung Kung Hai* [2004] HCMP No. 3956 of 2002; *HSBC International Trust Ltd v Tam Mei Kam* [2004] HCMP No. 716 of 2004; *Cheung Kam Mun v Cheung Kam Wei* [2006] HCMP No. 1241 of 2005.

61　參見本書第二章〈訴訟法和證據法〉，頁 105-107。

惟凡因受託人詭騙或故意犯錯而引致的損失，受託人仍須承擔法律責任，免責條款只要沒有免除此等責任便能成立。[62] 根據 2013 年修訂的《受託人條例》第 41W 條，信託條款不得免除以專業身份行事並收取酬金的受託人的欺詐行為、故意不當行為或嚴重疏忽所引致違反信託的法律責任。本條適用於生效日期（2013 年 12 月 1 日）或之後設立的信託。至於生效日期前設立的信託，本條只在一年屆滿時（2014 年 12 月 1 日）方具有效力。若有關信託受《強制公積金計劃條例》管轄，則根據該條例第 26 條，信託中任何免責條款如要免除受託人在下列情況下須負的法律責任，均屬無效：(a) 因沒有誠實行事而違反信託；(b) 因蓄意或罔顧後果的不謹慎而違反信託；(c) 依法被判罰款或刑罰。

　　一般而言，一個信託的所有受託人應一致行事，任何有關信託的決定，必須得到所有受託人同意，方為有效。即使某受託人個人不想同意，若其他受託人對有關決定更有經驗或更為熟悉，又或為了避免僵局，該受託人亦應附和。在分配信託財產時，受託人亦應公平對待所有受益人。

　　至於受託人的權力方面，法律賦予受託人對信託財產的管理權，以便他妥善處理信託財產。信託創立人可在信託文書中明示規定這些權力，但即使信託文書內沒有訂明，《受託人條例》也授權受託人在第 18 條規定的情況下出售或按揭信託財產，並根據第 15 條發出有效收據；為任何事件對信託財產造成損失而投保，並從該信託基金撥付保費（第 21 條）；動用部份信託收入為未成年的受益人提供撫養費（第 33 條）；把部份信託資本提前饋贈予受益人（第 34 條）。若受託人合法地為信託有所支出，亦有權從信託財產中扣除資產以作補償（第 41U 條）。同時，受託人在管理信託事務時享有酌情權，只要是忠誠謹慎地執行職責，有權無須受益人的同意而作出一切有關信託管理的決定，即使因判斷錯誤而引致信託財產蒙受損失，亦無須負責。[63]

---

62　*Armitage v Nurse* [1998] Ch 241.

63　"孫爾妹訴盧靜及其他" [1996] 1 HKC 1。

受託人亦有權要求法院就信託的執行、受益人的組成和信託財產的分配頒佈指示，或要求法院頒佈查賬的命令，或禁止某人以受託人身份行事，或批准任何買賣或其他有關信託財產的交易。受益人亦有權向法院作出同類申請。根據《受託人條例》第 40A 條，若受益人已屆成年並有完全行為能力，及絕對有權享有信託財產，他可指示委任受託人或令受託人退職。同時，若所有受益人都具有行為能力，並共同擁有全部信託財產的受益所有權，又一致同意，便可提早終止信託，取得信託財產的法定所有權。

## （三）信託的管理和更改

信託成立後，有關管理信託的事宜包括兩方面。首先，是有關管理信託的人事問題，例如受託人表現不佳，但又不至於違反信託，如何更換或撤掉受託人和委任新受託人？現任受託人如何能辭職？其次，受託人可否授權他人管理信託？最後，是更改信託的管理細則及受益權分配的內容等問題。

### 1.如何更換受託人

信託管理的一項重要法律原則，是信託關係不因受託人死亡、破產或喪失行為能力而終止。故此，若信託初成立時的首批受託人因各種原因不能履行任務，可順序依據以下的法律途徑委任新受託人：

a.若設立信託的文書已訂明如何更換受託人，則全依其訂下的規定執行；

b.否則可根據《受託人條例》第 37（1）條的規定更換受託人。此條文規定：“凡任何由法院或其他人委任的原有或替代的受託人去世、不在香港超過十二個月、意欲獲得解除交託予他或授予他的所有或任何信託或權力、拒絕或不適合作為該等信託或權力的受託人、無行為能力作為受託人或不足二十一歲，則在符合本條例就受託人數目而施加的限制下：（a）設立信託的文書（如有的話）指定為有權委任新受託人的人；（b）如並無這樣指定的人，或獲指定的人不能或不願意行使委任權，[64] 則在當其時的尚存或留任受託人，或最後尚存或留任受託人的遺產代理人，可用書面委任一名或多於一名其他人（不論是否身為行使此權力的人）作為受託人，以代替上述已去世、不在香港、意欲獲得解除、拒絕作為受託人、不適合或無行為能力作為受託人或不足二十一歲的受託人。"

c. 若執行《受託人條例》第 37 條規定但仍然沒有人能夠或願意作為受託人，法院可引用第 42 條。根據這條規定，凡適宜委任新受託人，而發覺如無法院協助而作出委任並不適宜、會有困難或並不切實可行，則法院可作出命令，委任一名或多於一名新受託人。

若原有的受託人希望辭退職務，可順序運用以下的法律途徑：

a. 若設立信託的文書已作規定，可依其內容執行。

b. 若設立信託的文書沒有訂明，而在受託人退職後有需要委任新受託人，則可依上述第 37 條處理；若受託人退職而無須委任新受託人，則屬《受託人條例》第 40 條規定的情況。根據第 40 條，若受託人退職後會有信託法團或至少兩名人士以受託人身份執行該信託，則只要欲退職的受託人藉契據表明有意辭退職務，而其共同受託人（及其他有權委任受託人的人）亦藉契據同意以下兩項：（a）該受託人退職；（b）信託財產只歸屬該等共同受託人，欲退職的受託人即被當作已辭退信託的職務。

c. 取得法院同意。

## 2. 授權他人管理信託

受託人可用授權書，將權力轉委他人（第 27 條）。除此之外，根據 2013 年修訂的《受託人條例》，受託人有權委任代理人（第 41B 條）、代名人（第 41G 條）及保管人（第 41H 條），有便於信託行政或保管信託財產。

---

64　"行使委任權"有別於《受託人條例》第 37（1）（b）條的官方中文文本 "作為受託人"，是本文作者根據該條文的英文文本及上文下理嘗試修訂的。由於 "to act" 在第 37（1）條整條英文條文中出現了兩次，第一次出現時確是 "to act as the trustee" 的意思，所以中文文本是 "作為受託人"，但第二次（即在（b）段）出現時卻指 "to act as the appointer of the new trustee"，官方中文文本仍沿用 "作為受託人" 便有問題，因此本文作者在這裏把它改成 "行使委任權"。

### 3. 如何更改有關行政管理及受益權分配的內容

根據《受託人條例》第 56 條，如法院認為在管理信託財產方面某些產權處置是合宜的，但信託文書或法律卻沒有把所需的產權處置權力授予受託人，則法院可將有關權力授予受託人，但這權力不可用來更改受益權的分配。

根據《更改信託條例》，[65] 若法院認為更改信託是合適的，亦對該條例列明的某幾類受益人有利，法院便可批准更改信託。這項權力可用來更改有關受益權的分配。在 *HSBC Trustee（Hong Kong）Ltd v Wu Wilhelmina and others* 一案中，[66] 立遺囑人在遺囑中規定，如果將來香港不再屬於英聯邦，遺囑的執行人便改由一所在加拿大註冊的 Montreal Trust 公司擔任。這樣的安排，卻會使信託財產被加拿大法律視為位於該國的財產，因而被徵收可能高達百分之五十二點九四的稅款。香港高等法院於是根據《更改信託條例》第 3 (1)(b) 條，裁定即使更改信託也許會違反立遺囑人的意願，但基於稅務方面的考慮及實際情況（加拿大的受託人未必清楚香港的情況，而受益人又全部居於香港，由加拿大公司出任受託人可能引致很多行政上的困難），更改信託仍會對信託受益人有壓倒性好處。因此，法院便刪除了把信託遷移至加拿大的條款。

## （四）違反信託行為所涉及的法律責任

雖然很多信託都能順利地執行及結束或更改，但受託人違反責任的情況也有不少。受託人未經信託文書或有關法律准許，而作出任何違反責任的行為或有所遺漏，就是違反信託，信託受益人有權要求適當的補救。以下，我們集中詳述其中主要的四種：

a. 若信託財產有所損失，信託受益人可要求受託人填補所失去的信託財

---

65　《香港法例》第 253 章。

66　[1997] 2 HKC 576.

產或補償相等的金錢。若受託人因違反信託而獲得任何利益，受益人可要求他返還這些利益。

b. 若受託人擅自提取信託財產作為己有，又或因違反受信責任而獲得財產，他將被視為以法律構定信託形式為信託受益人持有該等財產。即使受託人把它變賣而轉換成其他財產，例如利用信託財產中的現金買股票，信託受益人亦有權就此新財產行使追溯權，藉此保障他的受益所有權。

c. 若受託人把因違反信託而獲得的，或轉換得來的財產轉移給第三人，除非此第三人是善意及不知情的買家或他的狀況後來已有改變（致使要求他返還全部財產是不公平的），否則信託受益人有權對已轉移至此人名下的原信託財產行使受益所有權，要求返還這些財產。此權利並不因該第三者的亡故或破產而終止。

d. 原本與信託無關的人，亦會在以下情況對信託受益人負上法律責任：(a) 他不誠實地協助受託人違反信託；(b) 他知情地為了自己的利益而收受受託人因違反信託而獲得的財產；(c) 他沒有得到受託人賦予權力而私自插手干涉信託事宜，或作出一些一般由受託人做的行為。

以下，我們逐一闡釋以上四種情況。

## 1. 受託人填補信託損失的責任

若受託人因違反信託而引致信託財產的虧損，他有責任為信託填補失去的財產，若實際上並不可行，則有責任補償該財產的價值。適用於這項補救的原則，與違反合約或疏忽的賠償不同。受託人的責任，是要使信託財產的情況，回復到他未違反信託之前的情況一般。所以，受託人有責任填補所有損失，即使它們是不直接（remote）或不是最初所能預見的（unforeseeable）。此外，即使倘無受託人的違反行為，信託便須繳付稅款，受託人在填補信託損失時，亦不能扣除相等於稅款的金額。信託損失的數額，以審判當日而不是違反信託當日計算。

一般來說，在追討損失時，信託受益人有責任證明違反信託的行為與信託的損失有因果關係，而有關這個因果關係的舉證要求，會視乎信託的性質而定。例如，若有關信託是傳統式的信託，只要信託受益人能證明受託人作出一些違反信託的行為，而信託財產隨之出現損失，受託人便要作出補救。在此情況下，法律不容許受託人提出證據，證明即使他沒有違反信託，信託亦會遭遇同樣或更大的損失。另一方面，若受託人因有遺漏而違反信託，信託受益人則有較大的舉證責任證明違反信託的行為與信託所蒙受的損失有因果關係，即證明假如受託人沒有違反信託，信託便不會有這樣的損失。此外，若有關信託是因商業方便而成立的，例如在買賣樓宇的過程中，承按人把貸款交給處理買賣的律師以受託人身份暫時持有，那麼，如果受託人作出一些違反信託的行為，信託受益人亦要證明假若受託人沒有違反信託，信託便不會招致這樣的損失。

*Target Holdings Ltd v Redferns* [67] 一案，說明了就因商業方便而成立的信託而言，受益人對於因果關係的舉證責任。在這案中，承按人（受按揭人）同意貸款給樓宇的買方，並把貸款交給買方的律師代為轉付賣方，律師以受託人身份暫時持有該筆款項，待樓宇的轉讓手續完成，即承按人取得樓宇的抵押權益時，才把款項代為轉付賣方。但在此案中，該律師在樓宇的轉讓手續尚未完成時，便提早把貸款交給賣方，所以違反信託。承按人後來順利得到樓宇的抵押權益，但其後由於按揭人（借款人）未能依期還款，承按人終於把樓宇賣出，以其價款來償還欠債。但由於此樓宇的實際價值偏低，出售的價款不足以償清欠款，所以承按人便向違反信託的律師提出訴訟，要求賠償損失。法院裁定，在這類為商業方便而成立的信託中，信託受益人（即案中承按人）須證明若沒有違反信託的行為，便不會出現有關的損失；而在此案中，承按人未能證明有關的因果關係，故不能索取賠償。

如果信託人刻意違反信託而招致損失，就違反信託行為與損失之間的因果關係而言，法庭可降低箇中的舉證要求。在 *Libertarian Investments Ltd. v*

---

67　[1996] 2 AC 421. 最近，英國最高法院於 *AIBGroup (uk) v Mark Redler* [2014] uksc 58 一案中，肯定並引用 Target Holdings 此案訂立的法律原則。

*Hall* [68] 一案中，被告承諾以信託財產為原告購買股票。原告收到第三者高價購買股票的要約時，揭發被告並沒有遵守承諾。終審法院裁定被告故意違反信託，並挪用信託財產。被告不但要返還信託金額，更須賠償因失去要約機會而致的損失。這既是因為賠償可依照審判當日（而不是違反信託當日）計算，也因被告沒有收購股票乃是他的過錯。

若受託人因違反信託而獲得利益，信託受益人可要求他返還那些利益及其利息。那些利益的價值，以他獲得利益當日計算。此外，若受託人有兩項違反信託的行為，其中一項令信託受損，另一項反而為信託得利。在計算受託人最終應承擔的賠償金額時，不得從損失的數目中扣除得利的數目，除非兩項違反信託的行為都來自同一宗交易或決定。[69] 另一方面，若因違反信託而使信託財產受損，同時受託人卻有所得利，信託受益人可選擇追討賠償損失或要求返還得利，但不能同時得到這兩種補救。[70]

一旦受託人違反信託，只能在某些情況下減輕或免除補救責任，例如信託文書載有免責條款（有關免責條款的法律規定，詳見本書頁 384-385）。即使信託文書沒有免責條款，如法院認為違反信託的受託人已誠實及合理地行事，並應根據公義的要求寬恕他違反信託，則法院可完全或部份免除受託人對該項違反行為須負的個人法律責任（《受託人條例》第 60 條）。

再者，若任何信託受益人同意某項違反信託的行為，或對之緘默，或之後認許，而該受益人當時有法律行為能力，亦知悉所有有關事實及其法律效果，亦沒有被欺詐，該受益人便不得就該項違反行為提出起訴。

以上討論的補救屬個人民事責任的範圍，有其不足之處。例如一旦受託人破產，信託受益人在訴訟所能行使的債權，只會與一般沒有抵押擔保的債權地位相同，要等待有抵押擔保的債權人優先行使他們的權利之後，才可與其他沒有抵押擔保的債權人分配剩餘的財產。況且，大部份不忠誠的受託人

---

68　FACV 14 & 16 of 2012, November 3, 2013.

69　*Bartlett v Barclays Bank Trust Co Ltd (No 1)* [1980] Ch 515.

70　*Tang Man Sit, Personal Representative of v Capacious Investments Ltd* [1996] 1 AC 514.

在被揭發前已逃之夭夭，實際上亦很難向他們追討。故此，比較有實質作用的補救，是信託受益人對某些財產行使的權利。這種產權性的補救是針對有關財產的，所以即使受託人破產，信託受益人仍可像有抵押擔保的債權人一樣，優先領取財產。以下討論的第 2 種及第 3 種補救都是產權性的權利。

## 2. 受託人因違反信託而得的財產，受法律構定信託所限

若受託人因違反信託而獲得財產，這些財產將受法律構定信託所限，其受益所有權歸於原本的信託受益人。所以，即使受託人破產，信託受益人仍可就該等財產行使受益所有權。這個重要原則，不但適用於受託人，亦適用於所有受信人（即負有受信責任的人）。假如他們因違反受信責任而獲得財產，即使這些財產本來不是有關信託的財產，這些財產仍受法律構定信託所限。例如，在 *Attorney-General for Hong Kong v Reid* 一案中，[71] 前香港政府高官胡禮達，以受賄所得的金錢在新西蘭買下三幢房屋，分別歸於他的妻子和律師名下，樞密院判該三幢樓宇受法律構定信託所限，而即使香港政府的收入完全沒可能包括該等賄款，這個信託的受益所有權仍屬於香港政府。最近，在 *FHR European Ventures v Cedar Capital Partners* 一案中，[72] 英國最高法院也採納了法律構定信託來處理受信人收受的賄款或秘密佣金。本案當中原告向賣家收購某酒店集團的股份。被告向原告提供顧問服務，故成為原告的受信人。被告再與賣家達成協議，收取促成買賣的佣金。被告並沒有向原告透露此協議，因此違反受信責任而獲得利益。法庭裁定被告須以法律構定信託的方式，為原告持有該秘密佣金。[73]

## 3. 信託受益人向持有信託財產的第三者行使受益所有權

若信託受益人能提出以下證據：(a) 追溯、索究及確認出某人所持有的

---

71　[1994] 1 AC 324.

72　[2014] UKSC 45.

73　同上，[46]-[51]。

財產乃源自有關信託財產；及（b）證明信託受益人與挪用財產的人（受託人）在法律上有涉及受信責任的關係；及（c）指出自從受益人失去這些財產至第三者得到這些財產整段時間，該財產一直繼續存在，沒有中途消失（若財產中途有所減少，則只能要求返還中途曾剩餘過的最少的款額），則有權要求此第三者返還有關財產，除非第三者就該財產來說是善意和不知情的買家（bona fide purchaser）。

此項補救乃基於信託受益人能證明自己擁有被告人所持財產的受益所有權，所以不會因被告人亡故或破產而受影響。然而，若有關財產已經耗損，或已與其他財物混合而不能分辨，則無從得以返還受益人。所以最常用的補救，便是向一些有償付能力的人進行追討。這便是以下談到的最後一種補救。

### 4. 向原本與信託無關的人追討

上述第 3 項的補救與此項的補救，同是向第三者追討的；不同的是，此項補救給予信託受益人的是一種非產權性的權利，通常用於向有償付能力的人（如律師行或銀行）進行追討。

若第三者不誠實地協助受託人違反信託，他便有個人責任去賠償信託財產遭受的損失。根據英國樞密院在 *Royal Brunei Airlines Sdn Bhd v Tan* [74] 的判例，由於這項責任是基於第三者對信託的干預，而不是基於受託人本身的錯誤，即使受託人本身是誠實地違反信託的，該第三者仍須負責。另外，樞密院在此案中亦澄清，這項責任是一種賠償損失的責任，有別於下述因知情地收受利益而須返還不當得利的責任。賠償的責任可能比返還不當得利的責任更大，除非第三者是不誠實的，否則他無須負責任。至於怎樣才算不誠實，判例的看法也不一致。根據 2002 年英國上議院 *Twinsectra v Yardley* [75] 判例，第三者的行為必須被社會上誠實而想法合理的人士認為是不誠實的，以及第三者知道自己的行為是會得到如此判斷的。但 2005 年英國樞密院 *Barlow*

---

74　[1995] 2 AC 378.

75　[2002] 2 AC 164.

*Clowes International Ltd. v Eurotrust International Ltd.* [76] 一案中，法庭卻認為只要第三者的行為被社會這些人士認為是不誠實的，便已足夠。這兩個判例對香港法院都有説服力。[77]

若第三者在知情的情況下，或在實際不知情但理應知情的情況下，為了自己的利益而收受他人因違反信託而得的財產，或收受時不知情，但之後，當仍然持有財產時知情或理應知情，則此第三者負有個人責任，須返還知情收受時的財產的總值，即使有關財產之後已有所虧損。由於這項責任是一種返還不當得利的責任，而又限於返還知情收受財產時該財產的總值，所以即使第三者是誠實的，如果他在有關情況下理應知情，仍須負上責任。根據 2010 年香港終審法院 *Thanakharn Kasikorn Thai Chamkat (Mahachon) v Akai Holdings Ltd.* 判例，[78] 如果該第三者收受財產為不合情理（unconscionable），他須返還財產的總值。

若第三者沒有受託人的授權而干涉信託，或作出一些一般由受託人做的行為，他會負有猶如他是受託人一樣的責任。這項責任是一種嚴格的責任，即無論疏忽與否，仍須負責。

---

76　[2005] UKPC 37, [2006] 1 WLR 1476. 見 *Abou-Rahmah v Abacha* [2006] EWCA Civ 1492; [2007] 1 WTLR 1; *Fresh 'N' Clean (Well) Ltd v Miah* [2006] EWHC 903, [2006] All ER (D) 421.

77　在 2005 年之前，香港上訴庭一般採取 *Twinsectra Ltd. v Yardley* 的意見：*UBS AG v Stanford International Enterprises Ltd* [2002] CACV No. 350 of 2002。但原訟庭卻有不少案例支持 *Twinsectra* 中 Lord Millett 的少數意見，亦即 *Barlow Clowes* 判例的意見：*UBS AG v Stanford International Enterprises Ltd* [2002] 3 HKC 621; *High Fashion Garments Ltd. v Ng Siu Tong & Ors* [2005] 4 HKC 8. *Barlow Clowes* 案宣判後，原訟庭亦隨即採取這案例的意見：*Peconic Industrial Development Ltd v Chio Ho Cheong* [2006] HCA No. 16255 of 1999; HCA No. 3083 of 2002。

78　(2010) HKCFAR 47.

## 第十一章

# 繼承法

陸文慧[*]

執業律師及國際公證人、香港大學法律系兼任教授

生老病死，是人生的必然，科學進步或能減少疾病，延緩衰老，但有生必有死仍是事實。隨着人口的老化且預期壽命更長[1]，社會人士都不得不接觸繼承法；而且在沒有遺囑的情況下，根據法例有權辦理繼承的親人都可能年事已高，到有需要時才開始認識繼承法，就更吃力了。本章盡量以實用簡明的方式，介紹香港的繼承法。

任何擁有財產的人去世後，涉及繼承法的問題便自然出現。這些問題主要分為兩大類：(a) 誰有資格繼承死者的財產？(b) 承辦遺產的手續如何？

## 一　誰有資格繼承？

這要視乎死者是否已訂立有效的遺囑，說明如何分配遺產，如果有這樣的遺囑，遺囑指定的受益人便有資格繼承死者的財產，否則遺產便按《無遺囑者遺產條例》[2] 的規定分配。

---

[*]　本章部份內容節錄自作者近年為慈善團體提供的法律講座或諮詢服務，現得本書出版社同意由作者繼續保留版權，以便日後以各種形式普及有關法律知識，作者謹此致謝。

1　具體統計數字見本章附篇首段。

2　《香港法例》第 73 章。

在香港法律上有效的遺囑，必須符合兩方面的要求：

a. 立遺囑人必須是成年人（軍人、海員、航空人員除外），神志清醒，精神健全，清楚自己的財產狀況，明瞭及同意遺囑的內容，並在沒有受脅迫或欺騙的情況下訂立遺囑。例如歌星梅艷芳遺產案[3]的其中一項爭議就是，已患重病的梅艷芳女士在立遺囑時神志是否清醒，如果她已神志不清，遺囑便屬無效；結果法官在考慮所有證據（包括當時主診醫生、其他在場證人、庭上專家證人等各人的供詞）後，認為立遺囑人當時知悉及明白遺囑的內容，所以裁定該遺囑在法律上是有效的。

b. 遺囑不論以中文或英文簽立，都必須符合《遺囑條例》[4]第 5（1）條的法定要求，即立遺囑人必須在兩位或以上的見證人面前，在遺囑末處簽名，而該等在場的見證人也須在立遺囑人面前作見證，並在遺囑上簽署。雖然《遺囑條例》第 5（2）條同時規定："任何看來是體現立遺囑人遺願的文件，即使沒有按照第一款所述規定訂立，但只要有人提出申請，而法庭在無合理疑問的情況下，信納該文件是體現立遺囑人的遺願的，則該文件須當作已妥為簽立"，不過，如果在承辦遺產時需要作出這種申請，不但費時失事，而且法庭信納與否，始終是未知之數[5]，所以立遺囑時應該遵照《遺囑條例》第 5(1)條的法定要求。

如何訂立遺囑，以及可供參考的中文遺囑樣本，詳見本章附篇的三份法律文件：遺囑、持久授權書、預設醫療指示（簡稱"平安三寶"）。

根據香港法律，身故者生前如沒有訂立遺囑，遺產須按照香港法例第 73 章《無遺囑者遺產條例》第 4 條的規定分配。無遺囑者的遺產如何分配，主要視乎無遺囑者過世時遺下甚麼親屬，由於條文頗為繁複，現綜合該條例的規定以圖表方式說明如下：

---

3　見 *Tam Mei Kam v HSBC International Trustee Ltd and Others*，案件編號：HCAP2/2004。

4　《香港法例》第 30 章。

5　如果遺囑是偽造出來的，有關人士會因使用虛假文書等罪名遭刑事檢控，或致入獄，例如陳振聰的案件：*Chinachem Charitable Foundation Ltd v Chan Chun Chuen and another*，案件編號：FAMV 20/2011；*HKSAR v Chan Chun Chuen*，案件編號：HCCC182/2012。

| 遺下的親屬<br>（ ✓ =有；✗ =無或比死者早逝） | 遺產受益人 | 可承繼的遺產 |
|---|---|---|
| • 配偶 ✓<br>• 後嗣 ✗<br>• 父母 ✗<br>• 兄弟姊妹 ✗ | 配偶 | • 全部遺產 |
| • 配偶 ✓<br>• 後嗣 ✓<br>• 父母 ✓ 或 ✗<br>• 兄弟姊妹 ✓ 或 ✗ | 配偶 | • 死者在寓所的個人物品（包括汽車）<br>• 如遺產不超過五十萬元，應全部歸於配偶；如遺產超過五十萬元，則配偶先獲撥五十萬元，再承繼餘下遺產的一半。（舉例：如遺產有一百五十萬元，配偶可先獲撥五十萬元，再承繼餘下百萬元的一半［即五十萬元］，共得一百萬元。） |
|  | 子女<br>（如超過一名，則平均分配）* | • 如遺產不超過五十萬元，應全部歸於配偶，子女再無遺產可分；如遺產超過五十萬元，子女可得到減去五十萬元後餘下遺產的一半。（舉例：如遺產有一百五十萬元，配偶獲撥五十萬元後，子女可得餘下一百萬元的一半，即五十萬元。） |
| • 配偶 ✓<br>• 後嗣 ✗<br>• 父母 ✓<br>• 兄弟姊妹 ✓ 或 ✗ | 配偶 | • 死者在寓所的個人物品（包括汽車）<br>• 如遺產不超過一百萬元，應全部歸於配偶；如遺產超過一百萬元，則配偶先獲撥一百萬元，再承繼餘下遺產的一半。（舉例：如遺產有一百五十萬元，配偶可先獲撥一百萬元，再承繼餘下五十萬元的一半（即二十五萬元），共得一百二十五萬元。） |
|  | 父及／或母（如父母俱在，則兩人平均分配；如其中一方比死者早逝，則由尚存一方繼承。） | • 如遺產不超過一百萬元，應全部歸於配偶，父母再無遺產可分；如遺產超過一百萬元，父母可得到減去一百萬元後餘下遺產的一半。（舉例：如遺產有一百五十萬元，配偶獲撥一百萬元後，父母可得餘下五十萬元的一半，即二十五萬元。） |

（續）

| 遺下的親屬<br>（ ✓ =有；✗ =無或比死者早逝） | 遺產受益人 | 可承繼的遺產 |
|---|---|---|
| • 配偶 ✓<br>• 後嗣 ✗<br>• 父母 ✗<br>• 兄弟姊妹 ✓ | 配偶 | • 死者在寓所的個人物品（包括汽車）<br>• 如遺產不超過一百萬元，應全部歸於配偶；如遺產超過一百萬元，則配偶先獲撥一百萬元，再承繼餘下遺產的一半。（舉例：如遺產有一百五十萬元，配偶可先獲撥一百萬元，再承繼餘下五十萬元的一半（即二十五萬元），共得一百二十五萬元。） |
| | 兄弟姊妹（如超過一名，則平均分配）* | • 如遺產不超過一百萬元，應全部歸於配偶，兄弟姊妹再無遺產可分；如遺產超過一百萬元，兄弟姊妹可得到減去一百萬元後餘下遺產的一半。（舉例：如遺產有一百五十萬元，配偶獲撥一百萬元後，兄弟姊妹可得餘下五十萬元的一半，即二十五萬元。） |
| • 配偶 ✗<br>• 後嗣 ✓<br>• 父母 ✓ 或 ✗<br>• 兄弟姊妹 ✓ 或 ✗ | 子女（如超過一名，則平均分配）* | • 全部遺產 |
| • 配偶 ✗<br>• 後嗣 ✗<br>• 父母 ✓<br>• 兄弟姊妹 ✓ 或 ✗ | 父母（平均分配） | • 全部遺產 |
| • 配偶 ✗<br>• 後嗣 ✗<br>• 父母 ✗<br>• 兄弟姊妹 ✓ | 兄弟姊妹（如超過一名，則平均分配）* | • 全部遺產 |
| • 配偶 ✗<br>• 後嗣 ✗<br>• 父母 ✗<br>• 兄弟姊妹 ✗<br>• 同父異母或同母異父的兄弟姊妹 ✓ | 同父異母或同母異父的兄弟姊妹（如超過一名，則平均分配）* | • 全部遺產 |

（續）

| 遺下的親屬<br>（ ✓ =有；✗ =無或比死者早逝） | 遺產受益人 | 可承繼的遺產 |
|---|---|---|
| • 配偶 ✗<br>• 後嗣 ✗<br>• 父母 ✗<br>• 兄弟姊妹 ✗<br>• 同父異母或同母異父的兄弟姊妹 ✗<br>• 祖父母及外祖父母 ✓ | 祖父母及外祖父母（如超過一名，則平均分配） | • 全部遺產 |
| • 配偶 ✗<br>• 後嗣 ✗<br>• 父母 ✗<br>• 兄弟姊妹 ✗<br>• 同父異母或同母異父的兄弟姊妹 ✗<br>• 祖父母及外祖父母 ✗<br>• 伯父、叔父、舅父、姑母及姨母 ✓ | 伯父、叔父、舅父、姑母及姨母（如超過一名，則平均分配）* | • 全部遺產 |
| • 配偶 ✗<br>• 後嗣 ✗<br>• 父母 ✗<br>• 兄弟姊妹 ✗<br>• 同父異母或同母異父的兄弟姊妹 ✗<br>• 祖父母及外祖父母 ✗<br>• 伯父、叔父、舅父、姑母及姨母 ✗<br>• 伯父、叔父、舅父、姑母及姨母（只屬死者父或母的同父異母或同母異父的兄弟姊妹者）✓ | 伯父、叔父、舅父、姑母及姨母而屬死者父或母的同父異母或同母異父的兄弟姊妹者（如超過一名，則平均分配）* | • 全部遺產 |

（續）

| 遺下的親屬<br>（ ✓ =有；✗ =無或比死者早逝） | 遺產受益人 | 可承繼的遺產 |
|---|---|---|
| • 任何可成為本表上列受益人的死者親屬 ✗ | 政府（除非有人能證明在死者去世前，自己一直靠死者供養，因而期望繼續獲得供養實屬合理，則作別論。） | • 全部遺產 |

＊ 如此等親屬當中，有比死者早逝而留有後嗣的，則把屬於早逝者的一份分給其後嗣。

　　從上表可見，繼承法體現了一般中國人的家族觀念。如無遺囑者是已婚人士，遺產則由配偶及子女繼承；如無遺囑者是未婚人士，遺產則由父母繼承；如父母已不在人世，則由兄弟姊妹繼承；如兄弟姊妹也不在人世，則由甥姪繼承；如無兄弟姊妹，則由表列的其他親屬繼承。

　　任何人士如認為上表所列的分配方法不符合自己的意願，便應自行訂立遺囑，但即使這些分配方法符合自己的意願，也最好訂立遺囑。一般來説，有遺囑者的遺產申辦手續比無遺囑者更簡單方便，例如：替無遺囑者申辦遺產的人士必須出示各有關的結婚證明書、出生證明書等文件，甚至確認身份的誓章，來證明自己與死者有法定的繼承關係，具備申辦遺產的資格；反過來説，只要遺囑列明遺囑執行人的姓名（附香港身份證號碼），日後申辦遺產時，該遺囑執行人只須出示香港身份證，已能證明自己是有資格申辦遺產的人了。

　　在一般情況下，遺產由誰來繼承，都由遺囑或《無遺囑者遺產條例》決定，但根據《財產繼承（供養遺屬及受養人）條例》，[6] 任何人在死者去世前是完全或主要靠死者養活的，如不能根據死者遺囑或《無遺囑者遺產條例》獲得"合理經濟給養"（reasonable financial provision），都可向法院申請，要求獲得遺產的一部份。以本章附篇"平安三寶"的"遺囑（參考樣本 1）"頁

---

6　《香港法例》第 481 章。

415-416 為例，遺囑特設第 5 段："本人聲明沒有任何人士（包括任何親屬及朋友）需本人供養，所以本人將遺產全部贈予多年來對我關懷備至、照顧有加的鄰居張小明。" 就是為了防止有人在立遺囑人身故後佯稱自己一直受立遺囑人供養，倘若仍有人根據《財產繼承（供養遺屬及受養人）條例》作出申請，就必須有非常有力的證據，推翻遺囑第 5 段聲明的事實。

## 二　承辦遺產的手續如何？

人一死後，財產便會被法律凍結，[7] 直至法院發出授予書，授權一名或以上的遺產代理人（personal representative）處理死者的遺產。一般來説，在有遺囑的情況下，遺產代理人就是遺囑執行人（executor），而授予書就稱為 "遺囑認證"（probate）；在無遺囑的情況下，遺產代理人則指遺產管理人（administrator），授予書就稱為 "遺產管理書"（letters of administration）。授予書（grant）俗稱 "承辦紙"，包括遺囑認證（probate）、遺產管理書（letters of administration）、附有遺囑的遺產管理書（letters of administration（with will annexed）），三種授予書的不同用途，見下文 "申請授予書" 一節頁 405-409）。遺產凍結期間，任何人未經法律許可而領取、動用或處置遺產，便會被罰款，更可能負上刑事責任。[8] 申請授予書的準備工作和手續如下。

---

7　死者以聯權共有（joint tenancy，俗稱 "長命契"）方式與其他人共同持有的聯名物業，以及在銀行訂明尚存者取得權（survivorship）的聯名戶口則屬例外。該等聯名物業與聯名戶口的支配權會自動由其他尚存的聯名人士繼承，尚存者是該等物業與戶口最終的所有人。然而，死者與人聯名租用的銀行保險箱，即使訂明有尚存者取得權，也會被凍結，尚存租用者要通過特定程序向民政事務總署申請，才可從死者的聯名保險箱取出屬於尚存租用者本人的物品，申請手續及表格詳見民政事務總署網頁：http://www.had.gov.hk/estates。

8　《遺囑認證及遺產管理條例》第 60J 條明文禁止擅自處理遺產。

## （一）　清點死者的財產

根據《生死登記條例》[9] 第 14 條，死者的親人或某些指定人士有責任領取死者的死亡證。後人領取死亡證後，便應確定死者是否有遺囑，以及展開死者遺產的清點工作。除死者的日用品外，一切貴重物品、珠寶首飾等、死者的物業、銀行戶口存款、死者所持有的上市公司與私人公司的股票、強積金及其他權益，以至生前所欠的債務，都要逐一列出。如死者有銀行保險箱，則應向政府有關當局申請開啟保險箱及點算箱內物品：在 2006 年 2 月 11 日之前去世者，應向稅務局遺產稅署申請；在 2006 年 2 月 11 日或之後去世者，則根據《遺囑認證及遺產管理條例》[10] 第 60C 至第 60I 條向民政事務局局長（下稱"民政事務總署"）[11] 申請。一切點算完畢，應列出一張資產負債總清單。

根據《遺產稅條例》第 2 條和第 5 條，在 2006 年 2 月 11 日或之後過世的人士，無須就其遺產繳納遺產稅。死者的親人或有關人士在確定遺產清單後，可直接向高等法院設立的遺產承辦處申請授予書。在該日期前去世的人士，凡位於香港而隨着死者的去世而移轉至他人的財產，則須就其基本價值繳納遺產稅。死者的親人或有關人士在確定遺產清單後，必須先向稅務局遺產稅署申領清妥遺產稅證明文件，才可向遺產承辦處申請授予書。下文將集中討論在 2006 年 2 月 11 日或之後過世人士的遺產承辦手續。

## （二）　無須授予書而可處理的死者財產

根據《遺囑認證及遺產管理條例》第 60A 條至第 60K 條，凡在 2006 年

---

9　《香港法例》第 174 章。

10　《香港法例》第 10 章。

11　《遺囑認證及遺產管理條例》第 60A 條至第 60K 條所規定的民政事務局局長已轉授權力予民政事務總署署長，以簽發"需要支用款項證明書"、"需要檢視銀行保管箱證明書"、"自銀行保管箱取去物品授權書"、"確認通知書"，由 2007 年 4 月 1 日起生效。申請上述證明書、授權書或通知書，應向民政事務總署遺產受益人支援組提出。

2 月 11 日或之後去世的人士，其遺產在下列兩種特定情況下獲民政事務總署批准申請後，便無須授予書也可取用，申請手續及表格詳見民政事務總署網頁：http://www.had.gov.hk/estates。

　　a. 死者的遺產是全屬金錢（例如銀行存款）而總值不超過五萬港元的小額遺產，而且死者沒有以信託人身份或祖 / 堂的經理或司理身份持有任何財產，只要死者的遺囑執行人或指定的死者親屬，[12] 成功向民政事務總署申請確認通知書，便可處理該筆小額遺產，無須向遺產承辦處申請授予書。

　　b. 遺產尚未獲批授予書期間，如急需從遺產取出款項以支付死者殮葬費用或供養死者遺屬，只要成功向民政事務總署申請"需要支用款項證明書"，便可從死者的銀行戶口中支取款項作該等用途，但此項申請不適用於死者與他人聯名的銀行戶口。用於支付死者殮葬費用的申請，須在實際支付殯儀服務費用前提出，申請人獲發的"需要支用款項證明書"將明確指示從死者單名的銀行戶口支用款項，以銀行本票直接付款給殯儀服務提供者。用於供養死者遺屬的申請如獲批准，銀行將獲授權按月發放款項給申請人，為期不超過三個月。

## （三）　向遺產承辦處申請承辦遺產

　　只要死者去世時以香港為居籍，遺產又處於香港，一切無訴訟爭議的遺產申請，都在遺產承辦處辦理。申請人除非委託律師或因居於海外而由受權人辦理，否則必須親自前往遺產承辦處提出申請。遺產承辦處位於香港金鐘道 38 號高等法院大樓低層三樓。申請方法視乎很多因素而定，例如死者是否已立遺囑，以及財產的總值和性質。遺產承辦處提供的小冊子，已列出指引。[13]

---

12　根據《無爭議遺囑認證規則》第 21 條，如果死者沒有簽立遺囑，簡單來説，可提出申請人士的優先次序如下：（a）尚存的配偶；（b）死者的一名子女；（c）死者的父或母；（d）死者的一名兄弟姊妹。

13　《司法機構法庭服務簡介：遺產承辦處》的小冊子可從 http://www.judiciary.gov.hk/tc/crt_services/pphlt/html/probate.htm 下載。

此外，即使死者不以香港為居籍，只要有遺產在香港，也需要在遺產承辦處辦理承辦手續，根據《無爭議遺囑認證規則》第 29 條，申請適用於這類特殊情況的授予書。如死者的遺產已在《遺囑認證及遺產管理條例》附表 2 指定的地方（即澳洲部份地區、新西蘭、新加坡、英國、斯里蘭卡）取得授予書，則可按該條例第 49 條規定，申請在當地的授予書上加蓋香港法院的印章，使該授予書得以在香港使用。

## 1. 誰有資格做申請人？

如果死者已簽立遺囑，便應由遺囑指定的遺囑執行人（executor）提出申請，以本章附篇 "平安三寶" 的 "遺囑（參考樣本 1）" 為例，遺囑執行人張小明便是有資格申請承辦林一梅遺產的人。倘若遺囑沒有指定遺囑執行人或沒有任何遺囑執行人能夠或願意提出申請，則由《無爭議遺囑認證規則》[14] 第 19 條所指定的遺產受益人提出申請。

如果死者沒有遺囑，根據《無爭議遺囑認證規則》第 21 條，可提出申請的人士按優先次序排列如下：(a) 死者尚存的配偶；(b) 死者的子女，或子女的後嗣（倘該子女比死者早逝）；(c) 死者尚存的父或母；(d) 死者的兄弟姊妹，或兄弟姊妹的後嗣（倘該兄弟姊妹比死者早逝）；(e) 死者尚存的祖父或祖母；(f) 伯父、叔父、舅父、姑母、姨母，或其後嗣（倘該伯父、叔父、舅父、姑母或姨母比死者早逝）。

申請應由上列次序中享有較高優先權的人士申請，如享有較高優先權的人士已去世或放棄申請的權利，則享有較低優先權的人士便有權申請，但必須先向遺產承辦處出示證據，例如優先權較高人士的死亡證或按下文所述 "指明表格 L2.1" 簽妥的 "放棄遺產管理權利書"，以證明享有較高優先權的人士已死亡或放棄權利。承辦無遺囑者遺產的申請人稱為 "遺產管理人"（administrator）。

---

14　《香港法例》第 10A 章。

　　申請人獲授予遺產後便負責把遺產分配給受益人，一般來說，申請人只需一名已足夠，但如遺產申請涉及未成年的受益人及／或享有終生權益的人（即未成年人權益及／或終生權益），除非申請人是遺囑執行人，否則申請人的數目不得少於兩名，以充分保障未成年人權益及／或終生權益。根據《遺囑認證及遺產管理條例》第 25 條，申請人的數目不得超過四名。

## 2. 申請人須辦理甚麼手續？

　　如果遺產總值超過港幣十五萬元，申請人便必須申請授予書。即使遺產總值不超過港幣十五萬元，但如果遺產並非全屬金錢（例如包括股票），申請人也須申請授予書；反之，如果遺產總值不超過十五萬港元而全屬金錢，則可申請由遺產管理官以簡易方式管理遺產。

　　(1) 申請授予書

　　如果遺產並非全屬金錢，例如包括股票或物業等資產，或遺產總值超過港幣十五萬元，申請人便必須申請授予書。申請人可選擇委託律師辦理申請，或親自到遺產承辦處的公眾申請組辦理申請，如果申請看來簡單、遺產的情況並不複雜或司法常務官認為適宜的，公眾申請組通常都會提供協助。

　　遺囑執行人申請的授予書稱為"遺囑認證"，倘若遺囑沒有指定遺囑執行人或沒有遺囑執行人能夠或願意提出申請（不管任何原因），申請的授予書則稱為"附有遺囑的遺產管理書"。無遺囑者的遺產管理人所申請的授予書稱為"遺產管理書"。

　　簡單來說，申請手續就是按照合適的申請表格擬備申請文件，並一併提交所需的證明文件存檔。所謂"申請表格"，就是司法常務官根據《無爭議遺囑認證規則》第 2A 條規則指明的表格，稱為"指明表格"（specified forms）。2006 年，司法常務官頒佈了一套全新的指明表格，與取消遺產稅的條文同時生效。該套全新的指明表格共八十二款，多屬誓章格式，分別適用於多種不同情況下的承辦遺產申請（包括最常見的與較特殊的情況）。這套指明表格除清晰易明外，還備有"指明表格使用指引"及令人一目瞭然的"索引"，以便使用者選擇合適的表格填寫，而且指明表格本身各有附註，提示使用者應注意的地方。整套指明表格、"指明表格使用指引"及"索引"，全部都可以在司法機構的網頁 [15] 下載。

除根據指明表格擬備申請文件外，申請人還須提交所需的證明文件。

有遺囑的情況：

如死者已立遺囑，在正常情況下，申請人就是遺囑指定的遺囑執行人，申請人只須提交以下文件：

a. 死者的死亡證明書正本，或由有關政府機關簽發的核證副本（下稱"核證副本"）；

b. 死者的遺囑正本連同一份副本；及

c. 申請人的香港身份證副本。[16]

以本章附篇"平安三寶"的"遺囑參考樣本 1"為例，假設林一梅在今年去世，遺產總值超過十五萬港元，遺囑執行人張小明在申請承辦林一梅的遺產時，須提交的各款指明表格及證明文件如下：

a. 指明表格 W1.1a——遺囑執行人申請遺囑認證的誓章；

b. 指明表格 N2.1——核實資產及負債誓章；

c. 指明表格 N4.1——死者於去世當日在香港之資產及負債清單；

d. 林一梅的死亡證明書正本或核證副本，以及香港身份證副本，以證明林一梅是香港人，現已去世；

e. 林一梅遺囑的正本連同一份副本，以證明張小明是死者遺囑指定的遺囑執行人；及

f. 張小明的香港身份證副本。

無遺囑的情況：

如死者沒有遺囑，申請人則須提交更多證明文件，以證明自己有資格做申請人（即遺產管理人），所需的文件可包括：

---

15　http://www.judiciary.gov.hk/tc/crt_services/forms/probate.htm.

16　倘死者在 2006 年 2 月 11 日前去世，則還須提交豁免或繳付遺產稅證明書。

a. 死者的死亡證明書正本或核證副本；

b. 其他有關人士的死亡證明書正本或核證副本（如適用）；

c. 死者或其他有關人士的結婚證明書正本，或核證副本（如適用）；

d. 死者或其他有關人士的出生證明書正本，或核證副本（如適用）；

e. 死者及申請人的香港身份證副本；及

f. 任何其他可證明申請人有權獲得授予書的文件正本。[17]

舉例來說，在今年去世的死者甲（夫）沒有立下遺囑，遺產總值超過十五萬元，甲早年喪妻（乙），只遺下一名女兒（丙），已年近六十歲。

由於甲（夫）沒有遺囑，根據《無爭議遺囑認證規則》第 21 條，可提出申請人士的優先次序如下：

a. 配偶，但乙（妻）早已去世；

b. 子女，即丙。

丙為了證明自己有資格申請承辦甲的遺產，必須提交證明文件，證實上述比自己享有較高優先權申請承辦甲遺產的人士（即乙）已去世，以及證實乙與甲的關係。因此，在申請承辦甲的遺產時，丙須提交的各款指明表格及證明文件如下：

a. 指明表格 L1.3a ——遺產管理人申請遺產管理書的誓章（由死者子女提出申請）；

b. 指明表格 N2.1 ——核實資產及負債誓章；

c. 指明表格 N4.1 ——死者於去世當日在香港之資產及負債清單；

d. 甲的死亡證明書正本或核證副本；

e. 甲與乙的結婚證明書正本或核證副本[18]，以證明乙是甲的配偶；

f. 乙的死亡證明書正本或核證副本，以證明乙雖有優先權申請甲的遺

---

17　倘死者在 2006 年 2 月 11 日前去世，則還須提交豁免或繳付遺產稅證明書。

18　如甲（夫）及乙（妻）在 1971 年 10 月 7 日前在香港結婚，或在 1950 年 5 月 1 日前在內地結婚，則可能是"舊式婚姻"（有關定義見本書《家事法》一章），無法出示甲與乙的結婚證明書正本或核證副本。如屬"舊式婚姻"，則可用其他方式證明甲與乙的婚姻關係，例如根據指明表格 M2.1 簽妥的"確認身份誓詞"。

產，但已比甲早逝；

　　g.丙的出生證明書正本或核證副本，以證明丙是甲的女兒；及

　　h.丙的香港身份證副本。

　　如丙無法提供上述證明書的正本或核證副本，在有些情況下，可用誓詞補救。例如丙在 1950 年代在香港出生，或許父母當時沒有替丙申領出生證明書，丙現在無法出示自己出生證明書的正本或核證副本，便可用指明表格 M2.1 "確認身份誓詞"，由一位已認識申請人丙及死者甲至少五年，但與他們均沒有血緣、姻親或領養關係的人士，去宣誓說明申請人與死者的關係，以取代丙的出生證明書。

　　假設甲或乙是在內地或外國去世的，或甲是在內地或外國結婚的，有關的死亡證明書或結婚證明書便是由當地政府機構簽發的公文，不同的國家或地區會以不同形式或文字發出公文，所以凡不在香港簽發的公文，都必須經過認證（authentication）手續，待驗證該份公文的真偽後，才可以在香港的遺產承辦過程中使用。

　　要認證一份在內地簽發的公文，慣常的做法有以下兩個步驟：（a）到當地的公證處申領公證書；（b）把該公證書送交至位於北京的中國外交部，以核證在該公證書上的公證處簽名及 / 或印章的真偽，這個步驟也可由香港一些中國法律服務公司（例如：中國法律服務（香港）有限公司審核轉遞辦公室）代辦。

　　至於在外國簽發的公文，認證手續如何，則視乎簽發公文的國家或地區，有沒有簽署《關於取消外國公文認證要求的海牙公約》[19]。如屬該海牙公約的簽署國，則只須向該國或該地區的有關部門（如該國的外交部）申請，把 "加簽證明書"（certificate of apostille）蓋在該份公文上。2014 年，簽署該海牙公約的國家已有一百零七個，國家名單見於海牙公約官方網頁[20]。如簽發

---

19　Hague Convention of 5 October 1961 Abolishing the Requirement of Legalisation for Foreign Public Documents，該海牙公約全文見 http://www.hcch.net/index_en.php?act=conventions.text&cid=41。

20　http://www.hcch.net/index_en.php?act=conventions.status&cid=41.

公文的國家或地區並沒有簽署該海牙公約的簽署國，則須經過兩個步驟：(a)由當地有關部門（或外交部辦事處）核證該公文上的機構簽名及／或印章的真偽；(b) 把公文再交至當地的中國大使館或領事館作第二次核證，以確認上述有關部門（或外交部辦事處）所作的核證。此外，在外國簽發的公文如果不是用中文或英文寫成的，經認證後都必須翻譯成英文或中文，才可在香港使用。

由於授予書是授權申請人全權處理遺產的重要法律文件，所以申請授予書還須經過一個訊問的程序，司法常務官有責任通過遺產承辦處的主任向申請人或代表申請人的律師提出查詢，直至得到他認為滿意的答覆為止。

當然，向遺產承辦處申請授予書的手續也包括繳付費用。在 2006 年 2 月 11 日前去世者遺產的授予書申請，收費除包括申請書的存檔費用港幣二百六十五元及授予書的謄寫費用港幣七十二元外，還有按遺產淨值收取的費用；但在 2006 年 2 月 11 日或之後去世者遺產的授予書申請，已廢除按遺產淨值收取的費用，而只收取申請書的存檔費用港幣二百六十五元及授予書的謄寫費用港幣七十二元。如果申請人委託律師辦理申請，以上所列費用只是法庭徵收的費用 [21]，並不包括律師費。

在申請期間，如有人對授予書申請人的資格有異議，或因其他爭議而意圖阻撓授予書的申請，便會在遺產承辦處登記 "知會備忘"（caveat）。較簡單的爭議在知會備忘的程序中已獲解決或達成和解，否則便可能演變為 "遺囑認證訴訟"（probate action），即一般所謂 "爭產案"。例如富商王德輝遺產案 [22] 中，死者妻子龔如心女士就是首先通過知會備忘的程序，反對死者父親申請將死者在 1968 年所立的遺囑，認證為死者生前所立的最後遺囑，結果雙方展開訴訟，最後結案於終審法院。有關知會備忘的登記手續及處理方法，可參考《無爭議遺囑認證規則》第 44 條。

---

21　《高等法院費用規則》(《香港法例》第 4D 章)。

22　*Nina Kung v Wang Din Shin*，案件編號：FACV12/2004。

(2) 申請由遺產管理官以簡易方式管理遺產

如果遺產總值不超過十五萬港元而全屬金錢，例如由手頭現金、銀行存款、強積金組成，申請人可向遺產管理官（Official Administrator，即高等法院司法常務官）申請以簡易方式管理遺產（summary administration），而無須申請授予書，這樣，遺產受益人便能更快從遺產中獲得金錢應急。遺產管理官根據遺產的總值按以下比率收費：

　　　首一千元 --------------5%

　　　其後四千元 ------------2.5%

　　　餘額 ----------------------1%

例如：以簡易申請的最高遺產申請額十五萬港元計算，遺產管理官的收費便為港幣一千五百一十元。

## （四）領取及處理遺產

遺囑執行人及遺產管理人（統稱"遺產代理人"）成功申請授予書後，便可向銀行、死者持有股票的公司等出示授予書，以收取遺產，然後根據法定的先後次序處理遺產：首先是清償死者的債務，支付喪葬費用及遺產承辦費用；然後有遺囑者則依照遺囑指示把剩餘的遺產分配給遺囑指定的受益人，無遺囑者則按照《無遺囑者遺產條例》的規定分配給法定受益人（見上文第一節列表，本書頁 397-400）。如遺產分配包括物業的繼承，便要委託律師辦理手續，把物業轉移至受益人名下。

遺產代理人是以受託人身份領取和處理遺產，責任重大，稍有不慎，遺產受益人便可向他們追究，要求賠償。本書第十章第三部份第（二）節"受託人和信託受益人的權利義務關係"（本書頁 382-386）及第（四）節"違反信託行為所涉及的法律責任"（本書頁 388-394）正說明法律對受託人的嚴格要求，任何遺產代理人都應加以警惕。

　　香港人口日趨老化，繼承法的知識應更普及，一方面要令有需要的人不必為承辦遺產到處張羅，不知所措；另一方面更要鼓勵所有成年人趁自己身體健康、思路清晰時訂立遺囑，妥善安排和分配自己辛苦賺來的財產，以免為後人或身邊至親增添麻煩及耗費資源。遺囑在香港又稱為"平安紙"，大概取其立後可保平安之意。現代文明人對自主權珍而重之，訂立有效的遺囑正體現了行使自主權的精神；上文已指出，無遺囑者的遺產只能按《無遺囑者遺產條例》的硬性規定分配給法定受益人，但這些劃一的法定受益人可能並非死者最想惠及的人士，而且在一般情況下，有遺囑者的遺產承辦手續比無遺囑者的更簡單方便。

　　2006 年 2 月 11 日，香港取消遺產稅，司法常務官也在當時推出一套處處為使用者着想的指明表格，簡化承辦遺產的手續。同時，遺產承辦處的公眾申請組又增加人手向市民提供協助。除此之外，申請授予書的法庭收費也獲減免，如果死者是在 2006 年 2 月 11 日或之後去世的，便不用繳交按遺產淨值收取的法庭費用。2012 年 7 月 2 日，司法機構推出關於遺囑認證及遺產管理程序的《實務指示 20.2》[23]，雖然內容以有爭議的遺囑認證及遺產管理程序為主，但對於更正遺囑的程序，以及遺囑執行人或遺產管理人的撤職或替代，也有重要的説明。2013 年，司法機構又編製一套詳盡的《無爭議遺囑認證實務指引（英文版）》[24]，供律師使用，務求使律師迅速有效地協助當事人申請辦理遺產。凡此種種政策措施，對痛失親人的遺產申請人來説，都是德政。社會人士如能排除忌諱，積極為自己訂立有效的遺囑，就是對當局德政的最佳回應了。

---

23　司法機構《實務指示 20.2》，全文見 http://legalref.judiciary.gov.hk/lrs/common/pd/pdcontent.jsp?pdn=PD20.2.htm&lang=CH。

24　Guide to Non-Contentious Probate Practice，全文見 http://www.judiciary.gov.hk/en/crt_services/pphlt/pdf/guide_to_probate_practice.pdf。

## 附篇　生死攸關的三份法律文件：遺囑、持久授權書、預設醫療指示（簡稱"平安三寶"）

> 這些人都是存着信心死的，並沒有得着所應許的，卻從遠處望見，且歡喜迎接，又承認自己在世上是客旅，是寄居的。……他們卻羨慕一個更美的家鄉，就是在天上的。——《聖經》〈希伯來書〉（11:13、16）

根據香港政府統計處公佈的《香港人口推算 2012-2041》[25]，未來的人口將持續老化：六十五歲以上人口的比例將由 2011 年的 13% 上升至 2041 年的 30%，即到時每三個人之中，就有一個是六十五歲以上的長者。2011 年男女出生時的預期壽命都超過八十歲，推算到 2041 年，男性的出生時平均預期壽命將上升至 84.4 歲，女性的出生時平均預期壽命則上升至 90.8 歲。此外，根據"流金頌：賽馬會長者計劃新里程"的研究結果[26]，2005 年至 2006 年，在八十五歲或以上的社區人口中，大約每三名便有一人患老年癡呆症（即腦退化症，患病率為 32%）。

由此看來，即使不願面對現實，我們也要有"以防萬一"的準備，就如現代人都會為老、病、死購買儲蓄、住院、人壽保險，又會在出外旅行前購買旅遊保險一樣。任何有責任感的成年人，為求自己及自己照顧的人心安，都可以趁自己健康的時候，做妥三種法律文件：遺囑、持久授權書、預設醫療指示。遺囑又稱"平安紙"（取其可保障立遺囑者內心與財產平安之意），連同持久授權書、預設醫療指示，統稱"平安三寶"。

---

25　http://www.censtatd.gov.hk/press_release/pressReleaseDetail.jsp?charsetID=2&pressRID=2990.

26　見"流金頌：賽馬會長者計劃新里程"在 2010 年 4 月 13 日的新聞發佈會簡報《"人口老化的挑戰：疾病趨勢與社會負擔"研究系列第三部份：老年癡呆症》。

## （一） 平安第一寶：遺囑（will）

**用途**　人皆有一死，為免死後要至親到處張羅，不知如何處理死者的財產、物品及家人的照顧問題，又為免死者的財產落入不值得的人手上，人人都應該訂立遺囑，對這些事情考慮清楚，然後寫下自己希望怎樣分配財產，並指定由誰來執行（即委任遺囑執行人（executor））。

法例的明文規定，一般只能保障遺產落入世俗"想當然"框框裏的人士（見本章關於綜合《無遺囑者遺產條例》內容的圖表頁 397-400）。根據世俗想當然的框框，家庭中夫妻恩愛、父慈子孝、兄友弟恭；已婚人士最信任並可倚靠的必定是自己的配偶；未婚人士最信任並可倚靠的必定是自己的父母；如果父母不在人世，未婚人士最信任並可倚靠的必定是自己的兄弟姊妹……。然而，在現實世界裏，筆者接觸過的當事人中，情況不一定是這樣的。那些不落入世俗"想當然"的框框裏的人，都要靠平安三寶來照顧他們的需要。即使是在這個世俗框框裏的人，為自己和家人着想，避免日後家人的爭執和折騰，也應該趁自己健康的時候，做好平安三寶。

### 如何自行訂立遺囑？

任何人士，只要年滿十八歲、精神健全、神志清醒，都可以自行訂立遺囑，但必須符合法律規定。最基本的法律規定如下：

a. 立遺囑人必須在遺囑內容之下簽署（見以下的遺囑參考樣本）；

b. 立遺囑時起碼有兩名見證人在場，並由該兩名見證人在遺囑上簽署（見以下的遺囑參考樣本），以證明立遺囑人的身份，並證明立遺囑是出於自願的。見證人只需見證立遺囑人在遺囑上簽署，不必知悉該遺囑的內容。

c. 遺產受益人及其配偶不得作為遺囑的見證人，以避嫌疑。

遺囑的內容除訂明財產的分配方法外，還應説明立遺囑人、遺囑執行人、受益人、見證人的姓名（附各人的香港身份證號碼），以及立遺囑的日期。遺囑執行人最好由受益人擔任，如受益人多於一位，則可選出其中一或兩位擔任遺囑執行人。

訂立遺囑後，請注意：

a. 遺囑應妥為保存，例如放在存放銀行存摺或其他貴重物品的地方。

b. 不能在立好的遺囑上再作改動、塗污、弄髒、加上訂書釘或打孔。

c. 如遺囑多過一頁，除最後一頁要有立遺囑人及兩名證人共三人的簽名之外，最好請該三人在之前各頁的右下角簽名，以證明各頁都是遺囑的一部份；為免遺失其中一頁，可把全份遺囑摺好放進信封內。

d. 如要更改遺囑內容，應重新再立一份。

以下附錄的三份遺囑樣本只供一般參考，請根據個人具體情況，如實填寫資料。

## 遺囑（參考樣本 1）

本人 林一梅（Lam Yat Mui），香港身份證號碼 請填上號碼 ，住址為 請填上住址 ，在 xxxx 年 xx 月 xx 日簽立遺囑如下：

1. 本人撤銷以前所立的所有遺囑、遺囑修訂附件及遺囑性質的產權處置，並聲明本遺囑是本人所立的最後遺囑。

2. 本人聲明本人以香港為永久居留地，本遺囑根據香港法律處理。

3. 本人委任 張小明（Cheung Siu Ming）（香港身份證號碼 請填上號碼 ，住址為 請填上住址 ）為本遺囑的執行人及受託人。

4. 本人的財產在扣除喪葬費和其他必需費用（包括執行本遺囑所需費用及有充分憑據證明的合理欠款）後，全部贈予 張小明（Cheung Siu Ming）（香港身份證號碼 請填上號碼 ，住址為 請填上住址 ）。

5. 本人聲明沒有任何人士（包括任何親屬及朋友）需本人供養，所以本人將遺產全部贈予多年來對我關懷備至、照顧有加的鄰居張小明。

　　　　　　　　　　　　　　　　　立遺囑人簽署：＿＿＿＿＿＿＿＿

以上遺囑經我們在場見證，由立遺囑人親自簽署，作為其最後遺囑；再者，我們按照立遺囑人的要求在本遺囑上簽署作見證人時，我們兩人與立遺囑人均同時在場，此證。

第一見證人

姓名：中文姓名（英文姓名）

香港身份證號碼：請填上號碼

簽署：＿＿＿＿＿＿＿＿

第二見證人

姓名：中文姓名（英文姓名）

香港身份證號碼：請填上號碼

簽署：_____

### 遺囑（參考樣本 2）

本人 張小明（Cheung Siu Ming），香港身份證號碼 請填上號碼 ，住址為 請填上住址，在 xxxx 年 xx 月 xx 日簽立遺囑如下：

1. 本人撤銷以前所立的所有遺囑、遺囑修訂附件及遺囑性質的產權處置，並聲明本遺囑是本人所立的最後遺囑。

2. 本人聲明本人以香港為永久居留地，本遺囑根據香港法律處理。

3. 本人委任 父親張大明（Cheung Tai Ming）（香港身份證號碼 請填上號碼，住址為 請填上住址 ）及 弟弟張小剛（Cheung Siu Kong）（香港身份證號碼 請填上號碼 ，住址為 請填上住址 ）為本遺囑的執行人及受託人。

4. 本人的財產在扣除喪葬費和其他必需費用（包括執行本遺囑所需費用及有充分憑據證明的合理欠款）後，全部按下列比例分別贈予以下受益人：

4.1 百分之 五十 贈予 父親張大明（Cheung Tai Ming）（香港身份證號碼 請填上號碼 ，住址為 請填上住址 ）；

4.2 百分之 四十 贈予 弟弟張小剛（Cheung Siu Kong）（香港身份證號碼 請填上號碼 ，住址為 請填上住址 ）；

4.3 百分之 十 贈予 香港世界宣明會（地址為 香港九龍大角咀晏架街四號麗華中心二樓 ）。

立遺囑人簽署：_____

以上遺囑經我們在場見證，由立遺囑人親自簽署，作為其最後遺囑；再者，我們按照立遺囑人的要求在本遺囑上簽署作見證人時，我們兩人與立遺囑人均同時在場，此證。

第一見證人

姓名：中文姓名（英文姓名）

香港身份證號碼：請填上號碼


簽署：＿＿＿＿＿＿＿＿＿＿＿


第二見證人

姓名：中文姓名（英文姓名）

香港身份證號碼：請填上號碼


簽署：＿＿＿＿＿＿＿＿＿＿＿


## 遺囑（參考樣本 3）


本人 陳財多（Chan Choi Dor），香港身份證號碼 請填上號碼 ，住址為 請填上住址 ，在 xxxx 年 xx 月 xx 日簽立遺囑如下：

1. 本人撤銷以前所立的所有遺囑、遺囑修訂附件及遺囑性質的產權處置，並聲明本遺囑是本人所立的最後遺囑。

2. 本人聲明本人以香港為永久居留地，本遺囑根據香港法律處理。

3. 本人委任 女兒陳愛美（Chan Amy）（香港身份證號碼 請填上號碼 ，住址為 請填上住址 ）及 妹妹陳好心（Chan Ho Sum）（香港身份證號碼 請填上號碼 ，住址為 請填上住址）為本遺囑的執行人及受託人。

4. 本人將本人名下位於 請填上地址 的物業贈予 妹妹陳好心（Chan Ho Sum）（香港身份證號碼 請填上號碼 ，住址為 請填上住址 ）。

5. 本人將本人名下 保險箱內的古玉 贈予 好友張大明（Cheung Tai Ming）（香港身份證號碼 請填上號碼 ，住址為 請填上住址 ）。

6. 本人將本人名下其餘財產，經扣除喪葬費和其他必需費用（包括執行本遺囑所需費用及有充分憑據證明的合理欠款）後，全部（下稱「剩餘遺產」）按下列比例分別贈予以下受益人：

　　6.1 剩餘遺產百分之 五十 贈予 女兒陳愛美（Chan Amy）（香港身份證號碼 請填上號碼 ，住址為 請填上住址 ）；

　　6.2 剩餘遺產百分之 三十 贈予 妹妹陳好心（Chan Ho Sum）（香港身份證號碼 請填上號碼 ，住址為 請填上住址 ）；

　　6.3 剩餘遺產百分之 十 贈予 香港癌症基金會（地址為 香港中環荷李活道 32 號建業榮基中心 25 樓 2501 室 ）。

　　6.4 剩餘遺產百分之 十 贈予 香港防癌會（地址為 香港南朗山道 30 號 ）。


　　　　　　　　　　立遺囑人簽署：＿＿＿＿＿＿＿＿＿＿


　　以上遺囑經我們在場見證，由立遺囑人親自簽署，作為其最後遺囑；再者，我們按照立遺囑人的要求在本遺囑上簽署作見證人時，我們兩人與立遺囑人均同時在場，此證。


第一見證人

姓名：中文姓名（英文姓名）

香港身份證號碼：請填上號碼


簽署：＿＿＿＿＿＿＿＿＿＿


第二見證人

姓名：中文姓名（英文姓名）

香港身份證號碼：請填上號碼


簽署：＿＿＿＿＿＿＿＿＿＿

註：

1. 寫明遺囑執行人和遺產受益人的香港身份證號碼，日後申辦遺產時就不用出示更複雜的文件，以證明有關人士的身份。

2. 遺囑執行人必須年滿21歲。如果遺囑執行人並非立遺囑人的親屬，立遺囑人最好事先得到該位人士同意。為免擔心唯一的遺囑執行人比立遺囑人早逝或在完成申辦遺產手續之前逝世，立遺囑人可以委任超過一位遺囑執行人。

3. 如果立遺囑人已臥病在床，則要有醫生證明病人在簽立本遺囑時神志清醒。如其中一名見證人是醫生，見證人的證詞應為：

　　以上遺囑經我們在場見證，由立遺囑人親自簽署，作為其最後遺囑；再者，我們按照立遺囑人的要求在本遺囑上簽署作見證人時，我們兩人與立遺囑人均同時在場，又其中一位見證人 <u>請填上醫生中文姓名（英文姓名）</u> 是香港註冊醫生（醫務委員會註冊號碼：<u>請填上號碼</u>），現證明立遺囑人在簽立本遺囑時神志清醒，明白本遺囑全部內容，並確認本遺囑乃依其意願訂立。此證。

如果立遺囑人要用蓋章、指模或符號（如「+」或「x」號）代替簽名，或因不識字或失明而不能閱讀遺囑內容，見證人的證詞則應為：

　　以上遺囑經我們在場見證，並由其中一位見證人 <u>請填上見證人中文姓名（英文姓名）</u> 向立遺囑人誦讀遺囑內容。立遺囑人表明白全部內容，確認本遺囑乃依其意願訂立，並親自在 <u>其上蓋章/打指模/劃「+」或「x」號（請填上適用者）</u> 代替簽名，以本遺囑作為其最後遺囑。再者，我們按照立遺囑人的要求在本遺囑上簽署作見證人時，我們兩人與立遺囑人均同時在場，此證。

如果立遺囑人既臥病在床，又要用蓋章、指模或符號（如「+」或「x」號）代替簽名，見證人的證詞則應為：

　　以上遺囑經我們在場見證，並由其中一位見證人 <u>請填上醫生中文姓名（英文姓名）</u> 醫生（醫務委員會註冊號碼：<u>請填上號碼</u>）向立遺囑人誦讀遺囑內容。立遺囑人表示清楚明白全部內容，確認本遺囑乃依其意願訂立，並親自在其上 <u>蓋章/打指模/劃「+」或「x」號（請填上適用者）</u> 代替簽名，以本遺囑作為其最後遺囑。<u>請填上醫生中文姓名</u> 醫生又證明立遺囑人在簽立本遺囑時神志清醒。再者，我們按照立遺囑人的要求在本遺囑上簽署作見證人時，我們兩人與立遺囑人均同時在場，此證。

4. 遺產受益人及其配偶不得作為遺囑的見證人，以避嫌疑，否則或會令人質疑立遺囑人簽立此遺囑是否出於自願。

## （二）平安第二寶：持久授權書（enduring power of attorney）

**用途**　當事人因失智（即患上認知障礙症或老年癡呆症）或因病重而變得神志不清，不能處理自己的財產，其他人又不能處理當事人的銀行戶口，其本人及家人的生活均受嚴重影響。當事人如果在神志清醒時已簽立持久授權書，萬一有一天變成神志不清，其受權人（attorney）就可以繼續用當事人的財產照顧其本人及家人。

一般授權書在當事人失智後便失效，但持久授權書則不受影響，反而會在當事人失智後發揮作用。在持久授權書中，當事人委任一位或多位受權人代自己處理財產或財政事務（包括出售或出租物業），簽立了持久授權書後，一旦當事人精神上無行為能力（即失智或神志不清），或正變為這樣，受權人向高等法院註冊該持久授權書後，便可以代當事人處理財產或財政事務。[27]

持久授權書不僅針對認知障礙症或老年癡呆症，應用範圍可以很廣。許多癌症、中風或其他重病的患者，由於已躺在私營醫院神志不清好一段日子，家裏的資源已消耗得差不多，雖然病者本身有資產並已立遺囑照顧家人的需要，但遺囑要待病者死後才生效。在病者這段生死之間的不清醒時期，家人既得不到供養，又不能動用病者的銀行存款來支付龐大的住院費用。假如病者早在健康時已簽妥持久授權書，萬一因病重而變得神志不清，受權人就可以向高等法院註冊該持久授權書，動用病者的財產來支付醫療費用，以及供養病者的家人。

持久授權書必須在一位醫生及一位律師見證下簽署，以證明當事人在簽署時"精神上有能力行事"。見證的醫生及律師兩人不必同時間在場，但兩者見證的時間相距不可超過 28 日。為避免嫌疑及利益衝突，以下人士即使本身是醫生或律師，也不可擔任該持久授權書的見證人：當事人（即簽立該持久授權書的人）的配偶或親屬、該持久授權書所委任的受權人、受權人的配偶。

---

27　規管持久授權書的法律條文，見《持久授權書條例》（《香港法例》第 501 章）、《持久授權書（訂明格式）規例》（《香港法例》第 501A 章）；關於向高等法院註冊持久授權書的程序，見《持久授權書（註冊）規則》（《香港法例》第 4E 章）。

持久授權書其實是一個表格，載於香港法例第 501A 章《持久授權書（訂明格式）規例》[28]。持久授權書必須依照表格的格式簽立，不能隨意加入其他條款，或隨意刪減條款。該規例共有兩個持久授權書表格：表格 1 用於委任一名受權人；表格 2 則用於委任超過一名受權人。現附錄表格 1 如下：

### 使用本表格須知 [29]

1. 本表格是法律文件，你可用本表格訂立一項持久授權書。憑藉持久授權書，你可授權另一人（受權人）就你的財產及財政事務代你行事。若你只擬委任一名受權人，便須使用本表格。日後如你變為精神上無能力行事，受權人在將本表格送交高等法院司法常務官註冊之後，便可代你作出決定。

2. 如你是受託人[30]，並希望受權人代你擔任受託人，你應該尋求法律意見。

3. 你須填妥 A 部。

4. A 部第 1 段：你須在 A 部第 1 段填上你欲委任為受權人的人的姓名及地址。你委任為受權人的人須年滿十八歲，而且不得是破產或精神上無能力行事。受權人無需是律師。受權人須填妥 B 部，並在一名見證人在場的情況下簽署本表格。

5. A 部第 2 段：你不能將處理你所有財產及財政事務的概括權限授予受權人，否則你的持久授權書將會無效。反之，你須在 A 部第 2 段，指明你授權受權人就你的財產及財政事務辦理甚麼事宜，或指明你授權受權人就哪些特定財產或特定財政事務行事。例如，你可決定僅將只可就某一特定銀行戶口或某一特定物業行事的權限，授予受權人。[31]

6. A 部第 3 段：你可隨意對你授予受權人的權限附加任何限制。例如：受權人在有理由相信你正在變為精神上無能力行事之前，不得代你行事，或受權人如欲訂立價值超過某指明款額的

---

28　持久授權書的表格可在律政司雙語法例資料系統下載：http://www.legislation.gov.hk/blis_pdf.nsf/6799165D2FEE3FA94825755E0033E532/AF7E140B91DFCEEA482575EF000FE736/$FILE/CAP_501A_c_b5.pdf。

29　作者按：根據《持久授權書（訂明格式）規例》第 2(3) 條，持久授權書本身必須包含 "使用本表格須知" 的全部內容。

30　作者按："受託人" 指某一信託的受託人，換句話說，如果當事人本身是某一信託的受託人，又希望通過這持久授權書授權他人代自己擔任該信託的受託人，這做法是否可行，當事人須尋求法律意見。

31　作者按：要當事人把自己希望受權人代為處理的財產逐一列出，通常都是簽立持久授權書的過程中最令人為難的地方。

合約，須先尋求法律意見，否則不得訂立該合約。你應該在 A 部第 3 段列出這些限制。

7. 除非你附加限制加以防止，否則受權人將能夠動用你的任何款項或財產，為受權人或其他人供應所需（但只限於可預期你本人會如此行事的情況）。受權人亦能夠動用你的款項作出饋贈，但饋贈款額只限於就你的款項及財產的價值而言屬合理者。

8. 受權人可收回以你的受權人身份行事而付出的實際現金付款開支。如受權人是專業人士，例如會計師或律師，受權人可就在以你的受權人身份行事時提供的任何專業服務收取費用。

9. 如受權人有理由相信，你精神上無能力管理你的事務，或正在變為精神上無能力管理你的事務，受權人須向高等法院司法常務官申請註冊本持久授權書。註冊將容許受權人在你變為精神上無能力行事之後，為你作出決定。

10. A 部第 4 段：如你希望在受權人向高等法院司法常務官申請註冊本持久授權書之前獲得通知，或希望其他人獲得通知，你須在 A 部第 4 段填上須予通知的人的姓名及地址。除你自己以外，你還可填上最多 2 名須予通知的人。即使受權人未有通知你或你所提名的人，亦不會令你的持久授權書不獲註冊或變成無效。然而，在任何關乎該持久授權書的法律程序中，法院如認為適當，可基於你或獲提名人未獲通知一事而作出不利的推論。

11. A 部第 7、9 及 10 段：你須在 A 部第 7 段簽署本表格，並填上你簽署時在場的註冊醫生及律師的姓名及地址。如你並非在註冊醫生及律師同時在場的情況下簽署，你須於你在註冊醫生面前簽署當日之後的二十八天內，在律師面前簽署。該名醫生及該名律師須分別在 A 部第 9 段及第 10 段填寫證明書，核證你在簽署本表格時是精神上有能力行事的。

12. A 部第 8 段：如你身體上無能力親自簽署本表格，可指示別人代你簽署。在此情況下，A 部第 8 段須予填寫，而該人則須在你本人及上述醫生及律師在場的情況下簽署該段。代你簽署的人不得是你的受權人或其配偶，亦不得是上述醫生或律師或該醫生或該律師的配偶。

13. 在你（或在你指示下代你簽署的人）於上述律師面前簽署本表格時，本表格即按照《持久授權書條例》（第 501 章）第 10 條作為持久授權書而生效。須留意，在本表格獲如此簽署之前，本表格並無作為持久授權書或普通的授權書的效力。然而，如你希望以某較後的日期或某較後的事件發生之時作為本持久授權書生效之時，你可如此選擇。在此情況下，你須在 A 部第 5 段指明該較後的日期或事件。

**持久授權書表格（只委任一名受權人）**

**A部**

[本部須由委任受權人的人（授權人）填寫，但第9段及第10段則分別須由一名註冊醫生及一名律師填寫。你應該在填寫本表格前細閱於"使用本表格須知"的標題下提供的說明資料。除非你明白本表格的涵義，否則切勿簽署本表格。]

1. 由授權人委任受權人

本人 [你的姓名]＿＿＿＿＿＿＿（[你的身分證明文件]＿＿＿＿＿

持有人，地址為 [你的地址]＿＿＿＿＿＿＿＿＿＿＿＿＿），

現委任 [受權人的姓名]＿＿＿＿＿＿＿＿＿＿（[身分證明文件]＿＿＿

＿＿＿＿＿＿持有人，地址為 [你的地址]＿＿＿＿＿＿＿＿

＿＿＿＿＿）

根據《持久授權書條例》（第501章）擔任本人的受權人。

2. 受權人的權限

[你須指明你授權受權人辦理甚麼事宜。你不能將處理你所有財產及財政事務的概括權限授予受權人，否則你的持久授權書將會無效。你可（二擇其一）在第（1）分段藉剔選任何或所有適用的方格來指明你授權受權人辦理甚麼事宜，或不剔選任何方格，然則你須在第（2）分段列出你授權受權人就哪些特定財產或特定財政事務行事。如你剔選了第（1）分段的任何或所有方格，你仍可在第（2）分段列出任何特定財產或特定財政事務，授權受權人就該等財產或事務行事。切勿既不在第（1）分段剔選任何方格而又不在第（2）分段列出任何財產。]

(1) 本人的受權人有權代本人行事如下：

☐ (a) 收取須付予本人的任何入息；

☐ (b) 收取須付予本人的任何資金；

☐ (c) 出售本人的任何動產；

☐ (d) 出售、出租或退回本人的居所或任何不動產；

☐ (e) 使用本人的任何入息；

☐ (f) 使用本人的任何資金；或

☐ (g) 行使本人作為受託人的任何權力。

（2）本人的受權人有權就下列財產或財政事務代本人行事：[ 如欲受權人只就你的某些財產或財政事務代你行事，你須在此處將之列出。]

---

---

---

---

3.　對受權人的限制

本持久授權書受以下條件及限制所規限：[ 如欲對受權人行使任何權力的方式施加條件或限制，你須在此處將之列出。例如，你可限制受權人，在有理由相信你正在變為精神上無能力行事之前，不得代你行事。如你不欲施加任何條件或限制，則須刪去此段。]

---

---

---

4.　通知獲指名的人

[ 如不欲任何人（包括你自己）獲通知有申請將本持久授權書註冊一事，你須刪去第（1）及（2）分段。]

（1）　本人的受權人在申請註冊本持久授權書之前，必須通知本人。[ 如不欲獲得通知，你須刪去此分段。]

（2）　本人的受權人在申請註冊本持久授權書之前，必須通知以下人士：[ 此處填上（除你以外）最多兩名須予通知的人的姓名及地址。如不欲其他人獲得通知，則須刪去此分段。]

姓名：_____

地址：_____

姓名：_____

地址：_____

5.　持久授權書的生效

[ 本持久授權書如在下列第 7 段或第 8 段所指的律師面前簽署，即於同日生效。如你希望指明某較後的日期或某較後的事件發生之時為本持久授權書生效之時，請填寫下列印有星號的句

子。如你希望本授權書在它於律師面前簽署的同日生效，請刪去該句子。]

　*本持久授權書在 _____

　_____（在此處填上較後的日期或事件）生效。

6. 授權書繼續有效

　本人屬意，即使本人日後變為精神上無能力行事，本持久授權書仍繼續有效。

7. 簽署

　作為契據由本人簽署：[ 在此簽署 ] _____

　日期：[ 簽署日期 ] _____

　在場註冊醫生：[ 註冊醫生的姓名及地址 ] _____

　_____

　_____。

　作為契據由本人簽署：[ 在此簽署 ] _____

　日期：[ 簽署日期 ] _____

　在場律師：[ 律師的姓名及地址 ] _____

　_____

　_____。

8.　[ 如你身體上無能力簽署本表格，並指示別人代你簽署，該人須在此段簽署，而第 7 段則須

　　刪去。]

　本持久授權書由以下人士在授權人的指示下並在授權人在場的情況下簽署：

　[ 代簽者的姓名 ] _____

　（[ 身分證明文件 ] _____ 持有人，

　地址為 [ 代簽者的地址 ] _____

　_____）。

　在授權人及註冊醫生在場的情況下作為契據簽署：[ 代簽者簽署 ]

　_____

　日期：[ 簽署日期 ] _____

　在場註冊醫生：[ 註冊醫生的姓名及地址 ] _____

_____

_____ 。

在授權人及律師在場的情況下作為契據簽署：[ 代簽者簽署 ]

_____

日期：[ 簽署日期 ] _____

在場律師：[ 律師的姓名及地址 ] _____

_____ 。

9.　註冊醫生的證明書

本人核證：

(a)　本人信納授權人屬《持久授權書條例》（第 501 章）第 2 條所述的精神上有能力行事者；及

(b)　授權人在本人在場的情況下，簽署本表格，而授權人確認自己是自願簽署本表格的。

[ 如本表格由別人代授權人簽署，此項陳述須刪去。]

(c)　_____[ 代授權人簽署的人的姓名 ] 在授權人及本人在場的情況下，

在授權人的指示下代授權人簽署本表格。[ 如本表格由授權人簽署，此項陳述須刪去。]

註冊醫生簽署：_____

簽署日期：_____

10.　律師的證明書

本人核證：

(a)　授權人看似屬《持久授權書條例》（第 501 章）第 2 條所述的精神上有能力行事者；及

(b)　授權人在本人在場的情況下，簽署本表格，而授權人確認自己是自願簽署本表格的。

[ 如本表格由別人代授權人簽署，此項陳述須刪去。]

(c)　_____[ 代授權人簽署的人的姓名 ] 在授權人及本人在場的情況下，

在授權人的指示下代授權人簽署本表格。[ 如本表格由授權人簽署，此項陳述須刪去。]

律師簽署：_____

簽署日期：_____

**B 部**

[本部須由受權人填寫。]

1. 本人明白本人有責任在授權人精神上無能力行事或正在變為精神上無能力行事時，根據《持久授權書條例》（第 501 章）向高等法院司法常務官申請將本表格註冊。

2. 本人亦明白本人只具有該條例第 8（3）及（4）條所訂定的有限權力以動用授權人的財產讓授權人以外的人受益，並明白本人根據該條例第 12 條負有的責任和法律責任。

3. 作為契據由本人簽署：[受權人簽署] _____

　　日期：[簽署日期] _____

　　在場見證人：[見證人的簽署及姓名、地址（授權人不得擔任見證人）]

　　_____

　　_____


　　香港的立法一般都參考其他普通法國家的法例。在這方面的立法，香港與西方普通法國家有一段距離，例如英國：關於持久授權書的法律條文見於 Mental Capacity Act 2005（《精神上行為能力法》）[32]，持久授權書已由原名 "Enduring Power of Attorney"（香港沿用此名）改為 "Lasting Power of Attorney"，受權人除了處理當事人的財產或財政事務外，還會照顧當事人的健康和福利。此外，英國在同一法例中，已為預設醫療指示（即 "平安第三寶"）立法。在香港，處理失智人士的健康和福利問題的法律仍要靠原有的《精神健康條例》（《香港法例》第 136 章）第 IVB 部：失智人士的照顧者可向監護委員會申請，經過審查和聆訊，成為失智人士的監護人[33]。

---

32　http://www.legislation.gov.uk/ukpga/2005/9/contents.

33　監護委員會可向獲委任的監護人授予一項或多項以下權力：（a）規定當事人居住在指定的地方；（b）將當事人送往指定的地方，並容許在有關的過程中使用合理的武力以達到運送的目的；（c）規定當事人在指定的時間到指定的地方接受醫療或牙科治療、特別治療、職業、教育或訓練；（d）在當事人無能力理解有關治療的一般性質及效果時，監護人有權代表當事人同意接受該等醫療或牙科治療；（e）容許任何註冊醫生、認可社會工作者或其他監護令指明的人士接觸當事人；（f）為當事人的供養或其他利益而持有、收取或支付每月指定的款項（2014 年 10 月時最高限額為每月港幣一萬三千元）。以上資料由監護委員會主席趙宗義律師提供，筆者謹此致謝。

假如失智人士在神志清醒時沒有簽立持久授權書，失智後若要動用本身的資產，也只能由親友向監護委員會申請，成為失智人士的監護人，取得每月指定的款項；如須動用的資產超過每月一萬多元的上限或涉及物業、股票等，親屬則須依據《精神健康條例》第 II 部向高等法院申請，成為失智者的受託監管人。這些申請程序不但需要花費時間和資源，申請成功與否還是未知之數，而且監護人或受託監管人的人選，也不一定是該失智人士在未失智前心中所屬意的人選。因此，任何有責任感而又珍惜自主權的成年人，都應趁自己頭腦清醒的時候做妥"平安第二寶：持久授權書"。

## （三）平安第三寶：預設醫療指示（advance directive in relation to medical treatment）

**用途**　當事人預先寫好指示，說明萬一自己患了末期危疾或已變成植物人（下稱"特定情況"），就不要用維生器勉強維持生命，或不要接受心肺復甦法或指示中寫明的其他療法。由當事人自己預先作決定，就能避免至親到時要為當事人作出生死攸關的沉重決定。預設的指示只限於在特定情況下不接受某種治療，不能要求別人終止當事人的生命，而且安樂死在香港是不合法的。

雖然香港還沒有為"平安第三寶"立法，但香港法律改革委員會早在 2006 年已提供預設醫療指示的表格範本[34]。根據法改會範本，簽署預設醫療指示必須有兩個見證人，其中一個是醫生。由醫生見證，是要確保當事人明白預設醫療指示的性質和作出指示的後果。為了避免嫌疑及利益衝突，以下三種文件所載權益的受益人不得作為見證人：（a）預設醫療指示當事人的遺囑；或（b）預設醫療指示當事人持有的任何保險單；或（c）預設醫療指示當事人訂立或代表該當事人訂立的任何其他文書。

---

34　見《香港法律改革委員會建議採用的預設醫療指示表格範本》，即法改會報告書附件 1（http://www.hkreform.gov.hk/tc/publications/rdecision.htm）。筆者當年曾就法改會預設醫療指示範本所提及的各種維持生命治療請教沈茂光醫生，獲益良多，謹此致謝。

　　跟遺囑和持久授權書一樣，簽立預設醫療指示後如改變主意，可以隨時撤銷。法改會也提供撤銷預設醫療指示的建議表格，還有記錄口頭撤銷預設醫療指示的建議表格。[35]

　　醫院管理局參照法改會範本，作出修訂及加上附註，在 2014 年提供了兩款預設醫療指示（《全文版》與《簡短版》），並為醫院管理局的醫護人員擬備一套詳盡的使用指引（下稱《2014 醫管局指引》）連問答題，在 2014 年 10 月生效[36]。簡短版只限於當病情到了末期時拒絕心肺復甦法的指示；全文版則更詳盡，當事人在三類情況下可選擇不接受維持生命治療（包括心肺復甦法），這三類情況分別是 “病情到了末期”、“持續植物人狀況或不可逆轉的昏迷狀況”、“其他晚期不可逆轉的生存受限疾病”（第三類所指的疾病例如晚期腎衰竭、晚期神經元疾病、晚期慢性阻塞性肺病）；法改會範本只包括首兩類。醫院管理局在 2014 年提供的《預設醫療指示》（《全文版》與《簡短版》）將附錄於本章之後。

　　香港沒有規範預設醫療指示的法律條文，而關於預設醫療指示的普通法原則大致上可總結為：（a）給指示時頭腦清醒；（b）知道在甚麼情況下執行指示（例如上述的三類情況）；（c）明白拒絕接受治療會有甚麼後果；（d）完全出於自願。照理參考法改會範本自行草擬一套中文預設醫療指示也無不可，但當局對在醫管局範圍外簽立的預設醫療指示似乎有所保留[37]。由於到目前為止，香港一直沒有就預設醫療指示正式立法，社會人士如想簽立預設醫療指示，應盡量採用醫管局在 2014 年所提供的，以確保日後需執行時獲得香港醫護人員認可。

　　話說回來，雖然自行簽立的預設醫療指示不一定對醫護人員有約束力，

---

35　見法改會報告書附件 5 及附件 6（http://www.hkreform.gov.hk/tc/publications/rdecision.htm）。

36　*Guidance for HA Clinicians on Advance Directives in Adults*（《2014 醫管局指引問答題》，只備英文版）http://www.ha.org.hk/haho/ho/cc/CEC-GE-1_b5.pdf；*Q & A on Advance Directives*（《2014 醫管局指引》只備英文版）http://www.ha.org.hk/haho/ho/cc/CEC-GE-1_QnA_b5.pdf；《預設醫療指示 —— 全文版》http://www.ha.org.hk/haho/ho/cc/CEC-GE-1_appendix1_b5.pdf；《預設醫療指示 —— 簡短版》http://www.ha.org.hk/haho/ho/cc/CEC-GE-1_appendix2_b5.pdf。關於預設醫療指示的各種知識，謝俊仁醫生不吝賜教、循循善誘，筆者深深銘感。

37　《2014 醫管局指引》問答題（Q & A on Advance Directives）第 10 題答案。

但至少有個書面記錄，可讓親人明白當事人的意願，萬一不幸發生上述三類情況，親人也不必彷徨無助，只能一廂情願地揣測當事人的心意，更不必因為在危急時協助或代替當事人作出了醫療上的決定，而事後深感不安或內疚。在眾多沒有簽立預設醫療指示的真實個案中，病者飽受煎熬，疲累不堪，甚至已神志迷糊，而擔任照顧者的親人也心力交瘁，無所適從，還須不斷向好心而不濟事的親友交代，甚至因為對醫療方案意見不一而出現家庭糾紛。由於病者沒有在自己身體健康、頭腦清醒時簽立預設醫療指示，到患上頑疾時，病者與親人更難於啓齒，又沒有心情認真考慮預設醫療指示的內容。大家為了表達不離不棄不捨之情，唯有嘗試用盡天下各式不同的療法，即使明知會是消耗（包括精神體力及資源）大而收效小，也不敢不試。例如醫管局的預設醫療指示中，特別提到拒絕心肺復甦法的指示。心肺復甦法雖然消耗資源不多，但對病情到了末期的病者來説，卻弊多於利，比方心肺復甦法能叫病者復甦的機會不大，但心肺復甦法所用的器械往往會導致病者多條肋骨折斷，令病者臨終前還要忍受斷骨的痛楚[38]。如果在預設醫療指示中表明不接受心肺復甦法，當事人就可避免在彌留之際再添皮肉之苦。

目前香港醫管局屬下的醫院都在推行"預定照顧計劃（Advance Care Planning）"，就是讓某些疾病的患者、家人、醫護人員一起商討，倘若病者日後不能自行作出決定時，病者想得到甚麼治療和照顧，討論過程要考慮的因素包括對治療（成效、風險、負擔）的評估；病人的價值觀、文化及教育背景、與家人的關係、求醫經驗、對治療的取態。醫院讓病人把想法記錄下來，而預設醫療指示就是其中一個記錄方式。

有不少先進地區都把預設醫療指示或預定照顧計劃普及化，任何成年人在健康時都可以居安思危，開始進行預定照顧計劃、簽立預設醫療指示。筆者多年前參照法改會範本自製了一個自用的預設醫療指示，自製版雖然未必有法律效力，但目的只在於一旦發生不幸時，親友可以有所依據。在自製版

---

38　2014 年 10 月 11 日，在善寧會舉辦的第十一屆香港紓緩照顧研討會（11th Hong Kong Palliative Care Symposium）中，謝文華醫生以生動幽默的手法講解心肺復甦法的利弊，以及簽立與執行關於心肺復甦法的預設醫療指示時所面對的問題和挑戰。

中，筆者參考了外國採用的預設醫療指示，內容還包括以下事宜：(a) 用藥物減輕痛苦至為重要，即使用藥後可能逐漸失去知覺，不能認出自己的親人和朋友，也希望用藥物減輕痛苦；(b) 不論病情有多嚴重，也要求有知情權，由醫生直接把病情告知；(c) 願意採用中藥療法；(d) 代作決定的人選；(e) 喪葬安排；(f) 器官捐贈。但由於醫管局在 2014 年已提供了一套獲香港醫護人員認可的預設醫療指示表格，在香港未有正式立法之前，還是應該按照醫管局格式簽立預設醫療指示，不宜自行加進其他內容。自製版的內容只能作為預定照顧計劃的一部份，有個書面記錄，可讓親友明白自己的意願。

有些地區在進行預定照顧計劃時甚至採用視像錄影，萬一當事人有一天患上認知障礙症或老年癡呆症，也更容易喚起當事人的記憶，而且攝錄了整個進行預定照顧計劃的過程，也許更能令指指點點的親友信服。

對預設醫療指示最常見的誤解有三個：

第一，是以為指示將適用於所有病重或生命受威脅的情況，其實預設醫療指示只適用於指示中列明的特定情況，主要針對末期和不可逆轉的病患，並不適用於發生意外而需要急救的情況。

第二，是以為執行預設醫療指示等同"安樂死"。安樂死是用直接的方法刻意去結束病人的生命，在香港是不合法的。預設醫療指示只是訂明在特定情況下，不接受某種治療，不想用令自己更加不適的方法嘗試勉強延長數天或數周的生命。

第三，是以為執行預設醫療指示等同"放棄"或"等死"，其實即使執行了預設醫療指示（不給予病者維持生命治療），紓緩治療和護理也不會停止，反而會集中資源幫助病者減輕痛楚和紓緩不適的病徵，提供身體護理、情緒和心靈輔導等全面照顧服務。既然已到了預設醫療指示中所說的特定情況，紓緩照顧才最能讓病者舒適平和而有尊嚴地活到最後一刻。

醫院管理局在 2014 年提供的《預設醫療指示 —— 全文版》：

<table>
<tr><td rowspan="5">醫院管理局<br>HOSPITAL<br>AUTHORITY</td><td rowspan="5">預設醫療指示 [1]</td><td>請以正楷書寫或貼上病人標籤</td></tr>
<tr><td>入院／門診號碼：…………………………</td></tr>
<tr><td>姓名(英文)：…………..(中文)…………</td></tr>
<tr><td>身份證號碼：………性別：……年齡：……</td></tr>
<tr><td>部門：………組別：……病房／床號：…../…..</td></tr>
</table>

**第 I 部：此預設醫療指示作出者的詳細個人資料**

姓名：………………………………………（請以正楷書寫）

身份證號碼：…………………………………

性別：男性／女性

出生日期：＿＿ ／＿＿ ／＿＿
　　　　　（日）　（月）　（年）

住址：……………………………………………

……………………………………………………

住宅電話號碼：…………………………………

辦事處電話號碼：………………………………

手提電話號碼：…………………………………

**第 II 部：背景**

1. 本人明白此指示的目的，是當本人病情到了末期，或處於持續植物人狀況或不可逆轉的昏迷，或有其他特定的晚期不可逆轉的生存受限疾病時，將本人所可能身受或造成的痛苦或尊嚴損害減至最低，並免卻本人的醫療顧問或親屬或兩者同時局負代本人作出困難決定的重擔。

2. 本人明白無論在任何情況下醫生／院方都不會執行安樂死，亦不會依循本人在治療方面的任何非法指示，即使本人明文要求這樣做亦然。

3. 本人＿＿＿＿＿＿＿＿（請清楚填上姓名）年滿 18 歲，現撤銷本人以前曾就自己的醫護及治療作出的所有預設醫療指示（如有的話），並自願作出下述預設醫療指示。

4. 如經本人的主診醫生及最少另一名醫生診斷，證實本人是病情到了末期，或陷入不可逆轉的昏迷或處於持續植物人狀況，或有其他特定的晚期不可逆轉的生存受限疾病，以致無法參與作出關於自己的醫護及治療的決定，則本人對自己的醫護及治療的指示如下：

(註：填寫以下部分時請在適用的方格內加上剔號，在方格旁邊簡簽，並在任何不希望適用於自己的部分劃上橫線。)

[1] 表格由法律改革委員會(法改會)於 2006 年 8 月 16 日建議，根據食物及衛生局於 2009 年 12 月 23 日發表的諮詢文件更改，醫院管理局於 2010 年 5 月及 2014 年 6 月作出修訂及加上附註。

預設醫療指示　　HA 9611/MR

**(A)** 第 1 類情況——病情到了末期

(註：在此指示中——
"病情到了末期"指患有嚴重、持續惡化及不可逆轉的疾病，而且對針對病源的治療毫無反應，預期壽命短暫，僅得數日、數星期或數月的生命；至於施行維持生命治療的作用，只在於延遲死亡一刻的來臨；及

"維持生命治療"指任何有可能延遲病人死亡的治療，例子包括使用心肺復甦法、人工輔助呼吸、血液製品、心臟起搏器及血管增壓素、為特定疾病而設的專門治療（例如化學治療或透析治療）、在感染可能致命的疾病時給予抗生素、以及人工營養及流體餵養。（人工營養及流體餵養指透過導管餵飼食物和水份。））

☐ 本人不接受以下維持生命治療：

　　☐　　心肺復甦法

　　☐　　其他：＿＿＿＿＿＿＿＿＿＿＿＿＿＿＿＿＿＿＿＿

　　　　　＿＿＿＿＿＿＿＿＿＿＿＿＿＿＿＿＿＿＿＿

☐ 除了基本護理和紓緩治療外，本人不接受任何維持生命治療[2]。就本表格而言，非人工 的 營養及流體餵養屬基本護理的一部分。

　　☐　　但如臨床判斷認為有需要的話，我想繼續接受人工的營養及流體餵養，直至死亡臨近和不可避免為止。

**(B)** 第 2 類情況——持續植物人狀況或不可逆轉的昏迷狀況

(註：在此指示中——
"維持生命治療"指任何有可能延遲病人死亡的治療，例子包括使用心肺復甦法、人工輔助呼吸、血液製品、心臟起搏器及血管增壓素、為特定疾病而設的專門治療（例如化學治療或透析治療）、在感染可能致命的疾病時給予抗生素、以及人工營養及流體餵養[3]。（人工營養及流體餵養指透過導管餵飼食物和水份。））

☐ 本人不接受以下維持生命治療：

　　☐　　心肺復甦法

　　☐　　其他：＿＿＿＿＿＿＿＿＿＿＿＿＿＿＿＿＿＿＿＿

　　　　　＿＿＿＿＿＿＿＿＿＿＿＿＿＿＿＿＿＿＿＿

☐ 除了基本護理和紓緩治療外，本人不接受任何維持生命治療[4]。就本表格而言，非人工 的 營養及流體餵養屬基本護理的一部分。

　　☐　　但如臨床判斷認為有需要的話，我想繼續接受人工的營養及流體餵養，直至死亡臨近和不可避免為止。

---

[2] 應小心確定病人是否真的決定拒絕"所有"維持生命治療。

[3] 即使有預設醫療指示，從一個持續植物人狀況或不可逆轉的昏迷狀況的非末期病人身上移除人工的營養及流體餵養可以是具爭議的。有這項指示的病人當處於持續植物人狀況或不可逆轉的昏迷狀況，應請示醫院行政總監／聯網行政總監及醫院管理局總辦事處有否需要把個案呈上法庭處理。若病人希望在此部分作出指示移除人工的營養及流體餵養，或撤除所有維持生命的治療，應提醒他／她特別留意這點。

[4] 應小心確定病人是否真的決定拒絕"所有"維持生命治療。

(C)　　第 3 類情況–其他晚期不可逆轉的生存受限疾病，即：

_____

(註：在此指示中 -

"其他晚期不可逆轉的生存受限疾病" 指不劃入第 1 或第 2 類的嚴重、持續惡化及不可逆疾病，而病情已到了晚期，及生存受限，例子包括：

　　(1) 晚期腎衰竭病人、晚期運動神經元疾病或晚期慢性阻塞性肺病病人，因為他們可能用透析治療或輔助呼吸治療維持生命，而不劃入第 1 類；以及

　　(2) 不劃入第 2 類的不可逆轉主要腦功能喪失及機能狀況極差的病人。

"維持生命治療" 指任何有可能延遲病人死亡的治療，例子包括使用心肺復甦法、人工輔助呼吸、血液製品、心臟起搏器及血管增壓素、為特定疾病而設的專門治療（例如化學治療或透析治療）、在感染可能致命的疾病時給予抗生素、以及人工營養及流體餵養。（人工營養及流體餵養指透過導管餵飼食物和水份。）

☐ 本人不接受以下維持生命治療：

　　☐　　心肺復甦法

　　☐　　其他：_____

　　　　　　　　_____

☐ 除了基本護理和紓緩治療外，本人不接受任何維持生命治療[5]。就本表格而言，非人工的營養及流體餵養屬基本護理的一部分。

　　☐ 但如臨床判斷認為有需要的話，我想繼續接受人工的營養及流體餵養，直至死亡臨近和不可避免為止。

5. 本人是在此預設醫療指示第 III 部所述的兩名見證人面前作此指示，而該兩名見證人並非根據下述文書享有權益的受益人：

　(i)　本人的遺囑；或

　(ii)　本人所持有的任何保險單；或

　(iii)　本人所訂立或代本人訂立的任何其他文書。

6. 本人明白可隨時撤銷此預設醫療指示[6]。

_____　　　　_____
　　　此預設醫療指示作出者的簽署　　　　　　　　　　日期

## 第 III 部：見證人

見證人須知：
　　見證人不得為根據下述文書享有權益的受益人——
　　(i)　此預設醫療指示作出者的遺囑；或
　　(ii)　此預設醫療指示作出者所持有的任何保險單；或
　　(iii)　此預設醫療指示作出者所訂立或代此人訂立的任何其他文書。

_____

[5] 應小心確定病人是否真的決定拒絕 "所有" 維持生命治療。

[6] 如要撤銷指示，可直接在預設醫療指示表格上註明及簽署作實，或另紙書寫及簽署，並附連於預設醫療指示表格。

**由見證人作出的陳述**

**首名見證人**

（註：此見證人必須為註冊醫生，而此指示的作出者可選用一名不是其主診醫生或沒有診治過該作出者的醫生。）

(1)　本人 *(請清楚填上姓名)* 以見證人身份在下面簽署。

　　(a) 就本人所知，此指示的作出者是自願作此指示；及

　　(b) 本人已向此指示的作出者解釋作此指示的性質和後果。

(2)　本人聲明，此指示是在本人及下述第二名見證人的面前作出和簽署。

_____　　　_____

（首名見證人簽署）　　　　　　　　　　　　　　　　（日期）

姓名:......................................................................

身份證號碼／**醫務委員會註冊號碼**[7]：......................

辦事處地址：..............................................................................

.................................................................................................

辦事處電話號碼：.............................................................................

**第二名見證人**

（註：此見證人必須年滿 18 歲）

(1)　本人＿＿＿＿＿＿＿ *(請清楚填上姓名)* 以見證人身份在下面簽署。

(2)　本人聲明，此指示是在本人及上述首名見證人的面前作出和簽署；首名見證人已在本人面前向此指示的作出者解釋作此指示的性質和後果。

_____　　　_____

（第二名見證人簽署）　　　　　　　　　　　　　　　（日期）

姓名：......................................................................

身份證號碼[8]：......................................................

住址／聯絡地址：..........................................................................

.................................................................................................

住宅電話號碼／聯絡電話號碼：..............................................................

---

[7] 醫管局員工不需要提供身份證明文件號碼／醫務委員會註冊號碼，因員工編號或醫院病房／科組的地址已足夠證明第一見證人的身份。

[8] 醫管局員工不需要提供身份證明文件號碼，因員工編號或醫院病房／科組的地址已足夠證明第二見證人的身份。

醫院管理局在 2014 年提供的《預設醫療指示 —— 簡短版》：

| | | 以正楷書寫或貼上病人標籤 |
|---|---|---|
| **醫院管理局**<br>**HOSPITAL AUTHORITY** | **預設醫療指示**<br>(當病情到了末期時拒絕心肺<br>復甦術) | 入院／門診號碼：....................................<br>姓名(英文)：.............. (中文)...................<br>身份證號碼：........ 性別：...... 年齡：......<br>部門：......組別：......病房／床號：..../...... |

**第I部：　　此預設醫療指示作出者的詳細個人資料**

姓名：........................................... 身份證號碼：.......................................

性別：..................... 出生日期：..................... 電話號碼：...........................

住宅住址：...............................................................................................................

**第II部：　背景**

1. 本人 _____ (請清楚填上姓名) 年滿 18 歲，現撤銷本人以前曾就自己的醫護及治療作出的所有預設醫療指示（如有的話），並自願作出下述預設醫療指示。

2. 如經本人的主診醫生及最少另一名醫生診斷，證實本人是**病情到了末期#**，以致無法參與作出關於自己的醫護及治療的決定，則本人對自己的醫護及治療的指示如下：
**本人不接受心肺復甦術。**

3. 本人是在此預設醫療指示第 III 部所述的兩名見證人面前作此指示，而該兩名見證人並非本人的遺囑、或本人所持有的任何保險單、或本人所訂立或代本人訂立的任何其他文書享有權益的受益人。

4. 本人明白可隨時撤銷此預設醫療指示

　　_____　　　　　_____
　　　此預設醫療指示作出者的簽署　　　　　　　　　日期

#　"病情到了末期"指患有嚴重、持續惡化及不可逆轉的疾病，而且對針對病源的治療毫無反應，預期壽命短暫，僅得數日、數星期或數月的生命；至於施行維持生命治療的作用，只在於延遲死亡一刻的來臨。

**第III部：　見證人**

見證人不得為根據下述文書享有權益的受益人：此預設醫療指示作出者的遺囑；或 此預設醫療指示作出者所持有的任何保險單；或 此預設醫療指示作出者所訂立或代此人訂立的任何其他文書。

**首名見證人**

（註：此見證人必須為註冊醫生）

1. 本人＿＿＿＿＿＿＿＿＿＿（*請清楚填上姓名*）以見證人身份在下面簽署。
   i. 就本人所知，此指示的作出者是自願作此指示；及
   ii. 本人已向此指示的作出者解釋作此指示的性質和後果。

2. 本人聲明，此指示是在本人及下述第二名見證人的面前作出和簽署。

＿＿＿＿＿＿＿＿＿＿＿＿＿＿　　　　＿＿＿＿＿＿＿＿＿＿＿＿＿＿

　　（首名見證人簽署）　　　　　　　　　　（日期）

姓名：......................................................................................

身份證號碼／醫務委員會註冊號碼[1]：.................................................

辦事處地址：.........................................................................

........................................................................................

辦事處電話號碼：.............................

---

**第二名見證人**

（註：此見證人必須年滿18歲）

1. 本人＿＿＿＿＿＿＿＿＿＿（*請清楚填上姓名*）以見證人身份在下面簽署。

2. 本人聲明，此指示是在本人及上述首名見證人的面前作出和簽署；首名見證人已在本人面前向此指示的作出者解釋作此指示的性質和後果。

＿＿＿＿＿＿＿＿＿＿＿＿＿＿　　　　＿＿＿＿＿＿＿＿＿＿＿＿＿＿

　　（第二名見證人簽署）　　　　　　　　　（日期）

姓名：......................................................................................

身份證號碼[2]：.......................................................................

住址／聯絡地址：...................................................................

........................................................................................

住宅電話號碼／聯絡電話號碼：.................................................

---

[1] 醫管局員工不需要提供身份證明文件號碼／醫務委員會註冊號碼，因員工編號或醫院病房／科組的地址已足夠證明第一見證人的身份。

[2] 醫管局員工不需要提供身份證明文件號碼因員工編號或醫院病房／科組的地址已足夠證明第二見證人的身份。

　　如遺囑、持久授權書一樣，"預定照顧計劃"旨在維護當事人的自主權，前兩者是對財產的自主權，後者則是對身體或治療的自主權。當事人做好"平安三寶"後，情況如有變化想更改內容，任何一寶都可以撤銷然後重立。

　　中國人的紅白二事，籌備的時候家族成員往往眾議紛紜，各人平日收藏起來的心結或會浮現。如果在遺囑或預定照顧計劃中，當事人已表明自己的白事應如何安排，到時就能避免家人不必要的不快和爭執。其實"平安三寶"的內容與當事人的家庭關係息息相關：誰是遺囑的執行人和受益人？誰是持久授權書的受權人？或許有些個案中，律師應該與家庭輔導心理治療師組成團隊，一起為當事人製作一套考慮周全的"平安三寶"，以確保日後執行時不但不會家庭不和，反而可以撫平心結。

　　在一些先進國家，簽立"平安三寶"非常簡易方便，甚至可以是完全免費的。香港其實也有不少為市民免費提供法律服務的設施：高等法院設有無律師代表訴訟人資源中心；政府資助的當值律師，每天都在裁判法院為通過了案情及入息審查的被告人出庭辯護……。相信政府在制定應付人口老化的政策時，也可以成立"平安三寶"中心，讓廣大市民免費或以有限的費用做妥"平安三寶"。

## 第十二章

# 家事法

廖雅慈

香港大學法律系副教授

## 一　前言

　　家庭（family）是構成社會的重要基本單位。家庭並不局限於婚姻（marriage）和婚生子女，亦包括同性或異性伴侶[1]，以及其子女。另外，愛、信任、溝通和相互依賴是構成家庭生活的重要元素[2]。時至今天，香港的家事法（family law），受中國傳統家庭觀念的影響，仍以異性婚姻和生兒育女為主軸，將權利及義務賦予配偶和子女，因此家事法仍沒有直接處理同性或異性同居伴侶（same or opposite sex cohabitants）和同性婚姻（same sex marriage）這些重要議題。

　　家事法可被視為確立個人及家庭身份，並對家庭成員作出保護的一門法律。本章會從四個方面探討現行家事法中的一些主要原則：

　　**a. 香港家事法下的中式婚姻**（見本章第二節，頁 440-443）　由於香港回歸前的特殊背景，中國法律及習俗對香港家事法仍有一定影響。本章第二節介紹舊式婚姻、妾侍制度及民國時期新式婚姻於香港家事法的地位及現行效

---

1　*Fitzpatrick v Sterling Housing Association Ltd* [1998] 1 F.L.R. 6, CA.

2　*Secretary of State for Work and Pensions v M* [2006] UKHL 11.

力。

b. **有效的婚姻**（見本章第三節，頁 443-461） 香港法律下，婚姻被定義為經過正式儀式而受法律承認的一男一女排除第三者的自願終身結合。一男一女不能以三書六禮締結婚姻，而須依從《婚姻條例》的規定，舉行婚禮。本章第三節將介紹一宗"婚姻"在甚麼情況下會被視為有效或無效。

c. **離婚訴訟**（見本章第四節，頁 461-479） 結婚只是家事法所涉及問題的起點。現在香港離婚數字逐漸上升，離婚訴訟亦漸趨普遍。離婚後贍養費及家庭資產分配等都是常見的問題。與離婚相關的問題更包括海外婚姻的認受性以及婚前協定的效力。本章第四節將探討有關的法律原則。

d. **父母與子女的關係**（見本章第五節，頁 480-492） 家事法以往一向以成人的利益為中心。香港在 1994 年 9 月簽署了《聯合國兒童權利公約》，對兒童的權利作出了一系列的承諾及保證，父母與子女間的關係亦逐漸成為法律的關注點。有關確立父母親身份的重要原則，及父母在離婚後對子女的管養權（custody）等問題，將會在第五節作出介紹。


## 二　香港家事法下的中式婚姻

香港家事法（特別是與結婚相關的內容）是中西文化融合的一個範例。1971 年 10 月 7 日以前，華人在香港可以按照中國法律與習俗，以"三書六禮"（見下表）的形式締結一個有效的"舊式婚姻"（customary marriage）。

香港開埠之初，英國政府政策的基本原則，是將英國法制之優點賦予殖民地的子民，而同時盡量不干擾傳統信仰及慣例——尤其是關乎婚姻及土地持有的習俗及傳統。因此，中國法律與習俗和慣例便被納入香港得以保存。自此以後，香港婚姻法便具有二元性質（dual system），即英國引入的法律及中國法律與習俗，而後者只適用於華人血統的人士。與婚姻相關之中國法律及習俗（Chinese law and custom）在香港法律制度下繼續運作[3]。

| 三書 | |
|---|---|
| 聘書 | 提親時互相交換的文件 |
| 禮書 | 送聘禮時互相交換的文件 |
| 迎書 | 接新娘時送給女家的文件 |

| 六禮 | |
|---|---|
| 納采 | 男家託媒人帶同禮物到女家提親 |
| 問名 | 男家向女家徵詢女方年庚八字 |
| 納吉 | 將男女雙方的年庚八字推算是否配合 |
| 納徵 | 男家託媒人把聘禮送到女家以成立婚約 |
| 請期 | 男家擇定迎娶女方之吉日並通知女家 |
| 親迎 | 新郎前往女家迎接新娘 |

　　舊式婚姻之目的是結合兩個家庭，傳宗接代。男女雙方沒有自由選擇的權利，不以現代的自由戀愛觀念作為婚姻的基礎。夫婦地位不平等，譬如妾侍制度（concubinage）允許男方娶妻後多次納妾。在 1971 年以前，法律亦容許 "新式婚姻"（modern marriage）。新式婚姻起源於民國時期盛行的自由戀愛。結婚被視為男女兩人之事，與家族無關，亦無須繁文縟節。新式婚姻只須有兩名或以上的見證人在場，以公開儀式舉行婚禮即可。

　　隨著時代變更，1971 年 10 月 7 日是香港婚姻法的轉捩點。《婚姻制度改

---

3　*Suen Toi Lee v Yau Yee Ping*（孫玳琍訴邱綺萍）[2001] HKCFA 21;（2001）4 HKCFAR 474; [2002] 1 HKLRD 197; FACV22/2000, pp90-94。

革條例》[4] 規定，從該日起，所有在香港締結的婚姻，是按照《婚姻條例》[5] 的規定，經過正式儀式而受法律承認的一男一女排除第三者的自願終身結合。一男一女結婚，須前往婚姻登記處，在登記官主持下舉行婚禮；或在特許的禮拜場所，由合資格的神職人員主持舉行婚禮；[6] 換言之，《婚姻制度改革條例》廢止了舊式婚姻、妾侍制度和新式婚姻，以及為該等婚姻的解除和相關事宜訂定相關條文。值得留意的是，在該日之前締結以上三類婚姻的人及其子女的權利，仍然受到法律保障。為了給予這些人士一個明確的婚姻地位，《婚姻制度改革條例》容許有關人士辦理婚姻後補登記的手續。

雖然舊式婚姻、妾侍制度和新式婚姻已被《婚姻制度改革條例》廢止，但踏入 21 世紀，舊式婚姻仍是法庭裏的辯論焦點。例如，2000 年香港終審法院 *Suen Toi Lee v Yau Yee Ping* 一案涉及孫氏在內地納的兩個妾侍在香港法律的地位（見頁 443 之圖表）。涉及此案的家庭背景如下：1929 年孫氏與陳氏（結髮妻）在中國內地結為夫婦，一直在中國居住。1933 年，孫氏在元配同意下，在中國內地"納妾"宋氏。宋氏及其子女一直在中國居住，女兒為原告之一。1939 年，孫氏在中國內地再"納妾"朱莉，沒有子女。孫氏與朱莉在 1951 年及 1952 年分別來香港。答辯人為朱莉的姪女及其家人。孫氏及朱莉在 1985 和 1987 年身故。因他們並無遺囑，本案的爭議是朱氏之遺產承繼問題。法院須要判定孫宋及孫朱是否構成香港《無遺囑遺產條例》下的夫妾關係。若孫宋及孫朱都分別為夫妾，原告人（宋氏之女）及孫陳之子女可按《無遺囑遺產條例》分得朱氏遺產，但答辯人（朱莉姪女及其家人）則不可。若只有孫朱為夫妾，則只有孫陳之子女可以按法例分得朱氏財產，而宋氏子女沒有繼承權。若孫宋及孫朱根本上不存在"夫妾"關係，原告則無法分得朱氏遺產。

香港終審法院裁定本案應以"婚前居籍地"的原則處理，即孫宋及孫朱

---

4　《香港法例》第 178 章。

5　《香港法例》第 181 章。

6　2006 年 3 月 13 日以後，還可由合資格的律師或公證人擔任婚姻監禮人，在婚姻登記官的辦事處及特許的禮拜場所兩者以外的香港地方（例如舉行婚宴的場所）主持婚禮。

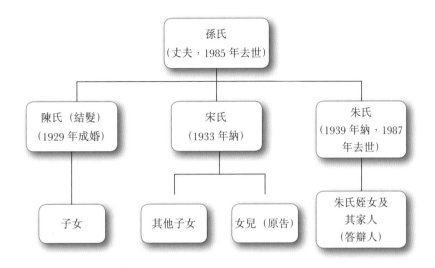

是否為夫妾應按 1931 年的中華民國民法（以下簡稱 "民法"）決定。所以，法院需要處理的是民法是否有效廢除妾侍制度。雖然民法內並無確實寫明 "廢妾"，再者按當時的民法，妾可以作為家屬成員，並享有贍養等權利，但是法院最終裁定民法的精神是廢妾，所以其夫妾關係於 1931 年後已不存在。因為孫宋及孫朱的關係均建立在 1931 之後，所以孫宋及孫朱根本上不存在 "夫妾" 關係，原告無法分得朱氏遺產，只有答辯人有權繼承朱氏遺產。

　　從以上的案件可見，雖然舊式婚姻、妾侍制度和新式婚姻已被《婚姻制度改革條例》廢止，但此類法律爭議將會持續一段較長的時間。

# 三　有效的婚姻

　　《婚姻條例》第 40 (2) 條提到婚姻是經過正式儀式而受法律承認的一男一女排除第三者的自願終身結合。

　　從法律的角度來說，婚姻是合約的一種，須由某些要件組成。構成有效婚姻的關鍵成份是：(a) 當事人有法定資格去締結婚姻（marriage）；(b) 婚姻在儀式上符合法定的要求（formalities）。這兩個成份可以簡單的例子說明。

在法定資格方面，縱然婚姻的儀式符合法定的要求，也不可能讓十二歲的孩子締結有效的婚姻，因其未達適婚年齡。適婚年齡的父女也不能締結有效的婚姻，因為他們的關係是在親屬禁婚範圍內（見下頁圖表）。如果一對適婚年齡的男女，僅在酒席上向親朋宣佈：“我們現已決定成為夫妻。”酒席之後，雙方住在一起生兒育女，即使親友都視他們為配偶，他們的關係亦不能構成有效的婚姻。因為他們沒有遵從法定的儀式去締結一個有效的婚姻，所以他們的關係只屬同居男女而已。

所謂“無效婚姻”，即婚姻不符合法律的要求，雙方的夫妻關係不被法律承認。在甚麼情況下，一段婚姻會被視為無效？無效婚姻有兩種：(a)“絕對無效”的婚姻（void marriage）；(b)“可使無效”的婚姻（voidable marriage）。在上述情況下，法院均可頒佈婚姻無效令（decree of nullity），並按《婚姻法律程序與財產條例》作財產分配的命令。當中的分別主要在時間方面。絕對無效的婚姻，是指一段由始至終沒有存在過（void ab initio）的婚姻；而可使無效的婚姻是指一段一直被視為有效的婚姻，直至法院判令後，才被撤銷。以下分別探討這兩種無效婚姻的特徵和分別。

## （一）令婚姻絕對無效的因素

絕對無效婚姻，是指婚姻不符合法律的基本要求。根據《婚姻訴訟條例》[7]第 20 (1) 條，若出現以下任何一項，婚姻便“絕對無效”：(a) 結婚雙方的血親或姻親關係是在禁婚範圍以內；(b) 任何一方年齡不足十六歲；(c) 婚姻違反法律規定；(d) 任何一方在結婚時已經合法結婚（即重婚）；(e) 雙方並非一男一女。

基於以上任何一種理由，“婚姻”就被視為從不存在。在這種情況下，雙方不需要向法院申請婚姻無效令，便可“再”婚。但若打算“再”婚的當事人，希望消除外界對其未婚身份的質疑，可向法院申請一份屬聲明性質的婚

---

7　《香港法例》第 179 章。

姻絕對無效令，説明該段 "婚姻" 一直沒存在過。

### 1. 血親或姻親結婚的限制

"血親"（consanguinity）是指婚姻雙方有血統關係，例如父親與女兒。很多社會都禁止近親結婚，香港亦不例外。但血親禁婚範圍應有多廣，則視乎社會的價值觀，以及血親之間把有缺陷的遺傳因子傳給下一代的機會。血親之間有着相同遺傳因子的比例，可從下列圖表説明。

| 血統關係 | 相同遺傳因子比例 |
|---|---|
| 父與女 (father and daughter)<br>兄弟與姊妹 (brother and sister) | 1/2 |
| 祖父 / 外祖父與孫女 / 外孫女 (paternal/maternal grandfather and granddaughter)<br>伯父 / 叔父 / 舅父 (uncle) 與姪女 / 甥女 (niece)<br>同父異母之兄弟與姊妹 (half-brother and half-sister) | 1/4 |
| 堂兄弟與堂姊妹 / 表兄弟與表姊妹 (first cousins)<br>伯爺、叔公與姪孫女 / 姨甥孫女 (granduncle and grandniece) | 1/8 |
| 遠房堂兄弟與姊妹 / 遠方表兄弟與表姊妹 (second cousins) | 1/32 |

但若血親婚姻不涉及生育（婚姻雙方不打算或無能力生兒育女）或採用生育科技避免孕育有缺陷的孩子，則遺傳缺陷不足以成為有力反對血親結婚的理由。因此，血親禁婚主要出於對社會倫理的考慮。

"姻親"（affinity）是指藉婚姻而成為親戚的關係。既然遺傳問題是血親禁婚的原因，就跟姻親禁婚沒有關係了。一個男人與前妻的妹妹並沒有血親關係，所以沒有相同遺傳因子，不屬於血親禁婚範圍之內。姻親禁婚的依據與保障和諧家庭的社會政策有關。以一個男人與其繼女（stepdaughter）為例，若他們可以成為夫婦，便有可能帶來以下的家庭、倫理及社會問題：（a）家庭關係出現混淆，像繼女的母親對該男人來說，除了是前妻外，更是男方的岳母；女方的姊妹本來同是男方的繼女，現在則成為男方的小姨；（b）這種婚姻也可能成為家庭中嫉妒與感情鬥爭的來源；（c）社會對上一代與下一代的通婚與性行為亦有一定的厭惡和反感；（d）此類婚姻亦會令人懷疑繼父是否曾利用他作為家長的身份和權力，對繼女作出不適當的要求，以滿足個人需要。電影界名人活地亞倫（Woody Allen）和養女的關係，就顯示了這類關係的爭議性。血親和姻親禁婚的範圍應有多廣，在不同的社會有不同的界定。

現行香港法律對血親禁婚的規定，很大程度仍跟隨英國法例：男方不能娶自己的母親（mother）、女兒（daughter）、祖母／外祖母（paternal/maternal grandmother）、孫女／外孫女（paternal/maternal granddaughter）、姊妹（sister）、姑母、姨母（aunt）、姪女、甥女（niece）。這規定同樣適用於女方，即女方亦不能嫁給上述相應的親屬。

在姻親禁婚方面，現在只有兩類姻親是受法律管制的。第一類是一個男人和與其有繼關係的女人，即繼女（stepdaughter）、繼母（stepmother）、繼祖母（stepgrandmother）或繼孫女（stepgranddaughter）之婚姻。若一個男人和與其"繼"關係的女人結婚，法律規定，男女雙方一定要年滿二十一歲，以及年紀較幼的一方在十八歲前，不曾是對方的家庭成員。這規定的用意，是排除年紀大的一方，濫用其繼父或繼母的身份和權力，去"贏"得另一方的感情，並排除對和諧家庭生活造成的不良影響。若感情產生時，年紀較幼的一方並非對方家庭成員，家庭成員中的嫉妒和感情糾紛，亦相對地會減少。

第二類受管制的姻親婚姻，是一個男人與其媳婦（daughter-in-law）或岳母的婚姻。這種婚姻一定要符合兩個先決條件：（a）雙方一定年滿二十一歲；（b）準新人的前配偶均已死去。例一：若女方是男方的媳婦，則男方的兒子及兒子的母親，在準新人結婚時已死去；例二：若女方是男方的岳母，則女方的前夫及女兒，在準新人結婚時已死去。這規定的目的，是希望將家庭成員的感情糾紛減至最少。但試想想，要求準新人的前配偶都死去才准許他們結婚，恰似給予他們一個雙重謀殺的動機（見下頁圖例）！

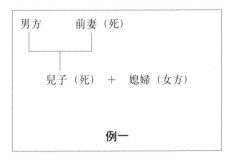

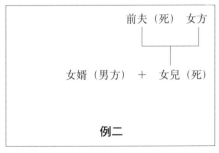

受血親或姻親關係禁止的婚姻，是一開始已經無效的婚姻。例如，父女之間不能締結有效的婚姻，他們沒有可能取得夫婦地位。這與亂倫（incest）是兩個不同的法律概念；亂倫是刑事罪行，單指有某類血親關係的人之間的性行為，與婚姻無關。亂倫所涉及的血親關係，比血親禁婚的範圍狹窄。亂倫，是指一個男人明知女方是自己的女兒、孫女（或外孫女）、母親、姊妹，仍與她發生性行為；或一個十六歲或以上的女人明知男方是自己的兒子、孫（或外孫）、父親、兄弟，仍容許他與自己發生性行為[8]。一個男人與其他親戚如姑母、姨母、伯母、舅母、姪女或姨甥女發生性行為，或一個女人與其叔伯、舅父、姪或姨甥發生性行為，則不屬亂倫。

## 2. 年齡限制

若婚姻的任何一方未滿十六歲，婚姻便屬無效，這與法例規定年僅十六至二十一歲人士須在父母同意下才可結婚不一樣。《婚姻條例》第 14 條規定，已滿十六歲但未滿二十一歲的擬婚人士，非鰥夫寡婦，須在婚前向婚姻登記官或婚姻監禮人出示父親、母親或監護人的同意書[9]。《婚姻條例》第 18A 條更規定，如有權給予同意的人已逝世、無法覓得、精神不健全或拒絕同意，擬婚人士則可向區域法院提出申請，由區域法院法官同意該段婚姻。但如任何一方未滿十六歲，即使有父母同意，亦不可能締結有效婚姻。

---

8　《刑事罪行條例》（《香港法例》第 200 章），第 47 條及第 48 條。

9　在不同的情況下有權給予同意者的身份，詳見《婚姻條例》附表 3。

## 3. 違反法律規定

《婚姻條例》規定，任何人打算結婚，應在婚期三個月前向婚姻登記官發出擬婚通知書，並親自會面登記官或婚姻監禮人（civil celebrant），作出誓章，表明該宗婚姻並無任何血親姻親的問題，或其他法律上的障礙，以及該宗婚姻依法無須任何其他人士同意，或該宗婚姻已獲得法律規定的其他人士同意（適用於未滿二十一歲的擬婚者）。登記官會在婚姻登記處展示通知書的副本，並在通知書發出後十五日起至三個月內向擬婚人士簽發出婚姻登記官證明書。擬婚人士在婚姻登記官或婚姻監禮人主持婚禮之前，還須簽署一份聲明書，表示明白婚姻在法律方面的約束力。

根據《婚姻條例》第 27 條，若結婚雙方明知而故意默許婚禮在下述情況下舉行，婚姻即屬無效：(a) 婚禮並非由特定人士在特定地方主持（在婚姻登記處由婚姻登記官主持，在特許的公眾禮拜場所由合資格的神職人員主持，或由婚姻監禮人在香港其他地方主持），而亦非屬於法例規定的特殊情況 [10]；(b) 結婚一方或雙方使用假名結婚；或 (c) 沒有獲發婚姻登記官證明書或特別許可證。

## 4. 重婚

若 A 與 B 在結婚時，B 已經和第三者 C 締結了一段有效的婚姻；那麼 A 與 B 的婚姻乃屬無效，而 B 亦犯了重婚的刑事罪行。

## 5. 擬婚雙方非一男一女

婚姻是一男一女自願的結合，違反一男一女的先決條件將令婚姻絕對無效。舉例來說，如果一個女人與一個她以為是男人的人舉行婚禮，但“他”竟是一個偽裝為男人的女人，這婚姻便屬無效。除此之外，此項規定亦涉及跨性別人士、同性戀者，及他們的婚姻權利。

---

10　特殊情況包括：經由特別許可證授權；擬婚人士為不依合法妾侍制度同居的人士而其中一方已屆臨終之時。

(1) 變性人

隨着醫學的進步及社會對變性手術的接納，以下的法律問題便隨之產生：法律要求婚姻是一男一女的結合，完成變性手術的人（transsexual）的性別是以變性前還是變性後為準？從醫學角度來看，當一個有顯著男性（或女性）生理特徵的人，在心理上卻認為自己屬於另一性別時（即跨性別人士，transgender），所面對的生理和心理上的衝突，可以"性別再分配手術"（sex reassignment surgery）來解決。變性人在法律上所遇到的是新性別的認受問題（Gender Recognition），這跟雙性人（陰陽人，intersex）、同性戀者（homosexual）及易服癖者（cross-dresser or transvestite）所涉及的法律問題有所不同。同性戀者傾向選擇與自己性別相同的人為愛情及性滿足的對象，易服癖者則通過穿上異性服裝表達性興奮及內心快樂，兩者沒有性別認同困難。

一個經由手術由男變女的人，在法律上是男性還是女性？在 1970 年代初英國 *Corbett v Corbett* [11] 的案例中，法院裁定，變性手術不能改變一個人出生時的性別。案中答辯人本是男兒身，卻渴望成為女性。他服用雌激素，長出一雙豐滿的乳房，並以變性手術把睾丸和陰囊切除，還加設人造陰道。手術後答辯人採用了女性的名字，並成為著名的女模特兒。上訴人（男）知悉答辯人曾接受變性手術，但仍與答辯人結婚，其後卻以答辯人並非女性為理由，向法院申請婚姻無效令。法官認為婚姻是以異性繁殖為基礎，而且判別性別應以出生之時作準。而在確定一個人的性別時，最少有四類判斷標準：(a) 染色體（chromosomal）；(b) 生殖器官（genital）；(c) 生殖細胞器官（gonadal）；(d) 心理性別（psychological）。答辯人在出生時首三類的標準均是男性，儘管他由男變女的手術成功，在婚姻法上他依然是男性，因為上訴人也是男性，法庭判該婚姻無效。

隨着醫學的進步，社會對性別及家庭的觀念亦有所改變。1996 年歐洲人權法庭在 *Goodwin v United Kingdom* [12] 一案中裁定，英國政府沿用上述

---

11　[1971] P 83.

12　[2002] 35 EHRR 18.

Corbett 案所定的出生時三項生理標準來確定一個人結婚的性別，忽略了社會在性別及家庭觀念方面的轉變和有關性別手術的醫學發展，違反了《歐洲人權公約》對個人私隱權（right to privacy）和婚姻權（right to marry）的保障。英國政府在答辯中提出，變性人仍有其婚姻權利，即案中之答辯人仍然有權跟一個女性結婚。但歐洲人權法庭認為此理據不切實際，因為當事人已從男變女，並以女性身份生活，只容許當事人與一個女性結婚，實際是約束她的婚姻權利，導致這權利喪失其核心意義。

在 Goodwin 一案後，英國國會通過了《性別確認法》（Gender Recognition Act 2004），不但承認變性人的婚姻權利，變性人的新性別亦在其他範疇全面得到法律認可。《性別確認法》下，新性別被法律認可的先決條件為：(a) 申請人年滿十八歲；(b) 患有或曾患有性別焦慮症及在過往兩年已經以新性別生活；(c) 計劃繼續以新性別生活直至去世為止。法例成立了一個性別確認委員會（Gender Recognition Panel），向符合資格的申請人發出性別確認證書（gender recognition certificate）。成功取得該證書的人，可以新性別結婚。當申請人收到性別確認證書後，可以領取一張新的出生證明書，以顯示其新性別。該法例範疇全面，涵蓋婚姻、子女權益、運動、社會福利、退休金以及性罪行等範疇，在各方面都對性別改變的後果作出適當處理。

由於《歐洲人權公約》跟《香港人權法案條例》所保障的權利及所用的字眼相同，所以歐洲人權法庭於 Goodwin 案的判決對香港法院有相當重要的參考價值。2013 年，於W訴婚姻登記官（*W v Registrar of Marriages*）[13] 一案中，香港終審法院以四比一裁定，變性人有權以變性後的性別結婚。W小姐於香港醫院管理局轄下醫院接受變性手術，從男身變成女身。W小姐申請和她男性伴侶舉行婚禮。婚姻登記官考慮到 Corbett 案例，指出 W 並不是《婚姻條例》第 40(2) 條中所指的"女"，於是拒絕 W 和她男性伴侶的婚禮申請。W 對該項決定提出司法覆核，指出 (a) 按條文的正確解釋，"女"應包括接

---

13　[2013] HKCFA 39; [2013] 3 HKLRD 90; (2013) 16 HKCFAR 112; [2013] 3 HKC 375; FACV4/2012.

受手術後從男身變成女身的變性人；(b) 若 "女" 不包括變性人，則有違《基本法》第 37 條及《香港人權法案》第 19 (2) 條所賦予的結婚權利，以及《香港人權法案》第 14 條對私生活的保護，因此無法律效力。原訟法庭及上訴法庭均裁定申請人敗訴，但終審法院則以四對一的多數裁定上訴得直。

終審法院以多數裁定指：《婚姻條例》的相關條文建基於 Corbett 案的決定，所以婚姻登記官對條文的詮釋是正確的。然而，《婚姻條例》將性別的判定準則規限於出生時的生理因素，使受到《基本法》保障之婚姻權利失去意義，則屬違憲。因此，終審法院最終裁定，單就婚姻這一層面而言，法院會考慮所有情況，包括生理、心理及社會因素和有否進行變性手術，並以婚姻之時（不是出生時）的情況為介定一個人性別的標準。

香港特區政府其後於 2014 年提出的《婚姻（修訂）條例》草案[14]，只局限於以手術移除本身的性器官，並重新構建異性性器官的跨性別人士。但對於終審法院所作出的立法建議，即參照英國《性別確認法》，在婚姻以外的範疇為跨性別人士的性別認受立法，則還待跟進。該草案於 2014 年 10 月在立法會被否決，立法會泛民黨派指，政府要求跨性別人士必須要完成整項手術才能與異性結婚，是不人道和不必要的法律要求；建制派就指草案破壞婚姻制度。由於 W 案的判決本身已經有效地保障案中變性人及屬同樣類別的人士，而草案的內容又僅僅將判決 "搬字過紙"，該草案的否決對香港法律沒有實質影響。

以完成整項變性手術作為性別認受的先決條件，固然可以減少在法律上性別混亂的問題。然而，跨性別人士往往因健康或其他原因而不會完成 "整項變性手術"。再者，要求移除原有的性器官代表須失去生殖能力，而構建新的性器官往往未必成功（這問題在女變男的變性人身上尤為明顯），對以新性別的身份於日常生活亦非必要。由於未完成整項變性手術的跨性別人士不在 W 案判令的範圍之內，而變性人於婚姻以外其他範疇所面對的法律認受問題

---

14　2014 年 10 月，立法會以大比數否決二讀政府提出的婚姻修訂條例草案。"泛民" 黨派認為，草案要求變性人必須要完成整項手術，才能與異性結婚，這是不人道的，施加了不必要的法律要求；建制派則指該草案破壞香港原有的婚姻制度。

亦未得到完全解決，要在減少性別混亂，和跨性別人士的權益兩者間盡量作出平衡，第一個可考慮的方案可以是僅要求移除原有的性器官，而第二個可考慮的方案是可以是按英國的做法，設立一個由醫生和律師組成的性別確認委員會，只有在肯定申請人過往兩年已經以新性別生活，並計劃繼續以新性別生活直至去世為止，才確認變性人的新性別。

(2) 雙性人

變性人是指一個出身時性別可被清晰界定的人，後天變成另一性別；而雙性人則先天性徵不容易被辨別為男性或女性，因此雙性人和變性人的法律問題截然不同。在英國的 *W v W*（physical inter-sex）[15] 一案中，答辯人 W 出生時性徵並不明顯，在應有男性生殖器官的位置，僅有一塊褶起的皮（a flap of skin），而且沒有睪丸（testicles）。出於父親的期望，她的性別被登記為男性，而且從小被當為男性養育，甚至曾被後父強行注入男性荷爾蒙（睪丸素 testosterone），然而 W 在十五歲開始已有明顯的胸部和女性的身型，以及對男生有興趣。W 在四十歲時接受了性別再分配手術後，以女性身份與上訴人（男性）結婚。結婚三年後，雙方分開，上訴人以答辯人並非女性為理由，向法院申請婚姻無效令。法官認為單憑染色體、生殖細胞器官和生殖器官等生理因素，並不足以判斷 W 的性別。按專家證供，答辯人患有 "部份雄性激素不敏感症"（partial androgen insensitivity syndrome）。該症患者染色體為 XY 男性，但他們的生殖器官和第二性徵有女性的特質。視乎不同的嚴重程度，患者可能不會製造精子，或者有乳房發育以及女性的毛髮分佈。法官最終認為答辯人染色體為男性，生殖細胞器官為雙性，生殖器官為雙性，心理為女性。他認為當 Corbett 一案中提出的標準並不指向同一性別時，決定一個性別時需要考慮以下的所有因素：(a) 染色體（chromosomal）；(b) 生殖細胞器官，即睪丸或卵巢的存在與否（gonadal）；(c) 生殖器官（genital），包括雙性生殖器官；(d) 心理性別（psychological）；(e) 荷爾蒙（hormonal）以及 (f)

---

15　[2001]1 F.L.R. 324.

第二性徵（例如毛髮分佈、乳房發育及體形等情況）。法庭考慮以上六個因素，特別是 W 的心理性別，裁定 W 在結婚時是女性。

(3) 同性婚姻及公民結合

近年來同性婚姻亦是一個頗熱門的議題。隨着社會對性別及家庭觀念的改變和對同性戀者歧視的減少，很多國家也漸漸地賦予同性戀者在家庭和婚姻方面的權利。英國於 2004 年通過《公民結合法》（Civil Partnership Act 2004），給予同性戀者等同一般合法婚姻的法律保障。《公民結合法》對結合雙方的資格要求，除雙方必須為同性之外，其餘與婚姻法的要求大致相同，例如：雙方必須年滿十六歲、未婚及不在禁婚範圍之內。根據《公民結合法》，結合的一對新人須屬同一性別。樂壇名人艾頓莊（Elton John）就在法例生效當天（即 2005 年 12 月 21 日）與男友 "結婚"。最近英國更於 2013 年通過《婚姻（同性伴侶）法》（Marriage（Same Sex Couples）Act 2013），正式給予同性伴侶婚姻的權利。

相對於比較前衛的國家，香港法律仍然要求婚姻為異性結合，按《婚姻訴訟條例》第 20 (1) (d) 條，倘若婚姻雙方並非一男一女，婚姻即屬無效。《婚姻條例》第 40 (2) 條仍然把婚姻定義為一男一女的自願結合。《香港人權法案》第 22 條保障香港居民受到法律的平等保護，免受性別及其他身份產生的歧視。因此，《婚姻條例》對於異性結合的要求很有可能受到憲法挑戰。於同性婚姻上，爭論點將會是法律的平等保護（equal protection before the law），以及法律對私生活的保障（protection of privacy）。於 2003 年 *Halpern v A-G Canada* [16] 一案中，加拿大安大略省上訴庭認為婚姻的異性要求構成性傾向歧視。性傾向就如種族一樣，是一項不能輕易改變的個人特徵，因而受到憲法平等原則的保護。婚姻是表達愛與承諾的重要個人關係，婚姻的異性要求以性傾向為基礎作差別待遇，將同性戀者拒諸門外，違反實質平等，令同性戀伴侶失去個人應有的尊嚴。以同性婚姻不能滿足繁殖後代的功能，從

---

16　[2003] O.J. No. 2268.

而支持差別待遇的論點也難以成立，因為即使同性戀伴侶獲准結婚，其他異性伴侶也並不會因此而停止生育；再者，同性戀伴侶亦能以領養、代孕和人工受精等的方法擁有子女。最終法庭以憲法賦予的權力，裁定婚姻的定義從"一男一女"的結合重寫成"二人"的結合。

香港高等法院於 2005 年梁威廉訴律政司司長[17]一案中的判決，指出"性別"一詞包括性傾向，運用了香港《基本法》及《人權法案》下的憲法平等原則，對同性戀者的性傾向作出保障。甚至於上述 W 案中，香港終審法院對變性人士婚姻權利的處理，在解釋人權法案對私生活的保障時，亦援引了歐洲人權法庭有關個人自尊和尊嚴的觀點。由於香港與加拿大有大體相同的婚姻定義以及憲法法規的架構，Halpern 一案很有可能動搖香港現行異性結合的婚姻定義。香港法律仍然要求婚姻為異性結合，有性傾向歧視之嫌，有可能違反憲法所賦予的平等原則；另一方面，保守人士則指出同性婚姻將影響傳統家庭價值及道德觀念。婚姻制度固然很大程度上建基於一個社會的道德價值觀，然而容許同性結合與維持傳統家庭價值間未必存在矛盾。畢竟同性婚姻並不干預異性戀者的家庭，而且同性伴侶中重視家庭和對伴侶終身承諾的大有人在，他們對婚姻的渴望更是對傳統家庭價值的一份肯定。長遠而言，既要保障及承認同性結合，又考慮到保守人士對一男一女婚姻之堅持，公民結合（civil partnership）將是香港社會可以考慮的緩衝制度。以上可見，同性戀者和跨性別人士的婚姻權利仍然是香港家事法中的重要議題。

## （二）令婚姻可使無效的因素

上文探討過甚麼是絕對無效的婚姻，絕對無效的婚姻與可使無效的婚姻同樣是被法律所界定為不完善婚姻，但後者的問題則比較輕微。在若干情況下，有些問題是可以補救的。可使無效的婚姻雖然是一段不完善的婚姻，但

---

17　*Leung TC William Roy v Secretary for Justice* [2005] HKCFI 713; [2005] 3 HKLRD 657; [2005] 3 HKC 77; HCAL160/2004, pp 43-46.

由於已符合法律對婚姻的最基本要求，法律會認同這婚姻一直是有效和存在的，直至婚姻某一方拒絕接受導致婚姻"可使無效"的因素，向法院申請頒佈婚姻無效令。因此，在法院頒佈婚姻無效令之前，任何一方均不能與第三者結婚，否則便犯重婚罪。

甚麼是令婚姻"可使無效"的因素？《婚姻訴訟條例》第 20（2）條規定，以下六點中任何一點，均可導致婚姻可使無效：

a. 任何一方無能力圓房以致未有完婚；

b. 答辯人故意拒絕圓房以致未有完婚；

c. 不論是出於威逼、錯誤、心智不健全或其他原因（duress, mistake or unsoundness of mind or otherwise），以致婚姻的任何一方並非有效地同意結婚；

d. 任何一方在結婚之時，雖然有能力作出有效的同意，但當時正連續或間歇地患有《精神健康條例》所指的精神紊亂，而所患的精神紊亂的類別或程度是使其不適宜婚姻生活的（mental illness of such a kind or to such extent as to be unfit for marriage）；

e. 答辯人在結婚時患有可傳染的性病；

f. 答辯人在結婚時已受孕，而使其懷孕者並非申請人。

## 1. 無能力圓房

圓房（consummation），是指婚後第一次"正常及完滿"（ordinary and complete）的性行為。一旦圓房，往後任何一方對性行為的抗拒或不滿，並不能否定圓房的事實。不育、未獲得性滿足感或女方不能受孕，均不足以構成可使婚姻無效的理由。

由於生理缺陷而導致性無能，是可使婚姻無效的原因之一，但必須是不能治癒的生理缺陷。在 *SY v SY*[18] 一案中，妻子因為陰道過短以致不能

---

18　[1962] P 37.

圓房。醫生建議可用手術治癒，成功率為百分之八十九，而妻子亦願意接受手術，法庭因此裁定妻子的生理缺陷是可治癒的，拒絕了丈夫的婚姻無效申請。但如果手術會對生理有缺陷的一方造成損害或患者拒絕接受手術，法律會視這缺陷為不可治癒的，而接受申請人的要求撤銷婚姻。如果無能力圓房是由於心理上的問題，則必須證明患者本身對性交有厭惡感，這與僅僅不願意進行性行為不同。在 *Singh v Singh* [19] 一案中，兩個錫克教徒（Sikhs）的婚姻由家庭安排而締結。妻子在結婚前與丈夫素未謀面，女方的父母告訴她男方是英俊和有教養的人，但女方在結婚當日見到男方便非常不滿他的樣貌。婚後，他們從沒同住在一起。妻子向法庭申請婚姻無效令，聲稱她無法與丈夫發生性行為，但決庭拒絕撤銷婚姻。法庭認為她不是心理上對性行為有厭惡感而不能與丈夫進行性行為，單單討厭對方是不足夠的。

## 2. 故意拒絕圓房

故意拒絕圓房，是指"一個堅定和確實但沒有正當理由的決定"（a settled and definite decision come to without just excuse）。在考慮某一方是否拒絕圓房的時候，法庭不一定要求申請人提出證據，證明自己曾直接及明顯地要求圓房而答辯人則直接及明顯地拒絕圓房，而是會考慮有關婚姻的背景和實況，包括答辯人拒絕完成有關宗教儀式的情況。在 *Jodla v Jodla* [20] 一案中，婚姻雙方均是羅馬天主教徒，他們在婚前協議，舉行世俗婚禮儀式後再舉行教堂結婚儀式。他們亦協議在舉行教堂結婚儀式前，不發生性行為。世俗婚禮後，妻子屢請丈夫籌備教堂儀式，但屢經拒絕。法庭認為妻子要求宗教儀式，亦是對圓房的一種間接要求，丈夫拒絕籌備宗教儀式，亦等同沒有正當理由而堅定確實地拒絕圓房。在不同個案中，法庭會考慮每個案件所涉及的背景。例如在香港，不少人視舉行婚宴（俗稱"擺酒"）為非常重要的儀式，如果婚姻雙方協議擺酒後才可發生性行為，妻子在擺酒前拒絕圓房，可說是

---

19　[1971] P 226.

20　[1960] 1 All ER 625.

有正當理由。但如果男方拒絕擺酒,這可能等同故意拒絕圓房,給予妻子一個申請撤銷婚姻的理由。

"故意",是指自覺性的意志或決定。這與對性失去興趣有所分別。在 *Potter v Potter*[21] 一案中,妻子因生理上有缺陷不能圓房,後做手術把缺陷治癒。丈夫在妻子治癒後再嘗試圓房但仍告失敗,自此以後,丈夫亦沒有再嘗試圓房。妻子向法院申請婚姻無效令,但被拒絕。法庭認為丈夫拒絕再嘗試圓房,是因為他對性已失去興趣,而不是他作出了一個堅定和確實的自覺性決定,拒絕與妻子發生性行為。

### 3. 非有效同意的婚姻

婚姻雙方必須作出有效的同意,婚姻才可以成立。如何界定有效或無效的同意?一個真正的同意,與一個表面上看似是同意而實際上是無效的同意有何分別?後者可能是因威逼、錯誤、精神不健全或其他原因所致。值得注意的是,雖然有效的同意可說是婚姻基本的要求,但在法律上,欠缺有效同意的結合,是可在日後彌補或被接受的;換言之,沒有有效同意的婚姻僅是一個可使無效的婚姻。

### (1) 威逼

一個人於威逼之下所作的同意會被視為無效,因被威逼同意的一方是基於感到恐懼才作出表面上的同意,而非自願的同意。但若一個人為了逃避不愉快、羞恥、尷尬、蒙羞的場面或貧窮而同意結婚,這不足以構成威逼。在 *Shu Wing Li v Yeung Siu Ling*[22] 一案中,申請人稱他一心跑到加拿大,目的是告訴女友,他不願與她結婚。但當他到達她家時,發覺她已安排了一位登記官主持結婚儀式,為了避免令她尷尬和丟臉,他以新郎的名義參與婚禮儀式。法庭認為儘管他是在這異常情況下同意結婚,他已對這段婚姻給予有效的同意。

---

21　[1975] 5 Fam Law 161.

22　[1994] Civ App No. 42 of 1994.

　　法律對威逼的定義和要求仍未非常清楚。在 *Szechter v Szechter*[23] 一案中，申請人因政治活動，被波蘭保安警察拘捕，經盤問和拘留後判監三年，在獄中受政治迫害和健康極差之情況下，與答辯人結婚，目的是希望得到釋放和移居英國。究竟申請人所受到的政治迫害是否足以摧毀她的意志，使她對這段婚姻作出無效的同意？她是否自願選擇嫁給答辯人？法庭認為，威逼一定要客觀地對申請人的生命、身體或人身自由構成危害。在此案中，申請人因受政治迫害而入獄，很可能會死於獄中，即使她被釋放，亦可能被保安警察再次拘捕，所以她的恐懼符合"威逼"的客觀要求，婚姻無效的申請亦獲批准。若申請人恐懼是因為她的媽媽說："你不嫁給他，我不會再買漂亮的衣服給你穿"，則申請人的"恐懼"不符合威逼的客觀要求，即恐懼不是因對個人生命、身體或人身自由將面臨的威脅所致，婚姻亦不能因此而被撤銷。

　　但在 *Hirani v Hirani*[24] 一案中，法院對這威逼的要求有所放鬆。一名與父母同住的 19 歲印度教少女（申請人）與一名回教徒交往，但父母反對他們的婚事，並安排她嫁給一名印度教的男人。申請人的生活一向是完全依靠父母的，父母恐嚇若她不答應他們安排的婚事，就會將她趕出家門。法庭認為，雖然父母的威逼未對申請人的生命、身體或人身自由構成危害，但威逼可以其他形式構成，最重要的是申請人的意願受到脅迫。法庭認為，申請人沒有自力維生的能力，父母恐嚇對她經濟封鎖足以改變她的個人意願，迫使她對婚姻作出非自願的同意。

(2) 錯誤

　　不是所有的錯誤都可使婚姻無效。如果錯誤是關於準配偶的身份，便可以構成可使婚姻無效的原因。例如，A 與 B 素未謀面，A 以書信向 B 提婚並得到 B 的接納，在結婚當日，C 冒充了 B。A 在不知情的情況下和 C 結婚，A 可用她對準配偶身份的錯誤為理由，申請婚姻無效令。但若申請人只是對配偶的財富、金錢、家產、個性或人品性格有所誤解，即使此誤解源於對方欺詐或隱藏

---

23　[1971] P 286.

24　[1982] 4 FLR 232.

關鍵事實,亦不足以構成可使婚姻無效的理由。例如在紐西蘭一案例中[25],女方誤信其準丈夫是一個著名的拳王,也誤信他財富相當,但法庭拒絕她的婚姻無效申請。法庭的理由是,妻子同意嫁的正正是這個人,而她對他的家產和財富實況的誤解,不足以令這婚姻變成可使無效。擬婚雙方即使沒有深入瞭解對方而結婚,亦不可以此為由向法庭挑戰婚姻的有效性。

(3) 心智不健全或其他可使同意無效的因素

雖然心智不健全能令同意無效,這並不代表所有心智不健全的人都不能對婚姻作出有效的同意。在此,心智不健全是指智力不足以明白或瞭解婚姻的性質。這問題多出現於臨終病人、年老者或智障人士身上。在 *Re Park Estates*[26]一案中,一個富有但身心衰弱的鰥夫再婚,亦在同一日內立下遺囑,把部份財產給予妻子,並於十八天後去世。法庭認為他在立遺囑時是精神不健全的,但針對該婚姻的效力,法庭就認為,婚姻是一份簡單的合約,不需要高度的智力來理解,只要擬婚者明白婚姻是一男一女的結合及婚姻所帶來的責任,即有關於夫妻間之相愛和排除第三者的承諾便足夠了。正因如此,法庭判死者在結婚時是有足夠的智力對該婚姻作出有效的同意。

## 4. 精神紊亂使其不適宜過婚姻生活

這是指任何一方雖然在締結婚姻時已給予一個有效的同意,但因患有精神紊亂(無論是持續的或間歇的),而不適宜參與婚姻生活。精神紊亂病的定義為患有精神病、弱智、精神變態等的病情(mental illness, arrested or incomplete development of mind, psychopathic disorder or any other disorder or disability of mind)。精神紊亂使其不適宜過婚姻生活這個可使婚姻無效的理由有相當濃厚的優生學色彩(eugenics)。這個理由有兩項要素:(a) 婚姻一方結婚時患有精神紊亂;及 (b) 他／她因此而"不適宜結婚"。第一項要素的定義廣泛,而第二項的解釋則相對狹窄。不是所有患有精神紊亂的人的婚

---

25　*C v C* [1942] NZLR 356.

26　[1954] P 112.

姻都是可被撤銷的，病況一定要是屬於某一類，及到了某程度以致患者不適宜參與婚姻生活。不適宜參與婚姻生活，是指患者不能履行對婚姻的責任和承諾。在 *Bennett v Bennett*[27] 一案中，妻子患有歇斯底里精神病（hysterical neurosis），她行為古怪，有過分活躍傾向，有時更做出亂擲煙灰缸等暴戾行為。法庭認為她行為雖然異常，但不可説是不適宜參與婚姻生活，因而拒絕丈夫的婚姻無效申請。

### 5. 結 婚 時 患 有 傳 染 性 性 病

答辯人在結婚時患有"有傳染性的性病"亦是可使婚姻無效的理由之一。有關"性病"（venereal disease）的法例現已不存在（即已被廢除）。在有關法例未被廢除前，它是指淋病、梅毒和軟性下疳（gonorrhoea, syphilis or chancroid）。在 1930 年時未有抗生素的療法，很多性病的後果非常嚴重，而欺詐或隱藏關鍵事實並不能令婚姻無效，所以法律作出對申請人的保障，使"有傳染性的性病"成為可使婚姻無效的理由之一。今時今日，"性病"有抗生素的療法，與以往相當不同。但近年性傳播疾病（sexually-transmitted diseases）有增加趨勢，例如人類乳突病毒（Human Papillomavirus or HPV）衣原體（Chlamydia）及 HIV ，意味着相關患者的婚姻有可能因此而可使無效。

### 6. 女 方 在 結 婚 時 懷 有 他 人 身 孕

若在結婚時，女方已懷有他人（而非丈夫）之身孕，丈夫可申請把婚姻撤銷。這個理由亦與欺詐或隱藏關鍵事實並不能令婚姻無效有關，所以法律作出對申請人的保障。但值得注意的是，若結婚時男方已使第三者懷有他的骨肉，女方卻不可藉此理由，申請把婚姻撤銷。在今天男女平等的社會和法治制度下，這可説是法律對女方的歧視。

---

27　[1969] 1 All ER 539.

### （三）可使無效婚姻之答辯理由

上文談到，絕對無效的婚姻，是指該婚姻並不符合法律對婚姻的基本要求。若證據充分，法庭必須頒佈婚姻無效令。但一段可使無效的婚姻就不同了。正如本節開始時提到，一個可使無效的婚姻是法律視為存在、直至法庭頒佈無效令才被撤銷的婚姻。所以法律規定，答辯人可以提出某些答辯理由，以阻止無效令的頒佈。這些理由，都可從合理和公平的角度去理解。

根據《婚姻訴訟條例》第 20（3）條規定，如果申請人知悉其婚姻存有可使無效的理由，但做出一些令答辯人相信他（她）不會申請撤銷婚姻的行為，法庭會拒絕宣佈婚姻無效。例如在 *Scott v Scott*[28] 一案中，妻子在婚前對丈夫說明她對性交的厭惡，丈夫亦同意不會作出違反她意願的性行為，雙方快樂地過了四年無性行為的婚姻生活。後來丈夫遇上一名女友，並希望和她結婚，便向法庭申請要求撤銷婚姻。法庭拒絕了他的申請。理由是他已確認和接受了這段欠缺性生活的婚姻，法庭不會容許他與原本的協定背道而馳。

此外，條例規定，撤銷可使無效婚姻的申請，一定要在指定時限內入稟法院。除無能力或故意拒絕圓房的情況外，以其他理由申請婚姻無效令，必須在婚後三年內提出。另外，當申請人以答辯人患有傳染性性病、或結婚時已懷他人身孕為申請理由時，申請人在結婚時一定要對有關事實一無所知，否則申請亦會被拒絕。

## 四　離婚訴訟

按香港法律，離婚須要向法院作出申請。法院批准離婚分兩個階段：首

---

28　[1959] P 103.

先是暫准判令（decree nisi）。頒佈暫准判令六星期後[29]，有關人士才可申請將暫准判令轉為絕對判令（decree absolute）。在法院頒佈絕對判令前，夫婦的離婚手續仍未完成，雙方都不可以再婚。

離婚的原因，可以説是數之不盡，所謂"家家有本難唸的經"。從法律的角度看，唯一容許離婚的理由是婚姻已"破裂至無可挽救的程度"。至於甚麼才算是無可挽救則見仁見智。《婚姻訴訟條例》第 11 條提供兩種離婚訴訟程序：(a) 由婚姻一方單方面申請離婚；(b) 由婚姻雙方共同提出離婚申請。離婚呈請中須證明的事實基礎視乎採用的離婚訴訟程序而定。

## （一）單方面申請離婚

由婚姻一方（單方面）提出的離婚申請，申請人須以以下任何一項或多項的事實，來證明自己與答辯人的婚姻已破裂至無可挽救的地步：

a. **通姦**　答辯人曾與人通姦，而申請人認為無法忍受與答辯人共同生活；

b. **不合理行為**　因答辯人的行為而無法合理期望申請人與答辯人共同生活（這裏的"不合理"所指的並不是行為本身；構成"不合理行為"，需要因答辯人的行為令法庭認為客觀上呈請人無法"合理地"被期望與答辯人共同生活）；

c. **分居一年及同意**　在申請人提出申請前，婚姻雙方已分開居住最少連續一年，而答辯人亦同意離婚；

d. **分居兩年**　在申請人提出申請前，婚姻雙方已分開居住最少連續兩年（這情況無須答辯人同意離婚）；

e. **遺棄**　申請人在提出申請前，已遭答辯人遺棄最少連續一年。

若以通姦、不合理行為或遺棄中一項或多項的事實申請離婚，申請人都要證明是答辯人的行為而導致婚姻破裂。然而，導致婚姻破裂往往都不是單方面的過錯。所以，證明通姦、不合理行為或遺棄事實的要求容易增加配偶雙方的

---

29　《婚姻訴訟條例》第 15（5）條規定："每項離婚判令在最初批出時均屬暫准判令；在判令批出後未滿三個月，不得將判令轉為絕對判令，但如高等法院首席法官藉一般命令，或法院在任何個案中，訂定較短的期間，則不在此限。"《1973 年婚姻訴訟（絕對判令）一般命令》把三個月時限縮短為六星期。

敵意，給訴訟程序添加不必要的成本和負擔，亦無助於雙方解決因離婚而產生的問題，比如財產分配、贍養費和子女管養權。

## （二）　共同申請離婚

1996 年 6 月開始，《婚姻訴訟條例》加入了一個新的離婚程序[30]，容許雙方共同申請離婚。共同申請離婚背後的精神，是將離婚本身跟訴訟分開，令離異夫婦不需對簿公堂、互相指責，或將過往不愉快的事情重提，減低當事人在精神上和感情上的痛苦，同時亦減少律師費和離婚的開支。

共同申請離婚的手續跟單方面申請有很大分別，首先，婚姻雙方沒有所謂"申請人"及"答辯人"之分，雙方都被稱為"申請人"（applicants）。申請雙方只須向法院證明：(a) 在申請離婚前，雙方已分開居住最少連續一年；或 (b) 在申請離婚不少於一年前，雙方已向法庭呈交一份經雙方簽署的通知書，表示雙方擬向法院申請離婚，而該通知書其後並未被撤回。

對於共同的申請，法院不需要審理離婚雙方誰是誰非。如屬上述 (b) 類的共同申請，婚姻雙方呈交"申請解除婚姻通知書"十二個月後，便可共同向法庭申請離婚，而在這一年內，雙方或已分居，但法例沒有要求他們一定要分居，或分居多久。在這一年內，雙方可協商挽救婚姻關係或處理離婚的附屬濟助（ancilliary relief，主要針對財產分配和贍養費）及孩子的撫養權。若任何一方對婚姻仍存希望，可把該通知書撤回。由此可見，共同申請離婚是一個比較開明的做法，主要目的之一，是讓婚姻雙方決定是否可繼續他們的婚姻生活。如當事人認為婚姻已破裂至無可挽救的地步，法庭會接納他們對這個婚姻的看法，不再要求他們如單方面申請離婚般證明通姦、不合理行為或遺棄等事實。

上述的離婚規定，包括分居兩年、分居一年及同意和共同申請離婚，也許會被認為令離婚變得相當容易，只要雙方同意或分居一段時間即可，對婚姻制

---

30　《婚姻訴訟條例》第 11B 條。

度毫無保障；其實，法例亦務求鞏固婚姻制度，因而規定除非一方蒙受異常困苦或對方行為異常敗壞，雙方在結婚一年內不可離婚。法律的精神是希望新婚夫婦最少有一年的時間，去適應初婚時可能出現的困難，所以定下一年內不准離婚的原則。但如果婚姻一方的行為異常敗壞，例如好賭、酗酒、吸毒或以暴力對待配偶，而配偶亦蒙受異常的困苦，法庭會酌情批准受害的一方在結婚未滿一年內申請離婚。

## （三）離婚後的財產分配及贍養費

離婚後常見的問題，不外乎財產分配、贍養費和子女管養權。財產分配及贍養費的司法權力附屬於離婚訴訟，因此亦被統稱為"附屬濟助"。附屬濟助是當雙方不能對財產分配及贍養費取得共識和達成協議時，要求法庭作出的命令。根據《婚姻法律程序與財產條例》[31]，夫婦任何一方均可提出附屬濟助的申請。在此先談財產分配及贍養費的問題。現實生活中，財產分配及贍養費的申請多由女方提出。雖然很多婦女在婚後仍繼續出外工作，但因她們大多以照顧家庭及子女為重，經濟能力通常不及男方。在婚姻時及離婚後，她們在經濟上可能均依賴丈夫照顧，亦有領取贍養費的需要。

"財產"通常指任何財產，可以包括但並不限於物業、股份和存款，亦不論來源是饋贈、繼承、薪俸或生意所得。"贍養費"（maintenance），即申請人每月所需的合理生活費用，包括租住居所的費用、膳食費用、醫療費用、交通費用等。解決這問題的最好方法，是離婚夫婦自行協議如何安排財產分配及贍養費。這樣做可以避免為此對簿公堂，浪費時間和律師費。原則上，這種協議是有效的，但任何一方如對自行分配的協議不滿，仍然可以向法庭申請，要求法庭作出適當的財產分配及贍養費命令。不過，假如申請人在自行協議的過程中，已充分瞭解對方的財政狀況及徵詢過律師的意見，則除非環境改變或有欺

---

31　《香港法例》第 192 章。

詐之類的特殊情況，否則法庭推翻原來協議的機會不大。

　　所謂 "離婚後的贍養費" 是指在宣佈絕對判令之後（即已辦妥一切手續並已正式離婚後）法律對申請人的保障。但由入稟法庭申請離婚至法庭發出絕對判令往往需六個月或更長的時間，如果丈夫在這期間突然停止向妻子及子女提供生活費用，他們便可能會陷入經濟困境，法律對此亦有所保障。《婚姻法律程序與財產條例》[32] 第 3 條規定，法庭可在申請離婚期間，命令任何一方（例如丈夫）向對方（妻子及子女）提供合理的定期付款作為贍養費，這就是所謂 "訟案待決期間的贍養費"（maintenance pending suit）[33]。訟案待決期間的贍養費是以定期付款方式（periodical payment）來支付，通常以每個月來計算。一般來說，法庭會以離婚訴訟前當事人的生活需要來作準則，計算合理的贍養費。

　　在離婚時，家事法庭的權力可照顧到 "家庭子女" 的利益。"家庭子女" 是一個有特定意義的法律概念，不但指婚姻雙方的親生子女，亦包括被雙方視為其家庭子女的孩子。比如說，夫婦結婚後生了一男一女（A 和 B），A 和 B 是他們的親生子女，其後他們收容了一個無家可歸的女孩（C）。C 與他們同住多年，夫婦都把她當作自己子女一樣看待，視她為家庭成員之一。若該對夫婦離婚，法庭不但可以命令他們對 A 和 B 的生活費作出適當的安排，亦可命令他們對 C 作出同樣的安排。

## 1. 法庭可頒發的附屬濟助命令

### (1) 定期付款令

　　定期付款令（periodical payments order）[34]，是指法庭指令付款人在未來的收入中定期支付金額，如果過期未付，受款人可要求法庭下令強制執行。定期付款最長的付款期可維持至受款人或付款人去世之日，或受款人再婚之日，以其中較短者為準。例如，法庭命令男方離婚後須每月向女方支付五千元的定

---

32　《香港法例》第 192 章。

33　《婚姻法律程序與財產條例》第 3 條。

34　《婚姻法律程序與財產條例》第 4(1)(a) 條及第 5(2)(a) 條。

期付款作為贍養費，若女方一年後再婚，命令便會在女方再婚之日終止；若女方沒有再婚，但男方一年後死去，命令則會在男方去世當日終止。倘若日後雙方或子女的經濟狀況及需要有所改變，任何一方都可向法庭申請更改令[35]，增加或減少定期付款的金額。因此，雖然付款人再婚時，定期付款令不會自動終止，但若再婚導致付款人經濟狀況有所改變，付款人可向法庭申請更改令。

為了確保付款人履行責任，法例規定如果付款人在無合理辯解的情況下拖欠付款，或受款人相信付款人將不會準時按額付款，受款人可向法庭申請扣押入息令（attachment of income order），扣押付款人的入息，藉以支付已拖欠及將來須繳付的贍養費。入息扣押令可由受款人向法庭申請，亦可由法庭主動提出。

(2) 整筆付款令

定期付款令通常是每月付款，而整筆付款令（lump sum payment order）[36]是以一次性的形式支付金額。因每一個案件情況的不同，整筆付款令的金額可大可小。但如果答辯人有能力對申請人離婚後的贍養費進行整筆支付，對雙方都有利，因為他們可以更乾淨利落地脫離感情上及經濟上的關係（clean break），申請人即使再婚亦不會對此有影響。

以上所談的兩種判令，不但適用於離婚一方向另一方支付的贍養費，亦適用於離婚後父母對家庭子女支付的贍養費[37]。一般來說，家庭子女到了十八歲，父母的供養責任便告完成，但若家庭子女在 18 歲後仍就讀於教育機構或接受某一行業的專業訓練，法庭可作相應的指令，將贍養費的支付期延長。

除了上述三種贍養費判令，法庭亦可指令婚姻一方或雙方作出財產的分配。法庭對家庭資產可作出的命令有以下四種：

(3) 財產轉讓令

財產轉讓令（transfer of property order）[38]，是指法庭指令婚姻一方將所

---

35　《婚姻法律程序與財產條例》第 11 條。

36　《婚姻法律程序與財產條例》第 4(1)(c) 條。

37　《婚姻法律程序與財產條例》第 5(2)(a)(b)(c) 條。

38　《婚姻法律程序與財產條例》第 6(1)(a) 條。

擁有的財產轉讓給另一方或任何"家庭子女"。這裏所指的財產，可以包括汽車、古董，然而最常見的必定是物業。物業可解決迫切居住需要，在香港亦往往是重要的家庭財產。

(4) 授產安排令

授產安排令（settlement of property order）[39]，即法庭指令婚姻一方將所擁有的某些財產，為另一方作出授產安排。比如說，婚後丈夫出外工作而妻子留在家中照顧孩子，丈夫向銀行貸款，買下一層樓宇供全家居住。十年後，貸款還清，樓宇的價值亦上升了多倍。若果他們離婚，雙方亦同意離婚後妻子行使對孩子的管養權（見頁 480-492），孩子和母親對住屋的需要該怎樣處理？雖然樓宇是丈夫所擁有的，但法庭可在適當的情況下，命令他將樓宇轉讓給妻子，歸她所有。這是解決妻子與子女住屋需求的其中一種方法。另一可能性是，法庭指令丈夫把樓宇作授產安排；換言之，丈夫須把物業轉讓到妻子名義下，目的是把樓宇給妻子與孩子共同居住，直至孩子長大成人（或年滿十八歲），隨後樓宇會被賣掉，夫婦兩人可平分賣款或按其他比例來分配。這是一種常見的授產安排，好處是丈夫不會完全失去他在房產上擁有的權益，而妻子與孩子的住屋需求亦得到解決。

(5) 財產出售令

財產出售令（sale of property order）[40]，即法庭指令婚姻一方或雙方將所擁有的財產出售。比如說，法庭可指令婚姻一方或雙方在離婚後出售樓宇，將售款以某一比例分配給離婚雙方，好處雙方可立刻公平明確地分配婚姻期間所儲蓄的財產。但這做法的弊端是，各自分得的款項有限，未必足以讓女方購買住所給自己與子女居住。所以，法庭會考慮到離婚雙方各自的住屋需要和各個案的特殊情況，才酌情考慮作出何種命令。

(6) 廢止產權處置令

如法庭認為婚姻一方為使對方無法分得家庭資產而把資產出售或遷離香

---

39　《婚姻法律程序與財產條例》第 6(1)(b) 條。

40　《婚姻法律程序與財產條例》第 6(1)(c) 條。

港，法庭可以發出廢止產權處置令（avoidance of disposition order[41]）制止上述行為或撤銷有關交易。廢止產權處置令適用於申請命令當日之前三年內作出的產權處置。

### 2. 法庭附屬濟助的酌情權

根據《婚姻法律程序與財產條例》第 7（1）條，法庭在判決贍養費及財產分配的方法及數額時，除了顧及婚姻雙方的行為與案件個別情況外，還會考慮以下七個因素：(a) 婚姻雙方擁有的或在可預見的將來可能擁有的收入、謀生能力、財產及其他經濟來源；(b) 婚姻雙方各自面對的或在可預見的將來可能面對的經濟需要、負擔及責任；(c) 婚姻破裂前所享有的生活水平；(d) 婚姻雙方的年齡和婚姻持續期；(e) 婚姻任何一方在身體上或精神上的無能力（disability）；(f) 婚姻雙方各自為家庭的福利而作出的貢獻，包括因照料家庭或照顧家人而作出的貢獻；(g) 婚姻任何一方因婚姻解除而可能失去的任何利益（例如退休金）的價值。

每個離婚的個案總有其獨特的案情，要以法達義，法官必須靈活運用酌情權，衡量以上七個因素，在每個個案酌情判令以平衡離婚各方的權益。另外，由於法庭通常將財產分配及贍養費一併考慮，兩者有一定的關係。在一些資產有限的家庭，財產分配的作用不大。這些家庭的經濟來源可能是男方有限的月薪，所以法庭會針對個案的實況而判令男方定期付款（即贍養費），保障受款人與子女住屋需求及基本的生活開支。在處理一些富裕家庭的個案時，財產的分配可能更為複雜。這時法庭亦會針對每個個案的具體情況而判令，比如有些是女方嫁入富裕家庭，有些是男女由零開始共同創造財富。在這些情況下，法庭的考慮不會局限於基本的生活開支，而會涉及一些比較原則性的法律概念。例如，夫妻在婚姻期間不同的分工，應否在法律上得到平等的對待？這問題涉及法律是否承認夫妻關係對等（partnership of equals）這一概念，以及這概念是

---

41　《婚姻法律程序與財產條例》第 17 條。

否體現公平（fairness）判決這一基本法律原則。

下文列舉三大類家庭離婚時財產分配的概況，以說明法官行使酌情權判決財產分配令的情況。在很多個案中，法庭行使酌情權最重要的目的之一，是指令有經濟能力的一方，給予另一方及家庭子女恰當的贍養費，使他們能維持生活。在適當的情況下，法庭亦會對一個盡忠職守的申請人，給予合理的財產分配，確認申請人在婚姻期間對家庭及子女所作出的貢獻。因此，雖然《婚姻法律程序與財產條例》第 7（1）條的七個因素裏沒有提及法庭在行使酌情權時要作出一個公平的判決，但這七個因素亦可按案件的個別情況發揮不同效用，繼而讓法庭作出一個公平的判決。

首先以低收入家庭為例，若離婚雙方過往的收入微薄，將來的收入也不會太高，而一個人的收入連自給自足都做不到，那就遑論要負擔贍養費了。但在某些情況下，如答辯人有經濟能力支付贍養費，法庭便會行使酌情權，着經濟能力較好的一方支持較弱的一方，特別是孩子，要保障孩子的權益。

當個案涉及中產家庭時，由於這類家庭的入息在扣除開支後仍有一筆可觀的盈餘，法庭便有需要將這些家庭資產作出分配。如果女方申請人仍有經濟能力，在行使酌情權時，法庭會考慮到鼓勵女方重投工作、開展新生活的原則。在 *Y v C*[42] 一案中，女方是一名教師，月入港幣一萬五千元；男方月入則為港幣一萬八千元。自 1985 年離異後，他們的家庭資產亦已分配好，男方每年只付象徵式港幣一元的贍養費，女方繼續工作至 1994 年退休。但於 2000 年，女方向法庭申請，要求頒令，將每年港幣一元象徵式的贍養費判令改為港幣一百八十萬元的整筆付款令，或改為非象徵式的定期付款令至女方百年歸老為止。法庭拒絕了女方申請，指出女方並非體弱多病，理應自力更生，沒有理由期盼男方為她作出退休安排。由此可見，當女方有經濟能力時，法庭是沒有需要頒出贍養費指令的。

如果答辯人把家庭資產浪費掉，法庭亦可把浪費掉的資產"追加"在家庭

---

42　*Y v C* [2001] HKEC 73.

資產表內，或把所餘的全部資產判給申請人（見甲及乙 [43] 一案）。在另一些個案中，男方隱瞞資產或收入，甚至濫用破產程序，目的是為了令女方的申請失敗。在 *HTK v LKK* [44] 一案中，女方便因此而成功申請暫准離婚判令及得到三名女兒的管養權。在法庭還未作出贍養費命令時，男方在沒有知會女方的情況下申請破產（即宣稱自己沒有能力償還債項），並在沒有人反對的情況下獲法院批准。女方知悉後，按《破產條例》成功向法院申請廢止男方的破產令，理由是男方於申請破產時，其實有能力償還債項。為了使女方在離婚案中申索失敗，男方故意隱瞞資產和收入，又誇大債項和開支，因此男方入稟破產構成濫用司法程序。

　　當個案涉及非常富裕的家庭時，所爭議的問題則比較着重於原則性的法律概念。在這些案件中，家庭的財富遠超過離婚雙方一生的奢侈生活所需。換言之，離婚後要維持奢侈的生活水平不是一個問題。如果法庭僅僅考慮申請人維持奢侈的生活需要以分配家庭財產，這種分配是否公平？在此，公平判決的意思又該如何被解讀？在英國 *White v White* [45] 一案中，訴訟雙方結婚三十三年後離婚。婚姻期間女方照顧家庭及子女，兩人更以類似合夥的形式從事農務，共同創造了大量財富。他們離婚時的家庭資產是四百六十萬英鎊，三個兒女亦已長大成人。初審法官裁定，根據女方離婚後合理的生活所需，女方應獲得相等於家庭資產五分之一的一筆過付款。妻子上訴，指出如果她沒有結婚，只跟對方維持商業合夥人關係，應可按合夥人身份獲遠多於五分之一的賠償，所以僅僅五分之一的分配有違公平。上訴法庭將分配增至五分之二。妻子其後再上訴至最高法院（House of Lords），指上訴庭法官未充分考慮她在農務和家庭兩方面並不遜於丈夫的貢獻，故應獲得最少一半家庭資產。但丈夫則辯稱，法庭只需判給申請人一筆不多於合理生活所需的款項。最高法院雖然維持上訴庭的判決，但在法律原則上則作出了重要的澄清。最高法院指出，依照法例，並環顧

---

43　FCMC 5206/2005.

44　高等法院婚姻訴訟案件編號 2006 年第三號 (HCMC 3/2006)。

45　[2001] AC 596.

此案有關情況後，妻子應可獲得超過她合理生活所需的款項，以反映她對農務和家庭的貢獻。重要的是，雖然法例沒有定明平均分配（equal sharing）的推定，但法官在根據法例行使酌情權時，除非有特別原因，否則便該採用平等分配的準則。夫妻任何一方在婚姻期間相應的崗位，或在婚姻中不同的分工，都不應受法律歧視，或得到不平等的對待（non- discrimination of gender role）。這亦是公平判決之元素之一。法官在作出裁決時，不應把申請人的合理生活所需當成一個決定性的因素，否則便會限制了妻子（或主力負責照顧家庭和子女的一方）分享家庭財產的權利；再者，丈夫的生活所需並不比妻子多，把扣除生活所需後的剩餘家庭資產留給丈夫享用，是個不公平的做法。

*White v White* 一案對夫妻在婚姻期間相應的崗位（或不同的分工）不應受法律歧視的解釋，或男女在家庭的分工應符合平等量值等原則，對香港的離婚訴訟有深遠影響。不少香港家庭的財富都是由婚姻雙方共創，一旦離婚，任何一方都有根據均分原則獲得公平裁決的合理期望。2010 年 11 月，香港終審法院於 *LKW v DD*[46] 一案中釐清了香港法院對離婚財產分配行使酌情權的原則，並援引英國重要案例 White[47] 而總結出四項指引原則。

*LKW v DD* 一案中的夫妻的婚姻維持了七年（1996-2002），兩人沒有孩子。四十五歲的妻子畢業於清華大學，在結婚前一直有工作。婚後她當了兩年左右的家庭主婦，在 1998 年開始工作（月薪二萬八千元）至離婚後的 2003 年 10 月。在 2003 年 4 月時她亦創立了營運紡織業的公司，但因為生意失敗而在 2004 年 3 月結業；之後，她一直沒有工作。四十六歲的丈夫是商人，獨資經營一間有限公司。丈夫稱這間公司在 2002 年 5 月前為他帶來每月二萬六千元的收入，其後收入則大幅減少。原審法官裁定丈夫的總資產為四百六十五萬元，而妻子的總資產為五十萬元。原審法官考慮妻子的工作能力和經驗，認為她可以找到管理性質的工作，收入應不少於每月一萬五千元，並可自食其力。法官判令妻子獲得丈夫總資產的三分之一（約一百五十萬元）。不過，原審法官沒有

---

46 [2010] HKCFA 70; (2010) 13 HKCFAR 537; [2010] 6 HKC 528; FACV16/2008.

47 [2006] 2 AC 618.

解釋為何這是一個公平的分配。上訴法庭則裁定妻子上訴得直。法庭指明，夫妻任何一方在婚姻中不同的分工，都不應受法律歧視，或得到不平等的對待；夫妻雙方都對家庭作出了貢獻，故夫妻總資產應平均分配。終審法院亦維持了上訴法庭平均分配的判決，並就平均分配訂立了重要的法律指引。

*LKW v DD* 判決之重要性在於以平均分配原則推翻了上訴庭 1990 年 *C v C*[48] 案的判決，使妻子的分配不再受"合理的生活所需"所限制，令離婚家庭財產分配更符合現今男女平等的社會下對公平判決之詮釋。在 *C v C* 一案中，離婚的夫妻經歷了二十九年的婚姻，婚姻財產多達九千萬港元。上訴庭把丈夫形容為一個創造了大量財富的成功律師和企業家（"a successful career as a solicitor and entrepreneur which had brought him great wealth"），妻子則是一個賢妻良母。法庭最後按照妻子的"合理的生活需要"，判令妻子獲得三千萬港元的財產，丈夫則得到六千萬港元的財產。此案中的"合理的生活所需"已被 *LKW v DD* 中的四項指引取代。該四項指引為：

a. **公平判決為目的**　法庭對《婚姻法律程序與財產條例》第 7（1）條之因素作出考慮時，隱含目的是要作出公平判決。

b. **平等對待**（non- discrimination of gender role）　公平判決要求性別及家庭角色得到平等的對待，即理家和照顧子女相對於賺錢養家不應受到歧視。

c. **平均分配**（equal sharing，或稱"均分原則"）　為確保公平和性別及家庭角色得到平等的對待，除非有特殊的理由，法官將以"平均分配準則"檢驗財產分配的公平性。

d. **法庭不會容許對往事細微的審查**　即除特殊個案外，法庭不會容許婚姻一方聲稱自己對家庭作出遠超乎另一方的貢獻，亦不會容許婚姻一方侮蔑或貶低另一方對家庭作出的貢獻。對往事的細微審查往往只會消耗雙方及法庭的時間和資源、增加敵意從而阻礙和解。

終審法院定下的酌情權行使有以下五步：

---

48　[1990] 2 HKLR 183.

a. **步驟一**　法庭的第一步是確定家庭資產，考慮雙方各自擁有的，或於可見將來有相當可能擁有的收入、謀生能力、財產及其他經濟來源。

b. **步驟二**　第二步是評估雙方的經濟需要，考慮居住問題、雙方的年齡、未來的謀生能力、家庭生活水平，以及任何一方是否有殘疾等情況。如家庭總資產不足，照顧妻子和子女的需要（例如住屋問題）可能已經佔去所有或大部份資產，生活需要就無可避免地成為決定因素，法庭的考慮於這一步就會停止。法庭亦可能須要作出定期付款令。

c. **步驟三**　第三步是決定是否運用均分原則。當已確定的資產超逾雙方的需要[49]，除非有充分的反對理由，法庭就應決定運用均分原則，務求雙方平分總資產。

d. **步驟四**　第四步是考慮有沒有充分理由支持法庭作出不平均分配。按《婚姻法律程序與財產條例》第 7（1）條的條文，法官可以考慮"雙方的行為"和"所有情況"。在行為方面：法庭不會容許雙方相互指責或對往事作細微的審查，以找出對方的錯處。因此只有當其中一方的行為遠遠比另一方應受責備，並達至"明顯和嚴重"的程度，法庭才可能認為個案有充分理由支持法庭作出不平均分配。通姦行為在大多數情況下不足以影響財產分配[50]。而支持法庭作出不平均分配的"所有情況"可以包含很多不同情況，以下是一些例子。經濟需要：婚姻一方承受的負擔比另一方承受的遠為沉重（如要照顧子女或年老親人），或者其中一方沒有能力重新找到工作（或工作能力下降），或有身體或精神上不健全的特別需要。婚姻持續期的長短：在比較長久的婚姻結束後，法庭較有可能採用平均分配方式處理。在比較短暫的婚姻結束後，由於因為雙方分開所造成的經濟傷害較少，如果其中一方得到單方經營的財產之一半，反而可能是不公平的。資產的來源：分享原則未必能應用於饋贈或繼承所得的財產。然而婚姻越長久，饋贈或繼承所得的財產也會越長久，家庭成員相互依靠越多，資產來源的重要性將會淡化。婚姻居所以及其他給家庭使用的資產亦通

---

49　*WLK v TMC* [2010] HKCFA 69; (2010) 13 HKCFAR 618; [2010] 6 HKC 571; FACV21/2009, §84.

50　*SJH v RJH* [2012] 4 HKLRD 308 §11.9

常會被視為婚姻財產而被平分。為家庭福利作出的貢獻：賺錢養家和理家、照顧子女將被視為對家庭福利的同等貢獻，並可作為合理原因支持平均分配。除非有相當特殊的情況，否則法庭不會接納"特殊貢獻"（即一方的貢獻遠超於另一方）作為不依從平均分配的理由。補償：有時婚姻一方可能因婚姻而作出特殊的生活安排，如放棄事業等。待離婚之時，此等安排可能給一方帶來損失，如降低其謀生能力，或令其喪失獲取退休金的權利等。在這些情況下，法庭會考慮於財產分配時作出適當的補償。

　　e. **步驟五**　第五步是決定申訴的結果，法庭會整體考慮及審視各項因素，並酌情決定。如果法庭不作出平均分配，就須說明該決定的原因，有助於雙方明白判決的結果。

　　香港終審法院於 *LKW v DD* 作出以上的指引時，亦同一時間將這些指引應用於 *WLK v TMC* [51] 一案中。在 *WLK v TMC* 案中，夫妻雙方在大學時認識，其後同居多年。妻子為了婚姻而放棄了成為鋼琴家的"夢想"。但由於丈夫出身於一個相當富裕的家庭，她除陪伴丈夫公幹及陪伴姑嫂外，沒有太大的家務貢獻。在婚後不足三年便離婚。離婚時，雙方已四十歲，男方的資產大概為四千四百三十萬港元，女方的資產為一百五十萬港元，即家庭總資產共值為四千五百八十萬港元。終審法院裁定平均分配不適用於這樣短暫和相對沒有建設性之婚姻。終審法院裁定，當平均分配不適用時，便要釐定妻子"合理的生活所需"（評估為一千二百三十二萬港元），然後酌量"嘉許"她對家庭的貢獻（評估為九十二萬港元，即家庭總資產的百分之二）及補償她的損失（評估為一百四十萬港元，即家庭總資產的百分之三）。分給妻子的總數（評估為一千四百六十四萬港元），即約為總資產的百分之三十二。不過，為何是百分之二和百分之三，而非百分之五和百分之七？一兩個百分點之差可以代表大量的財富。當法庭不能依靠平均分配而作出判決時，法庭對分配比例的確定可能顯得任意，甚至引起對判決的結果是否公平的爭論。

---

51　[2010] HKCFA 69; (2010) 13 HKCFAR 618; [2010] 6 HKC 571; FACV21/2009.

從以上可見，雖然 *LKW v DD* 確立了一些重要原則，例如家庭中男女角色應得到平等的對待及家庭財產的平均分配，但最終獲得平均分配也非必然的結果。法庭最終的判決是建基於每一個案的特點和法庭酌情權的行使。從以上判決可以歸納出三種情況：(a) 當家庭資產和收入微薄，不足以維持離婚後雙方及子女的生活，生活需要將成為主要考慮因素；(b) 當家庭資產和收入充裕，而妻子有實質的家務貢獻，妻子通常能夠按平均分配原則最少獲得一半總資產；(c) 然而即使家庭富裕，當妻子的家務貢獻較少，妻子未必能平分家庭資產，但亦會獲得多於生活需要的分配。

## 3. 婚前協定與法庭的酌情權

自從 *LKW v DD* 一案確立了一些重要原則，例如家庭中男女角色得到平等的對待及平均分配家庭財產，經濟能力相對弱的配偶比以前更容易向法庭申請平分家庭財產，離婚便增加另一方經濟的風險（家族大量資產將有機會受影響）。針對這問題的解決方法之一是婚前協定，而婚前協定亦逐漸受公眾及法律關注。婚前協定是指男女結婚之前會簽署一份協定，倘若將來不幸離婚，協定將為家庭財產的分配作出安排。這種做法的好處是當雙方遵守婚前協定，可以免卻離婚時有關財產的糾紛。而它針對的通常是經濟上相對弱的一方（通常是妻子），令她在離婚後得不到根據法律本應得到的財產分配和贍養費。

目前，香港和英國仍未有關於婚前協定法律效力的明文規定。普通法的傳統立場則以公共政策（public policy）為由（即婚前協定有鼓吹離婚之嫌，及鑑於弱勢妻子和子女在失去經濟支持後會成為社會福利的負擔）不承認該等協定。2010 年，英國最高法院（Supreme Court）於 *Radmacher v Granatino*[52] 一案確立了普通法的傳統立場（即不承認該等協定）。雖然如此，案件亦大幅度修正該立場，並定下了重大的新里程碑。案中的妻子來自一個非常富裕的德國家族，而來自法國的丈夫則於銀行業有高薪厚職。為求保護家族的財產繼承，

---

52　[2010] UKSC 42.

她要求其未婚夫簽定婚前協定，互相放棄一切於離婚時申請財產分配的權利，但丈夫離婚後申請財產分配和贍養費。最高法院指出，根據英國《婚姻訴訟法》第 25 條，法庭有責任參考案件的所有情況以作出有關財產分配和贍養費的判決。但一紙婚前協定將對案情有所影響。最高法院指出，鑑於要守護及尊重個人自主權（individual autonomy），以及伴侶間的財務規劃，法庭將會於行使酌情權時，考慮到除非協定在執行時會造成不公，否則法庭是會尊重一份雙方在完全瞭解其後果的情況下所自由簽訂的協定。面對法庭上述判決，案中丈夫明瞭該協定的後果，有足夠機會尋求法律意見，並知悉女方將繼承大量財富；另外，丈夫婚後離開銀行界，完成了生物科技的博士學位，僅屬個人喜好，而非為家庭而犧牲。由於他相當能幹，有能力支持自己的生活需要，因此法庭裁定，按照協定而拒絕丈夫的申請是沒有違背公平原則的。

英國有關婚前協定的法律，仍屬發展中的階段。英國法律改革委員會（Law Commission）提議立法，將符合法定要求的婚前協定（Qualifying Nuptial Agreements）的法律效力受肯定 ，而法庭作出財產分配和贍養費判決時必須遵從有關安排，加強法律對該等協定的有關人士的保障。

回到香港，在香港現行法律之下，婚前協定雖然並無合約的約束力，但它對法庭財產分配和贍養費會有怎樣的影響力？由於英國《婚姻訴訟法》第 25 條與香港的《婚姻訴訟條例》第 7 條大致相同，*Radmacher v Granatino* 一案對香港法院有高度的參考價值。2014 年 6 月，香港終審法院於 *SPH v SA*[53] 一案中，確認香港法院於行使附屬濟助的酌情權時，應該以 *Radmacher v Granatino* 案中確立的原則審視婚前協定。值得注意的是，財產分配和贍養費的酌情權仍緊握於法庭手中，而婚姻協定僅僅是公平原則的其中一個考慮因素，因此協定的效力仍是相當不明確。倘若協定有違公平原則，法庭將不會遵從有關安排。為確保協定的效力，雙方於訂定協定時應徵詢法律意見。

---

53　FACV 22/2013.

### 4. 追討子女贍養費

香港的離婚個案在過去幾十年有明顯的增加，單親家庭數目亦有所增長。由 2001 年的六萬一千四百三十一戶上升至 2011 年的八萬一千七百零五戶。單親家庭常面對的最重要是經濟問題。有些人認為離婚後的婦女應該自力更新，不應受惠於贍養費。若撇開這複雜問題不談，養育子女（子女贍養費）這問題亦不可避免。多年來，養育子女被視為父母的天職，社會上有不少聲音認為父母不應因為婚姻破裂而漠視這職責。此外，《兒童權利公約》亦明確地列明父母雙方對子女的養育有共同責任。

可惜在現行的追討贍養費制度下，不少監護人家長抱怨另一方拖欠贍養費，最終大量的單親家庭需要倚靠綜合社會保障援助金（"綜援"），把支付贍養費的責任轉嫁至納稅人身上。有顧及此，有婦女團體建議政府成立一個追討子女贍養費的組織，從而改善目前香港單親家庭所面臨的問題。

香港現時主要有兩種追討贍養費的程序：

（1）判決傳票（judgment summons）

根據法庭所提供的資料，判決傳票是追討贍養費的最普遍的程序。2009 年，判決傳票的申請達到一千一百六十五宗。但是現行判決傳票程序本身亦存在多個問題。

首先，《婚姻訴訟規則》第 87（4）條訂明，每份判決傳票必須當面送達判定債務人。因此，不少贍養費支付人蓄意逃避判決傳票的送達，繼而迫使不少監護人家長最終放棄以這個方式追討贍養費。在一宗近期案件 *CYM v YML*[54] 中，上訴法庭亦質疑判決傳票程序可能與《香港人權法案條例》有抵觸，所以香港的法律執業者可能會在未來的日子裏減少使用判決傳票程序以追討拖欠的贍養費。

（2）扣押入息令

《扣押入息令》於 1998 年 4 月開始實施，政府於 2002 年和 2007 年對

---

54　[2013] HKLRD 701.

於該規則作出修訂。若法庭作出扣押令，法庭將會扣押拖欠贍養費人士的入息，以支付其拖欠的及將來的贍養費。雖然《扣押入息令規則》已實施超過十五年，該規則依然不被監護人家長廣泛地使用，讓人懷疑扣押入息令是否一項有效的追討贍養費方法。申請扣押入息令少被使用的原因亦可以歸究於該計劃對於一些拖欠贍養費的自僱人士或無固定收入者沒有太大的作用。這是因為扣押入息令需要拖欠贍養費的人士及其僱主提供資料協助。

再者，扣押入息令和判決傳票的共通點是當事人必須入稟法庭。由於香港律師費極為昂貴，不少監護人家長可能不想使用這兩種方法來追討贍養費。即使這些家長可以選擇申請法律援助，法律援助署審批申請個案所需時間最少為三個月。在這段期間，不少單親家庭或許要面臨嚴重的經濟困難。據香港特區政府的資料顯示，隨着單親家庭增加，更多的單親家庭需要倚靠綜合社會保障援助計劃（以下簡稱“綜援”）。這些增長無疑將會加劇政府的財政負擔。

成立追討子女贍養費的組織有多個好處，政府能慎重考慮這建議的可行性及其成本效應；即它是否可以有效地減少單親家庭須倚靠綜援的問題。由於香港採取對抗制制度（adversarial system），如當事人沒有律師代表，他／她在法庭上將會處於不利狀況。因此，不少當事人要支出昂貴的律師費用，以增加其獲勝機會。若追討贍養費的組織在香港成立，當事人的支出將會大大減少；再者，法院現時工作量大，成立追討贍養費的組織可以大大減低法院的工作量，讓法官有更多的時間審訊其他案件和縮減審訊的輪候時間。香港大部份的監護人家長現時所面臨的問題是贍養費支付人蓄意逃避判決傳票的送達，當中包括轉換工作及住址。根據有些外國追討贍養費組織的經驗（澳洲和新西蘭），追討贍養費組織的工作人員能查閱稅務記錄以取得欠款人的資料。由於提交不準確的納稅申報表的人士很有可能會受到刑事檢控，大部份的稅務紀錄資料都是準確的。因此，若香港的追討贍養費組織能查閱稅務紀錄，這無疑會讓現時的問題得到改善。另外，追討贍養費組織會充當中間人，可以讓一些不想與前配偶有聯繫的監護人家長透過組織收取欠款，從而減少曾經受到家庭暴力影響的單親家庭需要與欠款人直接接觸的機會。

## （四） 海外婚姻及離婚

　　香港是一個國際都市，很多外籍夫婦定居於此，而香港居民於外地旅遊時註冊結婚亦非罕見之事。香港法律如何決定海外婚姻的認受性？外地註冊的婚姻又能否於香港離婚並作財產分配及贍養費安排？普通法的衝突法（conflicts of law）法則是，只要（a）該婚姻之儀式符合註冊當地法律之規定（lex celebrations），以及（b）雙方於各自婚前居籍地（prenuptial domicile）的法律之下具婚姻能力（capacity to marry），如足夠年齡和沒有血親、姻親等禁婚，則該婚姻會於香港法律之下有效[55]。舉例而言，一對同性伴侶若果以香港為居籍地，即使在准許同性婚姻的英國結婚，由於兩人在居籍地（香港）的法律下無婚姻能力，該段婚姻將不被香港或英國法庭認受[56]。

　　香港法院對離婚申請有司法權的限制。若要在香港離婚，婚姻其中一方要於申請之時（a）以香港為居籍；（b）三年之內慣常居於香港；或（c）與香港有密切聯繫[57]，而香港法院亦會因而有權於該離婚程序作財產分配。除此以外，如外國或中國法院已對一段婚姻作離婚判令，該離婚令將受香港法院所承認[58]。自 2011 年起，按《婚姻法律程序與財產條例》第 29AB 條，香港法院於外地離婚判令之後仍然有財政分配之權力，但若一方於外地離婚後重新結婚，將失去申請之權利。歐陸法系下的婚姻財產制度較着重規則的肯定性，相對上香港普通法下的離婚財產分配有較大的酌情權而較着重於公平。《婚姻法律程序與財產條例》第 29AB 條對財政上較弱的一方有多一重的保護，假如外地法院所判決的財政分配不公，仍然可以向香港法院作出申請。

---

55　*Suen Toi Lee v Yau Yee Ping*（孫玳琍訴邱綺萍）[2001] HKCFA 21; (2001) 4 HKCFAR 474; [2002] 1 HKLRD 197; FACV22/2000, para 40。

56　*Wilkinson v Kitzinger & Ors* [2006] EWHC 2022, paras 128-129.

57　《婚姻訴訟條例》第 3 條。

58　《婚姻訴訟條例》第 55(2)(a) 條及第 56(1) 條，亦見 *ML v YJ* (2010) 13 HKCFAR 794; [2011] 1 HKC 447。

# 五　父母與子女的關係

　　從上述兩節可見家事法對結婚、離婚訴訟、離婚後贍養費及財產分配問題所定下的基本原則。子女是家庭的重要成員，本節談談父母與子女在家事法中的關係，以及離婚後父母對子女的管養權問題。

## （一）法律下的父母身份

　　"父母"是指父親或母親。生理上，每個人一定有一父一母（即"生父生母"），因為父母在遺傳因子上對子女的貢獻是必然的。現在科學發達，法律理應可單單以遺傳因子來界定一個人的父母身份。法律可以規定父母子女先通過科學測試，確定他們的生理關係，從而認可他們在法律上的關係，再作出生登記，但現行法律並沒有這個要求。在本節，我們要探討的，不是如何確定誰是一個人的生父生母，而是誰是一個人法律上的父親和母親。

　　遠在科學測試可以確定父母子女身份之前，普通法一直依賴推定（presumption）來幫助確定一個人的法定父母親身份。普通法中有一句拉丁格言："任何人的母親是確定的，但誰是父親則不確定。"母親的身份，可由分娩這事實去確定，但在沒有遺傳測試之前，一個人的父親身份則只是由推定來確定。雖然現在用於鑑定遺傳因子的科學測試非常準確，但在很多情況下，法律仍然依賴推定來確定一個人在法律上的父親身份。

### 1. 父親身份的兩個推定

　　《父母與子女條例》[59] 第 5 條列明了兩個推定父親的方法。第一，若父母親在他們婚姻期內孕育孩子，或孩子在此期間內出生，孩子便被推定為婚生子（presumption of legitimacy），母親的丈夫則被推定為孩子的父親

---

59　《香港法例》第 429 章。

(presumption of paternity)。例如，丈夫（H）和妻子（W）婚後生了 A，H 就被推定為 A 的父親；又例如，H 和 W 結婚，W 在與 H 離婚前受孕，A 在離婚後出生，H 亦會被推定為 A 的父親。在以上這兩例子中，A 都是婚生子，但若 W 是在與 H 離婚後才受孕，H 就不會被推定為 A 的父親；又如，W 在婚前已受孕，生了 A 才與 H 結婚，H 則不會被推定為 A 的父親。但若 W 在婚前受孕，但生產 A 前與 H 結婚，H 亦會被推定為 A 的父親。由此可見，父親的推定，是以父母親的婚姻為基礎的。

《父母與子女條例》第 5 條內的第二個推定則與父母親的婚姻無關，而是從出生註冊衍生的推定。一個男人若在 1993 年 6 月 19 日後，在出生登記冊內獲登記為一孩子的父親，這足以推定他為該孩子的父親；例如，一個男人（M）和一個女人（F）沒有結婚，但同居後生了孩子（B），B 即 "非婚生子"（illegitimate child），但 M 若在出生登記冊上獲登記為 B 的父親，則根據《父母與子女條例》，M 便會因在出生登記冊上獲登記為 B 父親的事實而被推定為 B 的父親。

有關出生登記的規定：1993 年 6 月 19 日以前，非婚生孩子父親的名字，並不能被登記在孩子的出生證明書上。父母親聯合提出要求，則屬例外。在父母親聯合要求時，父母更需要一同簽署出生登記冊，但如果父母親沒有聯合要求，非婚生孩子的出生證明書上 "父親" 一欄就會留空。在 1993 年 6 月 19 日或以後，根據《生死登記條例》[60] 第 12 條，法律容許非婚生孩子父親的身份在某些特定情況下，可以在孩子的出生登記冊記錄下來。其一可能是該名男士自認為孩子的父親，而母親亦認同這事實；換言之，若 M 和 F 同居，F 生下 B，M 不可能在沒有 F 確認他是 B 的父親的情況下，自行為孩子作出生登記；同樣，F 不能在沒有 M 確認他為孩子父親的情況下，自行把 M 的名字登記在出生登記冊（特定的情況例外）。

以上這兩個父親身份的推定，都是可以在法庭上被推翻的。常見的情況

---

60　《香港法例》第 174 章。

是當一個人的父親身份受到質疑，或成為某糾紛的癥結時（例如，遺產繼承問題），法庭在處理此種糾紛時會裁定這兩個父親身份的推定是否可以被有效和足夠的證據推翻；例如，A雖然是H和W的婚生子，但H可證明W與另一男子有婚外情，而且W在受孕期間沒有與H發生過性行為，或有更甚者，H本身是不育的，在這些情況下，法庭經過審訊後，可推翻以上第一個推定（父母親的婚姻而衍生的推定），裁定H不是A的父親。

### 2. 以遺傳學測試斷定父母身份

直至上世紀80年代，當某人父親身份成為民事訴訟糾紛的癥結時，法庭會利用血型測試（blood group test）來斷定父親身份。根據遺傳學原則，孩子擁有父母各一半的遺傳因子，而血型正是反映遺傳學原則的好例子。如果孩子的血型屬O型，母親的血型亦是O型，那麼父親的血型一定是O、A或B型，任何男人血型屬AB型者，必然不是孩子的父親。由此可見，血型測試可以在一定情況下排除妄稱自己是某孩子父親的人，但不足以證明某人就是孩子的父親；再舉個例子，若兩個男人同時宣稱自己是某孩子的父親，而他們的血型是屬O、A或B型，那麼，血型測試對於斷定誰是該孩子的父親就不能起確定性的作用。

近年，血液DNA測試（DNA fingerprinting）把遺傳鑑證技術推前了一步。血液DNA測試是將人體血液編譯成一組條狀的密碼，這密碼如超級市場的商品條碼一樣，孩子和母親的血液經過這項測試後，孩子血液中的密碼和母親血液中的密碼互相抵銷，則剩下來的密碼一定是從父親處遺傳得來的。這測試的準確度極高，若兩個男人同時宣稱為孩子的父親，他們同時擁有剩下來的密碼的機會僅為三萬分之一。正因血液DNA測試的準確性非常高，《父母與子女條例》第13（1）條就規定，在任何民事訴訟中，如需要斷定誰是某人的父母親，法院可自行或應訴訟任何一方的申請，發出以下任何一種指令：（a）使用科學測試以顯示訴訟一方是否該名人士的父親或母親；（b）從該名人士或訴訟任何一方身上抽取身體樣本（bodily sample）。

血液是身體樣本的一種，《父母與子女條例》容許法院運用血液 DNA 測試，幫助解決有關父母身份的糾紛。但法院只可"指令"從某人身上抽取血液作測試，而不可強迫某人提供身體樣本作測試。要取得任何人的身體樣本，必須事先得到該名人士的同意。任何十六歲或以上的人均可自行給予有效的同意，但要取得十六歲以下兒童的血液樣本，就必須得到照顧及看管該兒童的人同意方可。

### 3. 法庭對引用科學測試的酌情權

雖然《父母與子女條例》第 13 條沒有指定法院在甚麼情況下發出該指令，但法院在決定是否作出這種指令時，會公正地處理糾紛，對所有有關的證據作出適當和謹慎的考慮。為此，《父母與子女條例》第 15 條規定，若法院對某人作出血液樣本測試的指令沒有得到遵從，法庭可對此作出適當的推論。在 *Re A (minor)（Paternity: Refusal of Blood Test）*[61] 一案中，母親同一時期和三個男人發生性行為，而被告是其中之一。當法庭指令對被告人進行血液測試時，他拒絕合作。法庭認為他若沒有甚麼值得隱瞞，一定會遵從指令，與法庭合作，既然他拒絕合作，就一定是希望隱瞞事實，法庭因而推定他是孩子的父親。

在 *Re F（Minor: Paternity Tests）*[62] 一案中，妻子與 C 有婚外情，同時亦與丈夫維持婚姻關係，當她發現自己懷孕，便與 C 斷絕關係。妻子和丈夫均願意把孩子當為自己的骨肉，希望把他撫養成人。C 向法庭要求用血液測試，證明自己才是真正的父親，C 亦向法庭申請對孩子的探視權，但夫婦兩人拒絕提供血液樣本作測試。上訴庭沒有指令夫婦兩人提供血液樣本。上訴庭認為因為這孩子是在夫婦的婚姻期內出生，所以根據父母親的婚姻而推定是婚生子。再者，母親與 C 的關係，是和丈夫的婚姻關係同時進行的，母親在孩子出生時已跟 C 斷絕關係。上訴庭認為血液測試可能顯示孩子是非婚生子，對孩子有害無利，所以拒絕指令使用科學測試。這案例明顯保障妻子和丈夫的婚姻關係及他們願

---

61　[1994] 2 FLR 463.

62　[1993] 1 FLR 225.

意把孩子當為自己的骨肉的決定，而沒有着重孩子對父母的身份有知情權。

但在另一英國案例中，法庭則強調孩子對父母的身份有知情權。在 *Re H (a minor) (Blood Test: Parental Rights)* [63] 一案中，一名丈夫在 1990 年進行絕育手術，四年後其妻子與申請人有婚外情，繼而懷孕，申請人打算與她同居。但妻子後來改變主意，和申請人斷絕關係，並與丈夫復合。夫婦兩人打算共同分擔撫養快將出生孩子的責任。申請人向法庭申請血液測試，以證明自己是孩子的父親，亦向法庭申請對孩子的探視權。法庭裁定孩子有權知道誰是自己的生父。在這個案中，法庭找不到向孩子隱瞞真相的理由，認為孩子越早知道真相越好。法庭亦表示，生父與養父是有分別的，即使孩子在知道真相的情況下長大，亦不一定對他的心理有不良的影響，或影響他與養父的關係；讓他學習接受兩個 "父親" 比隱瞞事實更好。因為，隱瞞事實的做法就好像製造一個計時炸彈，隨時會爆炸，到時後果可能更難預料。

### 4. 生育科技下的父母身份

現今醫學科技為很多不育的夫婦帶來希望，但同時帶來法律、社會及道德的問題。以下將概括解釋香港法律如何處理通過人工輔助生育（assisted reproduction）所生的孩子的父母親身份問題。輔助科技大致可分為三種情況：首先是不涉及配子（精子／卵子）捐贈的人工受孕（in vitro fertilization without donated gametes）。由於精子來自丈夫及卵子亦來自妻子，除受孕方法外，這情況與自然生育並無太大分別；第二個情況涉及配子捐贈（gametes donation），這種情況令父母親身份的問題變得複雜。在異配受精（donor insemination）的情況中，妻子以匿名捐贈者的精子人工受孕，法律應視丈夫還是該捐贈者為孩子的父親？同樣地，於卵子捐贈中，孩子的母親到底應該是卵子捐贈者還是妻子？最後，假如生育涉及代孕協定（surrogacy agreement），問題將會進一步複雜化：到底孩子的母親是代母、卵子捐贈者，還是聘用代母的妻子？

---

63　*The Times*, March 12, 1996.

根據《父母與子女條例》[64] 第 9 條，一個女子若因胚胎或精子與卵子（受精卵）被放置其體內而懷孕，則會被視為該孩子的母親。可見於輔助生育下，母親的身份是以懷孕這項事實作準，與婚姻狀況或遺傳因子並無關係。

現在把焦點放在利用生育科技所生孩子的父親身份問題上。按《父母與子女條例》第 10（2）條，除非丈夫不同意妻子受孕，即使精子並不是來自丈夫，丈夫仍會被視為父親。舉例說，丈夫 H 因為沒有能力生育，所以同意妻子 W 接受異配受精，其後產下 X。由於懷孕的是 W，所以法律上 W 便會是 X 的母親。而因為 H 是 W 的丈夫，又沒有反對 W 接受異配受精，H 便會成為 X 的父親；再者，《父母與子女條例》第 10（3）條承認與未婚女子共同接受助孕服務的男性伴侶的父親地位；例如，男友 M 和女友 F 兩人關係長久，但 F 一直沒有成功懷孕，所以他們決定用異配受精的方法讓 F 誕下 Y。根據本條例第 9 條，由於懷孕的是 F，F 便會成為 X 的母親。雖然 M 並非 F 的丈夫，但因為 M 是 F 的男性伴侶，又和 F 共同接受助孕服務，M 便會被視為 Y 的父親。[65]

《父母與子女條例》第 9 條及第 10 條的原則也可應用到代孕協定的情況，例如 H 與 W 是夫婦，然而 W 因身體狀況不適宜懷孕，於是安排將 H 的精子和 W 的卵子放於代母 W1 體內，而 H1 作為 W1 的丈夫沒有反對 W1 參與代孕。由於懷孕的是 W1，W1 便會被視為孩子的母親，而 H1 作為 W1 的丈夫，則會被視為孩子的父親。這情況之下，H 和 W 可根據本條例第 12 條，向法庭申請獲判定為父母的命令（parental orders）。按照本條例第 12 條，當一對夫婦聘用代母，而該對夫婦最少其中一人提供了子女的配子，則該對夫婦可於子女出生六個月內，向法庭申請判他們為父母。這項申請有五個條件：於申請之時（a）該子女須與申請夫婦（或當中一人）同住；（b）申請夫婦須符合有關以香港為居住地的要求；（c）申請者年滿十八歲；（d）申請者須說服法庭，該對夫婦並無付出任何費用（除因代母所需的合理費用外）；以及（e）申請須獲得代母及其丈夫的同意。以上可見，即使一對夫婦於代孕安排中提供了精子及卵

---

64　《香港法例》第 429 章。

65　《父母與子女條例》第 10(3) 條。

子，他們亦須經過一定的法律程序才能成為該孩子合法的父母親。

## （二）家庭子女的管養權責

### 1. 子女的福利為首要考慮

《未成年人監護條例》把父母對子女的管養描述為父親或母親的"權利及權能"[66]。雖然該條例並未對"權利及權能"作出定義，但法庭的判例和其他條例皆顯示，它們的意義極其廣泛：包括與子女同住並照顧其日常起居[67]，為其選擇學校[68]，管理其財產[69]，甚至對子女施加適度的懲罰[70]，都是行使父母"權利及權能"的例子。在其他有關父母與子女的情況下，我們亦會提及未成年人的"管養權"或"監護權"。由此可見，現在的法律用詞比較複雜，因此容易產生不必要的混淆。《未成年人監護條例》是一條上世紀 70 年代的法例，時至今天已有很多過時的法律概念，理應修改。有見及此，法律改革委員會（以下簡稱"法改會"）於 2005 年 3 月發表了《子女管養權及探視權報告書》（以下簡稱《報告書》），倡議採用"父母責任"這一個新概念，代替現行的"權利及權能"和"監護權／管養權"等概念。但因《報告書》的建議仍沒有獲得落實，所以本章會繼續用現行的法律術語，來解釋現有法例。

雖然管養權規定的權利是非常廣泛的，但父母並不能對年幼子女為所欲為。隨着兒童本身的權利日受重視[71]，這個以父母為施權主體的概念的重要性亦隨之降低。英國最高法院於 *Gillick v West Norfolk & Wisbech Area Health Authority*[72] 一案形容，父母的權利是一個不斷萎縮的權利（a dwindling right）。

---

66　見第 3 條，第 4 條及第 8G 條。

67　*Hewer v Bryant* [1970] 1 QB 357.

68　*Hall v Hall* (1749) 3 Atk. 719.

69　《未成年人監護條例》第 3(1) 條。

70　但非過量的懲罰：*R v Derriviere* (1969) 53 Cr App R 637.

71　見《聯合國兒童權利公約》。

72　*Gillick v West Norfolk & Wisbech Area Health Authority* [1985] UKHL 7.

法庭不會貿然執行違反兒童意願的父母權利，尤其是當兒童日漸長大。它最初是一個控制的權利，最後家長可以做的僅僅是建議而已。本法例亦明確指出，父母行使其管養權時，須以 "未成年人的最佳利益為首要考慮事項"（the best interests of the minor as the first and paramount consideration）[73]。另外，《未成年人監護條例》第 3 條亦清楚規定，法院在處理未成年人的管養權時，無須從任何其他觀點來考慮父親的申索，是否較母親的申索為優先，或母親的申索是否較父親的為優先。換言之，父親或母親就子女的管養權提出的申索（claim），會獲得同等的考慮。父權比母權大這種中國傳統家庭觀念，已不為香港法律接納。這原則亦再次説明，法庭在聆訊父母爭取管養權的案件時，首要的考慮是孩子的福利，而不是父或母個人的利益，也不是父母之間誰應有優先權。《未成年人監護條例》第 4 條亦清楚規定，任何未成年人的父親或母親，如在任何影響該未成年人福利的問題上產生意見分歧，其中一方可向法院申請發出指示，法院可就意見分歧的事項，發出其認為適當的命令。

## 2. 管養、日常照顧和管束、探視

以上提到的 "最佳利益為首要考慮事項" 的原則，同樣適用於離婚後的管養權問題。父母離婚後，雙方可對 "家庭子女" 的管養達成協議，但如果雙方不能達成協議，就要交由法院處理。如前所述，法庭在考慮離婚後的管養權問題，會以未成年人的最佳利益為首要考慮。[74]

常見的管養權分配為獨有／單一管養令（sole custody order）、分權令（split custody order）和共同管養令（joint custody order）。在此，管養（custody）包含了父母對子女所享有的所有權責，其中包括了日常照顧和管束（care and control），探視（access）以及作出對子女有影響的所有重大決定（major decision making）的權責（例如子女的教育、宗教和醫療事宜）。

獨有／單一管養令把絕大部份屬於父母雙方共同承擔的權責，轉移給父母

---

73　《未成年人監護條例》第 3(1) 條。

74　《未成年人監護條例》第 3(1) 條。

其中一方。當法庭把管養權交給一方（例如妻子）時，另一方（丈夫）通常會被授予探視令，可在合理範圍內探視子女。探視範圍可由雙方協議而定，例如逢星期日下午三時至五時。如果其中一方的要求不合理，另一方可要求法庭作出適當的判令，把探視的範圍詳細列明。單一管養令的好處是擁有管養令的一方能夠全權照顧和管束子女，以及在需要時迅速作出對子女有影響的所有重大決定。單一管養令特別適合於雙方無法再對子女管養事宜上合作的個案。

分割撫養令（split order）把日常照顧和管束權責（care and control）賦予父母的其中一方，而帶有更廣泛決定權的管養權則判給另一方。例如，當法庭把管養權交給一方（例如丈夫）時，妻子有日常照顧和管束權責，但她並不能作出與子女相關的重大決定 。這種分權令旨在為不在子女身旁（但卻享有管養權）的一方，保留可以發揮就子女教養問題作出重大決定的權利。不過，一旦碰上父母不能就子女教養事宜達成協議和互相合作，分權令便不適合。

共同管養令（joint custody order）把管養權判給父母雙方，但同住、照顧和管束權責只判給父母的其中一方，另一方被授予探視令。換言之，雙方都有權責在涉及教養子女的重要事宜上作出決定，象徵着雖然父母已離婚，但在教養子女上仍然共同發揮作用，不會有一方遭排拒的情況出現。此令只有在雙方均有能力理智地合作和給予善導時適用。

以往的看法是，在獨有管養令下，無管養令的一方在涉及子女福利的事宜上實際上無參與的餘地。但這樣的說法亦曾被修正。在 *Lo Chun Wing-yee v Lo Pong-hing*[75]一案中，法庭雖把獨有管養令判給母親，但要求母親須每季就孩子的健康、教育、活動和外遊的狀況向父親提交報告。法庭亦指出，獨有管養令不會切斷案中父親和孩子的關係。如果父親不同意母親決定的某項行動，他有權訴諸法庭要求法庭提供指引。

最近這修正再進一步被法庭重新確定，意味着獨有管養令和共同管養令之間的差距正在進一步縮窄，兩者之間的分別可能不大。按香港上訴庭於 *PD*

---

75　[1985] 2 HKC 647.

*v KWW*[76] 的判決，有管養令的一方，在涉及教養子女的重要事宜上作出決定前，有責任諮詢另一方的意見，讓無管養的一方能夠繼續在教養子女上發揮作用。

### 3. 法庭將子女最佳利益作為首要考慮的酌情權

在決定判給父母親單一管養令、分權令或共同管養令時，法庭會考慮甚麼是最符合子女的最佳利益，但在這時法庭通常會考慮甚麼因素？《報告書》建議引入一份考慮因素清單，以協助法院在個別案件中作出決定，這份清單其後被香港法院所接納[77]。清單上的因素包括：(a) 因應子女的年齡和理解能力考慮子女的意見；(b) 子女身體、感情和教育方面的需要；(c) 環境改變可能對子女所造成的影響；(d) 子女的年齡、成熟程度、性別、社會和文化背景，和其他特點；(e) 子女曾經遭受或有機會遭受的傷害；(f) 子女的父親、母親以及有關人士，能在甚麼程度上滿足他的需要；(g) 該子女與父親、母親和其他人的關係；(h) 父親和母親對該子女和對管養責任所表現的態度；(i) 法院根據法例在有關法律程序中可行使的權力範圍。

舉例說，父母離婚時，子女已經十三歲或十四歲，以前一直在家附近的小學及中學讀書；離婚後，父親搬離學校很遠，而子女的朋友、同學都住在家附近，日常的課外活動也是在家附近進行；再者，孩子與母親感情特別好，表示希望能保持現狀，繼續與母親同住。在這些情況下，法庭會顧及子女的年齡及意願，考慮他們的意願是否切實可行，及改變現狀對他們可能帶來的不良影響。當法庭考慮過以上一切的因素後，可能會決定保持現狀，判令母親行使日常照顧和管束。如果父母關係仍能維持良好，法庭亦可能判令雙方都可行使管養權，或者只是一方享有管養權，另外一方享有探視權；又例如，父母離婚時，小女兒只有兩歲，她的哥哥五歲半。兩個小朋友的感情非常好，而他們一直由母親照顧，母親是他們生命中不可缺少的人。法庭會考慮到小孩子需要母

---

76　[2010] 4 HKLRD 191.

77　《子女管養權及探視權報告書》第 9.29 段。*YLS v TL FCMC* No 8396/2007, [2009] HKEC 37。

親照顧這一點，亦會非常重視他們與母親的感情，以及與母親分離可能對他們造成的不良心理影響。同時，法庭亦不會願意將兩個小孩分開，一個由母親行使日常照顧和管束，另一個由父親行使日常照顧和管束。雖然這樣做可能對父母兩人是一種公平的分配，但對小朋友來說，兄妹感情濃厚，分離對他們所帶來的不良心理影響並不符合以子女的福利為首要考慮的原則。

　　為了幫助法庭對以上的問題作出適當的考慮，法庭會參考任何有關資料，包括社會福利署署長備呈法院的任何報告書。在特殊情況下，法庭亦可考慮兒童心理學專家的報告書，然後才作出適當的判決。

　　子女福利為首要考慮的原則，不但適用於判決父母之間關於子女管養權的糾紛，亦適用於判決父母與第三者之間對孩子管養權的糾紛，這一點亦充分表現了法律對孩子福利的重視。英國終審法院在 *J v C* 案[78]就引用了子女福利為首要考慮原則，來解決父母與第三者對孩子管養權的糾紛。一對西班牙籍夫婦因為經濟需要，到英國謀生，期間誕下一子，但在男孩出生四天後，便因工作需要把他寄養（fostering）在一對英國夫婦家中，這對夫婦亦因此成為孩子的寄養父母。孩子直至十歲大時，只與親生父母共住過十六個月，其他時間都是在寄養父母家中長大。他在英國讀書，對父母所操的西班牙語及西班牙文化一竅不通。後來，親生父母的經濟情況好轉，希望把男孩帶回西班牙一起生活。法庭沒有假定孩子和生父母生活在一起便是符合孩子的福利。法庭認為孩子已經快樂地融入寄養父母的家庭中，被視為其中一員，又入讀英文學校，長成一個有英國人文化背景的男孩。在這成長階段把他交給對他而言陌生的親生父母，被帶到一個陌生的地方，會給孩子造成混亂，令其無所適從，更可能對他的健康及成長造成永久性的創傷和損害。根據以孩子的福利為首要考慮的原則，終審法院判決男孩可繼續與寄養父母同住。

---

78　[1970] AC 668.

## 4. 法律改革

以上敘述的管養權在概念上是以父母為中心，強調父母對子女所擁有的權利。《報告書》建議採用父母對子女責任（"父母責任"，parental responsibility）這一個新概念，代替現行監護權 / 管養權的概念。現行父母與子女有關的法律概念是建基於一個古舊的觀念，目的是為保護家族財產，而非以保護兒童健康成長為依歸。這監護權後來發展成為管養、照顧、管束和探視等各項權利。父母與子女關係在近五十年所發生的變化，需要在法律中被反映出來。正因如此，建議採用"父母責任"這一個新概念的目的是淡化父母的權利，轉而至強調"父母責任"，責成家長需要承擔照顧子女的責任；並強調父母履行責任時，要貫徹子女的權利，尊重子女享有獲得父母照顧直至其成年的權利。例如，家長管束子女的權利，並非以家長的利益為出發，是為子女的利益而存在，而只有當行使權利能夠促使家長履行其對子女的職責，這權利才有存在的理由。[79]

社會價值觀在轉變，家長和子女之間的關係亦不例外。所以現行有關父母和子女關係的法例也需要與時並進。《報告書》解釋稱，管養令的用語隱含類似父母擁有兒童及絕對權威的意思。但這種想法已不合適。上訴法庭法官夏正民在 *PD v KWW CACV 188/2009* 一案中指出："曾經有一段時間，家長們，特別是父親，對子女享有幾近絕對的權威。但這種情況目前已不存在。"

很多時候，當父母離異後，母親獲法庭賦予管養權，履行照顧子女的責任，而父親則提供財政上的支持，並僅獲得剩餘的探視權。對離異後的父母，管養權這概念可以說是一個"贏家""輸家"的標籤，有可能導致離異父母為了要"贏"得管養權而爭鬥，在父母之間挑起持續的衝突。《報告書》倡議採用"父母責任"這一概念是希望將父母的思維重新引導至照顧子女的未來福祉上。當然，單是法律改革是不夠的。要父母對子女的責任在態度和文化上有所改變，須加上適當的父母和家庭教育，從而獲得相應的效果。法官亦敦促實施如《報

---

79　Lord Fraser 在 *Gillick v West Norfolk and Wisbech Area Health Authority and Department of Health and Social Security* [1986] AC 112.

告書》所提出的與子女有關的法律改革。[80]

　　適用於香港的聯合國《兒童權利公約》[81]，也要求香港在兒童法例方面作出修正。聯合國《兒童權利公約》第 18 (1) 條強調父母所須承擔的責任，並規定："締約國應盡其最大努力，確保父母雙方對兒童的養育和發展負有共同責任的原則得到確認。父母、或視具體情況而定的法定監護人對兒童的養育和發展負有首要責任。兒童的最大利益將是他們主要關心的事。" 聯合國《兒童權利公約》第 9 (3) 條強調兒童享有獲得保護的權利，而子女如果與父母任何一方或雙方分開，該子女享有與父母雙方維持個人關係和進行定期直接聯繫的權利。[82] 同時，《香港人權法案》第 19 (4) 條確認："婚姻關係消滅時，應訂定辦法，對子女予以必要之保護。"[83] 而香港《人權法案》第 20 條也規定，"所有兒童有權享受家庭、社會及國家為其未成年身份給予之必需保護措施。"[84]

# 六　結語

　　本章在第二節介紹了舊式婚姻、妾侍制度、民國新式婚姻於香港家事法的廢除及其留下的法律問題；在第三節探討了有效的婚姻及其基本法律要求，同時提到 "絕對無效" 及 "可使無效" 的婚姻的區別。而年輕一代對婚姻基本要求可能與法律對此的看法有很大的出入。他們可能會認為婚姻是建基於愛、信任、溝通和相互依賴的，但這些元素在法律中都沒有清楚地列出。法律對婚姻的基本要求，除一男一女自願結合外，還對有血親或姻親關係的人有禁婚的要求，及對擬婚者最低年齡限定為十六歲，這些都可説是合情合理的。至於其他的要求，例如無能力圓房及故意拒絕圓房，乃源於英國

---

80　上訴法庭法官夏正民在 *PD v KWW* CACV 188/99（第 50 和 51 段）；*TRR v RAR* [2010]，HKEC 1351（第 17 段）。

81　香港在 1994 年 9 月簽署了《聯合國兒童權利公約》。

82　《聯合國兒童權利公約》第 9(3) 條。

83　《香港法例》第 383 章；該第 19 條相當於《公民權利和政治權利國際公約》第 23 條。

84　相當於《公民權利和政治權利國際公約》第 24 條。

宗教對婚姻的要求，但在現今世俗社會裏，他們存在的意義比較難以理解；再者，法律對圓房的要求亦未能反映出婚姻對一個人的性需要的有效疏導，因為圓房的要求只限於一次的性關係而已；一旦圓房，往後任何一方對性行為的抗拒或不滿，並不能否定圓房的事實。而任何一方患有《精神健康條例》所指的精神紊亂、答辯人在結婚時患有可傳染的性病，答辯人在結婚時已懷他人身孕等可使婚姻無效的情況，均對婚姻有一定的影響或與誠信有關。若沒有恰當處理，可導致婚姻破裂至無可修補的地步，以至離婚。另外，"絕對無效"及"可使無效"的婚姻的分別是源於英國宗教歷史，在現代社會裏作用意義不大。有些國家，例如澳洲，就已經廢除了"可使無效"婚姻這個概念。再者，香港作為一個華人為主的社會，文化傳統與英國有所分別，來自英國宗教歷史的婚姻概念於現代香港的適用性更加值得商榷。因現行有效的婚姻的定義為一男一女自願結合，不自願的結合應該是不可能構成一個有效的婚姻才對。但現時法例定明，不自願的結合只構成一個可使無效的婚姻而已。最後，跨性別人士要求受到婚姻法的保障，帶出的同性婚姻及公民結合等議題，亟須法律妥善處理。

本章第四節探討了離婚訴訟。現在香港離婚數字逐漸上升，離婚訴訟亦漸趨普遍。在第四節中，提到離婚的唯一"理由"：婚姻破裂至無可修補的地步。縱使婚姻一方萬般不願，申請人仍可以分居兩年作為離婚的事實基礎，證明婚姻破裂至無可修補的地步。另外，離婚雙方所爭議的往往不是離婚本身，而是財產分配和贍養費。法例規定法庭在判決贍養費和財產分配時需要考慮一系列的因素，但給予法官一定的酌情權以衡量各因素的比重。香港於附屬濟助上的普通法已日漸成熟，並反映現今的社會價值，即婚姻在原則上應被視為一男一女的平等結合，而且雙方的貢獻應得到平等對待。以往重男輕女的財產分配已不復存在，取而代之的是公平和平等等原則。除特別情況外，平均分配已成為通常的指導性原則。法庭並會對雙方的生活需要、貢獻等有關因素作出適當考慮，務求達到公平的結果。法律往後的發展，應會重視雙方的自主權，對於雙方有關離婚財產分配的婚前協定，法庭亦會酌情考慮遵從。

　　本章第五節探討了父母與子女的關係。聯合國《兒童權利公約》對兒童的權利作出了一系列的承諾及保證，父母與子女間的關係亦漸成為法律的關注點。針對離婚後父母對子女的管養權（custody）等問題，《未成年人監護條例》第 3 條定下了"以子女的福利為首要考慮"的原則。法庭會按子女的最佳利益，把管養權判給父母或相關人士。從近年的案例中可見，獨有管養令與共同管養令之間的距離正在收窄，使離婚後雙方都能有機會參與子女的成長。然而，甚麼是公平和平等的判決？甚麼是子女的最佳利益？這些概念在有些個案中可能對當事人而言相當不明確。酌情權的缺點是訴訟雙方很難預先估計哪一方會勝訴，因此不利於和解，於是增加離婚雙方的衝突，和消耗大量的訟費。有見及此，司法機構應積極引入和推行家事調解。離婚雙方應放下執着，積極考慮以非訴訟方式解決糾紛，以減少離婚對婚姻雙方的傷害。

　　1971 年 10 月 7 日，中式婚姻於香港被正式廢止，這是香港家事法的重要轉捩點。本章談到的《婚姻條例》、《婚姻法律程序與財產條例》、《未成年人監護條例》都是上世紀 70 年代的產品。隨着社會對婚姻觀念和父母與子女關係的轉變，法庭已對這些條例作出了相應的演繹；但最好的方法，應該是對這些條例進行有系統的法律改革，令香港的家事法更加符合現今社會的價值觀，並在調節及維繫家庭關係上發揮更好的作用。

第十三章

# 知識產權法

李雪菁

香港大學法律系副教授

## 一 導論

### (一) 香港知識產權法的歷史淵源

香港在回歸中國前，已有獨立的商標註冊制度，但其他知識產權的保護
則主要依賴英國法。當時，香港對商標以外的知識產權立法只是一些輔助性
或技術性的立法，其主要作用在於確認英國法在香港的效力或具體實施在香
港生效的英國法。而且，這些立法也不時因英國有關法律的改變而改變。

### 1. 版權保護與英國法

在 1997 年以前，香港對版權（又稱"著作權"）的保護一直是通過直
接適用英國版權法來實現的。英國於 1956 年頒佈了新的《版權法》[1]。於
1968 年英國又通過了《外觀設計版權法》[2]。該法對 1956 年的《版權法》進
行了修改，把外觀設計納入版權保護體系。在英國，外觀設計分為已註冊的

---

1　Copyright Act 1956.

2　Design Copyright Act 1968.

外觀設計和未註冊的外觀設計兩種。這兩種外觀設計一般都受版權法保護；
其中，註冊外觀設計則受版權法和註冊外觀設計法的雙重保護。為了使英國
版權法在香港實施，英國樞密院於 1972 年專門頒佈了《版權（香港）令》，
使英國版權法的效力延伸至香港。據此，在英國獲得版權的作品包括外觀設
計，在香港也自動獲得保護。

　　為了具體實施英國版權法，香港於 1973 年制定了《版權條例》[3]。該條
例共有十一條，主要規定了對侵犯版權的調查程序及刑事責任。而有關版權
的範圍、保護期及侵權行為則完全以英國於 1956 年制定的《版權法》為依
據。另外，香港還制定了《聯合王國設計（保障）條例》。根據該條例第 2 條
的規定，英國於 1949 年《註冊外觀設計法》[4] 及其以後的修正本對外觀設計
的保護自動延伸至香港。

## 2.專利保護與英國法

　　和版權的情形一樣，在 1997 年以前，香港對專利的保護也是通過直接適
用英國法來實現的。由於當時香港沒有獨立的專利法，香港本地並不授予專
利權，也不接受專利申請。因此，即使是香港居民需要申請專利，也只能按
英國專利法去申請英國專利。可見，香港本地的專利制度實際上是一種註冊
英國專利的制度。為此，香港於 1932 年制定了《專利權註冊條例》；該條例
規定了英國專利在香港的註冊程序、註冊所需的文件、註冊證書的頒發，以
及註冊所授予權利的性質、範圍和期限等問題。根據該條例的規定，只要在
英國獲得專利後五年內，根據《專利權註冊條例》在香港註冊，該專利即可
在香港獲得如同在英國一樣的法律保護。

　　值得注意的是，儘管香港於 1997 年以前的專利保護和版權保護都依賴英
國法，但兩者也略有不同。就版權保護而言，版權不用申請或註冊，在作品
完成時自然產生。因此，在英國獲得版權的作品，在香港也自動受到保護，

---

3　《香港法例》第 39 章。

4　Registered Designs Act 1949.

版權所有人無須在香港再註冊。而專利保護卻不同，英國專利在香港獲得保護的前提是在香港辦理註冊手續，且必須在英國獲得專利後五年內辦理；否則，該專利不受香港法律的保護。

### 3. 獨立的商標保護體系

在香港回歸前的知識產權保護體系中，唯有商標保護獨立於英國法，使香港商標制度獨成一體。香港早在 1873 年就制定了關於商標保護的《商標條例》[5]，比英國第一部商標法的頒佈還早兩年。此後，香港分別於 1898 年、1909 年和 1954 年對 1873 年的《商標條例》進行了修改。及後更詳盡的《商標條例》[6] 共有九十二條，主要內容包括以下部份：商標註冊、相同商標、聯繫商標、註冊效力及侵權訴訟、商標的使用與不使用、商標的轉讓、註冊的續期、註冊（the register）的改正、防禦商標（defensive trade marks）、註冊使用人、證明商標（certification trade marks）、商標註冊處處長的權力和責任，以及法律程序等等。

在香港，與商標保護有關的法例還有《商品說明條例》[7]。制定該條例的目的是禁止商業中的虛假商品說明、虛假標誌以及對貨物的虛假陳述等違法行為。該條例共分四個部份：第一部份主要是對一些概念的解釋；第二部份是主體部份，這部份的內容包括：商品說明、商標及貨物標誌的申請、有關商品說明的犯罪、宣傳品中的商品說明、有關商標的犯罪、有關貨物供應的虛假陳述、附有虛假商品說明的貨物的進口或出口等等；第三部份主要規定了處理程序和處罰措施；第四部份是關於幾項補充說明的規定。《商品說明條例》的一個特點是規定了刑事處罰。例如，根據該條例第 18 條的規定，最高刑罰包括罰款五十萬港元及監禁五年。

應強調的是，儘管香港商標法獨成一體，但香港商標法的發展還是深受

---

5　1873 年第 16 號條例。

6　《香港法例》第 43 章。

7　《香港法例》第 362 章。

英國商標制度的影響。雖然香港早於英國兩年頒佈了《商標條例》，但後來對《商標條例》的幾次修改都是以英國商標法為藍本而進行的；還應注意的是，香港商標法的相對獨立性也只是就制定法層面而言的，但由於香港法制以普通法為基礎，因此研究香港的知識產權法不能只注意制定法（即成文法）而忽視普通法。事實上，英國普通法在香港的商標法體系中佔有極其重要的地位。例如，防止假冒之訴（the action of passing off）就是普通法中很重要的保護商標的制度。

在英國，防止假冒之訴是從侵權行為法中的欺詐之訴發展起來的。根據英國普通法，所謂"假冒"，是指以和他人相似或相同的商標、商號、商品包裝或其他陳述方式，造成混淆公眾視聽效果的行為。防止假冒之訴不但可以適用於商標侵權行為，還可以用來打擊假冒服務標誌、廠商名稱、商品包裝以及商業信譽等侵權行為。由此可見，防止假冒之訴的適用範圍與大陸法系國家的反不正當競爭法的適用範圍大體相同。它們之間的區別在於，普通法中的防止假冒之訴不適用於侵犯商業秘密的行為。另外，在英國普通法中，對商業秘密的保護措施主要是提出防止洩漏秘密之訴。

## （二）香港知識產權法與世界貿易組織

港英政府立法局於 1996 年 4 月通過了《1996 年知識產權（世界貿易組織修訂）條例》[8]（以下簡稱《1996 年知識產權條例》）。制定該條例的目的主要在於通過修改香港的知識產權法，使它與世界貿易組織的《與貿易（包括假冒商品貿易）有關的知識產權協議》（以下簡稱《知識產權協議》）保持一致。

隨着知識產權在國際貿易中的地位越來越重要，國際貿易中保護知識產權的問題也越來越引起國際社會特別是工業發達國家的關注。1986 年 9 月

---

8　《1996 年知識產權（世界貿易組織修訂）條例》（1996 年第 11 號條例）。

15 日開始的《關稅及貿易總協定》烏拉圭回合談判，把與貿易有關的知識產權問題作為三大新議題之一納入談判的範圍。經過艱難的討價還價，終於在 1991 年底，各方就知識產權問題達成共識。《知識產權協議》作為烏拉圭回合最後文本草案之一基本獲得通過。1994 年 4 月 15 日，參加烏拉圭回合談判的各國代表簽署了烏拉圭回合談判所達成的二十一個最後文件，其中包括《知識產權協議》。

《知識產權協議》的通過對國際貿易中的知識產權保護具有極其重要的意義。首先，該協議首次把知識產權與貿易聯繫起來，把知識產權問題提到貿易問題的高度，更引起各國的關注；其次，該協議大大提高了知識產權的保護水平。這樣，以該協議為代表而形成的知識產權保護的國際標準，不但遠遠高於發展中國家的保護標準，也高於許多發達國家的保護標準。最後也是最重要的，就是該協議規定了知識產權實施的程序以及爭議解決的方式。缺乏實施機制正是世界範圍內知識產權保護的主要不足之處，這也是烏拉圭回合談判把知識產權列入談判議題的理由之一。《知識產權協議》要求各成員國以恰當方式實施本協議，並使本協議的規定生效。

香港已於 1988 年成為《關貿總協定》的正式成員。根據《關貿總協定》烏拉圭回合談判所簽訂的成立"世界貿易組織"的協議，關貿總協定作為一個國際貿易組織已由 1995 年 1 月 1 日成立的世界貿易組織所取代。《知識產權協議》也隨之成為世界貿易組織的一部份。作為關貿總協定成員，香港也成為世界貿易組織的創始成員之一。這樣，香港有義務履行世界貿易組織的協議，使香港的有關法律規定符合世界貿易組織有關協議的規定。就知識產權保護而言，香港原有的知識產權制度在許多方面是符合《知識產權協議》的，但在某些方面也存在不盡一致或低於《知識產權協議》標準的情況。因此，對香港知識產權法作某些修改已勢在必行。這就是《1996 年知識產權條例》產生的背景。

《1996 年知識產權條例》由前言、正文和說明三部份組成。正文分為四個部份，分別涉及《版權條例》、《專利條例》、《商品說明條例》和《商標條例》。由此可見，《1996年知識產權條例》的目的主要在於根據《知識產權協議》的標準對香港有關知識產權的四大條例進行修改，而不是完全取代當時有效的法律。

### （三）香港知識產權法的本地化

隨着回歸中國，英國本土的知識產權法顯然不能再直接或間接適用於香港，香港必須建立一套適合本地需要的獨立的知識產權法體系。為此，中英聯合聯絡小組於 1995 年 10 月已就香港知識產權法本地化問題達成協議，要求香港在九七回歸前實現香港知識產權法的本地化。

為了實現這一目標，香港立法機關在 1997 年 7 月 1 日前制定了一系列有關知識產權的條例。這些條例包括《集成電路的布圖設計（拓樸圖）條例》[9]、《專利條例》[10]、《版權條例》[11]、《註冊外觀設計條例》[12] 以及《植物品種保護條例》[13] 等。另外，香港立法機關還對《商標條例》進行了全面的修改。這些條例的通過充分表明，香港已經建立了一套獨立的、與國際標準保持一致的知識產權保護體系。下面就以這些本地化的知識產權法規為依據，對香港知識產權法作一介紹。

## 二　商標

在香港，註冊商標和未註冊商標均受法律保護。兩者的區別在於，註冊商標受制定法（即成文法）和普通法的雙重保護，而未註冊商標僅受普通法

---

9　Layout-design（Topography）of Integrated Circuits Ordinance（《香港法例》第 445 章）。

10　《香港法例》第 514 章。

11　《香港法例》第 528 章。

12　《香港法例》第 522 章。

13　《香港法例》第 490 章。

保護。因此，註冊商標的最大優點是，當該註冊商標被非法使用時，商標擁有人無須證明自己有足夠的商譽，僅憑註冊的事實便可起訴。但如果是未註冊商標被非法使用，商標擁有人則必須首先證明自己的商品或商號在公眾中有一定的聲譽，才可提起普通法上的防止假冒之訴，即是説舉證責任較重。

## （一）商標註冊的條件

香港《商標條例》原本只適用於商品商標，及至 1994 年才延伸至服務商標。無論是商品商標還是服務商標，具備"顯著性"（distinctiveness）是在香港註冊的先決條件。所謂"顯著性"，是指該商標具有顯著的獨特性，以至能明顯把商標擁有人的商品或服務與他人的商品或服務區分開來。確定商標是否具有顯著性，一般從兩個方面考慮：（a）看商標本身是否具有識別性；（b）考查該商標通過使用或其他方式是否已事實上具備識別性。根據現行《商標條例》[14]，"商標"泛指任何具識別性並能藉書寫或繪圖方式表述（capable of being represented graphically）的標誌，例如文字、數字、圖形，甚至顏色、聲音、氣味等。不符合此定義者，不能註冊為商標。

此外，違反道德或有欺騙公眾之嫌的商標亦不得註冊。基於"先註先得"原則，任何商標若與某已註冊商標（"在先商標"）相同或類似，而彼此貨品或服務亦相同或類似，則其註冊申請將被拒，除非"在先商標"擁有人同意其註冊，或兩商標已相安無事共存多時（honest concurrent use），又或有其他特殊情況致使該註冊恰當。另外，倘若"在先商標"已停用三年或以上而無合理的辯解，申請人亦可以此為理由提出撤銷"在先商標"的註冊。

商標一經註冊，有效期為十年，屆滿後可無限次續期，故此商標的有效期實際上是無限制的。

---

14　《香港法例》第 559 章（2000 年通過，2003 年正式生效）。

## （二）對特殊商標的保護

### 1. 馳名商標（well-known trade marks）

商標法的一般原則是，商品商標或服務商標一經註冊，即禁止他人在同類商品或服務上使用相同或類似商標。這一原則對馳名商標的保護是不充分的。因為，馳名商標往往在消費者中享有極為廣泛的聲譽，即使在完全不同的商品或服務上冒用該商標，也可能損害該商標的獨特性，以至在消費者心目中產生混淆。通過註冊防禦商標即可彌補這一缺陷。所謂"防禦商標"（defensive trade marks），是指馳名商標擁有人將其商標註冊為其他商品或服務的商標，以防止他人在其他商品或服務上使用與該馳名商標相同或相似的商標。

防禦商標的目的是為了擴大馳名商標的保護範圍，並不在於獲得商標在某種商品和服務上的使用權。因此，與一般註冊商標不同，法律並不要求防禦商標擁有人在所註冊的商品或服務上使用該商標。

此外，若馳名商標擁有人為巴黎公約國或世貿成員的國民或通常居住此等國家或地區，或擁有香港居留權，或在任何巴黎公約國、世界貿易組織成員或香港設有工業或商業機構，則其馳名商標亦可享有《商標條例》第 12（4）條及第 63 條的保護。

根據《商標條例》第 12（4）條，無人可註冊與該等馳名商標相同或類似的商標而對該馳名商標的顯著性或聲譽構成不公平的利用或造成損害。另外，《商標條例》第 63 條賦權予馳名商標擁有人藉禁制令防止相同或類似商標在香港使用而令公眾產生混淆。

### 2. 集體商標（collective trade marks）

集體商標用於識別某一組織（association）成員的貨品或服務，而非某一商人（trader）或商舖的貨品或服務。例如某專業團體或公會可將其名稱或徽號註冊成集體商標，以便其成員的貨品或服務可與其他企業的貨品或服務作出識別。

### 3. 證明商標（certification trade marks）

如果某一商品在原產地、原料、製造方法、質量、精確度或其他特徵方面已獲得他人的證明，並且需要用一個標誌在貿易過程中將該商品與未經過如此證明的商品區別開來，則該標誌可以由該證明人以所有人的名義註冊為證明商標。由於證明商標的作用，是通過表明商品的原產地、原料、製造方法、質量、精確度或其他特徵標誌，向消費者證明該商品的功用和可靠性等。因此，證明商標的所有人不能是從事該商品交易的人。同樣，證明商標的所有人也不能將證明商標用在自己生產或經營的商品上。

此外，證明商標也適用於服務行業。

## （三）商標侵權的補救

根據香港法律，一旦發生商標侵權行為，商標所有人首先可以通過民事補救方法獲得賠償。在民事補救方面，商標所有人既可根據《商標條例》提起侵權訴訟，也可按普通法提起防止假冒之訴。

除了民事訴訟外，非法使用商標也構成刑事罪行。對侵害商標權實施刑事處罰的法律依據是《商品說明條例》。該條例第9條將侵犯商標權的罪行分為如下五類：

a. 偽造任何商標。所謂"偽造商標"，是指未經商標所有人的同意，製造其商標或與其商標近似的欺騙性標誌，或以更改、添加、塗抹等方法竄改其商標的行為；

b. 在任何商品上冒用商標或與商標近似的欺騙性標誌。這是指未經商標所有人的同意，在商品上冒用其商標的行為；

c. 以偽造商標或供人用以偽造商標為目的而製造印模、印版、機器或其他儀器；

d. 以偽造商標為目的而處置或擁有印模、印版、機器或其他工具；

e. 促成上述行為實施的行為。

此外，該條例還規定，任何人出售、陳列，或以銷售、貿易或製造為目的而擁有任何使用假冒商標或與商標近似的欺騙性標誌的商品，也屬刑事罪行。

# 三　專利

## （一）　專利的分類

香港《專利條例》把專利分為兩種：標準專利（standard patent）和短期專利（short-term patent）。

標準專利實際上是一種在香港重新註冊的專利。根據《專利條例》的規定，凡香港以外的指定專利局授予的專利，在香港均可申請獲得標準專利。所謂“香港以外指定專利局”，是指由香港行政長官會同行政會議指定的香港以外的專利局，目前有中國專利局、英國專利局以及歐洲專利局（指定英國）。凡是由上述專利局授予的專利，經在香港申請可成為標準專利；也就是說，香港對這類專利的授予並不進行實質審查。由於授予標準專利的前提條件是獲得指定專利局的專利，因此，對香港居民來說，要申請標準專利便只能在先獲得指定專利局的專利後，才能在香港申請獲得標準專利。儘管標準專利的授予以指定專利局授予專利為基礎，然而一旦在香港被授予標準專利，則標準專利相對獨立於原專利，其在香港的保護不受原專利的影響。標準專利的保護期為二十年。

傳統上，香港專利法的保護對象只是發明，不保護實用新型，也不包括外觀設計。這與國際上通行的專利制度有一定差距。現在，香港專利法擴大了保護範圍，將其擴大至實用新型專利。但《專利條例》並沒有採用實用新型專利這個概念，而是稱之為“短期專利”。而外觀設計仍由專門的《註冊外觀設計條例》保護，不屬專利保護的範圍。香港引進短期專利的目的是為了滿足那些生產短線產品的製造商的需要。這類產品的商業壽命較短,因此製造商並不需要對其發明保護二十年,而是希望盡快獲得保護。短期專利由香港專利局直接授予,但不進行實質審查。短期專利的保護期為八年。

由於現有制度未能配合科研需要,香港政府已於 2013 年 2 月提出改革,包括設立"原授專利"(original grant patent),改善"短期專利",及規管專利代理服務。有關新制度的詳情,可參考知識產權署網頁(www.ipd.gov.hk)。

## (二) 專利的申請

標準專利和短期專利有不同的申請程序。

標準專利的申請程序比較複雜,涉及指定專利局申請程序和香港申請程序兩個方面。在指定專利局進行的申請稱為"指定專利申請"(designated patent application),而在香港進行的申請則稱為"標準專利申請"(standard patent application)。

指定專利申請的程序一般包括以下三個方面:(a) 向指定專利局提出申請;(b) 指定專利局公佈申請;(c) 指定專利局進行實質審查,以及指定專利局授予專利並公佈。

標準專利申請的程序與上述指定專利申請交錯進行,大致可分為兩個階段:第一步,是在指定專利局公佈指定專利申請後的六個月內,在香港申請備案;第二步,是在指定專利局授予專利並公佈後的六個月內,在香港申請註冊,即獲得標準專利。

由於短期專利是香港自行授予的專利,因此,有關申請程序比標準專利要簡單得多。處理短期專利的申請事宜,主要由專利註冊處處長受理。申請程序包括:(a) 提交申請;(b) 對形式要求的審查;(c) 短期專利的授予與公佈。

## （三）政府徵用專利發明

政府徵用專利發明亦稱為"專利強制許可"。它是指政府在不必徵得專利權人（patentee，即專利所有人或享有專利權的人）同意的情況下，強制實施其專利發明。香港原有《專利條例》授權為政府服務而使用已取得專利權的發明，是無須獲得專利權人的同意。而從各國的實踐來看，已有越來越多的國家傾向對強制許可施加嚴格的限制。有的國家（如美國）甚至不允許強制許可。儘管世界貿易組織的《知識產權協議》並不完全禁止各成員的專利法實施強制許可制度，但對強制許可規定了嚴格的限制條件。

香港現行的《專利條例》根據《知識產權協議》中強制許可的基本原則，對原有的專利強制許可制度進行了重要的修改。根據《專利條例》的規定，只有在宣佈為緊急狀態期間，為取得市民生活所需的足夠供應及服務，才可未經專利權人的同意而使用其專利發明。這一規定大大縮小了強制許可的使用範圍，有利於保護專利權人的利益。《專利條例》還規定，在政府因緊急狀態而強制使用專利權人的專利發明時，專利權人有權獲得補償。如果專利權人與政府就補償金不能達成協議，則由高等法院決定專利權人應獲得的補償金額。

## （四）專利的效力和專利侵權的補救

專利一經授予，專利權人在專利有效期內有權阻止他人實施下列未經其同意的行為：

a. 製造、提供或使用該專利保護的產品或將該產品投放市場，或為上述目的而進口或儲存該產品；

b. 在香港使用受該專利所保護的方法，或者在明知或應知使用該方法是非法的情況下將該方法提供給他人在香港使用；

c. 提供、使用直接用該專利所保護的方法而製造的產品，或者為上述目的而進口或儲存該產品；

d. 就該專利所保護的發明來説，明知或應知某一與該發明的關鍵部份有關的方式是適合於實施該發明的，而在香港向未獲授權的人提供或意圖提供該方式，以使該發明得以實施。

在發生上述侵權行為的情況下，專利權人可以在法院提起民事訴訟。在民事訴訟中，專利權人可獲得以下補救：（a）要求頒發禁制令（injunction），以禁止侵權人的侵權行為；（b）要求頒發命令，以收繳或銷毀侵權產品；（c）要求侵權人支付損害賠償；（d）索取侵權人因侵權行為所得的利潤（accounts）；（e）要求法院宣佈，其專利屬有效且遭侵權人所侵犯。

# 四 版權

## （一）版權保護的對象

香港《版權條例》保護的作品包括九大類：文學作品、戲劇作品、藝術作品、音樂作品、聲音紀錄、影片、廣播節目（包括聲音和影像）、有線傳播節目以及文學作品、戲劇作品和音樂作品的出版版本等；此外，電腦程式也作為文學作品加以保護。

香港原來的版權法對版權的保護施加了一些資格限制，例如，作品必須是在香港有住所或居所的人創作的，或者作品必須首先在香港或某個版權公約國家、領土或地區出版。現行的香港《版權條例》已經放棄了上述限制，而採用了所謂的"開放資格制度"（open qualification system）。據此，任何人創作的或在世界任何地方出版的獨創的版權作品，都可獲得香港法律的保護。

香港版權法針對不同的作品規定了不同的保護期。文學、戲劇和藝術作品的保護期從作品完成創作時起直至作者死後五十年。如果作者身份不詳，則以作品完成創作或首次公開的那年年終起計算，保護期為五十年。聲音紀錄（sound recording）的保護期為五十年，從作品製成或發行那年年終起算。

影片保護期直至著作人中最後一人死亡那年年終起算的五十年終止。如果影片
著作權人身份不詳，則從影片製作或首次向公眾提供的那年年終起算，保護期
為五十年。廣播或有線傳播節目的保護期，是從廣播或有線傳播節目製成，或
輸入有線節目系統的那年年終起算，保護期為五十年。應注意的是，對文學、
戲劇和音樂作品出版版本的排印版權（typographical arrangement of published
edition）的保護期為二十五年，以出版物首次出版的那年年終起計算。

## （二）版權擁有人的權利

根據香港法律，版權擁有人（copyright owner）可以禁止或授權他人從事下
列行為：複製、公開發行、公開表演、廣播以及輸入有線傳播節目系統、改編版
權作品等。另外，就電腦程式、聲音紀錄、影片、收錄在聲音紀錄內的文學、戲
劇或音樂作品、連環圖冊等而言，版權擁有人還享有出租權（rental right）。此
外，版權擁有人還有權禁止如下行為：侵權作品的進口、擁有或交易侵權作品、
為製造侵權作品提供工具、允許使用場地作侵權表演、為侵權表演提供設備等。

除經濟權利外，版權作品的創作者（author）還享有精神權利（moral
rights）。精神權利主要有署名權（paternity right）和作品完整權（integrity
right）。署名權，是指文學、戲劇、音樂或藝術等作品的作者，以及電影的導演
在自己創作的作品及其複製件上，將自己的姓名標明為作者或導演的權利；作
品完整權，是指作者反對對其作品進行貶損處理（derogatory treatment）的權利。

香港《版權條例》也保護表演權（rights in performances）。表演權是與原
作品版權有關，但卻獨立於原作品版權的一種權利。表演權在世界貿易組織
的《知識產權協議》中稱為“表演者權”（performers' rights）。它是指未經表演
者的同意，不得利用其表演；否則構成侵犯表演權的行為。根據表演權，表演
者有權禁止錄製、廣播或在有線節目系統中輸入其現場表演；同時，表演者還
可以禁止他人在商業過程中公開展示、播放、進口、出售、允許出租、為出售
（或出租）而出價（或陳列）、經銷，或擁有其表演的錄製品。根據香港《版權

條例》，表演權除適用於表演者以外，也適用於享有專有錄製權的錄製者。

## （三）版權的侵權行為

根據香港《版權條例》的規定，侵犯版權的行為分為兩類：直接侵權行為（primary infringement）和間接侵權行為（secondary infringement）。所謂"直接侵權行為"，包括：未經版權擁有人同意複製、公開發行、公開表演、廣播以及輸入有線節目系統、改編版權作品，以及出租電腦程式、連環圖冊等某些指定版權作品。侵權人只要作出上述侵權行為，就必須承擔侵權責任。即使他不知道其從事的行為是侵權行為，也須承擔責任。

所謂"間接侵權行為"，是指未經版權擁有人同意，包括以下七個方面：

a. 將侵權複製品輸入或輸出香港（家居自用除外）；

b. 出售或出租侵權複製品；

c. 在貿易或業務過程中，管有、分發，或公開展覽侵權複製品；

d. 非在貿易或業務過程中而分發侵權複製品，致使版權擁有人利益受損（例如，在互聯網上分發侵權電影或歌曲，即使非牟利亦須承擔責任）；

e. 為製造侵權複製品提供方法；

f. 允許使用場地作侵權表演；

g. 為侵權表演提供設備。

與直接侵權行為不同的是，作出間接侵權行為的人是否承擔侵權責任，取決於侵權人是否知道或有理由相信其行為是侵權行為。

同時，香港《版權條例》對版權的保護也規定了一些限制。這些限制主要有以下四種：

a. 允許公平處理（fair dealing）版權作品。例如香港法律允許為了研究或私人學習而"公平處理"文學、戲劇、音樂或藝術作品。另外，為了批評、評論和新聞報導而公正處理版權作品也是合法的。根據香港《版權條例》第 38 條的規定，在決定是否屬公平處理時，須考慮以下因素：該項處理的目的及性質，該作品的性質，所處理的部份所佔的數量及實質的程度，以及該項處理對該作品的潛在市場或價值的影響；

b. 在教學中或為了教學或考試而複製文學、戲劇、音樂或藝術作品也不構成侵權，但必須是在合理的範圍內，而複製並非藉翻印程序（reprographic process）進行，否則複製須符合《版權條例》第45條的規定；

c. 圖書館和博物館在一定條件下可以複製已出版或未出版的作品；

d. 為了公共管理的目的而使用作品。例如，為了立法或司法程序的目的而使用作品。

香港已於2007年放寬了為教學目的而處理版權作品的尺度（詳情見《版權條例》第41A條），並於近年就戲仿（parody）提出修訂（詳情可瀏覽知識產權署網頁：www.ipd.gov.hk）。

## （四）版權侵權的補救

對版權侵權的補救，主要有如下三個方面：

a. **民事補救**　版權是一種私有財產權，版權擁有人可循民事程序起訴侵犯其版權的嫌疑人。現有的民事補救措施包括禁制令（injunction）、損害賠償、索取侵權人因侵權而獲得的利潤（accounts）、收回侵權產品等。

b. **邊境保護措施**　香港海關當局在知識產權保護方面歷來擔任重要角色。所謂"邊境保護措施"，是指由海關實施的禁止侵權產品進口的措施。根據《版權條例》，版權擁有人在繳付一筆保證金後，可以向法院申請扣押令，授權海關扣押懷疑侵犯版權的進口貨物。如果法院對申請人的申請審查後認為，有初步證據表明進口貨物是侵犯版權物品，則可命令海關在貨物一進口時或進口後採取合理的措施予以扣押。海關對嫌疑貨物可以扣押十天，經法院同意可以再延長十天。

c. **刑事懲罰**　香港《版權條例》對侵犯版權的行為規定了嚴厲的刑事處罰措施。任何干犯本條例第118（1）條所訂罪行（即本書第509頁所述的間接侵權行為第a項至第d項），一經定罪，可就每份侵權複製品處第5級罰款及監禁四年。任何人干犯第 118（4）或（8）條所訂罪行（即本書第 509 頁所述的間接侵權行為第 e 項），一經循公訴程序定罪，可處罰款五十萬港元及監禁八年。

# 五　註冊外觀設計

按英國法律傳統，外觀設計分為已註冊的外觀設計和未註冊的外觀設計兩種。這兩種外觀設計均受版權法保護，而註冊外觀設計則受版權法和註冊外觀設計法的雙重保護。本文僅探討《註冊外觀設計條例》對註冊外觀設計的保護。

## （一）可註冊的外觀設計

外觀設計是由某一製品的全部或部份外表因素組成。當中的外表因素包括有關製品的設計、外形、顏色、式樣、形狀或材料的特徵或組成要素。

註冊的外觀設計必須具有新穎性。所謂"外觀設計的新穎性"，是指外觀設計本身固有的特性。衡量外觀設計"新穎性"的標準是客觀的，即沒有相同的外觀設計已經註冊或公開；換句話說，如果一項外觀設計，在其申請註冊日之前，已有相同的外觀設計在香港註冊或公開，則該外觀設計便不符合新穎性標準。

另外，註冊處處長可以以違反公共秩序或道德，或明顯不符合外觀設計的定義為理由，拒絕某一外觀設計的註冊。

根據《註冊外觀設計條例》的規定，對外觀設計的申請只進行形式審查而不進行實質審查。

《註冊外觀設計條例》還對那些已在英國註冊的外觀設計的保護作出了規定。根據《註冊外觀設計條例》的規定，在《註冊外觀設計條例》生效前已在英國註冊的外觀設計視為在香港註冊的外觀設計。在《註冊外觀設計條例》生效後在英國註冊的外觀設計，如果註冊申請是在《註冊外觀設計條例》生效前提出的，也視為在香港註冊的外觀設計。然而，這些在英國註冊的外觀設計必須在《註冊外觀設計條例》生效後六個月內，或在英國的續期日前六個月在香港辦理續期手續。

## （二）　註冊外觀設計的效力與保護期

外觀設計一經註冊，它的所有人有權禁止他人未經同意且為了商業目的而製造或出售包含註冊外觀設計的製品。

註冊外觀設計的保護期為五年。期限屆滿後可續期，每次五年。但最長的期限不得超過二十五年。

## （三）　註冊外觀設計侵權的補救

一旦註冊外觀設計被侵權，其所有人可以採取民事補救措施，包括申請禁制令或損害賠償，以及索取侵權人因侵權而獲得的利潤，要求收回或銷毀侵權產品等。與版權保護不同的是，對侵犯註冊外觀設計的行為不實行刑事處罰。

# 六　植物品種

植物品種是知識產權的一種新形式，已列入世界貿易組織《知識產權協議》的保護範圍。在香港，對植物品種的保護，也是本地知識產權法的一項新內容。

## （一）　植物品種保護的範圍

根據《植物品種保護條例》的規定，該條例適用於除不可食用的藻類和真菌以外的所有植物，包括具有根系的多細胞維管束有機體、藻類及真菌。《植物品種保護條例》所保護的，是上述植物的栽培品種，如無性繁殖體、雜交種、原種及品系等。但上述植物的植物學品種不屬該條例的保護範圍。

受《植物品種保護條例》保護的植物品種必須是新的、獨特的、穩定的和同質的植物品種。

## （二）植物品種權的授予

任何希望獲得植物品種權的人須向植物品種註冊處處長提出申請。申請書應該說明如下問題：（a）有關植物品種的來源和培育情況；（b）該植物品種的植物學特徵；（c）申請人認為該植物品種可與其他眾所周知的植物品種區別的情況。

申請人必須如實申報有關情況。根據《植物品種保護條例》第38（1）條的規定，如果申請人在申請書中或申請所附的材料中企圖欺騙而提供虛假或誤導性資料，則構成刑事罪。

如植物品種註冊處處長認為申請符合有關規定，即在《憲報》公告該申請。在申請公佈後三個月內任何人均可提出反對。如果三個月後沒有人對申請提出反對，植物品種註冊處處長在確認符合下列條件的情況下，即授予申請人植物品種權：（a）申請人是該植物品種的所有人；（b）申請人已繳納有關的費用；（c）該植物品種屬新的、獨特、穩定的和同質的（homogeneous）品種。

植物品種權一經授予，在法定的期限內受法律的保護。就任何法律規定的植物品種而言，有效期為二十五年或任何法定的更長期限。就任何其他植物品種而言，有效期為二十年。

## （三）植物品種權所有人的權利

根據《植物品種保護條例》的規定，植物品種權所有人享有以下專有權：

a. 為銷售而生產有關植物品種的生殖材料，並出售或要約出售此類材料；

b. 進口或出口有關植物品種的生殖材料；

c. 為商業性生產其植物品種的果實或花卉而生殖其植物品種；

d. 授權他人實施上述行為。

## （四） 植物品種權的侵犯及其補救

根據《植物品種保護條例》第 25 條的規定，下列行為均屬侵犯植物品種權的行為：

a. 凡有受保護的植物品種的任何生殖材料輸入香港，則如果未獲得植物品種權所有人授權而將此材料作為生殖材料繁殖、銷售或使用，便構成侵犯植物品種權。

b. 未經植物品種權所有人的同意，而自某個非保護新植物品種國際聯盟成員國輸入從受保護植物品種收穫的材料，或自某個保護新植物品種國際聯盟成員國輸入從受保護植物品種收穫的材料，而根據該國法律，該植物品種不可能獲得植物品種權證書。

c. 以受保護的植物品種的名目銷售其他植物品種的材料。

植物品種權屬所有權性質，一旦遭受侵犯，所有人即可提起民事訴訟以獲得補救。法院在判給損害賠償或給予其他補救時，一般考慮以下因素：(a) 植物品種權所有人因侵權行為而蒙受或可能蒙受的損失；(b) 任何其他人從侵權行為中獲得的利潤或其他利益；(c) 侵權行為的惡劣程度。

另外，《植物品種保護條例》第 25 (6) 條還規定，如果侵權人能證明在實施侵權行為時並不知道也無合理依據假定其行為是侵權行為，則植物品種權所有人無權要求獲得損害賠償，但可以要求獲得侵權人交出因其侵權行為所得的利潤。

但是，《植物品種保護條例》也規定了一些不屬侵犯植物品種權的情形。這些情形包括：

a. 為人類食用或其他非生殖用途而使用源自受保護植物品種的生殖材料；

b. 任何人為非商業用途、實驗或研究以及培育新植物品種而使用、生殖或種植受保護的植物品種；

c. 以保障農業或園業生產而從事種植活動的人，為了生殖的用途，而在其本人的土地上使用合法獲得的、源自受保護的植物品種的生殖材料。

# 七　集成電路布圖設計（拓樸圖）

## （一）受保護的集成電路的布圖設計（拓樸圖）

《集成電路的布圖設計（拓樸圖）條例》並沒有規定布圖設計保護的註冊程序。但該條例第 3 條的規定，受保護的布圖設計（拓樸圖）須具備以下條件：

a. 布圖設計必須具有獨創性，即該布圖設計是創作者自己的智力勞動成果，並且在其創作時對布圖設計創作者和集成電路製造者來說不是習以為常的設計。

b. 如果布圖設計由一些習以為常的元件和連件（interconnections）所組成，則其組合作為一個整體必須具有獨創性，即該組合是創作者自己智力勞動成果，並且在其創作時對布圖設計創作者和集成電路製造者來說不是習以為常的組合。

如果受保護的布圖設計經其所有人同意在世界任何地方進行了商業開發，則該布圖設計的保護期為十年，從該布圖設計首次商業開發那一年的年底開始計算。如果受保護的布圖設計在創作完成的那一年年底後十五年內，從未獲得其所有人的同意在世界任何地方作商業開發，則從該期限終結時起，該布圖設計（拓樸圖）即不受保護。

## （二）布圖設計（拓樸圖）所有人的權利

布圖設計所有人享有如下權利：

a. 可以通過結合到集成電路中的方式或其他方式，複製其受保護的布圖設計的全部或部份；

b. 可以商業性開發其受保護的布圖設計、結合了該布圖設計的集成電路或含有此類集成電路的物品。

除布圖設計所有人以外的任何人實施上述行為，即屬侵權行為。在其權利受到侵犯的情況下，布圖設計所有人可以提起民事訴訟。常用的民事補救措施包括損害賠償、禁制令（強制令）、索取侵權人因侵權而獲得的利潤（accounts, 該條例的中文本譯為"賬目計算賠償"）等。

但法律也規定了提出免責辯護的條件。根據《集成電路的布圖設計（拓樸圖）條例》第 10 條的規定，在獲得有關布圖設計、集成電路或物品時，如果行為人能夠證明他不知道及無合理原因知道其獲得的布圖設計集成電路或物品是受保護的，則該行為人可以不知情為理由提出免責辯護。

如果此人後來得知有關的布圖設計、集成電路和物品是受保護的情況，他仍可進行商業性的開發，但須向布圖設計所有人支付使用費（royalty）。

## （三）香港特區政府徵用受保護的布圖設計（拓樸圖）

《集成電路的布圖設計（拓樸圖）條例》對香港特區政府徵用受保護的布圖設計作了專門規定。根據該條例第 19 條的規定，香港特區政府在宣佈為緊急狀態的期間內，可以無須獲得布圖設計所有人的同意而使用其受保護的布圖設計。而且，布圖設計所有人與政府以外的任何人達成的許可、轉讓或協議中的處置布圖設計的條款，不影響香港特區政府對受保護的布圖設計的徵用。

但是，該條例對香港特區政府徵用施加了嚴格的限制，這些限制如下：

a. 香港特區政府徵用的時間只能是宣佈為緊急狀態的期間。香港特區政府為了維持社會公眾生活所必需的供應和服務，可以宣佈任何期間為緊急狀態。

b. 香港特區政府徵用受保護的布圖設計時，應在切實可行的情況下盡快以郵遞或其他方式通知該布圖設計的所有人。

最後，香港特區政府須向受保護的布圖設計的所有人或受讓人提供合理的補償。補償金額以該所有人或受讓人以其現有的生產能力理應能履行合同的程度為限。即使有存在使他不能獲得合同的情況，也應該支付該筆補償。在釐定損失時，須考慮有關合同應可獲得的盈利，以及任何未充分利用的生產能力。

## 第十四章

# 商法

張增平

香港律師

　　香港是一個經濟活動頻繁的國際都會，不單香港市民會在日常生活中遇到與商業有關的法律問題；更重要的是，香港的經濟發展與跨國貿易和投資息息相關，如果沒有一套完善的商業法規，香港就無法獲得信賴，亦不可能成為國際性的金融及商業中心。香港擁有超過一個世紀不斷演變、改良的商法，和國際信賴的法治精神，這都促使它在日益劇烈的國際競爭環境中屹立不倒。香港有關商業活動的法規，源自英國的相關法律，其中包括有成文法和普通法，由於英國本身有重視商業發展的長遠歷史，相對於歐洲大陸和社會主義法系，英國的商法更傾向支持和配合商業活動的靈活性、肯定性，這種特性也伸延到香港的商法。但要注意的是，英國加入歐盟後，很多法律都必須跟隨歐盟的要求而更改，而這些改變未必完全反映在香港的商法上，讀者閱讀有關的英國法律書籍時，必須留意這點。

　　“商法”一詞並無特定的法律意義，一般泛指與商業活動有關的法律。由於涉及商業的行為和法律有千絲萬縷的關係，商法所包含的範疇也極之廣泛，在奉行資本主義和自由放任原則的香港，商業行為和關係的當事人一般有行使他們的合同自主權，而合同法便是商業法最重要的一環。除此以外，營商人士必然面對一些影響營商環境的法律，例如有關聘請員工的僱傭法，使用營業場所的租務法，建立或利用品牌的知識產權法，解決爭端的訴訟法等等。上述的合同法、僱傭法、租務法、知識產權法，以及訴訟法在本書其他章節已有詳細論述，尤其是"合約法"一章對合約中的免責條款和《管制免責條款條例》有充分討論，這裏不再重複。本章會側重介紹下列數個範疇：有關商品買賣的專門法律，近年頒佈的兩條重要條例（《競爭條例》、《商品說明條例》），以及在商業關係中經常遇到的商業組織法律。至於商業組織法中最常見的公司法，由於需要較詳細討論，會留待下一章專門介紹。本章談論的幾部法例，在本書〈合約法〉一章亦有論及，是以合同法的角度去解說，而本章會側重從商業原則的角度去分析，但雖如此，兩章會有重複的地方，請讀者見諒。

# 一　商品買賣和服務提供

　　一般而言，商品買賣和服務提供是一種合同關係，故此，合同法的原則普遍適用，但香港法例特別針對這方面的有《貨品售賣條例》[1] 和《服務提供（隱含條款）條例》[2]。《貨品售賣條例》是香港較古老的條例之一，早在 19 世紀末已經實施，主要的目的是在各類商品買賣合同中引入一些隱含條款。

　　首先，我們要瞭解《貨品售賣條例》的規範對象。《貨品售賣條例》提到的貨品售賣合同，是指賣方為了換取貨價而將貨品產權轉讓給買方的合約，亦包括了同意將貨品產權轉讓的合約。這個定義包含了好幾個元素，例如有關合同必須以金錢作為物品轉讓的代價，以物換物的交易，或沒有對價的轉讓，便不受《貨品售賣條例》規範。所謂"同意將貨品產權轉讓的合約"，是指在未來才會發生的交易，例如在簽約時合約的標的物尚未造好，有待一段時間後才會完成；又或者是合約訂明某些先決條件，要這些條件實現了才可以完成交易。另外，所謂"貨品"亦有所界定，有關土地、房地產、債權、

---

1　《香港法例》第 26 章。

2　《香港法例》第 457 章。

知識產權等的買賣，並不受《貨品售賣條例》所規範。有時候，有些合同既有物品交易，但亦有服務性質的，例如常見的婚紗拍攝，既有買賣照片的成份，但亦包含了攝影師的服務，以及服務成果的知識產權等。在這種情況下，我們便要明確合同的主要性質，來決定適用那些隱含條款。

## 二　貨品售賣合同中的隱含條款

對不同類型的商品買賣合同，《貨品售賣條例》引入了某些法律規定的隱含條款，當中主要是給予商品買賣合同明確性，以減少買賣雙方的爭端。以往這些隱含條款只是在合同未有明文約定，或有不清晰地方時才會發揮作用，合同方更有權在合同裏排除《貨品售賣條例》條款的應用，但隨着《管制免責條款條例》[3]的實施，《貨品售賣條例》的隱含條款便不能被排除，變成了適用於有關商品買賣合同的強制性條款，而這些隱含條款也成為了保障消費者的重要法律工具之一。《貨品售賣條例》中列明的隱含條款有五大項，以下作簡單介紹。

### （一）　有關所有權等的隱含責任

在一般的貨品售賣合約中，賣方須符合的一項隱含條件，就是他有權售賣有關貨品。如該合約是一宗未來才執行的售賣協議，那適用的隱含條件就是在貨品產權轉移時，賣方是有權售賣該等貨品的。另外，賣方亦被視作出保證，售賣的貨品並無任何未向買方披露或未為買方所知的押記或產權負擔，買方將不受干擾地享用該等貨品。要注意的是，這責任不適用於賣方已經作出有關披露的情況，假如賣方在合約中已經作出說明，或甚至從合同顯

---

3　《香港法例》第 71 章。

示的情況可以推測出，賣方只是轉讓有限度的所有權，又或者貨品物權是受到第三方的權益所影響，那買方便不能就披露的情況作出異議。

## （二）有關"憑貨品說明售貨的合約"的隱含責任

很多的貨品售賣是根據賣方對貨品的陳述而進行的，在這種情形下，賣方的陳述便顯得相當重要。《貨品售賣條例》規定，憑貨品說明售貨的合約均包含了一項隱含條件，即有關貨品必須與貨品說明相符。在一些買賣中，賣方既憑貨品說明，又憑樣本進行售貨，那貨品仍須與貨品說明相符，否則即使整批貨品與樣本相符，亦會被視為違反了"憑貨品說明售貨的合約"的隱含責任。另外，即使有關貨品是經過陳列以作售賣或租賃，並為買方所選定的，但亦有可能屬於憑貨品說明的售賣，例如在汽車銷售中既有實物陳列亦有貨品的說明，這種情況亦很有可能被視為"憑貨品說明售貨的合約"。

## （三）有關品質的隱含責任

《貨品售賣條例》規定，凡賣方在業務運作中售貨，有一項隱含的條件：根據合約供應的貨品具備"可商售品質"。所謂"可商售品質"，可以理解為貨品應具有一種商品交易中期待應該獲得的品質。這種品質是根據每項交易的個別情況來認定，由於現實生活中存在着無限的貨品銷售情況，難以在法例中逐一列明，但《貨品售賣條例》也規定了一些判斷原則，即針對某一貨品而言，應該考慮以下因素：通常購買該種貨品所作用途的適用性、外觀及最終修飾的水準；預期缺點（包括輕微缺點）的程度；安全程度及耐用程度。根據這些因素，以及有關的貨品說明、貨價及其他一切有關情況後，如果貨品是符合合理預期者，則該貨品即具《貨品售賣條例》所指的可商售品質。

但要注意的是，這種隱含的條件只適用於賣方在業務進行中的售貨；換言之，它只適用於商業性質的買賣，並不適用於個人私下的買賣的。另外，這項條件亦不適用於以下貨品的缺點：（a）在合約訂立前，賣方曾明確地促請買方注意的缺點；或（b）買方在合約訂立前曾經驗貨，而驗貨時應揭露的缺點；或（c）合約是一種憑樣本售貨的合約，而樣本在進行合理檢驗時會顯現的缺點。

## （四）有關適用性的隱含責任

上文所介紹的"可商售品質"的隱含條件，適用於一般的商業買賣。至於有特定要求的，如果買方以明示或默示方式令賣方知悉，買方是為了某特定用途而購買該貨品，那這樣的合約應有一項隱含的條件，即根據合約供應的貨品在合理程度上必須適合該種特定用途，而不論該類貨品是否通常供應作此用途。例如，買家訂購一張椅子，指定需要配上輪子的，那賣方必須出售配有指定輪子的椅子，雖然一般椅子並不會有這種裝備的。但如有關情況顯示買方不依靠賣方的技能或判斷，或顯示買方依靠賣方的技能或判斷是不合理的，這項隱含條件便不適用。

## （五）有關"憑樣本售貨"的隱含責任

所謂"憑樣本售貨"，是指雙方是憑樣本作為基礎來進行買賣貨品的合同。相對"憑貨品說明售貨"的合約，"憑樣本售貨"更常見批發形式的買賣。很多時候，買方會要求賣方提供貨品的樣本，甚至先製造個樣本，等待買方確認樣本符合要求後，買賣雙方的買賣責任才確定。憑樣本售貨的合約，有以下各項隱含條件：（a）整批貨品須在品質上與樣本相符；（b）買方須有合理機會，將整批貨品與樣本作比較；（c）貨品並不存在不可商售的缺點，亦不會在對樣本進行合理檢驗時顯現的缺點。賣方在簽訂這種合同時，必須明白他須要承擔樣本的成本，假如樣本不符合買家的要求時，賣方是難以追討損失的。很多賣家有可能為了獲取合約，花費在製造樣本上，而有些樣本更是需要用特製模具製造的，亦有廠商為了增加效益，未獲買家確認樣本便開始製造，這都是賣家必須自行承受的風險。

# 三　由非擁有人售賣貨品

上文談及，賣方對其出售的物品必須擁有物權，而根據英國的普通法規定，一件物品的受讓方（大部份情況是指買方）不能對轉讓的物品擁有比轉讓方（一般是賣方）更優越的權利；換言之，如果賣方並非物件的擁有權人，例如物品是盜竊而來的，那買方是不可能取得物品的擁有權。《貨品售賣條例》確定了這普通法的原則，但同時亦規定了在某些情況下，一個買家從沒有擁有權的賣方購入物品，亦可能合法地取得擁有權，這是為了保障一些不知情而已付出合理代價的買主，在平衡了原擁有權人和無辜買家的利益而發展出來的法律原則。根據這些原則，買方是可以在下述情況從非物權人獲取物品的擁有權的。

## （一）物權人的"不容否定"行為

所謂物權人的"不容否定"行為，是指貨品擁有人因為他的行為誤導了他人，而事後不能否認另一人對貨物的售賣權。這樣的行為包括了作為或不作為，前者可能是擁有人親自或通過代理人告知他人，某某人是物品的擁有人，或是有權出售貨物的；而後者則可能是物主袖手旁觀，容許他人自稱是擁有人或有權出售貨物的代理人。這種現象看似奇怪，但現實生活中卻偶然發生，而且發生的具體情況不一，法例難以列舉所有情況。其實，這可以被視為一個概括性的原則，下文所述的數條可以説是實踐這原則的較明顯情況。

## （二）代理商或依法執行的出售

貨品擁有人通過代理出售貨品，是很常見的情況，由於買方往往無法判斷代理人是否獲得物主的有效授權，所以一般不知情的買方可以有合理期待，一個從事代理業務的代理人在正常業務過程中，是有權代表物主出售貨品的。通過這種渠道，即使代理人的授權是有瑕疵的，但在沒有合理懷疑情況下，買方仍然可以獲得貨品的擁有權。除了代理商外，法律亦有授權某些機構出售他人財物，例如依法充公的物件、無人認領的失物，或無合法繼承的遺產等。《貨品售賣條例》更作出了規定，根據任何普通法或法定售賣權力，或根據法院所作命令而訂立的任何售賣合約，均屬有效。

## （三）公開市場上的出售

為保障無辜購物者以及增強市場運作的肯定性，法律傾向支持買方獲取擁有權的權利，甚至凌駕於原先物主的擁有權。故此，凡貨品是在公開的商店或市場上公開售賣，買家的擁有權往往是受到保障；但要注意的是，由此獲取擁有權需要符合某些條件：物品是在有關商店或市場的通常業務運作中出售的，買方是出於真誠購買該等貨品，而且並不知道賣方在貨品的擁有權方面存在問題。簡單地說，只有買家不知情及在沒有懷疑情況下的正常和公開的交易，才可以符合這項規定。這項規定其實是針對犯罪得來的物品，亦即香港所稱的賊贓或"老鼠貨"，舉個例，如果有人在街頭暗角銷售不明來歷的物品，或有商舖以過分低廉的價格推銷未經陳列的貨物，那都是值得懷疑的狀況。在這樣的情況下，購入的貨品很有可能是賊贓而不受法律保護，甚至可能因此而犯下接贓的刑事罪行。

## （四） 根據可使無效所有權的出售

這裏得先說明"可使無效"和"無效"所有權的分別。[4]"無效"的所有權是由始至終都是無效的所有權，例如物品是盜竊得來的。"可使無效"的所有權是在某種特定條件發生前，所有權是有效的，例如張先生從李女士處購入物品，合同規定某一天付款，假如張先生未能按時付款，物品所有權便歸還李女士，那在付款期當天之前，張先生擁有的便是"可使無效"的所有權。《貨品售賣條例》規定，在賣方對貨品有可使無效的所有權，但在售賣時其所有權尚未失效，買方如出於真誠購買該貨品，而且並不知道賣方的所有權存在缺點，買方便可以取得該貨品的所有權。以上文為例，假如張先生在貨款到期之前，亦即他仍擁有"可使無效"的所有權期間出售了有關物品，買方對張李之間的協議是毫不知情的，而出售情況亦沒有可疑之處，那買方便可獲得物品的所有權，而李女士只能向張先生索賠。

## （五） 賣方或買方在售賣後的管有

如上文例子的情況一樣，商業貿易經常涉及多方，而貨品的所有權、貨款和貨品的實際轉移未必一致，在貨物的所有權和貨物的實際轉移不一致時，《貨品售賣條例》就以下兩個不同情況作出規定。首先，假如賣方已經出售貨物但仍然管有貨物，那他再次將貨物出售給第三方，第三方有可能因此獲得貨物的所有權；其次，假如賣方已經出售貨物，並將貨物移交買家，但對貨物仍然擁有某些權利（例如扣押權），那買家在他管有貨物時將貨物出售給第三方，第三方有可能因此而獲得貨物的所有權，而不受原賣方對貨物擁有的權力制約；換言之，假如賣方對貨物有扣押權的，但他同意買家取得貨物並容許他管有，那買家將貨物賣掉的話，原賣方只能向買家索賠，而不能

---

4　在本書第六章〈合約法〉，有對無效或可使無效合約的詳盡說明（見頁 255-264）。

行使對貨物的扣押權。

　　類似以上幾個情況，這些規定都是給予不知情的買家保障，和維護商業運作的穩定性。同樣，要引用這個條款來取得物品的所有權，需要符合一些條件，其中最重要的，便是買家必須是對賣方和第三方的協議及安排全不知情，他亦是在沒有可疑狀況下購買物品的；其次，不管是賣方出售物品後的管有，或買方購物後的管有，該種管有都是需要對方的同意；換言之，賣方出售貨物後是未獲買方同意而管有物品，或買方是未得賣方同意而取得物品的，便不能符合《貨品售賣條例》的這項規定，第三方買家就無法因此而獲得所有權。

　　上文第三節有關公開市場上的售賣，是特別針對賊贓的情況。除此以外，其他大部份可以從非物主取得所有權的情形，都是與物主的行為，特別是貨物供應鏈中的過程有關。在日常貿易中，經常會有甲供貨給乙，再由乙轉售給丙等情況，順利的話當然不會產生問題。但由於資金運用、物流因素或其他原因，甲和乙之間常常有先取貨後付款、先取貨後轉移所有權、先轉移物權後取貨等不同形式的交易，而隨後的買家是無法得知的。作為物主的賣方便要作出適當考量，是否可以容許有可能誤導第三方的潛在風險，而面對第三者而言，這種風險是難以單靠買賣雙方之間的約定而全面消除的。當然，我們還要區分物主對物品的所有權權力和對合同對方的追索權；即使有關貨物的所有權可以因為上述的法律理由而失去，但物主仍然可以因為合同方的過失，例如代理人的越權出售、買方的拖欠貨款等追討補救。


# 四　服務提供合約

　　上文提及，貨品售賣合同與提供服務的合同或有重疊和混淆的可能，但分清這兩種不同性質的合同關係卻是很重要，因為兩者有着不同的法律後果。前文已經介紹過適用於貨品售賣合同的法例，而適用於提供服務合約的是《服務提供（隱含條款）條例》。《服務提供（隱含條款）條例》所規範的合約，是指合約一方同意作出一項服務的合約，但不包括僱用合約或學徒訓練合約。另外，如果合約本質是以服務為主的，即使合約含有貨品轉移的成份，亦不會否定服務提供合約的性質。

　　相對於《貨品售賣條例》，《服務提供（隱含條款）條例》規定的隱含條款較為簡單。凡提供服務者是在業務過程中行事，則在有關的服務提供合約中，即有一隱含條款，規定該人須以合理程度的謹慎及技術作出服務。另外，針對時效問題，如果合同沒有訂明作出服務的時間，而該時間亦無法透過該合約所協議的方式訂定，亦並非以雙方的交易過程來決定，那在該合約中即有一隱含條款，規定提供人須在合理時間內作出該項服務。至於甚麼是合理時間，則須按個別情況來決定。實際上，服務合同經常發生爭議，特別是服務提供者所提供的服務，是否符合使用方在簽訂合同時所期待的服務，而 2013 年修訂的《商品說明條例》便為此作出更詳盡的規定。

# 五　《商品說明條例》

　　和貨物銷售和服務提供息息相關的，就是商品或服務的說明。上文提過，在貨品售賣合同中往往有一項隱含條件，就是貨品必須符合售賣時賣方對貨品的陳述。至於對商品和服務陳述的法律要求，主要是根據《商品說明條例》[5] 的規定。《商品說明條例》在香港已經實施了很長時間，並在 2013 年做了大量修改，主要是引入了針對“不良營商手法”的管制。在介紹管制的內容前，我們必須瞭解《商品說明條例》規範的對象。《商品說明條例》內，有例如是針對黃金產品、電子產品說明的特別條款，但大部份條文都是有廣泛應用性的，而“不良營商手法”管制的對象則是一般商戶對消費者的營業

---

5　《香港法例》第 362 章。

行為；換言之，像消費者與消費者之間的私人買賣是不能引用《商品說明條例》大部份的條款，而且《商品說明條例》亦特別排除了像銀行、證券商、專業團體等的行業，以及房地產的銷售。在不受《商品說明條例》規管的行業中所產生的問題便須通過其他法律途徑來解決。

下文將介紹《商品說明條例》的主要規定。

## （一）貨品和服務的商品說明

《商品說明條例》最主要是針對在營商過程或業務運作中出現的貨品虛假說明。商品說明的形式千變萬化，可以是直接顯示在商品包裝上的，或出現在廣告宣傳中，亦可以通過不同的媒體表達，例如文字、口述、視像、電郵等方式，反正是有關商品的說明便屬於《商品說明條例》規管的對象。但有些情況，宣傳品的內容故作含糊，用意在於以不太明顯的宣傳手法推銷產品或服務，要判斷有關貨品或服務是否屬於某宣傳品內使用的說明，便要考慮該宣傳品的形式及內容，以及該宣傳品的發佈時間、地點、方式及頻密程度等，例如一名醫生一面在介紹病例，在他身旁則顯示出針對該種疾病的藥物，那這位醫生的言論有可能被理解為該藥物的說明。

一般而言，商品的說明是有關產品的原材料、質量、生產商、來源地等重要資訊，但亦可以是一些會影響消費者作出購買決定的聲稱，例如是訛稱某貨品以低過原價若干出售，但實際上該貨品根本從沒有以所謂的原價銷售過；又或是誇張商品的市場地位（"香港最暢銷品牌"）、價格（"全港最平"，"特價"）、資質證明（"通過衛生署核可"）、售後服務（"全球維修"）、功能（"瘦身"、"保健"）、商品的供求狀況（"尚餘"多少貨品）等等，如果這些表述是不正確，或是無法證實的，作出這些說明的商戶很有可能違反了《商品說明條例》。另外，某些服務是特別注重服務提供者的身份，例如設計師、補習教師、美容師等，廣告顯示的人選應該是與實際提供服務者相符，否則亦會違反商品說明的規定。亦有案例反映，某私家偵探社在公司網頁誇大資歷，又訛稱辦案的是前警務人員，這亦構成虛假陳述的欺騙罪行。但是，有一些物品是冠以廣為人知但並不完全吻合的稱號的，如"菠蘿包"是沒有菠蘿做原材料的，"福建炒飯"並不是在福建（或是由福建人）炒的，這些眾所周知而不可能誤導顧客的商品說明是不會產生問題的。

要注意的是，將虛假商品說明應用於任何貨品當然是違反了法律，但即使只是管有任何已應用虛假商品說明的貨品，並作售賣或任何商業或製造用途，亦屬違法。任何人處置或管有印模、印版、機器或其他儀器，以製造虛假商品說明，或將虛假商品說明應用於貨品，除非能證明自己行事時並無詐騙意圖，否則也屬犯罪。

## （二）　商標

商標，是商業社會中極為重要的資產。商標作為知識產權的一種，在本書其他章節已有論及。商標亦是消費者賴以判斷產品來源和品質的工具，虛假的商標所產生的後果如同虛假的商品說明。《商品說明條例》對商標在商品上的使用作出了一些規定。首先，任何人並無商標擁有人的同意而製造有關商標，或製造與該商標極為相似至屬存心欺騙的標記，又或藉更改、增加、抹除或其他方式捏改任何真正商標，這有屬於偽造商標的行為。任何人偽造商標，或將商標或與某一商標極為相似的標記以虛假方式應用於任何貨品，即屬犯罪，除非該人證明他行事時並無詐騙意圖。這項規定同樣適用於偽造商標，提供、處置或管有偽造商標的印模、印版、機器或其他儀器的人士。要注意的是，偽造虛假的商標固然犯法，即使是以真實的商標應用在不屬於該商標的產品上，又或者是以似是而非的標記應用在商品上旨在誤導消費者，這都可能會觸犯了《商品說明條例》的規定。

## （三）誤導性遺漏

　　商戶對消費者作出屬"誤導性遺漏"的營業行為，即屬犯罪。上文談到的虛假商品說明和偽造商標，都是商戶誤導消費者手段之一，但往往商戶亦可以故意隱瞞一些有關商品的重要信息，同樣可以達到誤導消費者的目的，故此《商品說明條例》不容許商戶就出售的商品隱瞞商品的重要資料。不過，商業社會中的產品多不勝數，而歸屬一件商品的資料眾多，如何認定那些資料是重要而須披露的，難以一概而論。《商品說明條例》列舉了一些考慮因素，例如產品的主要特性、銷售商戶的識別方法（例如商業名稱）、該商戶的通常營業的地址（不包括郵箱地址）、價格或計算價格的方式、額外收費、送貨或提供服務的安排等。除了這些考慮因素外，《商品說明條例》亦指出要就每一宗個案來審視一般消費者按照相關情況所需的資料，以及其他法則就商業傳訊而作出的規定。[6] 總而言之，商戶是有責任就一般相關產品和市場的慣常做法，以及消費者的合理期待，披露他售賣貨品的資料；例如，就一些一般依靠目視而購買的簡單貨品，所需披露的資料應當較少，但如電子產品、汽車類等產品，商戶所需披露的資料便會相對增加。

　　另一方面，所謂"誤導性遺漏"，涵蓋了很多情況，首先最為明顯的是指重要資料直接被遺漏或隱藏了，消費者根本無法看到有關資料。但"誤導性遺漏"也包括了其他較隱晦的方法，其一是商戶以"不明確、難以理解、含糊或不適時的方式"提供重要資料，例如，商戶以細小至無法目視的字體，把重要資料印在商品或廣告中，或暗藏在店舖一角（較常見的檢控例子，是海味零售店舖隱藏貨品的銷售單位，以誤導顧客以為貨品是多少錢一"斤"而非一"兩"），或以商品目標客戶不懂的語言口述資料，又或當消費者已作出難以撤回的消費決定後才披露；其次，是披露的方法是"未能表露其商業用意"，較常見的例子，是報刊中的廣告以新聞報導或中立評論的形式刊登。

---

6　香港其他強制披露商業信息的法例，包括了《旅行代理商條例》（《香港法例》第 218 章）、《學術及職業資歷評審條例》（《香港法例》第 592 章）等，規範了有關行業或機構的披露義務。

另外，現時常見的網上餐飲、購物、旅遊等網頁，經常有顧客評論一欄，如果商戶自己或通過他人假裝顧客作出推薦，這亦有可能觸犯了"誤導性遺漏"的罪行。要注意的是，上述的"誤導性遺漏"與消費行為必須有因果關係，亦即涉及"誤導性遺漏"的營業行為必須是導致或可能導致一般消費者作出某項交易決定。

在決定"誤導性遺漏"的營業行為是否存在時，還須要按有關營業行為的實際情況，並考慮到下列各種因素：（a）有關營業行為的所有特點及情況；（b）用以傳達該營業行為的媒介的空間或時間限制，例如電子媒體只能提供有限的時段；以及（c）有關商戶所採取的其他方式向消費者提供有關資料的任何措施。這些規定的目的，其中主要是針對商戶通過電子媒體作宣傳時，未必可以把所有資料詳盡說明，特別是一些推廣優惠計劃含有大量的限制條款，這時候，商戶便須在宣傳中清楚告知公眾，在何處可以獲得有關資料。

## （四）具威嚇性的營業行為

《商品說明條例》規定，商戶如就消費者作出具威嚇性的營業行為，即屬犯罪。這是指營業行為通過使用損害一般消費者就有關產品在選擇及行為方面的自由，並因而導致該消費者作出某項交易的決定，那這便屬於具威嚇性的營業行為。這規定是針對有些情況，商戶使用"騷擾、威迫手段或施加不當影響"來推銷商品或服務，從而令到潛在顧客作出違反意願的消費決定。明顯地，這包括了使用武力或威脅使用武力，逼使他人購物或簽署服務合同的情況，這種行為不單違反了《商品說明條例》，亦有可能違反了傷害他人身體的刑法。其他非暴力形式的不當行為亦有可能構成違法行為，例如連續不斷致電騷擾潛在顧客（騷擾），利用不雅言語辱罵性格柔弱的消費者（威迫手段），或利用身處的相對優勢對消費者施壓（不當影響）。在一樁案件中，美容公司員工在檢驗顧客身體後，聲稱顧客顯示出嚴重症狀，必須進行美容公司提供的"排毒"療程，並在數小時內對孤立無助的女顧客不斷施壓，這種便屬具威嚇性的營業行為。[7]

　　以上只是一些法庭可能會認定為具威嚇性的營業行為的例子，實際生活中可能發生的情況千變萬化，法庭必須因應每個案件來判斷，而法庭又應該按《商品說明條例》列舉的數個因素來考慮：進行有關營業行為的時間、地點、性質或持續情況；有否使用威脅性或侮辱性的言語或行為；有關商戶有否利用該商戶所知悉的任何特定的不幸情況或狀況（例如明知消費者是年輕或智力有問題的），以影響有關消費者就產品作出的決定，而該情況或狀況的嚴重程度，是足以損害有關消費者就有關產品作出判斷的；有關商戶在消費者意欲行使合約下的權利時（包括終止合約、轉購其他產品或改向其他商戶購買產品的權利），有否施加任何嚴苛或不相稱的非合約障礙，以及有否威脅採取任何非法行動。

## （五）餌誘式廣告宣傳

　　有些不當的廣告手法，是以明顯低於市場價格的價錢招攬顧客，目的是造成一種搶購現象，但其實商戶根本無意以推銷的價格出售該產品。針對這種手法，《商品說明條例》禁止商戶作出 "餌誘式廣告宣傳"。所謂 "餌誘式廣告宣傳" 是指商戶作出廣告宣傳，聲稱可以按某指明價格供應某產品，但商戶無法依照廣告的價格提供貨品，或即使他可以按宣傳的價格提供，但他只能提供極少量的產品，根本達不到消費者的合理期望。構成此一罪行，不一定要等到合同的履行時間，只要商戶在作出廣告宣傳時，本身並沒有合理的理由相信他能在合理期間內，按聲稱的價格供應合理數量的產品，即屬違法。當然，在市場主導的經濟體系中，一般商戶必須不斷估計未來銷售額和訂貨數量，而同一貨物的售價亦有可能會根據銷售情況而轉變，故此，斷貨或貨價變化的情況或會發生。在斷定有關的供貨期和數量是否合理時，法

---

7　據報道，該宗是就具威嚇性營業行為的檢控的第一宗成功定罪的案件。案中三名美容店員罪成，其中一人被判社會服務令、而另兩名因犯罪情節較重，被判監禁三個月：案件編號 KCCC 3903/2014（2015年4月）。

庭須顧及該商戶經營業務的市場性質，以及有關宣傳品的性質。例如有銷售同樣貨物經驗的商戶，應該比沒有經驗的同行更能準確地預測貨品的供銷情況；又例如以電視媒體作廣告宣傳，肯定是期待比派發宣傳單張招徠更多顧客，那使用這兩種不同媒體廣告的商戶便應該有不同的供貨量預測。

其實，在作出廣告宣傳時，商戶只要清楚說明貨品的價格、銷售期和供貨數量，並能一如宣傳所言供貨，該廣告宣傳便不屬餌誘式廣告宣傳。要注意的是，經常看到的所謂"售完即止"、"限量發售"、"先到先得"等說法太過含糊，未必能夠符合清晰說明的要求。若然商戶只是提供不合理地少量的推廣貨品，他很有可能觸犯餌誘式廣告宣傳的罪行。

## （六）先誘後轉銷售行為

除了以餌誘式廣告誤導消費者外，亦有商戶以廣告宣傳等手段招徠顧客後，再誘使他們購買其他價錢更高，或根本不是顧客心儀的產品。《商品說明條例》規定，商戶如就消費者作出構成"先誘後轉銷售"的營業行為，即屬犯罪。這是指商戶向潛在顧客邀請購買某一產品，並指明該產品的價格，但其後該商戶出於促銷不同的產品的意圖，而拒絕向消費者展示或示範使用原先推銷的產品，或他展示或示範使用的有關產品的樣本是有問題的；同樣地，商戶展示產品後拒絕接受有關產品的訂單，或在合理時間內交付有關產品，亦屬違法。

## （七）不當地接受付款

另一種不當營業行為涉及一種日益普遍的預售營銷手法，很多商戶願意提供折扣給同意先付款後履約的客戶，以吸引他們同意簽署長期的服務合同，這常見於美容、健身及電訊等行業。商戶推銷這種服務，特別是接受付款時，應該相信他有能力履行作出的承諾，否則商戶或會因為不當地就產品接受付款而違反《商品說明條例》。簡單而言，如任何商戶就某產品接受付款或其他代價時，他並無意圖供應有關產品的，或他只打算供應與有關產品有重大分別的產品的，或他並無合理理由相信，他可以在指定或合理期間內供應有關產品的，該商戶便觸犯了不當地接受付款的罪行。明顯地，如果商戶接受貨款時根本沒有打算購入或製造有關貨物的，那麼他便不可能有供貨給買家的意圖。另一種較有爭議的情況是商戶有提供貨物或服務的能力，但接受了大量的訂單，那麼這商戶必須相信他有能力在合同規定的時間內履約，又或合同沒有這樣規定的話，他有能力在合理時間內履行合同。何謂合理時間？這必須按不同情況判斷，例如電腦修理商手頭上已充斥未修理的電腦，新訂單要花上一年才能處理，那在這科技日新月異的年代，花上一年去修理電腦肯定是不合理的時間。

　　上文是《商品說明條例》的簡單介紹，《商品說明條例》中有關不良營商手法的條款是在 2013 年 7 月才生效，由於實施的時間尚短，在本章行文之時較少具體案例或執法實例可供參考，上文大多數的例子僅供讀者思考和討論。讀者亦可以參考《商品說明條例》的兩個執法部門（香港海關和通訊事務管理局）發行的《2012 年商品說明（不良營商手法）（修訂）條例執法指引》[8]，其中載有執法部門對《商品說明條例》條款的理解和執行原則，以及大量針對每項條款的例子。

# 六　商業組織和合作

　　在香港，對營商和消費者有重大影響的法律還有最近實施的競爭法，但由於競爭法涉及商業組織的合作關係，下文先討論有關商業組織和合作的法律。商業組織法中有關“公司”的部份，由於需要更詳盡的討論，會留待下

---

8　指引刊登在下列網頁：http://www.customs.gov.hk/filemanager/common/pdf/pdf_forms/Enforcement_Guidelines2_tc.pdf。

章介紹。

現代商業社會中，一件商品從原材料發展至製成品，再從生產者進入終端使用者手中，過程中一般會涉及很多的利益方；其中或有供應鏈中上下游的供銷方，又或是橫向的合作關係，而合作方式又千變萬化，可以配合合作者的意願而以不同形式建立。追求較長遠和穩固關係的，一般會建立設有規範性的組織，例如有限公司、合夥商號等；而希望較為有彈性的合作關係的，又可以通過短期合同，或長期但雙方營運相當獨立的模式來進行，例如代理、許可等合同關係。

# 七　代理法

代理關係普遍存在商業以及民事關係中，但必須注意的是，我們經常遇到的所謂"代理"，其實不一定是符合法律定義的代理關係，尤其是在英語中，agent 一詞普遍使用在地產、保險、旅遊等行業上，更容易引起混淆。在香港，這些行業經常冠以"經紀"名稱，但經紀一詞亦沒有清晰的法律定義。內地和台灣較常用的是"中介"一詞，這或許更適合形容這些行業的實質。

法律上的所謂代理，是指存在着委託人和代理人之間的關係，而根據該關係，代理人可以作出一些行為，足以就合約或資產處理方面，影響到委託人與第三方的法律關係。最普遍的情況是，代理人代表委託人簽訂合同，或轉讓財產，而這種合同或財產轉讓對委託人是有約束力的。商業社會上，我們經常看到的所謂"代理商"和"獨家代理"，很多時只是在某指定區域或產品類型方面，被品牌擁有人授權銷售他的產品，這種"代理商"獨立運作，並無授權作出對品牌擁有人有法律約束力的行為，這是有別於法律上認定的代理關係。同樣地，地產、保險、旅遊從業員是否法律界定的代理人，而他們究竟是代表了買方、賣方、保險公司、旅行社還是消費者的利益，都是必須按實際情況來認定的。總而言之，在認定一種法律關係時，我們必須以分析關係中的各種元素來判斷它的性質，而兩方在擬訂合同時，更應該清楚説明雙方關係的性質和細節。

較易確認的代理關係，當然是根據合同形式而產生的代理；因合同而存在的代理關係，理論上是較為清楚，雙方之間的權利義務亦應明確。不過，如上文所述，合同雙方必須認清彼此的合作，是否真的是一種符合法律定義的代理關係，而不應輕率使用商場上的慣性用詞，否則可能弄巧反拙；其次，法律也認定了一些關係是代理性質的，例如公司董事和員工在處理公司業務時，他們的身份是公司的代理人；在合夥關係中，合夥人是所有其他合夥人的代理人。另外有一種所謂“因需要而產生的代理”（agency by necessity），例如貨物在運輸過程中因意外而滯留在某個倉庫，那倉庫公司或會成為貨主的代理人；最後，必須注意的是，由於一方的表述或不表態，而誤導第三方認為某人是他的代理人，第三方因此而作出了舉措或蒙受損失，那第一人便不能否認代理關係的存在，這亦是法律上認定的“不容否定代理關係”（agency by estoppel）。

認定一種關係是否屬於代理關係的重要性，在於它的特定法律性質。首先，代理人是有權代表委託人作出對委託人有約束性的行為，最明顯的情況是代理人按照委託人的指示，在委託權限內作出的行為。但在一些情形下，儘管代理人的行為是超越了他的權限，他的作為仍能產生約束委託人的法律後果，這種情況往往發生在第三方是有合理原因相信代理人的作為是在權限之內，例如物主以一般授權書（general power of attorney）授權某人作為代理人出售物業，授權書中並無列明限制，但物主私下要求代理人不得以低於某價格出售，那即使代理人最後以低於指定價格出售了物業，這項買賣對物主仍有約束力，物主不得反對買方按與代理人同意的條款購入物業，而他只能向代理人追究越權的責任。

更甚者，當代理人在執行委託人的指令時，作出了侵害他人權利的行為，儘管該侵權行為並非委託人指令的，甚至是委託人不知情或反對的，受害者仍有可能向委託人索賠，這就是法律上委託人需要為代理人的行為而對第三方承擔的"轉承責任"，或"替代責任"（vicarious liability）。較常見的例子是"代客泊車"服務，很多飲食場所有提供代替客人停泊車輛的服務，但在提供這種服務的同時，場所的告示會說明服務提供者是車主的代理人，而非場所的代理人。這意味着當泊車的司機犯下過失造成車輛損壞時，場所是不會承擔責任的。不單如此，假如司機造成第三方傷亡或財物損失時，要負上法律責任的是車主而非場所主人。以往亦有案例，有債權人委託"收數公司"向債務人追討欠款，收數公司在追討過程中使用了非法的威脅手段，雖然債權人否認同意收數公司這種手段，但最終還是要向受威脅的債務人承擔了侵權的民事責任。

由此可見，在委託代理人的同時，委託人承擔了不輕的風險，亦因為如此，代理人對委託人必須負擔相對高度的責任。法律對代理人的基本要求是，代理人對他代表的委託人負上了"受信責任"（fiduciary responsibilities），這意味着代理人必須全心全意地為委託人的利益而行事，他的誠信是不庸置疑，而委託人是可以完全相信他的決定和作為。更具體而言，代理人在處理委託人的事務時，必須避免有利益衝突，例如，不能代表委託人與自己或自身有利益的公司、團體進行交易。

其次，他不能在處理委託人事務的過程中獲取未經委託人同意的利益，這種情況經常發生在以往的房屋買賣中，房地產代理既從買方亦有從賣方收取中介費的，顯然易見，這種做法令到代理人無法替買家或賣家謀取最大的利益。現在這樣的做法已受到法律和行業監管，而事實上，這種行為本身會違反普通法中有關代理的法律。更要注意的是，未得委託人同意而從其他利益相關者取得利益，很有可能構成貪污罪，這會引至極嚴重的刑法後果，而且委託人亦有權追索代理取得的不當得益；最後，代理人有責任清晰記載與委託事情有關的賬目，並向委託人交代和說明，和移交取得的收入或資產。

# 八　其他商業合作關係

除了法人團體、合夥和代理之外，商業上的合作還有很多的形式，以下列出的只是兩種較常見的例子。須要注意的是，如同"代理"一樣，這些例子的名稱只是一種概括性的表述，合作合同的性質是否一如其名，必須從合同的內容來決定。

## （一）分銷、經銷

分銷關係，是一種常見的貨物銷售模式；分銷還可以分為獨家或非獨家分銷，是以買賣的方式將貨物從供應鏈中的上游轉向下游。和代理不同，代理是代表委託人進行活動，是代表了委託人行使權力和承擔義務，代理和委託人之間不存在貨物買賣的關係。分銷商則是從賣方購入貨物，貨物的業權和風險從賣家轉移到分銷商一方。分銷商不是物主的代理人，他不能作出任何約束物主的作為。

## （二）知識產權授權

知識產權的授權大約分兩種，一是較為簡單的授權（licence），另一種是"許可"（franchise）。兩者都是產權人授權給被授權人在指定範圍內使用前者的知識產權，但"許可"一般是指產權人對被許可人如何生產或營銷有較嚴謹的規範。一般規範的內容會包括生產的品質控制、生產或營運的地點、貨物銷售的地域限制、品牌推廣的方式，以及廣告的設計、財務報告的細節等，而最重要的是利潤的分配；許可人一般是以銷售額提取利潤，或通過售賣指定產品來賺取。相對而言，簡單的知識產權授權可能只概括地指定授權的品牌、物品類型和銷售地域，而授權人一般會收取固定的授權費。

## （三） 其他合作關係

上述的形式，以及下章介紹的法人團體、合夥商號等，都只是在香港日常生活中最常遇到的商業模式，其他較少見的還有很多，例如有限責任制的合夥、信託、基金等。基本上，商業關係的雙方可以憑他們的意願來協定他們之間的合作形式，只要不違反法律的合作，一般都可以通過合同形式來約定，但要注意的是，隨着最近《競爭條例》的實施，有些協議會因為具有反競爭性而變得違法，這在下一節再作介紹。

# 九　競爭法

競爭法在美國有長遠的歷史，其後發展至全球大部份的國家或經濟體系，例如歐盟、澳大利亞等，中國也在近年頒佈了《反壟斷法》，並隨即積極地展開了有關合併審查、起訴壟斷行為等執法行動。緊隨着周邊地區競爭法的實施，香港也在 2012 年 6 月通過了《競爭條例》，並展開了籌劃建立《競爭條例》中規定的競爭事務委員會和競爭事務審裁處。在 2014 年 10 月 9 日，競爭事務委員會與通訊事物管理局根據《競爭條例》發表了六份草擬指引供社會大眾諮詢，在本章行文之時，諮詢結果仍未發表[9]，而《競爭條例》很多條款仍未生效。

## （一） 立法目的和範圍

顧名思義，《競爭條例》旨在建立一個有利公平競爭的環境，以保障社會大眾的利益。為了達到這個目的，《競爭條例》禁止所有行業從業者（條例所

---

9　詳見競爭事務委員會網頁：www.compcomm.hk。

稱的"業務實體")在競爭過程中設置障礙,從而妨礙、限制或扭曲在香港的競爭環境。要注意的是,《競爭條例》並無特定的適用對象,任何從事經濟活動的自然人、法人團體、機構,不管是在香港或香港境外以任何形式成立或註冊的,而且不管有關的決定、協議、行為是在香港境內或境外發生,只要是影響到香港境內的競爭情況的,都受到《競爭條例》的規範。舉個例子,如果數個香港境外註冊的競爭對手,在香港以外地方達成協議,同意同一時間提高他們貨品在香港的銷售價,那這種行為便違反了《競爭條例》,協議的各方都須要承受《競爭條例》規定的法律後果。不過,為了平衡如此廣泛的範圍,《競爭條例》亦載有很多豁免的情況,這在下文另行介紹。另外,《競爭條例》並非只適用於有規模的大企業,《競爭條例》內確有一些條款是只有這種特定對象,但條例內亦有很多規定,廣泛適用於任何行業的業務實體,而不論其規模的大小。

## (二) 禁止的行為

《競爭條例》所禁止的反競爭行為,可以分為下列三大類:

### 1. 妨礙、限制或扭曲競爭的協議 (《競爭條例》中的第一行為守則)

明顯地,兩個或以上的公司或人士,同意就他們之間本來屬於競爭性的事情達成協議,比如是調控銷售價格、瓜分市場、操縱投標等,這種協議便是反競爭協議,是違反《競爭條例》的。要注意的是,被禁止的對象不單是具法律意義的"協議",只要是"經協調做法或決定"便屬禁止的範圍,例如口頭上的同意、密契,甚至執行行業公會的決定或所謂"行規",亦可能構成一種"經協調的做法"。另外,如協議有多過一個目的,而只要其中的一個目的是妨礙競爭,又或者該協議有多於一個效果,而其中一個效果是妨礙競爭,這便構成違例。任何從事業務的,都應該瞭解到這守則的重要性,實際上是會影響到同業之間的交往和通訊，例如甲公司員工在電話中告訴乙公司，甲公司打算在某天上調他們產品的售價，那即使這表面上只是一個單向的告知，但最終的後果很有可能是兩家公司都會提升他們產品的售價，這種行為便有機會違反了第一行為守則。任何行業的從業員都應該盡量避免在同行之間的通訊、交談中談到業務上的事情，尤其是行業公會更要小心就會員之間涉及競爭事情的討論，更不應達成任何協議或共識。

何謂"涉及競爭的事情"？這難以一概而論，一種概括性的說法是"橫向協議"（即在供應鏈中屬同一層次的從業者之間的協議）一般都屬反競爭性的，而"縱向協議"（供應鏈中上下游從業者之間的協議）則不屬此類，但這只是個很概括的原則，每宗案件必須個別看待。一般而言，凡是業務實體自身的營業資料和狀況，包括供應鏈上下游價格、銷售條件、價格信息、產品的計劃產量或計劃銷量、營銷計劃等，都屬競爭性，與競爭者分享這些資料，或就這些事情與他人達成協議或共識，便很有可能違反了第一行為守則。而所謂"圍標"（即投標者之間針對競投的合謀操縱行為）便是最常見的反競爭行為例子，而業務實體之間的集體採購安排亦有可能觸犯守則；反之，影響整體行業的，例如爭取行業在稅務上的利益，推廣行業的聲譽，共享行業性的市場研究報告等，則一般不會被視為反競爭行為。另外，為了產生協同效應而非為了消除競爭的商業合作，品牌公司授權其他公司生產、銷售商品的許可，以及分銷合同等，本身一般都不視為反競爭行為，但必須小心的是，這些關係都應該是為了正確的商業目的，並無排斥競爭的目的或效果，而合作方之間的信息交流並無其他違反《競爭條例》的情況。但要注意的一點是，就是在供應商和分銷商之間的協議或行為，也不應該有指定轉售價格的情況，這包括了最高價格或最低價格。

有異於下述第二行為守則的濫用市場權勢，第一行為守則適用於任何業務實體，不管業務規模的大小，只要與競爭對手或潛在競爭對手有上述的協議、做法或決定的，便有可能違反《競爭條例》。但《競爭條例》亦有規定，假如涉及協議的業務實體的合併年度營業額不超過二億港元的，第一行為守則只適用於嚴重程度的反競爭行為，如果超過這金額的，守則便普遍適用而不會考慮行為的嚴重性。另外，假如有關協議符合提升整體經濟效益的豁免標準，或是為了遵守法規而訂立的，又或是獲政府為提升整體經濟效益而委託經營的服務，這些協議可獲豁免不受第一行為守則的規範。

## 2. 濫用市場權勢（《競爭條例》中的第二行為守則）

在市場中具有相當程度的市場權勢的業務實體，不得以妨礙、限制或扭曲在香港的競爭行為，而濫用該權勢。《競爭條例》特別列明了兩種市場權勢的濫用行為：對競爭對手的攻擊性表現的行為，和以損害消費者的方式，限制生產、市場或技術發展的行為。攻擊競爭對手和損害消費者的行為是較難界定的概念，這方面可能需要執法指引或以後的案例加以清晰化。在外地較常見的案例，是佔着有市場優勢的公司把熱門的產品和新推出的產品，或消費者不一定需要的產品綑綁着一起，消費者為了購買某一產品，或分銷商為了取得熱門產品的分銷權，便不得不同時購入另一產品。這種行為會直接增加消費者的負擔，而有關的銷售商亦有可能在本身既有的市場優勢的基礎上，再進一步推出新的產品或推銷本來不太熱賣的產品，繼而擴大市場優勢，這對市場力量不足的競爭對手或潛在競爭對手有惡劣的影響，不利市場長遠的競爭環境，這種行為便屬於濫用市場權勢。其他例子還有以低於成本價銷售產品，用意在於迫使力量不足的競爭對手退出市場，或歧視性供貨，因此而導致競爭對手之間的成本不公平（後者常見於大規模企業利用大量購貨的強勢向供應商施壓，對其他競爭者拒絕供貨或以較高價格供貨，使到這些競爭者處於不利於競爭的地位）。

違反第一行為守則的要素是需要有兩個或以上的業務實體，他們之間存在一種反競爭的協議或共識，與此不同，第二行為守則可以適用於一間業務實體的單獨行為。但最重要的是，該實體必須擁有相當的市場權勢，而他的行為是濫用了這個權勢；換言之，同一個行為，會因為行為人的市場地位而有截然不同的法律後果。例如是上文所述的產品綑綁，本身是沒有問題的，沒有市場權勢的商家以綑綁形式出售多種貨品，不會違反第二行為守則，因為消費者應該還有很多其他產品可以選擇；反之，由於擁有市場權勢的實體的產品有一定的市場壟斷性，如果他綑綁了產品出售，消費者的選擇權便被削弱或甚至完全剝奪。

何謂市場權勢？這是一個重要的問題。首先，年度營業額不超過四千萬港元的業務實體不受這守則規範。當然，這是個很低的門檻，超過了這個營業額的，並不等於自動成為擁有市場權勢的實體，就此，《競爭條例》列舉了四個考慮因素：業務實體的市場佔有率；業務實體作出定價及其他決定的能力；競爭者進入有關市場的任何障礙；及在競爭事務委員會發出的指引內指明的其他因素。其實，在國際很多案件中，首要決定並經常引起爭論的，並不是市場權勢的認定，反而是"市場"的界定，例如一間專門出售蘋果的公司，它佔有"蘋果市場"很大的份額，同時亦擁有定價的能力；但如果有關的市場是指水果類，那它的市場份額便會大大降低，再推而廣之，它在"農產品類"、"食品類"等等的市場的佔有率和議價能力必然隨着市場定義的擴大而減少。

第二行為守則亦容許一些豁免，為了遵守法律規定的作為，又或是獲政府為提升整體經濟效益而委託經營的服務，皆可申請豁免不受第二行為守則的規範。

無論是第一行為守則或第二行為守則，我們都要區分有關協議或行為的目的和效果，只要其中一種目的或效果是會妨礙、限制或扭曲在香港的競爭的，便屬反競爭行為。這是指只要行為本身是有這些目的，那已經足以構成違法，不管行為實際是否成效；反之，行為是有妨礙競爭的效果的，那行為人的目的也不重要了。

## 3. 收購和合併（合併守則）

一家企業通過正常和合法的經營而壯大它的市場佔有率，本身是無可厚非的，但如果是以收購其他競爭對手，或與其合併以達到排斥競爭的目的，這便構成反競爭行為。很多司法體系的競爭法都把收購和合併列入監管的範圍，對市場競爭或會產生影響的收購或合併，往往都需要通過競爭法執法部門嚴謹的審批。香港的《競爭條例》雖然亦有"合併守則"，但守則僅適用於涉及根據《電訊條例》（《香港法例》第 106 章）持有傳送者牌照的經營者的合併；換言之，大多數行業的收購合併行為是被排除在《競爭條例》的監管範圍之外。

### （三）執法方式

法律賦予競爭事務委員會廣泛的執法權力，競爭事務委員會有權處理法例中列明的各類申請、豁免、投訴、調查等事情，亦需要就這類事情發出指引。除了就違反《競爭條例》的行為向競爭事務審裁處提出法律程序外，競爭事務委員會還有一些"補救方法"，就是向違法程度較為輕微和初犯者發出告誡通知、違章通知書及要求違例者作出補救承諾。就相對嚴重的違法行為及屢犯者，或拒絕作出補救承諾的，競爭事務委員會可向競爭事務審裁處申請下列的種種處分或糾正措施：對每項違法行為處罰高達業務實體在香港營業額百分之十（以三年為限）的罰款、對有關人士發出取消出任公司董事資格的命令、就違法行為發出禁止、支付損害賠償或其他命令，以及對違反合併守則的合併發出終止合併命令。另外，根據外國執法經驗，調查反競爭協議往往需要合謀者的舉報或協助，而執法機關亦希望鼓勵違法者自首，故此對自首或舉報人士都設有獎勵機制，對他們的違法行為會有一定的寬待政策。

迄今，《競爭條例》在香港並未全面實施，而根據其他地區的經驗，有關競爭的法律對社會的影響未必立刻顯示，但肯定會衝擊商場上的某些慣常的營商手法；長遠而言必然會對社會民生、經濟活動以及營商環境帶來深遠的效果。

## 第十五章

# 商業組織法

張增平

香港律師

　　商業組織法是商業法中的一個重要範疇,是指有關為進行商業活動而成立公司或合夥等組織的法規,顧名思義,它涵蓋的範圍是兩人或以上的商業組織,但隨着時代的變遷,單獨個人也可以成立只得一個成員的公司,商業組織法的範圍也相應擴大了。這方面的法規對從事商業活動,或有意創業的人士固然重要,而我們在日常生活中亦會經常遇到不同類型的商業組織,故此一般市民亦應該有所認識。從事商業活動最常見的形式是有限公司、獨資商號和合夥,本章對此會有較詳盡的介紹。至於其他形式的商業合作關係,在上一章〈商法〉已作簡單説明。

## 一　公司法

　　“公司”是香港最常見的商業組織,而有關公司成立、運作和清盤等法律的來源,主要是《公司條例》。另外,普通法中也有很多適用的案例。《公司條例》是一套十分詳盡的法例,是香港篇幅最長的條例之一。除了《公司條例》外,香港還有其他有關公司的法例,例如上市公司受到有關證券買賣法律和證券交易所規則等法規規管,也有些條例是針對某些行業的,例如《銀行條例》等；甚至有些法團是以特定的條例組成，例如匯豐銀行便是按《匯豐銀行條例》成立。最後，除了法規外，每家公司有自身的章程細則，這些章程細則並非法例，但卻是一家公司的憲章文件，規範了該公司制度。在本章，我們會側重談論《公司條例》的規定，但讀者必須注意其他法規和文件的適用性。

香港的公司法例在 2014 年發生了重大的變化，原是《香港法例》第 32 章的《公司條例》被《香港法例》第 622 章的《公司條例》所取代，為免讀者混淆，本章中所討論的公司法規是以《香港法例》第 622 章新的《公司條例》為基礎，讀者如需瞭解 2014 年 3 月 3 日前的情況，請另行閱讀本書的舊版[1] 或其他有關資料，或參閱下文新舊條例比較的一節。

公司，又稱“法人團體”，按《公司條例》的定義，“法人團體”是指根據《公司條例》成立的公司及在香港以外地方成立為法團的公司，為行文方便，除特別註明外，本章使用“公司”一詞。

## 二　公司的性質

公司的起源，可以追溯到 16 世紀大航海時代。在歐洲國家，特別是荷蘭和英國的商人，為了開拓遠洋貿易而發展出來，因為當時這種業務風險很高，商人為了分攤風險便傾向以合作的方式來集資和分配利潤，並且由逐次航程的合資慢慢演變成長期的組織，其中，以荷蘭的東印度公司和英國的東印度公司最為人熟悉。從此過程演變出來的公司有幾個特性，就是公司是個獨立法人，和公司的永久延續性。再者，公司成員還可以選擇以有限責任的形式來成立公司。

公司最重要的特徵是它的法律地位，公司是個獨立法人，具有和成年

---

1　陳弘毅等編：《香港法概論（新版）》，香港：三聯書店 2009 年版。

自然人相同的身份、權利和權力去進行合法的活動，例如簽訂和履行合同，
買賣和擁有物業等。一般而言，公司的法人身份與它的成員是分開的，不管
公司有一名或多名成員，只要是合法成立的公司，它的行為和資產是獨立於
它的成員，有限公司成員的法律責任更只限於他同意繳付的投資額。舉個例
子，一家公司可能只有一名投資者，他的身份是唯一的成員和唯一的董事，
公司的運作自然便被該名投資者所控制，然而他為公司所作的決定和行為，
仍然是被視為該公司的決定和行為，所產生的法律後果由公司承擔，與公司
的成員或董事無關。但必須注意，這只是個概括的說法，這些原則是有例外
的，主要是在董事有違反董事義務時，他們必須承擔自身的法律責任，又或
是有人濫用了公司獨立法人的原則，以公司名義去進行欺詐等非法行為，這
時候法庭或會揭開或看穿公司的"面紗"，直接追究背後主腦的責任。

　　公司另一個特性，是它的永久延續性。與自然人不同，公司沒有自然死
亡；只有在清盤或某些特定情況下，它的壽命才會終結。假如是以個人身份
擁有物業或經營生意，那個人的死亡或退出，會導致物業的業權需要進行法
律上的繼承手續，或生意經營權的重整，兩者都有稅務和費用上的承擔。採
用公司形式者，則可避免這些問題；再者，個別成員所擁有的只是公司整體
股本的一部份，而不是個別資產的部份，這意味着當有成員死亡或退出時，
只有他擁有的股份會有業權上的變化，公司的業務和資產不會受到直接的影
響，其他股東亦同樣不受影響。另一方面，由於股份屬於私有財產，成員亦
可以利用轉讓或餽贈的方法，更有彈性來處置他的投資。

　　公司的組成往往是為了經營某種業務，以往的公司法要求公司的創辦成
員把公司的宗旨列明在公司的章程中，這類似成員約定了公司的營業範圍，
例如，為經營房地產而組成的公司是不可以從事商品貿易的。公司董事不能
超越公司宗旨容許的範圍行事，否則他們的行為是越權，而超越公司宗旨範
圍的合同是無效的。但這個原則卻衍生出不少問題，因為這意味着不管交易
金額的大小，與公司交易的一方必須查閱公司的章程，以確保合同的有效
性；再者，宗旨的文字表述會引起不同的理解，爭議亦由此而生。近年的公

司法已取消了公司須要列明它成立宗旨的要求，公司可以選擇表述成立宗旨與否。對選擇列明宗旨的公司，公司內部的行為仍然須要符合宗旨，但對外界而言，公司的合同不會只因為違反了公司的宗旨而變得無效。

# 三　公司的類別

我們最常見的公司形式是"私人有限公司"，但這只是幾種公司形式的一種，公司可以按不同的原則分類，最常見的分類是：

## （一）有限責任，或無限責任

"有限責任公司"的一項重要特性，是成員的責任是有限度的，僅限於成員所持有股份的尚未繳付款額。當股本已經全數繳付後，成員是不用承擔公司的債務。但必須明白，所謂"有限公司"，是指公司成員的責任是有限的，並非指公司的責任是有限的，一家公司對它的債務是必須沒有限制地，以其所有資產來承擔法律責任的。相對而言，"無限公司"成員對公司債務的法律責任並無上限。

## （二）私人公司（private company），或公眾公司（public company）

私人公司的成員數目有限制，不能超過五十人。另外，公司的章程細則對股份的轉讓有限制，公司股份不能自由轉讓，一般是股份轉讓時需要得到董事會的批准，而且公司不能邀請公眾認購公司的股份或債權證。公眾公司的成員數目沒有限制，可以邀請公眾認購股份和債權證，它的股票亦可以在市場公開買賣。

根據《公司條例》成立的公司，有下列五類形式：

## （一）　私人股份有限公司

這類公司有一定的股本，並符合上述私人公司和有限責任的要求。由於成員不須要承擔無限的責任，這類公司很適合一般市民創業和經營業務。尤其是，有兩名或以上人士合作經營的時候，他們可以以股份份額來清楚釐定他們在公司所佔的利益，成員之間的權益義務亦因為《公司條例》詳盡的規定而顯得明確，不難明白，這是香港最常見的公司形式。

## （二）　公眾股份有限公司

這類公司有一定的股本，並符合上述公眾公司和有限責任的要求。和私人有限公司一樣，成員的責任是有限的，但公眾公司的成員人數可以超過五十人，股票亦可以公開發行和買賣。最常見的公眾有限公司是上市公司，但此兩者不盡相同，公眾公司不一定是上市公司，只有符合上市資格，其股票可以在香港證券交易所或其他交易所公開買賣的公眾公司，才是上市公司；換言之，公眾股份有限公司不一定要申請上市，而上市公司股份因種種原因停止在證券交易所買賣後，它仍然是一家公眾有限公司，只是到了這時候，成員不能在證券交易所出售他擁有的股票，他只能以其他途徑尋找買家，以及依舊享有股東擁有的權利。

## （三）　有股本的私人無限公司

這類公司與私人有限公司類似，但成員對公司的債務須承擔無限制的責任；換言之，如果公司無法履行它的法律責任，它的成員須按他們的股份承擔。基於這個原因，私人無限公司並不多見，一般只有經營不活躍的投資型公司才會考慮這個形式。

## （四） 有股本的公眾無限公司

這類公司類似上述的私人無限公司，但成員人數和股票轉讓不受限制。試想有超過五十名成員合股組成的公司，各人願意承擔風險，為公司的債務負上無限的責任，而這家公司的業務可能只是由數名管理人員來經營。不難想像，這類公司極為罕見，相信只會在有很多投資者合資購入資產，從事風險極低的業務時才會考慮。

## （五） 無股本的擔保有限公司

這類型公司的特色是公司沒有股本，公司成員的責任僅限於他們承諾在公司清盤時支付作為公司資產的款額，公司成員亦不會從公司收取股息之類的收益，他們只有在公司清盤時才可分享公司除去負債後的淨餘價值。這類公司一般是慈善團體類的非牟利公司，原始資金是從捐獻而非股本獲得。

綜合上述分類，有限公司的形式是很有利於市民的創業，以及合作經營生意，只要合理運用有關分類原則，一般市民可以放心運用他們能承擔的資源去創業和合作。不過，另一方面，假如我們是作為與公司打交道的一方，我們就要小心該公司是怎樣的一家公司，不要單看公司成員或背後集團的實力，而忽視了公司的自身情況。

除了上述根據《公司條例》成立的公司外，在外國成立的公司如果在香港有經營業務的場所，亦須按《公司條例》進行所謂"海外公司"的註冊，而註冊時需要提供的資料主要是營業地點的地址，和一名"獲授權代表"的資料。該名獲授權代表必須是一名居住於香港的自然人，或是一間設於香港的律師事務所或會計師事務所。這些要求的目的是確保當受到索償時，海外公司有一個授權人接受訴訟文書。另一方面，海外公司的登記亦確保這類公司的稅務登記和正常徵收。不過，很多時"營業場所"一詞會引起不同的解釋，例如有些公司沒有設立明顯的辦公地點，但長期有固定員工在香港洽談生意，或經常簽署合同，這種公司有可能被視為設有營業場所，如果不按《公司條例》進行海外公司登記的話，是違反了《公司條例》的規定。

## 四 公司的成立和結束

在香港成立公司的程序很簡單，主要是根據《公司條例》進行註冊。註冊公司時，需要簽署和遞交一系列的表格和文件，主要提供以下基本信息：(a) 公司名稱；(b) 公司註冊辦公處地址；(c) 公司的類型，如私人有限公司；(d) 創辦成員、董事和公司秘書的個人資料；(e) 一份公司章程細則；(f) 公司最初股本類別、金額和持有情況，例如公司成員人數和持股量。

就成立公司所需的人員和資源而言，所需的基本要求極之簡單，以最常見的私人有限公司為例，最低要求是：

    a. 一名或以上的成員；

    b. 一名或以上的董事；

    c. 一名公司秘書；

    d. 一個註冊辦公處；

    e. 港幣一元以上的資本。

一家公司的章程細則是它的組織文件，相當於該公司的憲章，對公司及其成員之間具有法律約束力，亦等同公司與成員之間，以及成員之間的承諾。它應該記載公司的性質、名稱、股本等重要基本信息，成員、董事的權力義務，管理和財務制度，會議規則，以及公司清盤程序等。這些內容都可以按《公司條例》指定的方式來修改。另外，《公司條例》附表載有章程細則範本，適用於某些類型的公司，要注意的是，章程細則範本固然適用於沒有自行訂立規則的公司，但即使公司有自行訂立了章程細則，這些範本的條款同樣適用，除非範本的條款被明文排除或變更。

成立一家新的公司，它的名稱不能和已經註冊的公司同名。除此之外，公司註冊處處長還可以拒絕下列名稱的登記：名稱構成刑事罪行（如煽動他人犯法的口號），違反公眾利益或令人反感，以及會誤導他人以為公司與政府機關有聯繫的名稱。如果公司是屬於有限公司類型的，公司的名稱最後四個字必須是"有限公司"（英文名稱最後一字須是"Limited"）。但這規定是有例外的，如果一家非牟利公司成立的宗旨符合了某些規定，這家公司可以申請豁免使用"有限公司"一詞的要求。這個規定的目的顯然易見，是確保一家有限公司的性質一目瞭然，以便讓與它有業務往來的人士知曉，明白到該公司的債務承擔能力。所以法律亦規定了一家公司在它的營業場所，以及公司的信函、告示、合同、銀行支票、票據等，必須顯示公司的全名，包括了"有限公司"最後四個字。違反這個規定的不單要承擔《公司條例》中的責任，有關的簽字人亦有可能承擔一定的民事責任，例如一名董事代表公司簽署一份擔保書，如果擔保書中沒有用上公司登記的全名，那麼這名董事可能要承擔了該份擔保書的法律責任。

公司所註冊的辦公處有它特殊的法律意義，它是接受法律文書的法定地址，亦即是當有關法律文書送達一家公司的註冊辦公處時，該法律文書便被視為按法律程序完成送達。另外，一家公司的法定檔案，即公司的成員、董事和秘書的登記冊，以及債權證、押記等名冊必須保存在註冊辦公處，以供有相關法律權力的人士查閱。註冊辦公處不一定是公司的主要營業場所，很多時是會使用公司秘書的辦公室地址。

公司成立後，須要進行商業登記，這其實就是稅務登記，經登記後的商業登記證書必須在公司的營業場所顯示。另外，公司成立後，每年還要報稅和呈交周年申報表等。當有董事和公司秘書等人員變更，以及公司簽署押記等情況時，公司亦有責任向公司註冊處適時提交變更的資料。

如前文所述，公司有永久延續性的特性，如果沒有某種人為狀況，一家公司是不會自然結束的。一般而言，一家公司是以法定的清盤程序，將公司的債務清償後，再把資產分配給公司的成員而告終。清盤又分成員主動清盤和債權人申請清盤兩種，前者一般適用於公司有足夠資產償還債務，而後者則發生在公司資不抵債的情況。如公司資產不足以償還所有債款時，公司清盤人還須按法定優先次序清還不同債權類型的的債款，例如公司員工的工資、政府稅款等是較其他債務優先，而其他債務又以有無抵押、是否優先權債等因素有不同的處理方法。

除了清盤外，針對一些已無經營業務的公司，公司註冊處處長可以在發出通知並在憲報公告後，在公司登記冊中剔除該公司的名稱，從而將公司解散。除此之外，尚未開業或已經停業的私人公司，如果沒有尚未償還債務、尚未終結的法律程序，和不擁有香港不動產的，也可以向公司註冊處處長申請撤銷註冊，但經營像金融的特定行業的公司，則不能作出這種申請。

# 五　公司股本

公司的組成往往是為了籌集資金，而資本本來是個相當簡單的概念，但隨着國際資本市場日趨複雜，公司股本的籌集、變更以及對保障投資者等問題，便變得越來越繁複，相關的法規亦成為了公司法中一個重要的範疇，有關股本的條例佔了《公司條例》中很多的章節。其實，對簡單的公司而言，例如只有單一成員，或有少數股東而且他們的權利是均等的，股本是個相對簡單的課題。

除了無股本的擔保有限公司外，根據《公司條例》成立的公司應有一定數額的股本，而持有股份的人士便是公司的成員，亦即人們慣常稱呼的“股東”。為適應不同投資者的投資目的，股份還可以分為不同類別，一般是在表決權和收取股息方面有所區分。當創辦成員成立股本公司時，他們須要認繳一定數額的股本，而他們繳付的股本便成為公司的原始資本，但香港法律對公司股本的金額沒有最低要求，所以有所謂"一元公司"的情況。公司成立後還可以發行新股，而發行新股的權力一般屬於公司成員，董事只有在成員授權下，或《公司條例》指定的某些情況下，才有權發行新股。股本一般是現金，但亦可以是非現金的資產，而且不一定要在公司成立時全數繳付，可以按章程細則或其他約定分期，或甚至在公司清盤時才繳付。公司的總資本除已發行股份的數目便是每份股份的價值，例如資本是一萬元，發行的股份只有一股的話，這一股的價值便是一萬元；如果發行股份有一千股的話，那每股的價值便是十元。有時公司會發行所謂紅股，例如每一股的股東可以免費獲取一股新股，數字上這只是將發行股數增加，假如公司的價值不變的話，那一千股價值十元的股票，會變成兩千股每股值五元的股票，這看似是個數字遊戲，但實際上上市公司的股票市值或會因為股票流量的增加和每手買賣金額的降低而得益。

　　除了股本外，公司亦可以通過成員借貸的方式來獲得資金，公司也可以向第三方（例如銀行）借貸，或發行種種債權證來籌集資金。法例沒有規定公司的股本和借貸比例，由於減少股本要通過較繁複的法定程序，而償還借貸則沒有這種要求，所以很多公司成員都傾向利用借貸來向公司投入資金，並收取利息，這是常見的財務安排。雖然通過借貸來取得資金有財務上的優勢，但資本更能反映出成員願意對公司作出長遠的投資，股本過低的公司難以給予他人足夠信心，不利於業務的發展。

　　公司開始營運之後，公司的價值會有變動，公司有了利潤後可以以股息分派給成員，亦可保留下來，或通過增加股本方式轉化為股本；反之，公司業務長期有虧損的話，便須要通過借貸、發行新股等方法集資，所以一家公司的股份價值並非是一成不變的。股份的價值往往是取決於成員或潛在成員對公司前景的估算，這種情況在上市公司最為明顯，上市公司股票價值不斷的變化，便反映了公開市場對該公司價值的調整。在私人公司而言，當有股權變更時，成員便要自行判斷公司的價值，而他們往往會借助專業財務顧問的評估來決定。以往公司法規定公司股票需要有個面值，隨着上述觀念的普及化，面值的概念也變得不切實際，《公司條例》亦取消了原有的有關股票面值的規定。

　　當公司資產有所增加或公司對資本有需求時，公司或會希望增加註冊股本以增強公司的財政實力。增加股本只需要簡單的程序，主要是通過公司成員的決議。反之，公司不能隨意減少它的註冊股本，當公司有需要減少資本，例如股本超過公司的實際要求，公司須要通過下述程序，才可以減少資本。首先，公司可以通過一項“償還能力測試”，基本上是公司被認定在減少資本後的十二個月內，公司有能力償還它的債務。就此每名董事須要查究公司的狀況及前景，並考慮公司的所有債務和潛在負債，最後作出一份陳述。根據各名董事的“償還能力陳述”，公司可以通過一項特別決議減少股本，該決議需要在香港政府憲報上公告，給予成員或債權人充足機會向法庭申請撤銷該項決議。只有在無人提出異議，或沒有人能夠成功向法庭申請撤銷的情況下，股本才可以按決議減少。但這種程序並非適用於所有減少股本的情況，如果有關股本的減少是涉及到減輕未繳付股本方面的責任，或退回款項給已繳款的股東，公司債權人的利益很有可能受到影響，這時候，公司必須向法庭作出申請，並須呈交公司債權人的名單及記錄，以及給予債權人反對的機會，當法庭充分考慮各方面的因素後，才會決定是否同意減少股本的申請。

　　另外，公司有時候會計劃購回、贖回公司本身股份，或為第三者購買公司股份提供資助，這都有可能造成股本的減少，《公司條例》對這些行為有嚴格的規範。

　　隨着不同類型公司的集資需要，資本市場的產品不斷推陳出新，簡單的有享有不同權益的股份（如優先股、普通股）、股票購入和出售期權、債券、可換股債券等，更複雜的有槓桿式的衍生工具、對沖，以及大部份人無法理解的產品。儘管香港的公司法以及證券法緊隨着市場而不斷修改，但未必可以完全配合市場的急劇變化，投資者必須小心。

　　公司的股本不能隨便減少，是否因為股本是公司債權人最後可以追討的資金？這個說法不太準確，如上文所述，公司的資產值會隨着業務的情況而不斷變化，成員不可以隨意取回股本而導致公司股本減少，但公司股本有可能會被用在公司的正常開支而減少，而當公司有利潤時，公司的資產或會壯大。必須明白一點，可供債權人分配的資源是公司的全部資產，加上成員承諾繳交但尚未繳交的股本，而非限於公司的註冊股本。

# 六　公司成員和成員權益

　　《公司條例》內有"成員"一詞，它包括了我們慣常稱呼的公司股東，和沒有股本公司的成員。公司須要在註冊辦公處保存一份成員登記冊，記載公司成員的狀況，如果成員的身份或其持股量有變化，公司須在法定時間內進行資料的更新。成員的權利主要是收取公司派放的股息，獲取公司的財務報告，在成員大會上投票，公司清盤時獲分配公司的剩餘資產，以及公司章程細則中載明他擁有的權利。一般而言，公司成員只是投資者，沒有必然的業務經營權。事實上，法律賦予成員的權力有限，例如收取股息的權利是受制於公司董事是否通過決議同意派放股息，成員的投票權亦受制於持有股份的多寡，他們能獲得的財務報告亦只有概覽性的資料，而成員更沒有權力直接參與公司的管理或業務。所以，當有一定談判能力的投資者打算投資在某一家公司時，他便須要通過談判和簽署股東協議來獲得額外的權力和權利，常見的股東協議會給予更多參與權（如：委派董事），知情權（如：獲取月度、季度而非年度業績報告），收益權（如：協定最低派股息比例，即公司必須將可供派息利潤的一定比例以股息派放）。一般小股東當然難以爭取這些權力，他們在投資股票市場時便必須明白這些限制。

　　小股東利益受損害的例子很多，形式也很廣泛，但主要還是基於少數服從多數的原則，小股東無法不受制於大股東的話事權，而大股東往往控制了公司董事的任命，他們通過董事以及行政人員也就控制了公司的經營決策權，甚至會作出有利於大股東但損害公司利益的行動，例如公司以過高價格收購大股東的資產，和大股東指定的董事簽署長期甚至是終生的聘用合同等等。過去數十年，小股東在法庭上爭取權益的案例不絕，經過多年的演變，法律亦大大增強了對小股東權益的保障。對此，《公司條例》有針對特定情況的規定，例如限制長期董事僱用合同的簽訂。另外，對於一些無法全面涵蓋的情況，《公司條例》也賦予了小股東一些概括性的權力，主要有下列幾種：(a) 當公司以“不公平地損害成員權益”的方式去處理事務，或進行某種作為或不作為，成員便有權向法庭呈請，而法庭有權針對不同情況作出適當的命令，作為補救措施；(b) 有人從事或打算從事某種行為或不作為，是會違反《公司條例》內的規定，特別是有關董事“受信責任”的（有關受信責任在下文會有介紹），成員亦可向法庭申請種種的補救命令；(c) 針對公司縱容他人對公司作出不當行為，例如公司大股東侵佔公司財產而不被索償，股東可以向法庭申請以公司名義提出法律程序，亦即是所謂的“衍生訴訟”(derivative action)；(d) 如上文所述，成員並無查閱公司紀錄的必然權力，但成員仍然可以向法庭作出查閱的申請，法庭會就每個不同情況作出決定。除此以外，超過一定數量或持股量的股東，有權向香港財政司司長申請，要求委派審查員調查有關公司的事務，而財政司司長本身亦有權主動提出調查。

在以上的情況中，要注意的是，為了平衡公司的自主權和大股東應享有的合法權利，法庭和財政司司長都會要求小股東提出強而有力的理由和證據，來支持他們的請求。上述申請的門檻頗高，小股東們行使權力時絕非輕易。

## 七　公司董事

公司對它的管理團隊的要求會因為公司的類型、股東的期待而有很大的差別，簡單的公司，例如是只有單一成員的公司，該成員很有可能就是公司的唯一董事和管理人員，這就談不上監管的問題。但假如公司有多名成員而他們沒有權力去參與公司運作的，那他們對公司的管理團隊自然就會有較高的要求。由董事組成的董事會一般是公司管治的最高組織，有權制定公司的業務方向、任命和罷免主要管理人員等。董事對公司的業務發展和企業管治有重大的決策權，他們對公司、公司的成員、債權人以及員工都承擔着巨大的使命，基於這些原因，法律對他們的任命和罷免，以及職權和責任都有明確的要求，特別是針對上市公司董事的規定更為嚴謹。

首先，每家公眾公司和擔保公司需要至少兩名董事，而私人公司則只需要至少一名董事。上市公司和擔保公司的董事必須要是自然人，亦即是法人團體不能擔任董事，如果私人有限公司只有一名董事，那麼該名董事亦必須是自然人。《公司條例》對擔任董事的資格還有其他要求，例如董事年齡必須是18歲或以上，破產而破產令未取消、精神不健全的人士也不能擔任公司董事。

公司董事所承擔責任的性質和程度，一直是有爭議的課題。普通法的基本要求是一家公司的董事必須對該公司承擔謹慎及努力的責任，和一種所謂"受信人責任"。這責任的概念是建基於董事是被視為公司的代理人，而作為代理人，他必須要全心全意地為公司的利益着想，不能進行有違反公司利益的行為，更必須避免公司和自身有利益衝突的情況。這個原則看似簡單易明，但在實際案例中，法庭或會對責任的輕重持有不同的看法，而隨着社會對公司高級行政人員的要求日益嚴謹，法庭對董事責任的看法也越趨從嚴。舉例說，以往法庭一般只要求董事行使一個普通人的合理判斷，亦不強制董事必須花費大量時間精力在公司的事務上，但較近期法庭的判決往往根據有關董事的具體情況來判斷他的能力和責任的準則，例如某董事是一名律師、會計師、財務策劃師或具備某種專業資格，那麼他必須顯示出他作為該專業人士應有的判斷和行為能力，這亦所謂"主觀測試"（相對而言，作為一個普通人應有的合理判斷便是"客觀測試"）。另外，法庭亦更傾向要求董事對公司應該付出更多的時間精神，更深入瞭解公司的操作和業務，而不是以往的觀點，認為董事只須就策略方針提供指導。這個趨勢隨着社會對企業管治的看法的變化仍在演變中，但肯定是往更嚴謹的方向走。《公司條例》規定了董事必須"以合理水平的謹慎、技巧及努力行事"。而所謂"合理水平的謹慎、技巧及努力"，是根據兩個並行的準則：(a)"可合理預期任何人在執行有關董事就有關公司所執行的職能時會具備的一般知識、技巧以及經驗"；(b)"該董事本身具備的一般知識、技巧以及經驗"；換言之，《公司條例》採用了客觀和主觀兩者並行的測試。

另外，以往有公司在章程細則中訂立條款，豁免董事有關疏忽、失誤等責任，或就這類董事責任提供彌償，亦即公司會為董事承擔賠償的責任。這些條款不利增強董事的責任感，或甚至鼓勵董事忽視他們的義務；針對此情況，《公司條例》規定這類免責和彌償條款一般是無效的，只有一些特定情況屬於例外，例如董事對第三者的成功訴訟的情況。

要注意的是，董事的責任是面對公司的，而非某單一成員；換言之，即使一名董事可能是某一成員委派到公司出任董事的，但他的決定和行為必須是為了該公司的利益為依據，如果遇到有利益衝突時，他只能為公司的利益而服務（這個避免利益衝突的原則，當然也包括董事的個人利益）。當某董事遇到有利益衝突的情況，他便必須披露他的利益所在。再者，在他擔任董事時因為董事職位而獲得公司的機密信息，他必須嚴加保密，不能泄露給第三方，包括委派他出任董事的股東。如前文所述，很多時，有談判能力的投資者往往會通過股東協議來獲得委派董事的權力，期待他委派的董事可以代表他行使更多的知情權，這其實是不恰當的想法，就知情權而言，他們更應該在股東協議中爭取股東的權力，而非依靠董事的委派。

《公司條例》進一步作出了一些"董事的公平處事"規定，在未得到成員批准時，公司不得向董事借出貸款，或為其提供擔保，除非是為了提供居所，或屬於公司正常的業務開支，以及貸款額不超過已繳股本百份之五等例外情況，這是為了防止董事自行批准借貸給本人或其他董事；其次，董事對公司股份或業務轉讓方面可以產生重要的影響力，促成或阻礙交易的過程，為了避免這方面利益衝突的發生，當董事失去職位時，尤其是有股份、業務、資產轉讓時，《公司條例》禁止公司或其他人士就董事失去職位而付出款項給有關董事，除非公司成員同意，或其他指定的例外情況。再其次，除非得到公司成員的批准，公司不得同意與董事有超過三年僱用期的合同。最後，當董事在任何屬於公司重大交易中有“相當分量的利益關係”的，他必須申報他的利益關係。很大程度上，以上幾項規定把普通法的原則條例化，目的是盡量避免董事以權謀私的情況。

另一點要注意的是，董事的責任不僅適用於公司名冊上的董事，而是適用所有擁有實質董事身份的人士，亦即包括所謂“幕後董事”。在現實中，我們經常會遇到名義上不是董事，但在幕後操縱着公司決定權的。《公司條例》規定，如果一家公司的一眾董事或超過半數董事慣於按照某人的指示行事的，那麼，這個發出指示的人便被視為“幕後董事”。不過，以專業身份提供意見的人不在此定義內，例如專業會計師或會要求董事簽署公司賬目等，這樣行為不會令這名會計師變成幕後董事。被視為幕後董事的人士須承擔法律下董事須承擔的責任和義務。

# 八　公司管理及議事程序

為了確保公司的管治制度，公司應該在它的章程細則中列明公司的管理架構和議事程序。一般而言，公司的成員是投資者，董事是受成員委託制定公司的策略方向，監管公司高級行政人員，以及確保公司的管治和合規狀況，在較大規模的公司，董事會還會設置委員會，專責管理核數、高級行政人員薪酬等範疇。董事會之下，一般設有總經理一職，總經理負責管理財政、人事及業務等部門的經理。《公司條例》亦對公司管理和議事程序作出一些規定，主要是有關會議的通知期、通知形式、表決過程等，以確保程序的公平原則。同時，為了兼顧中小型公司的情況，《公司條例》對不同形式的公司有不同的要求，例如對只有一名成員的公司的要求比較簡單，而對上市公司的要求則相對地嚴謹得多。

《公司條例》的基本要求是一家公司在"會計參照期"完結後的一定時間內召開一次周年成員大會，在私人公司和擔保公司，這段時間是會計參照期後的九個月內，其他類型的公司則是六個月，而所謂"會計參照期"一般是指一個十二個月的周期，從公司成立日起計算。成員大會通常是由董事召開，除了法定的周年大會外，成員還可以要求董事召開其他成員會議，而提出開會要求時，成員須同時說明會議的議題和提交議案文本。當佔有總投票權百分之五的成員提出要求後，董事便須召開會議。《公司條例》還對不同的類型的公司和不同類型的會議規定了召開會議的最短通知期。大會的一般決定是以普通決議形式通過，即獲半數票數通過的議案，但亦有一些議案是需要以特別決議通過的，這些是對公司影響較大的決定，有些是在《公司條例》規定，或在章程細則指定的，這種特別決議便需要有百分之七十五以上的票數通過。會議上通過的決議需要記錄在案，並由公司秘書妥善保存。如上文所述，成員能參與公司事務的權力和機會不多，成員大會便是成員們發揮他們權力的最重要平台，而《公司條例》這些規定便是為了確保公司成員的知情權和投票權得到適當的保護。

另一方面，這些規定對成員不多的公司，或成員對公司議事程序要求不高的公司，或會顯得過於繁瑣和僵化，為了方便追求簡易快捷程序的公司，《公司條例》也容許一些相對便捷的方法。首先，處於業務停頓而已經向公司註冊處處長登記的"不活動公司"，可以豁免召開周年成員大會。另外，公司亦可以不舉行成員大會，在所有有資格投票的成員同意的情況下，以書面形式通過原本應在會上通過的決議。書面決議適用於成員大會的普通決議和特別決議。這種形式可以省卻舉行會議的成本和時間，還可以免除召開會議所需的通知時間，是近年常見的決議形式。

公司必須委任一名公司秘書，負責管理公司文書工作，公司秘書必須是居住於香港的自然人，或辦事處設於香港的公司。董事可以兼任公司秘書，但如果公司只有一名董事，該董事就不能兼任。有別於公司中擔任行政或私人助理性質的秘書，公司秘書是有法定功能，和承擔一定法律義務的職位。雖然一般情況下，公司秘書是向董事會匯報，及負責執行董事會的決議，但公司秘書亦須主動採取有效措施，以確保公司所有時間都遵守《公司條例》的有關規定，例如準時提交周年申報表，妥善保存公司報表、紀錄及各類登記冊等。

# 九　公司賬目和報告

　　維護公司管治的另一重要措施，就是確保公司賬目的準確性和股東的知情權受到尊重，對此，公司的董事、管理團隊都承擔嚴謹的責任，而公司的獨立核數師更起了關鍵的作用。《公司條例》對獨立核數師的委任和責任都有規定，除了首任核數師是由董事委任外，公司獨立核數師的委任和變更一般都須由成員在周年大會上決議通過。公司核數師必須是獨立的專業會計師，具有法律認可的專業資格，專責查核公司編製的賬目，有需要時向公司的員工以及與公司有業務往來的第三方提出問題或要求確認，並嚴守法律和行業守則規定的保密責任。《公司條例》對公司賬目和報告的具體要求是：

　　（a）**會計紀錄**　公司必須設置一套符合規定的會計紀錄，足以顯示及解釋公司的交易，準確披露財務狀況及表現。這些紀錄必須存放在公司註冊辦事處，並供董事隨時查閱。

　　（b）**財務報表**　公司董事必須就每個財政年度擬備一份財政報表。年度財務報表須要真實而中肯地反映公司在財政年度終結時的財務狀況和財務表現。報表的一個特別要求是，有關董事的薪酬、退休利益、離職金、貸款等資料，須在報表中列明。

　　（c）**董事報告**　董事須擬備一份董事報告，說明公司在財政年度期間的主要活動，載有足夠詳情以便成員瞭解公司的事務狀況。

(d) **核數師報告**　核數師負責審核公司賬目，調查公司是否已備有充分的會計紀錄，以及公司的財務報表是否與該等會計紀錄吻合，並就此作出核數師報告和意見。在某些情況，例如核數師得不到公司董事或員工的配合，無法作出上述的意見，核數師便須在報告內如實說明。

除了會計紀錄是公司內部資料外，上述的三份報告都須在公司成員大會前的指定時間內提供給公司成員審閱。如上文所述，公司成員並無必然權力審視公司的內部記錄，他們便須依靠核數師作出獨立專業的審計，而上述的報告便成為他們瞭解和評估公司財務和業務狀況的重要工具。除了供公司成員查看的報告外，公司也須在註冊辦公處保存一份準確的債權證和押記，供大眾查閱，以瞭解公司有抵押債務的情況。為此，負責處理、撰寫公司賬目或報告的財務員工、董事以及核數師都要對其工作負責，而所負的責任可能是面對公司成員，或曾經依賴公司賬目或報告而作出借貸的債權人的索償，以及刑法方面的刑罰。

但為方便中小型企業營商，《公司條例》也容許較簡便的報告形式，例如公司董事可以擬備一份財務報告摘要供成員選擇，亦可以邀請成員以電子方式收取相關資料。成員可以選擇收取完整的報告或報告摘要，或甚至放棄收取，他們亦可以選擇以文本或電子方式收取。另外，對符合條件的中小型公司，《公司條例》豁免公司在提交報告方面的要求，這類公司必須是私人公司或擔保公司，並符合一些特定條件，以一家非金融性質的私人公司為例，它必須符合下列三項條件中的兩項：(a) 公司全年收入總額不超過港幣一億元；(b) 公司資產總額不超過港幣一億元；(c) 在財政年度內，公司的平均僱員人數不超過一百人。

綜合上文，我們可以看出新《公司條例》從多方面來應對公司管治的嚴峻問題，而另一方面又要平衡中小型公司的便捷原則。由於新《公司條例》生效日子尚短，我們或需要更多時間來觀察它的成效。

# 十　新舊《公司條例》的比較

公司法在英國有長遠的歷史，香港的《公司條例》是以英國的公司法為基礎，並隨着商業社會的演變而不斷修改，最近的一次大規模修改在 2013 年完成，大部份的條款在 2014 年 3 月 3 日生效。香港法例第 622 章取代了原來的第 32 章，成為新的《公司條例》，而原本第 32 章則改稱為《公司（清盤及雜項條文）條例》。新《公司條例》是香港較詳盡的一部條例，共有 21 部，921 項條文，另外有 11 個附表。另外，《公司條例》還有 12 條附屬法例，細緻地訂明了在程序、行政和技術方面與公司法有關的規定。

新《公司條例》條文很多，對舊《公司條例》作出根本性的修改，兩者無法逐條比較，以下是新舊《公司條例》主要變化的簡介。

## （一）章程

舊《公司條例》規定有所謂公司"章程大綱"和"組織章程細則"，是兩份獨立的文件，章程大綱是被視為公司的憲章，含有公司成立的主要目的等章節。隨着法律不再重視公司的成立目的，章程大綱便變得可有可無。新《公司條例》把章程大綱廢除，但仍舊保留組織章程細則。另外，新《公司條例》訂明了新版本的章程細則範本，取代了舊《公司條例》的版本，供私人股份有限公司、公眾公司和擔保有限公司使用。

## （二）法團印章

舊《公司條例》要求每一家公司設有法團印章，亦即俗稱"鋼印"的金屬凸版印章。新《公司條例》取消了這個規定，公司可以選擇設有或不設有法團印章，從此銅印這個香港的經典產物或會成為古物。

## （三）股本

根據舊《公司條例》，公司股本有"面值"、"股份溢價賬"等概念，所指的是當公司發行新股票時，股票有一個面值。如上文所述，當公司開始營運後，公司的資產值或會有所增加，到這時候，公司如果再要發行新的股票，那股票的價值便會超過它原來的面價，例如股票面值是十元，但新股票的發行價可能是十二元，那超出的二元便是股票的溢價。其實，公司股票的價值是根據任何時候公司當時的資產值和市場對公司業務的看法而確定，與股票面值沒有直接關係。隨着這個概念的沒落，新《公司條例》把有關股票面值的條文刪除，公司股票不再有面值的要求。

## （四）董事

香港容許法人團體作為公司的董事，新《公司條例》規定了私人公司須有至少一名董事為"自然人"（即並非公司等"法人"）。另外，公司假如要和董事簽訂聘用合同，而聘用期超過三年的話，就必須得到成員的批准。這是為了避免董事私下與自己或其他董事互相簽署長時期的聘用合同。

# 十一　個人獨資及合夥

儘管香港《公司條例》已有種種便利中小型企業營商的簡化要求，但成立法人團體必須符合一些基本法律要求，這些要求對創業及經營小型生意的人士而言，始終構成一種行政和費用上的負擔，故此，他們更傾向使用一種最簡便的方式營商，那就是在稅務局進行"商業登記"。任何人士在開始營業的一個月內進行登記並取得一份"商業登記證"，他便可以合法營商。除了供個人登記的個人獨資商號外，兩人或以上的，還可以以合夥人方式登記合夥商號；而且，不管是自然人和法團，他們都可以組成合夥。在香港，這種形式有時被稱為"無限公司"，因為有異於法人團體，東主只進行了商業登記，並沒有成立一個獨立法人，東主須對他經營的業務承擔無限的責任。但須注意的是，根據《公司條例》成立法人團體，其中有兩類是無限責任但仍屬獨立法人的私人無限公司和公眾無限公司，它們和以通過商業登記成立的商號的分別，在於是否有成立一個獨立於東主的法人，這在前文已有論述。

法律對個人獨資或合夥商號並無特別的形式要求，基本上只須要進行和維持商業登記，遵守稅法和一般商業法規。但就合夥而言，由於合夥人之間存在一定的法律權利和義務，有關合夥的法規便相對重要了。合夥法的法律源頭主要是《合夥條例》（《香港法例》第38章）和普通法，相對《公司條例》而言，《合夥條例》十分簡單，只有四十七條條款。合夥人之間的法律關係，主要是一種合同關係，他們之間的權利義務一般是根據他們簽署的合夥合同來訂立和解釋。但很多時候，合夥人並無簽署合同，又或對合夥關係的存在產生疑問，那麼便須在《合夥條例》和普通法中尋找答案。

首先，類似大部份類型的商業合約，合夥關係的成立是沒有一定的形式要求，可以以書面約定，但也可能是口頭上的協議，或通過行為模式而構成。根據《合夥條例》的定義，合夥是一種為牟利而共同經營業務的人之間所存在的關係。這個定義看似簡單，但也會產生不少問題，問題一般發生在有業務往來的雙方，他們或許是為同一業務而努力，例如在一個合作關係中，甲負責購貨，乙負責行政管理，丙負責銷售，他們或許是合夥人的關係，但負責銷售的丙君也有可能只是甲和乙的代理或分銷商。現實上，大部份生意都需要和別人建立不同形式的商業合作關係，這些合作關係的法律地位根據它們的性質有所不同。就此而言，根據《合夥條例》中列舉的原則，單憑共同擁有財產，或各方攤分利潤的協定，是不足以決定合夥關係的存在，這種關係的確立是要根據每一個情況來判斷的，而當中最重要的因素，就是合作關係人是否願意建立一種"代理關係"。

有關一般代理的法律問題，在上一章已有介紹。合夥關係中的代理原則，是指在合夥關係中，每名合夥人都是商號和其他合夥人的代理。這意味着，對第三方而言，一位合夥人在共同業務中的作為或不作為，對其他合夥人是有約束力的，而其他的合作形式則一般不會存在這種互相約束性的代理關係。以上述的例子為例，假如甲乙丙三人是一種合夥關係，而丙君為購買運輸車輛而簽署了借款協議，該份借款協議對甲、乙和丙都有約束力的，不管甲和乙對此事知道與否，更不論他們同意與否；更重要的是，由於合夥人對業務的債務須負上無限的責任，甲乙丙三人對協議都要承擔全部責任。但假如甲乙丙三人之間不存在合夥關係，例如只是分銷關係，那麼丙君為了購買運輸車輛而舉債，這項債務是與甲和乙無關的，即使丙購買的車輛完全是為了銷售他們的貨物。

這裏還須要注意到代理權限的問題。一般而言，合夥合同應訂明合夥人的權限，而合夥人在權力範圍內的行為才對其他的合夥人有約束力。但合夥合同不可能將所有情況訂明，這就要考慮合同有沒有給予合夥人一種默許權力（默示權力）（implied authority），以及一般合理情況下合夥人應該擁有的權力，而合夥人一般被視為擁有這種未被明文排除的權力。另外，針對合夥關係以外的第三方而言，除非第三方已明知，又或在合理情況下應該知道，某合夥人的行為是超越了他的權限，否則該合夥人的行為仍然對其他合夥人產生約束力。再引用上述例子，假設丙君是需得到所有合夥人的同意才能進行借貸的，但除非貸款人明知或應該知道丙君已經超越他的權限，否則所有合夥人仍然要承擔丙君借貸行為的法律責任。在此情況下，合夥人有權追究合夥人越權的責任，但這是合夥人之間的問題，不影響第三方向所有合夥人索償的法律權利。

另外，合夥的一個局限性是商號（firm）難以購入和擁有資產。由於商號並非獨立法人，商號並不擁有法律能力自行擁有資產的，當商號需要使用某些資產時，便須由一名或多名合夥人以自己名義購入，再由合夥人以受託人身份代其他合夥人持有。但很多時，這種合夥人共同擁有的資產，或會和合夥人自行擁有但提供給合夥業務使用的資產混淆，前者是合夥財產，在合夥關係結束時須分配給合夥人，而後者則只是該名合夥人的私人資產，一般情況不會用作合夥人之間的資產分配，或償還合夥商號的債務（但須注意的是，因為合夥人的責任是無限的，合夥人的資產最終仍有可能用作償還合夥的債務）。這種情況多數會發生在合夥人以各自產業或技能合作，而各合夥人之間的財力並不均等，例如甲和乙君擁有一商舖，找了丙君合作，丙君提供機器並負責製造產品銷售，銷售的利潤由三人均分。首先，這樣的關係可被視為合夥，但也可能是租賃關係，這在上文已有論及；其次，假如這已被確定為合夥關係的話，還要解決該商號和有關機器的業權問題，因為儘管三人之間已就利潤分配達成協議，但當合夥關係結束時，又或遇上合夥業務遭到債權人索償，資產的業權誰屬便成為必須解決的問題。另一方面，假如其中一名合夥人有私人債務未償還而導致他的財產被查封，只有他的私人產業可被查封，合夥產業是不會因為合夥人個人的債務而受到直接影響。

從這些例子可見，清楚訂明合作各方的法律關係的性質，用於合夥業務的財產的性質，以及合夥人的權力、權利和義務的重要性。一般非合夥性的商業合作合同都會明言合同不會產生合夥關係，以排除合作方有約束另一方的權力。

本章談論到的公司，尤其是有限責任公司，以及合夥商號等，都只是在香港日常生活中最常遇到的商業模式，其他的形式還有很多。香港的商業法重實質而輕形式，商業步伐又異常急促，很多時從商者未必會充分考慮各種模式的優劣，甚至忽略了簽署適當合同的重要性，而很多投資者又只知勇往直前，從未顧及商業和股票市場等風險。希望通過本章的介紹，大家可以對公司、合夥商號等商業組織有些基本的認識，減少不必要的失誤。

## 第十六章

# 僱傭法

伍錫康

香港大學商學院名譽教授

## 一 前言：觀念概論

　　勞動法的出現和存在，可以根據其功能來作出解釋；簡言之，在僱主與僱員之間，管理層與下屬之間，存在不對等的權力關係，而僱傭法的功能，旨在平衡僱員或下屬的弱勢地位，給予他們基本保障，使其免受剝削。英國勞工法權威奧卡科教授（Otto-Kahn Freund）指出，僱傭法就是賦予僱員或勞動者 "法定權益基礎" 的法律。根據這個定義，勞動或僱傭法可依功能分為三類：第一類是規管及保障性的法律；第二類是輔助性的法律，其作用就是協助員工結社和組織工會；按照英國的 "自由" 傳統（tradition of "voluntarism"），這類法律主要是給予工會若干豁免權（immunities），使其在普通法下享有一定的自由，免受民事或刑事起訴，例如不能以串謀為由入罪；第三類是約束性的法律，不少國家將若干罷工行動列為違法行為，例如，公務員或水電等公共服務從業員帶有政治目的的罷工。另外，罷工糾察必須以和平的方式進行，而不能對僱主及其產業造成任何騷擾或破壞，並且，糾察工人不能教唆其他員工違約罷工。[1]

若從另外一個角度來分析，按有關規則的性質，僱傭法可分為訂立程序的基本性規則和訂立實質僱傭條件的規則，前者是程序性規則，而後者是實質性規則。[2]

程序性的勞工規則，旨在制定"遊戲規則"，在香港的主要例子，就是1971年制定的《職工會條例》（Trade Unions Ordinance）、1975年制定的《勞資關係條例》（Labour Relations Ordinance），以及1972年的《勞資審裁處條例》。實質性的規則，旨在規管勞資雙方的權利與義務，並規定僱員所享有的若干最低法定勞工福利。最明顯的例子，就是《僱傭條例》（Employment Ordinance）、《僱員補償條例》（Employees' Compensation Ordinance）、《破產欠薪保障條例》（Protection of Wages on Insolvency Ordinance），與《職業安全及健康條例》（Occupational Safety and Health Ordinance）。

從勞動關係學的觀點來看，僱傭法可被視為工業或後工業社會裏其中一項重要的制度。隨着工業發展，勞資矛盾及紛爭日漸增多。其主要原因，就是在以金錢掛帥的商業社會中，勞資之間往往缺乏互信，這有異於在傳統社會裏，主僕之間往往存在着高度信任。[3]

因應勞資雙方各自利益不同的情況，一系列法律和規則便應運而生，用以協調勞資雙方的矛盾和糾紛，並保障處於較為弱勢一方的受僱者。關於這個論點，可參考以下經典文獻：哈格爾等人的《工業論及工業人》[4]、鄧立的《勞資關係制度》[5]、寇豪斯等人的《工業矛盾》[6]以及路斯和夏文的《轉變中之工

---

1　Roy Lewis, 'Method and Ideology in the Labour Law Writings of Otto Kahn-Freund', in Lord Wedderburn et al.(eds), *Labour Law and Industrial Relations: Building on Kahn-Freund* (Oxford : Clarendon Press,1983), pp76-77; P. Davies and M. Freedland (eds), *Kahn-Freund's Labour and the Law* (London: Stevens and Sons, 1983), p 359.

2　Allan Flanders, 'The Nature of Collective Bargaining', in Allan Flanders (ed.), *Collective Bargaining* (Harmondsworth: Penguin, 1969), p 21.

3　Alan Fox, *Beyond Contract:Work,Power and Trust Relations* (London: Faber and Faber, 1974).

4　Clark Kerr, John T. Dunlop, Frederick H. Harbison and Charles A. Myers, *Industrialism and Industrial Man: The Problems of Labour and Management in Economic Growth* (Harmondsworth: Penguin, 1973).

5　John T. Dunlop, *Industrial Relations System* (New York: Henry Holt, 1958).

6　A.Kornhauser, R.Dubin and A.Ross(eds.), *Industrial Conflict* (New York: McGraw-Hill, 1954).

業矛盾形態》[7]。進一步而言，勞動法律及規則可被視為僱主、僱員與他們的集體組織加上政府官員三方互動而產生的機制，並反映了當時的政治、經濟、社會及文化背景。

這個觀念與美國的制度經濟學學說接軌，後者指出，僱主對營商機會往往抱樂觀的態度，相反地，僱員及工會對於工作機會常持悲觀謹慎的態度，因此，工會的運作就類似 "卡塔爾"（labour cartel），它試圖壟斷勞動力供應，從而與僱主談判，訂立集體協約，又或是向政府游說，要求制定有利於工人的法律。[8]

這些規管勞資雙方的規則，可分為正式和非正式兩大類。1968 年，英國的皇家工會與僱主聯會調查委員會（Royal Commission on Trade Unions and Employers' Associations）在其報告中，[9] 就清晰地將勞資關係制度劃分為正式的制度和非正式的制度，前者泛指僱傭法、工會法及任何調節勞資關係的成文法規則，而後者則包括例如件薪工人之間達成默契與限制產量，以維持工價等這一類不成文的習慣和做法（custom and practices）。

勞動法例中一個重要的環節，是調停勞資雙方的矛盾及糾紛。根據矛盾的性質，這些糾紛可大致分為權益性糾紛（disputes of rights）和利益性糾紛（disputes of interests）；[10] 前者是就法例、合約或習例訂下的勞資雙方權益，究竟是否適用而引起爭議，而後者則指勞資雙方因加薪、減薪等相對利益而出現的紛爭，但又未有一定的準則可以依循，而最終的解決方案，須視乎雙方的理據和議價能力。因此，循法律途徑闡釋法例，或演繹有關習例及契約的內容，比較適合於解決權益性糾紛，例如勞資審裁處（Labour Tribunal）及小額薪酬索償仲裁處（Minor Employment Claims Adjudication Board）等法定

7　A. M. Ross and P. T. Hartmann, *Changing Patterns of Industrial Conflict* (New York: Wiley, 1960).

8　該學派的一批經典性參考文獻有：John R. Commons, 'American Shoemakers, 1648-1895: A Sketch of Industrial Evolution', *Quarterly Journal of Economics*, vol. 24 (1909)；以及 Selig Perlman, *A Theory of the Labor Movement* (New York：Macmillan, 1928)。

9　該報告書以其主席命名，一般被稱為 "唐奴雲報告"，即 *Donovan Report*。

10　O. Kahn-Freund, 'Intergroup Conducts and their Settlement', *British Journal of Sociology*, vol. 5, no. 3 (1954), pp 193-227.

機制。但因利益衝突而引起的糾紛，由於第三者（third party）不像當事人那樣能對雙方可能作出的讓步有更深入的了解，因此，比較好的解決方式是由雙方直接對話，互諒互讓，從而達成協議，而法庭亦不宜介入。

值得一提的是，根據勞資關係學鼻祖韋氏夫婦（Sidney and Beatrice Webb）的經典文獻，[11] 現代職工會常以三種方式為會員和工人階級爭取利益以及改善他們的工作環境和條件，其一是由工會自行釐定有關行業的規則與習例，例如僱員必須憑會籍方可保留職位（即 closed shop）；其二是由工會與僱主談判，達成集體協約，從而成為調節雙方關係的約章（industrial charter）；其三是由工會作為壓力團體，向政府游說，促使其制定和修改有利於工人的勞動及僱傭法，以保障勞動大眾並改善他們的福利。在今天香港，由於工會的政治影響力正日益增強，因此，它們能夠迫使政府頒佈越來越多的保障僱員利益的法例，例如《破產欠薪保障條例》、《強制性公積金計劃條例》（Mandatory Provident Fund Schemes Ordinance）以及最近的《最低工資條例》等，並對《僱傭條例》作了一連串修改。然而，香港工會仍然缺乏足夠的結社力量，去迫使僱主承認工會，至於進行集體談判和集體協約，也僅是鳳毛麟角而已。

## 二　香港勞工法例的歷史沿革

香港開埠初期，其勞動法僅具雛型。作為英國殖民地，它的勞動僱傭法，是仿照英國的勞工法及工會法，或是參考其他英國屬地的相關法例而制定的。現代的勞工及僱傭法，主要是源自英國及西歐等其他工業先進的國家。19 世紀末期及 20 世紀初期，工業革命在這些地區萌芽，以採礦業及紡織業為主流產業，當時不少工廠與礦坑的工作環境惡劣，工人的工資受資本

---

11　Sidney and Beatrice Webb, *The History of Trade Unionism* (London: Longmans, 1894); Sidney and Beatrice Webb, *Industrial Democracy* (London: Longmans, 1898).

家搾削，童工及女工往往要在工廠長時間工作或在深夜工作，這對他們的身心有嚴重損害，為改善這些"血汗工場"（sweat shop）的情況，這些國家訂立一系列的工廠法，以保障勞動階層。與此同時，由於工人之間逐漸開始孕育團結互助的意識，他們開始結社組織成為工會，工人運動亦由此萌芽，爭取僱主對工會的承認，進行集體談判，以改善其會員及工人的工作環境和僱用條件。[12]

英國為工業革命的發源地，然而按普通法傳統的闡釋，職工會被視為妨礙自由貿易的工人串謀組織，屬非法結社，在 19 世紀初，英國國會通過《結社法》（Combination Acts），將工會列為不合法團體。然而，工會勢力漸大，創立工黨，凝聚政治力量，同時在統治階層，有不少知識份子開始逐漸關注工人的苦況，因此，國會自 19 世紀後期開始制定一系列工廠法與工資法，以保障工人工資、童工及女工，還規定了工廠的衛生與安全標準，並且廢除《結社法》，代之以一系列的法律，諸如《工會法》、《工業糾紛法》及其後的修訂，這些法律奠定了工會的合法地位，使工會享有向政府登記與否的自由，並賦予工會不受普通法約束的若干豁免權，避免因妨礙自由貿易而遭到起訴。

香港以英國勞工及工會法為先例，開始為保障在本地工作的工人立法。一個重要的分水嶺，是在 1920 年代的英國，由有社會主義理想的費邊社（Fabian Society）學者悉尼韋伯（Sidney Webb）出任殖民地大臣，他在英國屬地推行較具雛型的勞工政策。1919 年，當時香港的衛生管理委員會提出修訂《公共衛生及屋宇條例》（1903 年），釐定在工廠車間內的公共衛生標準，例如廠房不能過度擠塞，工人應有合理的空間，並且亦設下若干限制。

其後在 1921 年，政府委任了一個調查委員會，以檢討在工廠受僱的青年工人及童工的狀況，按照該委員會的建議，政府在翌年通過了《兒童工業僱

---

12　現代工會運動，可以說是勞工階層在面對工業資本（industrial capitalism）的剝削傾向時，產生的自我保護的回應。見例如 E. J. Hobsbawm, *Labouring Men: Studies in the History of Labour*（London: Weidenfeld & Nicolson, 1964）；E. J. Hobsbawm, *Industry and Empire*（London: Weidenfeld & Nicolson, 1968); E. P. Thompson, *The Making of the English Working Class:1780-1830*（Harmondsworth: Penguin, 1968）。

備條例》，童工年齡被正式訂為十五歲或以下，這些童工不能在危險行業工作，工時不能多於每天九小時，同時不能連續工作多於五小時，而且不能在晚間工作（由晚上七時至翌日凌晨七時）。該修例亦委任當時的華民政務司為青年及兒童工監護人，隨後在 1927 年通過的《工廠（意外）條例》，開始設立工廠督察及助理督察的職位。

1929 年的《婦女、青年及兒童工業僱傭（修訂）條例》，將在工廠工作的婦女納入青年及童工的保障範圍之內。1932 年通過的《工廠暨工場條例》規定，不滿十五周歲的兒童，不能在工廠工作，亦不能受僱於任何危險行業，而婦女及青年工人，須待勞工監護人批准，方可在這些行業工作。

其後於 1934 年通過的《綜合性工廠暨工場條例》，將勞工監護人一職改為由市政局主席擔任。而市政局亦獲得授權，可以制定《工廠經管附例》（by-laws）。兒童年齡重新訂為十四歲以下的不能受僱工作。至於青年工的年齡，則訂為十四歲以上及十八歲以下。隨後通過的該條例之附例，加強了對婦女及青年工人的保障。

此外，1932 年的《最低工資條例》（Minimum Wage Ordinance），賦予港督會同行政局在被認為工資過低的行業頒佈最低工資的權力，該機制是由港督在有關行業委任最低工資局（minimum wage council），在進行調查後，可為該行業頒佈最低工資。

1923 年通過的《婦女家庭傭工條例》和 1938 年頒佈的修訂條例，規定任何年齡未足十二歲的女童為家僕，並且對“妹仔”這一中國傳統蓄養丫鬟的習慣作出規範，當時，港英政府頒令全港的“妹仔”須於 1930 年 5 月底前向華民政務司署登記；其後，1938 年的《婦孺保障條例》頒令華民政務司擔任所有年齡未足二十一歲的被領養女孩的監護人。而 1935 年的《公共衛生條例》賦予市政局權力，負責監管工廠內的衛生情況，規定這些工廠須有充足的光線及通風設備，而且必須每年進行一次清潔消毒。危險及具厭惡性的行業，亦被納入到市政局的管轄範圍之內。

至於勞工處的歷史，則可追溯至 1927 年，最初在華民政務司署內設立了一個勞工分處（Labour sub-department），同時還成立了勞工顧問委員會，初期主要是由港督委任的英資僱主擔任成員，其主要職責是就勞工政策與勞工法例向政府提供意見。這個諮詢機制背後的理念源自英國對其海外屬土的勞工政策。然而該勞工顧問委員會在成立初期，卻未被充分利用，究其原因，部份在於其未有完整的三方代表性，其成員幾乎全部是僱主代表及政府官員，反而缺乏僱員或工會參與。

另一方面，有關對僱傭關係的規管，可追溯至 1902 年的《主僕條例》（Masters and Servants Ordinance）及在 1932 年通過的修訂條例。該條例規定，簽定僱傭合約的任何一方，其年齡必須在十六歲以上。除非存在不同的書面聲明，否則所有合約將被視作按月合約。這種合約可以每月續訂，若要解約，須給對方一個月的預先通知期，或是以薪金代替通知。任何長於一個月的合約，須呈交裁判司核對，倘若僱傭合約是水上人家所訂立的，則須向該區警察督察登記，有關合約不能超過五年。然而在 1930 年代，《主僕條例》並未得到嚴格執行，例如不少來自上海的技術工人，縱然雙方簽有合約，其內容大多都未能符合有關條例的規定。

與此同時，香港有關規管工會與勞資關係的法例亦漸具雛型。在開埠初期，香港沿用英國普通法，規定任何社團（例如工會）倘若阻礙自由貿易，即屬違法。根據 1912 年制定的《防止杯葛條例》（Prevention of Boycotts Ordinance），任何社團的杯葛行為，若妨礙他人自由貿易，即屬違法。然而該條例只屬具文，一直被擱置而未有得到嚴格執行，即使政府在 1925 年面對省港大罷工與杯葛，亦未有運用該條例。

至於 1922 年訂立的《緊急規例條例》（Emergency Regulations Ordinance），則賦予港英政府根據有關規例享有廣泛的權力，防止在罷工時，任何可能破壞或誘使他人破壞公共秩序的行為，倘若任何人意圖煽動工人進行罷工，亦屬違例。同時，亦授權華民政務司，在有需要時可以執行新聞與出版審查，以防止這類行為發生。

有關規管香港工會的法例，可追溯至早期的社團及三合會（triad

societies）條例。早在 1845 年，香港已開始立法箝制例如三合會等黑社會的活動。1887 年制定的《三合會及非法社團條例》以及 1911 年頒佈的《社團條例》，規定所有社團須向政府註冊，或申請豁免登記，從而規管它們的政治活動。另外，倘若港督會同行政局懷疑任何社團活動可能破壞香港秩序，或意圖在中國鼓吹動亂，則可以拒絕其註冊申請，而將其視為非法組織。當時不少行會（guilds）與工會，按照該條例獲得豁免而無須登記，其中包括兩個商會、三十四個僱主行會與七個技工行會。所有社團，不論其是否已經註冊，均須向華民政務司登記其會章。

隨後港府在 1920 年修訂《社團條例》，廢除了註冊程序，改而臚列何屬非法組織，包括三合會等黑社會組織。同時，港督會同行政局可以頒令，將任何被懷疑在香港或中國大陸可能煽動暴亂的團體，列為非法組織。

1922 年在香港發生的海員大罷工以及隨後的省港大罷工與杯葛的工潮，導致港英政府在 1927 年頒佈《非法罷工及閉廠條例》（Illegal Strikes and Lock-outs Ordinance），旨在抑制大型工潮，將任何與勞資糾紛無關，或意圖強迫政府就範的停工，列為違法行為。同時，任何公務員或在主要公共服務行業（例如食水與電力供應等）工作的員工，若因違約停工而妨礙這些服務的正常運作，亦屬違法。此外，任何工會亦不能受海外組織操控，而工會經費亦不能挪作海外政治用途。與此同時，港府亦根據《社團條例》與《緊急條例》，頒令指定包括中華海員工會聯合會（香港海員工會前身）、紡織工會與茶室工會等十五個工會屬非法團體。

其後，勞工主任在其 1939 年所撰寫的詳盡報告中，就香港的勞工及社會狀況作出了深入的闡釋。該報告指出，在 1920 年的《社團條例》下，工會僅被視為不屬非法組織，地位含糊，有欠鮮明。因此，報告建議應讓工會自由決定是否要向政府註冊，並且給予登記的工會若干豁免權利，藉此鼓勵具有責任感的英式工會在香港萌芽及進一步發展。

前文已經提及，早在 1932 年，香港已就最低工資立法，是年頒佈的《最低工資條例》賦予港督會同行政局可在被認為工資過低之行業，頒佈設立制

定最低工資機制的權力。該機制主要是委任一個五人委員會，其中主席一
職，須由一名法官擔任；該委員會的職能，是就該行業的工資水平進行調
查。然而由於內容過於空泛，該法例於 1939 年被廢除。代之而訂立的，是
1940 年的《行業委員會法》（Trade Board Ordinance），該法例仿照英國的
《工資委員會法》（Wage Council Act）制定，規定可在邊際行業成立委員會，
成員包括該行業的勞資雙方代表，以及其他較有組織的工會及僱主的代表，
由勞工處處長擔任主席。該委員會較其前身享有更大的權力，可以制定該行
業的合理工時、薪酬及其他僱傭條件。然而，該法例一直以來未有實施，官
方的解釋是：並未有任何工會向政府提出要求，要在有關行業成立行業委員
會。然而因為該條例所提供的機制，英國政府可向國際勞工組織報告，香港
運用《國際勞工公約》第二十六條，已經擁有制定最低工資的機制。[13]

　　第二次世界大戰後，香港復原重建，百廢待興，而勞工法例亦逐漸推
陳出新，但由於資源短缺，工資增長的速度落後於通脹的速度，所以出現
了不少勞資糾紛及工潮。與此同時，受中國內地政局影響，香港工運漸趨
兩極化，左右兩派工會壁壘分明，勢成水火，左派的工會聯合會與右派的
工團總會，在 1949 年相繼成立。1948 年，港英政府根據 1939 年的畢拉報
告（Butters Report），開始就職工會立法，頒佈了《職工會與勞資糾紛條例》
（Trade Unions and Trade Disputes Ordinance），該法例亦參考了 1941 年英國
為其海外屬土所提供的工會法藍本，給予工會法定地位，工會必須向政府註
冊，方可享有一系列豁免權，免受普通法束縛。同時，為配合《非法罷工及
閉廠條例》，亦對工會用於政治的基金予以管制。此外，1949 年的《社團條
例》規定，任何組織，除非已向政府註冊為職工會，或屬於已註冊的公司，
均須向警務處長登記，註冊為社團。由於這個原因，任何勞工團體，倘若未
有註冊為工會，均須按《社團條例》登記。至於左派的香港工會聯合會與右
派的港九工團總會，由於屬跨行業之聯合會（union federation），不能按《職

---

13　有關 1920 及 1930 年代的勞工法例與勞工狀況的闡釋，可參考 H. R. Butters, *Report by the Labour Officer, Mr. H. R. Butters on Labour and Labour Conditions in Hong Kong* (Hong Kong：Government Printers and Publishers, 1939)。

工會與勞資糾紛條例》註冊，所以須以社團的地位運作。在這種情況下，香港的工運組織，除工聯會及工團總會外，亦包括職工會聯盟（簡稱"職工盟"）、勞工社團聯合會（簡稱"勞聯"），它們皆屬社團組織，不能享有《職工會與勞資糾紛條例》所賦予的豁免權，因此不能直接號召罷工，或參與個別行業或企業的集體談判，但在運用其經費例如政治捐獻方面，有較大的自由度。

由於香港工業的發展，1948 年的《職工會與勞資糾紛條例》須作修訂調整。當製造業逐漸萌芽之際，港英政府在 1961 年對該條例進行了全面檢討，將該條例重新訂名為《職工會登記條例》（Trade Union Registration Ordinance），其中重要的修訂項目，包括（a）給予職工會法人的地位（corporate status），使其可以擁有資產，並且享有可以起訴他人的權利及須承擔被起訴的責任；（b）加強對工會基金的管制；（c）加強對職工會內部行政的監管；（d）撤銷職工會登記局局長以工會可能重疊為由而拒絕登記工會的權力；（e）放寬對工會合併的規限，合併的工會可來自不同行業，以及（f）任何對職工會登記局局長決定的上訴，不再由港督會同行政局負責聆訊，而改由上訴法庭處理。自此，《職工會登記條例》集中於處理職工會事務，至於原先法例中有關管制勞資糾紛之部份，則納入新頒佈的《勞資糾紛條例》中。十年後於 1971 年，《職工會登記條例》又再度易名為《職工會條例》（Trade Unions Ordinance）。與此同時，職工會登記局局長的職能也被重新釐定，該條例亦將職工會的內部行政進一步理性化，而且將職工會就職工會登記局局長的決定提出上訴的程序作出修訂。其後，為使職工會更容易聘任專業的全職幹事，該條例在 1977 年再作修訂，以放寬擔任職工會幹事的資格。因此，即使是從未在該職工會所組織的行業內任職的人員，亦可獲聘為該工會的受薪幹事。[14]

---

14　有關該項修訂，可參考 Joe England, *Industrial Relations and Law in Hong Kong* (Hong Kong: Oxford University Press,1971)。

## 三　勞資關係與有關法例

由於《非法罷工閉廠條例》的緣故，香港僱員一直以來未能享有罷工自由，這個情況一直持續至 1975 年，繼 1968 年的《僱傭條例》之後，港英政府在該年制定《勞資關係條例》，旨在處理大型的集體勞資糾紛。該條例授權政府可按循序漸進之機制介入與調停勞資糾紛。根據該條例，勞工處處長在發現有嚴重之勞資糾紛時，可獲授權進行調解，倘若未能成功，可以進一步向香港總督（回歸後為香港特別行政區行政長官）提交建議，委任一名特別調解員（special conciliator）進行調處。在 2010 年代初，特區政府曾運用該條例，授權勞工處的官員，就國泰航空公司與機艙服務員工會的糾紛進行調解，但至今尚未出現特別調解的案例。

倘若上述調解程序仍未能平息有關的勞資糾紛，則根據此條例，勞工處處長可向港督會同行政局（現為行政長官會同行政會議）提交報告，並向其建議，考慮頒令以下三種措施其中之一：

（a）委任調查委員會，就該事件進行調查，並提交解決該宗勞資糾紛的建議方案；或

（b）委任一名仲裁員或三人組成的仲裁委員會，進行仲裁，然而有關仲裁決定並無法定效力；或

（c）按情況需要，港督會同行政局（現為特別行政區行政長官會同行政會議），頒佈其認為適當的任何措施。同時，《勞資關係條例》亦設有"冷靜期"（cooling-off period），這個程序授權港督會同行政局（現為特區行政行政長官會同行政會議），在有需要的情況下，頒佈為期三十天的"冷靜期"，勒令勞資糾紛雙方須暫停所有工業行動，回復至罷工或閉廠前的狀況，而任何違反該行政命令一方，當被視作藐視法庭罪論，若有需要，冷靜期可再延長三十天，但整個冷靜期不能多於六十天。冷靜期這項措施，是仿效美國的"總統禁制令"（presidential injunction/ban），目的是要雙方在這段"休戰"期間，各自抑制與冷靜下來，進行理性磋商或接受調解，希望藉此達成協

議，解決糾紛。然而"冷靜期"是不能輕率頒佈的，只有在特殊及嚴格指定的情況下，方可施行。這些情況可簡述如下：

（a）當政府察覺勞資糾紛出現，以及導致罷工、閉廠或其他不正規的工業行為，可能出現或經已出現；

（b）該勞資糾紛嚴重妨礙或影響正常的商品及服務供應，而可能嚴重損害香港整體經濟運作，或嚴重影響民生，或會嚴重威脅市民安全及社會秩序，或對香港的穩定會造成嚴重傷害；及

（c）倘若相信該"冷靜期"會導致工業行動暫停，並可使雙方接受調解、仲裁、或調查委員會在聆訊後作出的建議，達至雙方協議，從而解決勞資糾紛。然而，"冷靜期"這個條款，亦僅是具文而已，迄今尚未在憲報刊登及頒令生效。

此外，《公安條例》（Public Order Ordinance）亦是一項重要法例，可以規管及影響工業行動。1980年以前，該條例較為嚴苛，規定任何人士，包括罷工者，須向警務處處長預先申請牌照，方可進行公眾集會或遊行，並須在不少於七天前獲發牌照。其後，1980年通過的修訂法例，撤銷了發牌制度，代之以較為寬容和簡易的程序，即無須申請發牌，但須預先通知警務處處長，除非後者反對及禁止該集會或遊行，否則將可如期進行，而警務處處長只可在法例列明的情況下方可提出反對。

同時，"公共集會"一詞也被重新定義，只限於為角逐或爭取利益（例如工資糾紛）或針對與公眾有關的問題而舉行的集會，但不包括社交、教育及宗教性質的聚會，倘若屬於後者，則無須預先通知警務處處長。

1995年香港回歸前夕，為配合1991年通過的《香港人權法案條例》（Hong Kong Bill of Rights Ordinance），港英政府將《公安條例》再作修訂，將警務處處長可以反對公眾集會或遊行的理由進一步收緊，除非有關集會或遊行，可能抵觸公共利益（例如人數過於擠迫，或可能煽動參加者的情緒，或可能導致互相踐踏的局面，因而威脅公眾安全或和平等情況），否則警務處處長不能提出反對。九七回歸時，香港特區臨時立法會又對當時的《公安條

例》作進一步的修訂，以配合《基本法》的實施。

　　"罷工"的法定地位自 1970 年代開始亦獲得承認。1975 年的《勞資關係條例》廢除了以往的《非法罷工及閉廠條例》，意味着以後任何罷工行動，再也不能構成刑事罪行，這是由於 1975 年的法例授權政府，以有效機制去干預及抑制勞資糾紛，故此無須將罷工或閉廠行動列為非法。引伸而言，香港僱員自此可享有"罷工自由"，無須擔心違法。然而，罷工者可能會因違約而遭僱主解約，同時亦因為香港並未有"不公平解僱"（unfair dismissal）的條例，[15] 所以罷工者不能享有職業保障（employment protection），所以論者認為，有異於英國和歐洲大陸，香港僱員仍未享有罷工的權利（right to strike）。[16] 在這種情況下，基本法賦予港人的罷工權利，可能僅停留在具文層面。至於《職工會條例》，在九七年回歸後亦有若干重要的修訂。其一就是對工會經費運用的管制略作放寬，因此，工會可動用其經費作有限度的政治用途，例如用作支持選舉活動；其二就是職工會可以跨行業或工業，組成聯合會（federation），而不須再像以往那樣，只有同一行業或工業的工會，方可組成聯合會。在修例後，香港的主要工人團體，例如工聯會、工團、勞聯及職工盟等，可按修訂條例註冊為工會聯合會，然而它們皆選擇繼續註冊為社團，以便在行政及財務上，享有較大自由。另一方面，以往任何工會倘若要與任何海外工會或組織聯繫，須待港督會同行政局批准，方可進行。1997 年《職工會（修訂）條例》修訂了此項規定，因而任何職工會，無須獲得到特別

---

15　英國於 1975 年通過的《僱傭保障法》（Employment Protection Act），賦予僱員一系列職業保障，以防止"不公平解僱"。重要的例子，就是倘若全廠罷工，僱主只選擇性地解僱部份罷工工人，而保留其他同樣參加罷工的僱員，則被開除的僱員，可以"不公平解僱"為理由，向"工業法庭"（industrial court）提出申索，要求僱主賠償或安排復職；由於這個原因，令僱主不能輕易將罷工工人選擇性地開除，以免導致一連串"不公平解僱"的訴訟，因此可給予罷工者一定的職業保障（employment security）。概括而言，《僱傭保障法》內有關"不公平解僱"的條款，賦予了罷工工人"罷工權"。見 Lord Wedderburn, *Employment Rights in Britain and Europe* (London: Lawrence and Wishart, 1991), pp 239-243。

16　英國對罷工者的法律保障較為含蓄，相對而言，歐陸國家關於"罷工權"的定義較為清晰，常見的是在憲法內訂明國民可享有"罷工權"，背後的觀念，是"停職論"（suspension theory），就是在罷工期內，雙方之僱傭關係，僅是暫時凍結，罷工工人並無離職意圖，而是準備在罷工結束後返回崗位復職。例如意大利憲法第四十條就是闡釋工人的"罷工權"，見 Lord Wedderburn，同上註，pp 245-46，亦可參考伍錫康：'Labour Law in Hong Kong'，in Roger Blawpain (ed.), *International Encyclopaedia of Industrial Labour Law and Industrial Relations* (the Netherlands: Wolters Kluwer, 2010), pp 284-85。

行政區行政長官會同行政會議批准，就可以與海外工會或團體聯繫，除非該海外團體屬於政治性組織。

根據《職工會條例》，職工會（trade union，又稱"工會"）的定義，是規管僱員與僱員、僱主與僱主，或僱主與僱員之間關係的組織，所以包括僱員工會、僱主協會（商會），以及僱主和僱員的混合會。《職工會條例》的內容，可簡介如下：

## （一）工會的成立

法例規定，在任何行業、工業或職業內，倘若至少有七人企圖組織工會，則須於三十天內向職工會登記局申請登記。申請手續，包括呈交工會章程（或稱"規則"）；章程內容，必須包括若干事項，例如工會宗旨、會員權利、工會內部運作的程序、會員大會的權力、理事會的產生方法，以及如何徵收會費和工會經費的用途等。除非有違法情況或事項，否則勞工處必須登記有關工會。

工會登記後，成為一個法人團體，可以自己名義持有財產，或起訴他人或被他人起訴。此外，工會及其成員亦享有某些法定的權利與豁免權，例如在介入勞資糾紛時，若號召會員進行罷工，可免受民事起訴。

## （二）參加工會的權利

所有僱員皆有權加入屬於自己行業、工業或職業的工會，參加工會活動，甚或參加工會內部競選，成為工會的理事或職員，領導工會活動（然而一般來說，十八歲以下之會員不能擔任理事，未足十六歲之會員則沒有投票權）。

根據《僱傭條例》，僱主不能阻止僱員參加工會，或因此而對後者作出歧視。同時僱主亦不能規定僱員不得加入工會或必須退出工會，作為聘用僱員的先決條件。倘若僱主違反上述規定，可被起訴，而倘若罪成，可被罰款。

作為工會會員，僱員不單可享受工會提供的福利，及參加工會舉辦的各項活動，並且倘若僱員與僱主發生糾紛，工會可以協助會員與僱主交涉，保障會員的權益。例如在勞資審裁處的訴訟中，僱員可以授權工會職員與自己一起出席聆訊，協助自己在審裁處進行申訴。

## （三）工會與政府的關係

一般而論，工會內部的最高決策權力，屬於會員大會。會員大會選出理事會，負責日常會務的行政管理。但關於重要問題的決策，如工會名稱的改變或准許將工會經費運用於參加香港各級議會選舉的開支，必須由會員大會決定。對於工會內部運作的事務，包括選舉理事會和作出任何決策，工會享有很大自由，政府不容干預。

然而法例對工會活動，也有一定的限制和監督。例如關於工會活動的資料，包括章程、賬目、理事姓名、會員總數、分會的設立等，必須向職工會登記局呈報。章程的修改或工會名稱的改變，要到勞工處登記，才能生效。對於工會經費的運用，法例有詳細的規定。此外，法例規定，香港的工會不可以加入外國的非工會性質的組織或向其提供捐助，除非得到行政長官的許可。

## （四）其他事項

法例對於如何解散工會、合併工會與工會聯合會的成立，亦有詳細的規定。工會若要解散，可由會員大會根據工會章程，自行決定。若出現違法情況，當局可以取消工會的登記，並任命清盤人。

工會的合併，是指超過一個工會合併成為一個工會，原有工會的會員，成為新工會的會員。然而合併必須符合某些條件，方能進行，包括工會內部有足夠數目會員贊成合併，及得到職工會登記局局長之同意。

成立職工會聯會（或稱“聯合會”）與工會的合併有所不同。聯會是由幾個工會組成的聯盟，每個原有的工會皆是聯會的會員；在成立聯會後，原有工會仍保存它們的身份，繼續存在，而不是像合併的情況般，原有工會消失，由新的工會取代。

# 四　僱傭關係與有關法例

## （一）《僱傭條例》

　　規管個別僱傭關係的最重要法例，是在 1968 年制定的《僱傭條例》，該法例取代已經不合時宜的《主僕條例》，其內文部份參照新加坡的《僱傭法》與日本的《勞動法》，港府立法的原因，部份是由於 1967 年騷動，喚醒政府注意到民間存在着的貧富懸殊問題，察覺到改善勞工狀況的重要性。況且，當時英國的工團總會（Trade Union Congress）認為，蘭開夏（Lancashire）等紡織中心受到香港較為低廉的製衣產業的威脅，因而在國會向英國和香港政府施壓，要求後者採取有效措施，以改善殖民地"血汗工場"的形象。

　　《僱傭條例》不單保障工資，亦訂下一系列僱員福利與權益，構成了一個最低僱傭標準的安全網（statutory floor of employment rights），這些僱傭權利包括休息日、法定有薪假日、有薪年假、疾病津貼（即有薪病假）、有薪分娩假期、長期服務金與遣散費及年尾雙薪等項目。此外，該條例亦規範僱傭合約的性質，並且釐定連續性僱傭合約的定義，還臚列在何種情況下可以終止僱傭合約以及因解約而引起的通知或賠償問題。

　　就上述法定僱傭權益，茲略述如下：

## 1. 休息日（rest day）

　　法例規定每工作七天，僱主須為其僱員安排一天休息日，而休息日可以屬有薪或無薪。若是僱主要求，僱員可在休息日工作，僱主亦可另訂日子代替休息日，休息日可以是每星期指定的某日（通常定在星期天），或是由僱主編定的輪休日子。然而，在例如飲食業與零售業等服務業界別的僱員，因為屬消閑行業，所以多是按輪休制，休息日幾乎皆是在周末以外。

## 2. 法定有薪假日（statutory holiday）

俗稱"勞工假期"，有別於根據《公眾假日條例》所訂立的每年十七天公眾假期，一般而言，白領僱員通常可享有星期天休息日與公眾假日。相反，家傭與藍領僱員多是獲給法定假日，現時每年有十二天法定假日，包括：(a) 農曆新年首三天；(b) 清明節；(c) 五一勞動節；(d) 端午節；(e) 七一香港回歸日；(f) 浴佛節；(g) 十一國慶日；(h) 中秋節翌日；(i) 重陽節；(j) 冬節或聖誕節。

僱員須為僱主連續服務三個月後，方可享有法定假日的薪金，否則只會在該日放假。倘若僱主有需要，可給予僱員代替假日或另訂假日，然而法定假日，必須給假，不能以薪代假。

## 3. 有薪法定假日與公眾假期

如上文略述，根據《公眾假期條例》（General Holidays Ordinance），每年憲報公佈翌年的公眾假期，多達十七天，較法定假日多出五天，一般而言，在政府、銀行、財經、商業等機構或法律與會計等專業工作的白領僱員，是按《公眾假期條例》給假，並且獲支全薪。因此香港的假日制度，乃屬雙軌制。由於白領與藍領員工之差異，有厚此薄彼之嫌，因而引起不少工會不滿，不時向政府施壓及游說，要求修改法例，將勞工假日與公眾假期逐漸合併，以統一香港的有薪假日制度。

## 4. 有薪年假

任何僱員，倘若連續服務一年後，便可享有有薪年假，之後按其年資，每年所得之年假日數，將可遞增如下：

| 年資 | 年假日數 |
|------|----------|
| 一年 | 七天 |
| 兩年 | 七天 |
| 三年 | 八天 |
| 四年 | 九天 |
| 五年 | 十天 |
| 六年 | 十一天 |
| 七年 | 十二天 |
| 八年 | 十三天 |
| 九年及以上 | 十四天 |

僱主可循兩個途徑負責安排年假，其一就是在某時段內連續放完全部假期；其二是可分為兩個時段；倘若年假僅為七天，其中三天可在不同時段給假，其餘四天則須連續給假；倘若年假多於十天，其中最少七天須連續給假。

僱主可選擇任何十二個月，作為計算給假的基礎，並須在放假前一個月預先通知僱員。

任何企業或工廠，可選擇全體停產或休業，以便給假予全體員工，這種安排可被稱為"年假休業（annual leave shutdown）"。在休業期間，任何未合資格的僱員，亦可享有同樣的有薪年假。

在年假放完後，僱主須在隨後的糧期支付年假薪金，倘若僱員屬日薪或件薪，則以年假前二十八天的平均工資作為基數，計算其年假薪金。

由於按《僱傭條例》可以享有上述三類假期，香港的僱員因而有較多餘閑，以紓緩工作壓力，從而提升他們的工作和生活質素。

5. 疾病津貼及有薪病假

根據《僱傭條例》，任何僱員在連續服務一個月後，即可享有疾病津貼或有薪病假，但必須未能上班連續不少於四天，方可獲給病假。法定疾病津貼不能少於每天薪金的五分之四，但倘若僱員屬月薪而未有扣薪，則其疾病津貼實為全薪。有薪病假可以累積，在受僱後首十二個月內，每服務一個月後，可得兩天有薪病假。從第十三個月開始，則每服務一個月，就可享有四天有薪病假。累積病假日數的該上限，不能多於一百二十天。若要從累積的病假結餘提取疾病津貼，須循以下步驟：

a. 可跟簡易程序提取疾病津貼，僱員因病放假連續不少於四天，只須由註冊醫生或牙醫簽署假紙證明，即可獲給有薪病假，但放假總日數不能多於二十六天。倘若病假的天數多於上限，則須按另一種方式處理，略述如下。

b. 有關上述病假，須由醫院的醫生或牙醫發出假紙證明[17]，並且，倘若僱主要求，養病的僱員須向其提交診症報告與醫生處方，方可獲給有薪病假，但不能多於八十四天的上限。然而按《僱傭條例》，在若干情況下，僱主無須支付疾病津貼。其一，倘若僱員是因嚴重過失，故意行為不檢，例如吸毒或是結黨行劫，而導致生病或是受傷；其二，倘若僱員是因工受傷或是染上職業病而可按《僱員補償條例》給假；或是病假時段內的任何一天屬法定勞工假日，而僱員在該天可獲全薪，在這兩種情況下，為避免利益重疊，有關假日便不能視為病假；其三，就是倘若生病的僱員拒絕接受適當的醫療照顧，或聽從有關的醫療指導，更確切來說，就是在公司認可的醫療計劃內，僱員拒絕其公司醫生診治，或是在入院後，違反醫院或公司醫生的指導，在這種情況下，他（她）可能會失去享有疾病津貼的權利。

此外，僱員在放有薪病假期間內享有職業保障，僱主不能將其解僱，否則屬於違法，可遭刑事檢控，除須支付代通知金外，勞資審裁處審裁專員可命令僱主將其復職，或是作相稱的賠償。

---

17　自從《為僱員權益作核證（中醫藥）（雜項修訂）條例》在 2006 年通過以來，根據《中醫藥條例》註冊的中醫師和根據《醫生註冊條例》註冊的醫生（西醫）同樣，可簽發出法例認可的患病證明，其簽發的一些其他核證（如懷孕、不能工作等），及作出的身體檢查和所給予病人的治療，大致上皆跟西醫同樣得到僱傭法的承認。

## 6. 分娩假期及職業保障

《僱傭條例》亦規定懷孕的女性僱員，可享有十個星期的分娩假期，但倘若臨盆的實際日子遲於預產期，則分娩假期可延至正式產期，倘若因懷孕而不適，除十星期分娩假期外，該名僱員亦可享有不多於四星期的額外假期。

至於是否符合資格享受分娩假期，須視乎該名懷孕僱員在分娩前是否與僱主已簽訂連續性合約，並且該僱員須預先知會僱主她已懷孕，方可享有分娩假期（產假）。至於僱員是否可享有有薪產假，法例規定如果僱員在產假開始前，已根據連續性合約為僱主服務四十個星期，便可享有有薪產假。

倘若得到僱主同意，懷孕的僱員可在預產期前兩至四星期內開始放假，但倘若未得到僱主同意，則按例須在預產臨盆前四星期開始放假，並在分娩後六星期產假結束時復職。但倘若實際待產期比預產期較早，則分娩假期將由有關僱員開始休息的日子起計算，並且該僱員須在開始放假休息待產之日七天內通知僱主，另一方面，倘若有關僱員須延長分娩假期，亦須預先知會僱主。此外，倘若僱主要求，該名僱員亦須在她希望復職前七天通知僱主。至於分娩假期薪金，最少須為該名僱員正常薪金五分之四。但倘若該名僱員領取的是月薪，並且在其分娩假期內照常支薪，則分娩假期薪金，就屬於全薪，並須按糧期正常支薪。

倘若僱主提出要求，則懷孕的僱員須提交有效的醫生證明書，證明她已懷孕並列明預產期，該證明書須由註冊及認可醫生或註冊助產士簽發，方具效力，倘若僱員在分娩假期之外須額外再放病假，亦須由註冊醫生簽發證明文件。

## 7. 懷孕僱員的職業保障

從懷孕僱員向僱主提交預產期通知開始，截至她復職之日的這段時間內，她與僱主的僱傭合約會暫時凍結，這意味着其僱主不可在這段時間內開除該僱員，或是與其解約，否則將構成不合法與不合理解僱，除可遭刑事檢控外，僱主還須支付一個月代替通知金，以及不少於十星期法定分娩假期五分之四的薪金。此外，勞資審裁處專員可命僱主將其復職，或賠償一個月薪金。

倘若僱主在知悉其僱員懷孕後，為逃避要負擔有薪分娩假期的責任，而將該僱員調往較為吃力或粗重的工作崗位，企圖籍此迫其自動退職，在這種情況下，該名僱員可向勞工處或勞資審裁處提出申訴，按普通法而言，可被視作"引伸性之解僱"（constructive dismissal），倘若上述申訴在勞資審裁處被裁定成立，則可被視為類似於不合法與不合理解僱的情況。此外，若僱主強迫任何已懷孕的僱員負擔粗重工作，而有損或危害其健康，則可能遭到刑事檢控。

倘若已懷孕的僱員在未向僱主提交預產期通知前已遭解僱，她可以即時向僱主提交懷孕的通知，僱主在獲悉後必須撤回其解僱通知。

## 8. 侍產假期（paternity leave）

一種在全球已變得相當普遍的較新勞工福利，就是給予身為父親的男性僱員侍產假期。現時政府公務員的侍產假為期五天，具有先導性作用。就其他僱員來說，香港在 2014 年年底通過的侍產假法例，規定為期三天的侍產假期。雖然法定侍產假期相對於公務員福利來說較少，然而可以提升香港的生育率，對補充勞動力有一定的作用，而且香港在侍產假這項僱傭福利上，亦可與其他較為先進的地區接軌。

## （二）因工傷亡、職業病與勞工賠償

### 1.《僱員補償條例》

任何僱員或承判工作的工人，倘若在受僱時間內因工作而導致受傷、死亡或染上法例所指定的職業病，可獲僱主支付勞工賠償（或稱"僱員補償"）。

香港在 1953 年立法制定了《勞工補償條例》（Workmen Compensation

Ordinance），隨後在 1960 年代，易名為《僱員補償條例》（Employees Compensation Ordinance）。該條例的內容沿用英國在貝卓爾勳爵（Lord Beveridge）所建議的改革之前的制度，也就是將賠償工傷的責任加於僱主身上，所以屬於私人責任（private liability），這有別於英國在上述改革後，將處理賠償的機制轉型為一種由全民供款的社會或公共保障（social or national insurance）制度。

根據《僱員補償條例》的規定，僱主須在工業意外發生後的七天內，用指定表格向勞工處呈報，倘若有僱員因意外而受傷，須將他（她）送往醫院驗傷，若因傷獲給假不少於三天，則有關僱員可獲支付勞工賠償。

關於失去工作能力的勞工賠償方式有兩種，其一是由於僱員暫時喪失工作能力（temporary incapacitation）；其二是因為長期或永久失去工作能力（permanent incapacitation）。茲將兩者略作如下闡釋。

（1）暫時喪失工作能力

僱員因工受傷而獲給病假休息，倘若假期是三天或以上，則在這段時間內，可獲支付"按期款項"（periodical payment），形式上與按糧期支付薪金相若。按法例規定，按期款項不能少於正常工資的五分之四。但倘若受傷的僱員屬於月薪員工，而在其病假內僱主未有扣薪，則按期款項實際上是屬全薪。

（2）永久喪失工作能力

受傷僱員在病假後若已經復原，可返回崗位，或按其傷勢情況而繼續休息，但倘若傷勢嚴重，則須由醫務委員會評估其傷勢，以判定其因傷造成永久殘廢而喪失工作能力的程度，作為計算第二類賠償的基數。在 1980 年以前，倘若受傷僱員完全喪失工作能力（即傷殘程度高達百分之一百），則最高的賠償金額為其四十八個月的薪金，若是有關僱員僅屬部份殘缺，則賠償金額以四十八個月薪金為基數，根據其殘缺程度，按比例計算。

然而，1980 年的修訂條例開始反映永久殘缺工傷賠償的觀念，為彌補受傷僱員在其餘事業時間內的損失，因此賠償的金額須與其年齡掛鈎，較年青者，可獲得賠償金額亦較高，這個按年齡計算的方程式，茲臚列如下：

| 年齡 | 賠償款項金額（以全部殘缺計） |
|---|---|
| 四十歲以下 | 九十六個月薪金 |
| 四十歲以上而未足五十六歲 | 七十二個月薪金 |
| 五十六歲或以上 | 四十八個月薪金 |

按上述基數，倘若僱員僅屬部份殘缺，則其永久性僱員賠償的金額，將根據醫務委員會判傷時所訂下的殘缺程度，按比例計算。

倘若工業意外導致僱員喪生，則其家屬可獲勞工賠償，賠償金額亦是按年齡遞減，茲臚列該比例如下：

| 年齡 | 賠償款項金額 |
|---|---|
| 四十歲以下 | 八十四個月薪金 |
| 四十歲以下而未足五十六歲 | 六十個月薪金 |
| 五十六歲或以上 | 三十六個月薪金 |

因工傷而導致僱員死亡的勞工賠償個案，須由高等法院法官聆訊及判令。

至於因工受傷而導致喪失部份工作能力的個案，則由勞工處負責處理。然而，雙方若因對應否賠償，以及賠償責任與款項有分歧而發生糾紛，可在高等法院進行訴訟。

所有僱員賠償的申請，其有效期是在事發後二十四個月內，逾期申請可被視為無效。通常的程序，是由受傷僱員與其僱主簽訂賠償協議書，再遞交勞工處批核，在勞工處處長發出批准或同意文件後，僱主須於二十一日內支付應賠償的款項，否則須交額外的罰款（surcharges）。

同時，為保障僱員因工受傷而獲得勞工賠償的權利，以及防止僱主因無力支付而拖欠賠償款項，《僱員補償條例》亦規定僱主必須為其僱員購買賠償保險，僱員的範圍亦包括臨時工、兼職員工與家傭。該強制勞工賠償保險制度，有異於國家或社會保障，承保一方屬於私人保險公司，而非政府機構。

此外，倘若因工受傷的僱員需要專人經常照顧（即 constant care），則僱主亦須負擔有關費用，該筆款項須由法庭裁決判令，並且以按期方式支付。

另一方面，受傷僱員在意外後二十四個月內，倘若需要休息養傷，其醫療費用亦須由僱主負責支付，但若僱主能提供適當的醫療照顧，則無須額外支付任何費用。此外，倘若受傷僱員須裝配義肢（prosthesis）或醫療（外科）輔助器（surgical appliances），或牙套（denture），在醫務委員會批核下，亦須由僱主支付有關費用。

根據 1991 年通過的《僱員補償援助條例》，香港政府設立中央運作的僱員補償援助基金，按投保勞工賠償的保額，在購買保單時收取徵費，其作用就是當僱主或保險公司未能按指定日期支付勞工賠償時，可從該基金發款充當代替款項，支付予受傷僱員。這種機制仿照了破產欠薪保障基金，在支付予僱員勞工賠償後，該基金可轉而向有關僱主或保險公司追討其已付出的暫代賠償款項。

## 2. 因工傷亡的普通法民事責任

就工作期間發生意外而導致的傷亡，僱主對僱員除按《僱員補償條例》須負賠償責任外，也可能需要承擔普通法上的賠償責任。僱主對僱員的安全的普通法上的義務，主要包括四點：

（a）僱主有義務提供給僱員一個安全的工作場所，並根據環境的需要，採取合理的措施，以保障僱員的安全。

（b）僱主有義務提供安全的工作體系（system of work）：這是稍為抽象的概念，但包括給予員工正確和充足的指示，尤其是有關機器的操作和運用程序所須注意之事項。

（c）僱主有義務提供安全和適當的工作工具，並負責保養和維修這些工具，保證它們的安全性和可靠性。例如僱主給僱員一把梯在工作時使用，而梯本身不安全，在使用時折斷而令僱員跌倒受傷，僱主便很可能要負起法律責任。

(d) 僱主有義務聘用合格的，有水準的僱員。例如一間學校聘請一個沒有經過專業訓練的人來當實驗室的工作人員，因此引致實驗室發生意外，令其他僱員受傷，則校方須負起法律責任。

如果僱主沒有履行上述義務，保障僱員安全，結果導致僱員意外受傷或死亡，則僱主有責任賠償僱員或其家屬的損失。上述的義務都是基於普通法的侵權法中一個根本的原則，就是每人都有義務謹慎行事，不可疏忽，從而盡量避免自己可以預見、因本身疏忽而發生的意外，而這些意外所導致的人身傷亡或財產損失，則僱主需要根據普通法賠償意外的受害者，賠償金額的計算如下。

首先，倘若意外造成受傷而不是死亡的話，受害人本身可以獲得賠償，包括醫藥費及因受傷而不能上班的金錢損失，而假如他的傷勢影響他未來的工作能力，例如使他某程度上殘廢，則還可以賠償意外對他未來工作的收入的影響。此外，他因意外而受到的痛苦，和可估計到的壽命的減短，都可以獲得某種程度的賠償。

假如意外造成死亡的話，受害者的家屬可以獲得賠償，但只限於死者的死亡所帶給他們經濟上的損失。即假如死者生前用自己的部份收入來維持家屬的生活，則因現在他們失去了這個收入來源，他們可以獲得賠償。但如果死者的年紀還小，未有謀生的能力，他的家人就不能得到較大的賠償。

### 3. 職業病

倘若僱員因工作而染病，而該種職業病是臚列於《僱員補償條例》附件一內，主要包括因放射性工作，或是因暴露於有毒氣體而引起身體不適，或是因曝曬於強光而引致眼部發炎或其他眼疾等情況，有關僱員須由醫務委員會檢核，評定該僱員需休息的時間（即病假的日期與日數）及永久喪失工作能力的程度，從而按上述計算工傷賠償款額的程式計算其應得之職業病賠償。

### 4. 肺塵埃沉着病與僱員賠償

《肺塵埃沉着病（補償）條例》（Pneumoconiosis Compensation Ordinance）於 1980 年制定（後來改名為《肺塵埃沉着病及間皮瘤（補償）條例》），由於該疾病是僱員日積月累而形成，因而可能是在為不同僱主工作時引起的，所以在賠償方面，不能指定由某位僱主負責。因此賠償款項，是由香港政府委任以中央管理形式運作的肺塵埃沉着病補償基金委員會，從滾存基金中支付。該基金是向建造業界內的承判商所抽取的徵費，以集體聯保方式所累積而成。因此，該項中央保險基金的理念，與現時一般僱員因工傷或職業病，而須要僱主私人支付賠償金的個人責任觀念迥異。

肺積塵病的主要原因，是建築工人經常接觸有毒的建築物料（例如石棉），因建築工人流動性高，並且在醫學上要診斷病者在何時開始患病，何時病情加劇，實屬不易。有見於此，政府採用中央賠償保險基金的機制，向建築工人支付因該病而須休息養病以及喪失（部份）工作能力而可獲得的賠償款項。

處理此類勞工賠償程序，與處理普通僱員賠償的方式相若，但有關要求賠償與支付醫療費用的申請，患病的工人須於開始休息養病之日起二十個月內，向勞工處提交，隨後須由該處轉介至肺積塵病醫務委員會驗證，以證明該名工人須休息的日期時間以及有否永久性失去工作能力；若有，該委員會亦須判定其因病而"殘缺"的程度。

計算賠償金額，是以該工人在放假休息前十二個月的平均收入作為基數來計算。但倘若有關工人正處於失業，則以當時政府基建項目內有關工種的平均工資為基數計算。

至於永久殘缺的賠償金額，可按兩種方式計算及支付。其一，就是以整筆賠償款項一次過支付，但須按醫務委員會所估計，按其將來病況可能加深的程度而計算須增加的賠償金額；另一種方法，就是在基金支付首期六年後，再由醫務委員會驗證，根據該名患病工人當時的實際病況，調整其殘缺程度，從而計算第二期賠償金額。

由肺積塵中央基金所應支付的賠償金額，須由勞工處處長或其代表批核，倘若任何一方提出要求，勞工處處長可重新檢討應支付的賠償款額。除此以外，任何一方倘若不服，亦可向高等法院，提出上訴。

## 5. 聽覺受損而引起的勞工賠償

倘若僱員因工而聽覺受損，有關勞工賠償的處理程序與機制，亦與上述肺塵埃沉着病補償的方法相若，根據1995年通過的《職業性失聰（補償）條例》，在容易產生有關疾病的行業內，設立職業性失聰補償基金，由職業性失聰補償管理局負責管理。聽覺受損的僱員，須於出現問題後十二個月內提出聲請，否則逾期可能會不獲受理。大致來說，曾在香港從事法例所定義的"高噪音工作"達十年的人，如經檢驗證明罹患噪音所致的失聰，皆有權從基金中獲得補償。

## 6. 僱員賠償與職業保障

倘若僱員因工而須養傷或養病，在該段休息期內，其僱傭合約將被視為暫時凍結，僱主不能將其解僱。事實上，由該名僱員開始休假，截至他（她）復職，或是直至醫務委員會判傷或決定其病情，從而可以計算僱主須支付因永久性喪失工作能力的賠償款額這一時段內，僱主不能將其解僱，否則即屬違法，除可遭刑事檢控外，亦可能構成不合法與不合理解僱，而須按勞資審裁處的判決支付賠償。

為僱員安排意外工傷賠償保險是僱主不可推卸的責任，倘若任何僱主在其僱員的薪金內扣除任何款項，用來為該名僱員購買意外工傷賠償的保險金，亦屬違法，可遭勞工處檢控。

此外，倘若僱主在工業意外發生七天後，仍未向勞工處呈報，亦屬違法，可被檢控。

## 7. 航運業與僱員賠償

現行的《僱員補償條例》亦適用於航運業界，所有在香港註冊的輪船（包括客運遊輪與貨櫃船）上服務的海員，皆受該條例保障。至於外國船隻，倘若其船東（輪船公司）願意接受香港的司法裁決，即使工作意外是在香港水域外發生，香港法庭亦可運用《僱員補償條例》處理有關案件。

## 8. 現行勞工賠償制度的缺點及可能的改革方向

如上文所述，現行的僱員賠償制度主要是依據普通法運作，可以説是較為保守，因為仍保留了僱員因工受傷或染上職業病的賠償責任，應由僱主承擔這一理念。這種機制的主要缺點，就是為保證僱主可以支付賠償而設置強制性保險制度，這間接容許保險公司作為僱主支付賠償款項的代理人，可自保費中搾取一筆相當可觀的佣金和利潤，該項代理人酬金，倘若由政府以中央管理的社會保障基金形式，營運勞工賠償投保的款項，所得的利潤金額，可以回饋社會，或許可以減低保金，增加運用這些資源的效率。[18]

## （三）僱傭合約

### 1. 僱傭合約與服務合約

按照普通法的定義，僱傭合約（employment contract or contract of service）不同於商業性質的服務合約（contract for services）。僱傭合約，是泛指所有僱員須服從僱主指揮或命令的雙邊關係，其中重要的原則就是僱主支薪，作為聘用僱員的報酬；相對而言，僱主擁有決策與管理權，而僱員則有責任服從僱主頒佈的合法與合理的命令，即所謂 "指揮與服從之原則"

---

18　較為詳盡的分析與尖銳的評論，可見 Albert H. Y. Chen and Ng Sek Hong, *The Workmens' Compensation System in Hong Kong: Retrospect and Prospect* (Hong Kong: Centre of Asian Studies, University of Hong Kong, 1987), part 3. 至於現行的勞工賠償制度的歷史，亦可參考 G. B. Endacott, *A History of Hong Kong* (Hong Kong: Oxford University Press, 2nd edition, 1964), p 312。

（principle of command and subordination）。至於服務性合約，是指立約雙方有平等的商業關係，常見的例子，就是承判關係，亦是當事人（principal）與其承辦商（或稱"承判商"，即 contractor 或 independent contractor）之間的關係。當事人一方無權控制其承辦商如何運作，後者只須履行其在合約中所訂明的責任，並依合約按期交出成果（即所謂"deliver the goods"），而且在質量方面皆須符合合約內所訂立的標準。然而，在承辦商工作期間內，當事人可以進行適當的監察，但不能全面左右其承辦商的一舉一動。

　　相對而言，僱傭關係跟承判關係有明顯的分別。僱傭關係着重控制與服從，除建基於普通法外，在香港早已有法例規管。《僱傭條例》的前身是《主僕條例》（Masters and Servants Ordinance），後者的主要精神，就是強調僕人（亦即現代之僱員）須為其"主人"（即現時之僱主）忠誠服務。其後的《僱傭條例》亦明確指定，僱員須服從僱主或上司的合法及合理命令，否則僱主可將其解僱。此外，僱傭合約亦假設僱員的工作屬於僱主經營或運作範疇內不可分割的部份。至於服務性合約，卻假設承判人是獨立自行運作，不屬於當事人的活動或組織範圍內。

　　按照普通法的演繹，要決定兩者之間是否存在僱傭關係，一般是根據下列準則去衡量。在較早期時，是沿用簡單的"控制"（control）的概念，主要是視乎僱主能否操控僱員的工作及行為。然而隨着科技的迅速發展，僱主往往對僱員的專業操作缺乏認識，因此須將權力下放。在這種情況下，普通法亦作出調整和適應，改為採納較為寬鬆的尺度，首先是視乎僱員是否屬於僱主運作或其組織的部份（organisational test），繼而出現的觀念，是較為全面的綜合測試（composite test）。除了從服從、管理及組織等角度來鑑定外，亦須視乎僱主是否支付工資，而非僅是支付商業性酬金，以及有否為僱員提供例如假期、病假及年假等福利。

### 2. 僱傭合約的訂立

　　按照普通法，僱傭合約可以具形，例如以書面訂約，或雙方僅口頭上相互承諾，但亦可以不具形，只須僱員連續為其僱主服務滿四星期，雖然雙方並無任何形式的協約，仍可視作無形的僱傭合約。

明確而言，任何勞資雙方的協約，須具備下列條件，方可被視為普通法上有效的僱傭合約：

（1）同意（agree）及承諾（promise）

僱傭合約須有勞資雙方的同意及承諾，方可訂定，僱員一方，須以個人名義立約，至於僱主的身份，則可為個人、或公司、非牟利機構或是任何僱用單位，或是法律承認的任何法人。

（2）代價（consideration）

任何僱傭合約，必須是經勞資各方慎重及理性考慮後訂立，方可在法律上被承認為具有效力。"代價"的重點，就是僱主須支付薪金予僱員，作為後者為其工作的報酬，而僱員是為取得工資回報而為僱主服務；簡單而言，就是勞資雙方分別以"工作"與"工資"作為兩者之間理性交易的條件。

（3）有效的立約能力（capacity to contract）

任何人士是否具有能力訂定僱傭合約，取決於下列五項條件：

（a）年齡

任何人士，須成年後方可具有法定認可的立約能力，現時的法定年齡為十八歲。但是倘若有關僱傭合約（例如學徒訓練合約）整體而言，是對尚未成年的僱員有利的，則後者亦可以簽訂有效的聘用合約。根據《僱傭條例》下的《僱傭規例》（Employment Regulations），任何年齡未足十五歲的兒童，不能受僱工作，否則屬非法童工，至於年齡屆乎十五歲與十八歲的青年僱員，他們在工業與賣酒地方訂立僱傭合約的能力，亦受到《僱傭條例》之附屬立法與關於酒牌的法規的嚴格規管。

（b）性別

以往，按照《工業僱傭條例》及隨後的《僱傭條例》之附屬立法，受僱於工廠或工業經營的婦女，在工時、休息日與夜間工作等僱傭條件方面，均受到限制，這些限制旨在保護婦女勞工。然而時移世易，全球普遍接受男女應享受平等機會的理念，上述法規管制亦逐漸放寬和相繼被撤銷，隨着香港通過倡導性的《性別歧視條例》(Sex Discrimination Ordinance)，原則上，女性已與男性看齊，她們享有全面的自由，與僱主協定任何合法的僱傭條件。然而，因體質關係，婦女仍受到一些基本的法律保障，例如她們不能在地底礦坑工作，並且懷孕的女性僱員亦可享有有薪分娩假期。雖然政府已經立法，為產婦的丈夫提供侍產假，但只是限於三天而已。

(c) 政府

除有關條例清楚註明外，香港一般的法例是不適用於政府與公務員的。在僱傭法的領域，《僱傭條例》中的職工會歧視條款與《僱員補償條例》對政府具有約束力。在 1970 年代曾有案例，當時法庭認為公務員是按英國女皇的意旨受聘，因此政府可以有絕對權力，隨時因公眾利益需要，將任何公務員解僱，同時政府亦有全面的能力訂定僱傭合約。這個理念在九七之後仍被特區政府沿用，政府是有單方面的權力，在任何時間將違紀的公務員作紀律性處分，在極端情況下，為符合公眾利益，可以將任何公務員解職，而無須提供任何理由，這項權力背後的理念，就是任何公務員是按政府的意願而獲得委任的 (holding office at the will of the government)。

至於公務員的聘任條件，在很多方面是由《公務員事務規例》(Civil Service Regulations)，亦即以前的《銓敘規例》所規管，其中包括長俸、病假、長假、醫療、房屋與子女教育津貼等項目。

(d) 外交使節及國際組織駐香港代表

任何駐港外交官員、外國使節及國際組織 (例如聯合國、國際勞工組織、聯合國駐港難民公署等) 的駐港代表，皆有訂定僱傭合約的能力。然而，這些外交人員卻享有外交豁免權 (diplomatic immunity)，可免受民事或刑事起訴；但倘若其僱員屬於香港市民，則無相等的豁免權。誠然，這些外交官員，可以放棄其豁免權，接受香港法庭裁決。倘若一名外交官員向香港法院入稟起訴其僱員，則可被視為自願放棄其外交特權，因此，有關僱員亦可向僱主提出相反的賠償聲請。

(e) 精神病患者及弱智人士

任何人因神智不清或弱智而被醫生診斷為缺乏正常心智（unsound mind），按普通法之演繹，是沒有法定能力去簽署及履行任何僱傭合約的，縱使他們簽訂了合約，亦會被視作無效。

(4) 僱傭合約的目的必須合法（with lawful objectives and purpose）

如果僱傭合約的目的不合法，可被視作無效。倘若僱傭合約聲稱僱員同意接受較法定標準為低的條件，將被視為"出軌"的合約而無效。

事實上，要判斷僱傭合約是否有效，須衡量該合約背後雙方的考慮及性質，若是違法，則所有在合約內承諾的僱傭條件，將被視為無效。

此外，倘若僱傭合約的目的與公共政策和公眾利益有所抵觸，則該合約將被視為無效，例如，僱傭合約若是與不道德行為有關，則可被視無效。

(5) 僱傭合約必須是自願訂立，而不涉及任何勞役

根據普通法，僱傭雙方皆享有自由，憑自己的意願去立約（freedom of contract）。根據國際勞工組織就強迫勞工（forced labour）所制定的《國際勞工公約》的相關條款，任何人皆不能勞役他人，但倘若在監獄內囚犯的工作條件符合指定標準，則不在此限。

引伸而言，任何僱傭合約，不能預先訂為"終身"性，因為此舉是剝奪僱員將來轉工的自由。同樣地，僱主亦不能未經其僱員同意，將其轉遞予另一位僱主，為後者工作，[19] 因為這樣是等同將僱員視為貨物，可以私相授受，所以也是有違"不得強迫勞工"這項原則。

## 3. 僱傭合約與終止合約的程序

按照《僱傭條例》，僱傭合約可以口頭承諾或書面訂定，該條例的重要規定，就是倘若僱員已為其僱主服務連續四個星期，而在該段時間內，工作每周不少於十八小時，就可以說跟僱主有連續性的僱傭關係。而僱員能否享

---

19　這種情況，通常稱為"人力轉遞"（manpower dispatch），在某些國家，例如日本及中國，仍屬可行，在規定的情況下並非違法，然而在施行英國普通法的地區，卻屬於強迫勞工，違反法律。

有法定僱傭福利的先決條件，就是雙方是否已有連續性的僱傭關係。一般的僱傭合約，倘若是連續性合約，若非屬定期性，通常會被視為"非定期"合約（open-ended contract），意即雙方並未訂定終止合約的日期。

倘若僱傭合約是屬於連續性的，而雙方未有作任何相反的聲明，則該合約將被視作按月續訂（renewable from month to month），如合約中有明確規定終止合約的通知期的條款，則通知期不可少於七天。但倘若雙方未有預先協定通知期，則這些按月續訂合約的任何一方，須給對方一個月預先通知，方可解約。

假如任何一方未經預先通知而單方面解約，則須向對方支付相當於通知期的代替通知金（wages in lieu of notice 縮寫為 WILON），這種情況將被視為違約解僱（wrongful dismissal）或違約退職（wrongful resignation），而代通知金在坊間往往被視為違約補薪。引伸而言，一般的月薪僱員與僱主的合約，因屬按月續訂的連續性合約，其解約方式為給予對方一個月預先通知，或支付相當於一個月薪金的代替通知金。但是在上世紀 70 年代及 80 年代，不少製衣、紡織、電子及塑膠工廠，與其車間工人所訂的合約，是以七天通知期或代通知金，即可解僱或離職，但月薪職員，則以一個月通知期或代通知金為準。在解約通知期內，倘若雙方同意提早解約，則無須給予對方任何賠償，但是倘若對方未有同意（consent），則須按通知期所餘下的時段，支付代替通知金。

另一方面，勞資雙方亦可訂立定期合約（fixed term contract），在指定日期約滿後，合約將自動失效，而任何一方，皆沒有預先通知對方或支付代通知金的責任。然而，為保障體力勞動僱員，倘若訂立的是定期合約，按法例則不能多於六個月。至於學校教師，一般是按年簽約，但倘若中途解約，所需的預先通知期或是代通知金，也僅是一個月而已。

## 4. 職業保障（*employment security*）與非法解約

在一般情況下，僱員倘遭僱主解僱，是須予預先通知，或可獲賠償相當於通知期的代通知金，但在指定的情況下，僱主無須預先通知或支付代通知金，便可將一名嚴重違約或嚴重違紀的僱員，即時作紀律性解僱（summary dismissal）。《僱傭條例》在這方面明確規定何謂違紀解僱的原因，其一就是僱員經常疏忽職守；其二就是僱員行為不檢；其三就是有詐騙罪行；其四就是抗命，違反上司合法且合理的命令；其五就是按普通法可構成違紀或是違約論。此外，倘若僱員因刑事罪行而被判罪，僱主亦可即時將其解僱。然而一般紀律程序應給予僱員最少兩次預先警告，並須記錄在案；如若再犯，方可將其解僱。而較為妥善的方式，就是要求該名僱員簽署承認已接獲警告，並有第三者見證。

僱員在被開除後倘若不服，可向勞工處投訴，由其調解，或是經勞工處轉介，但亦可以直接向勞資審裁處（即勞工法庭），提出申索（claim）。倘若由勞資審裁處裁決，按普通法而言，疑點利益（benefit of doubts）歸於僱員。又若僱主將其僱員故意調職，以致增加其工作的危險性，或對其人身安全造成威脅，則該僱員可無須預先通知，即時離職，並且可向勞工處或勞資審裁處提出申索，以“引伸性解僱”（constructive dismissal）的理由向僱主索償。這些個案的例子，包括外籍家庭傭工因被僱主虐待而棄職。此外，倘若僱主發覺其女性僱員懷孕而故意將其調職負擔粗重工作，以迫使其自動離職，亦可能構成這類案例。

倘若一名僱員因懷疑違紀或違法而須接受調查，僱主可在調查期間內，將其暫時停職（suspension），但不能多於十四天。但假使涉事的僱員須接受刑事調查，而調查時間多於十四天，則可以待調查完成後，方將其復職。

迄今香港仍未有就“不公平解僱”（unfair dismissal）進行立法規管，例如在罷工時，僱主只是選擇性開除某些僱員，被解僱的罷工僱員，不能以“不公平解僱”（因為未有解僱其他同樣進行罷工的同僚）為理由，向僱主索償。然而在上世紀 90 年代，香港亦引入“不合法與不合理解僱”（unlawful and unreasonable dismissal）這個觀念，藉以加強對僱員的職業保障，詳情如下。

由於僱員受僱滿某些期間便能享有某些權利（如遣散費所要求的兩年年

資，或長期服務金所要求的五年年資），所以出現了有些僱主迴避有關法律責任的行為，即在僱員快滿有關服務年資時便予以解僱。針對這種情況，法例在 1997 年作出修訂，引入關於“僱傭保障”的規定。

根據這些規定，如果僱主在違反法例的情況下解僱僱員（如因僱員放產假、病假、參與工會，或在涉及僱主的案件中作供等），或無理解僱已根據連續性合約服務二十四個月以上的僱員（從而迴避僱主本應承擔遣散費的責任），又或通過更改合約條款以迴避這些責任，則僱員可向勞資審裁處提出申索，要求得到司法補救。

上述的“解僱”（dismissal）範疇，亦包括這種情況：即合約期滿而僱員不獲續約，又不被僱主邀請以類似或其他合適的合約再受聘。此外，究竟是否“無理”解僱，僱主須證明解僱的正當理由。至於勞資審裁處可頒發的補救措施，一是命令僱員可以復職（reinstatement）或再次聘用（re-engagement）（但此兩者均須先徵得勞資雙方同意）；二是命令僱主向僱員支付終止僱傭金（terminal payment）；三是命令僱主付予僱員額外（除終止僱傭金以外）的補償（這只適用於僱主違法解僱僱員的情況）。

## 5. 勞資審裁處與小額薪酬索償仲裁處

僱傭合約是有法律效力的，僱主和僱員都有義務遵守合約的規定。倘若任何人違反勞工法例內有關刑事罪行的規定，可能受到刑事檢控，如果法院宣判罪名成立，可被判刑罰，通常是罰款。此外，如果僱傭合約的其中一方違反僱傭合約或《僱傭條例》的規定，對方有權循民事法律程序索取賠償或其他司法補救。勞資審裁處和小額薪酬索償仲裁處，就是兩個類似於法院的裁決機關，負責審理僱主與僱員之間的某些糾紛。它們的特點，在提供一種比在一般法院進行訴訟更簡單、快捷和便宜的方法，讓僱員或僱主可以控訴違法或違約的一方，索取賠償。例如僱主未有按期發工資給僱員，或拒絕支付有薪年假或有薪病假的工資，又或拒絕支付僱員應得的遣散費，僱員便可向僱主追討。

勞資審裁處和小額薪酬索償仲裁處在管轄權上的區分，主要在於訴訟的金額和當事人的數目。大致上，如果一宗案件中的申索人不超過十人，而每人所追討的款額不超過港幣八千元，則小額薪酬索償仲裁處有全權受理。其他關於違反僱傭合約、學徒訓練合約、《僱傭條例》、《最低工資條例》和《學徒制度條例》的申索（不包括侵權法上的申索），則由勞資審裁處負責審理。

申索的程序略述如下：申索人可先到勞工處尋求指導；勞工處常會協助申索人用談判和調解（conciliation）的方法來解決紛爭。假使調解無效，申索人可（視乎申索的金額）到勞資審裁處或小額薪酬索償仲裁處起訴對方。但在這宗案件正式聆訊前，審裁處或勞工處的有關工作人員仍會繼續嘗試調解。若通過調解達成協議，須以和解書的形式記錄，呈交審裁處或仲裁處；協議具有法律效力，正如審裁處或仲裁處的裁決一樣。

倘若調解失敗，審裁處或仲裁處便會進行聆訊。聆訊由一名審裁官或仲裁官主持，公開進行。有權出席聆訊的，不單包括申索人和被告人，也包括雙方授權的工會或僱主協會的職員。但為了使聆訊程序盡量簡單和節約開支，律師不能出席。在聆聽有關證供和論據後，由審裁官或仲裁官頒佈裁決。如果當事人其中一方不服裁決，可申請覆核裁決或向高等法院提出上訴。

### 6. 不符合法定標準的僱傭合約

勞資雙方，是否可以預先協議，以減低雙方根據法例應有的法定權益（即 contracting out）？

倘若在勞資雙方所訂立的僱傭合約內，僱員同意，就其中部份條文接受較法例所賦予的標準為低的僱傭福利，例如法定有薪假日、有薪年假及有薪病假或分娩假期等，有關的僱傭合約條款將被視為無效。此外，倘若雙方同意，接受較法例所要求為短的解約通知期，作為立約條件，此舉亦將被視為故意在法定責任與法定權益範疇以外立約，則該合約條文亦被視為無效。

## 7. 停工與遣散

### (1) 遣散

在上世紀 70 年代及 80 年代，製造業興旺時，香港不少工廠因海外市場的季節性波動，每年皆有旺季和淡季之分。在旺季時，往往須增聘臨時工或外判工；但在淡季時，亦往往因訂單不足而須暫時減產或停產，導致工廠全面停工或部份停工（lay-offs）。倘若停工時間多於《僱傭條例》容許的上限，則勞資雙方的僱傭合約及關係將被視作終止，僱主須將受影響的員工遣散。明確來說，以下兩種停工情況可被視作遣散解約論：（a）在任何連續四個星期內，僱員工作及支薪少於一半的工作天；或（b）在任何連續二十六個工作周內，僱主未能提供工作及薪金多於三分之一的工作天。

當以上情況出現時，停工將被視為遣散，僱主須將受影響的員工遣散及解僱。

在 1992 年前，倘若工廠或企業搬遷，越過維多利亞港，亦可作遣散論，然而隨着連貫港九兩岸的海底隧道落成，這項法例上的假設不再適用。較為適合的考慮因素，應視乎不論牽涉的地域距離多少，有關遷移有否對僱員造成難以應付的困難，因而可能使僱員自行離職。在此情況下，則構成普通法上的 "引伸性解僱"（即 constructive dismissal），僱主須將受影響的僱員遣散。若要衡量個別搬遷是否屬於遣散的情況，須考慮以下因素：（a）倘若僱傭合約預先訂明僱主可調派該僱員到不同地點工作，可作別論；（b）倘若工作性質，是需要該僱員到不同地點工作，亦當別論；（c）倘若僱主能提供適當的安排，以減輕該僱員在轉換工作地點時所引起的困難，例如提供廠車、支付交通津貼或調整工作時間，亦作別論；（d）倘若在改變工作地點後，一切僱傭條件改為較之前優厚，亦作別論；（e）倘若因改變工作地點後，僱員面臨難應付的困境，例如往返工作地點的時間過長或須付過於昂貴的交通費，則可視作裁員遣散論。

(2) 遣散費的計算方式與處理遣散費的程序

任何僱員，須連續服務滿二十四個月後，方可享有支取遣散費的權利。每服務一年的遣散費，為其最後月薪的三分之二（以不超過法例規定的最高金額為限）；又倘若該名僱員屬件薪、日薪、周薪或其他非按月計算的時薪，則以其在受僱最後一個月內選擇十八天的工資計算。但倘若該名僱員提出，亦可以其最後十二個月的平均工資計算。遣散費的金額，法例設有上限，計算遣散費的服務年資也設有上限。

倘若僱員因裁員而遭解僱，須於隨後一個月內，向僱主提出要求支付遣散費的通知，否則須獲勞工處處長批准延期，或向勞資審裁處提出申索，又倘若雙方已就遣散費金額達成協議，則僱員無須通知僱主要求支付遣散費。僱主在接獲僱員通知後，除非雙方就該問題存在分歧，須由勞工處調停或由勞資審裁處裁決，否則須於兩個月內支付遣散費。在支付遣散費時，僱主須以書面形式清楚解釋計算遣散費的方法，以供僱員知悉。

(3) 業務轉讓、企業改組及轉型

倘若任何企業進行改組或轉讓，僱主或新僱主提議繼續聘用所有在職僱員，而僱傭條件不變或較之前優厚，則不能被視為遣散裁員，但亦須符合下列條件：(a) 在改組或續約最少七天前將續約提議通知僱員；(b) 新僱主須承認在轉讓前所有在職僱員的服務年資，並且不因轉讓業務而中斷舊僱主與在職僱員的僱傭關係的連續性；換言之，新舊僱傭合約是互相接軌連貫的。倘若任何受影響的僱員，以業務轉型為籍口拒絕續約，則將被視為自願退職，而舊僱主無須負上賠償責任；相對而言，倘若新僱主未能在上述合理時間內提出續約建議，則將被視為遣散論，受影響的僱員可向舊僱主提出要求，支付解約的代通知金、遣散費、工資，以及未放年假的代替薪金等款項。

8.長期服務金

自 1980 年中期以來，香港開始引入另一項職業保障措施，就是長期服務金（long service payment），以鼓勵僱員忠誠為其僱主服務。在《僱傭條例》

的規管下，倘若任何僱員服務已滿五年，就有資格享有長期服務金，其計算方法與上述遣散費的計算方法大致相同。除服務年資外，若要決定僱主是否須支付長期服務金，尚有下列條件：(a) 僱員被解僱（但並非紀律性開除）；(b) 僱員的固定期限的合約屆滿，僱員不被續約，又沒有被僱主邀請以類似或其他合適的合約再受聘於該僱主；(c) 僱員因僱主的不當行為而行使其即時辭職的權利；(d) 僱員經醫生證明不能擔任有關工作而辭職；(e) 僱員年紀已過六十五歲而退休；(f) 僱員去世。

法例規定，如僱員已有權獲取上述的遣散費，則不能同時領取長期服務金。此外，如果僱員根據其僱傭合約已有權獲付按服務年資計算的酬金或退休計劃裏的款項（包括強積金的僱主供款部份），則會在計算長期服務金時先予扣除，這就是所謂"對沖"之現行制度。

## 9. 僱員的退休保障

香港僱員的退休保障問題，長期以來是社會人士所關注的課題。上述的長期服務金和遣散費並不提供正式和全面的退休保障。在 20 世紀 90 年代，香港就僱員退休的保障方面制定了兩項重要的法例，即 1992 年通過（並於 1995 年 10 月全面生效）的《職業退休計劃條例》和 1995 年通過，1998 年修訂，並於 2000 年底實施的《強制性公積金計劃條例》，後者在 2000 年後亦經歷了多次修訂。

在後者實施之前，僱主沒有法律上的義務為僱員提供退休金計劃，當時香港只有約三分之一的工作人口有退休保障。而在《強制性公積金計劃條例》實施後，直至 2015 年 3 月為止，該條例適用的所有僱主和僱員，以及 68% 的自僱人士，都參加了強積金計劃 [20]。

《職業退休計劃條例》建立了由政府監管，僱主自願為僱員設立的職業退休計劃（occupational retirement schemes）的制度，以保障僱員的權益。這些

---

20　見 www.mpfa.org.hk。

計劃屬私人公積金計劃，即公積金的供款由私營的基金公司管理和投資。根據《職業退休計劃條例》，這些計劃須申請註冊，並接受職業退休計劃註冊處（即強制性公積金計劃管理局）的監管。

至於強制性公積金計劃，其目的是要求所有僱主和僱員（以至自僱人士）參加由私營基金管理公司或僱主營辦的公積金計劃（provident fund schemes），有關公積金管理者必須得到核准，公積金計劃必須註冊，而公積金的管理由政府設立的"強制性公積金計劃管理局"（Mandatory Provident Fund Schemes Authority）負責監管。一般來說，法例要求僱主所作的供款是僱員入息的百分之五，僱員供款也是百分之五，由僱主從其工資中扣取。法例就僱員轉職時其公積金的累算權益的轉移作出了規定。一般來說，僱員在退休時便可獲支付其公積金權益。

為了保障僱員在強積金計劃的利益，法例要求強積金受託人（即負責管理有關強積金計劃的公司）必須購買足夠的保險，就受託人的失當或違法行為所造成的損失提供保障。而強積金管理局亦設立了一個補償基金，在上述保險未能完全補償僱員的損失時作出補償。

## 10. 企業失敗、破產及被查封

在香港處理企業失敗而須破產的法例有二，其一是《破產條例》（Bankruptcy Ordinance）；其二是《公司（清盤及雜項條文）條例》（Companies (Winding Up and Miscellaneous Provisions) Ordinance）。

按照《破產條例》，倘若個人企業或合夥企業因經營失敗，而不能應付其債務，則東主或合夥人可向法庭申請破產令，或其債權人亦可入稟法院，申請由破產管理署署長（Official Receiver）接管該企業，以凍結其名下財產，及將其出售，用以融資抵債。在所有債項中，僱員的欠薪及賠償款項，享有優先權（preferential debt），僅次於拖欠政府的債務，然而政府往往讓出其第一債權人的優先權，讓破產管理署署長先行處理及支付僱員的欠薪及其他賠償款項。

至於《公司（清盤及雜項條文）條例》中處理（有限）公司清盤的機制也大致相若，亦是由清盤人接管該公司的資產，公司清盤所得的款項，亦是按《破產條例》所訂立的程序與優先債權處理。

## 11. 破產欠薪保障基金（Protection of Wages on Insolvency Fund）

在 1980 年代初期，由於不少企業倒閉而出現欠薪糾紛，港英政府委任專責小組，研究當企業被接管時僱員所遭遇的問題，其後按照該小組建議，在 1985 年通過《破產欠薪保障條例》，成立一個中央管理的破產欠薪保障基金，而基金的來源，是按《商業登記條例》就每個商業登記牌照抽取徵費，累積而成。

倘若企業經營失敗，而債權人已向法庭申請破產接管令，其僱員可向勞工處申請協助，勞工處處長可以酌情批准，自破產欠薪保障基金撥款，暫時支付予有關僱員被拖欠的薪金，以及按《破產條例》或《公司條例》可獲優先處理的賠償款項。然而此舉僅是權宜過渡的措施，當僱主的資產在拍賣融資後，仍須用以支付欠薪及其他賠償予僱員，但是債權人卻由僱員轉為破產欠薪管理基金。

運用破產欠薪基金的個案，常見於酒樓茶室等飲食行業，在這個行業裏，不時有酒樓茶室的經營者，因周轉不靈而無力支付工資，不少人為避債而躲藏。該行業的員工，薪酬一般欠缺穩定，因此破產欠薪基金的撥款有助於他們渡過困境，而無須經過漫長的法律程序，等待破產管理官按照《破產條例》或《公司（清盤及雜項條文）條例》，逐步償還僱員的欠薪及其他補償款項。

## 12. 建造業的工資保障機制

另一個容易出現拖欠工資的行業，就是建造業，該行業有多層承判的習例及制度。有些較低層的承判商或判頭，無力支付或故意拖欠其工人的工資，因而會出現欠薪情況，從理論上而言，亦可引用《破產欠薪保障條例》，自該基金先行發放工資。然而，在建造業內常用的處理欠薪的機制，是源於

1977 年《僱傭條例》的修訂條例，運用了普通法上"轉承責任"（vicarious liability）的概念。具體而言，在建造業內，倘若任何較低層的承建商拖欠工資，或其僱員因工受傷而未得到賠償時，其主要建築商則須負責支付有關欠薪或勞工賠償款項，但只限於不多於兩個月的薪金，並且，該主要建築商可向屬下有參與分判給該欠薪判頭的承建商集資。而在支付欠薪或勞工賠償後，該主要承建商可向欠薪的承判商或判頭，追討其為後者代支的款項，該款項亦可在應支付予後者的任何賬項中扣除，以抵銷有關債項。

### （四）工資保障

#### 1. 工資的定義

《僱傭條例》的主旨，首先是保障工資（wage protection），其背後的理念就是工資的基本性質，即僱員為僱主辛勞工作而所得的報酬，應當獲得法律保障。香港在保障工資方面的法律，源自英國的《工資法》（Truck Acts），《僱傭條例》就"工資"一詞的解釋，其涵意範圍甚廣，包括任何支付予僱員因工作或履行其職責的報酬。因此，工資來源於所有經常及定期支付予僱員的薪酬與津貼，後者包括勤工獎、生活開支補助津貼、超時補薪、考績獎金（performance bonus）、佣金，以及年尾雙薪（即第十三個月薪金）[21]。然而，工資卻不包括由僱主所提供的住房、膳食、教育、醫療與燈油火臘的折現價值，亦不包括僱主為僱員支付的長俸或公積金供款、交通津貼、工作開支，以及僱主支付予僱員的恩恤金。

#### 2. 工資期（wage period）

按照《僱傭條例》，工資期一般為一個月，除非雙方預先另作安排。在

---

21　《2007 年僱傭（修訂）條例》對《僱傭條例》作出修訂，清楚訂明在計算假日薪酬、年假薪酬、年終酬金、疾病津貼、產假薪酬、代通知金和僱主不當地終止合約時僱員可獲的賠償時，根據合約需要支付的佣金應視為"工資"的一部份，而此工資應按照僱員在過去十二個月內所賺取的工資的平均款額而計算（如果該僱員被僱用不到十二個月，則按照其被僱用的總期間計算）。

每個工資期的最後一天，僱主便須支付工資，僱主須準時支薪，倘若在工資期後七天內，仍未能支付工資，則屬違法。倘若約滿不再續約，工資須於當日發放，但無論如何不能遲於七天後支付。同樣地，倘若任何一方解約，所有工資及其他僱員應得款項（包括代通知金、遣散費、長期服務金及未放的有薪假日及年假的餘額代替薪金等），亦須在解約當日支付，但無論如何，不能拖欠超過七天。

### 3. 支付工資的地點與方式

工資必須直接支付予僱員或其授權的代理人；嚴格而言，必須以現金支付，但倘若僱員同意，亦可用銀行支票或匯票支付，或將工資款項存放於僱員的銀行戶口。為保障工資，《僱傭條例》亦沿用英國的《工資法》，規定工資須在工作地點支付，但清楚註明不可在下列地方支付：(a) 任何娛樂場所；(b) 任何賭博場所；(c) 任何賣酒地方；或 (d) 任何零售商店。

此外，僱主亦不能在僱傭合約內訂明僱員須在其指定的商號購物；換言之，僱員應有絕對自由去決定如何運用其工資。

僱主須在僱傭期開始前，知會其僱員有關工資及其他僱傭條件。倘若在受僱期內，僱員提出書面要求，僱主亦須儘速向其提供有關薪酬的資料。倘若工資或任何僱傭條件有變，亦須知會僱員，並徵求其同意。此外，在支薪時，僱主亦須向僱員清晰交待任何超時補薪或扣薪的原因。

### 4. 扣減工資

《僱傭條例》亦嚴格限制僱主扣除工資的情況，倘若僱員缺勤，可按比例扣薪，而僱員若損毀僱主的器材，亦可扣薪，但每次糧期，不能扣薪多於港幣三百元，或工資的四分之一，以較少的方式為準。

其他可以扣薪的款項，亦只限於下列數額：(a) 僱主所供的膳食；(b) 僱主提供的住宿；(c) 預支的薪金或曾超額的支薪，但每次糧期可扣的工資，不能多於該糧期薪金的四分之一，亦不能計算任何利息；(d) 償還僱主預支的貸款，但須僱員書面同意；（e）任何由僱主代僱員為參加醫療計劃、公積金或儲蓄計劃所預支的供款；（f）為僱員代支的薪俸稅；或（g）任何由勞工處處長所核准的扣薪。

### 5. 其他保障工資的法例條文

倘若僱主相信自己已失去能力按期支付工資，須從速終止與僱員的僱傭合約，以減少可能因此而累積的欠薪。同時，僱主亦應籌措款項，用以支付工資及其他應支付予僱員的款項及解約賠償。

倘若僱員相信拖欠工資的僱主可能逃離香港避債，可向法庭申請拘捕令，而入境事務處亦會在出入境關卡處將有關僱主列入不准離港人士的名單內。

### 6. 香港的工資市場與最低工資

香港素以自由經濟見稱，政府一直強調不干預勞工市場，對於工資與工時，並未訂立任何法定標準，而由市場供求調整的機制去決定。

上述情況一直維持到 2010 年初，然而正如較早前所提及的，香港歷史上並不缺乏訂定最低工資的機制。早在 1932 年，香港已制定《最低工資條例》，授權港督會同行政局，在被認為工資過低的行業，委任一個五人調查委員會，研究如何改善該行業的工資與僱傭條件，然而該條例僅屬具文，主要原因是未有賦予調查委員會任何實權，以監察或執行最低工資。事實上，自該條例訂立以來，政府並未委任過任何最低工資調查委員會，該條例遂於 1940 年，在當時勞工主任（即現時的勞工處處長）畢拉（H. R. Batters）的建議下被廢除。[22] 代之而訂立的，是較為完備的《行業委員會條例》（Trade Boards Ordinance），行業委員會的成員較具代表性，除由港督委任在該行業人數相等的勞資代表之外，其他成員亦包括從較有組織的行業裏挑選出的工

---

22　參考 H.R. Butters, *Report by the Labour Officer, Mr. H. R. Butters on Labour Conditions in Hong Kong* （Hong Kong: Government Printers and Publishers, 1993）第 235 段，第 167 頁。

會代表，與另一位並非來自該行業的僱主代表，而主席則由勞工主任（即現時的勞工處處長）擔任。該條例原則上賦予行業委員會較廣泛的權力，除在該行業制定最低工資外，亦可決定行業內的標準工時與超時補薪的比率。此外，行業委員會亦仿照英國的工資委員會，在工會勢力較弱的行業裏鼓勵勞資雙方發展集體談判的機制。然而，其命運與較早前的《最低工資條例》相若。自立法以來，《行業委員會條例》一直處於靜態，從未得到過實施應用，形同虛設；而官方的解釋，就是自戰後迄今，工資持續上升，從未有工會要求，在任何行業內成立行業委員會以檢討業內的工資與工時水平。然而，由於《行業委員會條例》一直保留而未被廢除，香港仍然能夠應用《國際勞工公約》第二十六條有關制定最低工資的機制。

1980 年代，香港政府開始自海外輸入家傭，稱為＂家務助理＂（domestic helpers），早期主要來自菲律賓。外籍家傭須與其僱主簽訂為期兩年的合約，約滿後可再續約，然而即使他們來港滿七年，亦不能享有居留權。而香港政府亦開始以行政手段，釐定外籍家傭的最低工資，從而在香港就最低工資管制創下先河。

### 7. 全面的法定最低工資（economy-wide statutory minimum wage law）

在九七回歸後不久，為全面引進法定最低工資，香港勞工界向特區政府積極游說施壓，究其原因，其一，是經過 1997 年亞洲金融風暴，以及 2003 年的 SARS（Severe Acute Respiratory Syndorm，嚴重急性呼吸系統綜合症）疫情後，香港經濟一直陷於低潮，工資停滯不前；其二是不少企業為求精簡節約（austerity），將較次要的工序外判，或僱用較多兼職員工、臨時工或自僱工，不少來自中國內地的新移民及家庭主婦，淪為非正規性勞工（non-regular workers），工資因受壓而低微，不足以餬口，這些邊際行業包括酒樓茶室、快餐速銷店、汽車加油站，以及清潔工人等。有見於此，工聯會、職工盟、勞聯、工團等主要工運組織，不約而同地向政府施壓，要求制定全港性法定最低工資，以保障上述處於邊緣的工人工資與生活條件，並間接紓緩政府在公共援助方面所受到的壓力。至於僱主方面，他們素來抗拒政府干預勞動工資市場，但立場亦逐漸軟化。他們開始接受法定工資的觀念，原因有三：其一是法定最低工資通常被視為公民社會的象徵，可提升香港的國際城市形象，有利於對外貿易；其二是法定最低工資可提高邊緣社群的收入，從而協助紓緩香港日益嚴重的貧富懸殊問題；其三是僱主希望以法定最低工資為交易籌碼，以換取勞工界放棄要求制定法定標準工時的動議。

在上述心態轉變與政治形勢下，香港特別行政區行政長官在其 2007 年的施政報告中，宣佈嘗試推行一項自願性的"工資保障運動"（wage protection movement），希望藉此鼓勵低薪行業的僱主，參照由統計處所提供的有關行業的工資中位數，來釐定工資。然而，自願參加的僱主並不多，所以該權宜措施的成效不大。因此，在試驗兩年後，香港特區政府決定放棄該措施，改而進行立法，頒佈全港性的《最低工資條例》（Minimum Wage Ordinance），同時委任"最低工資委員會"（Minimum Wage Commission），負責向香港特區政府建議最低工資的市值。最初的法定最低工資訂為每小時二十八港元，由 2011 年 5 月 1 日（即勞動節）起生效，按照法例，在兩年後再作檢討。[23]因此，在 2013 年，最低工資首次調整至每小時三十港元，並預料在 2015 年再作調整。雖然勞工界要求將最低工資提升至每小時三十五港元，但最後通過的升幅較為溫和，調升至港幣三十二元五角。

然而事實上，法定最低工資的升幅，須視乎香港當時的經濟環境能否承受較高的最低工資。倘若經濟疲弱，最低工資往往會帶來反效果，因為僱主可能會為節約而削減邊緣性的工作崗位，從而使這些正是最需要《最低工資條例》保障的一群人飽受失業威脅，而且在僧多粥少的情況下，僱主無須為爭奪人手而競相調升工資，只須支付最低工資，亦可招聘及保留員工。因此，最低工資會諷刺地成為最高工資。然而，關於最低工資對於經濟的影

---

23　Olivia K.M.Ip and Sek-hong Ng, 'Labour and Employment in the Tsang Administration', in Joseph Y.S. Cheng (ed.), *The Second Chief Executive of Hong Kong SAR: Evaluation of The Tsang Years, 2005-2012* (Hong Kong: City University of Hong Kong Press, 2013), p 410, pp 426-428.

響，亦有比較正面的看法，那就是最低工資可以刺激僱主發展較為科技密集的工序，提升生產效率，以減少對勞動力的倚賴與需求。另一方面，不少統計性研究顯示，最低工資並無造成任何嚴重的失業問題；再者，倘若僱員的工資因此有所增長，亦有助於刺激消費市場。

### （五）　標準工時

香港另一個富爭議性的勞工問題，是應否制定法定標準工時（standard work hours）。在成功説服政府立法制定法定最低工資後，勞工界盼望再邁前一步，爭取對標準工時的管制。環顧全球，不少國家皆有制定標準工時的法律，尤其在德國、法國及英國等歐盟國家，標準工時皆少於每周四十八小時，同時中國內地的勞動法，亦從一九九四年開始，訂明每天工作八小時、每周工作四十八小時，任何多於這個標準的工時，須以超時補薪計算。

然而，香港的僱主與商會對此強烈反對，他們認為此舉容易產生不少樽頸，有礙勞工與貨品市場的自由調節。而且，若要為不少白領僱員計算超時補薪並不容易。事實上，例如在財經金融界，不少專業（知識型）僱員為求表現，往往自願超時工作而不計酬勞，而僱主常以假代薪（time off），以作補償。雖然特區政府在 2013 年發出內部研究文件，臚列世界各地就標準工時所訂立的法律規定，並且探討在香港引入法定標準工時的可行性與可能出現的困難與限制，但是否立法規管標準工時，仍未有定論。

### （六）　邊緣勞工與非正規僱員（peripheral labour and atypical employees）

香港經濟轉型，是以服務業與第三產業為骨幹，逐漸踏入“後工業社會”（post-industrial society）時期，不少企業為求節約，精簡架構，縮減正規人手，關閉較次要的部門，轉而外判（outsourcing），或聘請較多非正規性的僱員（contingent workers），包括臨時僱員與部份時間或兼職僱員（part-time employees），他們的服務時間，可能未足連續四星期，但比較常見的例子，是在連續工作的四星期內，未能符合每周工作最少十八小時的準則，因此按《僱傭條例》，欠缺作為連續性僱員的資格，未能享受大部份的法定僱傭福利，就算是在人力資源管理方面素享盛譽的香港賽馬會，是全港僱用最多兼職員工的機構，然而他們大部份的工時，亦未能符合這個"四‧一八"標準，因此被置於《僱傭條例》的法定福利保護網以外。

為換取勞工界在標準工時問題上的讓步，工商界似乎有意在勞工顧問委員會裏，向勞方代表尋求在連續性僱傭合約這個問題上放寬尺度，建議由現行工作連續四周，每周十八小時的規定，轉為連續四周，每周十六小時這個較為寬鬆的標準，從而可讓較多的部份時間或兼職僱員，納入建議的"四‧一六"新保護網。然而，香港第二大工人組織職工盟所要求的方式，卻是要撤銷所有資格要求，從而使所有的兼職僱員，不論其工時，只須連續服務滿四星期，便可按其累積工作的總小時數，以比例計算其可享有的僱員福利。然而，在勞工顧問委員會內，勞資代表能否就該問題達成共識，仍有待觀察。

## （七）非法勞工（illegal workers）

繼 1960 年代的逃亡潮後，在 1970 年代後期有不少來自中國大陸的"非法移民"來港，由於逮捕與遣返這些非法移民有一定困難，因此港英政府採取權宜措施，名為"抵壘政策"（touch-base policy），容許任何非法進入香港的中國大陸人士，倘若能抵達市區而覓得住所，可以留港居住而無須被遣返。然而，這項政策卻給香港的人口與資源供應造成極大壓力，因此在港督麥理浩訪問北京後，港英政府遂於 1980 年底廢除"抵壘政策"，轉而恢復以往"即捕即遣返"的政策。與此同時，還修訂《出入境條例》，規定任何在港人士，須隨身攜帶身份證或護照，倘若遇到警察或入境處官員查閱時，可交出以供檢視。由於上述原因，香港開始有所謂"能否受僱的身份"（即

employability）這個概念。就是任何在港工作的僱員，必須為香港公民或是獲入境事務處簽發在港工作准許證，而僱主在開始聘用任何人士時，必須檢查該名僱員的身份證或護照，以確定其身份是否能在香港工作，否則倘若被勞工督察或入境處官員發現，即屬非法勞工，該名僱主與其僱員可遭檢控，倘若入罪可被判監禁。

## （八）反歧視條例（anti-discrimination legislation）

香港在逐漸走向"公民社會"的過程中，開始制定一系列反歧視法例，並就"平等機會"（equal opportunities）立法。

香港政府首先在 1995 年訂定《性別歧視條例》（Sex Discrimination Ordinance），當中部份條款規定，在聘任方面不能對女性或男性有所歧視，區別對待，並且將"性騷擾"（sexual harassment）行為列為違法。此外，該條例並設立"平等機會委員會"（Equal Opportunities Commission），負責推廣"平等機會"這個觀念，並且負責執行性別歧視與其他隨後制定的反歧視條例。為符合這部先導性的《性別歧視條例》，不少以往可能帶有性別歧視含意的工種名稱，須易名改為中性，例如"空姐"（air stewardess）須改稱為"空中服務員"（flight attendant），消防員在英語中由"fireman"改稱"fireperson"，警察（policeman）在英語中屬男性名詞，但亦須與女警（policewoman）並稱，至於秘書與護士這些以往多由女性擔任的職務，亦可由男性出任，不再是只有女性方可勝任的工作。《性別歧視條例》亦防止任何招聘廣告，註明或暗示須由某一性別方可申請與擔任該廣告所宣傳的職位。至於任何職工會、專業團體或僱主聯會亦不能在招收新會員時，對男性或女性有所歧視或偏向優待。同時，對男性和女性會員亦不能有不同的待遇。

另一方面，《性別歧視條例》規定在入職後，僱主須給予擔任相同職務的男性僱員和女性僱員同工同酬，而僱主不能對其僱員，或任何僱員亦不能對其同事，進行"性騷擾"，否則可遭檢控。該條例亦臚列了某些容許男女有別的聘任情況，尤其是按"真正職業資格"（genuine occupational qualifications）考慮而須聘請某一性別的僱員的情況，例如在演藝事業裏，為求演出真實，某些角色必須由男性或女性擔任，因此不可以性別歧視論。同樣，在安老服務院舍，倘若宿員幾乎全部是女性，為方便照顧起見，服務助理亦可限於只是聘任女性。

　　緊接着《性別歧視條例》的制定，香港在 1996 年通過《殘疾歧視條例》（Disability Discrimination Ordinance），以保障傷殘人士可獲平等待遇。任何僱主，不能在招聘方面，對傷殘人士有所歧視，一般普通職位的招聘廣告，不能註明只有健全人士方可申請。然而，倘若有關工作必須是健全人士方可擔任，則屬例外，明顯的例子，就是航空業內的駕駛艙人員，必須視力健全，以保證飛行安全。此外，在演藝事業裏，某些角色亦可能必須由健全人士擔任；換言之，在上述情況下，傷健人士不能符合有關工作的基本入職條件，所以可以被拒之門外。至於在入職後，僱主不能因僱員身體有缺陷而對其有不同的薪酬待遇，並且不能因此而減低或忽略其升遷及受訓機會。此外，任何工會、專業團體或僱主聯會在招募會員時，不可對傷殘人士的申請有所歧視，並且不能對傷殘及健全的會員，有厚此薄彼之分。至於職業介紹所，亦不能因求職者身體有缺陷而拒絕向其提供服務。為方便傷殘僱員，僱主亦被鼓勵在工作場所內裝置特別設施，以協助其傷殘僱員的工作及活動。此外，任何頒授資歷的機構，亦不能對傷殘申請人士有所歧視。

　　跟隨《殘疾歧視條例》而制定的是《家庭崗位歧視條例》（Family Status Discrimination Ordinance），該條例規定，僱主不能因求職者負有家庭責任而拒絕聘任；任何招聘廣告，亦不能指定必須屬單身或已婚人士，方可申請有關職位；至於工作申請表，內文亦不能查詢應徵者的家庭狀況。然而，在入職後，僱主可要求其僱員提供此項資料，以便決定是否為其提供房屋、教育或醫療補助，而僱主亦不能因僱員有家庭責任在身，而對其有所歧視；倘若僱員因照顧家庭而需給假，僱主亦須給予方便，使其可履行家庭責任，僱主亦不可以故意設下任何障礙，使僱員不能履行其家庭責任。

此外，職業介紹所亦不能查詢求職者的家庭崗位，作為其決定是否為後者提供服務的條件。另一方面，任何職工會、專業團體或僱主組織，不能以申請入會人士的家庭責任為藉口，拒絕該人士入會。同時，亦不能因任何會員的家庭崗位及責任為理由，而對其會籍有不同的待遇。

較近期制定的反歧視法例，是 2007 年通過的《種族歧視條例》（Race Discrimination Ordinance），該條例旨在保護在港居留的少數族裔人士的權益。因此，僱主不能因求職者的種族或血緣關係而拒絕其申請。而在入職後，僱主不能因僱員的種族及血緣關係而對其有不同的待遇。

至於招聘廣告，亦不能指定應徵者須屬或非屬某指定族群，而職業介紹所亦不能因求職者的種族或血緣關係而拒絕向其提供服務，或是在提供服務時對其有所歧視。同時；任何職工會、專業團體或僱主組織亦不能因申請入會者的種族或宗親關係而拒絕其入會；倘若成為會員，亦不能因任何會員的種族原因而對其有所歧視。此外，所有頒授資歷的機構，亦不能因申請者的種族或血緣關係，而拒絕頒授有關的專業或學術資歷予後者，亦不能因種族原因而剝奪任何已擁有該項資歷者的資歷。

該條例的最大得益者，似乎是居港的南亞族群；然而一直而來，他們自成一國，維持着頗為封閉的社區，究竟《種族歧視條例》能否促成他們融入香港社會，尚待觀察。至於來自歐美等地的外籍人士，由於大部份是受僱於管理階級，所以待遇較優，遭受歧視的機會並不太大。

以上四項反歧視的法例不但適用於僱傭的範疇，還適用於教育、商業（如貨品和服務的銷售、物業的出租）、會社等其他方面。總體來說，這些法例把某些行為訂為違法行為，包括因某人的性別、婚姻狀況（即已婚或未婚）、懷孕、殘疾、“家庭崗位”（這是指負有照顧直系家庭成員的責任的崗位），或種族而予以歧視（discrimination），也包括性騷擾，及因某人投訴被歧視而作出對該人不利的行為（victimisation）、侮辱或中傷（vilification）殘疾人士等。

在僱傭方面，上述反歧視的法律規定不但適用於在招聘過程中出現的歧視，也適用於待遇、福利、升職、調職、培訓以至解僱或裁員等情況上發生的歧視。對於如何具體落實法例的要求，根據法例而制定的《僱傭實務守則》（Codes of Practice on Employment）訂有詳細的指引。

歧視或性騷擾的受害者在法例中被稱為"受屈人士"（aggrieved persons），他們可向平等機會委員會投訴，委員會接報後進行調查及調解工作，務求受害人和被投訴者可以和解。委員會也有權發出"執行通知"（enforcement notice），要求當事人停止歧視性的行為。如果問題得不到解決，受害人可在區域法院提出訴訟。在審理這些案件時，法院享有廣泛的權力去頒發補救措施，包括賠償、強制令（禁制令）、命令答辯人重新僱用申索人或將其升職、命令答辯人作出或不作出某行為等。

現時香港特區政府正進行諮詢，以決定應否立法，防止對有特別"性傾向"（sex orientation）的人士有所歧視。其部份原因，是在香港這個仍是以中國傳統文化為主導的社會裏，一般人對於跨性別人士（transgender）、雙性者（bi-sexual）及同性戀者的公開行為，仍有保留，而這些人士則組成壓力團體，要求香港特區政府立法，使其在就業及其他社交活動方面受到保障，免受歧視。然而有關立法建議甚具爭議性，迄今仍未定案。

在 2014 年，平等機會委員會發出諮詢文件，探索是否就"同工同酬"立法，以及應否對"性騷擾"行為（尤其是在服務性行業中的性騷擾行為）加強管制。然而，由於同工同酬的先決條件，是企業可以進行"工作價值評核"（job evaluation），但香港大部份企業屬於中小型，缺乏資源作具系統性的工作評核，所以有意見認為"同工同酬"在香港實行的條件仍未成熟。

不少發達國家設有法例，就年齡、宗教及政治取向等範疇，防止及取締歧視行為。在香港，工會亦曾就年齡歧視游說政府考慮立法，然而現時卻已沉寂下來。同時，在素以能夠容納不同政見及言論與信仰自由著稱的香港社會裏，由於政見或信仰不同而出現的嚴重衝突事件，除 2014 年的"佔中"運動外，並不多見，因此要就政治取向或宗教制定反歧視法例，似乎未有迫切需要。

除上述四項反歧視條例以外，香港早於 1974 年已就防止對職工會的歧
視行為立法，將其置於《僱傭條例》的規管範圍之內。當年的《僱傭（修
訂）條例》規定，僱主或其代表皆不能因求職者或僱員參加職工會，而對其
有所歧視，歧視行為包括拒絕聘任、解僱，或是將其調職，或減低其升職機
會；而在聘任時，亦不能以求職者放棄其職工會會籍為先決條件。該條例
的保障範圍還包括意圖成立職工會的僱員，而且，僱主亦不能在僱傭合約
內規定僱員不能參加任何職工會（在歐美通稱為"黃狗合約"即 yellow-dog
contract）。該防止歧視職工會的法例，亦適用於政府公務員，雖然他們並不
受《僱傭條例》管轄。但是，由於在舉證方面常遇到困難，勞工處能夠成功
檢控涉及職工會歧視的案件，幾乎絕無僅有。

## （九）個人資料及私隱（personal data and privacy）與資料披露（disclosure of information）

迄今為止，香港仍未就規定僱主須向僱員，或僱員代表，或其工會透露
有關公司的營業狀況、用人政策及其變動和調整進行立法。

上述情況有異於歐洲國家，這些國家往往有法例規定企業須就這些方面
向員工提供訊息；相反地，在香港，這些企業資料普遍被視為商業秘密或敏
感資料，不能向管理層以外的員工外洩。勞工處在其《良好人事管理指引》
內建議，香港僱主倘若計劃架構或業務改組（organisational and business re-
structuring），因而可能須精簡人手，須預先知會僱員或其代表或其工會，使他
們在心理上有所準備，在遇到因改組而須遣散時，受影響的僱員因此不會彷
徨和手足無措。

按照普通法，僱員有責任為其僱主保守企業的技術與商業秘密。僱員與
其僱主可簽訂"限制性協議"（restrictive covenant）或"防止競爭"的協議
（covenant of non-competition）；通常是指在離職後，該名僱員不能在指定的
地域與時間範圍內，受僱於與其前僱主有競爭關係的同類企業，或是自立門

戶，成立與舊僱主相互競爭的企業。這種協議的限制範圍必須合理，而僱員與其前僱主對這種協議限制範圍的合理性，經常出現爭端甚至訴訟。

在 1995 年，香港制定了《個人資料（私隱）條例》（Personal Data (Privacy) Ordinance），此條例對於存有及收集他人個人資料（personal data）與其使用作出規定。根據此條例，個人資料的當事人有權查閱和改正他人所保存的與他有關的個人資料。存有他人個人資料者，只可把資料用於收集該資料時所說明的用途，除非資料當事人同意讓這些資料作其他用途。由於僱主通常存有關於其僱員的一些個人資料，所以這條例也適用於僱傭範疇；僱主須就僱員的個人資料嚴守秘密，而僱員亦有權檢視其在職期間，僱主所儲存關於他（她）的任何個人資料，包括考核及調薪紀錄。倘若僱員離職，僱主亦須在一定時間後將其個人資料銷毀。

## （十）輸入外勞（import labour）

自開埠以來，香港的勞動力供應主要來自中國大陸的移民，而政府的人口政策，是禁止輸入外勞，內部勞工市場是自給自足。例外的情況，就是自英國招聘不少高級公務員，而就一些香港尚缺乏人材的專業職位，可自海外招募，他們的作用，除填補這些空缺外，亦包括協助香港培育這方面的人材；這些外聘專業人士，倘若居港滿七年，便可申請成為香港公民。

如上文所述，這種"半封閉"的勞工政策，自 1960 年代中後期開始有所調整，香港政府開始容許自海外輸入家傭，稱為"家務助理"，初期主要來自菲律賓，除工資廉宜外，由於菲律賓屬天主教國家，被認為道德與紀律的水平較高，適宜在家庭工作。後來由香港政府訂定最低工資，並提供標準合約，合約為期兩年並可續約。審核僱傭合約與簽發入境及在香港工作的證件，由入境事務處負責。倘若勞資雙方出現任何糾紛，可由勞工處負責調停。與此同時，擔任中介的職業介紹所，亦應運而生，由勞工處根據《僱傭條例》進行監管。特區政府主要是依靠行政機制管理，並未有制定任何輸入外勞的法例。

"家務助理" 的合約必須符合《僱傭條例》，並須清楚註明有關工作，倘若僱主將家傭調往合約所訂明以外的職務，例如兼任汽車司機或是在其經營的商舖或企業工作，即屬違法。此外，僱主亦不能將其家務助理，轉遞為其他僱主工作，否則會觸犯《入境條例》，可被刑事檢控。

外籍家傭即使居港逾七年，亦不能享有居港權。此外，香港曾經出現一些外籍家務助理受到僱主虐待的個案；根據《僱傭條例》，涉嫌的僱主可遭刑事檢控。

在 1980 年底，由於半熟練技工與非熟練工人嚴重短缺，香港政府在僱主的壓力下，制定 "一般性輸入勞工計劃"（general labour importation scheme），以行政方式，容許僱主在缺乏人手的職位下，自中國大陸或海外輸入外勞，而工資須以該職位的中位數工資（median wage level）釐定。與此同時，為應付興建大嶼山赤鱲角新機場的有關基建工程，亦容許在建築行業輸入大量外地勞工。到 1990 年代中期，由於基建項目逐漸完成，而在勞工界的強烈反對下，香港政府決定終止 "一般性輸入外地勞工計劃" 與基建外勞計劃，代之以較小規模的 "補充性輸入外地勞工計劃"（supplementary labour importation scheme），根據該項計劃，僱主若要申請外勞，須將有關職位，按官方提供的中位工資，刊登招聘廣告，倘若在三個月過後仍未能填補空缺，則可向勞工處申請輸入外勞，而該申請須由勞工顧問委員會審核方可批准。

## 五　結語：香港勞工法例與勞工政策綜論

在香港，勞資關係仍是以個人僱傭合約為核心，如上文所述，立約的精神源自英國普通法，然而僱傭合約的具體內容以及立約和解約的程序，是受《僱傭條例》所規管的。

理論上而言，若要維繫賓主關係，除須以有形和具法律效力的合約為依據外，更要依靠無形的"心理合約"（psychological contract）維繫，以鞏固勞資雙方的相互信任（mutual trust）。常見的例子，是日本的終身聘任制（lifetime employment），然而更為典型的，是中國傳統家庭與其家傭，不少家庭由家傭擔任保姆一職，侍養年青一代，他們長大成人後，往往視其保姆為其至親，仿如"契娘"（乾娘）。

1967 年的騷亂，對香港勞工法例的發展具有決定性的催化作用。是次動亂，喚醒香港政府須正視積存於民間的疾苦和怨憤，以及改善民生的迫切性。然而，最大的改革催化劑是來自英國工會，他們感到香港倚靠低廉勞工，對以蘭開夏（Lancashire）為核心的英國紡織業及紡織工人的職業保障，構成了嚴重威脅，因而向英倫及港英政府當局施壓，要求調查香港的勞工狀況並推行改革，從而改變外國傳媒所渲染的香港作為"血汗工場"的形象。

在這種政治氣氛下，港英政府在 1968 年通過了具"指標性"的《僱傭條例》，以代替不合時宜的《主僕條例》（Masters and Servants Ordinance）。隨後在 1971 年，又將《職工會登記條例》易名為《職工會條例》。兩年後的 1972 年，港英政府制定《勞資審裁處條例》，為勞資雙方提供簡易的法律程序，以裁決雙方的聲請與糾紛。繼而在 1975 年通過的《勞資關係條例》，訂下了以法為本的程序，授權官方介入調處大型勞資糾紛，政府可循漸進的途徑，由調解、特別調解，提升至仲裁或是委任調查委員會，或由港督（回歸後為特區行政長官，下同）會同行政局（即今日之行政會議，下同），頒佈其他適當的措施，以便協助雙方解決該宗勞資糾紛。同時，該條例亦授權港督會同行政局，在察覺嚴重的勞資糾紛或罷工，可能危及香港經濟或社會秩序時，可頒佈為期三十天的"冷靜期"，以禁制任何工業行動，若有需要，可延展至六十天。由於這個機制，香港政府無須再以"非法罷工"為理由，去管制或約束任何違法的工業行動，所以香港政府亦可同時廢除不再合時宜的《非法罷工與閉廠條例》；換言之，《勞資關係條例》取代了《非法罷工與閉廠條例》，自此，"非法罷工"這個名詞遂在香港成為歷史陳跡。由於這原因，香港僱員可享有"罷工自由"，而在針對罷工的法律方面，香港亦得以與較為先進的歐洲國家看齊。

回顧香港勞工政策與勞工法例的沿革，其轉折點似乎是介乎 1960 年代後期與 1970 年代之間，當時香港經濟開始踏入"工業社會"階段，雖然不少中產人士已有能力組織"小康之家"，但貧富懸殊有增無減，貧者愈貧，產生了不少民間積怨，間接導致 1967 年的騷亂，促使香港政府警醒並注意到社會及勞工改革的迫切性，因此在 1968 年制定《僱傭條例》，其後在 1970 年代中期，港督麥理浩在其施政報告內，臚列一套具體的勞工政策，以立法方式為香港逐漸建立一系列的最低僱傭標準，從而令香港在保障勞工方面，可與經濟和社會發展相若的鄰近地區同步看齊。

依循以上的勞工政策，香港的僱傭法規亦逐漸穩步改善，隨着《勞資審裁處條例》、《勞資關係條例》、《破產欠薪保障條例》與一系列反歧視條例的分別出現，在 1997 年回歸前，香港已擁有一套頗為完整及有效的僱傭法配套制度，這亦使得香港可以應用或部份應用多項國際勞工公約（International Labour Conventions），截止到 2013 年，香港應用的公約已達四十一條。香港因非屬"主權國家"，因此不能獨自向國際勞工組織匯報，在九七之前須由英國代為將應用於香港的公約知會國際勞工組織，而在九七之後則由中國代為匯報。

由於香港素來奉行"自由市場"的經濟取向，自 1970 年代開始，香港政府對於私人企業及勞動市場，採取"積極不干預"政策，初期的運作頗為保守謹慎，除非形勢所需，否則不輕易進行監管；其後較為進取，當香港政府在其認為適當的時刻，有利於香港整體利益時，就可以插手干預，藉以穩定社會及促進經濟發展，或藉以提升一般受薪者的"工作生活質素"（quality of working life）。在這種政策方向下，香港政府循序漸進地以立法方式改善僱傭標準與工作環境，除配合實際可行的國際勞工公約外，亦回應了工運所提出的訴求。而且，由於香港政府推動代議政制，主要的工會組織亦開始取得若干立法局（亦即立法會）議席，對政府施政有一定影響。工會亦不時組織遊行及示威，藉此向政府施壓，例如反對輸入外勞，要求制定全港性最低法定工資與標準工時，設立全民退休福利，甚或重新立法引入集體談判權。就以上各項議程，工會僅成功地促成政府立法規定最低工資；至於輸入外勞，特別是資方倡導輸入紡織工人的提議，勞資雙方仍處於拉鋸的局面。

值得一提的是，罷工在香港仍有若干欠缺明朗之處，如上文所述，可以說自 1975 年開始，僱員已經享有罷工自由，然而罷工工人能否享有職業保障，免遭僱主開除；換言之，僱員是否擁有罷工的權利（right to strike），仍是處於灰色地帶。相對而言，僱主代表曾游說政府，仿效新加坡的法例，規定僱員須預先通知管理方，才可罷工，並且亦須在嘗試所有調處程序而無效後，方可號召罷工。然而，此提議卻遭到工會組織的強烈反對，因為罷工貴乎掌握時機，倘若須預先通知或經冗長的調處程序方可罷工，罷工成功的機會將大大降低。因此，經勞工顧問委員會考慮後，該項建議已被擱置。

香港雖然在 2011 年開始制定法定最低工資，但仍未能有效地阻止貧富懸殊日益嚴重的趨勢，香港社會可能因富者愈富，貧者愈貧而漸趨兩極化。統計處所公佈的堅尼係數（Gini Coefficient）數值，已從二十年前的零點四七升至 2012 年的零點五三七，現時仍有不少人生活在"貧窮線"以下，同時由於持續的通脹，中產階層的狀況亦每況愈下，因此民怨積忿未能化解。此外，2013 年發生的葵涌貨櫃碼頭工人罷工事件，就是他們認為資方利潤豐厚，應與工人分享成果，但是直接聘用他們的承判商已有一段時間未有加薪，而他們爭取加薪的要求又未得到回應，因而激發工潮。職工盟旗下的"碼頭工人工會"組織及領導是次罷工，幾乎癱瘓了整個貨櫃轉運業，勞工福利事務局局長僅是嘗試從旁調解，但拒絕引用《勞資關係條例》介入干預，亦未有向特首建議頒佈"冷靜期"，在外國傳媒的廣泛報導及外國碼頭工人的聲援下，資方遂作若干讓步，同意加薪，但其中一個承判商宣佈結業，遣散屬下工人。在雙方角力幾達一個月後，該工潮方得以解決。是次事件再次引起勞工界反思，是否應就罷工權與集體談判權，要求香港特區政府立法保障。

破產欠薪保障基金發揮着頗為重要的功效，能解工人的燃眉之急，使他們免受漫長的清盤法律程序所困擾。2012 年，香港特區政府修訂《破產欠薪保障條例》，擴大基金所涵蓋的範圍，包括可代支有薪年假與有薪假日之欠薪。然而在香港，僱主因經營失敗而故意拖欠工資的個案仍然不少，在 2012 年，勞工處成功檢控欠薪的個案達到五百二十五宗。[24]

在香港，一直以來，制定勞工政策與勞工法例的機制，主要是依賴勞方、資方與官方三邊組成的勞資顧問委員會研究後向政府提供意見。然而，勞顧會成立已達一個世紀，似乎有改革更新的必要；其一是其職能，勞顧會現時僅屬諮詢性質，只能向勞工處處長提交意見，似乎值得將其升格，使其可以有若干決策權，並可直接向勞工福利事務局局長匯報。至於勞顧會的成員，如前面所提，可以擴闊至包括學者與人力資源專業人士等，作為勞顧會裏之資源人士（resource persons）。

自“列根—戴卓爾時代”與蘇聯解體後，全球趨向奉行資本主義，而“新自由主義”（neo-liberalism）亦應運而生。[25] 香港回歸後的特區政府，亦以“新自由主義”為主導，施政較為傾向於商界，改善勞工法例的力度似乎有所不足。

在當今的 2010 年代，最開明的勞工改革，是香港特區政府於 2011 年制定的法定《最低工資條例》，並且委任最低工資委員會，每兩年檢討及調整最低工資水平。然而，香港能否繼續承受法定最低工資，仍須視乎未來的經濟表現。此外，侍產假亦於 2014 年年底立法，但僅屬象徵性的三天而已。然而，工商界堅拒在“標準工時”（standard work hours）與強制超時補薪的立法議題上作任何讓步。在 2012 年底，勞工處發表“標準工時”政策研究報告，臚列全球各地規管工時的法則及習例、香港工時的分佈狀況以及預測法定標準工時對香港可能產生的影響。[26] 但標準工時的問題，因被認為在技術及成本上過於繁複，可能僅屬紙上談兵而已。此外，勞工界希望特區政府取

---

24　政府新聞處，《香港二零一二》（香港：政府新聞處，2013），第 113 頁。

25　可參考 Anthony Giddens, *Beyond Left and Right: The Future of Radical Politics* (Cambridge: Polity Press, 1994), pp 8-11; 以及 John Gray, *Enlightenment's Wake: Politics and Culture at the Close of the Modern Age* (Abingdon: Routledge, 1995), chapter 9。

26　香港政府勞工處，《標準工時政策報告書》（香港：香港政府物流處，2012）。

消現行的強積金與遣散費或長期服務金之間的對沖，仍未成事。另一方面，平等機會委員會正進行諮詢，檢討現行的防止歧視條例，可以預見的改革包括：在例如飲食與零售業內，加強對僱員的保障，使其免受性騷擾。然而，倘若要就"同工同酬"和平等薪酬（equal pay）立法，由於在實施上的技術問題，恐怕不易。

其他可以預見的有關《僱傭法例》的改革，就是進一步放寬"連續性"僱傭合約的定義。在 2014 年原本的提議是由"四一八"轉為"四一六"，即每星期只須工作不少於十六小時，便可符合"連續性"契約的條件。然而，後來資方轉為保守，僅願意將"四一八"改為"四七二"，即在四星期內，只需工作滿七十二小時，便可符合"連續性"合約的條件，而不論其在任何一星期內的分佈情況。倘若《僱傭條例》能循這個方式修訂，則可將更多臨時工或兼職工，納入到法例中有關法定僱傭福利的保護網內。

大致而言，香港的僱傭法仍以循序漸進的方式改善及發展，然而若與西歐國家比較，仍有若干距離。倘若與中國內地的狀況相比，中國內地的法規對僱員有較多的保障；但香港在執行勞工法規方面，則較內地嚴謹，其中主要的原因，是香港公務員的行政效率較高，以及司法制度較為獨立和完善。

第十七章

# 稅務法

周偉信*

香港大學法律專業學系副教授

蕭國鋒**

香港大學法律專業學系首席講師

## 一　香港稅制概述

　　1997 年 7 月 1 日，中華人民共和國恢復對香港行使主權，按照《香港特別行政區基本法》的規定，香港保持財政獨立，其財政收入全部用於自身需要，無須上繳中央人民政府[1]，中央人民政府也不在香港徵稅。此外，香港實行獨立的稅收法律制度，參照原在香港實行的低稅政策，自行規定稅種、稅率、稅收寬免和其他稅務事項。[2]

---

＊　作者鳴謝賀雅德（Andrew Halkyard）教授多年來的鼓勵和指導。

＊＊　作者鳴謝 Pang & Co. in association with Loeb & Loeb LLP 提供部份文書協助。

1　《香港特別行政區基本法》第 106 條。

2　《香港特別行政區基本法》第 108 條。

## （一）香港稅制的特點

香港稅制具有以下特點：

### 1. 行使"地域來源"稅收管轄權

香港實行單一的"地域"管轄權，而基本放棄了"居民"稅收管轄權。即對於香港居民和非居民，只就其來源於香港的所得收入徵稅。對香港居民來源於香港境外的所得收入，一般不予徵稅。

### 2. 以直接稅為主體而稅種少

香港稅制以直接稅為主體，並以所得稅[3]為主，輔之以間接行為稅和財產稅。[4]

### 3. 以分類課稅制度徵收

例如所得稅按照收入的類別，分別徵收[5]。但個人納稅人可以申請選擇"個人入息課稅"[6]，以進行綜合課稅。

### 4. 所得稅稅率低

所得稅有三種稅率，除下述兩種情況外，依標準稅率[7]徵稅：（a）公司利得稅稅率[8]；（b）薪俸稅累進稅率[9]，惟不能超過按標準稅率和不獲扣除免稅

---

3　直接所得稅包括：利得稅、薪俸稅和物業稅。

4　如印花稅、博彩稅、遺產稅、差餉地租等。

5　即對營業利潤徵收利得稅；工資薪金徵收薪俸稅；房地產出租收入徵收物業稅。

6　指為需要同時繳交薪俸稅、利得稅及/或物業稅的納稅人提供的一項稅務寬減。選擇"個人入息課稅"人士，須合併其各種應課稅收入（及虧損 loss），並以薪俸稅累進稅階的稅率課稅，並享有薪俸稅列明的免稅額。

7　自 2008/09 年度起為 15%，最高曾達 17%（1984/85～1986/87 年度）。

8　一直高於標準稅率（standard tax rate），自 2008/09 年度起為 16.5%，最高曾達 18.5%（1984/85～1986/87 年度）。

9　一直分為四個稅階，自 2008/09 年度起，稅率分別為：2%、7%、12% 及 17%。

額的應課稅入息來計算的稅款。

5. 按課稅年度徵稅

稅款一般根據課稅年度（year of assessment）——即每年 4 月 1 日至翌年 3 月 31 日——的應累算入息而徵收。[10]

6. 不向資本收入徵稅，亦沒有資產增值稅

與英國、美國和澳洲等國家不同，香港不向資本利潤徵稅，亦沒有就資產增值徵稅。

## （二）香港稅收法規與稅項

香港稅收法規以成文法為主，主要條例包括：

### 1.《稅務條例》（《香港法例》第 112 章）

徵收三種直接稅稅項：(a) 利得稅；(b) 薪俸稅及 (c) 物業稅。

### 2.《印花稅條例》（《香港法例》第 117 章）

針對四大類交易證明文件而徵收的稅款：(a) 香港不動產的轉讓契約、買賣協議及租約；(b) 香港股票成交單據及轉讓書；(c) 香港不記名文書及 (d) 上述文件之複本及對應本。

### 3. 其他

(1)《2005 年收入（取消遺產稅）條例》

該條例於 2006 年 2 月 11 日生效，凡在該日或之後去世的人士的遺產無

---

10　利得稅則根據在有關課稅年度內終結的會計年度所賺得的會計利潤加上適當的稅務調整而計算。

須課徵遺產稅。[11]

(2)《博彩稅條例》（《香港法例》第 108 章）

該條例對獲批准接受賽馬、足球比賽投注及發行獎券等的博彩活動進行徵稅。

(3)《商業登記條例》（《香港法例》第 310 章）

該條例對按公司條例註冊成立或登記的公司在辦理商業登記時，作出徵費。

(4)《酒店房租稅條例》（《香港法例》第 348 章）

該條例對酒店及賓館住房徵稅。[12]

以上稅項，由稅務局負責徵收。

(5)《應課稅品條例》（《香港法例》第 109 章）

對酒類、煙草、碳氫油、甲醇及其他指定物質課稅，以及為發出經營酒類牌照徵費。

(6)《汽車（首次登記稅）條例》（《香港法例》第 330 章）

這是對汽車首次登記時開徵的稅項，以鼓勵市民使用公共交通工具，減低汽車數目的增長。

(7)《差餉條例》（《香港法例》第 116 章）、《地租（評估及徵收）條例》（《香港法例》第 515 章）及《地稅及地價（分攤）條例》（《香港法例》第 125 章）

差餉是香港政府對香港境內地產物業徵收的稅項。除差餉外，按不同的土地契約，土地使用者或另須繳交地稅或地租。此等稅種由差餉物業估價署（就差餉及地租而言）和地政總署（就地稅而言）徵收。

另外，香港法院可通過案例解釋法例中不清晰的地方；而稅務局亦不時

---

11　在 2005 年 7 月 15 日之前去世人士之遺產，須根據《遺產稅條例》（《香港法例》第 111 章）徵收遺產稅；在 2005 年 7 月 15 日～2006 年 2 月 10 日期間去世的人士，如其遺產超過七百五十萬港元，須繳納一百港元象徵性遺產稅。

12　自 2008 年 7 月 1 日起，政府免收酒店房租稅。

就其管轄下的法例，發出不具正式法律效力的釋義及執行指引。[13]

## （三）　與中國內地及其他地區的稅務關係

當兩個或以上的稅務管轄區對某一納稅人的同一項收入或利潤，同時擁有稅收管轄權並向其徵稅時，便會產生雙重課稅的情況。香港採用地域來源徵稅原則，所以香港居民或在香港經營業務的公司或人士，一般不會面對雙重課稅的問題。然而，與貿易夥伴簽訂全面性避免雙重課稅協定（agreement to avoid double taxation），可明確劃分雙方的徵稅權，而該等協定一般會調低外地對被動收入如股息（dividend）、租金及特許權使用費等開徵的預扣所得稅稅率，這會提高本地公司到海外投資的興趣。此外，隨着跨境經濟活動日益頻繁，避稅、漏稅、逃稅，方法層出不窮，稅務機關之間的資料交換（exchange of information），對打擊非法走稅活動，加強稅收管理和稅法執行，越形重要。

《稅務條例》第 49 條賦予行政長官會同行政會議權力，藉命令宣佈，與香港以外地區訂立對香港有利的雙重課稅寬免或稅務資料交換協定或安排。對於屬國際性業務的民用航空運輸及航運，香港多先與有關夥伴地區簽訂雙邊協定，寬免有關收入的雙重課稅。回歸後翌年，香港更與中國內地破天荒地簽立對所得收入避免雙重徵稅的“小型”安排。2003 年起，香港開始建立一個全面性避免雙重課稅協定的網絡，更於 2010 至 2012 年間，加強其力度，至 2014 年底止，已簽訂逾三十項協定或安排，其中包括與中國內地簽署的，以取代 1998 年的“小型”安排；另有七條資料交換協定[14]。因國際稅法發展大勢所趨，預計這類協定或安排的數目將會持續上升。

---

13　釋義及執行指引列表刊於稅務局網頁 http://www.ird.gov.hk/chi/ppr/dip.htm。

14　詳情可瀏覽稅務局網頁 www.ird.gov.hkchi/tax/dta1.htm。

# 二　直接所得稅

## （一）物業稅（稅務條例第 2 部）

納稅人在香港擁有物業（下稱"擁有人"），並藉物業使用權賺取代價（"應評稅值"），須因此繳交物業稅。最常見的例子，莫過於出租物業以收取租金。[15]

### 1. 擁有人

除實益擁有人外，還包括：（a）按揭人；（b）管有承按人；（c）擁有相逆土地業權而收取租金的人；（d）擁有人遺產的遺囑執行人等，而就公用部份而言，註冊立案法團，或單獨或與他人共同就任何公用部份的使用權收取代價的人，亦屬此列。

### 2. 代價

可以是金錢，也可以是金錢等值；同時包括就提供與該物業使用權有關連的服務或利益方面須付出的代價，例如使用者支付予物業擁有人有關物業的管理費用，會計算在代價之內，相反，若管理費是支付予獨立的物業管理公司，則只屬公司的營業收入。

如代價中包括如商業租賃常見的"頂手費"（premium），該筆費用被視作在租期或三年期間（以時間較短者為準）內，按月平均分攤。

### 3. 扣除

凡擁有人同意繳付物業差餉，則可扣除已繳差餉；再扣減餘下應評稅值的 20%，作為修葺及支出的免稅額。不論物業擁有者是否進行修葺，或修葺

---

15　特許權（licence）或地役權（easement），亦屬使用權的一種。

支出若干，對此免稅額都不會構成任何影響；一般租約中規定，物業內部修葺，責任不在業主。

遇有壞賬（bad debts），即評稅主任信納有關物業使用權的代價，在該課稅年度內已不能追討，該代價可得扣除；之後在任何年度追討收回的代價，則需在該年度徵稅。

## （二）薪俸稅（稅務條例第 3 部）

薪俸稅是納稅人因出任有收益的職位或受僱工作，賺取源於香港產生或得自香港的入息而繳交的稅款。[16]

### 1. 徵稅範圍

就受僱工作而言，薪酬是否源於香港或得自香港，視乎受僱地點[17]，受僱地點在香港的，除非在香港以外提供一切與受僱工作有關的服務，否則全部薪酬均屬薪俸稅的徵稅範圍；另一方面，非於香港受僱，卻在香港提供與受僱工作有關的服務，則相關所得的入息，以及因該等服務而享有的假期工資，屬於須徵稅入息[18]。然而，無論如何，在某課稅年度"到訪"香港總共不超過六十天的人士（又稱為"六十天規則"），即使在香港期間提供任何與受僱工作有關的服務，並無繳付薪俸稅的責任[19]。而任何受僱人士在香港以外地方提供服務，而須就其提供該等服務所得的入息被徵收、並已繳付與薪俸稅性質上大致相同的當地稅項，則該等入息可獲豁免在港徵收薪俸稅。

---

16　至於屬受僱（適用薪俸稅）還是自僱（適用利得稅），參見 *Poon Chau Nam v Yim Siu Cheung* [2007] 1 HKLRD 951 及本書第十六章。

17　*Commissioner of Inland Revenue v. George Andrew Goepfert* 2 HKTC 210.

18　稅務局通常以在香港停留的日數作基準，將總入息分攤計算；另參見《稅務條例釋義及執行指引》第 10 號第 25 段。

19　六十天期限可據避免雙重徵稅和防止偷漏稅的安排延展至一般為一百八十三天，但薪酬不得由任何在港僱主或代表支付或負擔：參見《內地和香港特別行政區關於對所得避免雙重徵稅和防止偷漏稅的安排》第 14 條。

要判別受僱地點，法庭採用"整體事實"驗證法[20]，研究受僱工作的外在或表面特徵以外的情況，首先考慮的是僱用合約，而於何處提供服務，則完全不予考慮。由於僱用合約一般都是在僱主居住的國家訂立，並規定僱員的薪酬須在該國支付，稅務局在其釋義及執行指引中，特別強調以下三項因素：(a) 僱用合約在甚麼地方洽談、訂立和執行；(b) 僱主的居住地；以及 (c) 薪酬在甚麼地方支付。

任何人士，不論他居於何地，如因擔任法團董事而獲得酬金，只要該法團的中央控制和管理是在香港執行[21]，則該酬金全屬於香港產生或得自香港的入息，並須徵稅，而上述六十天規則及關於雙重徵稅的豁免，均不適用。

## 2. 入息

就薪俸稅而言，入息包括不論得自僱主或他人的工資、薪金、假期工資、費用、佣金、花紅、酬金、額外賞賜 (perquisite) 或津貼 (allowance)[22]，以及僱主付還僱員的個人開支[23]，但不包括在退休、死亡、無行為能力或服務終止時，從認可職業退休計劃或強制性公積金計劃的款項。

除法例另有特別規定（見下文）外，只有可轉換為金錢的利益，或為償還僱員債務而支付的金額，才屬可課稅額外賞賜[24]。如該項可轉換為金錢的利益屬可出售的資產，稅務局一般將以該資產在收取有關利益時在公開市場出售所合理預期得到的款項（即"二手"價值）作為應評稅款額。不可出售，但僱員可藉"放棄"該利益以取得額外薪金的，亦為可轉換為金錢的利益，必須課稅[25]，而稅務局一般以可收取的額外薪金數額，為該年的應評稅入息。

---

20　*Commissioner of Inland Revenue v. George Andrew Goepfert 2* HKTC 210.

21　McMillan v. Guest 24 TC 190；另參見《稅務條例釋義及執行指引》第 10 號第 34 段。

22　其中補發、延付及約滿酬金，納稅人可申請撥回及攤分評稅。

23　*CIR v Humphrey* (1970) 1 HKTC 451.

24　另參見 *David Hardy Glynn v Commissioner of Inland Revenue 3* HKTC 245。

25　*Heaton v Bell* 46 TC 211.

（1）教育福利

僱主根據僱傭合約支付僱員的子女教育款項，不論須負責支付有關開支的一方是僱員還是僱主，所支付的款項屬僱員應課稅入息，利用僱主資助的真正全權信託提供屬於子女的入息支付除外。[26]

（2）度假旅程利益

僱主為僱員支付度假旅程的所有款項，不論有關利益是否可轉換為現金，也不論利益是否僱員本身的基本法律責任，都納入僱員的應課稅入息。

（3）住屋福利

僱主給予僱員房屋津貼，屬應評稅入息。僱主或相聯法團向僱員提供居住地方、為僱員支付租金，或退還僱員已付租金的，物業價值、付款或退款均不當作應課稅入息，但有關居住地方的"租值"（rental value），須加入應課稅入息。

上述"租值"是指：在獲提供居住地方期間，僱員從僱主獲得的入息，減去在該期間招致可予扣除的指定支出和開支所得差額的百分之十[27]。如該居住地方只是酒店、宿舍或公寓，且設有房間不超過兩個，適用百分之八；而不超過一個房間的，則為百分之四。

（4）股份認購權（share option）

因在任何法團任職而取得某個法團的股份或股額認購權，在行使、轉讓或放棄該認購權時變現所得的收益，屬應課稅入息。變現所得收益的計算基準為：（a）股份或股額於獲取時若在公開市場出售而可合理預期獲得的款額，減去為取得該股份或股額而付出的代價；（b）轉讓或放棄該權利所得代價，減去為獲授予上述權利而付出的代價。按此規定徵稅的入息，所得權益不被視為額外賞賜而被雙重徵稅。

此外，應課稅入息並不局限於在僱傭期間收取的入息[28]。僱主可能在僱

---

26　*Barclays Bank v Naylor* 39 TC 256.

27　納稅人亦可選擇以應課差餉租值代替按 10% 計算的租值。若僱員在退休或終止受僱時獲支付或發給整筆款項或酬金，則該筆款項或酬金亦可先獲扣除，再計算租值。

28　*Fuchs v CIR* (2011) 14 HKCFAR 74.

員入職前先付一些款項，若有關款項驅使該僱員受聘，則為應課稅入息[29]。另一方面，僱員於僱傭結束時，根據僱傭合約所得的離職款項，一般需要徵稅[30]，其中包括自 2012 年 4 月 1 日及之後支付的代通知金[31]；其他在僱傭合約以外的款項，一般會被視作恩恤金（ex-gratia payment）徵稅[32]。若是僱主因毀約或失責而對僱員作出賠償[33]，又例如僱主以金錢來交換離職僱員允諾，在之後一段時間或合理範疇內，不與前僱主在業務上競爭[34]，以及根據《僱傭條例》支付的長期服務金或遣散費[35]，則無須賦稅。

### 3. 扣除

僱員可申索扣除完全、純粹及必須為產生該評稅入息而招致的所有支出及開支，惟屬家庭、私人或資本性質的開支，則不能扣除[36]。此外，亦可申請扣除：

#### (1) 個人進修開支

就是個人進修訂明教育課程的實際開支（包括課程及有關考試費用），但不能超越法例所定的最高扣除額，其中 "訂明教育課程" 是指修讀指明的 "教育提供者" 所提供的課程，而該課程必須為取得或維持現在或將來受僱工作所需資格。

---

29　稅務上訴委員會案例 D 19/92 7 IRBRD 156、D 3/94 9 IRBRD 69 及 D48/06 21 IRBRD 865，都屬此類。最為極端的案例則數 *Shilton v Wilmshurst* [1991] 2 WLR 530，案中納稅人是一名足球員，從其原屬球會收取一筆款項，以轉至另一間球會；原因是後者同意支付原球會一筆更大額的金錢，以求該名足球員能順利轉會。雖然原球會與該名足球員往後再無膠轕，法庭認為納稅人收取款項，除了是能成為另一間球會的球員外，並無其他因由，所以應就該筆款項繳付稅款。

30　參見 *Fuchs v CIR* (2011) 14 HKCFAR 74 及 *Murad v CIR HCIA* 1/2009。

31　同上；另參見 *EMI Group Electronics Ltd v Coldicott* [1999] STC 803。這裏所指代通知金，包括根據《僱傭條例》（《香港法例》第 57 章）第 7 條規定的款項。

32　參見 D79/88 (1989) 4 IRBRD 160、D3/97 (1997) 12 IRBRD 115 及 D87/01 (2001) 16 IRBRD 725。

33　參見 *Henley v Murray* (1950) 31 TC 351 及 D43/98 (1998) 13 IRBRD 285；另僱員在受聘期間因工傷而根據《僱員補償條例》（《香港法例》第 282 章）所獲的賠償，並不是應課稅薪酬或工資。

34　參見 *CIR v Yung Tse-kwong* [2004] 3 HKLRD 192；另參見 *Beak v Robson* [1943] AC 352。

35　《僱傭條例》（《香港法例》第 57 章）第 31B 及 31R 條及本書第十六章；另參見 *Mairs v Haughey* [1993] 3 WLR 393。

36　然而，案例顯示獲有關申索扣除並不容易，參見案例 *CIR v Robert P Burns* (1980) 1 HKTC 1181 及 *CIR v Sin Chun-wah* (1988) 2 HKTC 364。

（2）折舊扣除額

指以對產生應評税入息而必要招致機械或工業裝置資本的開支為基礎計算的折舊扣除額。

（3）特惠扣除（concessionary deduction）

a. 認可慈善捐款　指捐贈給獲豁免繳税的慈善團體[37]或政府作慈善用途的捐款，捐款總額不少於 100 元，但不能超越法例所定的最高扣除額[38]。捐贈必須是無償的，不會獲得任何形式的回報。[39]

b. 長者住宿照顧開支　指為已滿六十歲或有資格根據政府傷殘津貼計劃申請津貼的父母、祖父母或外祖父母，繳付予在香港境內院舍[40]的實際住宿照顧開支，但不能超越法例所定的最高扣除額。

c. 居所貸款利息　指為在香港屬自身擁有而自住的居所繳付的貸款利息，有關貸款須由訂明機構借出，用以購買該住宅（包括車位），並以該住宅或任何其他香港財產的按揭或押記作為保證的，但不能超越法例所定的最高扣除額，並有年期限制[41]。若居所由多於一人聯權或分權共有，貸款利息及上限以人數（聯權共有）或所佔擁有權（分權共有）按比例繳付和分配；若貸款只部份用於購買住宅、其餘用作其他用途，或住宅部份用作其他用途，則在計算其扣除額時，所繳付的居所貸款利息將按合理比例減少。同時擁有多於一個居住地方，則只可以就主要居住地方申索扣除。若配偶各自擁有一所住宅，只可以就共同視為主要居住地方的住宅申索扣除[42]。年度內更換居住地方的，可合理地扣除就每一個作為主要居住地方而繳付的居所貸款利息。

d. 向認可退休計劃支付的供款　指向強制性公積金計劃或認可職業退休

---

37　名單可於以下網頁搜尋：http://www.ird.gov.hk/chi/tax/ach_search.htm；另參見《屬公共性質的慈善機構及信託團體的税務指南》（http://www.ird.gov.hk/chi/tax/ach_tgc.htm）。

38　限額為入息減去可扣除支出及折舊免税額後的指定百分比。

39　參見 *Sanford Yung v CIR* (1979) 1 HKTC 1081，所以，例如支付慈善團體用以購買基地的款項並非認可慈善捐款：D54/11 (2012) 27 IRBRD 117。

40　該等院舍須持有社會福利署根據《安老院條例》（《香港法例》第 459 章）或《殘疾人士院舍條例》（《香港法例》第 613 章）發出的牌照或豁免證明書；又或是根據《醫院、護養院及留產院註冊條例》（《香港法例》第 165 章）註冊的護養院。

41　由 2012/13 年度開始，延展至十五年，而且無須為連續的年度。

42　參見 D80/05 (2006) 21 IRBRD 93。

計劃的強制性供款，但不能超越法例所定的最高扣除額。[43]

### 4. 免 稅 額

政府現對薪俸稅納稅人提供多種免稅額。

（1）基本免稅額或已婚人士免稅額

單身人士享有基本免稅額；在課稅年度內任何時間屬已婚，而（a）並非與配偶分開居住；或與配偶分開居住，但有供養或經濟上支持對方；及（b）配偶沒有任何應課薪俸稅入息；或雙方已選擇合併評稅或"個人入息課稅"（Personal assessment），可申索已婚人士免稅額。

（2）子女免稅額

供養（a）未滿十八歲；（b）年滿十八歲但未滿二十五歲，並在大學、學校或其他類似的教育機構接受全日制教育；或（c）年滿十八歲，但因身體或精神問題無能力工作的未婚子女，可申索此項免稅額，最多至九名子女；而在子女出生的課稅年度，可獲額外增加免稅額。除非夫婦分開居住，否則全部子女免稅額只可由其中一方申索。

（3）供養兄弟姊妹免稅額

獨力或主力扶養（a）未滿十八歲；（b）年滿十八歲但未滿二十五歲，並在大學、學校或其他類似的教育機構接受全日制教育；或（c）年滿十八歲，但因身體或精神問題無能力工作的未婚兄弟姊妹，可申索此項免稅額。

（4）供養父母及祖父母或外祖父母免稅額

受供養的父母、祖父母或外祖父母必須於有關年度內（a）通常在香港居住[44]；（b）年齡已滿五十五歲，或有資格按政府傷殘津貼計劃申索津貼；及（c）至少連續六個月與納稅人同住而無須付出十足費用；或納稅人每年付

---

43　2015/16 及以後年度將提高至一萬八千元。

44　指慣常地在香港生活，是一個關乎事實的問題：參見 *Director of Immigration v Ng Shun-loi* [1987] 2 HKLR 798 及 *R v Barnet London Borough Council, ex parte Shah* [1983] 2 AC 309。一般考慮受養人與香港的社交及經濟聯繫，包括：（a）年度內逗留香港的日數；（b）在香港是否有一個固定居所；（c）在外地是否擁有物業作居住用途；（d）在香港有否工作或經營業務；及（e）其親友是否主要在香港居住：案例可參見 D49/11 (2012) 27 IRBRD 60、D116/99 (2000) 14 IRBRD 660、D7/10 (2010) 25 IRBRD 245 及 D29/12 (2012) 27 IRBRD 646。

出不少於法例指明的金額用以供養該名父母、祖父母或外祖父母。如果受供養的父母、祖父母或外祖父母全年連續同住而並無付出十足費用，納稅人可享有關額外免稅額。若就父母、祖父母或外祖父母已獲扣除長者住宿照顧開支，則不得在同一課稅年度就同一名父母、祖父母或外祖父母獲給予此項免稅額。

(5)　單親免稅額

在任何年度內任何時間，獨力或主力撫養子女，而有權就該名子女獲給予子女免稅額者，可另獲給予此項免稅額。顧名思義，納稅人不得在該年度內任何時間屬已婚且並非與其配偶分開居住，或僅對該名子女的供養及教育曾作出貢獻，亦不會因照顧和監護其他子女的起居生活而得到更多的免稅額。

(6)　傷殘受養人免稅額

任何人士可就其有資格根據香港政府傷殘津貼計劃申索津貼的每名家屬受養人 [45]，申領此項免稅額。

## (三)　利得稅（稅務條例第 4 部）

利得稅是對課稅年度內的應評稅利潤而徵收的。

### 1. 徵稅範圍

任何人士，包括個人、合夥、團體，或有限公司，若符合以下三個條件須繳納利得稅：(a) 在香港經營任何行業、專業或業務；(b) 從該行業、專業或業務獲得利潤（但不包括售賣資本資產所得的利潤）；及 (c) 有關的利潤來源在香港產生或得自香港。其中並無香港居民或非香港居民的分別。

(1)　經營行業、專業或業務

a. **行業**　行業包括"每一種行業"、"每一種製造業"，以及"每一個投

---

45　指配偶、子女、父母、祖父母、外祖父母或兄弟姊妹。

機性質或生意性質的商業活動及項目"，所以，一次或多次重複的物業或股票買賣，都可能構成行業 46。法院在判定為行業的事務時，一般從客觀事實判斷納稅人是否在購入資產時已有經營的意向，又或者其後意向有否更改 47。而就如何客觀地判斷經營意向，英國皇家利得稅及所得稅委員會在 1955 年所發表的報告內，列出六項"行業指標"（badges of trade）：（a）出售項目的性質；（b）擁有期的長短；（c）作同類或類似交易的次數和頻率；（d）有否為出售物品加工或作輔助性加工工作；（e）出售項目的原因；及（f）主觀動機。其後英國法院將行業指標衍生為九條概括性原則或問題 48：（a）一次性的交易一般大概不屬於業務活動；（b）交易是否與納稅人的業務有關？（c）交易物品可否銷售獲利？（d）交易是否與該物品的一般營商買賣無異？（e）購貨資金是否來自短期貸款？（f）物品在出售前曾否加工？（g）物品是否大批買入，然後分拆為小包出售？（h）購貨時的意圖是否為長期持有？及（i）物品是否用作個人享受？香港終審法院在這方面亦有裁決，異曲同工 49。但無論如何，沒有一項指標是具絕對決定性的，要判定交易是否屬於經營行業或業務活動，必須從整體考慮 50；而納稅人聲稱與經營行業相反的意向，必須是實際的、而且是可以執行的。51

當納稅人購貨本作"長線投資"，並沒有經營"行業"的意向，隨後作輔助性加工令貨品增值，例如申請將土地重新規劃，最終出售，獲利不一定需要納稅 52。然而，若稅務局能舉證證明，納稅人對持有該物業的意向有所改變 53，例如重建物業出售，便可能被視為出售經營"行業"或"業務"的

---

46　然而買賣股票，特別是個人買賣，一般較難構成經營行業或業務：*CIR v Dr Chang Liang-jen*（1977）1 HKTC 975 及 *Lee Yee Shing v CIR* [2008] 3 HKLRD 51，另參見公司買賣屬下關聯公司股票的案例 *Beautiland Co Ltd v CIR* [1991] 2 HKLR 511。

47　*Lee Yee Shing v CIR* [2008] 3 HKLRD 51 及 *Simmons v IRC* [1980] 2 All ER 798。有關意向的更改，另參閱下文。

48　*Marson v Morton* [1986] 1 WLR 1343.

49　*Lee Yee Shing v CIR* [2008] 3 HKLRD 51.

50　*Simmons v IRC* [1980] 2 All ER 798.

51　*China Map Ltd v CIR* [2006] 3 HKLRD 719.

52　*Taylor v Good* (1974) 49 TC 277.

53　參見 *Simmons v IRC* [1980] 2 All ER 798。

貨物而需要納稅 [54]，在這等情況下，貨物在意圖轉換時的市場價值，將作為成本以計算利潤。[55]

另一方面，若納稅人將本擬轉售圖利的貨品轉為私用，英國法院認為與經營 "行業" 無異，並以當時市價扣除成本為可被徵稅的利潤 [56]。然而，香港法院卻持相反意見，原因是納稅人自己改變貨品用途並不涉及轉讓或出售，極其量只是令購貨成本變為不能扣減的支出。[57]

b. **業務**　業務包括農業經營、家禽飼養、豬隻飼養、有限公司出租物業、以及任何人（包括個人或公司）把租賃回來的物業分租 [58]。香港法院指出，"業務" 一詞的詞義較 "行業" 廣泛，覆蓋範圍更沒有一個定義或普遍意思，但 "經營" 一詞有不斷重複的行為的意味，而 "業務" 的基本概念是指以有系統和貫徹的方式進行一項活動，從而達到一個最終目的。由此可見，個人從事業餘興趣或消閑活動，即若是賭博或股票投機，在沒有系統及用貫徹的方式的情況下進行，便不會被視作在經營一項業務 [59]。然而，由於 "業務" 的定義廣泛，收取 "靜態收入"，特別是公司收取與其 "業務" 有關的 "靜態收入"，亦可被徵稅 [60]，"純粹被動地" 收取則屬例外。

c. **專業**　是否經營 "專業" 在稅務上是少有爭議的，雖然沒有法定定義，但泛指需要運用智力技能，而依現時一般理解，不再局限於醫生及律師等專業。[61]

---

54　*Wing On Cheong Investment Co Ltd v CIR*（1987）3 HKTC 1、*Crawford Realty Ltd v CIR*（1991）3 HKTC 674、*Hong Kong Oxygen & Acetylene Co Ltd v CIR* [2001] 1 HKLRD 489 及 *Church Body of Sheng Kung Hui v CIR* [2014] 5 HKLRD 384.

55　這與下文提述 *Sharkey v Wernher*（1955）36 TC 275 有關。

56　*Sharkey v Wernher*（1955）36 TC 275。有關原則亦曾用於納稅人僅以象徵式價格，將貨品轉讓予關聯公司，法院認為以貨品市價取代原本的作價較合理：*Petrotim Securities Ltd v Ayres*（1963）41 TC 389。

57　*CIR v Quitsubdue Ltd* [1999] 3 HKC 233 及 *Nice Cheer Investment Ltd v CIR* [2011] 6 HKC 169。

58　其中公司出租物業收取租金，同時招致利得稅及物業稅（property tax）責任，納稅人公司可援引《稅務條例》第 5(2) 或 25 條，豁免其物業稅，或以已繳的物業稅與利得稅責任相抵。這情況於個人業主的租賃較為罕見：參見 *Kwong Kwan-nang, Louis v CIR*（1989）2 HKTC 541 及 *Lam Woo-sang v CIR*（1961）1 HKTC 123，即若如此，個人納稅人亦可按《稅務條例》第 25 條辦理。

59　*Lee Yee Shing v CIR* [2008] 3 HKLRD 51。

60　*CIR v Korean Syndicate Ltd*（1921）12 TC 181 及 American Leaf Blending Co Sdn Bhd v Director General of Inland Revenue [1979] AC 676。

61　*IRC v Maxse*（1918）12 TC 41。

### （2）在香港經營

在香港經營業務或行業同樣是一個關乎事實的問題，但有關門檻甚低[62]。個別人士若長期在香港居住並進行商業活動，可推論為在港經營業務。對於有限公司來說，若董事會在香港舉行，管理及監控公司的業務已算是在港經營業務[63]。

在香港以外成立的有限公司或非居港人士，如只是與香港進行貿易，而不是在香港經營業務或行業，所賺利潤不須課稅[64]。即使在香港設立採購辦公室、派員到港購貨，或到港洽談產品銷售網，並不構成"在香港經營業務"，不會招致稅務責任[65]。然而，外國公司若在香港設立"永久機構"，例如在香港設立分行、支部、管理機構，或委任具備及慣常行使洽談及訂立合約權力的代理人，或在香港的代理人有商品存貨並經常按訂單付貨[66]，加上透過該駐點或代理人在香港經營商業活動，其在香港賺取的利潤就必須納稅了。[67]

### （3）利潤源自香港或在香港產生

如納稅人在香港經營業務或行業因而獲得利潤，但其利潤並非來源自或在香港產生，便無須為該項利潤繳交利得稅[68]。至於如何確定利潤的來源，稅法沒有詳細定義，只在釋義條文中指出："在不限制該詞彙涵義的原則下，

---

62　參見 *CIR v Bartica Investment Ltd* [1996] 4 HKC 599，案中納稅人公司將其香港銀行戶口內之定期存款不斷滾存，並將該款項作抵押以換取境外的銀行向其海外的相關公司作出貸款。法院認為納稅人以滾存款項的利息收入以抵消其海外相關公司的利息支出，已是超出純粹收取靜態收入的行為，因為公司的資產（即有關定期存款）已被用作獲取利益的用途，屬在香港經營的業務。

63　*De Beers Consolidated Mines Ltd v Howe* [1906] 5 TC 198 及 *Lam Soon Trademark Ltd v CIR* [2006] 3 HKLRD 132.

64　*Grainger & Son v Gough* [1896] AC 325.

65　*Sulley v AG* (1860) 2 TC 149n.

66　若有適用的避免雙重徵稅和防止偷漏稅的安排，"永久機構"（permanent establishment）一般會被更具體卻較寬鬆的"常設機構"取代：參見《內地和香港特別行政區關於對所得避免雙重徵稅和防止偷漏稅的安排》第五條。

67　如果外地公司或總辦事處在香港的賬目能反映其在香港的永久機構之真實利潤，它的應評稅利潤應以此賬目為基礎；否則應評稅利潤可以全球利潤為基礎，按照香港的營業額佔全球營業額的比例來釐定。若以上兩種方法皆不適用，就以香港的營業額乘以公平利潤率來計算應評稅利潤。另參見《內地和香港特別行政區關於對所得避免雙重徵稅和防止偷漏稅的安排》第七條。

68　*CIR v Hang Seng Bank Ltd* [1991] 1 AC 306。比對在 *CIR v HK-TVB International Ltd* [1992] 2 AC 397 中法院發表的一則附帶意見，認為只有極少數的納稅人可以在香港有主要營業地的情況下賺取利潤而又不被徵收利得稅。

（來自香港的利潤）包括從在香港交易的業務所得的一切利潤，不論該交易是直接進行或是由代理人進行"。

法院就"利潤的來源"定下了"概括的指導原則"，就是"在判斷納稅人賺取利潤之來源時，必須觀看其從事的活動中，哪一項是引致納稅人獲利的，並判斷該活動在何地進行"[69]，重點在於納稅人有關獲利活動進行的所在地，至於與獲利活動沒有直接關係的其他商業事宜（例如納稅人辦公室在何處、其決策地何在）均不需要考慮[70]。

假如香港納稅人透過他人在海外代表辦事，此代表的海外活動會被視作為香港納稅人的自身活動[71]。如該代表在海外的活動是令香港納稅人賺取酬金或佣金之主要關鍵，則香港納稅人所獲得利潤，會被視作源於海外，無須課稅。[72]

實務上，利潤來源是一個具爭議性的課題，特別是當納稅人的業務涉及香港及其他國家的貿易夥伴或跨國企業在香港營商。為方便徵稅及讓公眾理解稅務局之徵稅原則，稅務局將不同行業的利潤來源分類，並解釋了每種利潤來源地的判斷原則。

a. **買賣貿易的利潤來源**　在釐定買賣貨物利潤來源地時，一般是根據訂立買賣合約的地點[73]：（a）如果買貨合約與賣貨合約俱在香港訂立，利潤須全部納稅；（b）如果買貨合約與賣貨合約俱在香港境外訂立，利潤不須納稅；（c）如果買貨合約與賣貨合約其中一項在香港訂立，稅務局會先假定利潤須納稅。然後再考慮全部事實，才確定利潤的來源地；（d）如果銷售對象是香港公司（包括外國銷售對象在香港的採購辦公室），稅務局會認為賣貨合約是在香港訂立的；（e）如貨物是從香港供應商或廠商購入，買貨合約會被視為

69　*CIR v Hang Seng Bank Ltd* [1991] 1 AC 306.

70　*Kwong Mile Services Ltd v CIR* [2004] 3 HKLRD 168 及 *ING Baring Securities (Hong Kong) Ltd v CIR* [2008] 1 HKLRD 412.

71　*ING Baring Securities (Hong Kong) Ltd v CIR* [2008] 1 HKLRD 412.

72　參見, *ING Baring Securities (Hong Kong) Ltd v CIR* [2008] 1 HKLRD 412 及 *CIR v Li & Fung* (Trading) Ltd [2012] 3 HKLRD 8。

73　參見 *CIR v Hang Seng Bank Ltd* [1991] 1 AC 306；另"訂立"亦包括商議及執行合約。

在香港訂立；（f）如果有關人士不須離港，而是透過電話或電子媒介來訂立合約，稅務局會認為合約在香港訂立；（g）買賣合約的訂立地是主要參考因素，但不是全部。稅務局會透過考慮所有的營運情況來判斷利潤來源。[74]

　　b. **製造業的利潤來源**　在釐定製造業利潤來源地時，一般是根據製造工序在何處進行來判斷，若製造工序在香港進行，即使製成品的銷售在海外進行或銷售合約在海外訂立，亦不會導致利潤分攤徵稅[75]。另一方面，若在不同地域進行不同而整體相關的工序，則利潤可按地域來攤分。

　　自 1990 年代開始，香港廠商把製造工序北移內地，實務上，稅務局將該等利潤分為兩大類，即 "來料加工"（contract processing）或 "進料加工"（import processing）。

　　（a）來料加工，是指香港公司與內地單位（如工廠）簽訂加工合同，一般由港方提供原料、機械及技術，中國方面則提供廠房及勞工。所有原料、生產設備及貨物法定所有權屬港方。在這模式下，香港納稅人在製造貨品及銷售得來的利潤，稅務局容許以 50：50 的比例攤分（即有百分之五十源自香港），從而認可中國大陸生產工序其實是香港納稅人業務的其中一部份。

　　（b）進料加工，與來料加工不同，在進料加工的情況，港方和中方的合約會訂明，製造業務由一間內地註冊成立、而與港方（即有關納稅人）有關聯的外商投資企業進行（下稱 "外資企業"）。香港納稅人向外資企業出售原料，並從外資企業購回貨物製成品，然後出售。在這營運模式下，香港納稅人是從事原料及銷售製成品貿易，而外資企業是獨立製造商，負責生產製成品後售賣予香港納稅人。製成品的法定所有權屬於外資企業，然後售予香港納稅人。稅務局認為港方納稅人實際上是進行買賣交易，因此其所得利潤不

---

74　然而，根據 *CIR v Hang Seng Bank Ltd* [1991] 1 AC 306、*Kwong Mile Services Ltd v CIR* [2004] 3 HKLRD 168 及 *ING Baring Securities (Hong Kong) Ltd v CIR* [2008] 1 HKLRD 412，納稅人在何處營運其業務或其資產在哪處並不是應該考慮的因素；比對 *Magna Industrial Co Ltd v CIR* [1997] HKLRD 171 一案，法院以納稅人的全盤營運模式作考慮，包括買賣在何處進行、貨物於何處儲存、訂單在何處處理、貨物於何地運送及付款是否在香港進行等。終審法院已在 ING Baring 對這種判斷買賣貿易利潤來源的方法，提出質疑。

75　另參見 *CIR v HK-TVB International Ltd* [1992] 2 AC 397；比對 *Commissioner of Taxation v Kirk* [1900] AC 588。另一方面，根據《稅務條例釋義及執行指引》第 21 號，香港以外地區的製造但通過在香港的零售分行出售製成品的，屬於香港零售部門的利潤，須課繳利得稅。

歸因於在內地經營製造業，產生貿易利潤的銷售行為在香港發生，故不存在 50：50 的利潤攤分條件。[76]

　　c. **服務業的利潤來源**　如納稅人因提供服務而收取酬金，提供服務的地點便是該收入的來源地，所以，如提供服務的地點在香港以外，則服務酬金屬來源自香港以外，不須徵稅。[77]

　　d. **利息收入的利潤來源**　若納稅人以貸款給別人以賺取利息收入，貸款人所提供款項的地點便是該利息收入的來源地 [78]。但此原則不適用於在香港經營金融業務的銀行。[79]

　　e. **其他利潤**

| 利潤 | 須在香港課稅的情況 |
| --- | --- |
| 從房地產獲得的租金收入 [80] 或售賣房地產所得的利潤。 | 有關物業在香港。 |
| 從買賣上市股票和其他上市證券獲得的利潤。 | 有關的股票或證券買賣在香港的證券交易所進行； 或在場外買賣 [81]，但買賣合約在香港達成。 |
| 業務單位（財務機構除外）從買賣非上市股份和其他非上市證券所得的利潤。 | 有關買賣合約在香港達成。 |
| 服務酬金收入。 | 賺取該酬金的服務在香港提供。 |
| 業務單位所收取的專利權費。 | 如在香港取得和授予許可或使用權。[82] |

---

76　另參見 CIR v Datatronic Ltd [2009] 4 HKLRD 675 及 CIR v CG Lighting Ltd [2010] 3 HKLRD 110。

77　另參見 CIR v The Hong Kong & Whampoa Dock Co Ltd（1960）1 HKTC 85。

78　另參見《稅務條例釋義及執行指引》第 13 號及 CIR (NZ) v NV Philips Gloeilampenfabrieken（1954）10 ATD 435。

79　銀行在香港經營業務獲利及徵稅有特別條文規管：參見《稅務條例》（《香港法例》第 112 章）第 15(1)(i) 條。

80　另參見 CIR v Hang Seng Bank Ltd [1991] 1 AC 306。

81　泛指不通過交易而直接買賣。

82　另參見 CIR v HK-TVB International Ltd [1992] 2 AC 397。

（續）

| 利潤 | 須在香港課稅的情況 |
|---|---|
| 非居住於香港的人士就使用知識產權而從香港所收取的專利權費。 | 有關的知識產權在香港使用；或有關的知識產權在香港以外的地方使用，但如果另外某人在計算其利得稅的應評稅利潤時獲准扣除有關專利費用，則收取費用一方所得的利潤須在香港課稅。 |

（4）被視為在香港經營行業或業務所得來源自香港的收入

假若利潤並不符合上述徵稅條件，例如利潤不是源於香港、納稅人不是在香港經營行業、業務或專業，或利潤屬於資本利潤等而被豁免徵稅，該利潤亦有可能被視作應評稅利潤，被徵收利得稅，其中包括：（a）因在香港上映或使用的電影或電視的膠卷或紀錄帶、任何錄音，或任何與上述膠卷、紀錄帶或錄音有關的宣傳資料而獲得的款項；（b）因容許或授權在香港使用專利權、設計、商標、受版權保護的資料、秘密工序或方程式或其他相類似性質的財產而收取的款項；（c）因在香港經營業務或行業而收取有關的補助金、津貼或相類似資助形式的款項。但任何與資本開支有關的款項則除外；（d）因容許或授權在香港使用動產，而以租賃費、租金或其他相類似形式所收取的款項。

（5）資本收入

指售賣資本資產的收入，不屬應評稅範圍。凡不是用作通常營銷的流動資產（如貨物、現金、應收賬款等），就是資本資產[83]，例如用作辦公室或廠房的房產物業、機械及工業裝置、以至商譽等用作長期營運令生意產生利潤的固定資產。以下收入一般屬於資本收入，不需課稅：（a）因資本資產受損或永久損失資本資產而收取的補償金或保險賠償[84]；（b）對納稅人業務有結構性或永久性影響的合約解除金或賠償金[85]；（c）售賣固定資產時因匯率

---

83　*Ammonia Soda Co Ltd v Chamberlain* [1918] 1 Ch 266.

84　*Glenboig Union Fireclay Co Ltd v IRC*（1922）12 TC 427 及 *Aviation Fuel Supply Company v CIR* [2013] 4 HKLRD 463.

85　*Van den Berghs v Clark*（1935）19 TC 390 及 *Barr, Crombie & Co v IRC*（1945）26 TC 406。如某合約的取消令納稅人公司損失絕大部份的生產力或利潤，甚至可致其結業，所收取的賠償金則屬"資本收入"。

上升而獲得之收益[86]；(d) 限制競爭的合約的彌償金[87]。

(6) 可獲豁免或減免繳稅收入

以下收入獲豁免徵稅：(a) 從有限公司賺取之股息；(b) 相關利潤已從合夥業務徵稅；(c) 源自儲稅券的利息；(d) 源自政府債券的利息和所得；(e) 外匯基金債務票據所支付的利息和所得；(f) 長期債務票據所支付的利息和所得[88]；(g) 就指明投資計劃，包括認可互惠基金及單位信託，收取利息和所得。

自 1998 年 6 月 22 日起，存款於香港銀行所賺取的利息亦獲豁免，但銀行及財務機構所賺有關利息除外。另外，由 2009 年 4 月 1 日起，任何取自內地政府在香港發行的人民幣債券的利息及因其贖回或轉讓所得，均無須繳付利得稅。

從指定的中短期債務票據及另類債券計劃所得，則獲減半徵稅[89]。

(7) 可獲豁免繳稅人士

任何屬公共性質的慈善機構或慈善信託，均獲豁免並將當作繼續獲豁免繳稅。即使該等機構或信託經營任何行業或業務，只要得自該行業或業務的利潤是純粹作慈善用途，及其中大部份在香港使用，而該行業或業務是在實際貫徹該機構或信託明文規定的宗旨時經營，或與該行業或業務有關的工作主要是由某些人進行，而該機構或信託正是為該等人的利益而設立的，該等利潤亦獲豁免。[90]

此外，會社及行業協會等機構、符合資格的再保險業務及專屬自保保險業務，以及香港境外人士，法例均設有適用的特別條文，在指定情況下可獲豁免或減免徵稅。

---

86　*CIR v Jebsen & Co* (1949) 1 HKTC 1.

87　*Higgs v Olivier* (1952) 33 TC 136.

88　符合資格的債務票據清單，可於 http://www.ird.gov.hk/chi/tax/bus_qdi.htm 查閱。

89　同上。

90　比對 *Church Body of Sheng Kung Hui v CIR* [2014] 5 HKLRD 384 中，下級法庭及稅務上訴委員會均認為上訴的慈善團體不獲條文豁免，然而上訴庭基於另外因由，將案件發還稅務上訴委員會重審，所以並無處理此項爭議。

2. 應評稅利潤的計算

應評稅利潤是指任何人士在評稅期內從經營 "行業"、"業務" 或 "專業" 所得來源自香港或於香港產生的 "純利"。稅務條例並沒有為 "利潤" 及 "純利" 下定義，所以計算 "利潤" 及 "純利" 按一般公認會計原則計算，惟遇有法例規定或案例原則與會計準則有衝突時，法律的要求會凌駕會計原則，後者須作出調整。[91]

以下是一個慣用的應評稅利潤計算表：[92]

| | HK$ | HK$ |
|---|---|---|
| 按一般公認會計原則計算之會計 "純利" | | XXXX |
| 扣減：資本收入 | XX | |
| 《稅務條例》訂明 "可豁免收入" 或 "不須課稅之收入" | XX | |
| 來源自香港以外或在海外產生的收入 | XX | |
| 可能出現或預計之利潤[92] | XX | （XXX） |
| 加上：資本支出 | XX | |
| 與產生應評稅利潤沒關連的支出 | XX | |
| 家庭及私人支出 | XX | |
| 《稅務條例》訂明 "不能扣除的支出" | XX | XXX |
| 扣減：工業建築物及構築物免稅額 | XX | |
| 商業建築物及構築物免稅額 | XX | |
| 機械及工業裝置免稅額 | XX | （XXX） |
| 加上：被視為應評稅利潤的收入 | | XXX |
| 扣減：先前之評稅年度累積的稅務虧損 | | （XXX） |
| 等於：本評稅年度之應評稅利潤 | | XX |

(1) 可扣稅的營運支出或開支

支出及開支必需符合以下條件才可扣稅：(a) 必須是 "已招致" 和 (b)

---

91　*CIR v Secan Ltd* [2000] 3 HKLRD 627 及 *CIR v Nice Cheer Investment Ltd* (2013) 16 HKCFAR 813.

92　根據 *CIR v Nice Cheer Investment Ltd* (2013) 16 HKCFAR 813，應評稅利潤是指實質或已實現的利潤而不是可能出現或預計之利潤，與會計準則要求的賬面利潤調整不同。對比《稅務條例釋義及執行指引》第 42 號。

必須與賺取應評稅的利潤有關連,然而支出或開支及應評稅的利潤可源自不同的評稅年度。

所謂"已招致"的支出或開支,是指納稅人支付款項的法律責任已經存在或已形成 [93]。最常見的例子莫過於簽訂合約後分期付款的安排。雖然繳款期限未到,但在法律上,同意按時付款的一方已承擔了付款的責任,即"已招致"了開支。

支出或開支與賺取應評稅的利潤是否有關連,或是否因賺取應評稅利潤而招致,是一個關乎事實的問題。例如酒樓因衛生問題觸犯法例,被食環署起訴、定罪及罰款,該罰款並非因酒樓經營業務賺取應評稅利潤而招致的,所以不能扣稅。[94]

可扣稅的支出或開支必須在"招致"的評稅年度中扣除,但該支出或開支可與不同評稅年度所產生的應評稅利潤掛鈎,例如報館可能因為一篇已於上個評稅年度出版的報導而於本評稅年度被控告誹謗,並付出法律費用抗辯。該筆法律費用實際與上個評稅年度的應評稅利潤有關,但可在本評稅年度獲扣稅。[95]

一般來說,以下的業務支出或開支均被認可為可扣稅項目:

a. 電費、水費、電話費;

b. 店舖或辦公室租金;

c. 僱員薪金、花紅、津貼或福利;

d. 營運的購貨開支、廣告開支、運輸開支、貨物保險開支等;

e. 借款利息支出,以及相關法律費用、借款代理費、印花稅及其他以開支形式支付的款項 [96];

f. 會計、審計、公司秘書費用;

---

93　*CIR v Lo & Lo* [1984] HKC 220.

94　*Mayne Nickless Ltd v FCT* (1990) 15 ATC 752 及 *IRC v Alexander von Glehn Co Ltd* (1920) 12 TC 232.

95　*Herald and Weekly Times Ltd v FCT* (1932) 48 CLR 113.

96　但借款涉及資本資產的,有關利息不獲扣除。此外,利息支出亦必須符合第 16(2) 及 (2A) 至 (2H) 條中有關防止條文被濫用的規定,該等防避規定,一般針對並無實質借貸或相對利息收入而無須在香港課稅的情況。

g. 壞賬或呆賬（doubtful debts）或指定賬項壞賬撥備；

h. 修葺或維修開支；

i. 為僱員退休計劃作出的供款；

j. 特別獲准扣稅的資本開支如：(a) 商標、專利權或設計等的註冊費；(b) 專利權的購買成本；(c) 指定知識產權購買費用；(d) 研究和開發開支；(e) 建築物翻新開支；(f) 電腦軟件及硬件開支；(g) 一些特別和直接用於任何製造程序的機械或工業裝置；(h) 環保設施的資本支出。

(2) 不可扣稅的營運支出或開支

以下項目不得扣稅：

a. 家庭或私人開支[97]；

b. 非為賺取應評稅的利潤而支付的開支；

c. 資本開支；

d. 資本或資產改良的費用；

e. 保險賠款；

f. 非用作賺取應評稅利潤的樓宇租金及有關開支；

g. 利得稅及物業稅稅款；

h. 獨資經營東主的配偶或合夥經營的合夥人或其配偶的薪金、強積金供款以及其提供資本的利息。

其中資本開支是指不涉及日常營運的開支（日常營運開支包括買賣貨物作銷售獲利、員工薪酬、水電、會計、租金等），並具有至少以下一項特點：(a) 開支是一次性的資本開支[98]；(b) 開支會為業務帶來長久利益，如令資產增值或提高資產的功效或提供長期資產作業務用途[99]；(c) 為納稅人建立、更換或擴大其資本或營運架構以創造"長久利益"[100]。

---

97　包括來回辦公地點及住所的交通開支：*CIR v Humphrey* (1970) 1 HKTC 451。

98　參見 *Vallambrosa Rubber Company Ltd v Farmer* (1910) 5 TC 529。

99　參見 *British Insulated and Helsby Cables Ltd v Atherton* [1926] AC 205 及 *Canton Industries Ltd v CIR* [2008] 3 HKLRD 558。

100　參見 *Sun Newspapers Ltd and Associated Newspaper Ltd v FCT* (1938) 61 CLR 337 及 *Canton Industries Ltd v CIR* [2008] 3 HKLRD 558。

（3）工業、商業建築／構築物和機械及工業裝置的折舊免稅額（depreciation allowance）

由於資本開支不可扣稅，所以建築物或構築物，或買入機械及工業裝置等固定資產的資本開支及其相關的會計折舊，均不能扣稅，但可享"折舊免稅額"。

| | 工業建築物及構築物 | 商業建築物及構築物 | 機械及工業裝置 |
|---|---|---|---|
| 初期免稅額 | 建造成本的 20% | 不適用 | 資產成本的 60% |
| 每年免稅額 | 建造成本的 4% | 建造成本的 4% | 資產遞減價值的 10%、20% 或 30%；相同折舊率的會列入同一聚合組內計算 |

當工業或商業建築物及構築物的擁有權終止時，納稅人可據實際情況獲給予結餘免稅額（balancing allowance）或被徵收結餘課稅（balancing charge）。至於機械及工業裝置，當納稅人結束業務，而該業務又無人繼承時，可獲給予結餘免稅額；如在任何年度，變賣一項或多項資產的收入，超過此等資產所屬聚合組的合計遞減價值，則須徵收結餘課稅。

由於不同種類資本開支的折舊免稅額計算方法不盡相同，除了相關法定釋義和列表外，法院亦曾作出判例，為有關分類作出法律解釋 [101]，稅務局亦頒下相關指引，供公眾參考。

另需一提的是，涉及來料加工的港方，向中方提供機械及工業裝置在國內使用，本應不能享用有關折舊免稅額，但因應港方需在港繳納一半課稅，稅務局特許港方仍享有一半折舊免稅額；然而，此特許不適用於進料加工的安排。[102]

---

101　參見 CIR v Aberdeen Restaurant Enterprises Ltd (1988) 2 HKTC 330 及 Wimpy International Ltd v Warland [1989] STC 273。

102　Braitrim (Far East) Ltd v CIR [2013] 4 HKLRD 329.

（4）對虧損的處理

於某一課稅年度所蒙受的虧損，可予結轉並用以抵銷該行業於隨後年度的利潤，而經營多於一種行業的公司，則可將某一行業的虧損用以抵銷另一行業的利潤。對於實施以優惠稅率徵稅的收益或利潤，計算其盈虧在抵銷其他收益或利潤時，會作出相對的調整。選擇以"個人入息課稅"辦法來計稅的人士，如蒙受任何營業虧損，可在入息總額內扣除營業虧損。

## （四）稅務條例下的稅收管理（稅務條例第 9 部至第 11 部）

### 1. 報稅表及其他納稅人的責任

徵稅過程一般以報稅表為起始。任何人都有法律責任，在該課稅年度的評稅基期結束後四個月內，以書面通知稅務局局長，表示其須就該課稅年度而課稅。另一方面，評稅主任亦可以書面向任何人發出通知，規定該人在該通知書內註明的合理時間內提交報稅表。至於評稅主任從何得知某人或須課稅呢？

就作為薪俸稅納稅人的僱員而言，其僱主須在開始僱用日期後三個月內，以書面通知稅務局局長，並在通知書內註明僱員全名、地址、開始僱用日期及僱用條款。就利得稅納稅人而言，稅務局同時負責執行商業登記；而從其他納稅人的報稅表中，亦可透露一些端倪。就物業稅納稅人而言，稅務局局長可查看差餉估價冊，同時，局長身兼印花稅署長，而所有涉及本地物業的書面租約，均須加蓋印花。凡此種種，皆屬有跡可尋。

報稅表一經簽署，即表示納稅人知悉其中所有事宜，所以納稅人務必準確填寫。遇有不能確定是否需要申報的項目或數額，納稅人應加以標註和說明 [103]。此外，利得稅及物業稅納稅人須分別備存業務及租金紀錄，為期最少七年，以備日後查考，其他有關申索扣除（包括特惠扣除）和免稅額等證據，

---

103　D118/02 (2003) 18 IRBRD 90；另參見 *Alexander v Wallington General Commissioners* [1993] STC 588 及 *Dunk v Havant General Commissioners* [1976] STC 460。

亦應妥為備存。

另一方面,評税主任可要求納税人提交更詳盡或更多份的報税表,或要求第三者提供資料及接受訊問。總評税主任更有發出搜查令的權力,而局長或副局長甚至可規定納税人提交有關資產及負債等資料的陳述書。

## 2. 評 税

税務局一貫以"先評後核"的方式評税。評税主任有責任盡快作出評税。另外,如評税主任認為任何人即將離開香港,或認為由於其他理由而適宜作出該項評税,則評税主任可在任何時間對該人作出評税[104]。評税主任如不接納報税表所載內容,可評估納税人的應課税款額,並據此作出評税,此等評估評税,亦適用於未有提交或提交不完整報税表、補加評税,或税務調查下作出保障性評税的情況。

一經評税,局長便向納税人發出評税通知書,述明被評税的款額、徵收的税額及指定的繳税日期,通知書可面交送達、送交,或以郵遞方式寄往納税人最後為人所知的通訊地址,除非相反證明成立,否則以郵遞方式寄送的通知書,須當作是在收件人經一般郵遞程序應接獲通知書之日的翌日送達,而在證明是以郵遞方式送達通知書時,只須證明裝載有關通知書的信件已妥為註明地址及投寄,即已足夠,所以税務局不時提醒納税人,須於一個月內將更改地址詳情,以書面通知局長。另一方面,納税人有責任確定,通知書在被送達有關地址後,他會被知會。[105]

## 3. 反 對 與 上 訴

### (1) 反 對

不同意評税的納税人,可以書面通知局長反對評税,該通知書須述明反對理由,並在評税通知書發出日期後一個月內由局長接獲。反對期限可因納

---

104　另參見 *CIR v Yau Lai Man, Agnes* [2005] 3 HKLRD 737。

105　*Chan Chun-chuen v CIR* [2012] 2 HKLRD 379.

稅人不在香港、疾病或其他合理因由，導致未能及時提出反對的情況下，獲合理地延展。延期的重點是因指定原因而未能依時提出反對[106]，所以縱有該等原因，若納稅人仍有可能遵守時限的，就不獲延期[107]。此外，被裁定為合理的因由，寥寥可數[108]。

若遭反對的評稅是在沒有提交報稅表的情況下作出的，納稅人須先補交報稅表；若屬重新評稅，反對權只局限於因額外或加重法律責任所致的補加評稅。局長在接獲有效反對通知書後，須考慮並在合理時間內確認、減少、增加或取消評稅額，即是說可再全盤考慮，過程中局長可向納稅人及第三者要求進一步資料。局長作出決定後，須於一個月內以書面將其決定，連同決定理由及所據事實的陳述，送交納稅人。

（2）上訴

不同意局長決定的納稅人，可於局長的書面決定連同決定理由及事實陳述書送交其本人後一個月內，向稅務上訴委員會（Board of Review（Inland Revenue Ordinance））書記發出書面上訴通知，並附上局長決定書副本連同決定理由與事實陳述書副本，及一份上訴理由陳述書。同樣地，上訴期限可以在前段提及的因由導致未能及時提出上訴的情況下，獲合理地延展。另外，在雙方同意下，上訴可直接移交高等法院原訟法庭聆訊及裁定。除非上訴移交原訟庭，或雙方達成和解，委員會書記須盡快編定稅務上訴委員會的聆訊時間及地點，並給予上訴人及局長十四整天的上訴聆訊通知。所有上訴均須閉門聆訊，不開放予公眾旁聽及傳媒採訪。

稅務上訴委員會屬法定委員會，卻不屬司法機構編制之內，所以一般民事訴訟程序和證據法則等，不絕對適用[109]。除非獲得該委員會同意，並遵照

---

106    參見 *Chow Kwong-fai v CIR* [2005] 4 HKLRD 687。

107    參見案例：D40/10 25 IRBRD 800、D5/11 26 IRBRD 72、D51/11 27 IRBRD 76 及 D9/12 27 IRBRD 258，在這些個案中，納稅人雖曾在期限內短暫不在香港，但被裁定並不因此而未能及時提出反對或上訴。

108    參見案例：D121/97 13 IRBRD 64、D41/00 15 IRBRD 390 及 D21/09 24 IRBRD 517，而且個別案情都較特殊。

109    另參見 D112/00 (2001) 15 IRBRD 943。

委員會決定的條款進行，上訴人不得在聆訊中倚賴其上訴理由陳述書所載以外的其他理由，但稅務局卻可提述局長決定書以外的理由，支持其評稅 [110]。委員會在聆訊後，須確認、減少、增加或取消上訴所針對的評稅額，亦可將該個案連同委員會對該個案的意見發回局長處理。委員會職能在於對事實的裁斷，從而定案 [111]，而由於舉證責任在於上訴人，所以上訴人若選擇不在聆訊中宣誓作供，從而免受對方盤問，往往足以招致其上訴被駁回 [112]。凡委員會不減少或不取消評稅額，可命令上訴人繳付一筆不超過指明款額作為委員會的訟費，與稅款一併追討；對無理取鬧、瑣屑無聊的上訴，委員會往往會頒下訟費命令，以儆效尤。[113]

不滿委員會決定的，可在委員會作出決定的日期後一個月內，連同指明費用送交委員會書記，書面要求委員會就某法律問題呈述案件，以取得高等法院原訟法庭的意見（有關程序或將被取締：見《2015 年稅務（修訂）（第 3 號）條例草案》；亦可在獲上訴法庭許可後，直接向上訴法庭提出上訴，並最終可上訴至終審法院。然而，由終審法院審理判定稅務個案，並不常見。[114]

（3）司法覆核

相對而言，近年更常見的是納稅人就評稅主任、稅務局局長、甚至稅務上訴委員會行使法定權力而作出的決定，向高等法院提出司法覆核 [115]，這可算是在反對和上訴機制以外，另闢蹊徑。

## 4. 繳稅

稅款須按評稅通知書內所指示的方式，在指明的日期或之前繳付。即

---

110　D 27/91 (1991) 6 IRBRD 65.

111　*Shui On Credit Co Ltd v CIR* [2010] HKLRD 237.

112　另可參見：D45/10 (2010) 26 IRBRD 21 及 D4/12 (2012) 27 IRBRD 213。

113　參見案例：D5/07 (2007) 22 IRBRD 245、D 1/11 (2011) 26 IRBRD 5 及 D21-24/12 (2012) 27 IRBRD 551。

114　參見案例：*ING Baring Securities (Hong Kong) Ltd v CIR* [2008] 1 HKLRD 412、*Lee Yee Shing v CIR* [2008] 3 HKLRD 51、*Ngai Lik Electronics Co Ltd v CIR* [2009] 5 HKLRD 334、*Fuchs v CIR* (2011) 14 HKCFAR 74、*CIR v Nice Cheer Investment Ltd* (2013) 16 HKCFAR 813 及 *Braitrim (Far East) Ltd v CIR* [2013] 4 HKLRD 329。

115　參見本書第四章。另參見案例：*Chan Chun-chuen v CIR* [2012] 2 HKLRD 379 及 *Moulin Global Eyecare Trading Ltd (in liquidation) v CIR* (2014) 17 HKCFAR 218。

使發出反對通知或上訴通知，仍須繳稅，除非局長命令在等候該項反對或上訴的聆訊結果時可緩繳該筆稅款或其部份。局長如發出上述命令，可附加條件，命令納稅人通過購買儲稅券，或提供銀行承諾，作為繳款保證。除當期稅款外，亦須繳付下一年度的暫繳稅。

如拖欠稅款，局長可酌情發出命令，徵收不超過拖欠稅款總額百分之五的附加費；拖欠逾六個月的，再額外徵收不超過未繳款額百分之十的款項，一併追討。另一方面，到期須繳付的稅款，可作為欠政府的民事債項予以追討，而一份由局長簽署的證明書，述明拖欠稅款人姓名、其最後為人所知的通訊地址及到期應繳的稅款細則，即為應繳款額的足夠證據，在此追討程序中，法院不得受理稅額過多、不正確、受到反對或在上訴中的申辯。

## 5. 修訂及更正

在相關時限內如並無有效反對或上訴，或上訴已撤回、駁回，又或雙方協議和解，或反對或上訴已予裁定，則有關評稅便是最終及決定性的評稅；惟評稅主任仍可作出任何不涉及需再討論先前受到反對或上訴的評稅的補加評稅。補加評稅是指因運算錯誤、法律錯誤，或發現新資料，顯示之前評稅基礎出現偏差。補加評稅必須在同一課稅年度或其後六年內作出。[116]

另一方面，納稅人可在任何課稅年度結束後六年內，或在有關評稅通知書送達日期後六個月內（以較遲者為準），因某一課稅年度呈交的報稅表或陳述書有錯誤或遺漏，或在計算上有算術錯誤或遺漏，而提出申請更正評稅，然而，若有關報稅表或陳述書是按照當時通行的慣例而擬備的，則不得就計算稅項法律責任所採用的基準的錯誤或遺漏，作出更正，亦不得因有多於一個可採用基準而作出的選擇，提出更改[117]。凡評稅主任拒絕申請，須以書面通知提出申請人，而該人隨即享有與評稅的情況相同的反對權及上訴權。

---

116　涉及欺詐或蓄意逃稅的，追溯期達十年。

117　*Extramoney Ltd v CIR* [1997] 2 HKC 38。另參見 *Moulin Global Eyecare Trading Ltd (in liquidation) v CIR* (2014) 17 HKCFAR 218，案中公司因主要股東及董事偽造溢利而課稅，公司清盤人擬更正公司賬目，申索錯繳稅款，但遭稅務局局長拒絕，申請司法覆核至終審法院遭駁回。

## 6. 審核及調查

稅務條例有防止規避繳稅的條文，從而對虛假或虛構交易或並無實行的產權處置，在評稅時置諸不理，或取消旨在規避繳稅法律責任的交易，或消弭從中原可獲得的稅項利益，或不容許利用若干虧損或虧損餘額以抵銷利潤。另一方面，稅務局亦設實地審核及調查科，專責審核和調查涉嫌逃稅案件。法例同時將若干行為，定為罪行，立下罰則。

（1）不提交報稅表、報稅表申報不確等

如沒有合理辯解而不遵守若干責任，一般處以罰款。[118]

（2）與欺詐等有關行為

若涉及蓄意意圖逃稅，或蓄意意圖協助他人逃稅，除處以罰款外，亦可判囚。[119]

（3）補加稅（additional tax）

更常見的是向沒有合理辯解的違規者，徵收不超出少徵稅額三倍的補加稅[120]。此項補加稅，是在評稅或補加評稅外，另行繳付的稅款。在作出補加稅的評稅前，須通知懷疑違規者有關資料，並給予機會提出書面申述，供局長或副局長考慮。因應其懲罰性質，懷疑違規者須獲得公平審理和作為被檢控人士的基本人權，受香港人權法保障[121]，而且，他亦有權就補加稅向稅務上訴委員會提出上訴。

## 7. 事先裁定（advance ruling）

任何人可就條例的任何條文（但與施加或減免懲罰、任何人所提供的報稅表或其他資料是否正確、對任何人提出的檢控或就任何人所欠債項作出的

---

118 參閱有關檢控個案及罰則，可瀏覽 http://www.ird.gov.hk/chi/ppr/pca.htm。對法律無知、粗心大意、所託非人等都不是合理辯解：參見：D6/03 (2003) 18 IRBRD 329、D 79/06 (2006) 22 IRBRD 57 及 D34/07 (2007) 22 IRBRD 797。

119 參閱有關檢控個案及刑罰，可瀏覽 http://www.ird.gov.hk/chi/ppr/pca.htm。

120 稅務局相關政策，可瀏覽 http://www.ird.gov.hk/chi/pol/ppo.htm。

121 D17/08 (2008) 23 IRBRD 301 及 *Koon Wing Yee and another v Insider Dealing Tribunal* [2008] 3 HKLRD 372.

追討有關的條文除外）如何適用於申請人或申請所述的安排，向局長申請作
出裁定。申請人須繳付指明申請費用，以及局方考慮申請時涉及人員所使用
時間的按時附加費用。裁定只適用於申請人及其認真考慮實行的安排，其他
人縱有類似安排，亦不能仗賴此項裁定，而局長亦可隨時發出書面通知和理
由，將該裁定撤回。稅務局不時公佈該等事先裁定，惟只作一般參考之用。[122]

# 三　印花稅

印花稅適用於四大類交易證明文件，其中需蓋印花文件之複本及對應
本，徵稅最多只是五元，而香港不記名文書因稅率較高，並不多見。

## （一）香港股票成交單據（contract notes）及轉讓書（instrument of transfer）

售賣或購買香港證券，須製備及簽立成交單據，並於兩天內繳付從價
印花稅共百分之零點二；在海外簽立成交單據的，繳付印花稅期限可延長至
三十天。就印花稅來說，代理人與其主事人有相同責任；代理人須將該已加
蓋適當印花的成交單據轉交其主事人。繳付印花稅後，須在證券轉讓文書加
上有關簽註，並為轉讓文書另繳印花稅五元。

證券的定義非常廣泛，包括股份、股額、債權證、債權股額、基金、債
券或票據，以及單位信託，但並不包括借貸資本在內；然而，只有其轉讓須
在香港登記的證券，才屬香港證券。2015 年上半年推行"滬港通"下的"港
股通"股票，屬香港證券；但合資格另類債券計劃可獲寬免。

售賣或購買，包括以有值代價而進行的任何分配以外的產權處置或取

---

122　參閱事先裁定個案，可瀏覽 http://www.ird.gov.hk/chi/ppr/arc.htm。

得，亦包括交換及交易。無償產權處置（voluntary disposition），或為達成一項不經售賣及購買的實益權益轉移，須繳付同額印花稅。

## （二）香港不動產轉讓契約（conveyance on sale）、買賣協議及租約

### 1. 物業租賃

書面形式訂立的租約 [123]，租金部份須於簽立租約後三十天內繳付從價印花稅，稅率視乎租期長短而定，較常見住宅租期是超逾一年但不超逾三年的，以平均年租每一百元須繳付五十仙（即百分之零點五），零數亦作一百元計算；租期逾三年的，稅率則為百分之一。需付其他代價，例如商舖租約常見的頂手費（premiun）或預繳金額相等於大部份租金 [124]，則須繳的印花稅與就相同代價的買賣轉易契而徵收的印花稅相同。

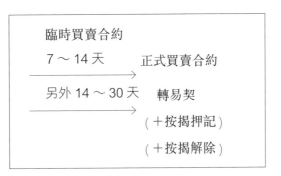

---

123　另參見本書第八章及第九章有關物業租賃部份。

124　*Miramar Hotel & Investment Co Ltd and Lane Crawford Ltd v Collector of Stamp Revenue* [1961] HKLR 673.

## 2. 物業轉讓

### (1) 從價稅 (ad valorem duty)

a.**買賣協議**　買賣香港物業，須簽立買賣協議。一般物業買賣以簽立臨時買賣合約開始，由 2013 年 2 月 23 日起，不論物業用途，合約方須為該合約繳付從價印花稅，稅率按價款或市價（以較高者為準）高低而有別，而自同日起，從價印花稅分為兩個標準階梯，任何以個人或公司名義取得物業，均須按較高稅率（第一標準稅率）繳付，最高百分之八點五，最低百分之一點五，除非有關物業為住宅物業（包括連同泊車位），而買方或承讓方為代表自己行事的香港永久性居民，而在其取得有關住宅物業時，其在香港沒有實益擁有其他任何住宅物業（若連同泊車位則未有實益擁有其他泊車位），又或屬近親之間的住宅物業買賣協議，則可付較低稅率（第二標準稅率）的從價稅，最高百分之四點二五，最低只為一百元。

根據《人事登記條例》和有關規則，持有香港永久性居民身份證，或擁有該等資格人士，即為香港永久性居民；然而，即使一所公司的股東全是香港永久性居民，該公司仍不能享有繳付第二標準稅率的優惠。另一方面，若購買人多於一人，只要其中一人是香港永久性居民，購買人之間又屬近親，而他們均是代表自己行事的而並不擁有任何其他香港住宅物業的實益，則優惠仍可適用。上文提述的近親，是指父母、配偶、子女、兄弟或姊妹；另外，如購買人以受託人或監護人身份為一名屬未成年或精神上無行為能力香港永久性居民行事，則後者（該香港永久性居民）將被視為文書中的一方，取代受託人或監護人。

在換樓而舊有住所未及賣出的情況下，購買人須先付第一標準稅率的從價稅，若在新物業的轉易契簽立後六個月內，成功出售舊住所，可於簽立新置物業的買賣協議兩年內，或舊住所轉易契簽立的兩個月內（以較後者為準），申請退還相等於第一及第二標準計算從價印花稅的差異部份。反過來的情況亦然，即是在購買新物業時已就舊住所簽立售賣合約，卻未有完成該處置，則須補繳從價稅差額。

就臨時買賣合約繳付的印花稅，須於合約簽立後三十天內繳付；然而，如在期限的首十四天內，臨時買賣合約被由相同的買賣各方以相同條款簽立的正式買賣合約代替，則限期推遲至由簽署正式買賣合約起計，而只需付一次從價稅；但若臨時合約與正式買賣合約相隔超過十四天，則有關限期仍由臨時合約的簽訂日起計，並須額外繳付一百元的象徵式稅款。

要符合上文提述的相同買賣各方的條件，各方人數必須沒有變易，而且姓名必須相同；惟如屬住宅物業，而兩名或多於兩名人士於訂立臨時買賣合約時均屬近親，且各自均代表自己行事，亦並非任何其他香港住宅物業的實益擁有人，他們即視為同一人。所以，提名近親於正式買賣合約或轉易契中取代或加入為購買人，只要該名近親為自己行事，而並沒有實益擁有其他香港住宅物業，便符合"同一人"的要求，而有關提名文書亦不視為買賣協議的定義之內；反過來看，即使近親作為聯同購買人在正式買賣合約或轉易契中退出，亦不影響"同一人"的要求。若近親擁有其他香港住宅物業，便須按其在新物業所得或退讓的實益，另行繳付根據第二標準稅率計算的從價稅。在這情況，若有關聯同購買人並非近親，則須按第一標準稅率徵稅。

b. **轉易契**　轉易契同樣須付印花稅（stamp duty），稅率亦按樓價款高低而有別；惟若轉易契是依循已繳印花稅的買賣合約而簽立的，即是由相同的買賣各方簽立的，則只須付一百元的象徵性的稅款，而繳交限期同為文件簽訂後三十天內。

(2) 額外印花稅（special stamp duty）

從 2010 年 11 月 20 日至 2012 年 10 月 26 日取得住宅物業，並在取得後二十四個月內轉售，或物業是在 2012 年 10 月 27 日或之後取得，然後於三十六個月內轉售，均須繳交額外印花稅：

|  | 六個月內轉售 | 六至十二個月內轉售 | 十二至(a)二十四或(b)三十六個月內轉售 |
|---|---|---|---|
| （a）2010 年 11 月 20 日至 2012 年 10 月 26 日 | 15% | 10% | 5% |
| （b）2012 年 10 月 27 日或之後 | 20% | 15% | 10% |

　　額外印花稅不適用於法例指明的若干買賣協議，包括協議中的購買人是售賣人的近親，或是依據任何法院的判令或命令訂立的協議。亦不適用於以下住宅物業，包括：（a）由任何法院的判令或命令轉讓予或歸屬予有關售賣人的，或是依據任何法院的判令或命令轉讓予或歸屬予該售賣人的；（b）僅關乎死者的產業；（c）物業是由死者餽贈予有關售賣人的，或是在其他情況下，在死者去世時根據遺囑、無遺囑繼承法律或生存者取得業權轉移至該售賣人的；（d）僅關乎破產人的產業；（e）僅關乎清盤公司的財產等。

　　（3）買家印花稅（buyer's stamp duty）

　　買家印花稅適用於 2012 年 10 月 27 日或以後就住宅物業所簽立的"買賣協議"或"售賣轉易契"，是在從價印花稅及任何適用的額外印花稅之上加徵的印花稅，按物業交易的代價款額或市值（以較高者為準），以百分之十五的稅率計算，除非買方或承讓人是代表自己行事的香港永久性居民。前文有關從價稅的討論中對香港永久性居民的判定及其他相關應用，大抵適用於買家印花稅，但不同的是，上述有關購買人如以受託人或監護人身份為一名香港永久性居民行事、則該香港永久性居民將取代受託人或監護人作為文書中一方的條文，並不完全適用於買家印花稅的範疇，就買家印花稅來説，該名香港永久性居民只可以是屬精神上無行為能力的人，卻不包括未成年人士。

　　與額外印花稅一樣，買家印花稅不適用於售賣人與購買人是近親的情況，依據任何法院的判令或命令訂立的買賣文書，也不適用買家印花稅。

### 3.物業分劃或交換

凡以任何不動產交換另一不動產，或將不動產分劃、付出或給予差價，須按該差價繳付從價印花稅，涉及住宅物業的，須注意有關第一標準及第二標準的從價稅、額外印花稅，以及買家印花稅的相關特訂條文。

### 4.由證券或其他保證物組成代價

交易的代價如由任何證券組成，須按有關證券在有關物業交易文書簽訂日期的價值予以徵收印花稅；代價由其他保證物組成的，則按有關保證物在文書日期未償付的本金及利息款額徵收。若有關證券屬香港證券，須另徵相關的印花稅。

## （三）無償產權處置

這包括餽贈以及因繳付款額不足而賦予承讓人可觀利益的情況，按有關產權價值徵印花稅。然而，以婚姻為代價的文書，為保證償還預支款項或借款而以象徵式代價訂立的文書，為達成新受託人的委任而訂立的文書，並無實益權益的轉移的轉易或轉讓文書，由受託人或其他人以受信人身份根據任何信託訂立給受益人的文書，均不屬此列。所以，成立信託時如涉及無償實益權益處置，須按有關規定繳付適用的印花稅，但到受託人將法定權益移交某受益人時，便無須再付此稅項；公司自願清盤時，公司財產以實物分派予股東的情況亦然。

## （四）其他關乎代價的原則

### 1.以債項等為代價

該等債項等亦須計算在總價內，予以徵收印花稅，例如轉讓物業涉及清繳現存按揭欠款的，在計算印花稅款時，物業作價或價值不會因按揭欠款而減低。若是以欠承讓人的債項為代價的交易，有關債項超過所轉易權益的價值，則該代價須視為縮減至該價值。例如承讓人以他人某項欠債作代價，向賣方求售而被接納，若欠債超出被購買權益的價值，則以該權益的價值為基礎計算該付印花稅款。如涉及股份實益權益轉移，而承讓人因公司欠債而承擔法律責任，則該筆債項亦構成交易款項條件，在計算印花稅時應包括在內，正如買賣公司股份，如包括公司債務，債項亦視為作價的部份。

### 2. 分期付款

若分期付款由不超過二十年的固定期間的定期付款組成，以致須繳付的總款額可以預早確定，則以該筆總款額為代價而按其予以徵收印花稅。如分期付款由超過二十年的固定期間、永久期間或任何不隨死亡而終結的不固定期間內的定期付款組成，則須以由文書簽訂日期起計的二十年內按售賣條款而須繳付或可能須繳付的總款額為代價，而按其予以徵收印花稅。如果分期付款是由某人或某些人的生存期內的定期付款組成，則須以由文書簽訂日期起計的十二年內按售賣條款而須繳付或可能須繳付的總款額為代價，而按其予以徵收印花稅。

### （五）豁免及寬免

這包括下列三種情況：

### 1. 按揭押記

與按揭解除一樣，按揭押記一般不用繳付印花稅，因為不屬轉易契，然而法院頒予承按人的止贖令，則屬轉易契的一種。另外，承按人並非是認可財務機構的按揭或押記文書，如其中附帶給予承按人不可撤銷的授權、或代表按揭人售賣或處置物業的權能，則屬一份可予徵收印花稅的買賣協議。

## 2. 慈善團體

獲《稅務條例》豁免繳稅的屬公共性質的慈善機構或慈善信託，亦是獲豁免印花稅的機構，但只有以餽贈方式獲無償轉移香港不動產或香港證券的實益權益，才可得寬免。舉例説，有善長以象徵式一元的代價將物業長期（如逾三年）出租予慈善團體，書面租約亦可屬轉易契的一種 [125]，一元象徵式租金的租約可被視為並非餽贈的無償產權處置，須按產權價值徵繳印花稅。

## 3. 相聯公司交易

有關豁免如要適用，有關公司均須有相聯（associated）關係，即其中一所公司是另一所公司的不少於百分之九十已發行股本的實益擁有人，或有第三間公司是該兩所公司各自不少於百分之九十已發行股本的實益擁有人。所以，從個人轉移至其名下公司，或是個人名下兩所公司之間的交易，並不適用此豁免。此外，條例亦設有條文，以防有關寬免被濫用。

## （六）印花稅稅收管理

法例要求有關文書上須列出影響印花稅的事實及情況。另一方面，印花稅署署長有要求提供撮錄與證據的權力，並可就該文書是否可予徵收任何印花稅，以及印花稅款額，表示意見，包括以有關權益的價值取代文書上標示的代價。為釐清責任或應繳稅款，署長亦可於收到裁定要求後作出該等意見。其中無償產權處置及申請相聯公司交易寬免的，必須要求裁定；屬自願要求裁定的，則須繳付指定的裁定費。如當事人對署長的評稅決定不滿，可向區域法院上訴；然而，印花稅上訴個案的例子，寥寥無幾。[126]

不依從條例繳付印花稅，可致後果如下：（a）負上民事法律責任；（b）

---

125　參見 *Littlewoods Mail Order Stores Ltd v IRC* [1963] AC 135。

126　近例只有 *Collector of Stamp Revenue v Arrowtown Assets Ltd* [2004] 1 HKLRD 77。

可引致相當於印花稅款額的兩倍、四倍，甚至十倍的罰款；（c） 如涉及意圖詐騙政府，可招刑責 [127]；（d） 涉及的文書不得在法律程序中被接受為證據，但刑事法律程序及署長為追討印花稅或罰款而提出的民事法律程序除外。

---

127　在普通法下亦會有刑責：參見 *Saunders v Edwards* [1987] 2 All ER 651。

## 第十八章

# 涉及內地的民商法律事務

彭韻僖

*香港執業律師*

莊仲希

*中國內地律師、香港註冊外地律師*

　　1997 年香港回歸後，香港的企業和居民涉及到內地的商事和民事的問題日益增多。為方便瞭解香港居民辦理涉及內地的商事和民事的法律事務，本章旨在簡要介紹涉及赴內地辦理婚姻、繼承事務，以及在內地設立公司的法律制度和辦事程序，包括辦理這些事務有可能接觸到的兩地訴訟文書相互送達、仲裁裁決的執行、商事和民事訴訟案件的執行，以及辦理各類事務必備的委託公證制度及實務。

## 一　內地居民與香港居民辦理婚姻事務

　　香港居民赴內地辦理婚姻事宜，包括結婚、離婚的手續和相關財產的處理，往往由於不瞭解兩地關於婚姻法律的差異，不熟悉內地的辦事程序而感到困惑。

　　因此，本章首先介紹內地的婚姻制度，指出兩地婚姻法律規定的差異，以便辦理具體事務時，與內地管理部門有共同的法律理念，減少法律衝突。

同時，介紹辦理結婚或離婚事務的程序。

## （一）赴內地結婚

### 1. 內地結婚的實質條件與香港的規定大致相同

香港與內地的人士欲共諧連理，必須雙方完全自願，必須到達適婚年齡，符合一夫一妻制。

但兩地對於適婚年齡的規定並不同，比方香港規定十六至二十一周歲的青年，經父母同意即可登記結婚，而內地的適婚年齡是男二十歲，女二十二歲。[1] 香港居民準備在內地登記結婚，無論是一方或雙方都是香港居民，都必須按照內地規定的適婚年齡，方可如願登記結婚。

### 2. 禁止條件

內地關於禁止結婚的規定，較香港要多一些，嚴格一些。當中包括：（a）禁止包辦婚姻、買賣婚姻和其他干涉婚姻自由的行為。禁止藉婚姻索取財物；（b）直系血親和三代以內的旁系血親；（c）患有醫學上認為不應當結婚的疾病。[2]

### 3. 婚姻無效

在內地，凡有下列情況的婚姻，均屬無效婚姻：（a）重婚的；（b）有禁止結婚的親屬關係的；（c）婚前患有醫學上認為不應當結婚的疾病，婚後尚未治癒的；（d）未到法定婚齡的。[3]

---

1　見《中華人民共和國婚姻法》（以下簡稱《婚姻法》）第六條。

2　見《婚姻法》第七條。

3　見《婚姻法》第十條。

## 4. 內地結婚的形式條件

內地進行登記是法定的結婚的形式要件，登記是結婚必經的，也是唯一的法定程序。辦理結婚登記的主管機關是民政局。[4] 這是辦理結婚登記唯一的主管機關。有權辦理涉外婚姻登記手續的，是部份獲指定辦理涉外婚姻的民政局（涉及香港居民在內地登記結婚，參照涉外婚姻的程序規定執行），例如在廣東省廣州市，廣州市民政局婚姻處便是獲批准可辦理涉外婚姻登記手續的機關。廣東省其他各市和全國各省市自治區被批准辦理涉外婚姻登記涉外民政局名單可詳見民政部網站（民政部社會事務司網站：http://sws.mca.gov.cn），登入網站後，先點擊"婚姻登記"，再點擊"婚姻登記機關"，便可見到"全國涉外、設港澳台和華僑婚姻登記機關設置情況"欄目，剔選地方後，即可見分佈於當地各處民政局婚姻登記處的地址，電話及管轄範圍。

## 5. 登記結婚的程序

香港居民如需赴內地登記結婚，必須持涉及本人婚姻狀況的資料，如在婚姻登記處領取的未婚資料或離婚的判決或喪偶的證明，在香港中國委託公證人（以下簡稱為"委託公證人"）處，說明自己處於未婚狀況，準備與某人去某地結婚，並聲明本人與準備結婚的對方沒有直系血親關係和三代以內旁系血親關係，然後辦理申請結婚聲明書。委託公證人查核有關文件後，確認申請人處於未婚，或離婚，或喪偶的狀況，會根據不同情況出具公證書，並完成審核登記及加章轉遞的程序，再將公證書副本寄往香港居民準備辦理結婚登記的內地民政局婚姻登記處。居住香港的當事人到內地後，必須男女雙方同往結婚一方內地居民常住戶口所在地的有權辦理涉外婚姻的民政局。除出示身份證明外，還必須出示經香港中國委託公證人出具並經中國法律服務（香港）有限公司審核登記及加章轉遞的公證文書，以證明申請結婚者現處於

---

4　見《婚姻登記條例》第二條。

未婚的狀況（包括未婚、離婚、喪偶）。[5] 對於符合法律規定，文件齊全的，民政局予以登記，並發給結婚證。雙方一經取得結婚證，即確立夫妻關係。[6]

在內地結婚，不像香港結婚時需辦理申請、公告和結婚儀式，也沒有頒發結婚證書的程序。

## （二）在香港結婚

根據香港法例，不論男女，可結婚的最低年齡為十六歲，如結婚人士未滿二十一歲，需額外取得父母同意。不論居於任何地方或屬於任何國籍之人士，均可在香港登記結婚，這意味着無論婚姻的雙方或其中一方是內地人士，都可以在香港登記結婚。有關在香港登記結婚的法律問題在另一章已有詳盡介紹，在此不再重複。

## （三）與婚姻相關的財產制度

根據內地法律規定，夫妻財產制度採取法定財產制度和約定財產制度。夫妻可以約訂婚後財產的歸屬。在沒有約定或約定不合法、不明確的情況下，適用法律規定的夫妻財產制度。中國《婚姻法》第十七條規定：＂婚姻關係存續期間所得的下列財產，歸夫妻共同所有：（一）工資、獎金；（二）生產、經營的收益；（三）知識產權的收益；（四）繼承或贈與所得的財產，但本法第十八條第三項規定的除外；（五）其他應當歸共同所有的財產。夫妻對共同所有的財產，有平等的處理權。＂第十八條第三項規定：＂遺囑或贈與合同中確定只歸夫或妻一方的財產＂。

由此可知，內地夫妻法定財產制度是婚後所得共有制。

中國《婚姻法》第十九條規定：＂夫妻對婚姻關係存續期間所得的財產以

5　　見《民政部關於進一步加強涉外、涉港澳台居民及華僑婚姻登記管理工作的通知》，民函（2007）314 號。

6　　見《婚姻法》第八條。

及婚前的財產的約定，對雙方具有約束力。"

這裏須注意的有兩點：其一，夫妻對婚前的財產和婚姻關係存續期間所得的財產可以約定各自佔有的份額，這與香港法律處理婚前財產的約定不同[7]；其二，如果約定不明確或約定無效，則適用法律規定的夫妻婚後財產所得共有制。這一點與香港法律的規定不同。其意義在於離婚時確定夫妻財產的標準，以及繼承時確定遺產的準則。

## （四）離婚

### 1. 兩地法院對離婚申請的司法管轄權

由於內地與香港的居民結婚日益普遍，根據實際情況，很多時候，內地及香港的法院可能同時對離婚申請都有司法管轄權。

（1）在香港離婚

根據香港法例，在香港離婚只施行訴訟程序，只要屬於下列情況，香港法院則有司法管轄權[8]：（a）在呈請或申請提出當日，婚姻的任何一方以香港為居籍；（b）在緊接呈請或申請提出當日之前的整段三年期間內，婚姻的任何一方慣常居於香港；或（c）在呈請或申請提出當日，婚姻的任何一方與香港有密切聯繫。

法例並沒有要求結婚須在香港登記或婚姻的任何一方必須是香港永久居民，故此在內地締結婚姻的夫妻，如符合上述條件的，也可以在香港申請辦理離婚。

（2）在內地離婚

在內地，對於離婚的申請，需要實施行政程序或訴訟程序。

---

7　在 SPH v SA [2014] 3 HKLRD 497 一案中，香港終審法院在考慮英國 Radmacher v Granatino [2010] UKSC 42 的原則時，一致同意在香港法律中採用與 Radmacher 相同的指引，即除非該婚前或婚後協議書執行時會產生不公平的情況，否則只要雙方在訂立該協議書時是出於自願，在沒有不當影響或威脅，並已作出了詳細考慮，完全明白含意的，法庭可以批准執行該協議書。

8　見《婚姻訴訟條例》（《香港法例》第 179 章）第 3 條。

a. **行政程序**　是指婚姻雙方在婚姻登記機關（即民政局）辦理離婚。行政程序管轄的條件是：（a）至少有婚姻的一方是在內地有戶籍的中國公民；（b）婚姻登記是在內地辦理；（c）婚姻雙方均同意離婚，對財產分割和子女撫養無爭議，已達成離婚協議。全部符合上述三項條件的，方可實施行政程序離婚。[9]

b. **訴訟程序**　如有雙方對財產分割或子女撫養等問題有爭議，或一方不同意離婚，則必須經法院訴訟程序。

內地法院對涉及香港居民的離婚案件的管轄，按下列規定辦理：（a）如果被告是中國公民，而其戶籍地和經常居住地是在內地的，無論原告是否居住在內地，均可在被告戶籍地和經常居住地提起離婚訴訟；[10]（b）如果原告是中國公民，而且居住在內地，而被告是香港居民或者居住在境外，那麼原告可以在自己的住所地法院提起離婚訴訟；[11]（c）如果原告是中國公民，而且居住在內地，而被告是在內地被監禁的人，離婚案件可以由原告住所地法院管轄；[12]（d）如婚姻雙方均為香港居民，居住在香港，原在內地登記結婚，現雙方共同向內地法院請求，同意內地法院管轄離婚案件的，內地原登記地或原戶籍地法院享有案件管轄權。[13]

## 2. 離婚的限制性規定

內地規定，對幾種特殊主體的具體限制。現役軍人的配偶要求離婚，須得軍人同意，但軍人一方有重大過錯的除外[14]。女方在懷孕期間，分娩後一年內或中止妊娠後六個月內，男方不得提出離婚。女方提出離婚的，或人民法

---

9　見《婚姻登記條例》第十條及第十二條。

10　見《中華人民共和國民事訴訟法》（以下簡稱《民事訴訟法》）第二十一條。

11　見《民事訴訟法》第二十二條第（一）項。

12　見《民事訴訟法》第二十二條第（四）項。

13　最高人民法院《關於原在內地登記結婚後雙方均居住在香港，現內地法院可否受理他們離婚訴訟的批覆》，[84] 法民字第 3 號。

14　見《婚姻法》第三十三條。

院認為確有必要受理男方離婚請求的，不在此限。[15]

對於其他情況下輕率離婚的防止，只有依據審判機關來把關。這一點與香港的規定不同。香港規定離婚限制的對象不特定，但會針對離婚的理由，列舉種種情況，從正反兩方面來判斷婚姻是否破裂。對雙方同意離婚和單方主張離婚的分別規定了必須分居一年和兩年以上，具有具體措施防止輕率離婚。

### 3. 離婚訴訟的程序

在內地的離婚訴訟中，首先必經調解程序；如果調解不成，有下列情況之一的，應准予離婚：(a) 重婚或有配偶者與他人同居的；(b) 實施家庭暴力或虐待、遺棄家庭成員的；(c) 有賭博、吸毒等惡習屢教不改的；(d) 因感情不和，分居滿二年的；(e) 其他導致夫妻感情破裂的情形。

另外，如果一方被宣告失蹤，另一方提出離婚訴訟的，應准予離婚。

### 4. 離婚時對財產和子女撫養的處理

(1) 離婚後子女的處理

父母與子女間的關係，不因父母離婚而消除。離婚後，當事人雙方對子女仍有撫養教育的權利和義務。[16]

一方撫養的子女，另一方應負擔必要的生活費和教育費的一部或全部，負擔費用由雙方協議；協議不成時，由人民法院判決。[17]

不直接撫養子女的父或母，有探望子女的權利。[18]

(2) 離婚時財產處理

夫妻離婚後，二人的共同財產由雙方協議處理；協議不成時，由人民法

---

15　見《婚姻法》第三十四條。

16　見《婚姻法》第三十六條。

17　見《婚姻法》第三十七條。

18　見《婚姻法》第三十八條。

院根據財產的具體情況，照顧子女和女方權益的原則判決。[19]

離婚時，原為夫妻共同生活所負的債務，應當共同償還。

離婚時，如一方生活困難，另一方應從其住房等個人財產中給予適當幫助。具體辦法由雙方協議；協議不成時，由人民法院判決。[20]

### 5. 分居

內地婚姻關係沒有分居制度。在內地，只將分居兩年作為判斷夫妻雙方感情確實破裂的因素之一，也是判決離婚的情況之一。[21]

## 二　香港居民赴內地辦理繼承事務

近數十年來，香港居民繼承被繼承人在內地的遺產的行為隨着家庭財產的增加而增多。特別是，依照繼承不動產必須按不動產所在地法律的法律原則。為維護繼承人的合法權益，使得實現自己權利的行為不走彎路，有必要瞭解內地關於繼承的法律制度。

### （一）香港與內地繼承法比較

內地繼承法的基本架構與香港繼承法律一樣，都將"繼承"分為"遺囑繼承"和"無遺囑繼承"（內地繼承法稱之為"法定繼承"）兩大部份，也都規定了遺囑繼承的效力高於無遺囑繼承。兩地繼承法的不同之處如下。

a. 內地的無遺囑繼承的繼承人只列出兩個順序。即第一順序：配偶、子女、父母；第二順序：兄弟姐妹、祖父母、外祖父母。繼承開始後，由第一

---

19　見《婚姻法》第三十九條。

20　見《婚姻法》第四十二條。

21　見《婚姻法》第三十二條第（四）項。

順序繼承人繼承，第二順序繼承人不予繼承。沒有第一順序繼承人繼承的，由第二順序繼承人繼承。[22] 同一順序的無遺囑繼承人（法定繼承人）分割遺產，一般為均等。

這一點與香港無遺囑繼承的繼承人列為七個順序不同，而且香港法律並未將被繼承人的父母列為第一順序繼承人。

b. 內地遺囑繼承的繼承人只限定在前述無遺囑繼承人（法定繼承人）的第一順序和第二順序所列的人員中。前述無遺囑繼承人（法定繼承人）以外的人士，因遺囑而接受遺產的，是受遺贈人。遺贈繼承與遺囑繼承的區別，還有一點值得注意的是，受遺贈人在知道或應該知道獲遺贈後兩個月內必須作出接受或者放棄受遺贈的表示，到期沒有表示的，視為放棄受遺贈。[23]

c. 內地繼承法規定了遺囑執行人和遺產的管理人，但與香港繼承法律比較，內地的遺囑執行人和遺產的管理人沒有香港的執行人和管理人擁有的權利。內地的遺產管理人是在繼承開始時佔有遺產的特定人員，其職責僅僅是保管遺產、通知繼承人而已。內地的遺囑執行人，也僅限於執行遺囑，而遺產的獲取仍需繼承人同意並取得法律文件才能取得。不能單憑遺囑就取得遺產。[24]

香港規定了繼承開始後，經法院授權的遺產代理人，包括遺囑執行人和遺產的管理人，完成法律程序，繼承人方能取得遺產。而內地無此項規定。

d. 內地繼承法規定，遺贈撫養扶養協議的效力優於遺囑和遺贈繼承，遺囑和遺贈繼承的效力優於無遺囑繼承（法定繼承）。[25] 香港繼承法中沒有這項規定。

e. 內地繼承法司法解釋規定，"放棄繼承的效力，追溯到繼承開始的時間"。司法實踐將放棄繼承者，視為從未成為繼承人。繼承人如果放棄繼承，其應繼承遺產份額按照無遺囑繼承（法定繼承）處理，該遺產歸屬其他繼承

---

22　見《中華人民共和國繼承法》（以下簡稱《繼承法》）第十條。

23　見《繼承法》第十六條第三款、第二十五條第二款。

24　見《繼承法》第十六條、第二十四條。

25　見《繼承法》第五條、第三十一條。

人。[26]

這一點與香港繼承中，繼承人放棄繼承後可以將應繼承份額指定其他繼承人繼承的作法不同。

## （二）香港居民繼承內地的遺產的程序

香港居民繼承內地的遺產，首先必須在中國委託公證人處（查詢委託公證人名單詳見後文）作出繼承聲明或放棄繼承的聲明。申辦聲明書時，必須提供身份聲明文件，被繼承人的死亡證明，繼承人與被繼承人的親屬關係證明，和遺產權屬證明（如需要）。

如是遺囑繼承，還要提供遺囑原本，如果是在香港設立的遺囑，必須進行下列查證：（a）遺囑是否經香港高等法院檢定。如果經法院檢定，則可以認定遺囑合法有效；（b）如果遺囑未經或不能由香港高等法院檢定，委託公證人須向香港高等法院查詢是否有知會備忘；若是，在有關的知會備忘被撤回或失效之前，不能辦理涉及該被繼承人的繼承或放棄繼承遺產聲明書。需說明的是，遺囑不能有香港高等法院檢定的情況，主要是被繼承人在香港沒有可繼承的遺產。但在特殊情況下，法官會因應用證單位的要求而作出特別的處理。涉及香港以外的遺產的遺囑，香港法院不能檢定；（c）如果沒有上述情節，則應向香港律師會查詢被繼承人在其他律師行有否另立遺囑，及由經辦該《繼承遺產聲明書》的委託公證人的律師行或以外的律師行出具該遺囑合法的法律意見書。完成了上述程序，經過多層次的查證，至此，可以認定該份遺囑是有效的最後一份遺囑。至於遺囑在內地設立的情況，則另有規範。

經查核後，委託公證人出具繼承聲明書或放棄繼承聲明書，在完成審核加章轉遞程序後，送往內地遺產所在地的公證處使用。[27]

根據香港送來的委託公證書提供的信息，內地公證處按照繼承的實際情

---

26　見《最高人民法院關於貫徹執行〈中華人民共和國繼承法〉若干問題的意見》第五十一條。

27　見《中國委託公證人辦理公證文書規則》附件一，1.3.1繼承聲明書格式、要求。

況，確定是遺產遺囑繼承還是無遺囑繼承（法定繼承），會作出遺產分配的意見。然後根據事實和法律，出具《繼承權公證書》。該公證書在內地的效力等同判決書，可憑此公證書，按遺囑或法律原則分配遺產，在銀行和房管部門進行存款和房產的過戶。

# 三　香港企業和居民在內地設立公司

自內地實行改革開放以來，香港企業和居民在內地投資設立的企業一直佔境外企業在內地投資的較大比例。由於兩地公司法律的差異以及隨着改革的深入，內地公司法幾經修訂，香港投資者常因不熟悉相關規定，辦事往往不順暢。

因此，有必要簡介內地公司法，以及公司的種類，和 2013 年《中華人民共和國公司法》（以下簡稱《公司法》）自修改後，赴內地設立公司的程序。

## （一）公司法及內地的公司形態

內地公司法規範的公司是指在內地設立的有限責任公司（limited liability company）和股份有限公司（company limited by shares）。[28]

有限責任公司是指由五十人以下的股東組成的；股東只以其出資額為限對公司債務承擔責任；只以其全部資產對公司債務承擔責任的公司。有限責任公司設立的條件是：（a）股東符合法定人數；（b）有符合公司章程規定的全體股東認繳的出資額；（c）股東共同制定公司章程；（d）有公司名稱，並建立符合有限責任公司要求的組織機構；（e）有公司住所。[29]

股份有限公司是指由一定人數以上的股東組成；公司全部資本分為等額

---

28　見《公司法》第二條。
29　見《公司法》第二十三條、第二十四條。

股份；股東以其所認繳股份為限承擔責任；公司以其全部資產對公司承擔責任。設立股份有限公司，應當有兩人以上，二百以下為發起人，公司可以向社會公開發行股票籌資。[30]

《公司法》自 1993 年全國人大常委會通過實施後，先後於 1999 年、2004年，以及 2005 年多次修正，現行《公司法》是於 2013 年修改，2014 年實施。

《公司法》規定了公司的基本原則，同時也明確規定外商投資的有限責任公司和股份有限公司適用公司法；有關外商投資的法律另有規定的，適用其規定。[31]

## （二）港商在內地投資的形式

香港居民和公司在內地成立企業，應參照適用於外商在中國投資的有關法規。外商在內地投資的企業主要有三種形式，它們的法律特點和規範的法律分別是：

### 1. 中外合資經營企業 (Chinese-foreign Equity Joint Venture)

是指依照中國有關法律在中國境內設立的外國公司、企業和其他經濟組織或個人與中國公司、企業或其他經濟組織共同舉辦的合營企業，即兩個以上不同國籍的投資者，根據《公司法》和《企業法人登記管理條例》的規定共同投資設立，共同經營，共負盈虧，擔當風險的有限責任公司。[32]

### 2. 中外合作經營企業 (Chinese-foreign Contractual Joint Venture)

是以確立和完成一個項目而簽訂契約進行合作生產經營的企業；是一

---

30　見《公司法》第七十六條、第七十八條。

31　見《公司法》第二百一十七條。

32　見《中華人民共和國中外合資經營企業法》。

種可以有股權，也可以無股權的合約式的經濟組織。合作方的權利和義務，包括投資或者合作條件、收益或者產品分配、風險和虧損的分擔、經營管理的方式和合作企業終止時財產的歸屬等事項，如外商可以提前收回投資等項目，均由中外合作者共同協商，制定合作協議、合同，並在合作企業合同中加以約定。合作雙方簽署的合同，經審批機關批准後。受國家法律保護，雙方均應按合同的約定履行義務。

### 3. 外商獨資企業 (Wholly Foreign-Owned Enterprise)

是指外國的公司、企業、其他經濟組織或者個人，依照中國法律在中國境內設立的全部資本由外國投資者投資的企業。設立外資企業必須有利於國民經濟的發展，並應至少符合下列一項條件，即採用國際先進技術和設備的；產品全部或者大部份出口的。外資企業的組織形式一般為有限責任公司，也可以說是一人有限公司。但不包括外國的公司、企業，以及其他經濟組織設在中國的分支機構，如分公司、辦事處、代表處等。

### (三) 外商投資企業的設立

#### 1. 設立的程序

首先，選擇投資行業時必須查詢國家發展和改革委員會近期公佈的《外商投資產業指導目錄》(Catalogue of Industries for Guiding Foreign Investment)。該目錄從 1995 年首次公佈以來，根據經濟發展和對外開放的需要，每隔一段時間適時進行修改。現行的目錄是第五次修訂的，從 2012 年 1 月 30 日起施行。為了擴大開放領域，優化外資結構，將內地的產業分為，"鼓勵外商投資的"、"限制外商投資的" 和 "禁止外商投資的" 三類。因此，在內地投資的行業必須符合政策的導向，方能順利進行。

其次，申請批准。外商投資企業的設立必須經商務部及於其各省的商務廳（局）批准後，才可啟動設立的步驟。申請設立中外合資企業和中外合作企業的，需要報送的資料種類為：(a) 設立外資企業的申請；(b) 外資企業合同、章程；(c) 名稱預先核准單；(d) 投資各方資信證明；(e) 董事會成員及簡歷；(f) 投資各方主體資格證明；(g) 其他需提交的特殊材料等。申請設立外商獨資企業，除外商投資者是兩個以上的需報送投資者各方的合作合同外，其餘的與申請設立中外合資企業和中外合作企業的大致相同。這裏提示，香港投資者應當向委託公證人申請出具其主體資格證明或身份證明的公證書。

在獲得批准設立後，持商務部門頒發的批准文件，赴工商管理部門申請設立登記。領取營業執照時，值得注意的是，2014 年公司法修訂和登記管理辦法修改後，作為企業合法設立的憑證的營業執照，與舊版的有四項不同：(a) 設置了二維碼，明示企業信用信息公示系統網址，用手機一掃，便可以知曉執照真偽即企業信用情況；(b) 適應公司法修訂，不再限定公司設立時的最低註冊資本，而是標明為認繳資本；(c) 一家公司可以一張營業執照，多個辦公地址，即一家公司可以標明多個地址。在同一地址辦公的公司，也可以採用同一地址作為企業地址登記；(d) 原來的營業執照年檢，改為年報。[33]

在領取營業執照後，可進行設立企業的一系列作業，如銀行開戶，刻製公司印章，出入境管理局登記，辦理組織代碼，稅務登記等等。

## 四　香港企業和居民在內地設立合夥企業簡介

合夥企業，是指自然人、法人和其他組織依照《中華人民共和國合夥企業法》（以下簡稱《合夥企業法》）在中國境內通過訂立合夥協議設立的，共同出資經營、共負盈虧、共擔風險的企業組織形式 。

根據法律規定，合夥企業分為普通合夥企業和有限合夥企業。普通合

---

33　《工商總局關於啟用新版營業執照有關問題的通知》，工商企字〔2014〕第 30 號。

夥企業由普通合夥人組成，合夥人對合夥企業債務承擔無限連帶責任。合同法對普通合夥人承擔責任的形式有特別規定的，從其規定。有限合夥企業由普通合夥人和有限合夥人組成，普通合夥人對合夥企業債務承擔無限連帶責任，有限合夥人以其認繳的出資額為限對合夥企業債務承擔責任。[34]

外資合夥企業既可以全部由外國企業或者個人投資設立，也可以由外國企業或者個人與中國自然人、法人和其他組織共同投資設立，從而在"三資"（中外合資、中外合作、外商獨資）企業的基礎上為外商投資增設了一種全新的投資方式。港澳台地區的企業或者個人在內地設立合夥企業，參照有關法規執行。

外資合夥企業設立的審批機關是國家工商管理機關。[35]

# 五　《內地與香港關於建立更緊密經貿關係的安排》

## （一）概述

2003 年，中央人民政府與香港特區政府、澳門特區政府分別簽署了內地與香港、澳門《關於建立更緊密經貿關係的安排》（Closer Economic Partnership Arrangement，以下簡稱"CEPA"）。其後中央人民政府與香港特區政府根據 CEPA 第三條，多次增加和充實 CEPA 的內容，於 2004 年至 2013 年間，雙方共簽署十份補充協議，擴大市場開放及進一步便利貿易和投資，以促進兩地經貿合作。2014 年 12 月 18 日，雙方又在香港簽署《關於內地在廣東與香港基本實現服務貿易自由化的協議》，是內地首份參照國際標

---

34　見《合夥企業法》第二條。

35　見《中華人民共和國外商投資合夥企業登記管理規定》。

準，以准入前國民待遇加負面清單的方式制定的自由貿易協議[36]，使雙方服務貿易自由化進一步深化。

CEPA 是"一國兩制"原則的成功實踐，是內地與港澳制度性合作的新路徑，是內地與港澳經貿交流與合作的重要里程碑，是內地主體與香港、澳門單獨關稅區之間簽署的自由貿易協議，也是內地第一個全面實施的自由貿易協議。總體目標是：逐步減少或取消雙方之間實質上所有貨物貿易的關稅和非關稅壁壘；逐步實現服務貿易的自由化，減少或取消雙方之間實質上所有歧視性措施；促進貿易投資便利化。實施與今後修訂的原則是：遵循"一國兩制"的方針；符合世界貿易組織的規則；順應雙方產業結構調整和升級的需要，促進穩定和可持續發展；實現互惠互利、優勢互補、共同繁榮；先易後難，逐步推進。

## （二）內容

CEPA 涵蓋"貨物貿易"、"服務貿易"、"貿易投資便利化"三大範疇的內容。貨物貿易方面，內地於 2004 年 1 月 1 日起分別對原產於香港和澳門的二百七十三個稅號的產品實行零關稅，並不遲於 2006 年 1 月 1 日，對二百七十三種以外的香港和澳門的原產產品實行零關稅。內地於 2004 年 1 月 1 日起取消對香港和澳門產品的非關稅措施和關稅配額。雙方彼此之間不採用反傾銷和反補貼措施；服務貿易方面，內地向香港和澳門進一步開放管理諮詢、會議展覽、廣告、會計、法律、醫療及牙醫、物流、貨代、倉儲、分銷、運輸、旅遊、建築、視聽、電信、銀行、保險、證券等十八個服務行業，分別對部份行業採取以下開放措施：提前實施中國對世貿組織成員的開放承諾，取消投資的股權限制，允許獨資經營；降低最低註冊資本、資質條件的要求；放寬地域和經營範圍限制。貿易投資便利化方面，內地與香港、

---

36　准入前——是指在香港企業在內地投資發生和建立前的階段；國民待遇——是一種以條約為基礎的義務，即給予香港投資者不低於內地投資者的待遇；負面清單——即列明企業不能投資的領域和產業的資料。

澳門就七個領域（貿易投資促進，通關便利化，中小企業合作，中醫藥產業合作，電子商務，法律法規透明度，商品檢驗檢疫、食品安全及質量標準）的合作機制和合作內容達成了協議。同時內地與香港、澳門還確定了金融和旅遊領域的合作內容，鼓勵專業人員資格的相互承認。

## （三）　申請《香港服務提供者證明書》的程序

一般來說，香港的商業法律實體（包括公司、合夥企業、獨資企業）和"自然人"，只要符合 CEPA 中有關香港服務提供者的定義和相關規定，均可享有內地所給予的優惠待遇。除 CEPA 另有規定，"自然人"是指香港永久性居民，而商業法律實體是指根據香港適用法律適當組建或設立的任何法律實體，並在香港從事實質性商業經營三至五年。

香港服務提供者如為商業法律實體，須先向工業貿易署申請《香港服務提供者證明書》，然後才可向內地有關當局申請以 CEPA 的優惠待遇在內地提供服務（向內地相關部門申請提供服務的程序和要求的法律法規可參見商務部網站，網址：http://www.mofcom.gov.cn/aarticle/Nocategory/200612/20061204089562.html）。服務提供者須向工業貿易署遞交申請表、有效公司註冊證書及／或商業登記證的核證副本（可由相關香港政府部門或政府指定的專業人士，如香港律師、會計師等出具），經由內地認可的公證人（即中國委託的公證人）出具核證法定聲明副本，以及其他相關證明文件。有關 CEPA 內所有服務行業申請《香港服務提供者證明書》的詳細程序已載於工業貿易署《致服務提供者通告》（可於工業貿易署網頁 http://www.tid.gov.hk/tc_chi/aboutus/tradecircular/ntss/ss_maincontent.html 下載）。

香港的服務提供者如希望以自然人身份取得 CEPA 中的待遇，無須申請香港服務提供者證明書。有關人士須向內地有關當局提供香港永久性居民的身份證明。假如屬中國公民，有關人士還應提供個人的回鄉證或香港特別行政區護照。該等身份證明的副本，應經由內地認可的中國委託公證人核證。

# 六　內地的勞工法律

《中華人民共和國勞動法》（以下簡稱《勞動法》）於 1995 年 1 月 1 日正式實施，涵蓋了勞動法律關係的各個方面，是內地的勞動法律體系的基礎。《勞動法》的主要宗旨是保護勞動者（僱員）的合法權益。同時亦考慮到勞動者與用人單位（僱主）雙方的權利和義務。《勞動法》的條例包括勞動合同、工作時間、工資、勞動安全等事項。不管是作為僱主或僱員，香港人在內地僱用他人或受僱都受到《勞動法》的管轄，故此有需要瞭解《勞動法》的重點。

## （一）勞動合同

### 1. 勞動合同的訂立

勞動合同是勞動者與用人單位確立勞動關係、明確雙方權利和義務的協議。[37] 訂立和變更勞動合同應平等自願、協商一致，不得違反法律或行政法規的規定。[38] 根據《勞動法》，勞動合同應以書面形式訂立。[39] 如沒有達成書面合同，雙方仍有可能建立勞動關係。在四川的一個案例中，法庭接受僱主支付報酬給勞動者已足夠建立勞動關係。[40]

勞動合同應具備以下的基本條款 [41]：（a）用人單位的名稱、住所和法定代表人或主要負責人；（b）勞動者的姓名、住址和居民身份證或有效身份證件號碼；（c）勞動合同期限；（d）工作內容、地點、時間休息休假；（e）勞動報酬；（f）勞動紀律；（g）合同終止的條件；（h）違反合同的責任；（i）社會保險；（j）勞動保護、勞動條件和職業危害防護；（k）法律、法規規定應當

---

37　見《勞動法》第十六條。

38　同上，第十七條。

39　見《勞動法》第十九條。

40　*Chen Welei v Lai Guofa,* CD15/3/2000, Intermediate People's Court of Deyang City, Sichuan.

41　見《勞動法》第十九條；《中華人民共和國勞動合同法》（以下簡稱《勞動合同法》）第十七條。

納入勞動合同的其他事項。用人單位與勞動者還可以約定其他內容例如試用期、保守商業秘密和補充保險等事項。[42]

　　勞動合同的期限分為（a）有固定期限；（b）無固定期限和（c）以完成一定的工作為期限。[43] 如企業在某些指定情況下[44]需要裁減人員，用人單位必須優先留用一些指定人員，包括與本單位訂立較長期限的固定期限勞動合同或無固定期限勞動合同的勞動者。[45]

　　建立勞動關係應訂立書面勞動合同。[46] 如用人單位從用工之日起超過一個月（但不滿一年）未與勞動者訂立書面勞動合同，應向勞動者每月支付雙倍的工資。[47] 如滿一年還未訂立書面勞動合同，雙方將被視為已訂立無固定期限勞動合同。[48]

　　如勞動合同違反法律或法規、免除了用人單位的法定責任、排除勞動者權利或採取欺詐、威脅等手段訂立或變更，這合同將會無效和沒有法律約束力。[49] 勞動合同可部份無效，如有爭議，將會由勞動爭議仲裁機構或人民法院確認。如勞動合同無效但勞動者已付出勞動的，用人單位應當向勞動者支付勞動報酬。[50]

## 2. 勞動合同續簽、變更程序

　　用人單位與勞動者雙方必須協商一致才能更改勞動合同約定的內容。[51] 達成一致意見後，雙方必須協定變更勞動合同的書面協議。任何口頭形式達成

---

42　見《勞動法》第二十一條、第二十二條；《勞動合同法》第十七條。

43　見《勞動法》第二十條。

44　例如依照企業破產法規定進行重整、生產經營發生嚴重困難等情況；詳情請參考《勞動合同法》第四十一條。

45　見《勞動合同法》第四十一條。

46　同上，第十條。

47　同上，第八十二條。

48　同上，第十四條。

49　見《勞動法》第十八條；《勞動合同法》第二十六條。

50　見《勞動合同法》第二十八條。

51　見《勞動合同法》第三十五條。

的變更協議都無效。[52] 變更勞動合同需採用書面形式，文本由雙方各執一份。

### 3. 勞動合同的解除和終止

用人單位和勞動者各有權解除或終止勞動合同，但必須遵守法律規定。《勞動法》和《勞動合同法》識別了解除和終止。終止是指勞動合同期滿或當事人約定的勞動合同終止條件出現，勞動合同即時終止。[53] 解除是指雙方同意或單方決定解除勞動合同。[54]

用人單位不得隨意解除勞動合同，如想單方面解除合同，用人單位必須按照法律規定。勞動者或用人單位可提前三十日以書面形式通知另一方解除勞動合同。[55] 在試用期內，勞動者只需給用人單位於三日前通知，而無須任何理由。用人單位亦可以額外支付勞動者一個月工資後解除勞動合同 [56]。

如有特殊情況，例如用人單位以暴力、威脅或者非法限制人身自由的手段強迫勞動者勞動的，勞動者可以立即解除勞動合同，不需事先告知用人單位。[57] 同樣地，用人單位亦可以在特殊情況立即解除勞動合同。[58]

## （二）勞動保障制度

### 1. 社會保險

用人單位和勞動者必須依法參加社會保險，繳納社會保險費。[59] 社會保險制度設立了社會保險基金，使勞動者在暫時或者永久性失去勞動能力的情況

---

52　參見《人力資源法律全書──招聘、合同、薪資、仲裁（實用版）》，法律出版社，2014 年。

53　見《勞動法》第二十三條。

54　見《勞動法》第二十四條；《勞動合同法》第三十六條。

55　見《勞動合同法》第三十七條、第四十條。

56　見《勞動合同法》第四十條。

57　詳情請參考《勞動合同法》第三十八條。

58　詳情請參考《勞動合同法》第三十九條和《勞動法》第二十五條。

59　見《勞動法》第七十二條；詳情請參考《中華人民共和國社會保險法》。

下獲得幫助和補償。[60] 如用人單位未依法為勞動者繳納社會保險費，勞動者可解除勞動合同。[61]

### 2. 勞動規章制度

用人單位應依法建立和完善勞動規章制度，保障勞動者享有勞動權利、履行勞動義務。[62]

勞動規章制度是用人單位行使勞動管理權的主要依據。[63] 規章制度是否有法律效力要從以下三點衡量：（a）內容是否合法；（b）當制定或修改制度時是否已經過民主程序制定[64]；（c）是否已向勞動者公示告知[65]。

## （三）勞動爭議仲裁程序

### 1.《中華人民共和國勞動爭議調解仲裁法》（以下簡稱《勞動爭議調解仲裁法》）

內地實施的《勞動爭議調解仲裁法》是為了公正和及時解決勞動爭議，保護當事人的合法權益和促進勞動關係和諧穩定。[66]

當發生勞動爭議，勞動者可以根據《勞動爭議調解仲裁法》[67] 與用人單位協商，也可以請工會或第三方共同與用人單位協商，達成和解協議。[68] 如當事人不願協商、協商不成或達成和解協議後不履行的，可以向調解組織申請調

---

60　同上，第七十條。

61　見《勞動合同法》第三十八條。

62　《勞動合同法》，第四條。

63　參見《人力資源法律全書》，同註 52。

64　這是指用人單位是否已經讓職工代表大會或者全體職工討論有關制度並提出方案和意見，由用人單位與工會或職工代表等協商確定：《勞動法》第四條。

65　見《勞動法》第四條。

66　見《勞動爭議調解仲裁法》第一條。

67　見《勞動爭議調解仲裁法》第二條列出適用該法的爭議。

68　見《勞動爭議調解仲裁法》第四條。

解。[69] 不願調解、調解不成或者達成調解協議後不履行的，可以向勞動爭議仲裁委員會申請仲裁。[70] 對仲裁裁決不服可向人民法院提起訴訟。[71]

## 2. 仲裁申請和受理

勞動爭議申請仲裁的時效為一年，仲裁時效期間從當事人知道或者應當知道其權利被侵害之日起計算。[72] 仲裁過程相當快，《勞動爭議調解仲裁法》要求仲裁庭裁決勞動爭議案件在受理仲裁申請之日起四十五日內結束。[73]

申請人申請仲裁應當提交書面仲裁申請，並按照被申請人人數提交副本。如書寫仲裁申請有困難，可以口頭申請，由勞動爭議仲裁委員會記入筆錄，並告知對方當事人。[74]

仲裁申請書應當載明下列事項[75]：（a）勞動者的姓名、性別、年齡、職業、工作單位和住所，用人單位的名稱、住所和法定代表人或者主要負責人的姓名、職務；（b）仲裁請求和所根據的事實、理由；（c）證據和證據來源、證人姓名和住所。

有些勞動爭議，除另有規定的外，仲裁裁決為終局裁決，裁決書自作出之日起有法律效力。[76] 如勞動者對裁決不服，可以在十五日內向人民法院提起訴訟。[77]

---

69　見《勞動爭議調解仲裁法》第五條。

70　見《勞動爭議調解仲裁法》第四條。

71　同上。

72　《勞動爭議調解仲裁法》，第二十七條。

73　同上，第四十三條。

74　同上，第二十八條。

75　同上，第二十八條。

76　見《勞動爭議調解仲裁法》第四十七條。

77　同上，第四十八條。

## 七　四項溝通兩地法律事務的連接點

在香港與內地進行民商事交往中，由於根據《基本法》，兩地各屬不同的法域，公權力機關不得跨境執法，包括調查取證。因此需要建立溝通兩地訴訟文書送達、判決執行、仲裁執行和公證文書的流轉的連接點，以維護兩地的法治秩序，維護兩地企業和居民的合法權益。

### （一）《關於內地與香港特別行政區法院相互委託送達民商事司法文書的安排》(Arrangement for Mutual Service of Judicial Documents in Civil and Commercial Proceedings between the Mainland and Hong Kong Courts)

香港回歸前，香港與內地司法文書的送達主要通過海牙送達公約、外交途徑和"粵港協議"的方式進行。香港回歸後，如何在一國框架下，內地和香港之間建立高效、便捷的民商事司法文書送達機制，是兩地民眾和專業人士關注的問題。經最高人民法院與香港特別行政區根據基本法第九十五條的規定，進行協商、研究，簽署了《關於內地與香港特別行政區法院相互委託送達民商事司法文書的安排》[78]（以下簡稱《司法文書的安排》）。《司法文書的安排》的主要內容如下。

#### 1. 相互委託送達的部門

根據《司法文書的安排》，內地與香港特別行政區法院送達司法文書應當通過內地各省、市、自治區高級人民法院和香港特別行政區高等法院進行。

---

78　參見《司法文書的安排》（1998 年）。

### 2. 委託送達的司法文書種類

司法文書僅限於民商事司法文書。

內地的文書主要包括：起訴書副本、上訴書副本、授權委託書、傳票、判決書、調解書、裁定書、決定書、通知書、證明書、送達回證等。香港特別行政區的文書包括：起訴書副本、上訴書副本、授權委託書、傳票、狀詞、誓章、判案書、判決書、裁決書、決定書、通知書、法庭命令、送達證明等。相互委託送達的司法文書以交換的文書樣本為準。

### 3. 送達司法文書的程序

送達司法文書依照送達地法律規定的程序進行。受委託方接到委託書後，應當及時完成送達，最遲不得超過自收到委託書之日起兩個月。

### 4. 受委託方的責任及送達費用

受委託方對委託送達的司法文書的內容和後果不負法律責任。委託送達費用互免。請求以特定方式送達產生的費用，由委託方負擔。如指定專人直接送達的方式，可視為特定方式之一。

### 5. 沒有規定不予送達的情況

《司法文書的安排》沒有規定不予送達的情況。因為"安排"僅規範了送達活動，不涉及對有關訴訟和判決的承認，除了地址不詳而被退回外，原則上不得拒絕送達。在執行中如遇有問題，應當通過最高人民法院與香港特別行政區高等法院協商解決。

（二）《關於內地與香港特別行政區相互執行仲裁裁決的安排》（Arrangement Concerning Mutual Enforcement of Arbitral Awards between the Mainland and the Hong

Kong Special Administrative Region）

香港回歸前，內地與香港仲裁裁決的承認和執行的依據是 1958 年的《紐約公約》。香港回歸後，香港和內地同屬一個主權國家，仲裁裁決不能依據國際公約執行。事實上，香港高等法院於 1998 年就曾以無執行依據，駁回當事人請求執行中國國際經濟貿易仲裁委員會的裁決。經最高人民法院與香港特別行政區協商，1999 年 6 月 21 日簽署了《關於內地與香港特別行政區相互執行仲裁裁決的安排》（以下簡稱《仲裁裁決的安排》）。[79]

### 1. 相互執行仲裁裁決的範圍

香港回歸前，當時內地可以受理涉外、涉港澳仲裁案件的仲裁機構只有中國國際經濟貿易仲裁委員會和中國海事仲裁委員會。內地《仲裁法》實施後，依法設立的各省市、自治區和直轄市都設立了仲裁委員會。因此香港法院執行內地的仲裁就不單指前述兩家仲裁委員會，而是在《仲裁裁決的安排》附件中列出的百餘家仲裁委員會作出的裁決。

內地法院執行香港的仲裁裁決，則是指執行在香港特別行政區按照香港《仲裁條例》作出的裁決。

### 2. 執行仲裁裁決的條件和申請執行的法院

內地和香港作出的仲裁裁決，一方當事人不履行的，另一方當事人可以向被申請人住所地或者財產所在地的法院申請執行。

被申請人的住所地或者財產所在地，既在內地又在香港的，申請人不能同時分別向兩地有關法院提出申請。只有在一地法院執行不足以償還債務時，才可以就不足部份向另一地法院申請執行。兩地法院先後執行的總額，不得超過裁決數額。

---

79　參見《仲裁裁決的安排》。

申請執行的法院，在內地是指被申請人的住所地或者財產所在地的中級人民法院，在香港是指香港特別行政區高等法院。

### 3. 申請執行的期限

申請人向法院申請執行內地或者香港仲裁裁決的期限應當依據執行地法律程序處理。

內地與香港關於執行期限規定不同。內地民事訴訟法規定，雙方或一方是公民的，執行期限為一年；雙方當事人是法人或者其他經濟組織的，申請執行期限為六個月。自法律文書規定履行期間的最後一天計算；法律文書規定分期履行的，從規定的每次履行期限的最後一天計算。

香港法律則不分何種情況，時限均為六年。

### 4. 申請執行需提交的文件

申請人提出執行申請時，應當提供以下文件：

一是執行申請書。向內地法院申請執行的，申請執行書必須以中文文本提出。向香港法院提出申請的，申請執行書以中文文本或英文文本提出均可以。申請執行書應當按要求填寫申請人的名稱或姓名、地址、企業註冊登記副本、申請執行的理由和請求的內容、被執行人財產所在地及其財產狀況；二是仲裁裁決書；三是仲裁協議書。仲裁裁決書和仲裁協議書未要求公證，只是對於向內地法院申請執行的，文件沒有中文文本的，申請人提交中文譯本時，要對中文譯本加以證明。

### 5. 關於拒絕執行仲裁裁決的問題

《仲裁裁決的安排》規定了法院拒絕執行仲裁裁決的三種情況。

其一，法院不會主動審查仲裁裁決。當申請人提出申請後，被申請人提供了充分證據證明仲裁裁決具有《安排》所列的不予執行的五種情況時，法院才啟動審查。經審查，被申請人的意見確有證據支持，則裁定不予執行。

如果被申請人不能提供充分證據，則予以駁回拒絕執行的申請。

其二，當法院接受執行仲裁裁決的申請後，發現並有證據證明依據執行地的法律，爭議事項不能以仲裁解決，或者執行該仲裁裁決違反執行地的公共利益或公共政策時，就能夠依照職權，而不必依當事人拒絕執行的申請，直接作出不予執行的裁定。

其三，《安排》規定了五種程序方面可能拒絕執行的情況。

a. 仲裁協議無效，或協議當事人無行為能力；

b. 被申請人未收到仲裁員通知，或未能陳述意見的；

c. 仲裁裁決的內容超出仲裁協議的；

d. 仲裁庭的組成或仲裁程序與當事人的協議不符，或與仲裁地法律不符的；

e. 仲裁已按仲裁地法律撤銷的。

## 6.《仲裁裁決的安排》開始實施的時間

在內地以最高人民法院發佈司法解釋的形式予以公佈，自 2000 年 2 月 1 日起施行。

在香港，有關安排在《仲裁條例》修改後施行，實施時間也是 2000 年 2 月 1 日。

## （三）《關於內地與香港特別行政區法院相互認可和執行當事人協議管轄的民商事案件判決的安排》(Arrangement on Reciprocal Recognition and Enforcement of Judgments in Civil and Commercial Matters by the Courts of the Mainland and of the Hong Kong Special Administrative Region Pursuant to Choice of Court Agreements between Parties Concerned)

多年來，內地與香港兩地法院的民商事判決的相互執行問題一直沒得到解決。內地法院的判決如希望在香港執行，當事人必須按照普通法程序就原糾紛提起一個新的訴訟；反之，香港法院的民商事判決在內地也不能直接執行，必須重新提起一個訴訟，才能申請執行。為使一個國家兩個不同法域之間的法院判決的相互認可和執行有法可依，內地最高人民法院與香港特別行政區經協商，於 2006 年 7 月 14 日簽署了《關於內地與香港特別行政區法院相互認可和執行當事人協議管轄的民商事案件判決的安排》（以下簡稱《案件判決安排》）。

《案件判決安排》的主要內容如下。[80]

## 1. 適用的範圍

適用於《案件判決安排》的案件只能是民商事合約案件。《安排》暫不適用於婚姻、繼承、侵權、勞動爭議、破產等其他民商事案件。當事人必須以書面形式明確約定爭議的管轄地點，即當事人以合同書、信件和資料電文等形式，約定內地人民法院或者香港特別行政區法院具唯一管轄爭議的權力。如果沒有管轄約定或者約定不明，便不能適用《案件判決安排》。

《案件判決安排》只適用於源於商業合約的爭議所作出的給付金錢的判決，不包括確認權益或者要求履行某種行為等的其他判決。內地與香港特別行政區法院相互認可和執行的標的範圍，除判決確定的數額外，還包括根據該判決須支付的利息、經法院核定的律師費以及訴訟費，但不包括稅收和罰款。

《案件判決安排》所適用的民商事判決必須是具有執行力的終審判決。根據《案件判決安排》第二條的規定，具有執行力的終審判決是指：內地的最高人民法院的判決，高級人民法院、中級人民法院以及經授權管轄第一審涉外、涉港澳台民商事案件的基層人民法院依法不准上訴或者已經超過法定期限沒有上訴的第一審判決，第二審判決和依照審判監督程序由上一級人民法院提審後作出的生效判決；香港特別行政區的終審法院、高等法院上訴法庭及原訟法庭和區域法院作出的生效判決。

---

80　參見《案件判決安排》。

## 2. 《案件判決安排》包含的法律文書種類

《案件判決安排》所稱判決,在內地包括判決書、裁定書、調解書、支付令（order of payment）；在香港特別行政區包括判決書、命令和訴訟費評定證明書（allocatur）。

## 3. 受理認可和執行申請的法院

申請認可和執行符合《案件判決安排》規定的民商事判決,在內地向被申請人住所地、經常居住地或者財產所在地的中級人民法院提出,在香港特別行政區向香港特別行政區高等法院提出。

被申請人住所地、經常居住地或者財產所在地在內地不同的中級人民法院轄區的,申請人應當選擇向其中一個人民法院提出認可和執行的申請,不得分別向兩個或者兩個以上人民法院提出申請。

被申請人的住所地、經常居住地或者財產所在地,既在內地又在香港特別行政區的,申請人可以同時分別向兩地法院提出申請；兩地法院分別執行判決的總額,不得超過判決確定的數額。已經部份或者全部執行判決的法院應當根據對方法院的要求提供已執行判決的情況。

## 4. 申請認可和執行應提交的文件

申請人向有關法院申請認可和執行判決的,應當提交以下文件：

a. 請求認可和執行的申請書。請求認可和執行的申請書應當載明下列事項：當事人為自然人的,其姓名、住所；當事人為法人或者其他組織的,法人或者其他組織的名稱、住所,以及法定代表人或者主要負責人的姓名、職務和住所；申請執行的理由與請求的內容,被申請人的財產所在地以及財產狀況；判決是否在原審法院地申請執行以及已執行的情況。

b. 經作出終審判決的法院蓋章的判決書副本；

c. 作出終審判決的法院出具的證明書,證明該判決屬於《案件判決安排》

第二條所指的終審判決，在判決作出地可以執行；

　　d. 身份證明材料：（a）申請人為自然人的，應當提交身份證或者經公證的身份證複印件；（b）申請人為法人或者其他組織的，應當提交經公證的法人或者其他組織註冊登記證書的複印件；（c）申請人是外國籍法人或者其他組織的，應當提交相應的公證和認證材料。

　　向內地人民法院提交的文件沒有中文文本的，申請人應當提交證明無誤的中文譯本。

　　執行地法院對於作出終審判決的法院出具的證明書，無須另行要求公證。

## 5. 申請認可和執行的程序及期限

　　申請人申請認可和執行內地人民法院或者香港特別行政區法院判決的程序，依據執行地法律的規定。

　　申請人申請認可和執行的期間二年。

　　二年期間的開始時間，內地判決到香港特別行政區申請執行的，從判決規定履行期間的最後一日起計算，判決規定分期履行的，從規定的每次履行期間的最後一日起計算，判決未規定履行期間的，從判決生效之日起計算。

　　香港特別行政區判決到內地申請執行的，從判決可強制執行之日起計算，該日為判決上註明的判決日期，判決對履行期間另有規定的，從規定的履行期間屆滿後開始計算。

## 6. 拒絕認可和執行的理由以及當事人的救濟途徑

　　在申請認可和執行的過程中，如果被申請人，即原審判決中的債務人提供證據證明有下列情形之一的，受理申請的法院經審查核實，應當裁定不予認可和執行：

　　a. 根據當事人協定選擇的原審法院地的法律，管轄協定屬於無效。但選擇法院已經判定該管轄協定為有效的除外；

　　b. 判決已獲完全履行；

c. 根據執行地的法律，執行地法院對該案享有專屬管轄權；

d. 根據原審法院地的法律，未曾出庭的敗訴一方當事人未經合法傳喚或者雖經合法傳喚但未獲依法律規定的答辯時間。但原審法院根據其法律或者有關規定公告送達的，不屬於上述情形；

e. 判決是以欺詐方法取得的；

f. 執行地法院就相同訴訟請求作出判決，或者外國、境外地區法院就相同訴訟請求作出判決，或者有關仲裁機構作出仲裁裁決，已經為執行地法院所認可或者執行的。

內地人民法院認為在內地執行香港特別行政區法院判決違反內地社會公共利益，或者香港特別行政區法院認為在香港特別行政區執行內地人民法院判決違反香港特別行政區公共政策的，不予認可和執行。

當事人對認可和執行與否的裁定不服的，在內地可以向上一級人民法院申請覆議，在香港特別行政區可以根據其法律規定提出上訴。

### 7. 受理認可和執行判決期間的財產保全

法院受理認可和執行判決的申請之前或者之後，可以按照執行地法律關於財產保全或者禁制資產轉移的規定，根據申請人的申請，對被申請人的財產採取保全或強制措施。

## （四）中國委託公證人（China-Appointed Attesting Officers）（香港）制度簡介

中國委託公證是將發生在香港的法律行為、有法律意義的事件和文書，通過確定的程序，轉換為可在內地使用的有實體證明意義的公證文書的操作。這是在一個國家內部、兩個不同法律制度的框架下，因需求而產生，經委託而運作，在發展中專業化，在溝通兩制法律服務的過程裏，逐步進行制度建設的事業。

中國委託公證制度的內容和法律特徵有如下五點。

1. 委託公證制度定位在一國內部的事務處置，要求出具實體意義的證明文件。

將用證的期望值和取證的可能有機結合，是中國委託公證的顯著特徵。用證方總是希望獲得有具有實體意義的證明文書，而取證方是普通法管轄的法院準工作人員，即具有調查取證功能的法律執業者。因此可能出具有普通法意義的實體證明文書，用證方認可此為在香港可達到在法庭呈堂的證據標準。因此兩者具備結合的法律基礎。

2. 依據"一國兩制"原則，採取委託的方式，由內地的公證事務主管機關委託香港律師辦理送往內地使用的公證事務。

在設計該制度時，香港尚在英國的管治之下，中國內地的公權力的效力無法延伸至香港。主管機關當時已考慮到，香港回歸後，為保持香港原有法律和生活方式不變的"一國兩制"方針落實，除了《香港特區基本法》和列為基本法附件的內地法律之外，其餘的內地法律不在香港實施；順理成章，內地的公權力依法不得在香港實施。因此，內地公證主管機關不能以行政命令或決定的方式，委任香港律師出具在內地使用的公證文書，而是須採取香港法律許可的"委託"的方式，委託香港律師以符合香港法律的方式調查取證，出具公證文書，送往內地使用。在實踐中逐步探索成型的中國委託公證人管理辦法，以及辦證規則、格式和要求都是作為委託的內容實施。[81]

3. 基於香港與內地公證制度和民事商事法律規定的差異，有必要設置一套符合真實性、合法性、可用性的，溝通

---

81　參見《中國委託公證人（香港）管理辦法》、《中國委託公證人辦理公證文書規則》。

兩地證據認可使用的渠道的新型公證證據規範。

在"一國兩制"的框架下,委託進行法律事務,有其特殊性。

其一,香港律師受中國司法部委託成為中國委託公證人,出具的文書是結合內地與香港公證事務的法律特徵,即保留了香港對宣誓聲明進行見證的證明方式,又增加對各類不同的文書的真實、合法進行調查的義務。對應當查證,如按普通法規定也可查證的,則必須查證。以出具香港的有限公司董事會的證明為例,委託公證人必須在公司註冊處查冊,查閱該公司註冊證書、周年報表,赴稅務局查閱商業登記證。以證實該公司合法成立,並查明現任董事狀況。同時,公證人需親自參加該公司董事會,或由全體董事在公證人面前簽署確認書,以說明該次會議的人數及程序乃符合公司章程,或由公司的董事、秘書和高級管理人員在公證人面前聲明,表示此次會議合法召開。還必須查閱該公司章程,明確章程對董事會召開的規定。完成這些基本的程序,公證人方能出具董事會決議書的證明。在證明中必須註明自己的法律評議,內容是,"根據香港《公司條例》及該公司之組織章程,該公司上述董事決議對該公司具有法律約束力。"這一證詞表明公證人承擔查證和判斷的法律責任。

其二,對聲明書類的文書,則按香港法律,監誓律師應告知當事人在香港律師面前宣誓聲明應承擔的法律責任。同時,在聲明書的格式中註明了"本人/我等明白此法定聲明的內容,亦明白若本人/我等明知而故意作出虛假的陳述,一經循公訴程序定罪,可處監禁及罰款"的內容,使之置於作假宣誓必須承擔刑事責任的法律環境;這樣,可推定其誓言為真實。需要特別注意的是,即使是沿用香港的公證人傳統的公證業務,見證當事人宣誓聲明,在辦理委託公證事務時,如有可查證同時必須查證的證據,也要對相關的附件進行查證。例如,證明無限公司東主聲明,必須赴稅務局查驗該公司商業登記證,赴破產署查驗聲明人是否破產,同時要對聲明人的身份證進行鑑定。這是確認主體的最基本的證據。然後,方能出具見證聲明的公證書;

這樣，一改香港公證人只證明聲明人在其面前聲明的事項、聲明內容及相關資料均不需查證的作法。

其三，中國委託公證人出具的送往內地使用的文書還須具有可用性。由於香港與內地各屬不同的法域，民商事法律規定存在諸多不同之處。例如結婚年齡的規定，在內地結婚的法定年齡是男方不得小於二十二歲，女方不得小於二十歲；而香港則規定，男女青年十六歲至二十一歲，如獲父母書面同意，則可以向政府部門申辦結婚手續。準備在內地結婚的香港居民如果已達到香港結婚的年齡和條件，但不符合內地結婚的法定年齡，這樣的結婚申請和未婚證明送往內地是不會被民政部門接受，即不能適用於內地。送往內地的委託公證文書必須按內地對證明的要求辦理，方能投入使用。

依照上述法律特徵構建的委託公證證據規範是一項新型的制度。這一制度因需求而產生，依委託而設立。在香港法制的環境下，它發揮香港律師在訴訟程序的調查搜證能力，結合香港與內地公證的法律特徵，將具有實體證明內容的文書（即具有真實性、合法性，以及在內地具有可用性的證明文件）送往內地使用。[82]

4. 委託公證事務的兩項不可分離的程序，即委託公證人出具文書，然後由中國法律服務（香港）有限公司審核加章轉遞。

在委託公證制度初建時期，每位委託公證人出具公證文書後，依照當事人用證的要求直接發往內地用證部門，包括（但不限於）發往各地民政局、工商局、商務局、公安局、法院等部門。經過十年的實踐，委託公證人增多，辦證數量也同步上升。隨之出現一系列負面現象。首先是，一些不法之徒偽造公證文書。冒充委託公證人簽署的樣式，蒙騙要返內地從事民商事活動的當事人，用假文書騙取錢財；其次，是委託公證人增多，水平參差不齊。加之兩地公證法律的差異。因此有些文書不合規範，甚至導致用證部門

---

82 參見《中國委託公證人辦理公證文書規則》附件一：公證文書的分類、證明方式及格式、要求。

使用不便。影響了委託公證的公信力；三是有些當事人就同一件事務重複申請辦理公證文書。這主要見諸香港居民如返內地結婚，未婚的狀況證明的環節。一些不法之徒多次在婚姻登記署領取婚姻狀況資料，向不同的委託公證人申請辦理結婚公證書，其中有的是為使重婚行為合法化，有些人則是為騙取錢財。為嚴肅委託事務的法律真實性，堵塞由於兩地法律規定的差異形成的漏洞，1992 年司法部授權中國法律服務（香港）有限公司辦理送往內地使用的公證文書的審核轉遞事務。從此，委託公證制度設置了兩個相連的程序，先由委託公證人出具文書，然後由中國法律服務（香港）有限公司審核轉遞辦公室審核轉遞。審核轉遞的環節起到在兩個不同法域中通過審核尋求平衡點，使委託公證文書即符合香港法律又不違反內地法律，符合真實性合法性和可用性的要求。[83]

### 5. 委託公證人的人數、中國委託公證人協會及其他。

從 1981 年開始至 2014 年，內地公證主管機關司法部委託了十批，共四百餘名的香港律師成為委託公證人。歷經三十三年，在 2014 年仍進行委託公證業務的有三百六十五名委託公證人。1989 年，中國委託公證人協會成立。協會作為委託公證人自治組織，由委託公證人組成理事會，負責委託公證人的培訓、業務交流、執業操守管理。

經過三十餘年的實踐，委託公證的文書格式已有六大類八十四種。六大類文書是：(a) 聲明書；(b) 證明單方簽署的法律文件；(c) 證明法律事實；(d) 證明複印件與原本無誤；(e) 證明或雙方或多方簽署的法律文書；(f) CEPA 項下公司和個人赴內地投資使用的文書的證明。

香港居民和公司如需赴內地辦理投資、貿易等事務，個人需辦理繼承、收養、結婚、投資等事務時，應當向委託公證人申請辦理委託公證文書，使用證部門能夠瞭解香港發生的法律事實、產生的有法律意義的文件，取得有

---

83　參見《中國委託公證人辦理公證文書規則》附件二：公證文書審核、轉遞辦法及程序。

實體證明意義的文件。

辦理委託公證事務的流程如下：

a. 選擇委託公證人。香港居民和公司在申請辦理委託公證文書，欲選擇委託公證人時，可登錄委託公證人協會網站，網站上已將所有委託公證人名單按其辦事處所在的香港各個地區分類列出，方便當事人選擇。也可打電話諮詢如何選擇委託公證人。[84]

b. 當事人赴委託公證人，即香港律師的辦事處，辦理個人事務必須出示身份證明和相關證據資料，辦理公司事務必須出示公司資料。當事人向委託公證人陳述需辦理的事務。

c. 委託公證人進行普通法項下的調查取證。按委託公證的辦證規則的要求，根據當事人的申請，運用不同的格式和要求，出具委託公證文書。

d. 委託公證人派員將文書送中國法律服務（香港）有限公司審核登記辦公室審核登記、加章轉遞。

e. 委託公證人派員取回已加蓋通過審核的委託公證文書正本，按用證部門要求，將需寄送的副本交由審核辦公室寄送至用證部門。如無須寄送，則將文書正本、副本取回交給當事人。

---

84　委託公證人協會網址：www.caao.org.hk；二十四小時諮詢熱線電話：28778229。

## 辦理內地使用公證文書流程圖[85]

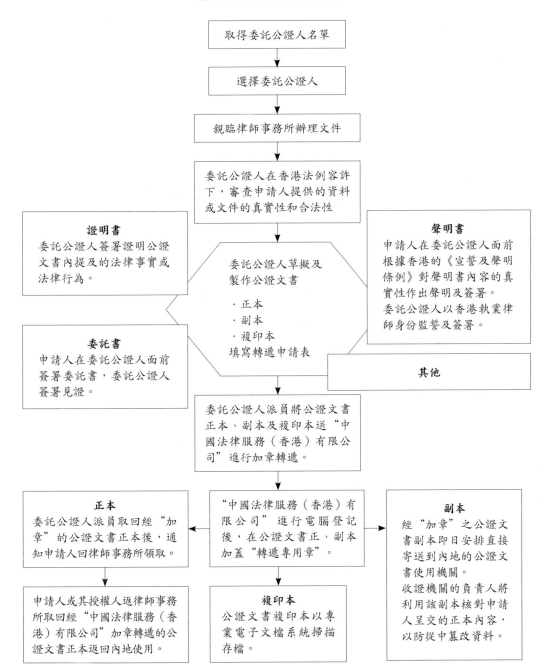

取得委託公證人名單

選擇委託公證人

親臨律師事務所辦理文件

委託公證人在香港法例容許下，審查申請人提供的資料或文件的真實性和合法性

**證明書**
委託公證人簽署證明公證文書內提及的法律事實或法律行為。

**委託書**
申請人在委託公證人面前簽署委託書，委託公證人簽署見證。

委託公證人草擬及製作公證文書
· 正本
· 副本
· 複印本
填寫轉遞申請表

**聲明書**
申請人在委託公證人面前根據香港的《宣誓及聲明條例》對聲明書內容的真實性作出聲明及簽署。委託公證人以香港執業律師身份監誓及簽署。

**其他**

委託公證人派員將公證文書正本、副本及複印本送"中國法律服務（香港）有限公司"進行加章轉遞。

**正本**
委託公證人派員取回經"加章"的公證文書正本後，通知申請人回律師事務所領取。

"中國法律服務（香港）有限公司"進行電腦登記後，在公證文書正、副本加蓋"轉遞專用章"。

**副本**
經"加章"之公證文書副本即日安排直接寄送到內地的公證文書使用機關。收證機關的負責人將利用該副本核對申請人呈交的正本內容，以防從中篡改資料。

申請人或其授權人返律師事務所取回經"中國法律服務（香港）有限公司"加章轉遞的公證文書正本返回內地使用。

**複印本**
公證文書複印本以專業電子文檔系統掃描存檔。

---

85 本圖由中國委託公證人協會有限公司提供。

# 附錄

## 一　**關鍵詞**（英漢對照）

### A

a frolic of his own　自己的任意作為

a genuine pre-estimate of loss　損失的真誠評估

abetting　教唆

absolute discharge　無條件釋放

absolute gift　無條件饋贈

absolute privilege　絕對特權

abuse of process of court　濫用司法程序

acceptance　承約

access　探視權

accessory liability　協從責任

accomplices　從犯

accountability　問責

accounts　（在有關商標法例中，指）侵權人因侵權而獲得的利潤（或"賬目計算賠償"）

acknowledgement of service　送達認收書

act　作為

act of state　國家行為

action of passing off　防止假冒之訴

action in personam　對人訴訟

action in rem　對物訴訟

actionable per se　本身可獨立提出的訴訟

Acts of Parliament　國會立法（英國）

actual authority　實際權力

actual notice　實際知悉

actually intend　實際上故意

actus reus　犯罪行為

additional tax　補加稅

administrator　遺產管理人

admissibility　證據的可接納性

ad valorem duty　從價稅

Advance Care Planning　預定照顧計劃

advance directive in relation to medical treatment　預設醫療指示

advance ruling　事先裁定

advantage　利益（《防止賄賂條例》用詞）

adversarial　對抗式

adversarial system　對抗式；對抗制度

adverse possession　相反佔有；逆權佔有

affidavit　誓章

affinity　姻親

affirm　肯定；宣誓

affirmation　誓詞

agency by estoppel　不容否定代理關係

agency by necessity　因需要而產生的代理關係

agent　代理人

aggravated damages　加重賠償

aggressive commercial practice　具威嚇性的營業行為

agreement　協議

agreement for sale and purchase　買賣協議

agreement to avoid double taxation　避免雙重課稅協定

aggrieved persons　受屈人士

aiding　協助

algorithm　算法；演算法

alibi　不在犯罪現場

alibi evidence　不在犯罪現場的證據

all money　全部款項

allocatur　訴訟費評定證明書

allowance　津貼；免稅額

alternative dispute resolution　另類解決紛爭的方法

alternative procedure　交替程序

ancillary relief　附屬濟助；附屬救濟

annual general meeting　周年大會

annual leave shutdown　年假休業

anti-avoidance　防止規避

anti-discrimination legislation　反歧視條例

anticipatory breach　預期性違約

Anton Piller Order　安比拉令

Apostille, Certificate of　加簽證明書

apparent authority　表面權力

appeal　上訴

applicant　申請人

application for leave　請求法院許可（提出司法覆核）的申請

appointment of receiver　委任接管人

apportionment　分攤
appropriation　挪佔
arbitral award　仲裁裁決
arbitration　仲裁
Articles of Association　公司章程細則
ascertainable　可以確定的
assault　襲擊；威脅人身的侵犯
assault occasioning actual bodily harm　襲擊致造成身體傷害罪
assets　資產
assignment　業權轉讓契據
assisted reproduction　人工輔助生育
associated　相聯
association　組織
assumption of the rights of an owner　行使擁有人的權利
attachment of income order　扣押入息令
assurance　認許
attempt　企圖
attorney　受權人、被授權人、律師
Attorney-General　律政司
audited accounts　審計賬目
auditor　核數師
Auditor General　核數署署長
austerity　精簡節約
authentication　認證
author　創作者
authorised share capital　法定股本
authorized investments　特准投資項目
auto-complete　自動填補
automatic resulting trust　自動歸復信託
automatism　自動症
avoidance of disposition order　廢止產權處置令

# B

bad debts　壞賬
badges of trade　行業指標
bail　保釋
bailiff　執達主任
bait advertising　餌誘式廣告宣傳
bait and switch　先誘後轉銷售行為
balance of convenience　（雙方之間）誰會承受更大損失或不便的比較
balance of probabilities　（某情況存在的）可能性與其不可能性的比較
balance sheet　資產負債表
balancing allowance　結餘免稅額
balancing charge　結餘課稅
bankruptcy　破產
Bankruptcy Ordinance　《破產條例》
Bar Association　大律師公會
basic intent crime　基本意圖罪行
barrister　大律師；訟務律師

battery　毆打；人身侵犯
belonging to　屬於
beneficial interest　受益所有權；實益權益
beneficial owner　實益擁有人
beneficiary　信託受益人
benefit of doubts　疑點利益
beyond reasonable doubt　沒有合理疑點
bias　偏私；偏見；偏袒
Bills Committee　法案委員會
binding　約束力
binding over　簽保
bi-sexual 雙性的
blackmail　勒索
block　阻隔
blood group test　血型測試
Board of Review (Inland Revenue Ordinance)　稅務上訴委員會
bodily sample　身體樣本
bona fide　真誠；善意
bona fide purchaser 善意的買家
bona vacantia　無主財物
borrower　借款人
due diligence　盡職審查
duty of care　謹慎責任
breach of confidence　違反保密義務
breach of duty　失責
breach of the peace　破壞公共安寧
bribery（for giving assistance, etc. in regard to contracts）（合約事務上給予助等而作的）賄賂罪
Building Authority　建築事務監督
burden of proof 舉證責任
burglary　入屋盜竊
business　業務
business efficacy 商業效用
Butters Report　畢拉報告
buyer's stamp duty　買家印花稅
by-laws　附例

## C

cab rank rule　不可拒聘原則
calls for explanation　加以解釋
capable of being represented graphically　具識別性並能藉書寫或繪圖方式表述（商標法用詞）
capacity　行為能力
capacity to contract 立約能力
capacity to marry 婚姻能力
cardholder agreement 持卡人協議
care and control　照顧和管束
care and skill that is reasonable in the circumstances　有關情況下屬合理的謹慎態度
case law　普通法；判例法

case management　案件管理

case management conference　案件管理會議

case reports　案例彙編

case stated　案件呈述

Catalogue of Industries for Guiding Foreign Investment　《外商投資產業指導目錄》

causation　因果關係

cause　導致

causing grievous bodily harm with intent　意圖造成身體嚴重傷害而傷人罪

causing loss by unlawful means　使用違法方式導致他人蒙受損失

causing prostitution　導致賣淫

caveat　知會備忘（遺產承辦）

caveat emptor　買者當心

certainty of intention　意願必須清晰

certainty of subject matter　標的物必須明確

certainty of object　受益對象必須明確

certificate of apostille　加簽證明書

certificate of compliance　完工證（俗稱"滿意紙"）

certificate of incorporation　公司註冊證書

certification trade marks　證明商標

certiorari　移審令

chambers　訴訟律師事務所；法庭內庭

character evidence　品格方面的證供

character of locality　環境的特質

charge　押記

charge sheet　控罪書

chargee　受押人

charging order　扣押令；押記令

chargor　押記人

charitable trust　慈善信託

Charitable Uses Act《慈善用途法》（英國）

chattels　實產

chattels personal　非土地實產

chattels real　土地實產

checks and balance　權力制衡

China-Appointed Attesting Officer　中國委託公證人

Chinese-foreign Contractual Joint Venture　中外合作經營企業

Chinese-foreign Equity Joint Venture　中外合資經營企業

Chinese law and custom　中國法律及習俗

choses in action　據法權產

choses in possession　據形權產

circumstances　情況元素

civil celebrant　婚姻監禮人

Civil Law family　民法法系

civil law system　歐陸法系（又稱"民法法系"）

civil partnership　公民結合

Civil Partnership Act 2004　《公民結合法》（英國）

civil proceedings　民事訴訟

Civil Service Regulations《公務員事務規例》

claim　申索；聲請

clean break　決裂

close of defence case　辯方舉證完畢

close of prosecution case　控方舉證完畢

closed shop　指工會會籍為保留職位的先決條件的一種工會制度

Closer Economic Partnership Arrangement (CEPA)　《內地與香港關於建立更緊密經貿關係的安排》

closing speech　結案陳詞

co-owners　共同擁有人

code　法典

Code on Access to Information《公開資料守則》

Codes of Practice on Employment《僱傭實務守則》

collateral contract　附屬合約

collateral warranty　附屬保證

collective trade marks　集體商標

Colonial Laws Validity Act 1865《殖民地法律有效法》（英國）

Colonial Secretary　民政事務司

Combination Acts《結社法》（英國）

coming to the nuisance　自投妨擾中

committal proceedings　交付審判程序

Committee Stage　委員會審議階段

common assault 普通襲擊罪

Common Law　普通法

common law accessory　普通法下的從犯

common mistake　共同錯誤

common seal　法團印章；公司鋼印

Community Service Order　社會服務令

Companies (Winding Up and Miscellaneous Provisions) Ordinance《公司（清盤及雜項條文）條例》

company limited by guarantee　擔保有限公司

company limited by shares　股份有限公司

competent witness　合資格的證人

competition law　競爭法

completed crime　完成罪行

composite test　（評估僱傭關係的）綜合測試

compulsory winding up　強制清盤

concessionary deduction 特惠扣除

conciliation　調解

concubinage　蓄妾

condition　條件

conditional discharge　有條件釋放

conduct　行動

confession statement　供詞；招認詞

conflicts of law　衝突法

confirmor　確認人

contrary to public policy　違反公共政策

corporate status　法人的地位

corporation　法團

corporeal hereditaments　有體可繼承產

consanguinity　血親

consensus ad idem　意見一致

consent　同意

Consent Scheme　同意方案（未建成住宅樓宇的銷售）

consent summons　共同意願傳票

consideration　代價；約因

conspiracy　串謀

conspiracy to defraud　串謀詐騙

conspire　串謀

constant care　經常照顧

constitution　憲法

constitutional convention　憲法慣例

constitutionalism　憲治主義；憲政主義；立憲主義

constructive dismissal　引伸性解僱

constructive knowledge　法律構定的知悉

constructive notice　法律構定的知悉；推定知悉

constructive trust　法律構定信託

constructive trustee　法律構定信託的受託人

Consumer Council　消費者委員會

consummation　圓房

contingent workers　非正規性的僱員

continuing covenants　持續履行的契諾

continuous contract　連續性合約

contra proferentem rule　不利出者法則（解釋合約條文時，應以不利於條文提出者的解釋為準）

contract for services　服務合約

contract notes（股票）成交單據

contract of apprenticeship　學徒訓練合約

contract processing　來料加工

contracting out　免除或減少法定權益的協議

Contracts (Rights of Third Parties) Act《合約（第三者權利）法》（英國）

contractor　承判商；承辦商

contracts uberrimae fidei　絕對信任性質的合約

contributory negligence　自為疏忽；互有疏忽；共分疏忽

control　控制

Convention of Chuenpi《穿鼻草約》

conventions　慣例

conventions of constitution　憲法慣例

conversion　侵佔，否定別人對其財物的所有權

conveyance on sale 轉讓契據

cooling-off period　冷靜期

Copyright Act 1956《版權法 1956》（英國）

copyright owner　版權擁有人

corroborative evidence　輔證

corruption　貪污

costs　訟費；堂費

costs in the cause　訟費由正式審訊中最終敗訴的一方負責

derivative action　衍生訴訟
derogatory treatment　貶損處理
Design Copyright Act 1968《外觀設計版權法 1968》（英國）
designated patent application　指定專利申請
detain　羈留
detention centre　勞役中心
determination　釐訂
deterrence　阻嚇
detinue　霸佔
diminished responsibility　減輕的責任
diplomatic immunity　外交豁免權
Director of Public Prosecutions　刑事檢察專員
directory　指引性
disability　無能力
discharge　解除
disclosure of information　資料披露
discontinuance of possession　終止管有權
discovery　披露文件程序
discovery of documents　披露文件
discretion　酌情決定權；酌情權
discretionary trust　酌情信託
discrimination　歧視
dishonesty　不誠實
dismissal　解僱
disgorgement of profits　原告人清算被告因違約所賺取所得到的利潤
disorder in public places　公眾地方內擾亂秩序行為罪
dispose of　處置
dispossession　剝奪管有權
disproportionate　不相稱
disputes of interests　利益性糾紛
disputes of rights　權益性糾紛
distinctiveness　顯著性
distributionship　分銷；經銷
District Court Law Reports《地方法院案例彙編》
dividend　股息
DNA fingerprinting　DNA 測試
doctrine of frustration of contract　合約受挫的原則
doctrine of promissory estoppel　承諾不容反悔原則
documentary evidence　書面證據
domestic helpers　家務助理
domestic tenancy　住宅租賃
domicile　居籍
donor　贈予人
donor insemination　異配受精
Donovan Report《唐奴雲報告》
doubtful debts　呆賬
drug addiction treatment centre　戒毒所
dual system　二元性質

duress　威逼；脅逼
duress to the person　人身安全的恐嚇
duty of care　謹慎責任
duty to act fairly　公平地行使權力的義務
duty to take care as a reasonably prudent man　小心謹慎的責任（信託財產管理）

# E

easement　地役權
economic duress　經濟上的威逼
economy-wide statutory minimum wage law　全面的法定最低工資
Emergency Regulations Ordinance《緊急規例條例》
employability　能否受僱的身份
Employees' Compensation Ordinance《僱員補償條例》
employment contract or contract of service　僱傭合約
Employment Law　僱傭法
Employment Ordinance《僱傭條例》
employment protection　職業保障
Employment Protection Act《僱傭保障法》（英國）
Employment Regulations《僱傭規例》
employment security　職業保障
encumbrance　產權負擔
enduring power of attorney　持久授權書
enforcement of judgment　執行判決
entertainment　款待
equal opportunities　平等機會
Equal Opportunities Commission　平等機會委員會
equal pay　平等薪酬
equal protection before the law　法律的平等保護
equal sharing　平均分配；均分原則
equal undivided shares　不可分割的相等份額
equitable　合理的；公平的；基於衡平法的
equitable interests　衡平法權益
Equity　衡平法
essential matters which constitute the principal offence　主犯的罪行的必要事項
estate　產業權；遺產
estate agency agreement　地產代理協議
Estate Agents Authority　地產代理監管局
estoppel　不容否定
eugenics　優生學
evasion of liability by deception　以欺騙手段逃避法律責任罪
ex parte application　單方面的申請
examination-in-chief　立案訊問
exchange of information　資料交換
exclusive　獨有的
exclusive possession　獨有管有權
Executive Council　行政會議
executive-led　行政主導
executor　遺囑執行人

exemplary damages　懲罰性的賠償
exemption clause　免責條款
ex-gratia payment 恩恤金
exhibit　呈堂證物
expectation loss　因期望落空而蒙受的損失
expert witness　專家證人
express private trust　明示私人信託
express terms　明訂條款；明示條款
express trust　明示信託
extraordinary general meeting　特別成員大會

**F**

factual　事實
factual matrix　事實組合
fair comment　公允評論
fair dealing　公平處理
fair hearing　公平的聆訊
fairness　公平
false imprisonment　非法禁錮
families of legal systems　法律體系
family　家庭
family law　家事法
family mediation　家事調解
Family Mediation Co-ordinator's Office　家事調解統籌主任辦事處
Family Status Discrimination Ordinance《家庭崗位歧視條例》
Federation　聯合會
fiduciary　受信人
fiduciary duty　受信責任
fiduciary relationship　受信關係
fiduciary responsibilities　受信責任
filing　存案；存檔
filter　過濾
financial dispute resolution (FDR)　解決財務糾紛程序
firm　商號
fit and proper person　適當人選
fittings　裝置
fixed charge　固定押記
fixed interest trust　確定權益的信託
fixed term　固定期限
fixed term tenancies　固定期租賃
fixtures　固定附着物
floating charge　浮動押記
force majeure　不可抗力
forced labour　強迫勞工
foreclosure　止贖權
forfeiture　沒收租賃權
formalities　法定或其他形式上的要求
fostering　寄養
fraud　欺詐

Hong Kong Criminal Law Reports《香港刑法案例彙編》
Hong Kong Law Reports《香港案例彙編》
Hong Kong Law Reports and Digest《香港案例彙編及撮要》
Hong Kong Public Law Reports《香港公法案例彙編》
Hong Kong Tax Cases《香港稅務案例彙編》
horizontal agreement　橫向協議
hostile witness　敵意證人
House of Lords　英國上議院
human rights　人權
hysterical neurosis 歇斯底里精神病

# I

identity　身份
Illegal Strikes and Lock-outs Ordinance《非法罷工及閉廠條例》
illegal workers　非法勞工
illegality　違法
illegitimate child　非婚生子
immediate aftermath　即時的後果
immovable property　不動產
immunities　豁免權
implied　意會；默示
implied authority　默許權力；默示權力
implied condition　隱含條件
implied terms　隱含條款；默示條款
implied warranty 隱含保證條款
import labour 輸入外勞
import processing　進料加工
imputed notice　認定知悉
in the course of employment　執行職務
incapacitation 隔離
incest　亂倫
inchoate crime　未遂罪行
inchoate offences　初步罪行（未遂罪行）
incite 煽惑
incitement　煽惑
incomplete crime 不完整罪行
incorporated into the contract 成為合約的一部份
incorporeal hereditaments 無體可繼承產
indecency　猥褻行為
indecent 不雅
indecent assault 猥褻侵犯（俗稱 "非禮"）
independence of the judiciary　司法獨立
independent contractor　獨立承判商
indictable offences　可公訴罪行
indictable offences triable summarily 可公訴並循簡易程序審訊的罪行
indictment　公訴書
individual autonomy 個人自主權
industrial charter 工業約章
industrial court 工業法庭

infanticide　殺胎
infer　推斷
inflicting grievous bodily harm　對他人身體加以嚴重傷害罪
information　告發書
initial deposit　初期訂金
injunction　禁制令；強制令
injustice　不公平待遇
innocent　無意性；無辜
innocent disseminator　無辜傳播者
innocent misrepresentation　無意性失實陳述
innocent party　無辜一方
inquisitorial system　調查式
insanitary　衛生情況欠佳
insanity　精神錯亂
instrument of transfer（股票）轉讓書
intangible property　無形財產
integrity right　作品完整權（指所屬於版權創作者）
intention　意圖
intentional　意圖的（故意的）
intentional infliction of nervous shock　故意造成精神傷害
intentional tort　故意的侵權
interconnections　連件
interference with contractual relations　故意干預合約關係
interlocutory proceedings　非正審程序；旁枝程序；中途程序
International Labour Conventions　國際勞工公約
International Law　國際法
interpretation　釋義
intersex　陰陽人
intestate　無遺囑者
intestate estate　無遺囑者遺產
intimately representative　息息相關的代表性
intoxication　醉酒；昏醉
invitation to treat　邀請要約
involuntariness　不自主
involuntary manslaughter　非自願誤殺
issue　發行
issued share capital　已發行股本

## J

joint custody order　共同管養令
joint enterprise　合謀犯罪計劃
joint tenancy　聯權共有（俗稱"長命契"）
jointly and severally liability　共同及個別法律責任
judgment creditor　判定債權人
judgment debtor　判定債務人
judgment in default of defence　無反對情況下的判決
judgment summons　判決傳票
judicial notice　司法認知
judicial review　司法覆核；司法審核；司法審查

junior counsel（非資深）大律師
jurisdiction　司法管轄權
jurisdictional error　管轄權的錯誤
just and equitable　公正公平

**K**

keeping a vice establishment　經營賣淫場所
knowingly　明知地
knowledge　明知

**L**

Labour Law　勞工法；勞動法
Labour Relations Ordinance《勞資關係條例》
Labour Sub-department　勞工分處
Labour Tribunal　勞資審裁處
land premium　地價
landlord　業主
Lands Department　地政總署
Lands Tribunal　土地審裁處
last word（在刑事案件中，被告人享有）最後的發言權
Lasting Power of Attorney　持久授權書
Law Commission　法律改革委員會（英國）
Law Draftsman　法律草擬專員
law of trusts　信託法
Law Officer (Civil Law)　民事檢察專員
Law Officer (International Law)　國際法專員
law reports　案例彙編
Law Society of Hong Kong　香港律師會
Laws of Hong Kong《香港法例》
lay-off　停工
Layout-design（Topography）of Integrated Circuits Ordinance《集成電路的布圖設計（拓樸圖條）條例》
laying an information　提出告發
leading questions　引導性問題
lease　租賃；租契
leasehold interest　租賃權益
leave　許可
Legal Advisory and Conveyancing Office　法律諮詢及田土轉易處
legal charge　法定押記
legal chargee　法定承押記人
legal estate　法定產業權
legal interest　法定權；法定權益
legal ownership　法定所有權
legal personality　法人資格
legal persons　法人
legal professional privilege　法律專業保密權
legislation　成文法；法例
legitimate expectation　合理期望
letters of administration　遺產管理書

Letters Patent　英皇制誥（英國）
lex celebrations　婚禮儀式所在地法律之規定
libel　永久形式誹謗（書面誹謗）
licence　授權；許用；許可
lien　留置權
lifetime employment　終身聘任制
limited　有限的
limited liability company 有限責任公司
liquidated damages　算定損失賠償
liquidation　清盤
liquidator　清盤人
list of documents　文件清單
listing　放盤
lites pendentes　待決案件
living on earnings of prostitution of others　依靠他人賣淫的收入維生
locus standi　充分權益
loitering 遊蕩罪
long service payment　長期服務金
Lord Chancellor　首席大臣（即大法官）（英國）
loss　虧損
loss of amenity　舒適損失
lots　土地地段
lump sum payment order　整筆付款令

# M

manifest disadvantage　證明是不利的
maintenance　贍養費
maintenance pending suit　案件待決期間的贍養費
maladministration　行政失當
malice　惡意
mandamus　履行義務令；履行責任令
mandatory　強制性
mandatory injunction　積極性的強制令
Mandatory Provident Fund Schemes Authority　強制性公積金計劃管理局
Mandatory Provident Fund Schemes Ordinance《強制性公積金計劃條例》
manpower dispatch　人力轉遞
manslaughter　誤殺
Mareva injunction　馬奇洛禁制令
marriage　婚姻
Marriage (Same Sex Couples) Act 2013《婚姻（同性伴侶）法 2013》（英國）
Master　司法常務官
master and servant　主僕關係
Masters and Servants Ordinance《主僕條例》
maternity leave　產假
maxims of Equity　衡平法箴言
median wage level 中位數工資
mediation　調停；調解
Memorandum of Association　公司章程大綱
menaces 恫嚇

mens rea　犯罪心態
mental disorder　精神毛病
mental illness　精神紊亂
merchantable quality　可商售品質
merger and acquisition　合併和收購
Minimum Wage Commission　最低工資委員會
minimum wage council　最低工資局
Minimum Wage Ordinance《最低工資條例》
Minor Employment Claims Adjudication Board　小額薪酬索償仲裁處
mischievous　惡作劇
misconduct in public office　公職上行為失當
misleading omission　　誤導性遺漏
misrepresentation　失實陳述
mistake　錯誤
mistaken belief　錯誤信念
mistakes negativing consent　否定同意的錯誤
mistakes nullifying consent　使同意無效的錯誤
mitigation　減輕損失；緩解措施；求情
modern marriage　新式婚姻
moral rights　精神權利（指所屬於版權創作者）
more than merely preparatory　超乎只屬犯該罪行的預備（《刑事罪行條例》用詞）
mortgage　按揭
mortgage by assignment　以轉讓方式作出的按揭
mortgagee　承按人
mortgagor　按揭人
motion　動議書
movable property　動產
Municipal Law　國內法
murder　謀殺
mutual mistake　相互錯誤

## N

Napoleonic Code　拿破崙法典
natural justice　自然公義
nature and quality of the act　行為之性質與品質
negative　反面
negligence　疏忽
negligent　疏忽性
negligent misrepresentation　疏忽性失實陳述
negotiation　協商
neighbourhood principle　鄰舍原則
neo-liberalism　新自由主義
nervous shock　精神傷害
no case to answer　無須答辯
no miscarriage of justice　沒有造成 "不公義的後果"
nominal　象徵式
nominal damages　象徵性賠償
nominal value　票面價值；面值
non-commercial relationship　沒有任何商業關係

Non-consent Scheme　非同意方案（未建成住宅樓宇的銷售）
non-discrimination of gender role　性別角色平等對待
non est factum　否認曾經訂約
non-exclusive mandate　非唯一的委託關係
non-regular workers　非正規性勞工
not compellable　不可被強迫
not guilty by reason of insanity　因精神錯亂而無罪
notice　通知
nuisance　妨擾；滋擾

# O

objective　客觀
obscene　淫褻
obtaining pecuniary advantage by deception　以欺騙手段取得金錢利益罪
obtaining services by deception　以欺騙手段取得服務罪
occupation permit　佔用許可證（俗稱“入伙紙”）
occupational disease　職業病
occupational retirement schemes　職業退休計劃
Occupational Safety and Health Ordinance《職業安全及健康條例》
occupier　佔用人
offensive weapons　攻擊性武器
offer no evidence　不提證供起訴；不就控罪舉證
offer　要約
offeree　受要約人
offeror　要約人
Offical Administrator　遺產管理官
Official Receiver　破產管理署署長
officious bystander　多管閒事的旁觀者
omission　不作為
open-ended contract　“非定期”合約
open qualification system　開放資格制度（版權保護）
opening speech　開案陳詞
operating and substantial cause　進行中的重要原因
operative words　具法律效力的主詞
opinion evidence　意見證供
order absolute　終局令；終局扣款令；絕對令；絕對扣款令
order for discharge　解禁令
order for further and better particulars　提供進一步資料的命令
order for possession　收樓令
order for specific discovery　披露有關指定文件的命令
order for specific performance　強制履行令
order nisi　初步令；初步扣款令
order of payment　支付令
Order 14 procedure　第 14 號命令程序
orders　命令
Orders in Council　英皇會同樞密院的頒令（英國）
ordinance　條例
ordinary and complete　正常及完滿
ordinary course of business　在日常業務中

ordinary resolution  普通決議
ordinary shares  普通股
organisational and business re-structuring 架構或業務改組
organisational test 評估僱傭關係的組織測試
original grant patent 原授專利
originating summons  原訴傳票
ostensible authority  表面權力；顯然的權力
ouster clauses 成文法中某些行政決定或行為不受法院覆核的規定
outline zoning plans 分區計劃大綱圖
outraging public decency 有違公德行為罪
outsourcing 外判
overriding public need 凌駕性的公共需要
overseas company  海外公司
ownership  所有權；擁有權

## P

paid-up capital  繳足股本；繳足款股本
patentee  專利權人
parental orders  獲判定為父母的命令
parental responsibility 父母對子女責任；父母責任
parody 戲仿；滑稽性模仿
parol evidence rule 口頭證據規則
part performance  部份履行
partial failure of consideration 局部沒有有值代價的支持
participant 參與犯
partition  土地分劃
partnership property  合夥財產
partnership 合夥
partnership of equals 關係對等
part-time employees 兼職僱員
passive intermediary 被動的中介者
past consideration 過時代價
paternity leave  男性侍產假期
paternity right 署名權（指所屬於版權創作者）
payment of land premium 補地價
pecuniary advantage 金錢利益
penalty clause 罰金條款
performance  履行
performance bonus 考績獎金
performers' rights 表演者權
periodical payment  按期付款
periodical payments order 定期付款令
periodic tenancy  順延租賃
peripheral labour and atypical employees 邊緣勞工與非正規僱員
perjury  假證供罪
permanent establishment  永久機構
permanent incapacitation 長期或永久失去工作能力
perquisite  額外賞賜
personal assessment 個人入息課稅

personal data　個人資料

personal data and privacy　個人資料及私隱

Personal Data (Privacy) Ordinance《個人資料（私隱）條例》

personal property　非土地財產

personal representative　遺產代理人

petition　呈請；呈請書

petitioner　呈請人

physical evidence　物證

picketing　和平糾察行動

plaintiff　原告人

pleadings　狀書；狀書程序；訴狀

plot ratio　土地地積比率

Pneumoconiosis Compensation Ordinance《肺塵埃沉着病（補償）條例》

police bail　警察保釋

positive covenants　需積極履行的契諾

Police Superintendent's Discretion Scheme　警司警戒計劃

possession　管有；管有權；佔有權

possession of unexplained property　管有來歷不明財產

post　發貼子（在網上討論區）

post-industrial society　後工業社會

Postgraduate Certificate in Laws　法學專業證書

power of attorney　授權書

power of sale　售賣權力

practice directions　實務指示

pre-emptive challenge（在抽選陪審員過程中，被告人可以）無須解釋理由而提出的反對

pre-trial review　審前評檢；預審；預審程序

preamble　弁言

preference share　優先股

preferential debt　優先權

preferred creditors　有優先權的債權人

prejudicial effect　不利的偏見

preliminary hearing　初步聆訊

preliminary inquiry　初級偵訊

preliminary offences　初步犯罪

premium　溢價；地價；在租約中俗稱"頂手費"

prenuptial domicile　婚前居籍地

prerogative legislation　皇室特權立法（英國）

prescribed officer　訂明人員

prescription　時效歸益權

presidential injunction/ban　總統禁制令（美國）

presumed resulting trust　推定的歸復信託

presumption　推定

presumption of advancement　饋贈推定

presumption of innocence　無罪推定

presumption of legitimacy　嫡系推定

presumption of paternity　父子關係推定

presumption of mens rea　犯罪心態推定

presumption of resulting trust　歸復信託推定

Prevention of Boycotts Ordinance《防止杯葛條例》

prima facie case　有表面論據足以立案

primary infringement　直接侵權行為

primary victim　原受害人

Principal Officials Accountability System　首長級官員問責制

principal　當事人；委託人

principal offender　主犯

principle of command and subordination　指揮與服從之原則

principle of interpretation　釋義原則

principle of orality　口述原則

priority　優先次序

private company　私人公司

Private International Law　國際私法

Private Law　私法

private liability　私人責任

private member's bill　私人議員法案

private nuisance　私人性的妨擾

private purpose trust　私人目標信託

privilege　特權

privity of contract　立約各方的相互關係；合約參與

Privy Council　樞密院（英國）

probate　遺囑認證

probate action　遺囑認證訴訟

pro bono service　免費律師服務；義務律師服務

Probate Registry　遺產承辦處

probation　（刑法中的）感化；（僱傭關係中的）試用期

probative value　舉證能力

procedural impropriety　不符合程序性要求的行政決定或行為

Procedural Law　程序法

proclamation　公告

procuring　促致

procuring a breach of contract　勸誘（或導致）他人違反合約

procuring entry in certain records by deception　以欺騙手段在某些紀錄內促致記項罪

procuring unlawful sexual acts by false pretences　以虛假藉口促致他人作非法的性行為

profit and loss account　損益表

prohibition　禁止令

prohibition order　禁止離境令

prohibitory injunction　禁止性的強制令

promise　承諾；許諾

promisee　受諾人

promisor　許諾人

promissory estoppel　已作承諾不容反悔

proof beyond reasonable doubt　沒有任何合理疑點的舉證

property　財產

property tax　物業稅

prosthesis　義肢

protection of privacy　私生活、私隱的保障
Protection of Wages on Insolvency Ordinance《破產欠薪保障條例》
protector（信託）保護人
provident fund schemes　公積金計劃
provision　條文
provisional　臨時
provocation　激怒
psychological contract　心理合約（指勞資關係中的）
public bodies　公共機構
public company　公眾公司
public conscience　公眾良知
public display of signs advertising prostitution　公開展示宣傳賣淫的標誌
public interest immunity　公眾利益豁免權；公眾利益保密權
Public International Law　國際公法
Public Law　公法
public nuisance　公眾性的妨擾
public official　公職人員
Public Order Ordinance《公安條例》
public purpose　公共用途
public servant　公職人員
publication　發表
publisher　出版人
pupillage　訴訟律師實習生

## Q

qualified privilege　受約制特權
Qualifying Nuptial Agreements　符合法定要求的婚前協定
Queen's Counsel　御用大律師（英國）

## R

Race Discrimination Ordinance《種族歧視條例》
rateable value　應課差餉租值
ratify　追認；確認
re-examination　覆問
real likelihood of bias　偏私之真實的可能性
real property　土地財產
real risk　真實的風險
reasonable doubt　合理疑點
reasonable financial provision　合理經濟給養
reasonable foreseeability　可合理預見性
reasonable man's test　明理人的標準
reasonable person　合理的人；明理人
reasonably uniform industrial activity　可視為慣常業務的活動
receiver　接管人
recital　敘文
reckless　魯莽地；罔顧後果地
reckless driving　魯莽駕駛
reckless indifferent　罔顧或刻意迴避
reckless whether it be true or false　根本罔顧其是否真實

recklessness 罔顧

recognizance 自簽擔保

rectify 糾正；更正

redundancy 裁員

re-engagement 再次聘用

register of members 公司成員登記冊

Registered Designs Act 1949《註冊外觀設計法 1949》（英國）

registrable interests 可註冊權益

registry 登記處

regulation 規例

rehabilitation 更生

reinstatement 復職

relationship of influence 互信關係

relator 促訟人

relator action 促訟人訴訟

relevant 相關

reliance loss 因依賴合約而蒙受的損失

remedy 補救辦法；補救

remote/remoteness 遙遠；遙遠程度

remoteness of damage 損失的 "遙遠" 程度

renewable from month to month 按月續訂

rental right 出租權

rental value 租值

reply to defence 答覆抗辯書

reply to defence to counterclaim 答覆反訴抗辯書

reprographic process 翻印程序

repudiate 廢除

repudiatory breach 廢約性違約

rescind 撤銷

residue（普通法中的）"剩餘原則"（即凡法律沒有禁止的事情均屬合法）

resource persons 資源人士

respondent 答辯人

rest day 休息日

restraint of trade 限制經營貿易

restrictive covenants 限制性的契諾；限制性協議

resulting trust 歸復信託

resume 收回（土地權）

return date 傳訊日期

reversion 物業歸屬權

review 審核

right against self-incrimination 不自證其罪的權利；不自我指控的權利

right to be heard 申辯的權利

right to marry 婚姻權

right to privacy 個人私隱權

right to strike 罷工的權利

rights in performances 表演權

robbery 搶劫

Royal Commission on Trade Unions and Employers' Associations 皇家工會與僱主

聯會調查委員會（英國）

Royal Instructions　皇室訓令（英國）

royalty　使用費

rule of law　法治精神；法治

rules　規則

rules of natural justice　自然公義原則

Rules of the High Court《高等法院規例》

## S

sale and purchase agreement　物業買賣合約

sale by sample　憑樣本售貨

sale of goods by description　憑貨品説明而售貨

sale of property order　財產出售令

same or opposite sex cohabitants　同性或異性同居伴侶

same sex marriage　同性婚姻

sanctioned offer　民事訴訟中一方提出的和解建議

sanctioned payment（被告人繳存於法院作為）支付原告人索償的款項

sealed　蓋章

secondary infringement　間接侵權行為

secondary publisher　次要發表人

secondary victim　次受害人

Secretary for Justice　律政司司長

sections　土地分段

secured creditors　抵押債權人

secured periodic payment order　有保證定期付款令

security　抵押

security for costs　訟費擔保

security of tenure　租賃權的保障

select committee　專責委員會

self-defence　自衛

Senior Counsel　資深大律師；資深訴訟律師

separation of powers　權力分立

set aside　撤銷

settlement of property　授產安排

settlement of property order　授產安排令

severable　可分割

severance payment　遣散費

Sex Discrimination Ordinance《性別歧視條例》

sex orientation　性傾向

sexual harassment　性騷擾

share option 股份認購權

share premium account　股份溢價賬戶

shareholders　股東

shares　份數；股份

short-term patent　短期專利

show good title　證明土地業權

simple acquittal　無罪釋放

site coverage　建築物涵蓋範圍

slander　短暫形式誹謗（口頭誹謗）

Small Claims Tribunal　小額錢債審裁處
social or national insurance　社會或公共保障
sole custody order　獨有管養令；單一管養令
soliciting for an immoral purpose　為不道德目的而唆使他人
solicitor　律師；事務律師
Solicitor General　律政專員
sound recording　聲音紀錄
special conciliator　特別調解員
special damages　特別賠償
special resolution　特別決議
special stamp duty　額外印花稅
special verdict　特別裁決
specific intent crime　特定意圖罪行
specific performance　強制履行
specific representations　明確陳述
sphere of employment　工作的範圍
split custody order　分權管養令
split order　分割撫養權令
stakeholder　保存人
stamp　蓋印；士擔
stamp duty　印花稅
standard form contracts　標準合約
standard patent　標準專利
standard patent application　標準專利申請
standard tax rate　標準稅率
standard work hours　標準工時
statement of claim　申索書；申索陳述書；索償聲請書
statutory floor of employment rights　最低僱傭標準的安全網
standing committees　常設委員會
standing order　常規
Standing Orders of the Legislative Council《立法局會議常規》
statement　陳述書
Statement & Truth　真確宣言
statutory　法定
statutory holiday　法定有薪假日
stay of proceedings　訴訟程序的擱置
stigma damages　恥辱損害賠償
stock　證券
strict liability　嚴格法律責任
strike　罷工
striking out the defence　剔除被告人的抗辯書
sub-contractor　次承判商
sub-listing　分銷放盤
sub-tenancy　分租
subject matter　標的物
subject to contract　待訂約
subjective knowledge　主觀的認知
subjectively　主觀地

subordinate legislation　附屬法例
subscriber　股份認購人
subsidiary legislation　附屬法例
substantial performance　大致上履行
substantive　實質性
Substantive Law　實體法
successors in title　業權繼承人
suicide pact　自殺協定
summary administration　以簡易方式管理遺產
summary dismissal　紀律性解僱
summary judgment　簡易程序判決
summary offences　簡易程序罪行
summing-up　總結陳詞
summons　傳票
supplementary labour importation scheme　補充性輸入外地勞工計劃
Supply of Goods and Service Act《貨品及服務提供法》
supremacy of Parliament　國會至上（英國）
Supreme Court　最高法院（英國）
Surcharges　額外的罰款；附加費
sureties　人事擔保
surgical appliances　醫療（外科）輔助器
surrender　退回租賃
survivorship　尚存者取得權
suspension　停職
suspension theory　停職論
suspicion　懷疑
sweat shop　血汗工場
system of work　工作體系

## T

tacking　按揭優先清償
tax return　報稅表
taxation of costs　訟費評定
technical assault　技術性襲擊
temporary incapacitation　暫時喪失工作能力
tenancy　租賃
tenancy agreement　租賃協定
tenancy at sufferance　默許租賃
tenancy at will　不定期租賃
tenancy by estoppel　不容否認的租賃
tenancy in common　分權共有
tenant　租客
terminal payment　終止僱傭金
testimonial evidence　口述證據
the Chief Executive in Council　行政長官會同行政會議
the Housing, Planning and Lands Bureau　房屋及規劃地政局
the public interest　公眾利益
the register　註冊
theft　盜竊

thin skull　薄殼腦袋

thing in action　據法權產

third party　第三者

three certainties　"三項必須明確"的原則（適用於明示私人信託）

time off　以假代薪

title registration　土地權益註冊

tort　侵權

total failure of consideration　無任何有值代價的支持

total loss of voluntary control　完全失去自主控制身體能力

totality of evidence　整體證據

touch-base policy　抵壘政策

Trade Board Ordinance《行業委員會法》

trade description　商品說明

trade dispute　勞資糾紛；勞動爭議

trade union　職工會；工會

Trade Unions and Trade Disputes Ordinance《職工會與勞資糾紛條例》

Trade Union Council　工團總會

Trade Union Registration Ordinance《職工會登記條例》

Trade Unions Ordinance《職工會條例》

trademark　商標

trader　商人

tradition of "voluntarism"　"自由"傳統

trainee solicitor　見習事務律師

training centre　教導所

transfer of property order　財產轉讓令

transgender　跨性別人士

transsexual　接受變性手術的人

transvestite　易服癖者

trespass　侵犯

trespass to goods　侵犯財物

trespass to land　侵犯土地

trespass to the person　對人的侵犯

trespasser　侵入者

triad societies　三合會

trial　正式審訊

tribunal　審裁處

trivial　微不足道

Truck Acts《工資法》（英國）

trust　信託

trust deed　信託契據

trust property　信託財產

trust that arises by operation of Law　因法律的施行而產生的信託

trustee　受託人

typographical arrangement of published edition　出版版本的排印

tyranny of the majority　多數人的暴政

# U

ultra vires　越權

unconditional promise to pay　無條件的付款承諾

unconscionable　不合情理
undivided shares　不可分割的份額；不可分割的份數
undue influence　不當影響
Unfair Contract Terms Act《不公平合約條款法》（英國）
unfair dismissal　不公平解僱
unfair trade practices　不良營商手法
unfit for human habitation　不適合人居住
unforeseeable　不能預見
unilateral contract　單邊合約
unilateral mistake　單方面的錯誤
unincorporated non-charitable association　沒有註冊成為公司的非慈善組織
union federation　聯合會
unit trust　單位信託
universal suffrage　普選
unlawful　非法
unlawful and dangerous act manslaughter　不合法危險作為誤殺
unlawful and unreasonable dismissal　不合法與不合理解僱
unlimited company　無限公司
unlimited jurisdiction　沒有上限的司法管轄權
unintentional tort　非故意的侵權
unreasonable restraint of trade　不合理地限制經營貿易
unsecured creditor　無抵押債權人
unsoundness of mind　心智不健全
unsound mind　缺乏正常心智
unwarranted demand　不當要求

# V

vacant possession　空置管有權
variation　更改
vertical agreement　縱向協議
vicarious liability　轉承責任；替代責任
vice establishment　賣淫場所
virtually certain　基本確定
void　無效
void ab initio　自始便是無效
void marriage　無效婚姻
voidable　可使無效
voidable marriage　可使無效婚姻
voir dire　審訊中的審訊
voluntary disposition　無償產權處置
voluntary manslaughter　自願誤殺
voluntary winding up　自動清盤

# W

wage　工資
Wage Council Act《工資委員會法》（英國）
wage period　工資期
wage protection　工資保障
wage protection movement　工資保障運動

wages in lieu of notice, WILON　代替通知金
waiver　放棄權利
want of prosecution　原告人沒有繼續進行訴訟
warrant of arrest　逮捕令
warranty　保證條款
wasted cost order　虛耗訟費命令
well-known trade marks　馳名商標
Wholly Foreign-Owned Enterprise　外商獨資企業
willfulness　故意
will　遺囑
with intent to defraud　意圖詐騙
witness summons　證人傳票
Woolf Reform　胡佛改革
Workmen Compensation Ordinance　《勞工補償條例》
writ of fieri facias　扣押債務人動產令
writ of habeas corpus　人身保護令
writ of subpoena　傳召證人令
writ of summons　傳訊令狀
writ system　令狀制度；訴狀制度
written constitution　成文憲法
wrongful dismissal　違約解僱
wrongful resignation　違約退職
wrongly accepting payment　不當地接受付款

## Y

year of assessment　課稅年度
yellow-dog contract　黃狗合約

# 二　與香港法律和法制有關的網站一覽

## 內地網站

www.chinacourt.org（中國法院網）
www.chinalaw.gov.cn（中國國務院法制辦公室 —— 提供中國法律資訊）
www.gov.cn（中華人民共和國中央人民政府）
www.legalinfo.gov.cn（中國普法網）
www.mofcom.gov.cn/　（中華人民共和國商務部）
www.npc.gov.cn（中國全國人民代表大會 —— 內含香港及澳門的全國人大代表分網）
http://sws.mca.gov.cn/　（中華人民共和國民政部）

## 香港網站

http://legalref.judiciary.gov.hk（法律參考資料系統 —— 提供判案書全文）
www.basiclaw.gov.hk（香港特區政府基本法網站）
www.caao.org.hk（中國委託公證人協會）

www.compcomm.hk（競爭事務委員會）
www.doj.gov.hk（香港律政司）
www.dutylawyer.org.hk（當值律師服務 —— 包括免費法律諮詢計劃及電話法律諮詢計劃）
www.gld.gov.hk/egazette/?lang=c&agree=0（香港特別行政區政府憲報）
www.gov.hk（香港特別行政區政府）
www.hkba.org（香港大律師公會）
www.hkclic.org（社區法網 —— 提供法律常識資訊；由港大資訊科技及法律研究中心承辦）
www.hklawsoc.org.hk（香港律師會）
www.hklii.org（香港大學香港法律資訊研究中心）（可由此連結至外國的法律資訊研究中心）
www.hkreform.gov.hk（香港法律改革委員會）
www.ipd.gov.hk（知識產權署）
www.judiciary.gov.hk（香港司法機構）
www.lad.gov.hk（香港法律援助署）
www.landreg.gov.hk（土地註冊處）
www.legco.gov.hk（香港立法會）
www.legislation.gov.hk（雙語法例資料系統）

## 澳門網站

www.gov.mo（澳門特別行政區政府）
www.macaulaw.gov.mo（澳門法律網）

## 台灣網站

http://law.moj.gov.tw（台灣法規資料庫）
www.gov.tw（台灣我的 E 政府）
www.judicial.gov.tw（台灣司法院）

# 編者及作者簡介 *

 **李雪菁** 香港大學法學學士（1990），英國牛津大學法學碩士（1991），香港大學法律專業證書（1992）。現任香港大學法律學院副院長及法律系副教授，主要教授及研究房地產法、知識產權法及證據法，並致力推動中文在法律上的應用，曾任香港雙語法例諮詢委員會委員。曾發表論文於《香港法律學刊》（*Hong Kong Law Journal*）等學術期刊。

 **李穎芝** 香港大學法學學士（2001），英國牛津大學法學碩士（2002），香港大學法律專業證書（2003）。現任香港大學法律學院副教授及法學學士課程總監，教授合約法、衡平法及信託法。與何錦璇教授合編《亞洲民法司法管轄區信託法比較分析》（*Trust Law in Asian Civil Law Jurisdictions: A Comparative Analysis*）（劍橋大學出版社，2013）。另有著作曾刊登於《牛津法律學刊》（*Oxford Journal of Legal Studies*）、《法學季刊》（*Law Quarterly Review*）、《維珍尼亞國際法學刊》（*Virginia Journal of International Law*）及《香港法律學刊》等學術期刊。

 **伍錫康** 畢業於香港大學社會科學學院，並於倫敦大學倫敦經濟及政治學院獲博士學位。曾任職於香港政府勞工處，擔任助理勞工事務主任。隨後任教於香港大學管理學系及商學院，歷任講師、高級講師及教授，講授勞資關係、勞工法與人力資源管理等學科。現為香港大學商學院名譽教授。曾發表大量論文和專著，泛論香港工運、勞資談判、勞工法及勞工政策。

---

﹡ 本簡介乃基於本書第三版在 2015 年出版時的情況，作者按其姓名筆劃排先後次序。

　　**何錦璇**　英國牛津大學法學學士（1991）及碩士（1992）。現任香港大學法律系教授兼法律系主任，專長於衡平法、信託法和民商法。著作曾刊登於《牛津法律學刊》（*Oxford Journal of Legal Studies*）、《法學季刊》（*Law Quarterly Review*）及《香港法律學刊》等。曾應邀於倫敦大學亞非研究學院及北京大學講授信託法，並曾任香港雙語法例諮詢委員會委員。

　　**周兆雋**　香港大學社會科學（政治及法學）學士（2005），香港大學法律學士（2006），英國牛津大學政治理論碩士（2008年完成所有學術要求）。現正修讀英國牛津大學博士。現任香港大學法律系助理教授，任教學科包括刑事法、法學理論、衡平法及信託法。

　　**周偉信**　香港大學法學學士（1991）及法律專業證書（1992）。乃香港大學法律專業教育系內首位華人講師，現任該系主任，並為香港法律教育及培訓常設委員會委員。學術研究範圍包括中港稅法、房地產及租務法，以及國際勞工及工會法。現任稅務上訴委員會副主席，大多以中文書寫其聆訊個案的決定書。近年亦積極參與研討香港法律教育及培訓制度的革新，合著包括載於《當代法律人才培養模式研究》（中國政法大學出版社，2005）的"當代香港法律人才培養模式研究"，和載於《2010兩岸四地法律發展》（中央研究院法律學研究所，2011）的"培養新一代的香港律師——新瓶，新酒"，另有英文著作及期刊文章多篇。

　　**陳文敏**　香港大學法學學士（1981），香港大學法律專業證書（1982），倫敦大學法學碩士（1983）。於1982年成為執業大律師，1985年起在香港大學執教，1995年獲選為"香港十大傑出青年"，2003年獲任命為香港首位榮譽資深大律師。現任香港大學法律系教授，並自2002-2014年出任法律學院院長，專長於憲法、行政法及人權法。中英文著作皆甚豐，學術文章百餘篇，散見於中外學刊，近年著作包括《香港憲法學》（2011，英文版）、《翰林隨筆》（2010）、《法政敏言》（2006）、《香港憲制辯論》（2005，英文版）、《香港入境條例：一項跨學科的研究》（2004，英文版）、《走在公義路上》（2000）、《居港權引發的憲法爭論》（2000）等，並為《香港公法案例彙編》、《香港法案例彙編》及《香港法案例與撮要彙編》的編輯。曾出任多項公職，包括消費者委員會、香港政府中央政策研究組、廣播事務管理局、人體器官移植委員會、行政上訴委員會、法律改革委員會私隱研究委員會、大律師公會執委會、香港紅十字會執委會等，並曾參與多項國際性工作，包括參與歐洲人權委員會的工作，擔任一些敏感的審訊的國際觀察員及於 1995 年應紅十字國際委員會邀請，以專家身份參與制定《1949 年日內瓦公約及其 1977 年附加議定書的基本規則》的官方中文譯本。2014 年卸任院長後先後在美國賓夕凡尼亞大學及英國劍橋大學作客席教授。

**陳弘毅**　香港大學法學學士（1980），香港大學法律專業證書（1981），美國哈佛大學法學碩士（1982）。回香港後，在 1984 年取得香港律師資格，隨即任教於香港大學法律至今。1993 年起任該系教授，1993 年至 1995 年任該系主任，1996 年至 2002 年任香港大學法律學院院長，2002 年至 2008 年兼任香港法律改革委員會委員。現任該學院陳氏基金明德教授（憲法學），並兼任《香港法律學刊》副總編輯、太平紳士、全國人大常委會香港特別行政區基本法委員會委員，中國人民大學、清華大學、北京大學、中山大學客座教授。著作包括百多篇中英文論文及多本書籍，除在中國內地和海外出版之外，在香港出版的書籍包括《香港法制與基本法》（1986）、《香港法律與香港政治》（1990）、*An Introduction to the Legal System of the People's Republic of China*（《中華人民共和國法制導論》）（2011 年第 4 版）、《法治、人權與民主憲政的理想》（2012）、《西方文明中的法治與人權》（2013）、《中國傳統文化與現代民主憲政》（2013）、以及《一國兩制下香港的法治探索》（2014 年第 2 版）。

**陸文慧**　香港大學文學士（1981），英國劍橋大學法學學士（1993），香港大學法律專業證書（1994）。早年主修翻譯，曾任香港大學中文系翻譯導師、國際翻譯社中文部主管、香港基本法諮詢委員會秘書處高級翻譯主任，並負責《基本法》文本的英譯工作。1996 年及 1997 年分別取得香港與英國律師資格，2011 年取得國際公證人資格，一直在香港執業至今。1997 年成為香港律師會法律雙語化委員會委員，2002 年主編《法律翻譯：從實踐出發》一書，2003 年編譯首部由香港司法機構與法律出版商合作出版的中英對照普通法案例摘錄《雙語普通法：刑事案例摘錄》，2009 年合編《香港法概論（新版）》，多年來積極以中文普及法律知識。2003 年至 2013 年，在香港大學法律系設計並教授 "法律事務中之中文應用" 課程，以及在 2007 年、2010 年、2012 年為香港司法機構開辦 "法官及司法人員中文判決書寫作課程"。近年主力研究針對人口老化問題的創意方案，更為各界團體主持有關遺囑、持久授權書、預設醫療指示及遺產承辦的講座，並撰寫相關的文章。

**張善喻**　畢業於香港大學法律系（LL.B.）、加拿大多倫多大學（JD）、英國倫敦大學（LL.M）和美國史丹福大學（JSD）。現任香港大學法律系教授。任教科目主要為傳媒法和法律與社會。研究範圍主要為網絡言論自由、隱私權和兒童權利（包括網絡欺凌）。現任香港報業評議會審查委員，以及位於德國柏林的互聯網與社會研究所的成員。曾參與 "開放網絡促進會（Open Net Initiative）亞洲研究項目"，研究中國的博客寫作與言論自由；現和位於英國的隱私國際（Privacy International）合作，研究中國內地與香港的隱私權保障。她的論文曾發表於《哈佛國際法學刊・在線版》（*Harvard Journal of International Law（Online）*）（作為封面論文）、《國際數據隱私法》（*International Data Privacy Law*）及《傳媒法學刊》（*Journal of Media Law*）。著作書籍有 *Self Censorship and Freedom of the Press in Hong Kong*（2012）。目前正與其他學者合作撰寫一本關於雲端計算隱私保護的著作 Anne SY Cheung and Rolf H. Weber（eds）, *Privacy and Legal Issues in Cloud*

*Computing*（Edward Elgar, 2015）。其他著作資料可參閱 http://www.law.hku.hk/faculty/staff/cheung_anne.php 除以上學術著作外，亦有散文集《出走》。

**張達明**　香港大學法學學士（1986），香港大學法律專業證書（1987）。1989 年取得香港律師執業資格，並在香港孖士打律師事務所工作，於 1994 年成為合夥人，專責處理有關建築及城市規劃之上訴及訴訟、專業疏忽索償訴訟、保險賠償訴訟及一般商業訴訟事宜。1996 年底受聘於香港大學至今，現任香港大學法律學院首席講師暨臨床法律教育課程總監。曾出任多項公職，包括上訴委員會（房屋）主席、建築物條例上訴審裁小組主席、法律改革委員會委員、司法人員培訓委員會成員、獨立監察警方處理投訴委員會委員、法律改革委員會性罪行檢討小組委員會成員、大律師資格考試（民事法律程序及民事證據）主考官、海外律師認許資格考試評審小組成員、行政長官選舉委員會委員、第十一屆及第十二屆全國人民代表大會香港特別行政區代表選舉會議成員、香港防癌會義務秘書、愛滋病顧問局委員，以及律師會憲制事務委員會、法律雙語化委員會、持續專業發展委員會成員。經常就法治及其他法律事宜接受傳媒訪問，亦曾以義務性質幫助多個刑事案件被告人。於 2014 年獲頒訟辯律師資格，在刑事法律程序享有較高級法院出庭發言權。文章散見於《香港法律學刊》、《明報》及《香港經濟日報》。

**張增平**　香港大學法學士（1980），香港大學法律專業證書（1981），北京大學法律本科（1991），香港中文大學文學碩士（2010）。擁有香港、英國及威爾斯、澳大利亞首都屬地和新加坡律師資格。曾在的近律師事務所任職律師，及擔任 Masons（現 Pinsent Masons）律師事務所合夥人，隨後加入美資百事公司出任副總裁兼亞太區和大中華區的首席法律顧問，任職 15 年期間，曾參與多宗國際仲裁、收購及合併、知識產權許可等項目。

**莊仲希**　中國人民大學法律系畢業（1970），中國人民大學法學院法學碩士（2014），中國內地與香港兩地註冊中國律師。曾任福建省高級人民法院審判員、庭長，福建對外經濟律師事務所主任，福建省律師協會副會長，中國紅十字會總會政策研究室副主任；曾任中國法律服務（香港）有限公司總經理、《中國法律》雜誌主編。具多年審判實踐經驗，熟悉投資、貿易、房地產、家庭婚姻、公證等法律事務。現任《中國評論》雜誌社社務委員、法律總監，《中國法律》雜誌社法律總監，鳳凰資訊台《時事辯論會》評論員、香港中國企業協會商事調解委員會常委，香港中國企業協會法律專業委員會常委，中國法律律師事務所合夥人，中國法律服務（香港）有限公司審核轉遞辦公室高級主任。

**彭韻僖**　澳洲悉尼大學經濟學士（1987），澳洲悉尼大學法律學士（1989），澳洲悉尼大學法律碩士（1992），中國西南政法學院中國涉外經貿法律實務文憑（1994），香港大學中國法律研究文憑（1994），北京大學法學碩士（2005）。1989 年於澳洲新南威爾斯獲得執業律師專業資格，並於 1991 年獲准於英國及香港執業。2003 年起，成為中國委託公證人。2007 年起，成為國際公證人。現為彭耀樟律師事務所之合夥人，專長為民事及商業訴訟。由 2005 年開始，成為香港律師會理事並參與多個其他委員會的工作，曾任對外事務常務委員會主席，並於 2010 年成立國際法律事務委員會和公益法律服務委員會。現任香港律師會副會長、會員服務常務委員會主席及國際律師組織 LAWASIA（亞洲法律協會）理事會理事。積極參與公共服務，曾任東區區議員，東區撲滅罪行委員會主席，建築物上訴審裁小組委員。現任公民教育委員會主席，稅務上訴委員會、建造業議會、法律援助服務局及社會企業諮詢委員會之委員。於 2006 年獲香港特別行政區政府頒授榮譽勳章，並於 2010 年獲委任為太平紳士。

**楊曉楠**　中國東北大學法學學士（2001），中山大學法學碩士（2004），香港大學法學博士（2009）。2002 年通過中國內地法律職業資格認證，曾在廣州市中級人民法院民事審判第三庭工作，處理知識產權和涉外案件。2009年取得中國內地律師執業資格，一直在內地兼職執業至今。曾在香港大學法學院擔任兼職憲法學課程導師、香港大學法學院研究助理。2009年起任教於大連海事大學法學院，現任該院副教授。任教科目主要為憲法學、法理學。主要研究範圍包括香港和澳門特別行政區基本法、比較憲法理論、法學理論、中國人大制度、比較法和人權法。曾於《香港法律學刊》及內地多份法律學刊發表專業論文。

**廖雅慈**　英國曼徹斯特理工學院法學學士（1984），蘇格蘭格拉斯哥大學法學博士（1987）。1987年起在香港大學法律系擔任講師，1998年晉陞為副教授。主要講授和研究家事法及醫學與法律，主要學術著作有 *Artificial Reproduction and Reproductive Rights*（1991），*Family Legal Practice Manual*（1998），及 *Family Law for the Hong Kong SAR*（1999）。文章曾刊登於《香港法律學刊》，《香港醫學雜誌》（*Hong Kong Medical Journal*），《亞洲老年學及醫學雜誌》（*Asian Journal of Gerontology and Geriatrics*）等。曾任香港法律改革委員會"未成年人監護及管養"法律改革工作小組委員、香港生殖科技管理局成員，現任香港大學法學院醫學倫理與法律研究中心管理委員會委員。

**蕭國鋒**　澳洲新南威爾斯大學商學學士（會計及財務學）（1995），英國倫敦大學法學學士（2000），香港大學法學專業證書（2001）。2000年取得澳洲及香港執業會計師資格。2003年取得香港執業律師資格，並在孖士打律師行及霍金路偉律師行等國際律師行任職事務律師。現為 Pang & Co. in association with Loeb & Loeb LLP 顧問律師，處理訴訟事宜。在轉投法律界前曾任羅兵咸永道會計師事務所高級稅務會計師，專長香港稅務。2010年起於香港大學法律專業學系任教，現為首席講師，主要教授民事訴訟法及訴訟技巧和文書起草、商業爭議解決程序及機制和香港稅務法。2013年為 *Hong*

*Kong Tax Law Cases and Materials*（第六版）（A. Halkyard, J.P. VanderWolk 及 W.S. Chow 合著）作初稿貢獻。

**羅敏威**　香港大學法學學士（1992），香港大學法律專業證書（1993），澳洲新南威爾斯大學法學碩士（1994），香港大學法學博士（2006）。1995 年取得香港大律師資格。曾任教於香港城市大學法律學院及香港公開大學李嘉誠專業進修學院。現任香港中文大學會計系高級講師（法律），任教學科包括商法及公司法。2007 年、2010 年及 2014 年取得香港中文大學工商管理學院傑出教學獎。主要研究範圍包括憲法、行政法、人權法、刑事法、家事法及商法。近年學術作品有《香港合約法》（香港：中華書局，2013 年）。